Montmartre
5
★ Musée du Louvre 6
Seiten 122 ff
★ Sacré-Cœur 5
Seiten 224 f
★ Centre Pompidou 7
Seiten 110 ff
Marais
Beaubourg
und Les Halles
6
7
8
9
10
11
12
13
Ile de la Cité
Ile St-Louis
St-Germain-
des-Prés
Quartier
Latin
Luxembourg
★ Musée National
du Moyen Age 12
Seiten 154 ff
★ Musée Picasso 8
Seiten 100 f
Jardin des Plantes
★ Panthéon 13
Seiten 158 f
★ Sainte-Chapelle 10
Seiten 88 f
★ Notre-Dame 11
Seiten 82 ff

W0206409

VIS à VIS

PARIS

VIS À VIS

PARIS

Hauptautor: ALAN TILLIER

DORLING KINDERSLEY

EIN DORLING KINDERSLEY BUCH

www.dk.com

TEXTE
Allan Tillier, Chris Boicos, Michael Gibson, Douglas Johnson

FOTOGRAFIEN
Max Alexander, Neil Lukas, Robert O'Dea

ILLUSTRATIONEN
Stephen Conlin, Stephen Gyapay,
Maltings Partnership

KARTOGRAFIE
Dorling Kindersley Cartography

REDAKTION UND GESTALTUNG
Dorling Kindersley Ltd.

•

© 1993 Dorling Kindersley Limited, London
Titel der englischen Originalausgabe:
Dorling Kindersley Eyewitness Travel Guide Paris
Zuerst erschienen 1993 in Großbritannien
bei Dorling Kindersley Ltd., London
A Penguin Company

Produziert in Zusammenarbeit mit
Websters International Publishers

•

Für die deutsche Ausgabe:
© 1994; 2000 Dorling Kindersley Verlag GmbH, München
Aktualisierte Neuauflage 2004

Alle Rechte vorbehalten, Reproduktionen, Speicherung in Datenverarbeitungsanlagen, Wiedergabe auf elektronischen, fotomechanischen oder ähnlichen Wegen, Funk und Vortrag – auch auszugsweise – nur mit Genehmigung des Copyrightinhabers.

•

ÜBERSETZUNG Verlagsbüro Simon & Magiera und Siegfried Birle, München
REDAKTIONSLEITUNG Dr. Jörg Theilacker, Dorling Kindersley Verlag
REDAKTION Brigitte Maier, Konzept & Text, München
SCHLUSSREDAKTION Christine E. Gangl, München
SATZ UND PRODUKTION Dorling Kindersley Verlag
LITHOGRAFIE Colourscan, Singapur
DRUCK South China Printing Co., Ltd., China

ISBN 3-928044-37-0
10 11 12 13 14 08 07 06 05 04

Dieser Reiseführer wird regelmäßig aktualisiert. Angaben wie Telefonnummern, Öffnungszeiten, Adressen, Preise und Fahrpläne können sich jedoch ändern. Der Verlag kann für fehlerhafte oder veraltete Angaben nicht haftbar gemacht werden. Für Hinweise, Verbesserungsvorschläge und Korrekturen ist der Verlag dankbar. Bitte richten Sie Ihr Schreiben an:

Dorling Kindersley Verlag GmbH
Redaktion Reiseführer
Gautinger Straße 6
D-82319 Starnberg

◁ **Sacré-Cœur – ein Wahrzeichen über den Dächern von Paris**

INHALT

Henri II (1547–1559)

Pont Alexandre III

Führer durch die Stadtteile

Opéra de Paris Bastille

Der Kuss von Rodin (1886)

Sacré-Cœur auf Montmartre

Insel im Bois de Boulogne

Zu Gast in Paris

Raffinierte Küche

Grund-informationen

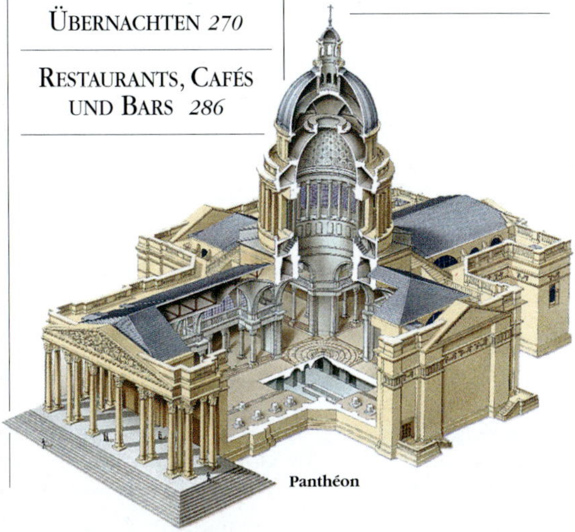

Panthéon

BENUTZERHINWEISE

Dieser Vis-à-Vis-Reiseführer soll Ihren Paris-Besuch zu einem Erlebnis machen. Das Einleitungskapitel *Paris stellt sich vor* zeigt die geografische Lage, stellt das moderne Paris in einen historischen Zusammenhang und beschreibt die Höhepunkte des Veranstaltungsjahrs. *Paris im Überblick* schildert die interessantesten Charakteristika der Stadt. Der *Führer durch die Stadtteile* begleitet Sie mit vielen Informationen zu den einzelnen Sehenswürdigkeiten. Jede wird anhand von Karten, Fotografien und anschaulichen Illustrationen erläutert. Die Abschnitte *Abstecher* und *Fünf Spaziergänge* führen Sie zu abgelegeneren und versteckteren Gegenden von Paris. Das Kapitel *Zu Gast in Paris* enthält alles über Einkaufen, Essen, Ausgehen und Übernachten. Die *Grundinformationen* am Ende helfen Ihnen beim problemlosen ersten Zurechtfinden.

Führer durch die Stadtteile

Paris ist in diesem Buch in 14 attraktive Stadtteile im Zentrum und in den Großraum gegliedert. Jedes Kapitel beginnt mit einem Kurzporträt, das den Charakter und die Geschichte eines Viertels anreißt und alles Sehenswerte auflistet. Die Sehenswürdigkeiten sind mit Nummern versehen, die mit denen auf der Stadtteil- und Detailkarte sowie in den darauf folgenden ausführlichen Beschreibungen identisch sind.

1 Die Stadtteilkarte
Sie zeigt im Überblick den Stadtteil, der im jeweiligen Kapitel besprochen wird. Die Sehenswürdigkeiten sind durchnummeriert, Métro-, RER-Stationen und Parkplätze sind eingetragen.

2 Die Detailkarte
Auf der Detailkarte ist der farblich hervorgehobene Kern der Stadtteilkarte aus der Vogelperspektive zu sehen. Die Sehenswürdigkeiten sind zur raschen Orientierung kurz erläutert.

Eine Orientierungskarte zeigt, wo Sie sich befinden. Der Ausschnitt der *Detailkarte* ist rot gehalten.

Die Farbkodierung jeder Seite erleichtert das Auffinden von Stadtteilen.

Fotografien der Fassaden und prägnanter Details helfen bei der Orientierung.

Sehenswürdigkeiten auf einen Blick führt das Wichtigste auf: historisch oder architektonisch bedeutende Straßen und Bauten, Kirchen, Museen und Galerien, Monumente, Parks und Gärten.

Das Gebiet, das die *Detailkarte* abdeckt, ist rot markiert.

Anfahrtstipps erläutern, wie Sie sich mit öffentlichen Verkehrsmitteln bewegen.

Die Nummern im schwarzen Kreis sind im ganzen Kapitel identisch. So hat die Conciergerie beispielsweise die Nummer ❽

Die Routenempfehlung schlägt eine Strecke vor, die durch die interessantesten Straßen eines Stadtteils führt.

Sterne markieren Sehenswürdigkeiten, die Sie nicht auslassen sollten.

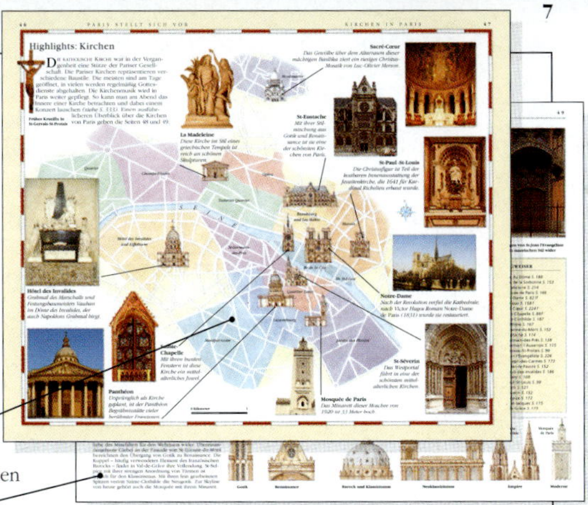

PARIS IM ÜBERBLICK
Jede Doppelseite behandelt ein besonderes Thema: *Berühmte Persönlichkeiten, Museen und Galerien, Kirchen* oder *Gärten, Parks und Plätze*. Die wichtigsten Highlights sind hier, weitere auf den darauf folgenden Seiten angeführt. Dort finden sich auch die Seitenverweise auf den *Führer durch die Stadtteile*.

Jeder Stadtteil ist mit einem Farbkode versehen.

Jedes Thema wird auf den folgenden Seiten ausführlicher beschrieben.

3 Detaillierte Informationen über die Sehenswürdigkeiten *bieten die darauf folgenden Seiten. Die Reihenfolge entspricht der Nummerierung der Stadtteil- und Detailkarte. Praktische Informationen ergänzen die Beschreibungen.*

PRAKTISCHE INFORMATIONEN
Jeder Eintrag hilft bei der Planung eines Besuchs. Die Symbole werden auf der hinteren Umschlagklappe erklärt.

Nächste Métro-Station · **Telefonnummer** · **Nummer des Eintrags** · **Öffnungszeiten**

Conciergerie ❽

1, quai de l'Horloge, 75001.
Karte 13 A3. ☎ 01 53 73 78 50.
Ⓜ Cité. ◯ Apr–Sep täglich 9.30–18.30 Uhr.

Kartenkoordinaten der Sehenswürdigkeit · **Dienste und Einrichtungen**

Adresse

4 Hauptsehenswürdigkeiten in Paris
Ihnen werden zwei oder mehr Seiten in den entsprechenden Stadtteilkapiteln gewidmet. Historische Bauten sind als Schnittzeichnung dargestellt; farbige Hervorhebungen erleichtern das Auffinden von Kunstwerken.

Die Infobox enthält die praktischen Informationen, die bei einem Besuch hilfreich sind.

Die Fassade jeder Hauptsehenswürdigkeit hilft bei der schnellen Orientierung.

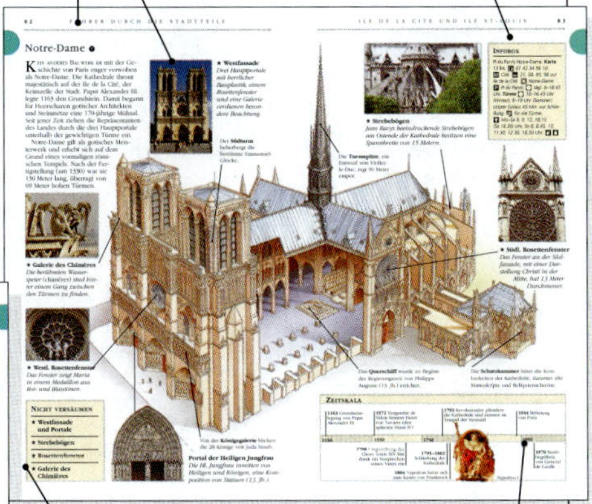

Sterne kennzeichnen die interessantesten architektonischen Details eines Gebäudes und die wichtigsten Kunstwerke oder Ausstellungsstücke.

Die Zeitskala veranschaulicht den geschichtlichen Rahmen einer Hauptsehenswürdigkeit.

Paris stellt sich vor

Paris auf der Karte

Paris, die Hauptstadt Frankreichs, hat über zwei Millionen Einwohner und nimmt eine Fläche von 1 200 Quadratkilometern ein. Die Stadt liegt an der Seine mitten in der Region Ile-de-France, in der zehn Millionen Menschen leben – etwa ein Fünftel der französischen Bevölkerung. Sie ist ein wichtiges Wirtschafts- und Kulturzentrum in Europa und der Mittelpunkt des Geschäftslebens in Nordfrankreich.

Westeuropa

Paris, im Herzen der nordfranzösischen Industrieregion, ist über Straßen sowie Bahn- und Fluglinien mit vielen europäischen Städten verbunden. Die allermeisten liegen weniger als eine Flugstunde entfernt.

Blick nach Südosten über Eiffelturm und Seine

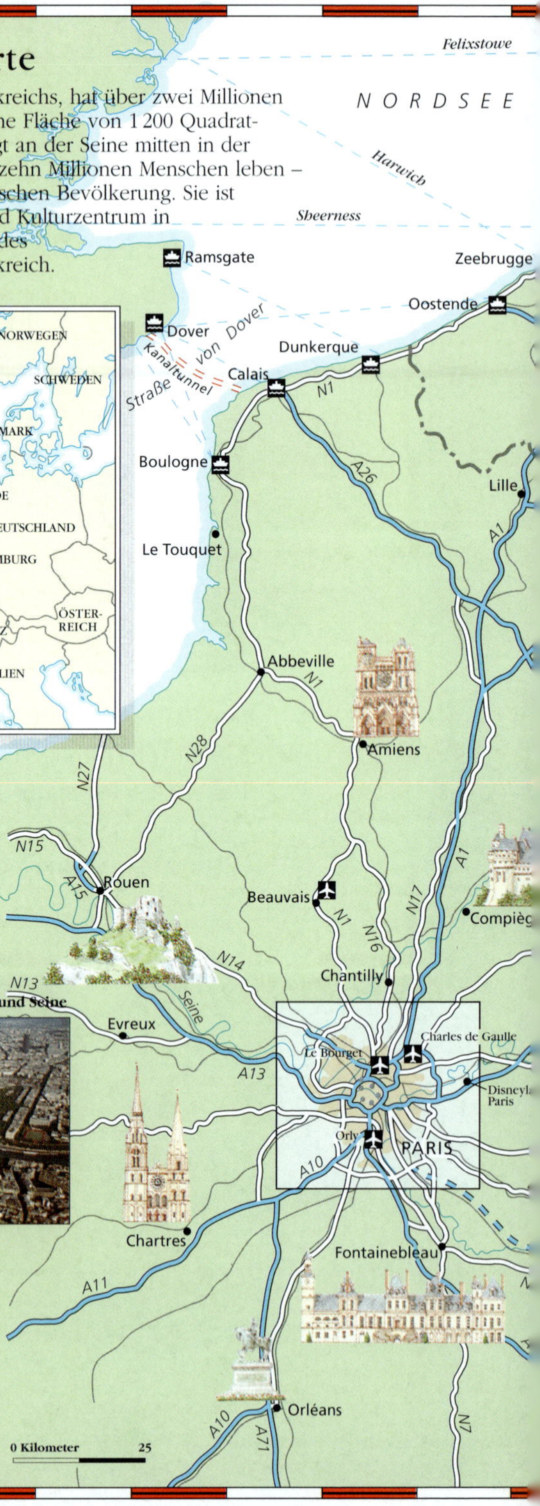

Legende

- Großraum Paris
- Fährhafen
- Flughafen
- Autobahn
- Nationalstraße
- Eisenbahn

Ile-de-France

Die Ile-de-France umfasst die Stadtregion von Paris und viele faszinierende Orte wie Chartres und Versailles. Die Pariser Innenstadt wird von der Périphérique umgrenzt. Wichtige Sehenswürdigkeiten außerhalb der Innenstadt siehe Seiten 228 ff.

Die Pariser Innenstadt aus der Luft

Pariser Innenstadt

Dieser Reiseführer unterteilt Paris in 14 Stadtviertel, die die Pariser Innenstadt und den nahen Montmartre umfassen. Die meisten beschriebenen Sehenswürdigkeiten liegen in diesen Vierteln, jedem ist ein eigenes Kapitel gewidmet. Jedes Viertel besitzt seine eigene Geschichte, seine Eigenart und einen besonderen Charakter. Zu Montmartre gehören beispielsweise sein dörflicher Charme und seine schillernde Geschichte als Künstlerkolonie. Im Gegensatz dazu sind die Champs-Elysées für ihre Avenuen, teuren Modehäuser und prächtigen Wohnhäuser berühmt. Die meisten Sehenswürdigkeiten sind citynah gelegen und leicht mit der Métro zu erreichen.

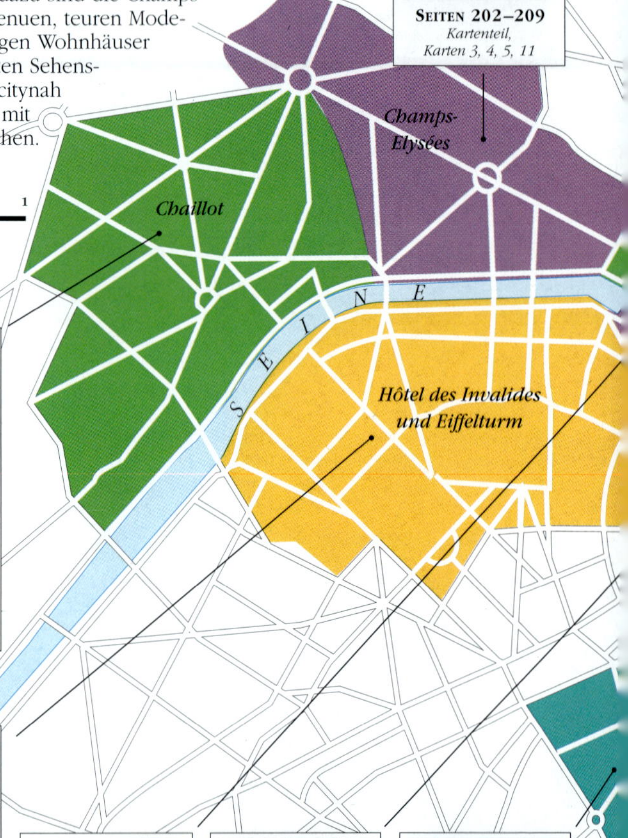

Seiten 202–209
Kartenteil, Karten 3, 4, 5, 11

Seiten 194–201
Kartenteil, Karten 3, 9, 10

Seiten 182–193
Kartenteil, Karten 9, 10, 11

Seiten 116–133
Kartenteil, Karten 6, 11, 12

Seiten 134–147
Kartenteil, Karten 11, 12

Seiten 174–181
Kartenteil, Karten 15, 16

Montmartre
Seiten 218–227
Kartenteil,
Karten 2, 6, 7
Seiten 210–217
Kartenteil,
Karten 5, 6
N
Opéra
Tuileries
Beaubourg
und
Les Halles
Seiten 104–115
Kartenteil, Karte 13
Marais
St-Germain-
des-Prés
Ile de
la Cité
Ile
St-Louis
Quartier
Latin
Luxembourg
Jardin des Plantes
ontparnasse
Seiten 90–103
Kartenteil,
Karten 13, 14
Seiten 168–173
Kartenteil,
Karten 12, 16
Seiten 148–159
Kartenteil,
Karten 12, 13, 17
Seiten 160–167
Kartenteil,
Karten 17, 18
Seiten 76–89
Kartenteil,
Karten 12, 13

REPUBLIQUE FRANCAISE
LIBERTE EGALITE · FRATERNITE

DIE GESCHICHTE DER STADT

Die Siedlung, die die Römer im Jahr 55 v. Chr. eroberten, war ein kleines, von Überschwemmungen heimgesuchtes Fischerdorf auf der Ile de la Cité, bewohnt vom Stamm der Parisii. Bald erblühte die römische Siedlung Lutetia, die sich auch auf das linke Seine-Ufer erstreckte. Den Römern folgten die Merowinger, die das Städtchen Paris nannten und es zur Hauptstadt des Fränkischen Reiches machten.

Die Lilie – königliches Emblem

Im Mittelalter war die Stadt ein wichtiger religiöser Mittelpunkt, es entstanden architektonische Meisterwerke wie die Sainte-Chapelle. Paris war Bildungszentrum und lockte Gelehrte und Studenten aus ganz Europa an seine große Universität, die Sorbonne.

Während der Renaissance und der Aufklärung trat Paris als bedeutendes Kultur- und Geisteszentrum hervor, unter Louis XIV wurde es reich und mächtig. In der Französischen Revolution von 1789 musste die Monarchie einer Volksherrschaft weichen. Anfang des neuen Jahrhunderts war der revolutionäre Eifer geschwunden, General Napoléon Bonaparte erklärte sich 1804 zum Kaiser und ging mit Ehrgeiz daran, Paris zum Mittelpunkt der Welt zu machen. Bald nach der Revolution von 1848 wurde die Stadt durchgreifend umgestaltet. Nach Plänen des Präfekten Haussmann baute man die engen Straßen zu eleganten Avenuen und Boulevards aus. Ende des 19. Jahrhunderts war Paris Schrittmacher westlicher Kultur. So blieb es weit ins 20. Jahrhundert hinein – bis zur deutschen Besetzung in den Jahren 1940–44. Seit dem Krieg hat sich die Stadt wiederbelebt und ist enorm gewachsen. Sie ist das pulsierende Herz Frankreichs – wirtschaftlich, kulturell und in puncto Lebensart.

Ein Plan von Paris (um 1845)

◁ ***Allegorie der Republik*** **(1848) von Dominique Louis Papety**

Könige und Kaiser in Paris

PARIS WURDE mit Beginn der Kapetinger-Dynastie, als Hugues Capet den Thron bestieg, zur Machtbasis der Könige von Frankreich. Könige und Kaiser nach ihm haben ihre Spuren hinterlassen, viele historische Stätten tragen »königliche« Züge: Philippe-Augustes Festung, der Louvre-Palast, ist heute eines der größten Museen der Welt; Henris IV Pont Neuf verbindet die Ile de la Cité mit beiden Ufern der Seine; Napoléon errichtete den Arc de Triomphe, um seine militärischen Siege zu feiern. Mit dem Sturz der Monarchie 1848, während der Regierung von Louis-Philippe, fand die lange Königsfolge ein Ende.

768–814 Karl I., der Große (Charlemagne)

447–458 Merowech

458–482 Childerich I.

558–562 Chlotar I.

566–584 Chilperich I.

628–637 Dagobert I.

655–668 Chlotar III.

674–691 Theuderich III.

695–711 Childebert II.

716–721 Chilperich II.

743–751 Childerich III.

840–877 Karl II., der Kahle

879–882 Ludwig III.

884–888 Karl III., der Dicke

898–929 Karl III., der Einfältige

954–986 Lothar

987–996 Hugues Capet (Hugo Capet)

1031–60 Henri I

1060–1108 Philippe I

1137–80 Louis VII

400	500	600	700	800	900	1000	1100
MEROWINGER				**KAROLINGER**		**KAPETINGER**	
400	500	600	700	800	900	1000	1100

511–558 Childebert I.

562–566 Charibert I.

584–628 Chlotar II.

637–655 Chlodwig II.

668–674 Childerich II.

691–695 Chlodwig III.

711–716 Dagobert III.

721–737 Theuderich IV.

751–768 Pippin III., der Jüngere

814–840 Ludwig I., der Fromme

877–879 Ludwig II., der Stammler

882–884 Karlmann (Carloman)

888–898 Odo von Paris

936–954 Ludwig IV., der Überseeische

986–987 Ludwig V.

996–1031 Robert II., der Fromme

482–511 Chlodwig I.

1108–37 Louis VI, le Gros

1226–70 Louis IX (St Louis)

1270–85 Philippe III, le Hardi (der Kühne)

1285–1314 Philippe IV, le Bel (der Schöne)

1316–22 Philippe V

1328–50 Philippe VI

1422–61 Charles VII

1483–98 Charles VIII

1498–1515 Louis XII

1515–47 François I

1547–59 Henri II

1559–60 François II

1610–43 Louis XIII

1643–1715 Louis XIV, le Roi Soleil

1774–93 Louis XVI

1804–14 Napoléon I

1200	1300	1400	1500	1600	1700	1800
	VALOIS DYNASTY			BOURBON DYNASTY		
1200	1300	1400	1500	1600	1700	1800

1180–1223 Philippe II Auguste

1223–26 Louis VIII, le Lion (der Löwe)

1314–16 Louis X, le Hutin (der Zänker)

1322–28 Charles IV, le Bel

1350–64 Jean II, le Bon (der Gute)

1364–80 Charles V, le Sage (der Weise)

1380–1422 Charles VI

1461–83 Louis XI

1560–74 Charles IX

1574–89 Henri III

1589–1610 Henri IV

1715–74 Louis XV

1814–24 Louis XVIII

1824–30 Charles X

1830–48 Louis-Philippe I

1852–70 Napoléon III

Gallorömisches Paris

Römische Emaille-Brosche

Ohne die Seine hätte es Paris nicht gegeben. Der Fluss ermöglichte den frühen Siedlern, Land, Wälder, Sümpfe und Inseln zu nutzen. Neuere Ausgrabungen haben Kanus aus der Zeit um 4500 v. Chr. zutage gefördert – lange bevor der keltische Stamm der Parisii im 3. Jahrhundert v. Chr. im Gebiet von Lutetia siedelte. 59 v. Chr. begannen die Römer mit der Eroberung Galliens; sieben Jahre später besetzten sie Lutetia (Paris). Sie befestigten und erneuerten die Stadt, besonders die Hauptinsel (Ile de la Cité) und das linke Seine-Ufer.

Ausdehnung der Stadt

200 v. Chr. | *heute*

Bronzezeitlicher Harnisch
Harnische wurden bis weit in die Eisenzeit hinein (in Gallien ab 900 n. Chr.) aus Bronze gefertigt.

Eisendolche
Ab dem 2. Jahrhundert n. Chr. ersetzten eiserne Kurzschwerter die Langschwerter; manchmal wurden sie mit Menschen- und Tiermotiven verziert.

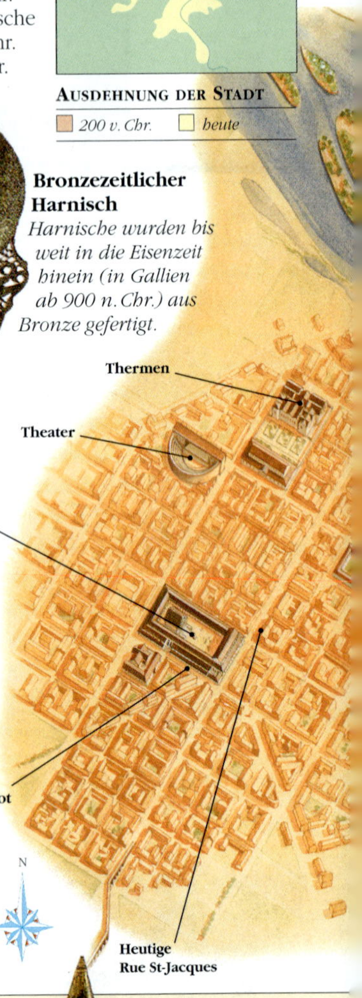

Glasperlen
Auf der Ile de la Cité fand man eisenzeitliche Glasperlen und Armreife.

Vase aus gebranntem Ton
Helle Keramik, farbig verziert, war in Gallien weit verbreitet.

Zeitskala

4500 v. Chr. Die ersten Schiffer legen von der Seine ab

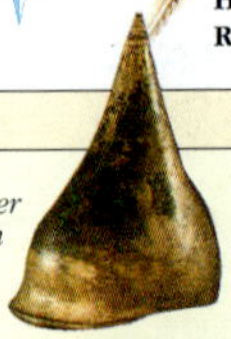

Gallischer Kriegshelm

52 v. Chr. Caesar besiegt die Gallier unter Camulogenes. Die Parisii zerstören ihre eigene Stadt

4500	400	200 v. Chr.	100 v. Chr.

Goldmünze der Parisii, auf der Ile de la Cité geprägt

300 v. Chr. Die Parisii siedeln auf der Ile de la Cité

100 v. Chr. Die Römer bauen die Ile de la Cité wieder auf und gründen auf dem linken Ufer eine neue Stadt

Römische Öllampe
Die Bewohner der dicht besiedelten Ile de la Cité trösteten sich mit Zentralheizungen und dem Licht von Öllampen über die dunklen Wintermonate hinweg.

Gallorömische Göttin
Die Skulptur aus dem 2. Jh. n. Chr. wurde in der Arena gefunden.

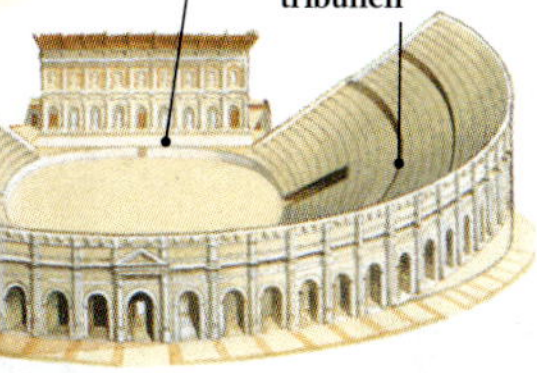

Arènes de Lutèce
In der Arena (2. Jh. n. Chr.) fanden Theateraufführungen und Gladiatorenkämpfe statt.

LUTETIA, 200 V. CHR.

Lutetia (Paris) war rasterförmig angelegt. Brücken verbanden die Ile de la Cité mit der Rive Gauche.

Ringflasche
Dieses Gefäß (um 300 v. Chr.) wurde auf der Ile de la Cité gefunden.

DAS GALLORÖMISCHE PARIS

Seit Mitte des 19. Jahrhunderts geben Ausgrabungen Aufschluss über die Lage der römischen Stadt, deren Mittelachsen von der heutigen Rue St-Jacques und Rue Soufflot gebildet wurden. In der Crypte Archéologique *(S. 81)* unter dem Platz vor Notre-Dame finden sich Reste gallorömischer Häuser und römischer Wälle (Ende 3. Jh. n. Chr.). Weitere Römerstätten in Paris sind die Arènes de Lutèce *(S. 165)* und die Thermen im Musée National du Moyen Age *(S. 154 und 157)*.

Die Thermen besaßen drei große Räume mit Wasserbecken unterschiedlicher Temperatur.

Römisches Bodenmosaik in den Thermen von Cluny

200 Die Römer fügen Arena, Bäder und Villen hinzu

285 Vorstoß der Barbaren, Lutetia fällt Flammen zum Opfer

360 Nach siegreichen Feldzügen wird Julian zum Kaiser ausgerufen. Lutetia wird nun Paris genannt

100 n. Chr. | **200 n. Chr.** | **400**

250 Der christliche Märtyrer St Denis wird auf dem Montmartre geköpft

451 Die hl. Genoveva spornt die Pariser an, Attila zurückzuschlagen

485–508 Chlodwig I., Herrscher der Franken, schlägt die Römer. Paris wird christlich

Das mittelalterliche Paris

Initiale einer Handschrift

Während des Mittelalters entwickelten sich günstig gelegene Orte wie Paris, das an einem Flussübergang lag, zu Zentren der politischen Macht und des Bildungswesens. Die Kirche spielte eine entscheidende Rolle im geistigen und intellektuellen Leben. Sie förderte die Bildung und den technischen Fortschritt – wie die Trockenlegung des Landes und den Kanalbau. Das Volk lebte noch zum großen Teil auf der Ile de le Cité und der Rive Gauche. Als im 12. Jahrhundert die Sümpfe *(marais)* entwässert wurden, konnte die Stadt expandieren.

Ausdehnung der Stadt

1300 *heute*

Sainte-Chapelle *Die obere Kapelle dieses hochgotischen Meisterwerkes* (siehe S. 88f) *war für die königliche Familie bestimmt.*

Die **Ile de la Cité** – mit den Türmen von Conciergerie und Sainte-Chapelle – erscheint auf den Seiten für Juni.

Durch **Drainage** konnte mehr Land bestellt werden.

Landwirtschaft bestimmte das Leben der meisten Pariser. Die Stadt nahm nur eine winzige Fläche ein.

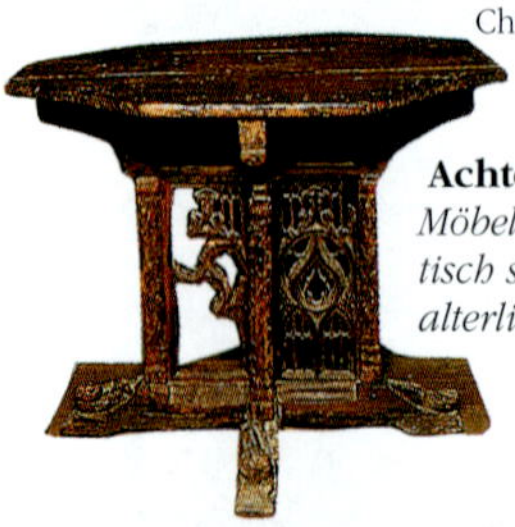

Achteckiger Tisch *Möbel wie dieser Zeichentisch schmückten mittelalterliche Herrenhäuser.*

Weberfenster *Die Handwerker im Mittelalter bildeten Zünfte, Kirchenfenster wurden ihnen gewidmet.*

Zeitskala

512 Tod der hl. Genoveva. Sie wird neben Chlodwig bestattet

543–556 Gründung von St-Germain-des-Prés

725–732 Araber fallen in das Frankenreich ein

800 Karl der Große (Charlemagne) vom Papst zum Kaiser gekrönt

845–862 Normannen greifen Paris an

500 | 700 | 800 | 900

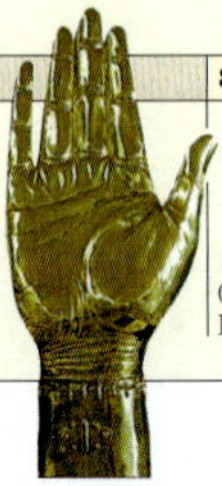

Die Goldene Hand Karls des Großen

Notre-Dame
Der Bau der großen gotischen Kathedralen dauerte viele Jahre. An Notre-Dame wurde von 1163 bis 1334 gebaut.

Siegel der Universität
Im Jahre 1215 wurde die Universität von Paris gegründet.

Die Klöster
In den Klöstern von Paris lebten Mönche der verschiedensten Orden, vor allem an der Rive Gauche.

Der **Louvre,** in den Charles V mit seinem Hofstaat zog, mit der Verteidigungsmauer, hier von der Ile de la Cité aus gesehen.

Die Monate Juni und Oktober
Dieses illustrierte Stundenbuch, die Très Riches Heures, *wurde 1416 für den Duc de Berry geschaffen. Es zeigt viele Pariser Gebäude.*

Der Adel
Von der Mitte des 14. Jahrhunderts an galt Kleidung als Standesmerkmal; Edelfrauen trugen hohe, spitze Hüte.

Eine mittelalterliche Romanze

In Notre-Dame begann die Romanze zwischen dem Mönch Abélard und der jungen Héloïse. Pierre Abélard, wohl der begabteste Philosoph und Theologe des 12. Jahrhunderts, wurde als Lehrer für die 17-jährige Nichte eines Kanonikers angestellt. Lehrer und Schülerin entbrannten in Liebe zueinander. In seinem Zorn ließ der Onkel von Héloïse den Gelehrten entmannen. Héloïse ging für den Rest ihres Lebens ins Kloster.

1010–22 Christen verbrennen Juden und Ketzer

1079 Geburt Abélards

1163 Baubeginn der Kathedrale Notre-Dame

1167 Les Halles als Lebensmittelmarkt an der Rive Droite gegründet

1215 Gründung der Universität von Paris

1226–70 Regierung Louis' IX (St Louis)

1245 Baubeginn der Sainte-Chapelle

1253 Eröffnung der Sorbonne

1380 Bau der Festung Bastille beendet

1000 | 1100 | 1200 | 1300 | 1400

Jeanne d'Arc

1430 Nach dem Fall von Paris wird Henry VI von England zum König von Frankreich gekrönt

Das Paris der Renaissance

Paar in höfischer Kleidung

Am Ende des Hundertjährigen Kriegs mit England befand sich Paris in furchtbarem Zustand. Als die englischen Besatzungstruppen 1453 abzogen, lag die Stadt in Trümmern, Häuser und Bäume waren verbrannt. Louis XI brachte Wohlstand zurück – nebst einem neuen Sinn für Kunst und Architektur. Im Lauf des 16. Jahrhunderts erlagen die französischen Könige dem Zauber der italienischen Renaissance. Architekten machten erste Versuche in Stadtplanung und versahen Paris mit edlen Gebäuden und Plätzen wie der Place Royale (Place des Vosges).

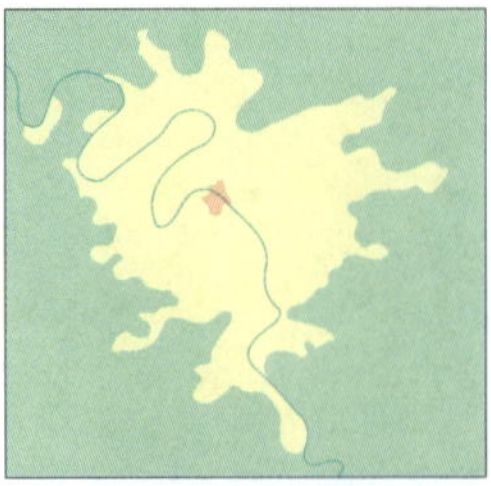

Ausdehnung der Stadt

1590 *heute*

Ritter vor der Tjost
Die Place Royale war bis ins 17. Jahrhundert Schauplatz von Ritterturnieren.

Druckerpresse (1469)
Auf der ersten Druckerpresse der Sorbonne druckte man religiöse Traktate, meist in Latein.

Juwelenbesetzter Anhänger
Juwelen wurden zu deutlichen Zeichen des neuen Wohlstands.

Pont Notre-Dame
Die häuserbestandene Brücke baute man Anfang des 15. Jahrhunderts. Pont Neuf (1589) war die erste Brücke ohne Häuser.

Place Royale
Dieser um 1609 von Henri IV erbaute Platz war der erste seiner Art in Paris (siehe S. 94). *Der Platz mit den Häusern des Hochadels wurde 1800 in Place des Vosges umbenannt.*

Zeitskala

1453 Ende des Hundertjährigen Kriegs gegen England

François I

1516 François I lädt Leonardo da Vinci nach Frankreich ein. In da Vincis Gepäck befindet sich die *Mona Lisa*

1450 | 1460 | 1470 | 1480 | 1490 | 1500 | 1510 | 1520

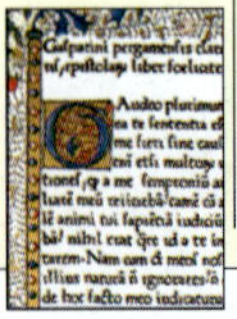

1469 Erste französische Druckerpresse geht an der Sorbonne in Betrieb

1528 François I residiert fortan im Louvre

Besteck aus dem 16. Jahrhundert
Messer und Gabel dienten in den Salons der Wohlhabenden nur zum Zerlegen des Fleisches. Gegessen wurde mit Händen oder Löffeln.

Das Paris der Renaissance

Neben der Place Royale mit ihren imposanten Gebäuden kann man in Paris noch heute viele andere Renaissancebauwerke sehen. Dazu gehören die Tour St-Jacques *(S. 115)* und die Kirche St-Eustache *(S. 114)*. Einige Adelspalais jener Zeit wie das Hôtel Carnavalet *(S. 96f)* wurden kürzlich restauriert. Die Treppen, der Hof und die Türmchen des Hôtel de Cluny *(S. 154f)* stammen aus den Jahren 1485–1496.

Der **Lettner** von St-Etienne-du-Mont (um 1520) ist von höchster Zartheit.

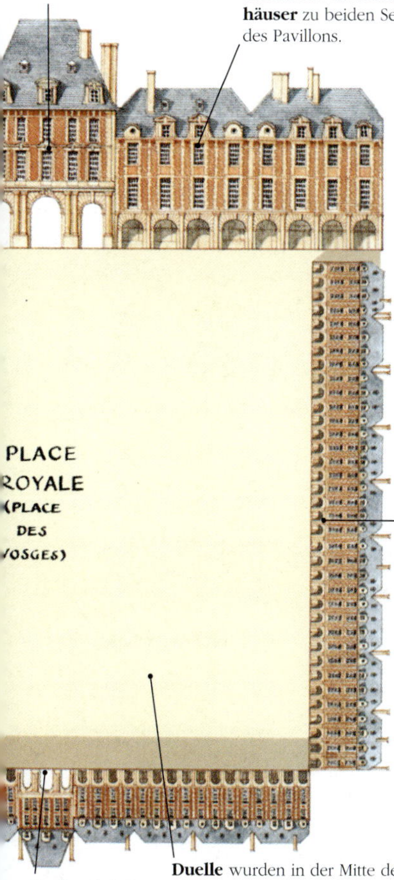

Pavillon de la Reine

Identische Arkadenhäuser zu beiden Seiten des Pavillons.

Neun symmetrische Häuser säumen zwei Seiten des Platzes.

Pavillon du Roi

Duelle wurden in der Mitte des Platzes ausgetragen (17. Jh).

Anrichte aus Walnuss (um 1545)
Feine, geschnitzte Holzmöbel zierten die Wohnungen der Reichen.

Hyante und Climente
Toussaint Dubreuil und andere Künstler nahmen mythologische Themen auf.

1534 Ignatius von Loyola gründet den Jesuitenorden

1546 Baubeginn am neuen Louvre-Palast; erster steinerner Seine-Quai gebaut

1559 Einführung einfacher Straßenlaternen; Louvre vollendet

1572 Bartholomäusnacht: Massaker an den Protestanten

1589 Henri III in St-Cloud bei Paris ermordet

1609 Henri IV beginnt mit Bau der Place Royale

1530 | 1540 | 1550 | 1560 | 1570 | 1580 | 1590 | 1600

1547 François I stirbt

1534 Gründung des Collège de France

1533 Neubau des Hôtel de Ville

1559 Henri II bei Turnier in Paris getötet

1589 Der Protestant Henri de Navarre konvertiert zum Katholizismus, wird als Henri IV gekrönt

1589 Henri IV vollendet den Pont Neuf und verbessert die Wasserversorgung

1610 Henri IV von Ravaillac, einem religiösen Fanatiker, ermordet

Der Attentäter Ravaillac

Das Paris des Sonnenkönigs

Emblem des Sonnenkönigs

Das 17. Jahrhundert in Frankreich – auch als *Le Grand Siècle* (großes Jahrhundert) bezeichnet – fand seine höchste Verkörperung in den Extravaganzen Louis' XIV (des Sonnenkönigs) und seines Hofs in Versailles. In Paris entstanden eindrucksvolle Gebäude, Plätze, Theater und Adelspalais *(hôtels)*. Dem Glanze zugrunde lag die absolute Macht des Monarchen. Ende der Herrschaft Louis' führten die enormen Kosten des Hofes und die ständigen Kriege zu einer Schwächung der Monarchie.

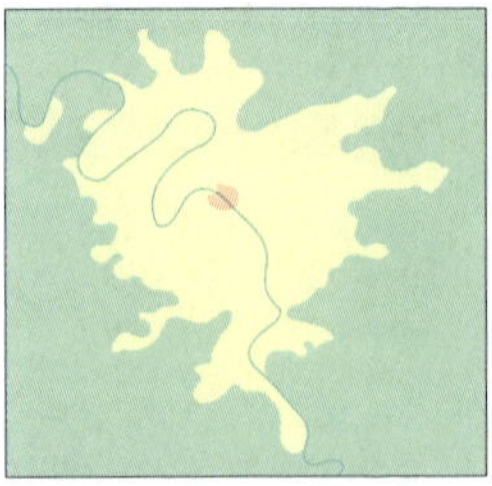

Ausdehnung der Stadt

1657 *heute*

Les Jardins de Versailles
Louis XIV kümmerte sich viel um die Anlagen, die André Le Nôtre gestaltete.

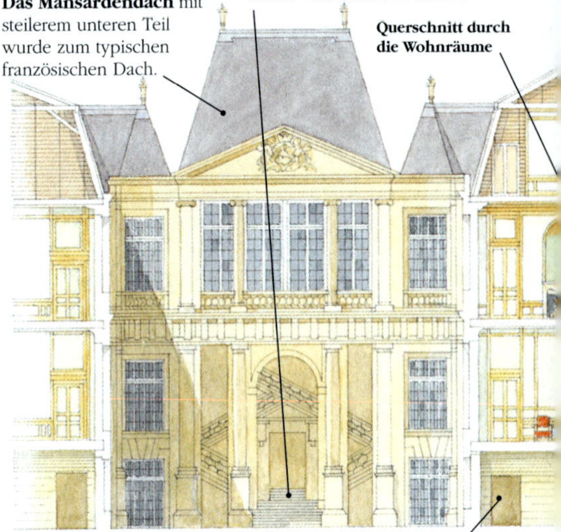

Das Mansardendach mit steilerem unteren Teil wurde zum typischen französischen Dach.

Ein offenes Treppenhaus führte vom Innenhof herauf.

Querschnitt durch die Wohnräume

Im Erdgeschoss befanden sich die Quartiere der Bediensteten.

Louis XIV als Jupiter
Nach der Regierungsübernahme (1661) begründete Louis XIV, hier als triumphierender Jupiter dargestellt, den Absolutismus.

Kommode
Dieses goldverzierte Stück schuf André-Charles Boulle für das Grand Trianon von Versailles.

Zeitskala

1610 Mit der Thronbesteigung von Louis XIII beginnt *Le Grand Siècle*

Louis XIII

1614 Letzte Einberufung der Generalstände vor der Revolution

1622 Paris wird Erzbistum

1624 Vollendung des Tuilerien-Palastes

1627 Erschließung der Ile St-Louis

1629 Richelieu, leitender Minister Louis' XIII, erbaut das Palais Royal

1631 *La Gazette*, die erste Pariser Zeitung, erscheint

Kardinal Mazarin

1638 Geburt Louis' XIV

1643 Tod von Louis XIII. Regentschaft von Anna von Österreich und Kardinal Mazarin

1661 Louis XIV wird absoluter Monarch. Beginn des Ausbaus von Versailles

1662 Colbert, Finanzminister Louis' XIV, gründet die Gobelin-Webereien

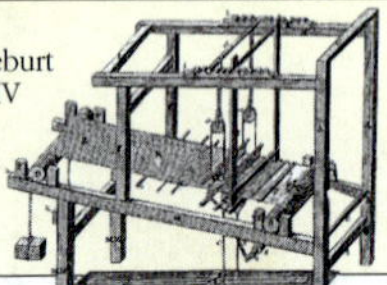

Webstuhl

1610 | 1620 | 1630 | 1640 | 1650 | 1660

Decke von Charles Le Brun
Als Hofmaler Louis' XIV gestaltete Le Brun viele Decken, darunter diese im Hôtel Carnavalet (siehe S. 96f).

Madame de Maintenon
Als seine Gattin 1683 starb, heiratete Louis XIV Madame de Maintenon – hier auf einem Bild mit Rahmen von Caspar Netscher.

Zierfächer
Für besondere Hoffeste verlangte Louis XIV, dass die Frauen Fächer tragen.

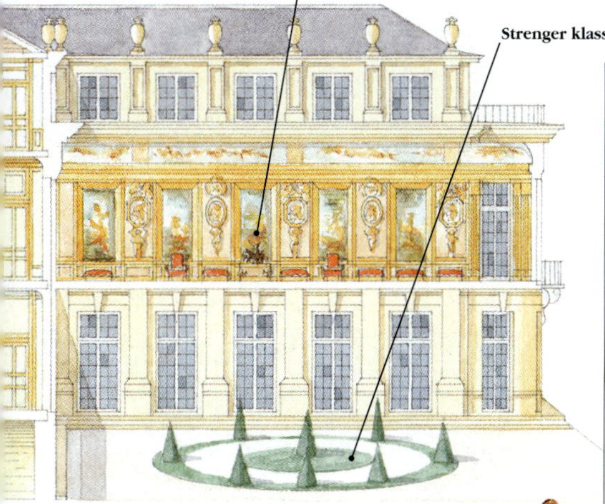

Hôtel Lambert (1640)

Im 17. Jahrhundert baute sich der Adel luxuriöse Stadtpalais – mit prächtigen Treppen, Höfen, Ziergärten, Remisen und Ställen.

Neptunsschale
Diese Schale aus Lapislazuli, die ein silberner Neptun krönt, gehörte zu Louis' reicher Kunstsammlung.

Eglise du Dôme (1706)

Das Paris des Sonnenkönigs

Viele Gebäude aus dem 17. Jahrhundert stehen noch, aber nicht alle sind innen zu besichtigen. Das Hôtel des Invalides *(S. 184f)*, der Dôme des Invalides *(S. 188f)*, das Palais du Luxembourg *(S. 172)* und das Schloss Versailles *(S. 248ff)* vermitteln jedoch einen Eindruck jener Zeit.

1667 Umbau des Louvre, Einrichtung des Observatoriums

1682 Der Hof zieht nach Versailles, wo er bis zur Revolution verbleibt

1686 Le Procope – erstes Pariser Café

1702 Paris erstmals in 20 *arondissements* (Bezirke) eingeteilt

1715 Tod Louis' XIV

1670 | 1680 | 1690 | 1700 | 1710

1670 Bau des Hôtel des Invalides

1689 Bau des Pont Royal

1692 Missernten und Kriege verursachen große Hungersnöte

Standbild Louis' XIV im Musée Carnavalet

Paris zur Zeit der Aufklärung

Büste von François Marie Arouet – bekannt als Voltaire

Die Aufklärung mit ihrer Betonung der wissenschaftlichen Vernunft und ihrer Kritik am Geist und den Institutionen der Zeit hatte ihren Mittelpunkt in Paris. Im Gegensatz dazu herrschten am Hofe Louis' XV in Versailles Vetternwirtschaft und Korruption. Gleichzeitig florierte die Wirtschaft, die Künste gediehen wie nie zuvor, und Intellektuelle wie Voltaire und Rousseau genossen Ansehen in ganz Europa. Die Pariser Bevölkerung wuchs auf etwa 650 000 an; städtebauliches Denken entwickelte sich, 1787 erschien der erste exakte Stadtplan.

Ausdehnung der Stadt

1720 | *heute*

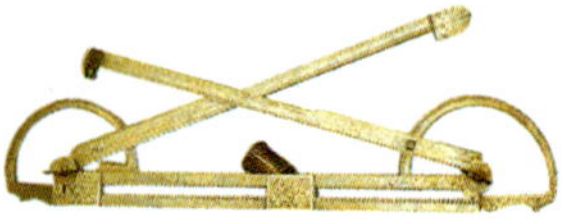

Nautische Instrumente
Als Navigationshilfe schufen Forscher Teleskope und trigonometrische Instrumente, die zur Messung geografischer Länge und Breite dienten.

Perücken aus dem 18. Jahrhundert
Perücken waren nicht nur Mode, sie zeugten auch vom Status ihres Trägers.

Comédie Française
Die Zeit der Aufklärung war auch die Zeit des Theaters: Neue Häuser wie das der Comédie Française öffneten ihre Pforten. Heute spielt hier das Ensemble des Théâtre Français.

Der **Zuschauerraum** mit seinen 1913 Plätzen war der größte in ganz Paris.

Zeitskala

1720 | 1730 | 1740 | 1750

1722 Erste Feuerwehr der Stadt gegründet

Feuerwehrmann

1734 Fontaine des Quatre Saisons erbaut

1748 Montesquieus *De l'Esprit des Lois* erscheint, ein einflussreiches Werk über Regierungsformen

1751 Erster Band der *Encyclopédie* von Diderot erscheint

Madame de Pompadour
Sie war allgemein als Mätresse Louis' XV bekannt, aber auch eine bedeutende Förderin der Künste mit großem politischem Einfluss.

Schokoladenkännchen
Im 18. Jahrhundert konnten sich Bürgerfamilien den Genuss von Tabak, Tee, Kakao und Kaffee aus Asien und der Neuen Welt leisten.

Les Catacombes
Sie wurden 1785 als hygienische Alternative zu den Friedhöfen von Paris angelegt (siehe S. 179).

Das Paris der Aufklärung

Das Viertel um die Rue de Lille, Rue de Varenne und Rue de Grenelle *(S. 183)* weist viele prächtige Stadtpalais oder Hôtels auf, die der Adel in der ersten Hälfte des 18. Jahrhunderts errichten ließ. Memorabilien aus dem Leben der Intellektuellen Voltaire und Jean-Jacques Rousseau gibt es im Musée Carnavalet *(S. 96f)* – neben Interieurs und Gemälden aus dem 18. Jahrhundert – zu sehen.

Kirchen wurden auch in der Zeit der Aufklärung gebaut; St-Sulpice *(S. 172)* wurde 1776 vollendet.

Le Procope *(S. 140)* ist das älteste Café von Paris. Voltaire und Rousseau waren Gäste.

1757 Erste Öllaternen in den Straßen

1764 Madame de Pompadour stirbt

1774 Louis XV, Urenkel von Louis XIV, stirbt

1778 Frankreich unterstützt die amerikanische Unabhängigkeit

1785 David malt den *Schwur der Horatier*

1760 | 1770 | 1780

um 1760 Place de la Concorde, Panthéon und Ecole Militaire erbaut

1762 Rousseaus *Emile* und *Le Contrat Social*

Rousseau, Philosoph und Schriftsteller, glaubte, dass der Mensch von Natur aus gut sei, aber durch die Gesellschaft verdorben würde

1782 Erstes Straßenpflaster auf der Place du Théâtre Français

1783 Die Brüder Montgolfier steigen mit dem Heißluftballon auf

Paris zur Zeit der Revolution

Gedenkteller zur Feier der Revolution

SCHMUTZ UND ELEND prägte das Leben der Pariser, wie die Menschen es seit dem Mittelalter gewohnt waren. Teuerung und Unmut über Louis XVI gipfelten im Sturm auf die Bastille, das Staatsgefängnis. Drei Jahre später wurde die Republik ausgerufen. Bald folgte der Terror, als jeder, der des Verrats an der Revolution verdächtig war, ohne Prozess hingerichtet wurde: Über 60 000 Menschen verloren so ihr Leben. Die blutigen Exzesse Robespierres führten zu seinem Sturz und der Bildung einer Direktorialverfassung (1795).

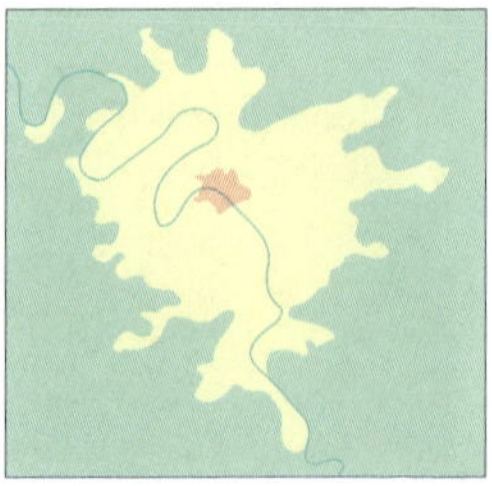

AUSDEHNUNG DER STADT

1796 | *heute*

Erklärung der Menschen- und Bürgerrechte

Die Ideale der Aufklärung – Gleichheit und Menschenwürde – wurden in die Erklärung hineingeschrieben. Das Bild zeigt die Präambel zur Verfassung von 1791.

Die **Gefängnistürme** wurden angezündet.

Die **französischen Garden,** die zu den Revolutionären hielten, trafen spät nachmittags mit zwei Kanonen ein.

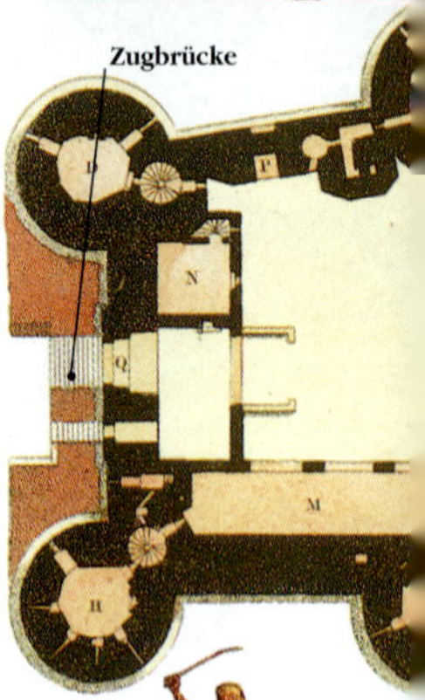

Zugbrücke

REVOLUTIONSKALENDER

Die Revolutionäre schafften den Kirchenkalender ab und setzten den 22. September 1792 – den Tag, an dem die Republik ausgerufen wurde – als ersten Tag der neuen Ära. Der Kalender hatte zwölf Monate, eingeteilt in drei Dekaden zu je zehn Tagen; die verbleibenden fünf Tage pro Jahr wurden zu Feiertagen erklärt. Jeder Monat erhielt einen poetischen Namen, der eine Verbindung zwischen Natur und Jahreszeiten herstellte, beispielsweise Nebel, Schnee, Aussaat oder Ernte.

Ventôse, der windige Monat (19. Feb–20. März), aus dem Revolutionskalender (Farbradierung von Tresca)

ZEITSKALA

1789

5. Mai Tagung der Generalstände

14. Juli Fall der Bastille

4. Aug Abschaffung des Feudalrechts

26. Aug Erklärung der Menschen- und Bürgerrechte

17. Sep Verdächtigungsgesetz: Beginn des Terrors

Karikatur über die drei Stände: Klerus, Adel und erwachendes Volk

1790

14. Juli Fête de la Fédération

Lafayette, Kommandant der Nationalgarde, legt seinen Eid auf die Verfassung ab

1791

17. Juli Blutbad auf dem Marsfeld

1792

25. Apr *La Marseillaise* komponiert

10. Aug Erstürmung der Tuilerien

La Marseillaise
Das Marschlied der Revolutionäre wurde zur Nationalhymne – bis heute.

Papiergeld
Schuldverschreibungen (assignats) finanzierten die Revolution.

Die **Sansculotten**
So nannte man um 1792 städtische Revolutionäre, die lange Hosen trugen – anstatt der bei Adligen üblichen kurzen culottes.

171 Tote und Verwundete zählte man am Ende des Tages.

»Patriotischer« Stuhl
Die Rückenpfosten dieses Holzstuhles tragen rote Häubchen – Symbole der Revolution.

Wandtapete
Sogar Tapeten trugen Revolutionsmotive zur Feier der Revolution.

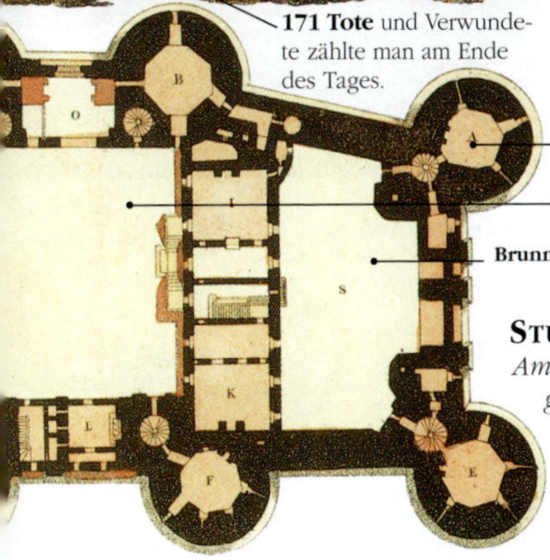

Guillotine
Sie wurde zum ersten Mal im April 1792 eingesetzt.

Sturm auf die Bastille

Am 14. Juli 1789 wurde die Bastille gestürmt, die sieben Gefangenen wurden befreit. Die Verteidiger (32 Schweizer Garden, 82 Soldaten und der Kommandant) wurden umgebracht.

0. Juni …esetzung der …uilerien

10. Aug Sturz Louis' XVI

20. Sep Schlacht von Valmy

2.–6. Sep Septembermorde

1793

21. Jan Hinrichtung Louis' XVI

Herbst Robespierre leitet Wohlfahrtsausschuss

13. Juli Ermordung Marats, des Gründers der revolutionären Zeitung *L'Ami du Peuple*

16. Okt Hinrichtung Marie-Antoinettes

24. Nov Schließung der Kirchen

1794

5. Apr Hinrichtung von Danton und Anhängern

28. Juli Hinrichtung Robespierres

19. Nov Jakobinerclub (revolutionärer Aktionsrat) geschlossen

1795

22. Aug Neue Verfassung: das Direktorium

Robespierre: Revolutionär und Architekt des Terrors

Paris zur Zeit Napoléons

Napoléons Kaiserkrone

Napoléon Bonaparte war der fähigste General der französischen Armee. Die Schwäche der neuen Regierung nach der Revolution ermöglichte ihm den Griff nach der Macht. Im November 1799 etablierte er sich im Tuilerien-Palast als Erster Konsul, im Mai 1804 krönte er sich selbst zum Kaiser. Napoléon schuf eine zentralisierte Verwaltung und einen Gesetzeskodex, er erneuerte das Bildungssystem und verfolgte den Plan, Paris zur schönsten Stadt der Welt zu machen. Seine Macht war von innen und außen stets bedroht und auf dauernde Kriegsführung angewiesen. Im März 1814 zogen preußische, österreichische und russische Truppen in Paris ein; Napoléon wurde nach Elba verbannt. Er kehrte 1815 nach Paris zurück, wurde bei Waterloo geschlagen und starb 1821 in der zweiten Verbannung.

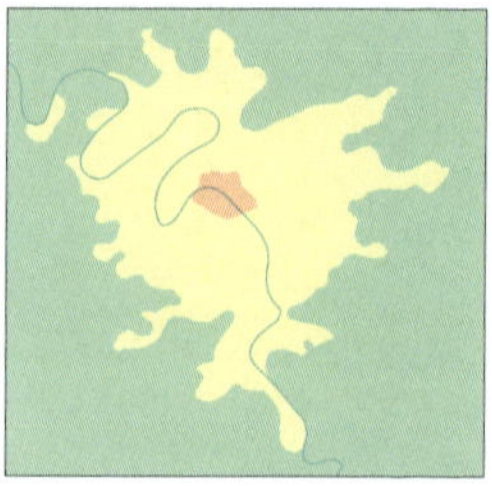

Ausdehnung der Stadt

1810 *heute*

Château Malmaison *Dies war die bevorzugte Residenz von Joséphine, Napoléons erster Frau.*

Hofdamen tragen Joséphines Schleppe.

Uhr aus Opalglas *In den Verzierungen spiegelt sich die Stoffmode der Zeit wider.*

Elefanten-Projekt *Dieses Denkmal sollte auf der Place de la Bastille stehen.*

Flug des Adlers *Karikatur über Napoléons Verbannung nach Elba (1814).*

Zeitskala

1797 Schlacht von Rivoli

1799 Napoléons Machtergreifung

1800 Bank von Frankreich gegründet

1800 Napoléon kehrt auf seinem Schiff *L'Orient* aus Ägypten zurück

1802 Gründung der Ehrenlegion

1804 Krönung Napoléons

1806 Arc de Triomphe in Auftrag gegeben

1809 Napoléon von Joséphine geschieden; Heirat mit Marie-Louise

1812 Russlandfeldzug gescheitert

1814 Napoléon dankt ab

1815 Waterloo und zweite Abdankung Napoléons. Restauration der Monarchie

1821 Napoléon stirbt

1800 | 1805 | 1810 | 1815 | 1820

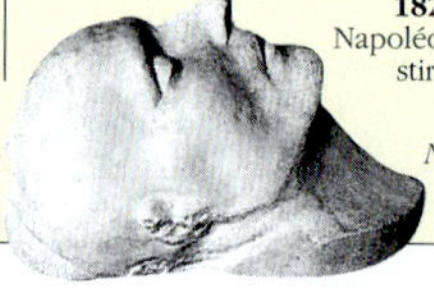

Napoléons Totenmaske

Bronzene Tischplatte
Mit dem Bildnis Napoléons verziert erinnert dieser Tisch an den Sieg bei Austerlitz.

Russische Kosaken im Palais Royal
Nach der Niederlage und Flucht Napoléons (1814) musste Paris eine Besetzung durch fremde Truppen erdulden – darunter Österreicher, Preußen und Russen.

Joséphine kniet vor Napoléon.

Napoléon hält die Krone für seine Kaiserin, Joséphine.

Der Papst macht das Kreuzzeichen.

Krönung Napoléons

Das Bild der Krönungszeremonie Napoléons (1804) von J. L. David zeigt den Papst, den man nach Notre-Dame bestellt hatte, als Zuschauer: Napoléon krönt seine Kaiserin, bevor er sich selber krönt.

Die Kaiserin
Napoléon trennte sich von Joséphine 1809.

Der **Arc de Triomphe du Carrousel** wurde 1806 erbaut; die Rösser, die ihn krönen, sind Beutestücke aus Venedigs San Marco.

Das Paris Napoléons

Viele große Bauten, die Napoléon für Paris plante, wurden nie realisiert, doch zwei Triumphbögen, Arc de Triomphe *(S. 208f)* und Arc de Triomphe du Carrousel *(S. 122)*, sind Teil seines Vermächtnisses. Auch die Kirche La Madeleine *(S. 214)* wurde unter seiner Regierung geweiht sowie ein großer Teil des Louvre erneuert *(S. 122f)*. Der Empirestil findet sich in Malmaison *(S. 255)* und im Carnavalet *(S. 96f)*.

1842 Erste Eisenbahnlinie zwischen Paris und St-Germain-en-Laye eröffnet

1825 | 1830 | 1835 | 1840 | 1845

1830 Julirevolution und Errichtung der konstitutionell-parlamentarischen Monarchie

1831 Victor Hugo veröffentlicht *Notre-Dame de Paris*

Choleraepidemie in Paris

1840 Umbettung Napoléons in den Dôme des Invalides

Napoléons Grabmal

Der große Wandel

Laterne vor der Opéra

PARIS ERLEBTE im Februar 1848 eine weitere Revolution, durch die Louis-Philippe gestürzt wurde. Im Dezember wählten die Franzosen den Neffen Napoléons I, Prinz Louis Bonaparte, zum Präsidenten. Dieser machte sich 1852 als Napoléon III zum Kaiser. Unter seiner Herrschaft gedieh Paris zur großartigsten Metropole Europas. Die Stadterneuerung vertraute Napoléon III Baron Haussmann an. Der beseitigte die engen Viertel des mittelalterlichen Paris und schuf eine großzügige Hauptstadt nach einem geometrischen Muster mit Avenuen und Boulevards. Angrenzende Bezirke wie Auteuil wurden eingemeindet – die Vororte entstanden.

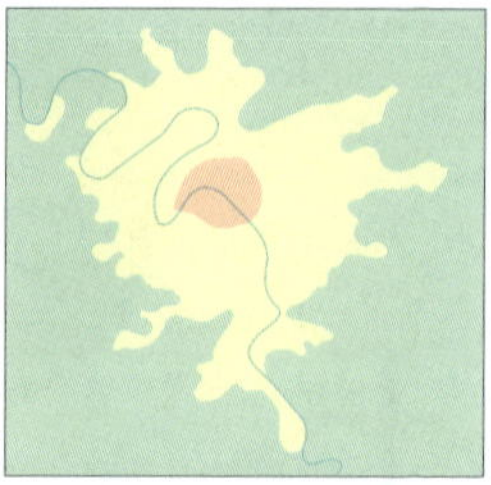

Ausdehnung der Stadt

1859 *heute*

Boulevard des Italiens
Diese baumbestandene Allee – von Edmond Georges Grandjean 1889 gemalt – war einer der schicken neuen Boulevards.

Arc de Triomphe

Zwölf Avenuen bilden einen Stern *(étoile)*.

Große Wohnhäuser entstanden zwischen 1860 und 1868 um den Arc de Triomphe.

Bau der Kanalisation
Dieser Stich von 1861 zeigt frühe Arbeiten an der Kanalisation (siehe S. 190) *zwischen La Villette und Les Halles.*

Litfaßsäule
Hier kündigten Plakate Opern- und Theateraufführungen an.

Zeitskala

1851 Staatsstreich von Prinz Louis Bonaparte, ab 1852 als Napoléon III Kaiser

1852 Haussmann beginnt Maßnahmen zur Stadterneuerung

1855 Weltausstellung

Besucher der Weltausstellung

1850 | 1852 | 1854 | 1856 | 1858

20-Centimes-Briefmarke mit dem Bildnis Napoléons III

1857 Der Dichter Baudelaire wird wegen *Les fleurs du mal* und der darin enthaltenen »Verhöhnung der öffentlichen Moral und der guten Sitten« gerichtlich belangt

Place de l'Etoile

Zum Konzept für die Innenstadt gehörte die Neugestaltung des Viertels am Ende der Champs-Elysées (elysische Felder). *Haussmann schuf einen Stern von zwölf Avenuen um den Arc de Triomphe. (Der Ausschnitt zeigt das Gebiet im Jahr 1790.)*

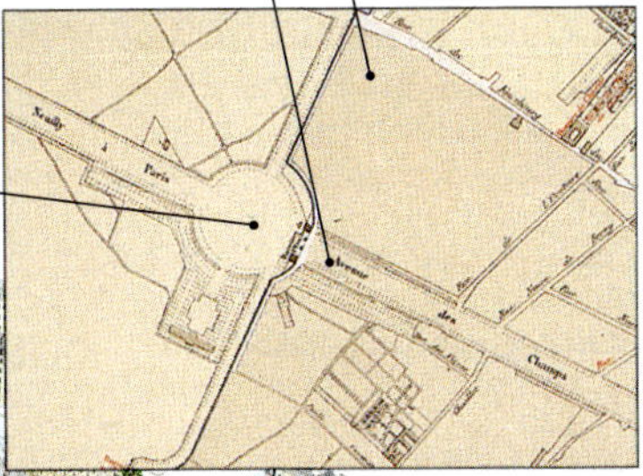

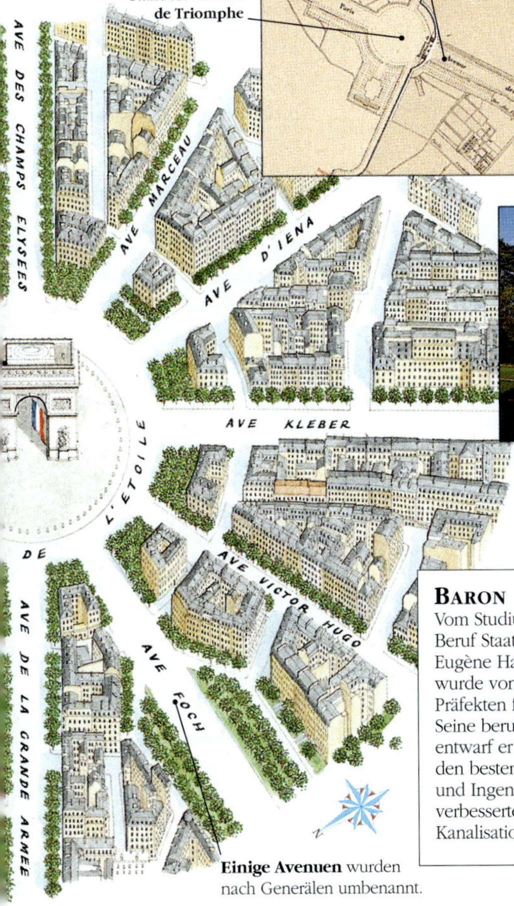

Einige Avenuen wurden nach Generälen umbenannt.

Trinkbrunnen
Der englische Frankophile Richard Wallace ließ 1840 in den Armenvierteln von Paris fünfzig Brunnen bohren.

Bois de Boulogne
Zu Fuß oder zu Pferd: Das Geschenk Napoléons III an die Stadt (1852) wurde schnell beliebt (siehe S. 254f).

Baron Haussmann

Vom Studium her Jurist, von Beruf Staatsdiener: Georges-Eugène Haussmann (1809–91) wurde von Napoléon III zum Präfekten für die Region Seine berufen. 17 Jahre lang entwarf er zusammen mit den besten Architekten und Ingenieuren seiner Zeit eine neue Stadt, verbesserte die Wasserversorgung sowie die Kanalisation und schuf wunderschöne Parks.

1861 Garnier entwirft neues Opernhaus

1863 Die Nacktheit in Manets *Das Frühstück im Freien* löst einen Skandal aus; Ablehnung durch die Akademie *(siehe S. 144f)*

1867 Weltausstellung

1870 Napoléons Frau Eugénie flieht vor dem drohenden Krieg aus Paris

1860 | 1862 | 1864 | 1866 | 1868

1863 Bankhaus Credit Lyonnais gegründet

1862 Victor Hugos Roman über die Armen von Paris, *Les Misérables*, veröffentlicht

1868 Pressezensur gemildert

1870 Beginn des Deutsch-Französischen Kriegs

Die Belle Epoque

Jugendstildekor

Der Deutsch-Französische Krieg war nach der furchtbaren Belagerung von Paris zu Ende. Als im Jahre 1871 Frieden geschlossen wurde, war es an der neuen Regierung, das Land wirtschaftlich wiederzubeleben. Ab etwa 1890 änderte sich alles: Automobil, Flugzeug, Kino, Telefon und Grammophon steigerten den Lebensgenuss, die Belle Epoque war geboren. Paris wurde zur Glitzerstadt, wo Art nouveau, der neue Stil, Gebäude und Interieurs veredelte. In der Malerei der Impressionisten wie Renoir spiegelte sich die *joie de vivre* wider, während Matisse, Braque und Picasso später der modernen Kunst den Weg bereiteten.

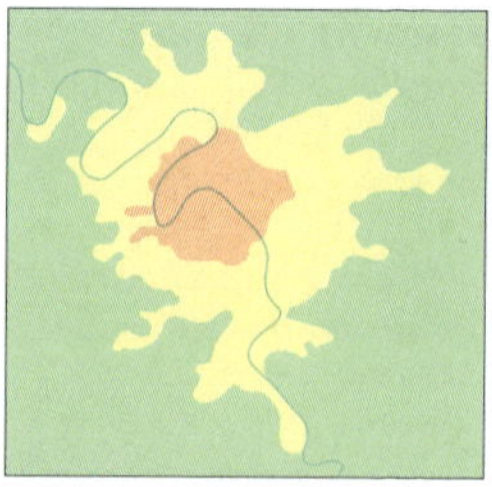

Ausdehnung der Stadt

1895 *heute*

Show-Plakat
Mit seinen Plakaten machte Toulouse-Lautrec die Tänzerinnen vom Montmartre unsterblich. Die Cafés und Klubs waren Treffpunkte der Maler und Schriftsteller.

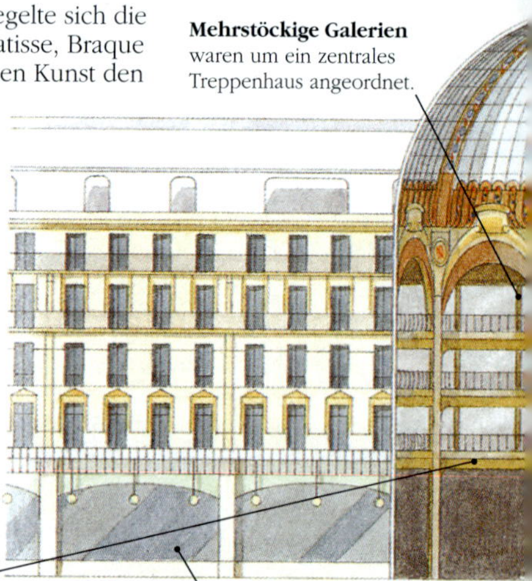

Mehrstöckige Galerien waren um ein zentrales Treppenhaus angeordnet.

Elektrischer Strom erhellte die Auslagen.

Schaufenster am Boulevard Haussmann präsentierten ein üppiges Warenangebot.

Jugendstil-Registrierkasse
Selbst Alltagsgegenstände wie Ladenkassen wurden im neuen Stil gestaltet.

Haupthalle des Grand Palais
Das Grand Palais (S. 206f) *wurde zur Weltausstellung 1889 für zwei Ausstellungen französischer Malerei und Skulptur gebaut.*

Zeitskala

1870

1871 Dritte Republik ausgerufen

Aus Hunger erschoss man Zoo-Tiere (siehe S. 224)

1870 Belagerung

1874 Monet malt das erste Bild des Impressionismus: *Impression: Soleil Levant*

1875

1880

Louis Pasteur

1885 Louis Pasteur entdeckt Impfstoff gegen Tollwut

1885

Eintrittsbillett zur Weltausstellung

1889 Bau des Eiffelturms

1890

1891 Erste Métro-Station eröffnet

1889 Weltausstellun

Citroën 5CV
In der frühen Entwicklung des Automobils war Frankreich führend. Um 1900 sah man den Citroën auf den Straßen; Langstreckenrennen waren beliebt.

Die gläserne Kuppel war vom ganzen Kaufhausinneren zu sehen.

Moulin Rouge (1890)
Die alten Windmühlen vom Montmartre wurden zu Nachtklubs umgewandelt, so das berühmte Moulin Rouge (siehe S. 226).

Galeries Lafayette (1906)

Dieses herrliche Warenhaus mit seiner prächtigen Kuppel aus buntem Glas und Schmiedeeisen war ein Zeichen des neuen Wohlstandes.

Die frechen Neunziger
Die Brüder Lumière hielten die kühnen Negligé-Moden der 1890er Jahre auf den ersten bewegten Bildern des Kinematographen fest.

Die Belle Epoque

Jugendstil findet sich an Monumentalbauten wie dem Grand Palais und Petit Palais *(S. 206)*, während schöne Interieurs der Belle Epoque in den Galeries Lafayette und im Restaurant Pharamond *(S. 300)* zu besichtigen sind. Das Musée d'Orsay *(S. 144ff)* zeigt Objekte aus dieser Zeit.

Der Eingang zur Métro-Station Place des Abbesses wurde von Hector Guimard entworfen *(siehe S. 226)*.

Der Hauseingang zur Avenue Rapp Nr. 29 *(S. 191)* nahe dem Eiffelturm ist ein schönes Beispiel für den Jugendstil.

1894–1906 Affaire Dreyfus

Hauptmann Dreyfus wurde wegen des Verkaufs von Geheimnissen an Preußen angeprangert. Später erwies sich seine Unschuld.

1907 Picasso malt *Les Demoiselles d'Avignon*

1913 Proust veröffentlicht den ersten Teil von *A la recherche du temps perdu*

1895 | **1900** | **1905** | **1910**

1895 Die Brüder Lumière stellen Kinematographen vor

1898 Pierre und Marie Curie entdecken das Radium

1909 Blériot überfliegt den Ärmelkanal

1911 Diaghilew bringt russisches Ballett nach Paris

Die Avantgarde in Paris

Bürostuhl von Le Corbusier

Von den 1920er bis 1940er Jahren war Paris ein Mekka der Maler, Musiker, Schriftsteller und Cineasten. Neue Stile wie Kubismus und Surrealismus, vertreten durch Cézanne, Picasso, Braque, Man Ray und Duchamp, belebten die Stadt. Viele Trends kamen aus den USA, als Schriftsteller und Musiker wie Ernest Hemingway, Gertrude Stein und Sidney Bechet nach Paris zogen. In der Architektur prägten die geometrischen Formen von Le Corbusier die modernen Gebäude.

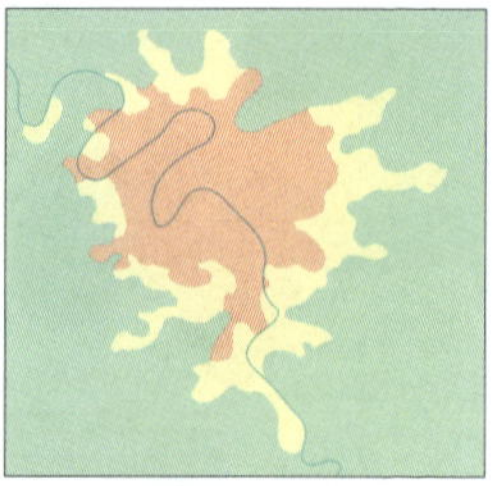

Ausdehnung der Stadt

1940 — *heute*

***Napoléon* von Abel Gance**
Paris war immer eine Filmstadt. Abel Gance drehte 1927 einen Film über Napoléon, bei dem er Dreifach-Projektionen und Weitwinkelobjektive einsetzte.

Paris unter Besatzung
Fast den ganzen Zweiten Weltkrieg war Paris besetzt. Der Eiffelturm war Treffpunkt deutscher Soldaten.

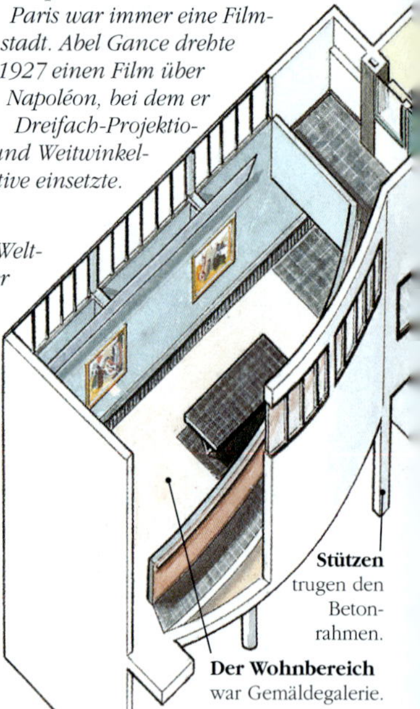

Stützen trugen den Betonrahmen.

Der Wohnbereich war Gemäldegalerie.

Villa La Roche von Le Corbusier
Das Haus aus Beton und Stahl (1923) verkörperte mit geraden, horizontalen Linien und Flachdach den neuen Stil.

Josephine Baker
Nur mit einem Bananenrock trat die Tänzerin aus St Louis in der »Revue nègre« auf und wurde über Nacht berühmt.

Sidney Bechet
In den 1930er und 1940er Jahren swingte in den Jazzklubs die Musik schwarzer Musiker – so die des Saxophonisten Sidney Bechet.

Zeitskala

1914–18 Erster Weltkrieg. Paris wird durch die Marneschlacht vor der deutschen Invasion bewahrt. Eine Granate trifft St-Gervais-St-Protais

Soldat des Ersten Weltkrieges in Uniform

1919 Vertrag von Versailles im Spiegelsaal unterzeichnet

1920 Bau des Grabmals des Unbekannten Soldaten

1924 Olympische Spiele in Paris. André Breton veröffentlicht das *Surrealistische Manifest*

Die Ewige Flamme brennt für den Unbekannten Soldaten unter dem Arc de Triomphe

1925 Art déco zum ersten Mal auf der Ausstellung der Dekorativen Künste

1914 | 1916 | 1918 | 1920 | 1922 | 1924 | 1926 | 192

Mode der 1940er Jahre
Die klassische Herren- wie Damenmode nach dem Zweiten Weltkrieg erinnert ein wenig an Uniformen.

Plakat für Luftpost
Ab 1930 entstanden Luftpostlinien, vor allem nach Französisch-Nordafrika.

Der alte Trocadéro wurde für die Weltausstellung zum Palais de Chaillot *(siehe S. 198)*.

Das Paris der Avantgarde

Die Villa La Roche ist heute Teil der Fondation Le Corbusier *(siehe S. 254)* im Pariser Vorort Auteuil. Hemingways Lieblingsbar »Closerie des Lilas« *(siehe S. 179)* hat viel von ihrem Charme bewahrt. Über die Mode der Zeit informiert das Musée de la Mode et du Costume *(siehe S. 201)*.

***Claudine à Paris* von Colette**
Die Romane der Claudine-Reihe von »Colette« (Colette Willy) waren in den 1930er Jahren sehr beliebt.

1931 Kolonialausstellung

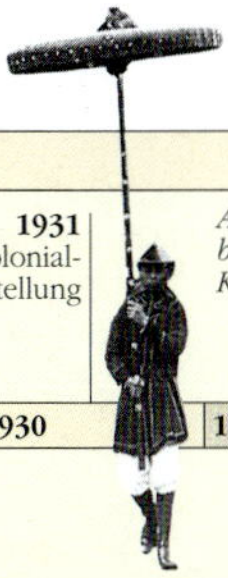

Ausstellungsbesucher in Kolonialtracht

1937 Picasso malt *Guernica* als Protest gegen das deutsche Bombardement der spanischen Stadt

1940 Zweiter Weltkrieg: Paris wird bombardiert und von den Deutschen besetzt

1930 | 1932 | 1934 | 1936 | 1938 | 1940 | 1942

1934 Unruhen und Streiks infolge Wirtschaftkrise

1937 Bau des Palais de Chaillot

Emblem des Freien Frankreich mit Victory-Zeichen

Aug 1944 Befreiung von Paris

Die moderne Stadt

Der frühere Präsident Mitterrand

Im Jahr 1962 begann in Paris ein weitreichendes Modernisierungsprogramm: Vernachlässigte Viertel wie Marais wurden sorgsam restauriert. Das Projekt ist Teil der *Grands Travaux* des verstorbenen François Mitterrand zur Erhaltung von Denkmälern. Kunstsammlungen wie die des Louvre *(siehe S. 122ff)* und des Musée d'Orsay *(siehe S. 144ff)* wurden besucherfreundlicher gestaltet, Neubauten wie die Opéra de Paris Bastille *(siehe S. 98)* und die Cité des Sciences *(siehe S. 236ff)* entstanden. Mit der hypermodernen Architektur von La Défense, Grande Arche und Stâde de France ging Paris dem 21. Jahrhundert entgegen.

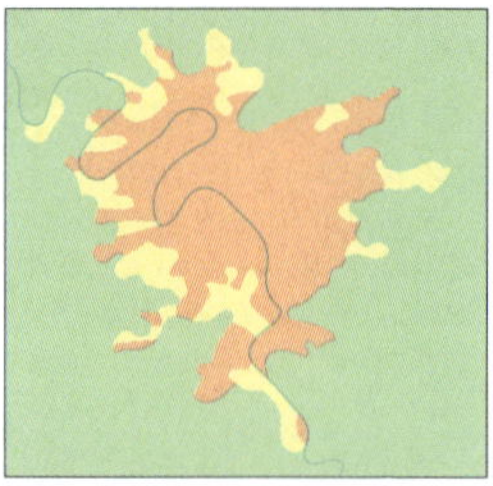

Ausdehnung der Stadt

1959 | heute

Pont Neuf à la Christo
Um ein Bewusstsein für Strukturen zu schaffen, verhüllte der aus Bulgarien stammende Künstler Christo die älteste Brücke von Paris im Jahr 1985.

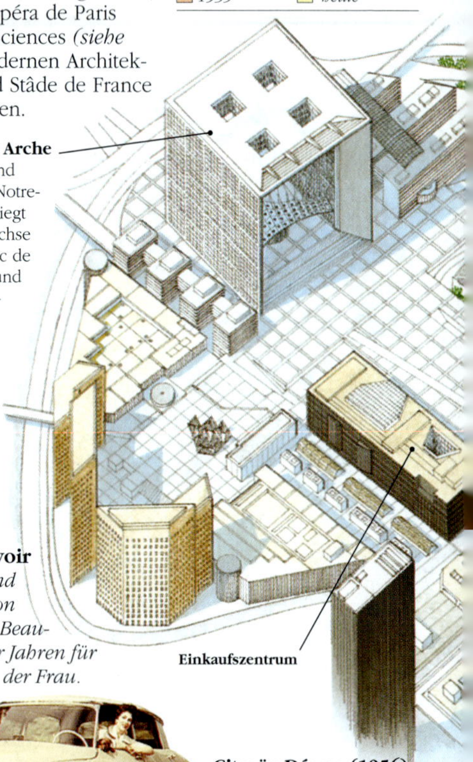

La Grande Arche ist höher und breiter als Notre-Dame; sie liegt auf einer Achse mit dem Arc de Triomphe und der Louvre-Pyramide.

Einkaufszentrum

Simone de Beauvoir
Als Philosophin und Lebensgefährtin von Sartre kämpfte de Beauvoir in den 1950er Jahren für die Emanzipation der Frau.

Citroën Déesse (1956)
Mit ihrer ultramodernen Linienführung avancierte die »Flunder« zum Pariser Prestige-Auto.

Zeitskala

1950 Bau der Maison de l'UNESCO und des Musée de Radio France

1962 Kulturminister André Malraux startet Modernisierungsprogramm für vernachlässigte Viertel und Denkmäler

Centre Pompidou

1977 Centre Pompidou eröffnet. Jacques Chirac wird erster gewählter Bürgermeister seit 1871

1945 | 1950 | 1955 | 1960 | 1965 | 1970 | 1975

Charles de Gaulle

1958 Gründung der Fünften Republik unter Präsident de Gaulle

1964 Neuorganisation der Ile-de-France

1968 Studentenunruhen und Arbeiterstreiks im Quartier Latin

1969 Les Halles ziehen nach Rungis um

1973 Bau der Tour Montparnasse und des Périphérique (Ringstraße)

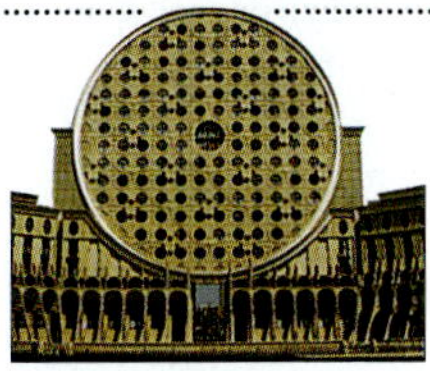

Marne La Vallée
Wie ein gigantischer Lautsprecher wirkt dieser Wohnkomplex in den Pariser Schlafstädten in der Nähe von Euro-Disneyland.

Mode von Chanel
Jedes Jahr finden in der Modemetropole Paris richtungsweisende Modenschauen statt.

Centre Pompidou
Das beliebte Kulturzentrum beherbergt die gesammelte moderne Kunst des Landes (siehe S. 110 ff).

Opéra de Paris Bastille
Die Oper wurde 1989 zur 200-Jahr-Feier des Sturms auf die Bastille eröffnet.

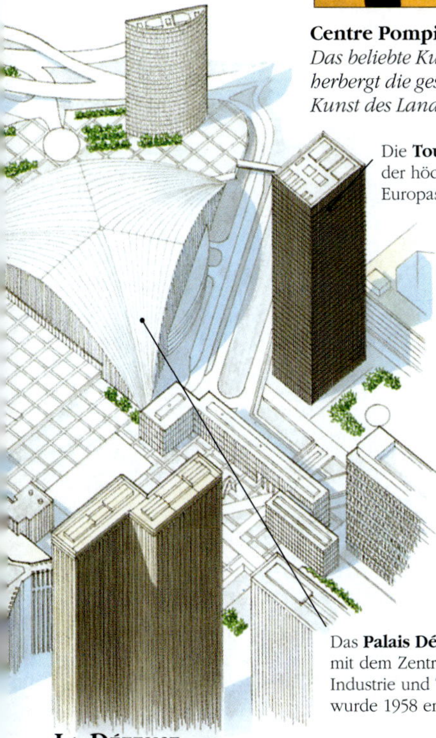

Die **Tour Fiat** ist eines der höchsten Gebäude Europas.

Das **Palais Défense** mit dem Zentrum für Industrie und Technik wurde 1958 eröffnet.

LA DÉFENSE
Mit dem Bau des Geschäftszentrums am Rand von Paris begann man 1958. Heute kommen 30 000 Pendler aus dem Umland hierher.

STUDENTENUNRUHEN

Im Mai 1968 erlebte Paris seine »Kulturrevolution«. Studenten und Arbeiter besetzten das Quartier Latin, der Protest gegen den Vietnamkrieg geriet zum Ausdruck der Unzufriedenheit mit der Regierung. Präsident de Gaulle trat 1969 zurück, sein Nachfolger wurde Georges Pompidou.

Studenten contra Polizei

1985 Christo verpackt Pont Neuf

Teilnehmer an den Jubiläumsfeiern in den französischen Nationalfarben

Das siegreiche französische Fußballteam

1980 | 1985 | 1990 | 1995 | 2000 | 2005 | 2010

1980 Papst Johannes Paul II. wird beim offiziellen Besuch von Tausenden begrüßt

1989 Feiern zum 200-jährigen Jubiläum der Revolution

1994 Einweihung des Eurostar

1998 Frankreich gewinnt Fußballweltmeisterschaft

1999 Dezemberstürme fegen durch Paris. Versailles verliert 10 000 Bäume

2001 Bertrand Delanoë wird der erste sozialistische Bürgermeister seit 1870

2002 Einführung des Euro

Paris im Überblick

Fast 300 Sehenswürdigkeiten werden im *Führer durch die Stadtteile* behandelt *(ab S. 75)*. Das Spektrum reicht von der alten Conciergerie, dem Vorzimmer der Guillotine *(siehe S. 81)*, bis zur modernen Opéra de Paris Bastille *(siehe S. 98)*, von der Rue de Montmorency Nr. 51 *(siehe S. 114)*, dem ältesten Haus von Paris, zum eleganten Musée Picasso *(siehe S. 100f)*. Damit auch ein Kurzaufenthalt so interessant wie möglich wird, bieten die folgenden zehn Doppelseiten eine Schnelltour zu den Highlights von Paris. Je ein Abschnitt ist den faszinierenden Museen und Galerien, den beeindruckenden Kirchen und den schönen Parks und Plätzen gewidmet. Auch berühmte Pariser werden gewürdigt. Bei jedem Punkt sehen Sie einen Verweis auf die Detaildarstellung. Hier die wichtigsten Ziele.

Die Hauptsehenswürdigkeiten von Paris

La Défense
Siehe Seite 255.

Sainte-Chapelle
Siehe Seiten 88f.

Versailles
Siehe Seiten 248–253.

Centre Pompidou
Siehe Seiten 110–113.

Musée d'Orsay
Siehe Seiten 144–147.

Eiffelturm
Siehe Seiten 192f.

Musée du Louvre
Siehe Seiten 122–129.

Jardin du Luxembourg
Siehe Seite 172.

Bois de Boulogne
Siehe Seiten 254f.

Notre-Dame
Siehe Seiten 82–85.

Arc de Triomphe
Siehe Seiten 208f.

◁ **Der Invalidendom im Komplex des Hôtel des Invalides**

Sie lebten hier

PARIS HAT SCHON IMMER die großen Persönlichkeiten der Welt angelockt. Es bot jenen Zuflucht, die ihren persönlichen Ausdruck suchten und ihr eigenes Leben leben wollten. Bevor Thomas Jefferson 1801 Präsident der USA wurde, lebte er während der 1780er Jahre nahe den Champs-Elysées und nannte Paris »jedermanns zweite Heimat«. Über die Jahrhunderte war Paris eine Kulturhauptstadt der westlichen Welt. Es hat Königen und Politikern als Exil gedient – darunter Amerikanern, Russen, Chinesen und Vietnamesen –, die später berühmt und mächtig wurden. Es hat Malern, Schriftstellern, Dichtern und Musikern Aufnahme gewährt, deren Namen heute in aller Munde sind. Alle waren gefangen vom Zauber der Stadt, ihrer Lebensart, ihrem Kunstsinn und ihrer Gastronomie.

Marlene Dietrich *(1901–92)*
Die Schauspielerin und Sängerin gab im Olympia einige ihrer größten Vorstellungen (siehe S. 337).

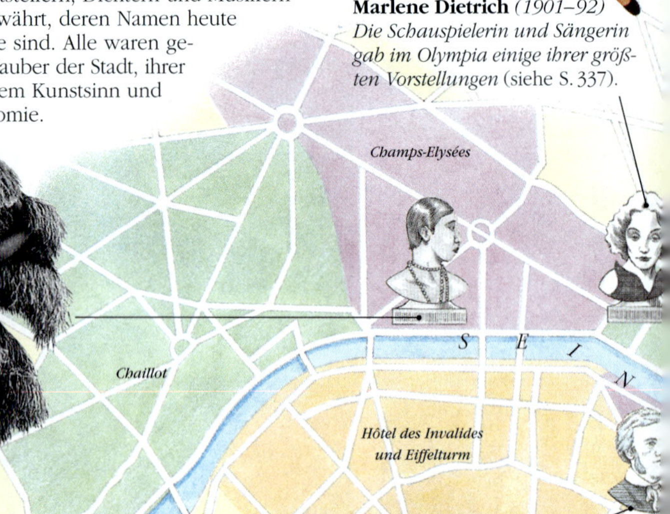

Josephine Baker *(1906–75)*
Die »Königin« des Pariser Varietés machte 1925 Schlagzeilen, als sie – nur mit einem Bananenrock bekleidet – den Black-Bottom tanzte. Zunächst trat sie im Théâtre des Champs-Elysées auf (siehe S. 334).

Richard Wagner *(1813–83)*
Der Schulden in Deutschland wegen lebte der Komponist in Paris in der Rue Jacob Nr. 14.

Roman Polanski *(*1933)*
Der polnische Regisseur (links im Bild) *ist mitunter im Mode-Café La Coupole* (siehe S. 311) *zu sehen.*

Salvador Dalí *(1904–89)*
Der Surrealist kam 1929 nach Paris. Später wohnte er häufig im Hôtel Meurice in der Rue de Rivoli Nr. 228 (siehe S. 281). *Im Espace Montmartre sind viele seiner Werke zu sehen* (siehe S. 222).

Pablo Picasso *(1881–1973)*
Der spanische Künstler lebte in der Künstlerkolonie am Bateau-Lavoir (siehe S. 226).

Vincent van Gogh
(1853–90)
Der Holländer wohnte mit seinem Bruder Theo, Kunsthändler von Beruf, in der Rue Lepic Nr. 56.

Rudolf Nurejew *(1938–93)*
Der russische Ballettstar war Direktor des Ballet de l'Opéra (s. S. 335).

Leo Trotzki
(1879–1940)
Vor der Oktoberrevolution (1917) war der Revolutionär Trotzki oft zusammen mit Lenin im Café Dôme zu sehen.

Oscar Wilde *(1854–1900)*
Der irische Exil-Schriftsteller und Ex-Häftling starb im L'Hôtel (siehe S. 281).

Berühmte Persönlichkeiten

DANK SEINER GÜNSTIGEN LAGE an der Seine war Paris immer der Nabel Frankreichs – wirtschaftlich, politisch wie auch kulturell. Im Lauf der Jahrhunderte sind viele bekannte und bedeutende Persönlichkeiten aus der französischen Provinz oder dem Ausland nach Paris gegangen. Sie haben ihrerseits Zeichen gesetzt: Maler brachten neue Stilrichtungen, Musiker und Regisseure neue Ideen, Politiker entwickelten neue Denkansätze und Architekten neue Bauten.

Cathérine Deneuve

BILDENDE KÜNSTLER

***Sacré-Cœur* von Utrillo (1934)**

UM 1700 HOLTE SICH der Maler Jean-Antoine Watteau (1684–1721) Anregungen aus dem Pariser Theaterleben. Ein halbes Jahrhundert später starb hier Jean-Honoré Fragonard (1732–1806), gefeierter Maler des Rokoko, finanziell ruiniert durch die Revolution. Dann wurde Paris die Wiege des Impressionismus. Claude Monet (1840–1926), Pierre-Auguste Renoir (1841– 1919) und Alfred Sisley (1839–99) trafen sich in Pariser Ateliers. Pablo Picasso (1881–1973) malte 1907 sein zukunftsweisendes Werk *Les Demoiselles d'Avignon* im Bateau-Lavoir (siehe S. 226), auch Georges Braque (1882–1963), Amedeo Modigliani (1884–1920) und Marc Chagall (1887–1985) wirkten dort. Henri de Toulouse-Lautrec (1864–1901) trank und malte auf dem Montmartre, wie Salvador Dalí (1904–89), der im Surrealisten-Treff Café Cyrano verkehrte. Am Ende zogen die Pariser Maler zum Montparnasse, wo die Bildhauer Auguste Rodin (1840– 1917), Constantin Brâncuşi (1876–1957) und Ossip Zadkine (1890–1967) wohnten.

POLITIKER

HUGUES CAPET, Herzog von Paris, wurde 987 König von Frankreich, sein Palast lag auf der Ile de la Cité. Louis XIV, XV und XVI lebten in Versailles *(siehe S. 248ff)*, Napoléon *(siehe S. 30f)* in den Tuilerien. Kardinal Richelieu (1585–1642), die Macht hinter Louis XIII, gründete die Académie Française und das Palais Royal *(siehe S. 120)*. Heute wohnt der Präsident im Palais de l'Elysée *(S. 207)*.

Bildnis des Kardinals Richelieu von Philippe de Champaigne (um 1635)

FILMSTARS, REGISSEURE

SCHON IMMER schlug das Herz des französischen Films in Paris. Die Klassiker der Vorkriegs- und unmittelbaren Nachkriegszeit entstanden gewöhnlich in den Studios von Boulogne und Joinville, in denen ganze Stadtviertel rekonstruiert wurden – wie der Canal St-Martin für Marcel Carnés *Hôtel du Nord*. Jean-Luc Godard und andere Regisseure der Nouvelle Vague drehten lieber draußen. Godards *A bout de souffle* (1960) mit Jean-Paul Belmondo und Jean Seberg wurde an den Champs-Elysées gedreht.

Simone Signoret (1921–85) und Yves Montand (1921–91), berühmtestes französisches Filmpaar, hielten sich an die Ile de la Cité. Schauspielerinnen wie Cathérine Deneuve (*1943) und Isabelle Adjani (*1955) leben in der City – in der Nähe ihrer Couturiers.

MUSIKER

JEAN-PHILIPPE RAMEAU (1683–1764), Organist und Pionier der Harmonielehre, wirkte an St-Eustache *(siehe S. 114)*. Dort ließ auch Hector Berlioz (1803–69) 1855 sein *Te Deum* zum erstenmal aufführen und Franz Liszt (1811–86) 1866 seine *Graner Festmesse*. Die Organistendynastie der Couperins gab in St-Gervais-St-Protais *(siehe S. 99)* ihre Konzerte.

Die Bühne der Opéra *(siehe S. 215)* hat viele Talente gesehen, doch nicht alle fanden Gefallen beim Publikum. Hier wurde Richard Wagners (1813–83) *Tannhäuser* ausgebuht – wie auch Georges Bizets (1839–75) *Carmen* und Claude Debussys (1862–1918) *Pelléas et Mélisande*.

Dagegen feierte die Sopranistin Maria Callas (1923–77) hier Triumphe. Der Komponist und Dirigent Pierre Boulez (*1925) widmet sich am IRCAM nahe dem Centre Pompidou *(siehe S. 333)*, das er mitbegründete, der experimentellen Musik. Edith Piaf (1915–63), die für ihre traurigen Liebeslieder bekannt ist, begann auf den Straßen von Paris und eroberte von dort die Welt. Ihrem Leben und Werk widmet sich ein Museum *(siehe S. 232f)*.

Renée Jeanmaire aLs Carmen (1948)

Das Grand Trianon in Versailles, 1668 erbaut von Louis Le Vau

Architekten

Gotik, Klassik, Barock und Moderne – alles findet sich in Paris nebeneinander. Glänzendster Baumeister des Mittelalters war Pierre de Montreuil, Erbauer von Notre-Dame und Sainte-Chapelle. Louis Le Vau (1612–70) und Jules Hardouin-Mansart (1646–1708) entwarfen Versailles *(siehe S. 248ff)*. J.-A. Gabriel (1698–1782) baute das Petit Trianon *(siehe S. 249)* und die Place de la Concorde *(siehe S. 131)*. Haussmann (1809–91) gab der Stadt ihr modernes Gesicht. Gustave Eiffel (1832–1923) errichtete 1889 seinen Turm. Ein Jahrhundert später schuf I.M. Pei die Glaspyramide am Louvre *(siehe S. 129)* und D. Perrault die neue Bibliothèque Nationale de France *(siehe S. 246)*.

Schriftsteller

Französisch ist als »Sprache Molières« bezeichnet worden – nach dem Dramatiker und Begründer der Comédie Française Jean-Baptiste Poquelin, alias Molière (1622–73), der nicht weit davon in der Rue Richelieu lebte. Das Théâtre de l'Odéon an der Rive Gauche war die Bühne des Dramatikers Jean Racine (1639–99). In der Nähe steht das Denkmal für Denis Diderot (1713–84), der zwischen 1751 und 1776 seine *Encyclopédie* herausgab. Marcel Proust (1871–1922), Autor des Romans *A la recherche du temps perdu*, wohnte im Vorort Auteuil. Für die Existentialisten war St-Germain das bevorzugte Viertel *(siehe S. 142f)*. Sylvia Beach empfing in ihrem Buchladen in der Rue de l'Odéon James Joyce (1882–1941). Ernest Hemingway (1899–1961) und F. Scott Fitzgerald (1896–1940) schrieben in Montparnasse.

Proust von J.-E. Blanche (um 1910)

Wissenschaftler

In Paris gibt es ein Quartier Pasteur, einen Boulevard Pasteur, eine Métro-Station Pasteur und das Institut Pasteur *(siehe S. 247)* – zu Ehren von Louis Pasteur (1822–95), dem französischen Chemiker und Biologen. Seine Wohnung und sein Labor sind im Originalzustand erhalten. Am Institut Pasteur ist heute Professor Luc Montagnier tätig, der als erster 1983 das AIDS-Virus isolierte. Auch die Entdecker des Radiums, Pierre (1859– 1906) und Marie Curie (1867–1934), arbeiteten in Paris. Die Curies sind Thema des Erfolgsstücks *Les Palmes de M. Schutz*.

Exil in Paris

Der Herzog und die Herzogin von Windsor heirateten 1936 in Paris, nachdem er als König Edward VIII abgedankt hatte. Die Stadt bot dem Ehepaar ein mietfreies Haus im Bois de Boulogne. Andere Exilanten waren Tschou En-lai (1898–1976), Ho Chi-minh (1890–1969), Wladimir Lenin (1870–1924), Oscar Wilde (1854–1900) und Rudolf Nurejew (1939–93).

Herzogin und Herzog von Windsor

Highlights: Kirchen

Frühes Kruzifix in St-Gervais-St-Protais

Die katholische Kirche war in der Vergangenheit eine Stütze der Pariser Gesellschaft. Die Pariser Kirchen repräsentieren verschiedene Baustile. Die meisten sind am Tage geöffnet, in vielen werden regelmäßig Gottesdienste abgehalten. Die Kirchenmusik wird in Paris weiter gepflegt. So kann man am Abend das Innere einer Kirche betrachten und dabei einem Konzert lauschen *(siehe S. 333)*. Einen ausführlicheren Überblick über die Kirchen von Paris geben die Seiten 48 und 49.

La Madeleine
Diese Kirche im Stil eines griechischen Tempels ist reich an schönen Skulpturen.

Hôtel des Invalides
Grabmal des Marschalls und Festungsbaumeisters Vauban im Dôme des Invalides, der auch Napoléons Grabmal birgt.

Sainte-Chapelle
Mit ihren Buntglasfenstern ist sie ein mittelalterliches Juwel.

Panthéon
Ursprünglich als Kirche geplant, ist der Panthéon Begräbnisstätte vieler berühmter Franzosen.

Sacré-Cœur
Das Gewölbe über dem Altarraum dieser mächtigen Basilika ziert ein riesiges Christus-Mosaik von Luc-Olivier Merson.

St-Eustache
Mit ihrer Stilmischung aus Gotik und Renaissance ist sie eine der schönsten Kirchen von Paris.

St-Paul -St-Louis
Die Christusfigur ist Teil der kostbaren Innenausstattung der Jesuitenkirche, die 1641 für Kardinal Richelieu erbaut wurde.

Notre-Dame
Nach der Revolution verfiel die Kathedrale; nach Victor Hugos Roman Notre-Dame de Paris *(1831) wurde sie restauriert.*

St-Séverin
Das Westportal führt in eine der schönsten mittelalterlichen Kirchen.

Mosquée de Paris
Das Minarett dieser Moschee von 1920 ist 33 Meter hoch.

Überblick: Kirchen in Paris

Einige Pariser Kirchen sind Meisterwerke der Architektur. Das Mittelalter war die große Zeit des Kirchenbaus, doch es gibt prächtige Beispiele aus allen Epochen. Während der Revolution *(siehe S. 28f)* wurden Kirchen als Lagerhallen benutzt, erst später gab man ihnen ihre Würde zurück. Viele Kirchen bergen herrliche Gemälde und Skulpturen.

Fassade der Eglise de la Sorbonne

Mittelalter

Turm von St-Germain-des-Prés

Sowohl Spitzbögen wie Rosettenfenster haben ihren Ursprung in der Basilika St-Denis, dem ersten Bauwerk im gotischen Stil, im Norden von Paris, wo die meisten französischen Könige und Königinnen begraben liegen. Von hier nahm die Gotik ihren Ausgang. Die bedeutendste gotische Kirche ist die Kathedrale **Notre-Dame** – die mächtigste der frühen französischen Kathedralen. Begonnen von Bischof Maurice de Sully 1163, wurde sie im nächsten Jahrhundert von den Architekten Jean de Chelles und Pierre de Montreuil vollendet, die Querschiffe mit durchscheinenden Rosettenfenstern anfügten. Montreuils Meisterwerk ist Louis' IX mittelalterliche Palastkapelle **Sainte-Chapelle**. Sie sollte zur Aufbewahrung der Dornenkrone Christi dienen. Weitere Kirchen sind **St-Germain-des-Prés**, die älteste Pariser Abteikirche (1050), die winzige romanische **St-Julien-le-Pauvre** und die im Flamboyant-Stil gestalteten Kirchen **St-Séverin**, **St-Germain l'Auxerrois** und **St-Merry.**

Renaissance

Im 16. Jahrhundert eroberte die italienische Renaissance die Stadt. Es kam zu einer – zwar nicht stilreinen, aber doch ansprechenden – Mischung aus feinem, klassischem Detail mit gewaltigen, gotischen Proportionen, die man als »französische Renaissance« bezeichnet. Das beste Beispiel ist **St-Etienne-du-Mont**, deren Innenraum weit wie eine Basilika ist. Weitere Vertreter sind **St-Eustache**, die mächtige Marktkirche in Les Halles, sowie das Mittelschiff von **St-Gervais-St-Protais** mit den Buntglasfenstern und dem Chorgestühl.

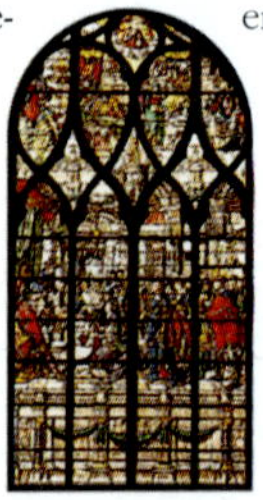

St-Gervais-St-Protais

Barock, Klassizismus

Kirchen und Klöster gediehen im Paris des 17. Jahrhunderts, als die Stadt unter Louis XIII und seinem Sohn Louis XIV anwuchs. Italienisches Barock trat zunächst mit der majestätischen Front von **St-Gervais-St-Protais** in Erscheinung, die Salomon de Brosse 1616 erbaute. Der Stil wurde so abgewandelt, dass er dem französischen Geschmack und dem rationalen Geist der Aufklärung genügte *(s. S. 26f)*. Es kam eine harmonische und monumentale »Klassik« mit Säulen und Kuppeln zustande. Ein Beispiel ist die **Chapelle de la Sorbonne**, die Jacques Lemercier 1642 für Kardinal Richelieu vollendete. Pompöser und reicher verziert, mit einem bemalten Kuppeldach versehen, ist die von François Mansart zu Ehren der Geburt des Sonnenkönigs im Kloster **Val-de-Grâce** errichtete Kirche. Doch die Perle der Epoche ist Jules Hardouin-Mansarts **Dôme des Invalides**

Türme, Kuppeln und Spitzen

Kirchen prägen die Silhouette von Paris seit früher christlicher Zeit. Die gotische Tour St-Jacques spiegelt die Vorliebe des Mittelalters für den Wehrturm wider. Übereinandergebaute Giebel an der Fassade von St-Etienne-du-Mont bezeichnen den Übergang von Gotik zu Renaissance. Die Kuppel – häufig verwendetes Element des französischen Barocks – findet in Val-de-Grâce ihre Vollendung. St-Sulpice mit ihrer strengen Anordnung von Türmen ist typisch für den Klassizismus. Mit ihren fein gearbeiteten Spitzen vertritt Sainte-Clothilde die Neogotik. Zur Skyline von heute gehört auch die Mosquée mit ihrem Minarett.

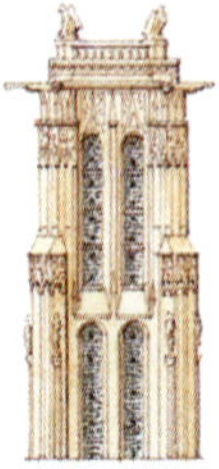

Tour St-Jacques

Gotik

St-Etienne-du-Mont

Renaissance

mit seiner riesigen Goldkuppel. Jesuitischer Glanz wirkt in **St-Paul-St-Louis**, die der römischen Il Gesù nachgebaut ist. Den Gegensatz bilden **Salpêtrière** und **St-Louis-des-Invalides** von Libéral Bruant mit ihrer strengen Geometrie und Schlichtheit. Weitere klassische Kirchen sind **St-Joseph-des-Carmes** und die Bankierskirche **St-Roch** (18. Jh.) mit der barocken Marienkapelle.

Neoklassizismus

Das Innere des Panthéon

Griechisches und Römisches hat Frankreich von der Mitte des 18. Jahrhunderts bis weit ins 19. Jahrhundert hinein begeistert. Die Ausgrabungen in Pompeji (1738) und der Einfluss des italienischen Baumeisters Andrea Palladio brachten eine Generation von Architekten hervor, die von Säulen, Geometrie und Technik fasziniert waren. Bestes Beispiel für Kirchen dieser Art ist Sainte-Geneviève (heute das **Panthéon**) von Jacques-Germain Soufflot. Die von Kolonnaden umgebene Kuppel des 1773 begonnenen Bauwerks ist durch die Londoner Kathedrale St Paul's von Christopher Wren beeinflusst. Vier Pfeiler (von Guillaume Rondelet) tragen die Kuppel. **St-Sulpice** entstand ab 1646. Besonderes Merkmal der erst 1733 angefügten Kolonnadenfassade von Giovanni Niccolo Servandoni ist ein zweigeschossiger Aufbau mit zwei Türmen. **La Madeleine**, Napoléons Tempel für die siegreiche Armee, wirkt wie ein griechischer Tempel.

Empire und Moderne

Sainte-Clothilde von Franz Christian Gau aus den 1840er Jahren ist das erste und beste Beispiel für die Neogotik oder den *style religieux*. In den von Haussmann im Zweiten Kaiserreich geschaffenen Vierteln *(S. 32f)* wurden prunkvolle Kirchen gebaut. Eine der hübschesten ist **St-Augustin** von Victor Baltard, an der Kreuzung der Boulevards de Malesherbes und de la Madeleine gelegen. Hier sind historisches Detail und eiserne Säulen und Träger im Innenraum vereint. Die Basilika des späten 19. Jahrhunderts, **Sacré-Cœur**, entstand aus einem Gefühl religiöser Sühne. **St-Jean l'Evangéliste** von Anatole de Baudot ist eine interessante moderne Kirche, die Art nouveau mit maurischen Elementen verbindet. Die Perle der modernen islamischen Architektur ist die **Mosquée de Paris**, die in den 1920er Jahren im spanisch-maurischen Stil errichtet wurde. Sie besitzt einen Innenhof wie die Alhambra.

Die Bögen von St-Jean l'Evangéliste spiegeln maurischen Stil wider

Wegweiser zu den Kirchen

Barock und Klassizismus

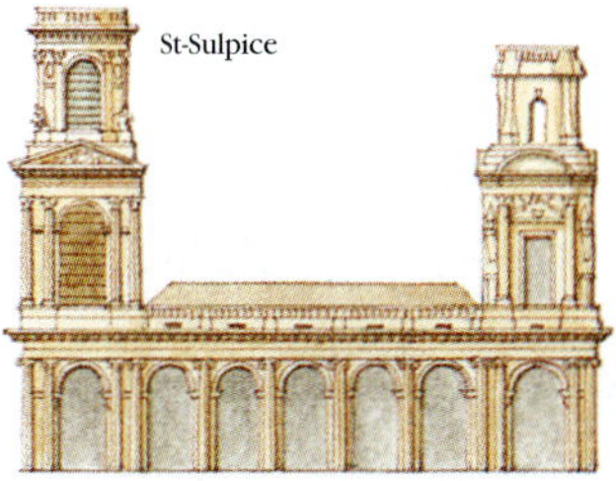

Neoklassizismus

Empire

Moderne

Highlights: Gärten, Parks und Plätze

WENIGE STÄDTE HABEN eine solche Vielfalt an Gärten, Parks und Plätzen wie Paris. Sie stammen aus verschiedenen Epochen und sind seit 300 Jahren wesentlicher Bestandteil des Pariser Lebens. Der Bois de Boulogne und der Bois de Vincennes umgürten die Stadt mit weiten grünen Flächen. Elegante Plätze und gestaltete Gärten wie der Jardin du Luxembourg lockern das Bild der Innenstadt auf und bieten all denen Ruhe, die dem geschäftigen Treiben der City für einen Moment entrinnen möchten.

Parc Monceau
Dieser Park im englischen Stil besitzt zahlreiche Figuren, Grotten, prächtige Bäume und seltene Pflanzen.

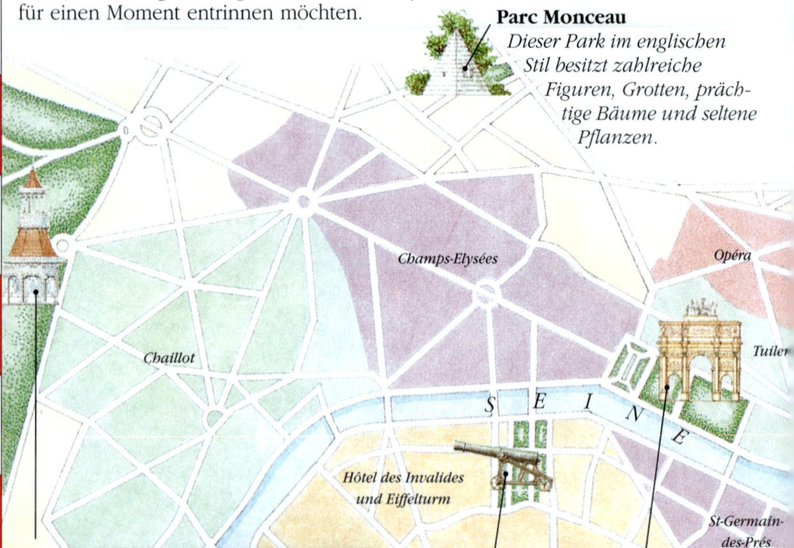

Bois de Boulogne
Im Parc de Bagatelle im Bois de Boulogne findet sich eine erstaunliche Blumenpracht, vor allem im berühmten Rosengarten.

Esplanade des Invalides
Von dem riesigen, lindenumsäumten Platz aus bieten sich herrliche Blicke über die Quais.

Jardin des Tuileries
Dieser Park ist bekannt für seine Zierteiche und Terrassen sowie die Statuen von Aristide Maillol.

Parc des Buttes-Chaumont
Einst war das Gelände ein rauer Hügelkamm, bis man es in eine Grünanlage für die wachsende Stadt verwandelte. Heute ist der Park gepflegt, weist aber immer noch steile Felsen und Höhlen auf.

Square du Vert-Galant
Dieser Platz, der den Spitznamen Henris IV trägt, bildet die Westspitze der Ile de la Cité.

Place des Vosges
Der älteste Platz von Paris wurde 1612 vollendet und gilt als einer der schönsten Plätze der Welt.

Jardin du Luxembourg
Dieser reich mit Statuen gesegnete Park wird von den Parisern geschätzt, weil er Entspannung vom belebten Quartier Latin bietet.

Jardin des Plantes
Der botanische Garten besitzt unzählige Arten von Pflanzen und Blumen aus aller Welt.

Bois de Vincennes
Der Blumengarten in dem reizvollen Park ist ein Platz zum Ausspannen.

Überblick: Gärten, Parks und Plätze

PARIS VERFÜGT über eine Vielzahl von Parkanlagen, idyllischen Gärten und baumbestandenen Plätzen, die an die glanzvolle Vergangenheit der Hauptstadt erinnern. Viele Plätze entstanden zur Zeit von Napoléon III mit dem Ziel, das Leben in der Stadt für die Bewohner angenehmer zu gestalten *(siehe S. 32f)*. Die Parks und Gartenanlagen haben alle ihren eigenen Charakter: Einige bieten ideale Spazierwege, andere ein romantisches Ambiente, wieder andere Möglichkeiten für sportliche Aktivitäten, z.B. zum Boule-Spiel.

Jardin du Palais Royal, Stich von 1645

Historische Gärten

DIE ÄLTESTEN und heute der Öffentlichkeit zugänglichen Gärten von Paris wurden für die französischen Königinnen angelegt – der **Jardin des Tuileries** für Katharina von Medici (16. Jh.), der **Jardin du Luxembourg** für Maria von Medici (17. Jh.). Die Tuilerien, die vom Arc du Triomphe du Carrousel *(siehe S. 130)* bis zur Place de la Concorde *(siehe S. 131)* reichen, folgen in ihrer Anlage der Landschaftsarchitektur Le Nôtres, der den **Park von Versailles** gestaltete. Neben den damals in den Tuilerien aufgestellten Skulpturen stehen heute auch neuere, z.B. die Bronzestatuen von Aristide Maillol (1861–1944). Der Jardin du Luxembourg ist als klassischer französischer Garten angelegt: mit hügeligen Rasenflächen, klassischen Skulpturen und einem wunderschönen Springbrunnen aus dem 17. Jahrhundert. Er ist intimer als die Tuilerien mit ihren Attraktionen wie Ponyreiten oder Puppentheater.

Die **Jardins des Champs-Elysées**, ursprünglich von Le Nôtre, wurden im 19. Jahrhundert wie ein englischer Park gestaltet. Sie bieten Pavillons aus der Belle Epoque, die Theater L'Espace Pierre Cardin, Marigny und Barrault, kleinere Restaurants und ein wenig vom Geist Marcel Prousts, der hier als Kind spielte.

Eine Oase der Ruhe ist der **Jardin du Palais Royal**, unter Kardinal Richelieu im 17. Jahrhundert angelegt und von einer eleganten Arkade umgeben. Der **Parc Monceau** wiederum wurde im 19. Jahrhundert malerisch als englischer Garten mit Grotten und Höhlen gestaltet. Die Schauplätze der Pariser Weltausstellung, an die bis heute der Eiffelturm *(siehe S. 192f)* erinnert, die **Jardins des Invalides** und der **Champ-de-Mars**, dienen als Areal für das Hôtel des Invalides und die Ecole Militaire.

Reizvoll sind auch die öffentlich zugänglichen Gartenanlagen beim Hôtel Biron, heute **Musée Rodin**, sowie der **Jardin des Plantes** aus dem 17. Jahrhundert mit seinen alten Pflanzen und Bäumen und einem kleinen Zoo.

Im Jardin du Luxembourg

Parks und Plätze aus dem 19. Jahrhundert

Seerose im Bois de Vincennes

DIE GROSSEN Parkanlagen und Plätze des 19. Jahrhunderts verdanken ihre Existenz vor allem dem langen Exil von Napoléon III in London. Hier inspirierten ihn der Hyde Park sowie die begrünten Plätze Mayfairs dazu, Paris, das damals als schmut-

Nostalgisch und skurril

Die Parks von Paris bestechen durch ihre ausgefallenen Monopteren und Gartenbauten. Jedes Jahrhundert hat seinen Beitrag geleistet. Die große Gloriette de Buffon im Jardin des Plantes, die älteste Metallkonstruktion von Paris, wurde als Gedenkstätte für die großen Naturalisten *(siehe S. 166)* errichtet. Die Pyramide im Parc Monceau, der orientalische Tempel im Bois de Boulogne und der Liebestempel im Bois de Vincennes sind aus einer romantischen Zeit. Im Kontrast hierzu stehen die Konstruktionen im Parc de la Villette.

Ägyptische Pyramide

Parc Monceau

zigste Hauptstadt Europas galt, neue Parks und schönere Plätze zu verleihen. Nach der Rückkehr aus dem Exil ließ er den Landschaftsarchitekten Adolphe Alphand die an den entgegengesetzten Enden der Stadt gelegenen Wälder *(bois)*, den **Bois de Boulogne** und den **Bois de Vincennes**, als englische Parkanlagen gestalten. Diese werden heute allerdings von großen Verkehrsadern durchschnitten, und bei Nacht haben hier vor allem Prostituierte ihr Revier.

Angenehmer sind zwei kleinere Parks von Alphand, der **Parc Montsouris** im Süden und der **Parc des Buttes-Chaumont** im Nordosten. Die *buttes* (Hügel), bevorzugtes Viertel der Surrealisten, wurden in zwei kleine Berge mit üppiger Vegetation, einer Hängebrücke, einem Liebestempel und einem kleinen See verwandelt.

Der Plan zur Neugestaltung der Stadt schloss auch ein, dass Plätze und Straßenzüge mit Brunnen, Skulpturen, Sitzbänken und Grünflächen ein neues Aussehen bekamen. So wurden etwa der **Square du Vert-Galant** auf der Ile de la Cité und die Avenue de l'Observatoire im **Jardin du Luxembourg** mit den Skulpturen von Jean Baptiste Carpeaux verschönert.

Parc Montsouris

Brunnen und Skulptur in den Jardins du Trocadéro

Moderne Parks und Gartenanlagen

Zwischen dem Palais de Chaillot und der Seine entstanden die **Jardins du Trocadéro** nach der Weltausstellung von 1937. Sie bieten den größten Springbrunnen von Paris sowie einen schönen Blick auf die Seine und den Eiffelturm.

Zunehmend werden Parks mit Wildpflanzen, modernen Skulpturen, Labyrinthen und Spielplätzen aufgelockert, so z. B. die Anlagen gegenüber dem **Forum des Halles**, der **Parc André Citroën**, der **Parc de la Villette** und die **Jardins Atlantique** am Gare Montparnasse.

Für Spaziergänge bieten sich die Grünanlagen am Flussufer an: der Park hinter Notre Dame *(siehe S. 77f)*, der Park am Bassin de l'Arsenal nahe der Bastille *(siehe S. 28f)* sowie die Wege an der Seine zwischen Louvre *(siehe S. 122ff)* und Place de la Concorde *(siehe S. 70)* oder auf der Ile St-Louis *(siehe S. 262f)*. Der Weg über den **Viaduc des Arts** gehört zu den schönsten im östlichen Paris.

Wegweiser zu den Parks und Plätzen

Bois de Boulogne (mit Parkanlage La Bagatelle) *S. 254 f*
Bois de Vincennes *S. 233*
Champ-de-Mars *S. 191*
Forum des Halles *S. 109*
Jardin des Plantes *S. 167*
Jardin des Tuileries *S. 130*
Jardin du Luxembourg *S. 172*
Jardin du Palais Royal *S. 121*
Jardins des Champs-Elysées *S. 205*
Jardins des Invalides *S. 185*
Jardins du Trocadéro *S. 199*
Musée Rodin *S. 187*
Parc André Citroën *S. 247*
Parc des Buttes-Chaumont *S. 232*
Parc Monceau *S. 230*
Parc Montsouris *S. 246*
Parc de Versailles *S. 248 f*
Parc de la Villette *S. 234 f*
Square du Vert-Galant *S. 87*
Viaduc des Arts S. *S. 324*

Jardin des Plantes

Bois de Boulogne

Bois de Vincennes

Parc de la Villette

Highlights: Museen und Galerien

Einige der ältesten, der neuesten und sicherlich der schönsten Museen und Galerien mit den großartigsten und umfassendsten Sammlungen der Welt befinden sich in Paris. Zum Teil ergänzt der Stil der Gebäude den jeweiligen Schwerpunkt dieser Schätze, so die römischen Thermen und die gotische Villa, die das Musée de Cluny bilden, oder das Centre Pompidou, das als Gebäude schon ein Kunstwerk der Moderne ist. Es bieten sich aber auch reizvolle Kontraste: die Werke Picassos in einem grandiosen Bau aus dem 17. Jahrhundert oder das Musée d'Orsay in einem alten Bahnhof. So oder so: Es ist immer ein Genuss für den Besucher.

Musée des Arts Décoratifs
Beispiele dekorativer Kunst, z.B. das Pariser Badezimmer von Jeanne Lanvin.

Petit Palais
Gezeigt wird eine Sammlung von Werken des Bildhauers Jean-Baptiste Carpeaux (19. Jh.), darunter Der Fischerknabe.

Musée Guimet
Der Kopf eines Buddha (4. Jh.) aus Indien ist Teil der hier gezeigten großen Sammlung fernöstlicher Kunst.

Musée Rodin
Das Museum sammelt die Werke, die der Bildhauer Auguste Rodin der Nation hinterlassen hat, u.a. das großartige Höllentor.

Musée d'Orsay
Sammlung von Werken des 19. Jahrhunderts, darunter auch Die Vier Weltteile *von Jean-Baptiste Carpeaux (1867–72).*

Musée du Louvre
Das Museum zeigt eine der großen Kunstsammlungen der Welt, von den Anfängen der Zivilisation bis ins 19. Jahrhundert. Der babylonische Codex Hammurabi *ist das älteste noch existierende Gesetzeswerk.*

Centre Pompidou
Hier befinden sich eine Sammlung moderner Kunst von 1905 bis heute, verschiedene Bibliotheken und ein Zentrum für Industriedesign.

Musée Picasso
Maler und Modell *(1931) ist eines der Bilder aus der Privatsammlung Picassos, die nach seinem Tod 1973 als »Erbschaftssteuer« an den Staat fiel.*

Musée Carnavalet
Dieses Museum mit seinen schönen Innenhöfen ist der Geschichte von Paris gewidmet.

Musée National du Moyen Age
Die Ruinen eines alten gallo-römischen Bades sind Teil dieses Museums für alte und mittelalterliche Kunst.

0 Kilometer 1

Überblick: Museen und Galerien in Paris

Paris birgt große Schätze in seinen Museen und Kunstgalerien. Im **Musée du Louvre** befindet sich die größte Sammlung des Landes, die vor 400 Jahren begründet wurde und heute noch wächst. Andere bedeutende Museen wie das **Musée d'Orsay**, das **Musée Picasso** und das **Centre Pompidou** verfügen ebenfalls über Kostbarkeiten, sind jedoch wesentlich kleiner und auf bestimmte Bereiche spezialisiert.

***Dante und Vergil in der Hölle* (1822) von Delacroix, Musée du Louvre**

Antike und mittelalterliche Kunst

Goldener Altar im Musée de Cluny

Skulpturen aus griechischer und römischer Zeit finden sich im **Musée du Louvre,** ebenso einige schöne mittelalterliche Skulpturen. Eine größere Sammlung mittelalterlicher Kunst zeigt das **Musée de Cluny**, hervorzuheben sind die Gobelins mit dem Einhorn, die Häupter der Könige aus Notre-Dame und der goldene Altar aus der Kathedrale von Basel. Zum Musée de Cluny gehören auch die römischen Thermen (3. Jh.). Weitere Zeugnisse aus gallorömischer und mittelalterlicher Zeit bietet die **Crypte Archéologique**.

Alte Meister

Eines der ersten Gemälde, das das **Musée du Louvre** vor 400 Jahren erwarb, war die *Mona Lisa*. Neben einigen anderen Leonardos finden sich hervorragende Tizians und Raffaels sowie andere italienische Meister. Weiterhin sind auch Meisterwerke wie Rembrandts *Christus in Emmaus*, Watteaus *Gilles* und Fragonards *Die Badenden* hier zu sehen. Das **Musée Cognacq-Jay** verfügt über eine kleine, jedoch exquisite Sammlung französischer Malerei des 18. Jahrhunderts, das **Musée Jacquemart-André** zeigt Meister wie Mantegna, Uccello, Canaletto, Rembrandt und Chardin.

Impressionisten und Neoimpressionisten

In einem Bahnhof aus dem 19. Jahrhundert, birgt das **Musée d'Orsay** die weltgrößte Kunstsammlung für die Zeit von 1848 bis 1904. Eigentlich wird das Museum für seine glänzende Sammlung von Impressionisten und Neoimpressionisten bewundert, es gibt jedoch auch den frühen Realisten sowie den vormals geschmähten Meistern des akademischen und »Salon«-Stils breiten Raum. Das Musée d'Orsay verfügt über hervorragende Sammlungen von Degas, Manet, Courbet, Monet, Renoir, Millet, Cézanne, Bonnard und Vuillard, über einige herausragende Gauguins, van Goghs und Seurats, leider zum Teil schlecht gehängt. Im **Musée Marmottan** findet man eine große Sammlung später Monets, ebenso im **Musée de l'Orangerie**, das auch Monets letztes großes Seerosen-Gemälde (1920–25) zeigt. Auch eine bedeutende Sammlung von Cézannes und späten Renoirs befindet sich hier.

Drei Ateliers und Wohnungen von Künstlern sind heute zu Museen umgestaltet: Das **Musée Rodin** bietet einen vollständigen Überblick über die Skulpturen, Zeichnungen und Gemälde Rodins, das **Musée Delacroix** zeigt Skizzen, Drucke und Ölgemälde dieses großen Malers der Romantik, und das **Musée Gustave Moreau** verfügt über eine außergewöhnliche Sammlung der legendären *femmes fatales* und der »sterbenden Jünglinge«. Das **Petit Palais** birgt eine interessante Sammlung von Bildern des 19. Jahrhunderts, darunter vier Hauptwerke Courbets, u.a. *Die Schläferinnen*.

***Toter Poet*, Musée Gustave Moreau**

Moderne und zeitgenössische Kunst

Als internationales Zentrum der Avantgarde für die Zeit von 1900 bis 1940 besitzt Paris eine Vielzahl von modernen Gemälden und Skulpturen. Das Centre Pompidou beherbergt das **Musée National d'Art Moderne**, das die gesamte Epoche von 1905 bis heute abdeckt: die Fauves und die Kubisten, Matisse, Rouault, Braque, Léger, Delaunay und Dubuffet sowie die *Nouveaux Réalistes* der 1960er Jahre.

Penelope **von Bourdelle**

Das **Musée d'Art Moderne de la Ville de Paris**, im eleganten Palais de Tokio (1930) untergebracht, verfügt über eine exzellente Sammlung sehr guter Delaunays, Bonnards sowie der Fauves. Herausragend ist *Der Tanz* von Matisse (1932).

Das **Musée Picasso** besitzt die größte Picasso-Sammlung der Welt. Werke von Picasso, Matisse, Modigliani, Utrillo und dem späten Derain zeichnen die Sammlung des Kunsthändlers Guillaume im **Musée de l'Orangerie** aus. Moderne Skulpturen im kubistischen Stil finden sich im **Musée Zadkine**, benannt nach Ossip Zadkine, dem führenden Kopf einer kleineren Gruppe von Kubisten. Das **Musée Antoine Bourdelle** und das **Musée Maillol** geben einen guten Eindruck vom Werk des Rodin-Schülers Bourdelle (1861–1929).

Interieurs, dekorative Kunst und Objekt-Kunst

Nach der Malerei sind vor allem die Interieurs und die dekorative Kunst hervorzuheben, die gleichermaßen in vielen Museen von Paris zu sehen sind. Reizvolle Ensembles französischen Mobiliars und dekorativer Kunst findet man im **Louvre** (vom Mittelalter bis Napoléon) sowie im **Schloss von Versailles** (17.–18. Jh.). Mobiliar und Objets d'Art vom Mittelalter bis heute zeigt das **Musée des Arts Décoratifs**, während das **Musée d'Orsay** über eine große Sammlung von Art-nouveau-Interieurs verfügt. Herausragende Louis-Quinze- und Louis-Seize-Möbel und -Dekorationen zeigt das **Musée Nissim de Camondo** gegenüber dem Parc Monceau. Weitere Sammlungen besitzen das **Musée Cognacq-Jay**, das **Musée Carnavalet** (18. Jh.), das **Musée Jacquemart-André** (französisches Mobiliar und Tonwaren), das **Musée Marmottan** (Empire) sowie das **Musée d'Art Moderne de la Ville de Paris** (Art déco).

Kandelaber in der Galerie Royale

Juwelierladen im Carnavalet

Ausgefallene Museen

Anhänger von alten Flinten und Jagdhunden sollten das **Musée de la Chasse et de la Nature** im Hôtel Guénégaud im Marais besuchen. Dort sind auch einige Tierbilder aus dem 18. Jahrhundert von Jean-Baptiste Oudry und Alexandre-François Desportes ebenso wie einige Werke von Rubens und Breughel zu sehen. Die ganze Welt der Fälschungen ist im **Musée de la Contrefaçon** zu bewundern. Für Schlosser (und vielleicht für Einbrecher) bietet das **Musée Bricard** im Hôtel Libéral Bruant eine große Sammlung alter Schlösser und Schlüssel. Münzsammler können das **Musée de la Monnaie** in der alten Pariser Münze aus dem 18. Jahrhundert besuchen. Zwar wird hier heute nicht mehr Geld geprägt, doch immer noch Münzen und Medaillen, die an Sammler verkauft werden. Briefmarkensammler interessieren sich wohl eher für das **Musée de la Poste** mit seinen Briefmarkensammlungen, seiner Dokumentation der Geschichte des Postwesens sowie aller Aspekte der Philatelie, einschließlich Fragen, die das moderne Design von Briefmarken betreffen.

Die **Galerie Royale** zeigt elegantes Silbergeschirr und zahlreiche kostbare Silberwaren, die u.a. von Charles Bouilhet-Christofle, dem einstigen Silberschmied von Louis-Philippe und Napoléon III, gearbeitet wurden.

Kleidung und Mode

Zwei Museen in Paris sind der Kleidung und der Mode gewidmet: das **Musée de la Mode et du Costume** beim Palais Galliera sowie das **Musée des Arts Décoratifs**. Beide bieten ständige Ausstellungen und zeigen auch die Modeschöpfungen der großen Pariser Couturiers wie Saint-Laurent und Givenchy. Darüber hinaus sind hier auch Modeaccessoires zu sehen sowie eine Anzahl historischer Kleidungsstücke.

Plakat für das Palais Galliera

Asiatische, afrikanische und ozeanische Kunst

Die grösste Sammlung asiatischer Kunst in Frankreich zeigt das **Musée National des Arts Asiatiques Guimet**, darunter Stücke aus Tibet, China, Japan, Korea, Indochina, Indonesien, Indien und Zentralasien. Nirgendwo außerhalb Kambodschas findet sich eine so große Auswahl an Kunstschätzen der Khmer. Chinesische Kunst zeigt das **Musée Cernuschi**, bekannt für seine alten Bronzen und Reliefs. Eine erste Adresse für afrikanische Kunst und Kultur in Frankreich ist das **Musée Dapper**, Teil eines ethnographischen Forschungszentrums. Das Museum in einem Gebäude von 1910 besitzt schöne afrikanische Gärten. Kunst aus den ehemaligen französischen Kolonien, früher im Musée National des Arts d'Afrique et d'Océanie ausgestellt, wird ab 2006 im neuen Museum am Quai Branley zu sehen sein.

Theatermaske aus Sri Lankan

Geschichte und Sozialgeschichte

Café im Musée de Montmartre

Die Geschichte von Paris dokumentiert das **Musée Carnavalet** in zwei alten *hôtels* im Marais. Es bietet Mobiliar verschiedener Epochen, z.B. das Schlafzimmer Marcel Prousts, Ansichten der Stadt sowie einen sehr guten Überblick über die Französische Revolution. Das **Musée de l'Armée** im Hôtel des Invalides erzählt die französische Militärgeschichte, von Charlemagne (Karl dem Großen) bis hin zu Charles de Gaulle. Im Hôtel de Soubise (Rokoko) präsentiert das **Musée de l'Histoire de France** Dokumente aus den Nationalarchiven. Im Wachsfiguren-Museum, dem **Musée Grévin,** erwarten den Besucher die berühmten *tableaux vivants* sowie historische und zeitgenössische Persönlichkeiten. Der Geschichte des Montmartre ist das **Musée de Montmartre**, hoch über dem letzten Weinberg von Paris, gewidmet.

Archiitektur und Design

Das Centre de la Création Industrielle im **Centre Pompidou** veranstaltet Ausstellungen zum Thema Architektur und Design im 20. Jahrhundert. Das **Musée des Plans-Reliefs** zeigt maßstabsgetreue Modelle von Festungen aus der Zeit Louis' XIV. Das Werk des Architekten Le Corbusier ist in der **Fondation Le Corbusier** zu sehen, untergebracht in einer Villa aus den 1920er Jahren, die er für den Kunstsammler Raoul La Roche gebaut hat.

Die französischen Impressionisten

***Impression: Soleil Levant*, Monet**

Der Impressionismus, die große revolutionäre Bewegung in der Kunst des 19. Jahrhunderts, nahm seinen Anfang in Paris, wo um 1860 junge Maler, z.T. unter dem Einfluss der neuen Kunst der Fotografie, einen Bruch mit der akademischen Kunst der Vergangenheit vollzogen. Ihr Ziel war es, die »Impression« des Auges einzufangen, sie benutzten breite Pinsel, um das verschiedenartige Spiel des Lichtes in ihre Bilder zu transponieren. Ihre bevorzugten Sujets waren Landschaften und zeitgenössische Szenen aus dem städtischen Leben. Die Bewegung hatte keinen »Begründer«, auch wenn Edouard Manet (1832–83) und der radikale Maler des Realismus Gustave Courbet (1819–77) die jüngeren Künstler inspirierten. Die Szenen aus dem täglichen Leben, die Manet und Courbet malten, bedeuteten einen Angriff gegen die »Akademisten«, die den Kunstgeschmack der Zeit bestimmten. 1863 wurde Manets *Frühstück im Freien (siehe S. 144)* im Salon des Refusés gezeigt, wo die Werke zu sehen waren, die von der offiziellen Jahresausstellung des Pariser Salon ausgeschlossen worden waren. Zum erstenmal wurde der neue Stil 1874 als Impressionismus bezeichnet, als Claude Monet sein Bild *Impression: Soleil Levant* (1872), eine Ansicht Le Havres im Nebel, in einer ebenfalls inoffiziellen

Monets Skizzenhefte

***Ernte* (1876), Pissarro**

Der Wohnbereich der Villa La Roche von Le Corbusier (1923)

Wissenschaft und Technik

Das im Jardin des Plantes gelegene **Musée National d'Histoire Naturelle** bietet Sammlungen zur Paläontologie, Mineralogie, Entomologie, Anatomie und Botanik sowie einen Zoo und einen botanischen Garten. Im Palais de Chaillot befindet sich das **Musée de l'Homme,** eines der großen Museen zur Ethnologie, Anthropologie und Frühgeschichte mit zahlreichen afrikanischen Artefakten. Ein Haus weiter dokumentiert das **Musée de la Marine** die Geschichte der französischen Seestreitkräfte seit dem 17. Jahrhundert. Das **Musée des Arts et Métiers** führt den Besucher in die Welt der Wissenschaft, Industrie und Erfindungen. Die Geschichte der Naturwissenschaften präsentiert das **Palais de la Découverte**, mit einem guten Planetarium, das jedoch überschattet wird von der neuen **Cité des Sciences** im Parc de la Villette. Das Museum verfügt über eine kugelförmige Filmleinwand, Géode genannt.

Gabrielle mit Rose **(1910), Renoir**

Ausstellung zeigte. Monet war vor allem Landschaftsmaler, beeinflusst von den Engländern Turner und Constable. Er malte in freier Natur und regte andere dazu an, es ihm gleich zu tun. Anlässlich der Ausstellung von 1874, die auch Werke von Renoir, Degas, Pissarro, Sisley und Cézanne zeigte, schrieb ein Kritiker, man tue gut daran, sich von dieser Art Impressionen fernzuhalten, gegen die sich die Gesellschaft verwehren solle. Bis 1886 gab es sieben weitere Ausstellungen der Impressionisten, die nun mehr an Einfluss gewannen. Auch die offizielle Kunstszene wechselte ihren Geschmack, bald bezogen sich alle neuen Richtungen in der Malerei auf die Impressionisten. Einer der führenden Neoimpressionisten war Georges Seurat, der seine Bilder in Tausenden von Farbtupfern gestaltete. Dennoch blieb den meisten Impressionisten Anerkennung versagt. Cézanne wurde sein Leben lang geschmäht, Dégas verkaufte nur ein einziges Gemälde an ein Museum, Sisley starb völlig unbekannt. Von den großen Künstlern wurden nur Renoir und Monet zu Lebzeiten anerkannt.

Poseuse de profil **(1887), Seurat**

Wegweiser zu den Museen

Künstler in Paris

Monets Palette

Erstmals unter der Regierung von Louis XIV (1643–1715) zog die Stadt Künstler von überall an, Paris wurde zum exponierten Schauplatz der europäischen Kunst. Diese Anziehungskraft wirkte fort: Im 18. Jahrhundert lebten und arbeiteten alle bedeutenden Künstler Frankreichs in Paris, zwischen 1850 und 1930 war Paris das Zentrum der europäischen Moderne, die Geburtsstätte von Impressionismus und Neoimpressionismus, die sich hier in ihrer ganzen Genialität entfalten konnten.

Barock

Champaigne, Philippe de (1602–74)
Coysevox, Antoine (1640–1720)
Girardon, François (1628–1715)
Le Brun, Charles (1619–90)
Le Sueur, Eustache (1616–55)
Poussin, Nicolas (1594–1665)
Rigaud, Hyacinthe (1659–1743)
Vignon, Claude (1593–1670)
Vouet, Simon (1590–1649)

Rokoko

Boucher, François (1703–70)
Chardin, Jean-Baptiste-Siméon (1699–1779)
Falconet, Etienne-Maurice (1716–91)
Fragonard, Jean-Honoré (1732–1806)
Greuze, Jean-Baptiste (1725–1805)
Houdon, Jean-Antoine (1741–1828)
Oudry, Jean-Baptiste (1686–1755)
Pigalle, Jean-Baptiste (1714–85)
Watteau, Jean-Antoine (1684–1721)

François Bouchers Diana im Bade *(1742), in typischem Rokokostil (Louvre)*

1600	1650	1700	1750
BAROCK		ROKOKO	KLASSIZISMUS
1600	1650	1700	1750

1627 Vouet kehrt aus Italien zurück und wird von Louis XIII zum Hofmaler ernannt. Vouet lässt die französische Malerei wieder aufblühen.

Vouets Darbringung im Tempel *(1641) mit für den Barock typischem Kontrast von Licht und Schatten (Louvre).*

1648 Gründung der Académie Royale de Peinture et de Sculpture, die ursprünglich das Monopol der Kunsterziehung inne hatte.

1667 Erster Salon, Frankreichs offizielle Kunstausstellung, fand ursprünglich jährlich, später alle zwei Jahre statt.

Philippe de Champaignes Letztes Abendmahl *(um 1652). Später wurde sein Stil klassischer (Louvre).*

1793 Der Louvre öffnet als erste staatliche öffentliche Galerie.

Davids Der Schwur der Horatier *(1784), im klassizistischen Stil (Louvre).*

Klassizismus

David, Jacques-Louis (1748–1825)
Gros, Antoine Jean (1771–1835)
Ingres, Jean-Auguste-Dominique (1780–1867)
Vigée-Lebrun, Elizabeth (1755–1842)

ROMANTIK UND REALISMUS
Courbet, Gustave (1819–77)
Daumier, Honoré (1808–79)
Delacroix, Eugène (1798–1863)
Géricault, Théodore (1791–1824)
Rude, Francois (1784–1855)

Courbets Begräbnis in Ornans *(1850), das Courbets bedeutende Rolle im Realismus anschaulich verdeutlicht (Musée d'Orsay).*

Rudes Auszug der Kriegsfreiwilligen im Jahr 1792 *(1836), ein Tribut an die Französische Revolution* (siehe S. 209)

MODERNE
Arp, Jean (1887–1966)
Balthus (1908–2001)
Brancusi, Constantin (1876–1957)
Braque, Georges (1882–1963)
Buffet, Bernard (1928–1999)
Chagall, Marc (1887–1985)
Delaunay, Robert (1885–1941)
Derain, André (1880–1954)
Dubuffet, Jean (1901–85)
Duchamp, Marcel (1887–1968)
Epstein, Jacob (1880–1959)
Ernst, Max (1891–1976)
Giacometti, Alberto (1901–66)
Gris, Juan (1887–1927)
Léger, Fernand (1881–1955)
Matisse, Henri (1869–1954)
Miró, Joan (1893–1983)
Modigliani, Amedeo (1884–1920)
Mondrian, Piet (1872–1944)
Picasso, Pablo (1881–1973)
Rouault, Georges (1871–1958)
Saint-Phalle, Niki de (1930–2002)
Soutine, Chaim (1893–1943)
Stael, Nicolas de (1914–55)
Tinguely, Jean (1925–91)
Utrillo, Maurice (1883–1955)
Zadkine, Ossip (1890–1967)

Giacomettis Stehende Frau II *(1959), eine seiner zu Stabformen reduzierten Menschenfiguren* (siehe S. 113).

1904 Picasso lässt sich in Paris nieder.

1886 Van Gogh zieht nach Paris um.

1874 Erste Impressionisten-Ausstellung

1905 Der Fauvismus, der erste »Ismus« der Moderne, entsteht.

·0	1850	1900	1950
MANTIK/REALISMUS	IMPRESSIONISMUS	MODERNE	
·0	1850	1900	1950

1863 Manets *Das Frühstück im Freien* rief wegen »armseliger Moral« und wegen der groben Pinselstriche im Salon des Refusés einen Sturm der Entrüstung hervor. Sein Werk *Olympia* wurde ebenfalls kritisiert und erst 1865 ausgestellt *(siehe S. 144).*

Monets Impression: Soleil Levant *(1872), das den Begriff Impressionismus gebar.*

1938 Internationale Surrealisten-Ausstellung in Paris.

1977 Eröffnung des Centre Pompidou.

Delacroix' Die Freiheit führt das Volk an *(1830) feiert romantisch den Triumph der Freiheit (Louvre).*

1819 Géricault malt *Das Floß der Medusa,* eines der großartigsten Werke der französischen Romantik *(siehe S. 124).*

IMPRESSIONISMUS UND NEO-IMPRESSIONISMUS
Bonnard, Pierre (1867–1947)
Carpeaux, Jean-Baptiste (1827–75)
Cézanne, Paul (1839–1906)
Degas, Edgar (1834–1917)
Gauguin, Paul (1848–1903)
Manet, Edouard (1832–83)
Monet, Claude (1840–1926)
Pissarro, Camille (1830–1903)
Renoir, Pierre-Auguste (1841–1919)
Rodin, Auguste (1840–1917)
Rousseau, Henri (1844–1910)
Seurat, Georges (1859–91)
Sisley, Alfred (1839–99)
Toulouse-Lautrec, Henri de (1864–1901)
Van Gogh, Vincent (1853–90)
Vuillard, Edouard (1868–1940)
Whistler, James Abbott McNeill (1834–1903)

Tinguely und Saint-Phalle: La Fontaine Igor Stravinsky *(1980), eine moderne kinetische Skulptur vor dem Centre Pompidou.*

Das Jahr in Paris

Der Puls von Paris schlägt am stärksten im Frühjahr, wenn die Bäume blühen und die ersten Tische und Stühle vor den Cafés aufgestellt werden. Ab Juni beherrschen Paris-Besucher die Szenerie, und während des French Tennis Open hält die Stadt den Atem an. Nächster Höhepunkt ist die Parade auf den Champs-Elysées am 14. Juli, Ende Juli endet hier die Tour de France.

Die Pariser überlassen ihre Stadt nun den Besuchern, bis Schule und Arbeit wieder beginnen. Im Oktober lockt das Jazz-Festival. Werden die Tage kürzer, schmücken prächtige Weihnachtsdekorationen die Stadt. Die hier angegebenen Termine können variieren. Rufen Sie am besten Paris Infos Mairie *(siehe S. 343)* an. Das Office du Tourisme *(siehe S. 351)* gibt außerdem einen Jahresveranstaltungskalender heraus.

Frühling

Zu dieser Zeit kommt ein Gutteil der jährlich etwa 20 Millionen Besucher. Es ist die Zeit der Messen und Konzerte. Im Frühling bieten viele Hotels Wochenendarrangements an, die Karten für Jazzkonzerte oder einen Museumspass beinhalten.

März

Foire du Trône *(Ende März bis Mai)*, Bois de Vincennes *(S. 233)*. Großer Jahrmarkt.
Banlieues Blues Festival *(März–Anfang April)*. Musikfestival der Pariser Vorstädte mit Jazz, Blues und Soul.
Jumping International de Paris *(3. Woche)*, Palais Omnisports de Paris-Bercy *(S. 342f)*. Internationales Schauspringen.
Salon International d'Agriculture *(erste Woche)*, Paris-Expo, Porte de Versailles. Landwirtschaftsausstellung.
Blumenschau im Parc Floral (Bois de Vincennes, *S. 233)* und Parc de Bagatelle (Bois de Boulogne, *S. 254)*.

Paris Marathon International

French Tennis Open, Stade Roland Garros

Chemin de la Croix *(Karfreitag)*. Kreuzwegsprozession von Montmartre nach Sacré-Coeur.

April

Turnier der Sechs Nationen *(Anfang April)*, Stade de France *(S. 343)*. Rugby-Länderspiel.
Salon de la Musique à la Villette *(erste Woche)*. Internationales Treffen klassischer Musik.
Shakespeare-Festival *(bis Okt)*, Bois de Boulogne *(S. 254)*. Openair-Aufführungen.
Paris Marathon International *(April)*, Marathonlauf von der Place de la Concorde zur Avenue Foch.
Foire de Paris *(Ende April–erste Woche Mai)*, Paris-Expo, Porte de Versailles. Haushalts-, Garten- und Tourismusschau.

Mai

Carré Rive Gauche *(eine Woche in der Monatsmitte)*, Antiquitätenausstellungen beim Grand Louvre.
Fußball-Pokalfinale *(zweite Woche)*, Stade de France.
Grands Eaux Musicales *(Apr–Okt jeden So, Juli–Aug jeden Sa)*, Versailles *(S. 248ff)*. Open-air-Konzerte.

Frühling im Jardin du Luxembourg

French Tennis Open *(letzte Woche Mai bis erste Woche Juni)*, Stade Roland Garros *(S. 343)*.
Le Printemps des Rues *(drittes Wochenende)*, Konzerte und Straßentheater in der Gegend um die Bastille.

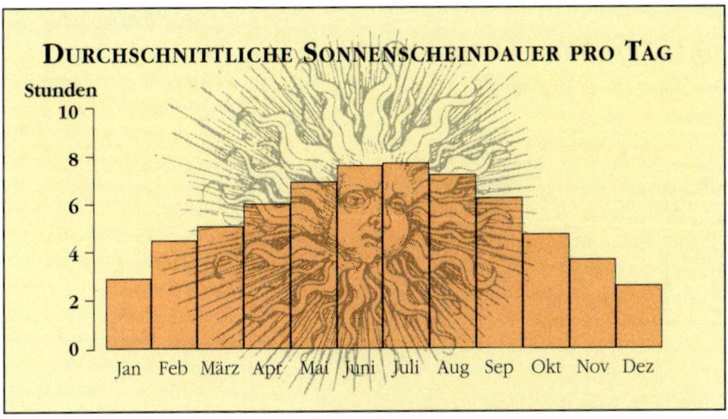

Sonnenscheindauer
Der Sommer ist in der Regel schön und bringt Paris lange laue Abende, doch im Winter sind die oft grauen Tage sehr kurz.

Sommer

Der Sommer beginnt mit dem French Tennis Open, bis zum Juli finden auch viele andere Veranstaltungen statt. Dann beginnen die Franzosen, an ihre Ferien zu denken. Am 14. Juli, dem Nationalfeiertag, paradiert das Militär für den Präsidenten und seine Gäste.

Jardin du Luxembourg im Sommer

Juni

Festival St-Denis, Basilique St-Denis. Konzerte mit Schwerpunkt auf Chormusik *(S. 333f)*.
Fêstival Chopin, *(Mitte Juni–Mitte Juli)*, Orangerie de Bagatelle *(S. 255)*.

Letzte Etappe der Tour de France auf den Champs-Elysées

Fête du Cinéma, alle Filme kosten nur 1 Euro Eintritt *(S. 340)*.
Fête de la Musique *(21. Juni)*, überall in Paris. Die Sommersonnenwende wird eine Nacht lang mit Amateur- und Profibands gefeiert.
Blumenausstellung, Bois de Boulogne. Rosenzeit im Parc de Bagatelle *(S. 255)*.
Gay Pride *(Ende Juni)*. Parade um die Bastille.
Paris Jazz Festival *(Mai–Juli)*, Parc Floral de Paris. Internationale Jazzmusiker kommen nach Paris *(S. 336)*.
Show der Luft- und Raumfahrttechnologie *(Mitte Juni)*, Flughafen Le Bourget.
Prix de Diane-Hermès *(2. So)*, Chantilly. Das Gegenstück zum britischen Ascot-Rennen mit der High Society von Paris.

Juli

Festival du cinéma en plein air *(Mitte Juli–Aug)*, Parc de la Villette *(S. 234f)*.
Paris Quartier d'Eté *(Mitte Juli–Mitte Aug)*. Tanz, Musik, Theater, Ballett.
Tour de France *(Monatsende)*. Letzte Etappe des weltgrößten Radrennens.
Fêtes de Nuit *(Juli–Mitte Sep jeden Sa)*, Versailles. *Son et lumière* mit Musik-, Tanz- und Theateraufführungen (S. 333f).

Militärparade am Nationalfeiertag (14. Juli)

Temperaturen
Die Grafik zeigt die durchschnittlichen Minimum- und Maximumtemperaturen für jeden Monat. Am heißesten ist es im Juli, am kühlsten von Dezember bis Februar, doch es gefriert nur sehr selten.

HERBST

IM SEPTEMBER fällt der Startschuss für die Saison der Galaabende, Filmpremieren und Partys in den Villen auf der Ile St-Louis. Paris ist das größte Kongresszentrum der Welt, im September finden unzählige Messen statt – zum Thema Kinderkleidung, Geschenke, Freizeit oder Musik. Auch im Oktober und November, wenn die Pariser ihre Liebe zum Kino ausleben, hält die Geschäftigkeit an. Hollywood-Stars erscheinen zu den Premieren der Filme auf den Champs-Elysées.

Prix de l'Arc de Triomphe (Oktober)

SEPTEMBER

Festival d'Automne à Paris *(Mitte Sep–Ende Dez)*, überall in Paris. Musik, Tanz, Theater *(S. 333f)*.

Journées du Patrimoine *(meist dritte Woche)*. Zwei Tage lang sind 300 historische Gebäude, Museen und Ministerien kostenlos der Öffentlichkeit zugänglich.

Rennen »Garçons de Café« *(So Mitte Sep)*, von der Place de la République zur Place de la Bastille *(S. 98)*. Kellner balancieren im Wettlauf Gläser auf einem Tablett.

La Villette Jazz Festival *(Mitte Sep)*. Cité de la Musique *(S. 234)*.

OKTOBER

Foire Internationale d'Art Contemporain (FIAC) *(letzte Woche)*, Paris-Expo, Porte de Versailles. Die größte Ausstellung internationaler moderner Kunst in Paris.

Prix de l'Arc de Triomphe *(erste Woche)*, Longchamp. Pferderennen mit den höchsten Gewinnen in Europa.

Salon de l'Automobile *(erste zwei Wochen, jedes zweite Jahr)*, Paris-Expo, Porte de Versailles. Verkaufsausstellung. Abwechselnd mit Motorradausstellung.

Der Gitarrenvirtuose Al di Meola in Paris

NOVEMBER

Paris Tennis Open *(meist Nov)*, Palais Omnisports de Paris-Bercy *(S. 342f)*.

Festival d'Art Sacré *(Nov–24. Dez)*, in den Kirchen St-Sulpice, St-Eustache und St-Germain-des-Prés. Festival sakraler Kunst.

Mois de la Photo *(Okt–Nov)*. Unzählige Fotoausstellungen in Museen und Galerien.

Beaujolais Nouveau *(dritter Do im Nov)*. In den Bars und Cafés ist der neue Wein zu kosten, und jeder will dabei der Erste sein.

Herbstlicher Bois de Vincennes

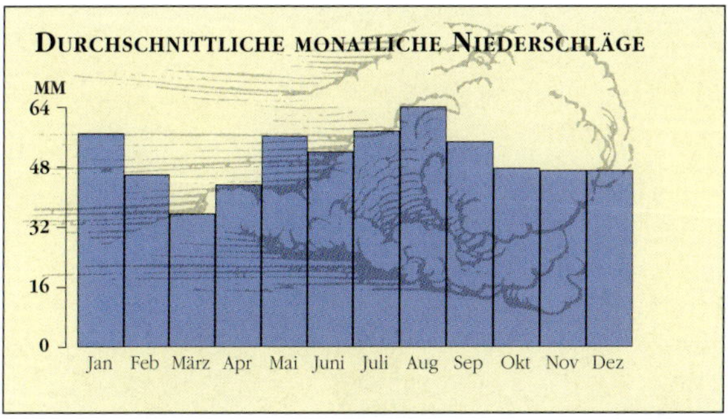

Niederschläge
Der August ist sowohl der heißeste als auch der feuchteste Monat. Im August und September kann es heftige Gewitter geben. Auch zwischen Januar und April treten bisweilen starke Niederschläge auf – meist im März.

WINTER

NUR SELTEN schneit es in Paris; die Wintertage sind eher belebend als frostig. Es gibt Jazz- und Tanz-Festivals, Weihnachtsgottesdienste im Kerzenschein und natürlich ausgelassene Feiern zum neuen Jahr. Zum Jahresbeginn scheinen die Straßen weniger verstopft zu sein, und an sonnigen Tagen treffen sich an den Quais der Seine die Pärchen.

Ein seltener Anblick: Schnee in den Tuileries

DEZEMBER

Weihnachtsdekoration *(bis Jan)* in den großen Boulevards: Opéra, Avenue Montaigne, Champs-Elysées und Rue du Faubourg St-Honoré.
Crèche *(Anfang Dez–Anfang Jan)*, unter einer Markise an der Place de l'Hôtel de Ville im Marais *(S. 91)*. Lebensgroße Krippenfiguren – jedes Jahr aus einem anderen Land.

Auf dem Laufsteg

Pferde- und Pony-Show *(erste zwei Wochen)*, Paris-Expo, Porte de Versailles.
Internationale Bootsausstellung *(erste zwei Wochen)*, Paris-Expo.

JANUAR

Fête des Rois (Dreikönigstag, *6. Jan)*. In den *boulangeries* werden *galettes des rois* verkauft.
Prix d'Amérique *(Mitte Jan)*. Hippodrome de Vincennes, Europas berühmtestes Trabrennen.
Modeschauen, Sommerkollektion *(siehe* Haute Couture *S. 316)*.

FEBRUAR

Carnaval *(variabel im Feb)*, Quartier de St-Fargeau.
Jeune Création *(Mitte Feb)*, Parc de la Villette. Junge Künstler stellen aus.
Floraisons *(ganzer Monat)*, Parc Floral de Paris, Bois de Vincennes *(S. 233)* und Parc de Bagatelle, Bois de Boulogne *(S. 255)*.

FEIERTAGE

Neujahr (1. Jan)
Ostermontag
Tag der Arbeit (1. Mai)
Tag der Befreiung (8. Mai)
Christi Himmelfahrt (sechster Do nach Ostern)
Pfingstmontag
Nationalfeiertag (14. Juli)
Mariä Himmelfahrt (15. Aug)
Allerheiligen (1. Nov)
Tag des Waffenstillstands (11. Nov)
Weihnachten (25. Dez)

Der Eiffelturm im Weihnachtskleid

Skulptur auf dem Pont Alexandre III

Paris per Schiff: Fahrt auf der Seine

Die Sängerin Mistinguett nannte die Seine »eine hübsche Blondine mit lachenden Augen«. Gewiss vermag der Fluss nixenhaft zu betören, aber seine Beziehung mit der Stadt gründet tiefer als ein Flirt.

In keiner anderen europäischen Großstadt pulst der Fluss so sehr als Lebensader. Die Seine ist der archimedische Pol: Von hier werden Entfernungen gemessen und Hausnummern gezählt. Der Fluss teilt die Stadt in die nördliche rechte und südliche linke Flussseite. Diese natürliche Trennung gilt zumindest so viel wie die verwaltungsmäßige. Die andere, historische Trennlinie der Stadt verläuft zwischen dem Osten mit seinen Wurzeln in Altertum und Mittelalter und dem Westen, der vom 19. und 20. Jahrhundert geprägt wurde.

Nahezu jedes erwähnenswerte Gebäude in Paris liegt entweder am Fluss oder nur einen Steinwurf entfernt. Die Quais werden von großbürgerlichen Wohnhäusern, prächtigen Stadtpalais, bedeutenden Museen und Denkmälern gesäumt.

Die Seine ist voller Leben: Über Jahrhunderte trug sie Flotten kleiner Schiffe, und trotz allen Straßenverkehrs wird sie noch immer von zahlreichen Lastkähnen belebt. Auf den imposaten Ausflugsbooten, den *bateaux mouches*, können Paris-Besucher eine vollkommen neue Sicht auf die Stadt erleben.

Das **Frei- und Flussbad Deligny** war die letzte der schwimmenden Flussbadeanstalten von Paris. Seit 1842 lag es gegenüber der Orangerie; 1993 ist es gesunken.

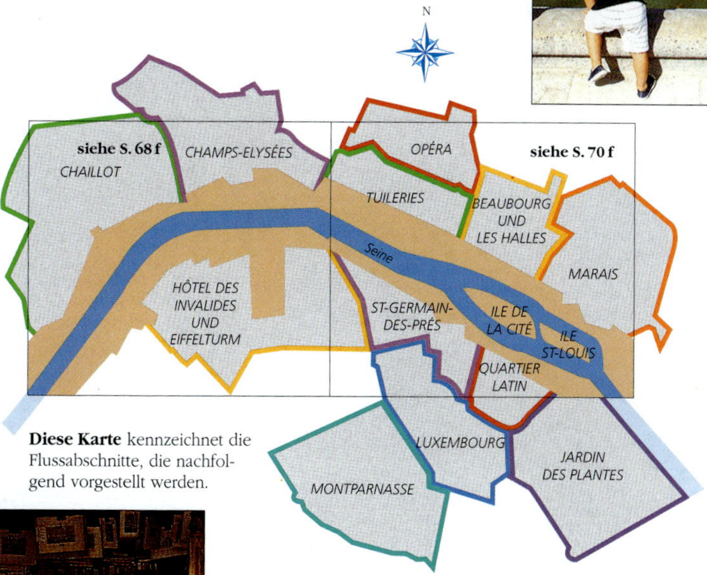

Diese Karte kennzeichnet die Flussabschnitte, die nachfolgend vorgestellt werden.

Legende

Im Folgenden dargestellt

Les Bouquinistes, mit ihren Bücherständen an den Quais der Seine, bieten Postkarten, Stiche und antiquarische Bücher an.

◁ **Der Pont Alexandre III mit seinem reichen Skulpturenschmuck**

Vom Pont de Grenelle zum Pont de la Concorde

Die hoch aufragenden Monumente und beeindruckenden Ausstellungsgebäude entlang diesem Flussabschnitt stammen aus der Zeit Napoléons und der industriellen Revolution. Heiteres Selbstbewusstsein prägen Eiffelturm, Petit Palais und Grand Palais, aber auch jüngere Gebäude wie Palais de Chaillot, Maison de Radio France und die Wolkenkratzer am linken Ufer der Seine.

Palais de Chaillot
Die reizvolle Anlage mit geschwungenen Flügeln und Brunnen beherbergt drei Museen (S. 198).

Palais de Tokyo
Bourdelle-Skulpturen zieren das Museum (S. 201).

Die **Freiheitsstatue** wurde der Stadt 1885 geschenkt. Sie blickt nach Westen – in Richtung ihres Vorbilds in New York.

Maison de Radio France
Der beeindruckende Rundbau enthält Studios und ein Rundfunkmuseum (S. 200).

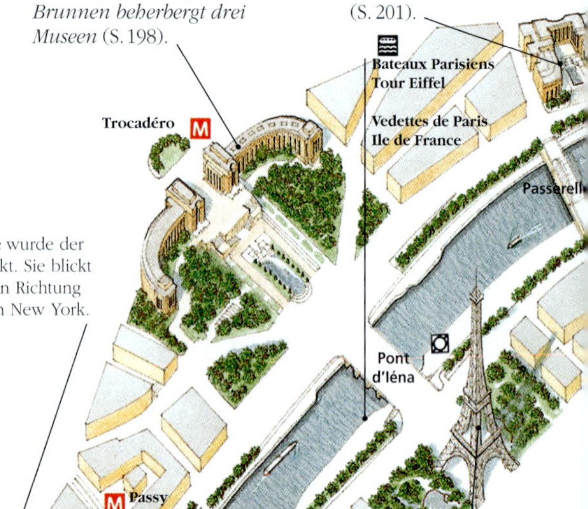

Eiffelturm
Das Wahrzeichen der Stadt (S. 192 f).

Pont Bir-Hakeim
Diese Brücke schmückt eine beschwingte Reiterstatue von Wederkinch.

Legende

- M Métro-Station
- RER RER-Station
- Batobus-Haltestelle
- Bootsanlegestelle

Grand Palais
Hier findet man Ausstellungsräume und ein Museum (S. 206).

Petit Palais
Das heutige Pariser Museum der Schönen Künste wurde zusammen mit dem Grand Palais entworfen (S. 206).

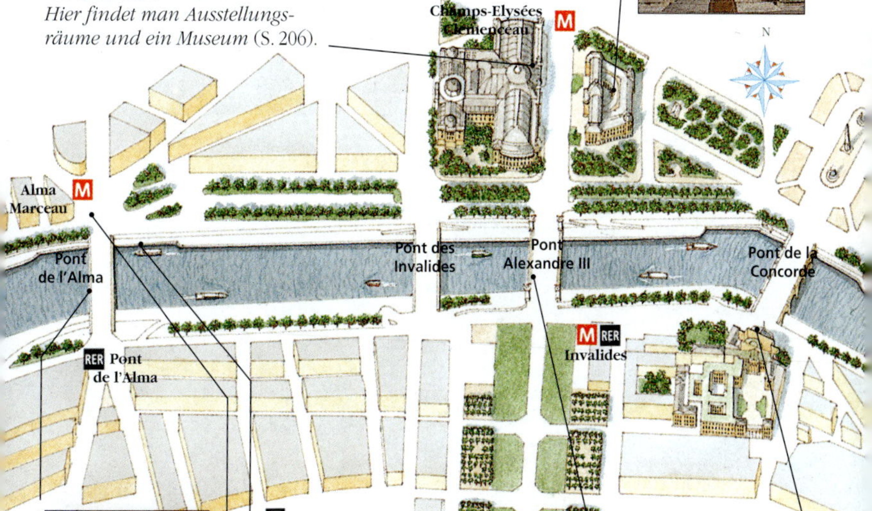

Der **Zuave,** eine Soldatenstatue auf einem Hauptpfeiler der Brücke, dient der Wasserstandsmessung bei Hochwasser.

Die **Freiheitsflamme** gedenkt der französischen Résistance während des Zweiten Weltkriegs.

Pont Alexandre III
Üppiger Statuenschmuck kennzeichnet diese Brücke (S. 206).

Palais Bourbon (Assemblée Nationale)
Dieser Palast gehörte einst der Tochter Ludwigs XIV. Heute dient er der französischen Nationalversammlung als Forum für politische Debatte (S. 190).

Dôme des Invalides
Blick vom Pont Alexandre III auf die prachtvolle vergoldete Kuppelkirche (S. 188 f).

Vom Pont de la Concorde zum Pont de Sully

DAS HISTORISCHE Herz von Paris liegt an den Ufern und auf den Inseln des Flusses. Die Ile de la Cité, ein natürlicher Brückenkopf in der Seine und Kern des mittelalterlichen Paris, spielt auch heute noch eine bedeutende Rolle.

Jardin des Tuileries
Streng formal angelegter Park (S. 130).

Musée du Louvre
Der weitläufigste Königspalast Europas ist heute das größte Museum der Welt und Heimat der Mona Lisa (S. 122ff).

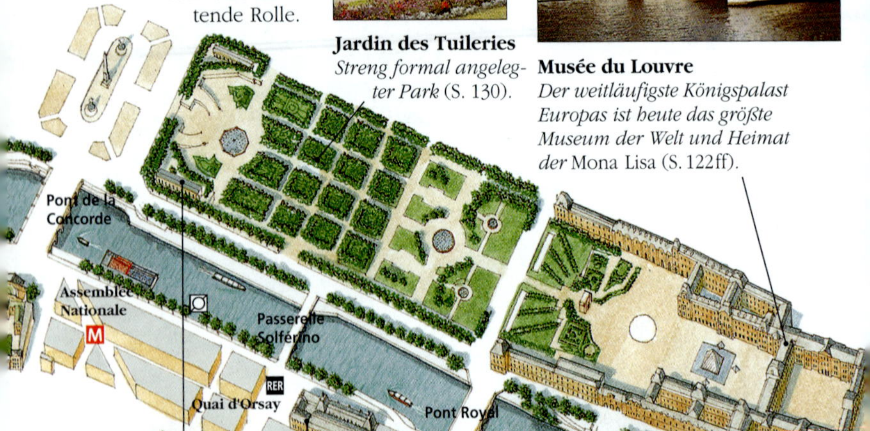

Musée de l'Orangerie
Eine unschätzbare Sammlung von Gemälden des 19. Jahrhunderts beherbergt dieses Museum (S. 131).

Die **Passerelle des Arts** gilt als erste schmiedeeiserne Brücke in Paris (1804 erbaut und 1984 renoviert).

Musée d'Orsay
Die bedeutendste Sammlung impressionistischer Kunst, untergebracht in einem ehemaligen Bahnhof (S. 144ff).

Hôtel des Monnaies
Die Münze, 1768–85 erbaut, beherbergt eine ausgezeichnete Münzsammlung (S. 141).

Ile de la Cité
Der mittelalterliche Charakter der kleinen Insel fiel fast vollständig Baron Haussmanns Bauplänen zum Opfer. Sainte-Chapelle und Teile der Conciergerie sind die einzigen Überreste aus jener Zeit (S. 76ff).

Conciergerie
Während der Revolution war dieses Gebäude mit seinen markanten Türmen ein berüchtigtes Gefängnis (S. 81).

Ile St-Louis
Seit dem 17. Jahrhundert gilt die Insel als exquisite Wohngegend (S. 76ff).

Die **Tour de l'Horloge**, ein Uhrturm aus dem 14. Jahrhundert, trug die erste öffentliche Uhr in Paris. Germain Pilons meisterliche Schnitzereien schmücken noch heute das Zifferblatt.

St-Gervais–St-Protais
Die älteste Orgel von Paris (frühes 17. Jh.) steht in dieser Kirche (S. 99).

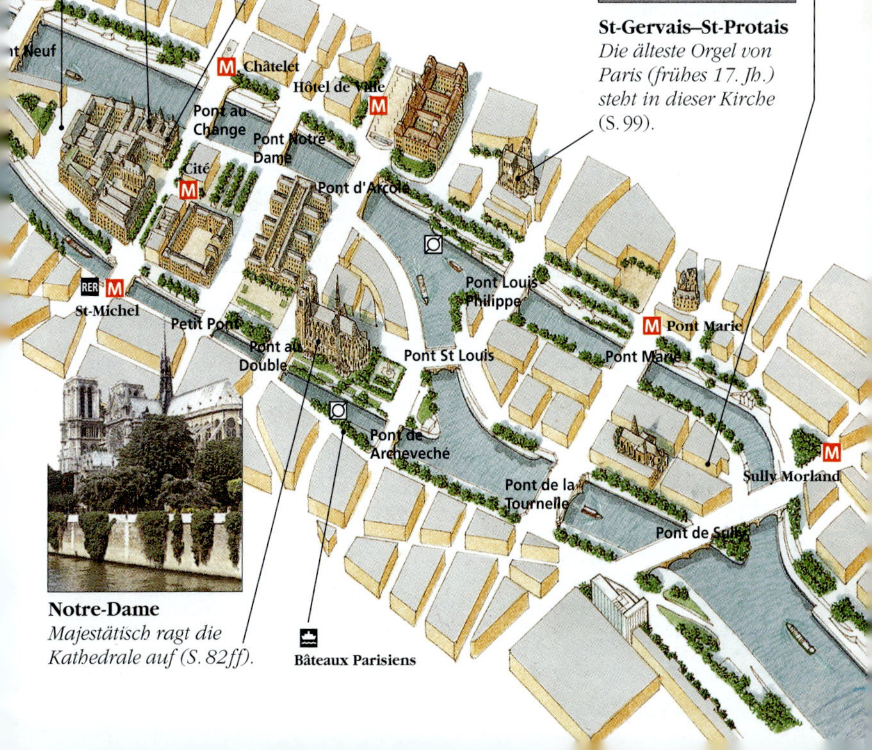

Notre-Dame
Majestätisch ragt die Kathedrale auf (S. 82ff).

Auf Fluss und Kanal unterwegs

Bei einer Fahrt auf der Seine mit einem der *bateaux mouches* oder *vedettes* kommen Sie auf bequeme Art an den beindruckendsten Sehenswürdigkeiten und Denkmälern vorbei. Der Batobus fungiert als Pendel-Service – Sie können an jeder beliebigen Stelle zu- oder aussteigen. Die wichtigsten Kanaltouren befahren den alten Industriekanal St-Martin im Osten der Stadt.

Passagierschiffe unterqueren den Pont Alexandre III

Die Schiffe
Bateaux mouches, *die größten Vergnügungsschiffe, bieten einen außergewöhnlichen Anblick: Die Passagiere sitzen vollkommen von Glas umgeben und haben so einen ausgezeichneten Rundumblick. Nachts werden die Gebäude am Fluss mit Flutlicht erhellt. Luxuriöseren Service bieten die* Bateaux Parisiens. Vedettes *sind kleiner, hier blickt man durch Glaswände. Die Boote von* Canauxrama *haben einen flachen Boden.*

Seine-Fahrten und der Kanal-Pendelverkehr

Die folgenden Angaben über Seine-Fahrten und Pendel-Service informieren über Ablegestellen, die nächsten Métro- und RER-Stationen sowie Buslinien. Mittagessen- und Dinnerfahrten sind im Voraus zu buchen, die Gäste müssen 30 Minuten vor Abfahrt an Bord sein.

ILE de FRANCE

Vedettes de Paris Ile-de-France Seine-Fahrt

Diese Gesellschaft besitzt neun Schiffe, auf denen Sie komfortabel und luxuriös an allen wichtigen Sehenswürdigkeiten am Fluss entlang fahren. Ablegestelle ist:

Port de Suffren
Karte 10 D3. *01 47 05 71 29.* M *Bir Hakeim.* RER *Champ de Mars.* Bus *22, 30, 32, 44, 63, 69, 72, 82, 87.* ***Abfahrt*** *tägl. 11–20 Uhr (alle 30 Minuten).* ***Dauer*** *1 Stunde.* ***Dinnerfahrt*** *Sa 20 Uhr.* ***Dauer*** *2 Stunden 30 Min. (telefonisch reservieren).*

CANAUXRAMA

Parc de la Villette Pendelverkehr

Diese Fahrt auf dem Kanal bringt Sie von der Rotonde de Ledoux (an der Esplanade du Bassin de la Villette) zum Parc de la Villette *(siehe S. 234f)*. Ablegestellen sind:

13 Quai de la Loire
Karte 8 E1. *01 42 39 15 00.* M *Jaurès.*
Parc de la Villette.
M *Porte de Pantin.* ***Abfahrt*** *tägl. 13.30–18 Uhr (alle 30 Minuten, wenn das Wetter günstig ist).* ***Dauer*** *15 Minuten.*

BATEAUX PARISIENS

Bateaux Parisiens Notre-Dame Seine-Fahrt

Die Gesellschaft organisiert im Sommer auch eine Tour-Eiffel-Fahrt. Sie nimmt dann dieselbe Route, nur in umgekehrter Richtung. Ablegestelle ist:

Quai de Montebello
Karte 13 B4. *01 44 11 33 44.* M *Maubert-Mutualite, St-Michel.* RER *St-Michel.* Bus *24, 27, 47.* ***Abfahrt*** *Apr–Nov tägl. 14.20–18.20 Uhr (jede Stunde); Fr und Sa auch 20.20 und 21.20 Uhr.* ***Dauer*** *1 Stunde.*

BATEAUX PARISIENS

Bateaux Parisiens Tour-Eiffel-Seine-Fahrt

Die Gesellschaft hat eine Flotte von drei Schiffen für 600 Passagiere. Erklärungen erfolgen in zwölf Sprachen. Ablegestelle ist:

Port de la Bourdonnais
Karte 10 D2. *01 44 11 33 44 (Tagesfahrt), 01 44 11 33 55 (Dinnerfahrt).* M *Trocadéro, Bir Hakeim.* RER *Champ de Mars.* Bus *42, 72, 82.* ***Abfahrt*** *tägl. 10–23 Uhr (alle 30 Minuten).* ***Dauer*** *1 Stunde.* ***Mittagessenfahrt*** *tägl. 12.15 Uhr.* ***Dauer*** *2 Stunden 15 Min.* ***Dinnerfahrt*** *tägl. 19.45 Uhr.* ***Dauer*** *3 Stunden (für Kinder nicht geeignet. Anzug und Krawatte erbeten).*

Ablegestellen

Die Ablegestellen für die Seine-Fahrten und den Batobus-Service sind am Fluss nicht zu übersehen. Sie können dort die Tickets kaufen und auch Getränke sowie eine Kleinigkeit zu essen bekommen. In der Nähe der Ablegestellen gibt es nur wenige Parkmöglichkeiten, am Pont Neuf kann man so gut wie gar nicht parken.

Ablegestelle an der Seine

Pendel-Service. Ein- und Zweitagespässe. ☎ *01 44 11 33 99.* ***Abfahrt*** *Apr–Okt tägl. 10–19 Uhr (Juni–Aug bis 21 Uhr) (alle 20 Minuten). Zusteigemöglichkeiten:* **Tour Eiffel. Karte** 10 D3. Ⓜ Bir Hakeim. **Champs-Elysées. Karte** 11 B1. Ⓜ Champs-Elysées-Clemenceau. **Musée d'Orsay. Karte** 12 D2. Ⓜ Solférino. **Louvre. Karte** 12 E2. Ⓜ Louvre. **St-Germain-de Prés. Karte** 12 E3. Ⓜ St-Germain-de Prés. **Notre-Dame. Karte** 13 B4. Ⓜ Cité. **Hôtel de Ville. Karte** 13 B4. Ⓜ Hôtel de Ville.

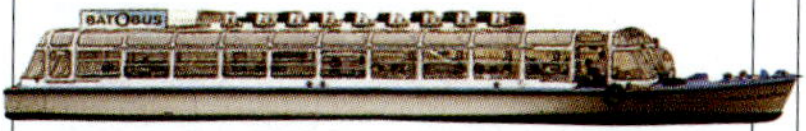

Bateaux Mouches Seine-Fahrt

Die Gesellschaft besitzt 11 Schiffe für insgesamt 600 bis 1400 Passagiere. Ablegestelle ist:

Pont de l'Alma. Karte 10 F1. ☎ *01 42 25 96 10.* Ⓜ *Alma-Marceau.* RER *Pont de l'Alma.* 🚌 *28, 42, 49, 63, 72, 80, 83, 92.* ***Abfahrt*** *tägl. 11–23 Uhr jede Stunde.* ***Dauer*** *1 Stunde.* ***Mittagessenfahrt*** *Apr–Nov tägl. 13 Uhr.* ***Dauer*** *1 Stunde 45 Min. Kinder unter 12 Jahren zahlen die Hälfte.* ***Dinnerfahrt*** *Mo–Fr 20.30 Uhr.* ***Dauer*** *2 Stunden 15 Min. (Anzug und Krawatte erbeten, telefonisch reservieren).*

Vedettes du Pont Neuf Seine-Fahrt

Die Gesellschaft betreibt sechs Schiffe für je 80 Passagiere. Die Fahrzeuge sind älteren Stils und bieten ausgefallene Fahrten. Ablegestelle ist:

Square du Vert-Galant (Pont Neuf). **Karte** 12 F3. ☎ *01 46 33 98 38.* Ⓜ *Pont Neuf.* RER *Châtelet.* 🚌 *24, 27, 58, 67, 70, 72, 74, 75.* ***Abfahrt*** *März–Okt tägl. 10, 11.15, 12, 13.30–22.30 Uhr alle 30 Min; Nov–Feb Mo–Fr 10.30, 11.15, 12, 14–18.30 Uhr alle 45 Min, 20, 22 Uhr, Sa, So 10.30, 11.15, 12, 14–18.30, 20, 21–22.30 Uhr alle 30 Min.* ***Dauer*** *1 Std. Auch Mittagessen- und Dinnerfahrten.*

Kanal-Fahrten

Die Gesellschaft **Canauxrama** organisiert Fahrten auf dem Canal St-Martin und auf der Marne. Die Tour St-Martin führt am baumbestandenen Ufer entlang durch neun Schleusen, unter zwei Drehbrücken und acht romantischen Fußgängerbrücken hindurch. Die Fahrt auf der Marne bezieht die Umgebung von Paris bis nach Bry-sur-Marne ein. Die **Paris Canal Company** (01 42 40 96 97) bietet ebenfalls eine Fahrt auf dem Canal St-Martin an. Sie führt vom Parc de la Villette über den Kanal hinaus in die Seine und dort bis zum Musée d'Orsay.

Canal St-Martin

Canauxrama bietet eine Reihe verschiedener Ausflüge auf diesem Kanal an. Sie hat zwei Schiffe für je 125 Passagiere. Diese verkehren zwischen dem Bassin de la Villette und dem Port de l'Arsenal. Zusteigestellen sind:

Bassin de la Villette. Karte 8 E1. Ⓜ *Jaurès.*
Port de l'Arsenal. Karte 14 E4. Ⓜ *Bastille.*
☎ *01 42 39 15 00.* ***Abfahrt*** *Apr–Okt, telefonisch reservieren, da sich die Zeiten ändern können: Bassin de la Villette 9.45 und 14 Uhr; Port de l'Arsenal 9.45 und 14.30 Uhr. Studenten, Senioren und Kinder unter 12 Jahren erhalten an Wochentagen vormittags Ermäßigung. Für Kinder unter 6 Jahren ist die Fahrt kostenlos. Konzertfahrten auf Charterbooten gibt es auf dem Canal St-Martin und auf der Seine.* ***Dauer*** *3 Stunden.*

Bords de Marne Croisière

Diese Ganztagestour verläuft westlich von Paris auf der Marne. Die Sehenswürdigkeiten werden erläutert, es gibt auch Tanz an Bord. Ablegestelle ist:

Port de l'Arsenal. Karte 14 E4. Ⓜ *Bastille.*
☎ *01 42 39 15 00.* ***Abfahrt*** *tägl. 8.30 Uhr (Reservierung erforderlich).* ***Dauer*** *8 Stunden 30 Min.*

Kanalfahrt im Bassin de la Villette

Führer durch die Stadtteile

ILE DE LA CITÉ UND ILE ST-LOUIS

DIE GESCHICHTE der Ile de la Cité ist gleichzeitig die Geschichte von Paris. Die Insel in der Seine war nicht mehr als ein einfaches Dorf, als Julius Caesar 53 v. Chr. diese Gegend erreichte. Könige erkoren die Stadt später zu ihrem Machtzentrum aus, im Mittelalter wurde Paris die Heimstatt von Hof und Gesetz. Diese Macht ist vergangen, doch Kirche und Justiz bestimmen noch immer die Atmosphäre: Das imposante Palais de Justice und Notre-Dame, das Meisterwerk gotischer Architektur, ziehen Heerscharen von Besuchern an.

Das Wappen von Paris

Das mittelalterliche Gedränge kleiner Häuser und enger Gassen fiel den breiten Durchgangsstraßen zum Opfer, die seit dem 19. Jahrhundert die Stadt zerschneiden. Doch vereinzelt sind noch Oasen der Ruhe zu finden, so der farbenprächtige Blumen- und Vogelmarkt, der romantische Square du Vert-Galant und die altehrwürdige Place Dauphine.

Der Pont St-Louis bildet am östliche Ende der Insel die Verbindung zur Ile St-Louis. Aus diesem feuchten Weideland entwickelte sich im 17. Jahrhundert ein elegantes Wohnviertel. Später ließen sich hier wohlhabende Künstler, Ärzte, Bürger und Adlige nieder, die der atemberaubenden Schönheit ihrer baumbestandenen Quais erlagen.

SEHENSWÜRDIGKEITEN AUF EINEN BLICK

Historische Gebäude
Conciergerie 8
Hôtel de Lauzun 16
Hôtel Dieu 6
Palais de Justice 10

Brücke
Pont Neuf 12

Denkmal
Mémorial des Martyrs de la Déportation 4

Märkte
Marché aux Fleurs und Marché aux Oiseaux 7

Parks und Plätze
Place Dauphine 11
Square du Vert-Galant 13
Square Jean XXIII 3

Museen und Galerien
Crypte Archéologique 5
Musée Adam Mickiewicz 14
Musée de Notre-Dame de Paris 2

Kirchen und Kathedralen
Notre-Dame S. 82ff 1
Sainte-Chapelle S. 88f 9
St-Louis-en-l'Ile 15

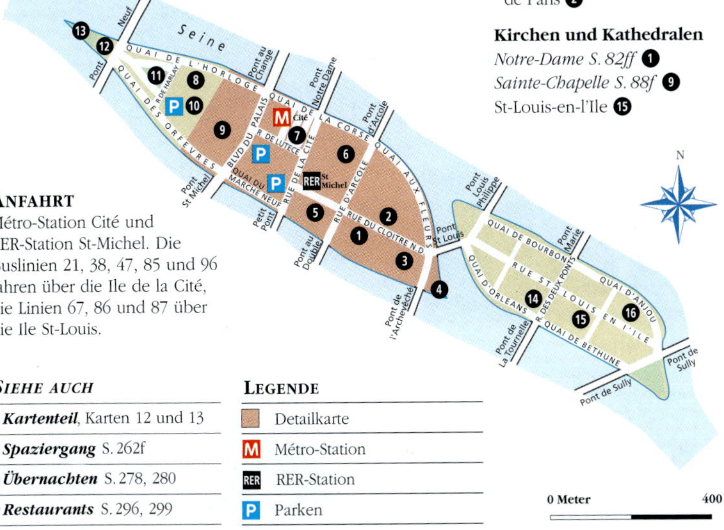

ANFAHRT
Métro-Station Cité und RER-Station St-Michel. Die Buslinien 21, 38, 47, 85 und 96 fahren über die Ile de la Cité, die Linien 67, 86 und 87 über die Ile St-Louis.

SIEHE AUCH
- ***Kartenteil***, Karten 12 und 13
- ***Spaziergang*** S. 262f
- ***Übernachten*** S. 278, 280
- ***Restaurants*** S. 296, 299

LEGENDE
- Detailkarte
- M Métro-Station
- RER RER-Station
- P Parken

◁ Blick auf Conciergerie und Pont au Change

Im Detail: Ile de la Cité

Die Ursprünge der Stadt Paris sind hier auf der Ile de la Cité zu finden. Die ovale Insel in der Seine wurde vor 2000 Jahren von keltischen Stämmen besiedelt. Die Parisii, einer dieser Stämme, gaben der Stadt den Namen. Die Insel war ein idealer Brückenkopf zwischen Süd- und Nordgallien und zudem leicht zu verteidigen. Später bauten die Römer, Franken und Kapetinger die Stadt aus und legten ihren heutigen Kern an.

Reste der alten Gebäude sind noch heute in der Krypta unter dem Platz vor Notre-Dame zu finden, zu der jährlich Millionen von Besuchern kommen. Am anderen Ende der Insel ist ein weiteres gotisches Prunkstück zu sehen, Sainte-Chapelle – ein Wunderwerk aus Farbe und Licht.

★ Conciergerie
Während der Revolution diente dieses Gefängnis als Vorzimmer zur Guillotine. ❽

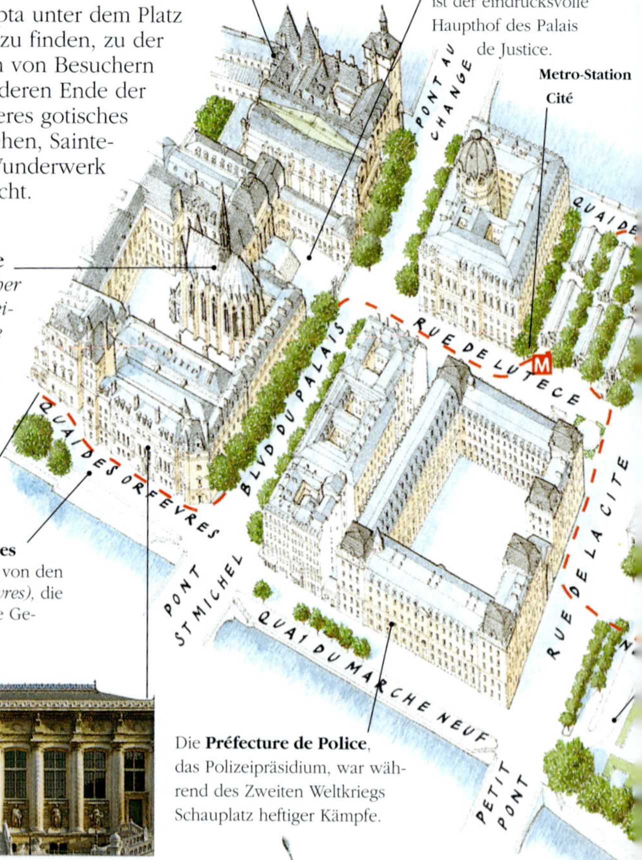

Der **Cour du Mai** ist der eindrucksvolle Haupthof des Palais de Justice.

Metro-Station Cité

★ Sainte-Chapelle
Dieses Juwel gotischer Architektur zieht seine Bewunderer wie magnetisch an. Unvergesslich sind die außergewöhnlich schönen Buntglasfenster. ❾

Zum Pont Neuf

Der **Quai des Orfèvres** erhielt seinen Namen von den Goldschmieden *(orfèvres)*, die im Mittelalter hier ihre Geschäfte hatten.

Die **Préfecture de Police**, das Polizeipräsidium, war während des Zweiten Weltkriegs Schauplatz heftiger Kämpfe.

Palais de Justice
Der massive Komplex von Gerichten wehrt mit alten Türme entlang den Quais jegliche Einblicke ab. Die Geschichte des ehemaligen königlichen Palasts reicht 1600 Jahre zurück. ❿

0 Meter 100

Das **Standbild von Karl dem Großen** erinnert an den König der Franken, der – im Jahr 800 zum Kaiser gekrönt – maßgebend die geschichtliche Entwicklung Europas beeinflusste.

★ Marché aux Fleurs et Oiseaux
Der Marché aux Fleurs ist einer der letzten Blumenmärkte in Paris. Sonntags findet hier der Vogelmarkt statt. ❼

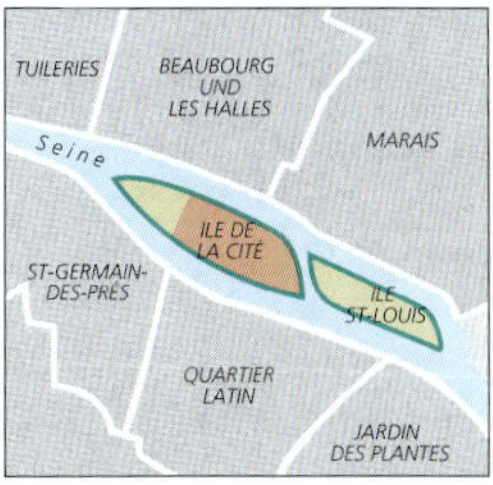

ZUR ORIENTIERUNG
Siehe Kartenteil, Karten 12 & 13

Hôtel Dieu
Das ehemalige Waisenhaus dient heute als Krankenhaus. ❻

★ Crypte Archéologique
Tief unter dem Platz liegen Reste von Gebäuden, die mehr als 2000 Jahre alt sind. ❺

NICHT VERSÄUMEN

- ★ **Notre-Dame**
- ★ **Sainte-Chapelle**
- ★ **Conciergerie**
- ★ **Marché aux Fleurs et Oiseaux**
- ★ **Crypte Archéologique**

LEGENDE

▬ ▬ ▬ Routenempfehlung

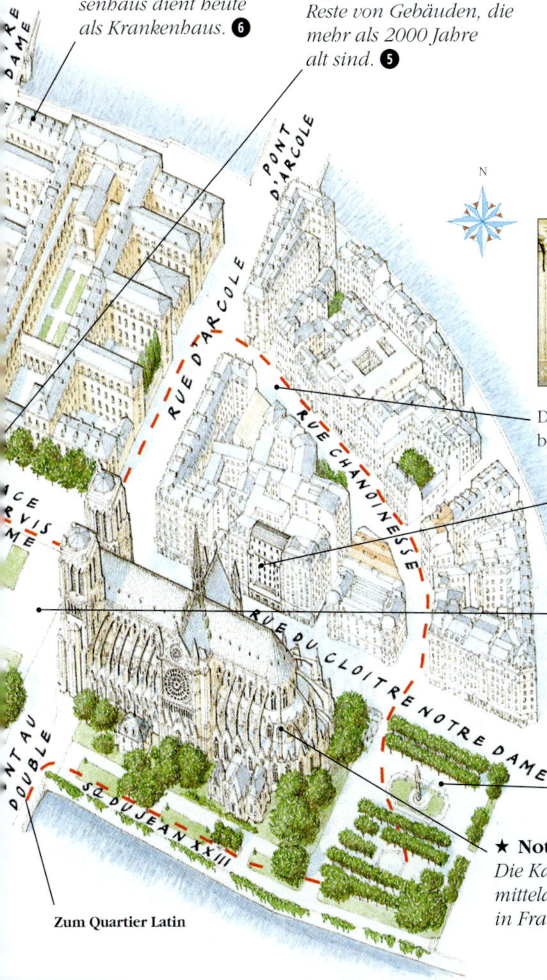

Die Rue Chanoinesse hat viele berühmte Anwohner gesehen.

Musée de Notre-Dame
Die Ausstellungen zeigen die Geschichte der Kathedrale. ❷

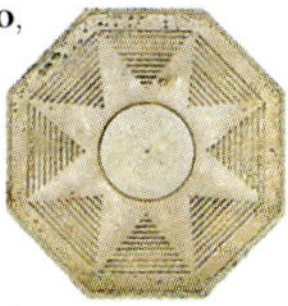

Vom **Point Zéro**, dem Nullpunkt, aus werden alle Entfernungen in Frankreich gemessen.

Square Jean XXIII, *ein ruhiger Platz an der Seine.* ❸

★ Notre-Dame
Die Kathedrale ist ein Meisterwerk mittelalterlicher Architektur in Frankreich. ❶

Zum Quartier Latin

Notre-Dame vom linken Seine-Ufer gesehen

Notre-Dame ❶

Siehe S. 82 ff

Musée de Notre-Dame de Paris ❷

10, rue du Cloître-Notre-Dame, 75004. **Karte** 13 B4. ☎ *01 43 25 42 92.* Ⓜ *Cité.* 🕒 *Mi, Sa, So 14.30–18 Uhr (letzter Einlass 17.40 Uhr).*

IN DEM 1951 gegründeten Museum erinnern Ausstellungsstücke und Dokumente an die Geschichte von Notre-Dame. Zu den Exponaten zählen gallorömische Objekte, alte Stiche, Kunstwerke und das älteste christliche Relikt der Stadt: ein Glaspokal aus dem 4. Jahrhundert n. Chr.

Gallorömische Münze

Square Jean XXIII ❸

75004. **Karte** 13 B4. Ⓜ *Cité.*

DIE PORTE ST-ETIENNE (Portal des hl. Stephan) von Notre-Dame öffnet sich zu einer reizenden, Papst Johannes XXIII. gewidmeten Gartenanlage. Sie zieht sich am Fluss hin und bietet einen hervorragenden Blick auf die Skulpturen, Rosettenfenster und Strebebögen am Ostende der Kathedrale.

Ab dem 17. Jahrhundert erhob sich auf dem Platz der erzbischöfliche Palast, den Aufständische 1831 plünderten und später zerstörten. Das Geviert wurde vom Präfekten von Paris, Rambuteau, als Ersatz geplant. Der gotische Brunnen der Heiligen Jungfrau sprudelt seit 1845 im Zentrum des Platzes.

Mémorial des Martyrs de la Déportation ❹

Sq. de l'Ile de France, 75004. **Karte** 13 B4. ☎ *01 46 33 87 56.* Ⓜ *Cité.* 🕒 *tägl. 10–12, 14–19 Uhr.*

DAS SCHLICHTE moderne Mahnmal gedenkt der 200 000 im Zweiten Weltkrieg von Nazis deportierten französischen Männer, Frauen und Kinder. Auf der Gedenkstätte stehen die Namen der Konzentrationslager, in die sie deportiert wurden. Aus Erde aus diesen Lagern wurden kleine Gräber geformt. Am äußersten Ende befindet sich das Grab des Unbekannten Deportierten.

Im Inneren des Mémorial des Martyrs de la Déportation

Der Square du Jean XXIII hinter der Kathedrale Notre-Dame

Gallorömische Ruinen in der Crypte Archéologique

Crypte Archéologique ❺

Pl. du Parvis Notre-Dame, 75004. **Karte** 13 A4. 01 55 42 50 10. Cité. *Di–So 10–18 Uhr (letzter Einlass 30 Min. vor Schließung).* *1. Mai, 1. und 11. Nov, 25. Dez, 1. Jan.* *frei für Kinder unter 12.*

Unter dem Kirchplatz *(parvis)* vor Notre-Dame erstreckt sich die 120 Meter lange Krypta mit Resten von Fundamenten, die um mehrere Jahrhunderte älter sind als die Kathedrale.

Hier gibt es noch Relikte einer ausgeklügelten Fußbodenheizung aus einem Haus von Lutèce. Lutèce war eine Siedlung des keltischen Stammes der Parisii, die die Insel vor 2000 Jahren besiedelten und der Stadt ihren heutigen Namen gaben.

Hôtel Dieu ❻

1, pl. du Parvis Notre-Dame, 75004. **Karte** 13 A4. *nicht öffentlich zugänglich.* *Cité.*

Das Hôtel Dieu an der Nordseite des Platzes wurde 1866–78 als Krankenhaus für das Stadtzentrum von Paris an der Stelle eines ehemaligen Waisenhauses erbaut. Das ursprüngliche, im 12. Jahrhundert errichtete Hôtel Dieu zog sich an beiden Flussufern über die Insel. Im 19. Jahrhundert musste es einem ehrgeizigen Stadtplanungsprojekt des Baron Haussmann weichen.

Hier leistete die Pariser Polizei 1944 den Deutschen Widerstand, ein Denkmal am Cour de 19-Août erinnert daran.

Das Hôtel Dieu

Am Hauptblumenmarkt von Paris

Marché aux Fleurs und Marché aux Oiseaux ❼

Pl. Louis-Lépine, 75004. **Karte** 13 A3. *Cité.* *Mo–Sa 8–19.30 Uhr, So 8–19 Uhr.*

Jahrein, jahraus verleiht der Blumenmarkt einem ansonsten von Verwaltungsgebäuden beherrschten Viertel Farbe und Duft. Von den Blumenmärkten der Stadt hat er, leider einer der letzten, als berühmtester überlebt und lockt mit einer bunten, exotischen Pflanzenvielfalt. Sonntags macht er dem Vogelmarkt Platz.

Conciergerie ❽

1, quai de l'Horloge, 75001. **Karte** 13 A3. *01 53 73 78 50.* *Cité.* *Apr–Sep tägl. 9.30–18.30 Uhr; Nov–März tägl. 10–17 Uhr (letzter Einlass 30 Min. vor Schließung).* *1. Jan, 1. Mai, 1. u. 11. Nov, 25. Dez.* *telefonisch erfragen.*

Im nördlichen Teil des alten Königspalastes unterstand die Conciergerie ursprünglich dem Concierge, dem Aufseher des Palastes. Als der König 1417 seinen Sitz nach Marais verlegte, blieb hier der Sitz der königlichen Verwaltung und Gesetzgebung. Die Conciergerie wurde zum Gefängnis, der Concierge zum obersten Kerkermeister. Hier inhaftierte und folterte man Ravaillac, den Mörder von Henri IV.

Während der Revolution saßen hier über 4000 Gefangene fest, unter ihnen in einer winzigen Zelle bis zu ihrer Hinrichtung Marie-Antoinette sowie Charlotte Corday, die den Revolutionsführer Marat im Bad erstochen hatte. Die Ironie des Schicksals wollte es, dass auch die revolutionären Richter Danton und Robespierre zu den Bewohnern zählten, ehe sie die Guillotine bestiegen.

In der Conciergerie beeindruckt die viergängige gotische Salle des Gens d'Armes (Halle der Waffenträger), in der einst die Garden des königlichen Haushalts wohnten. Das im 19. Jahrhundert renovierte Gebäude umfasst die Folterkammer (11. Jh.), den Bonbec-Turm und den schönen Uhrenturm (Tour de l'Horloge, 14. Jh.), den ältesten Uhrenturm der Stadt.

Marie-Antoinette in der Conciergerie, ihre Hinrichtung durch die Guillotine erwartend

Notre-Dame ❶

Kein anderes Bauwerk ist mit der Geschichte von Paris enger verwoben als Notre-Dame. Die Kathedrale thront majestätisch auf der Ile de la Cité, der Keimzelle der Stadt. Papst Alexander III. legte 1163 den Grundstein. Damit begann für Heerscharen gotischer Architekten und Steinmetzen eine 170-jährige Mühsal. Seit jener Zeit ziehen die Repräsentanten des Landes durch die drei Hauptportale unterhalb der gewichtigen Türme ein.

Notre-Dame gilt als gotisches Meisterwerk und erhebt sich auf dem Grund eines vormaligen römischen Tempels. Nach der Fertigstellung (um 1330) war sie 130 Meter lang, überragt von 69 Meter hohen Türmen.

★ Westfassade
Drei Hauptportale mit herrlicher Bauplastik, einem Rosettenfenster und einer Galerie verdienen besondere Beachtung.

★ Galerie des Chimères
Die berühmten Wasserspeier (chimères) *sind hinter einem Gang zwischen den Türmen zu finden.*

★ Westl. Rosettenfenster
Das Fenster zeigt Maria in einem Medaillon aus Rot- und Blautönen.

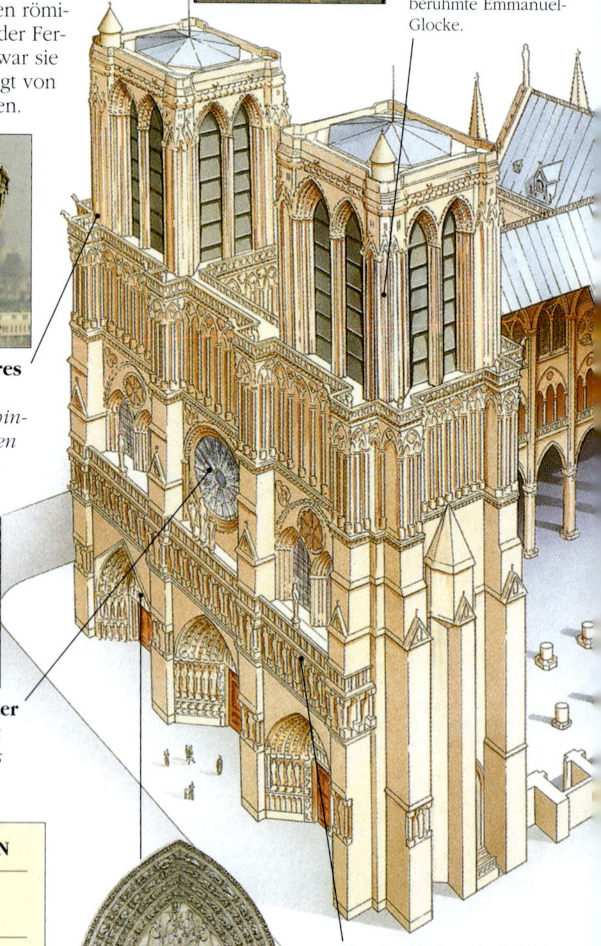

Der **Südturm** beherbergt die berühmte Emmanuel-Glocke.

Von der **Königsgalerie** blicken die 28 Könige von Juda hinab.

Portal der Heiligen Jungfrau
Die Hl. Jungfrau inmitten von Heiligen und Königen, eine Komposition von Statuen (13. Jh.).

Nicht versäumen

- ★ **Westfassade und Portale**
- ★ **Strebebogen**
- ★ **Rosettenfenster**
- ★ **Galerie des Chimères**

★ Strebebogen
Jean Ravys beeindruckende Strebebogen an der Ostseite der Kathedrale besitzen eine Spannbreite von 15 Metern.

Infobox

Pl du Parvis-Notre-Dame. **Karte** 13 B4. 01 42 34 56 10. Cité. 21, 38, 85, 96 zur Ile de la Cité. Notre-Dame. Pl du Parvis. tägl. 8–18.45 Uhr. **Türme** 10–16.45 Uhr (Winter), 9–19 Uhr (Sommer). Letzter Einlass 45 Min. vor Schließung. für die Türme. Mo–Sa 8, 9, 12, 18.15 (Sa 18.30) Uhr, So 8, 8.45, 10, 11.30, 12.30, 18.30 Uhr.

Die **Turmspitze**, ein Entwurf von Viollet-le-Duc, ragt 90 Meter empor.

★ Südl. Rosettenfenster
Das Fenster an der Südfassade, mit einer Darstellung Christi in der Mitte, hat 13 Meter Durchmesser.

Das **Querschiff** wurde zu Beginn der Regierungszeit von Philippe-Auguste (13. Jh.) errichtet.

Die **Schatzkammer** hütet die Kostbarkeiten der Kathedrale, darunter alte Manuskripte und Reliquienschreine.

Zeitskala

1163 Grundsteinlegung von Papst Alexander III.

1572 Marguerite de Valois heiratet Henri von Navarra (den späteren Henri IV)

1793 Revolutionäre plündern die Kathedrale und nennen sie Tempel der Vernunft

1944 Befreiung von Paris

1150 — 1550 — 1750 — 1950

1708 Umgestaltung des Chors: Louis XIV löst damit ein Versprechen seines Vaters ein

1795–1802 Schließung der Kathedrale

1804 Napoléon krönt sich zum Kaiser von Frankreich

Napoléon I

1970 Staatsbegräbnis von General de Gaulle

Führung durch Notre-Dame

Juwelenbesetzter Kelch

Notre-Dame beeindruckt den Besucher allein durch die gewaltige Wölbung des Hauptschiffs. Das nicht minder beeindruckende Querschiff wird durch mittelalterliche Fensterrosen mit einem Durchmesser von 13 Metern begrenzt. Werke großer Bildhauer, darunter Jean Ravys wunderbarer Lettner, Nicolas Coustous *Pietà* und Antoine Coysevoxs Statue von Louis XIV, schmücken die Kathedrale. Hier wurden Könige und Kaiser gekrönt und Kreuzritter gesegnet. Doch Notre-Dame war auch Zeuge von Aufruhr: Während der Revolution wurde die Kirche geplündert und zu einem »Tempel der Vernunft« gemacht, später als Weinlager genutzt. Napoléon ließ die Religionsausübung wieder zu, der Architekt Viollet-le-Duc begann mit der Restaurierung, ersetzte fehlende Statuen, baute den Turm auf und brachte die Wasserspeier wieder in Gang.

⑨ Nördliches Rosettenfenster
Das 21 Meter hohe Buntglasfenster (13. Jh.) stellt die Gottesmutter umgeben von Figuren und Szenen aus dem Alten Testament dar.

⑩ Aussicht und Wasserspeier
Die 387 Stufen im Nordturm führen zu den berühmten Wasserspeiern und einer herrlichen Aussicht.

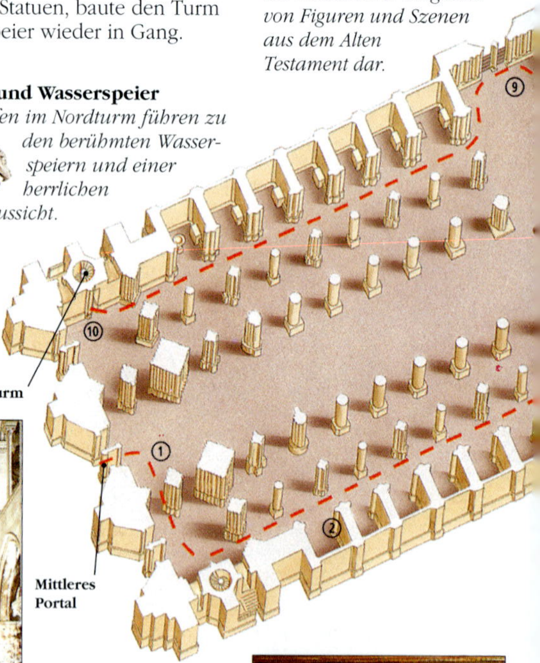

① Blick ins Innere
Vom mittleren Portal, dem Gerichtsportal, hat man das hochgewölbte Hauptschiff, die Vierung, den Hauptaltar und den Chorraum im Blick.

② Le Bruns »Maibilder«
Le Bruns Gemälde sind in den Langhauskapellen zu sehen. Im 17. und 18. Jahrhundert stifteten die Pariser Goldschmiede jedes Jahr im Mai der Jungfrau Maria ein neues Bild.

Legende

— — — Rundgang

⑧ Chorgestühl
Louis XIV gab das Chorgestühl (frühes 18 Jh.) in Auftrag, das sich durch schönes Schnitzwerk auszeichnet. Die Statue des Königs steht hinter dem Hauptaltar. Szenen aus dem Leben der Jungfrau Maria sind in das Chorgestühl geschnitzt.

⑦ Statue von Louis XIII
Nach Jahren ohne Nachkommen gelobte Louis XIII, einen Hochaltar zu bauen und die Ostkanzel der Jungfrau zu Ehren zu renovieren, wenn ihm ein Thronfolger geschenkt werde. 1638 wurde Louis XIV geboren, doch es vergingen 60 Jahre, bis das Versprechen eingelöst wurde. Das geschnitzte Chorgestühl stammt aus dieser Zeit.

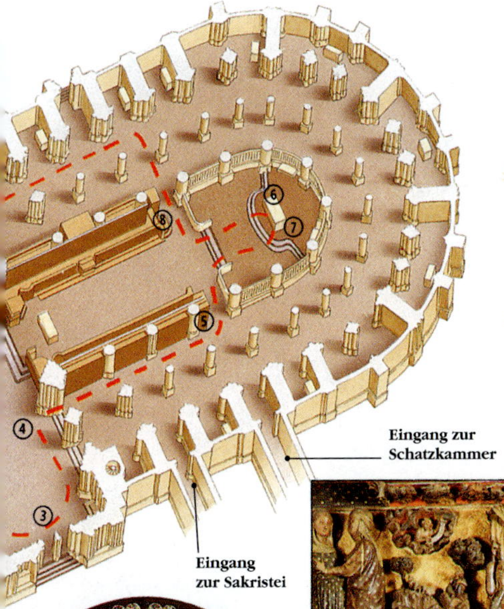

⑥ Pietà
Hinter dem Hauptaltar steht Nicolas Coustous Pietà *auf einem vergoldeten Sockel von François Girardon.*

⑤ Chorschranken
Eine hohe Schranke aus dem 14. Jahrhundert umschloss den Chor und bot den Stiftsherren Ruhe während des Gebets. Teile davon sind noch erhalten und geben den ersten drei Nord- und Süderkern Sichtschutz.

③ Südliches Rosettenfenster
In der Fensterrose, die das Querschiff nach Süden hin abschließt, ist noch Buntglas aus dem 13. Jahrhundert erhalten. Das Fenster zeigt Christus, umgeben von Jungfrauen, Märtyrern und den zwölf Aposteln.

④ Marienstatue Notre-Dame de Paris
Am südöstlichen Vierungspfeiler steht diese Marienstatue aus dem 14. Jahrhundert. Sie stammt aus der Kapelle von St Aignan und wird bis heute als Gnadenbild verehrt.

Der Pont Neuf überspannt die Seine von der Ile de la Cité nach Norden und nach Süden

Sainte-Chapelle ❾

Siehe S. 88 f.

Ein Engelsdekor mit der Dornenkrone an der Sainte-Chapelle

Palais de Justice ❿

4, blvd du Palais (Eingang am Cour de Mai), 75001. **Karte** 13 A3. *01 44 32 50 00.* M *Cité.* *Mo–Fr 8.30–18.30 Uhr.*

DER RIESIGE Gebäudeblock des französischen Justizpalastes bedeckt die gesamte Breite der Ile de la Cité. Mit seinen Türmen bietet er einen eindrucksvollen Anblick. Das schon zur Römerzeit bebaute Gelände war Königssitz, bis Charles V den Hof nach Marais verlegte.

Im April 1793 begann das Revolutionstribunal, die Rechtsprechung der Première Chambre (Oberster Gerichtshof) zu übertragen. Heute verkörpert dieser Ort Napoléons bedeutende Hinterlassenschaft – das französische Rechts- und Gesetzeswesen.

Place Dauphine ⓫

75001 (Eingang Rue Henri-Robert). **Karte** 12 F3. M *Pont Neuf, Cité.*

ÖSTLICH DES PONT NEUF liegt dieser alte, 1607 von Henri IV angelegte und nach dem Dauphin, dem späteren Louis XIII benannte Platz. Nr. 14 zählt zu den wenigen Gebäuden, die von einer späteren Umgestaltung verschont blieben. Dieser Zufluchtsort für den Charme des 17. Jahrhunderts wird heute von Boule-Spielern sehr geschätzt.

Pont Neuf ⓬

75001. **Karte** 12 F3. M *Pont Neuf, Cité.*

TROTZ DES NAMENS (»neue Brücke«) ist diese Brücke die älteste erhaltene der Stadt. Der Pont Neuf wurde durch bedeutsame gestalterische und literarische Werke verewigt. Henri III legte 1578 den Grundstein, aber getauft und eröffnet wurde die Brücke 1607 von Henri IV, dessen Statue den mittleren Teil ziert. Der Pont Neuf wird von zwölf Bögen getragen und überspannt 275 Meter. Als erste Steinbrücke ohne Hausaufbauten schuf er eine neue Verbindung zur Ile de la Cité und gelangte schnell zu großer Beliebtheit.

Reliefskulpturen am Palais de Justice

Henri IV, Square du Vert-Galant

Square du Vert-Galant ⓭

75001. **Karte** 12 F3. *Pont Neuf, Cité.*

DIESER PLATZ, einer der magischen Anziehungspunkte von Paris, trägt den Spitznamen von Henri IV. Der liebestolle und schillernde Monarch verschönte die Stadt im frühen 17. Jahrhundert, was ihn noch heute populär sein lässt. Von hier eröffnen sich faszinierende Blicke auf den Louvre und die rechte Flussseite, wo Henri IV 1610 ermordet wurde.

Am Platz ist auch die Anlegestelle für die Vedettes du Pont Neuf *(siehe S. 72f)*.

Musée Adam Mickiewicz ⓮

6, quai d'Orléans, 75004. **Karte** 13 C4. *01 55 42 83 83.* *Pont Marie.* *wegen Renovierung bis 2004 geschlossen.* *14, 15.30 und 17 Uhr.*

ADAM MICKIEWICZ, polnischer Dichter der Romantik (19. Jh.), war eine treibende Kraft der polnischen politischen und kulturellen Szene in Paris. Er unterstützte seine im In- und Ausland unterdrückten Landsleute. Sein ältester Sohn, Ladislas, gründete 1903 dieses Museum, das zusammen mit der angegliederten Bibliothek die wahrscheinlich erlesenste polnische Sammlung außerhalb Polens hütet: Gemälde, Bücher, Karten, Emigrationsarchive aus dem 19. und 20. Jahrhundert sowie Exponate zum Gedenken an Frédéric Chopin, inklusive seiner Totenmaske.

St-Louis-en-l'Ile ⓯

19 bis, rue St-Louis-en-l'Ile, 75004. **Karte** 13 C4. *01 46 34 11 60.* *Pont Marie.* *Di–So 9–12, 15–19 Uhr.* *Feiertage.* ***Konzerte.***

MIT DEM BAU dieser Kirche wurde 1664 nach Plänen des königlichen Architekten Louis le Vau begonnen, der auf der Insel lebte. Bemerkenswert sind die Eisenglocke am Eingang (1741) und die eiserne Turmspitze des 1726 vollendeten und geweihten Gotteshauses.

Das barocke Interieur ist mit Vergoldungen und Marmor reich dekoriert. Eine Statue zeigt den hl. Ludwig mit Kreuzfahrerschwert. Eine 1926 gespendete Gedenktafel im nördlichen Seitenschiff trägt die Inschrift »Zum dankbaren Andenken an den hl. Ludwig, zu dessen Ehren die Stadt St Louis, Missouri, USA, ihren Namen trägt«. Die Kirche ist verschwistert mit der Karthago-Kathedrale in Tunis, der Grabstatt des Heiligen.

Büste des Adam Mickiewicz

Das Innere von Saint-Louis-en-l'Ile

Hôtel de Lauzun ⓰

17, quai d'Anjou, 75004. **Karte** 13 C4. *Pont Marie.* *der Öffentlichkeit nicht zugänglich.*

LOUIS LE VAU erbaute diese prächtige Villa Mitte der 1650er Jahre für den Waffenhändler Charles Gruyn des Bordes. 1682 wurde sie an den Militärkommandeur Duc de Lauzun verkauft, einen Günstling von Louis XIV. Später wurde sie zu einem Mittelpunkt der literarischen und künstlerischen Bohème.

Charles Le Brun legte Hand an das Dekor der kostbaren Täfelungen und Decken, ehe er sich nach Versailles begab. Heute ist der Zutritt der Öffentlichkeit leider verwehrt, das Hôtel de Lauzun wird nur für Empfänge genutzt. Doch wer das Glück hat, hier eingeladen zu sein, bekommt einen einzigartigen Einblick in den Lebensstil der wohlhabenden Gesellschaft des 17. Jahrhunderts.

Der Dichter Charles Baudelaire (1821–67) lebte in der dritten Etage, wo er den größten Teil seines Meisterwerkes *Les Fleurs du Mal* verfasste. Ein anderer Dichter, Théophile Gautier (1811–72), besaß 1848 hier Wohnräume. Und auch der Club des Haschischines (Club der Haschisch-Genießer) traf sich in dem Anwesen. Weitere berühmte Bewohner der Villa waren der Komponist Richard Wagner und der Dichter Rainer Maria Rilke. Edmund Whites Roman *The Flaneur* verhalf der Villa zu neuem Ruhm.

Sainte-Chapelle ❾

Zart und zauberhaft mutet die Sainte-Chapelle an. Sie zählt zu den großen architektonischen Meisterwerken des Abendlands. Den Gläubigen des Mittelalters war die Kirche das »Tor zum Himmel«. 14 schlanke Strebepfeiler und die 15 Meter hohen Maßwerkfenster scheinen mit ihrem Spiel von Licht und Farbe die Schwerkraft aufzuheben – ein Eindruck, der einzigartig ist. Über 1000 religiöse Szenen sind in allen Regenbogenfarben auf den Fenstern dargestellt. Neben vielen anderen Reliquien beherbergte die im Jahre 1248 von Louis IX erbaute »Heilige Kapelle« die vorgebliche Dornenkrone Christi.

Der 34 Meter hohe **Dachreiter** stammt aus dem Jahr 1853. Seine drei Vorgänger wurden durch Brände vernichtet.

Den nördlichen Treppenturm ziert eine **Dornenkrone**.

★ Rosettenfenster
Bei Sonnenuntergang erwachen die 86 Tafeln aus Buntglas zu glühenden Darstellungen der Apokalypse. Die Rosette ist ein Geschenk von Charles VIII aus dem Jahr 1485.

Nicht versäumen

- ★ **Rosettenfenster**
- ★ **Fenster der Passion Christi**
- ★ **Apostelstatuen**
- ★ **Reliquienfenster**

Das Hauptportal
Das zweigeschossige Portal (links der untere Teil) spiegelt den Aufbau des Gesamtbaus wider.

Louis IX und die Reliquien

1239 erwarb König Louis IX (»der Heilige«) vom Kaiser in Konstantinopel die Dornenkrone, 1241 weitere Reliquien, u.a. einen Splitter des Kreuzes Christi. Der 1297 heiliggesprochene König ließ die prächtige Kapelle bauen, um diese Schätze würdig zu verwahren. Die Reliquien kosteten den frommen König dreimal so viel wie der Bau der Kapelle.

Infobox

2, blvd du Palais. **Karte** 13 A3.
01 53 73 78 50. *Cité.*
21, 38, 85, 96 zur Ile de la Cité. *St-Michel.* *Notre-Dame.* *Palais de Justice.*
Apr–Sep tägl. 9.30–18.30 Uhr; Okt–März tägl. 10–17 Uhr (letzter Einlass 30 Min. vor Schließung).
1. Jan, 1. Mai, 1. Nov, 11. Nov, 25. Dez.

Der **Engel** an der Spitze drehte sich einst, sodass sein Kreuz überall in Paris zu sehen war.

Obere Kapelle
Die Fenster zeigen biblische Szenen (Szenenfolge siehe rechts).

Fenster der Oberen Kapelle

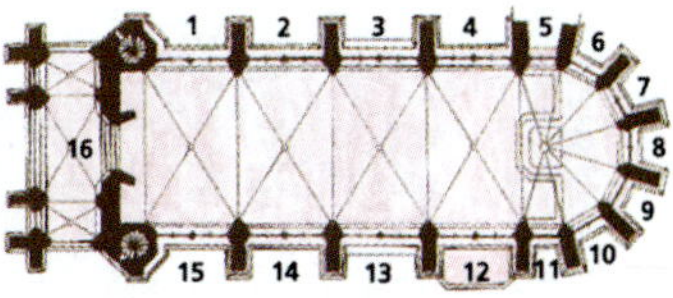

1 Genesis
2 Exodus
3 Numeri
4 Deuteronomium: Josua, Ruth und Boas
5 Richter
6 *links* Jesaja *rechts* Wurzel Jesse
7 *links* Johannes der Evangelist *rechts* Kindheit Christi
8 Passion Christi
9 *links* Johannes der Täufer *rechts* Daniel
10 Hesekiel
11 *links* Jeremias *rechts* Tobias
12 Judith und Hiob
13 Esther
14 Buch der Könige
15 Geschichte der Reliquien
16 Rosettenfenster: Apokalypse

★ Fenster der Passion Christi
Das Fenster in der Apsismitte der Oberen Kapelle zeigt das Abendmahl.

★ Apostelstatuen
Diese prächtigen Beispiele mittelalterlicher Schnitzerei schmücken 12 Pfeiler der Oberen Kapelle.

★ Reliquienfenster
Dargestellt ist die Geschichte der Reliquien bis zu ihrer Überführung in die Sainte-Chapelle.

Untere Kapelle
Hier beteten Diener und Bürger (Nichtadelige), während die Obere Kapelle dem König und der königlichen Familie vorbehalten war.

MARAIS

DAS VIERTEL MARAIS ist unbestritten der faszinierendste Stadtteil von Paris. Im 17. Jahrhundert war es das Wohngebiet der Reichen, während der Revolution wurde es dem Volkszorn preisgegeben und verfiel bis in die 1960er Jahre. Die Regierung de Gaulle stellte 1962 große Teile von Marais unter Denkmalschutz, sensible Renovierungen erweckten die schönen alten Gebäude wieder zum Leben. Heute findet man in den Villen einige der beliebtesten Museen, neue Galerien, Boutiquen und Restaurants wurden eröffnet. Zahlreiche Menschen tummeln sich in den Straßen, das multikulturelle Marais ist auch zum Zentrum der schwulen Szene geworden. Zwar wurden viele Händler durch steigende Mieten vertrieben, doch noch gibt es überall Kunstateliers, kleine Läden und hübsche Cafés.

SEHENSWÜRDIGKEITEN AUF EINEN BLICK

Historische Gebäude und Straßen
Hôtel de Lamoignon 2
Hôtel de Rohan 22
Hôtel de Ville 19
Rue des Francs-Bourgeois 3
Rue des Rosiers 8

Kirchen
Cloître des Billettes 20
Notre-Dame-des-Blancs-Manteaux 21
St-Gervais-St-Protais 18
St-Paul-St-Louis 15

Museen und Galerien
Hôtel de Coulanges 9
Hôtel de Sens 16
Hôtel de Soubise 23
Hôtel de Sully 7
Hôtel Guénégaud (Musée de la Chasse et de la Nature) 24
Hôtel Libéral Bruant (Musée Bricard) 10
Maison de Victor Hugo 6
Musée Carnavalet S. 96f 1
Musée Cognacq-Jay 4
Musée d'Art et d'Histoire du Judaïsme 27
Musée des Arts et Métiers 25
Musée Picasso S. 100f 11

Denkmäler und Statuen
Colonne de Juillet 13
Mémorial du Martyr Juif Inconnu 17

Opernhaus
Opéra de Paris Bastille 12

Plätze
Place de la Bastille 14
Place des Vosges 5
Square du Temple 26

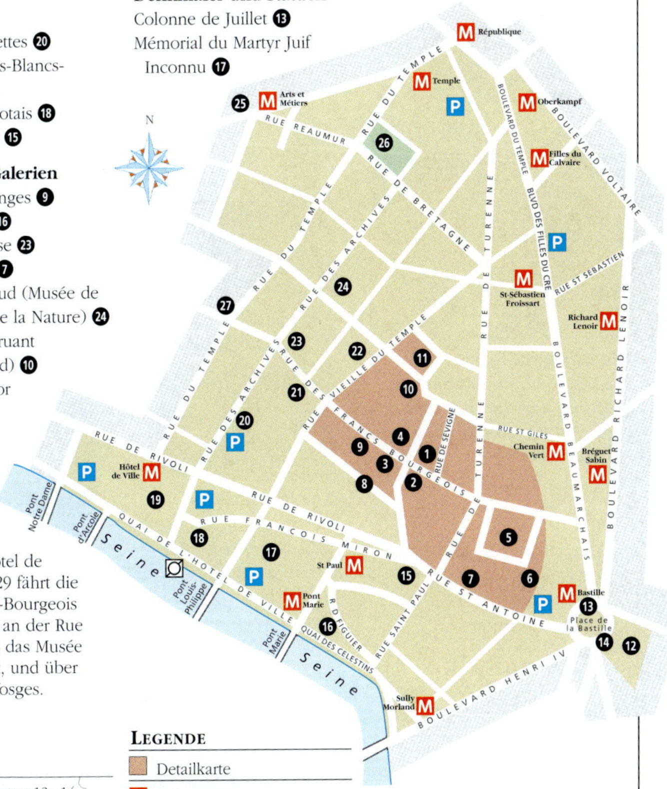

ANFAHRT

Métro-Stationen im Viertel: Bastille und Hôtel de Ville. Der Bus 29 fährt die Rue des Francs-Bourgeois entlang, vorbei an der Rue de Sévigné, wo das Musée Carnavalet liegt, und über die Place des Vosges.

LEGENDE
- Detailkarte
- M Métro-Station
- Batobus-Anlegestelle
- P Parken

SIEHE AUCH
- ***Kartenteil**, Karten 13–14*
- ***Übernachten** S. 278, 280*
- ***Restaurants** S. 296, 299*

◁ **Mittagspause in einem Café in Marais**

Im Detail: Marais

DAS EINSTIGE MOORGEBIET (*marais* bedeutet Sumpf) gewann vom 14. Jahrhundert an wegen seiner Nähe zum Louvre, der bevorzugten Residenz von Charles V, ständig an Bedeutung. Seine Blüte erlebte es im 17. Jahrhundert als Viertel der vermögenden Klassen. Man baute luxuriöse Stadthäuser, die *hôtels*, die heute noch überall in Marais zu finden sind. Viele dieser Anwesen wurden in jüngster Zeit restauriert und in Museen verwandelt. Die Straßen des Viertels säumen heute nette Straßencafés, teure Designer-Boutiquen, edle Restaurants und trendige Shops.

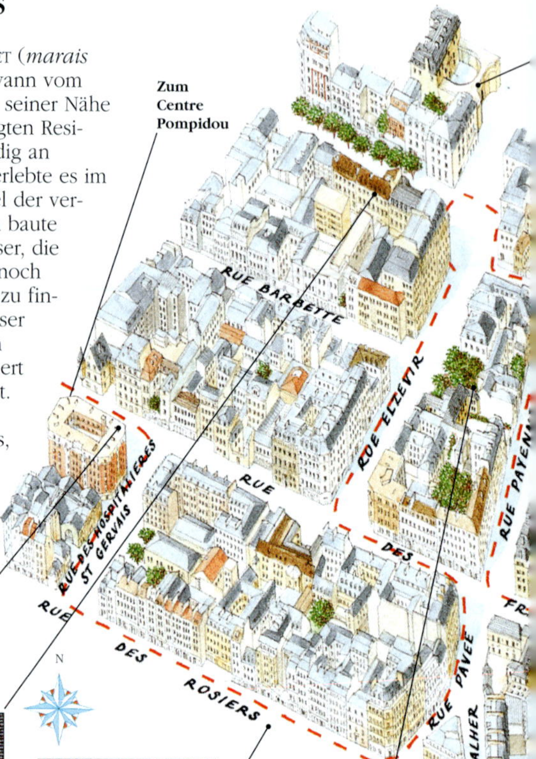

Rue des Francs-Bourgeois
Diese alte Straße wird von wichtigen Museen gesäumt. ❸

Hôtel Libéral Bruant
Das nach seinem Architekten benannte Gebäude enthält heute ein Museum für Türschlösser. ❿

Rue des Rosiers
Der Duft von Pastrami und Borschtsch entströmt den Restaurants und Läden, die im Herzen des jüdischen Viertels liegen. ❽

Musée Cognacq-Jay
Erlesene Gemälde und Möbel aus dem 18. Jahrhundert werden in zeitgerecht passendem Rahmen präsentiert. ❹

NICHT VERSÄUMEN

- ★ **Musée Picasso**
- ★ **Musée Carnavalet**
- ★ **Place des Vosges**

LEGENDE

— — — Routenempfehlung

0 Meter 100

Hôtel de Lamoignon
Das Anwesen beherbergt die stadtgeschichtliche Bibliothek von Paris. ❷

★ Musée Picasso
Das palastartige Hôtel Salé aus dem 17. Jahrhundert beherbergt die weltgrößte Sammlung von Picasso-Werken, eine Familiengabe an den Staat. ⓫

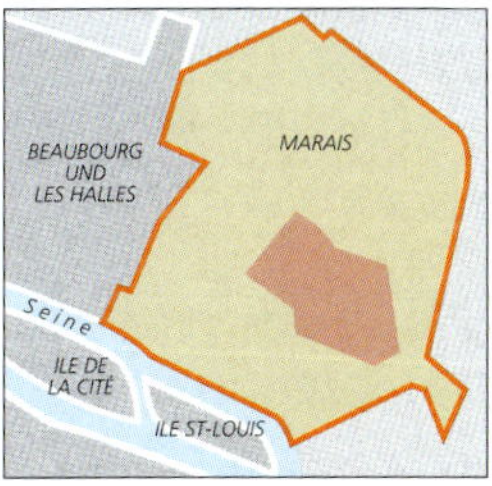

Zur Orientierung
Siehe Kartenteil, Karten 13–14

Das **Hôtel le Peletier de St-Fargeau** ist seit 1989 Erweiterungsbau des stadtgeschichtlichen Museums im Hôtel Carnavalet.

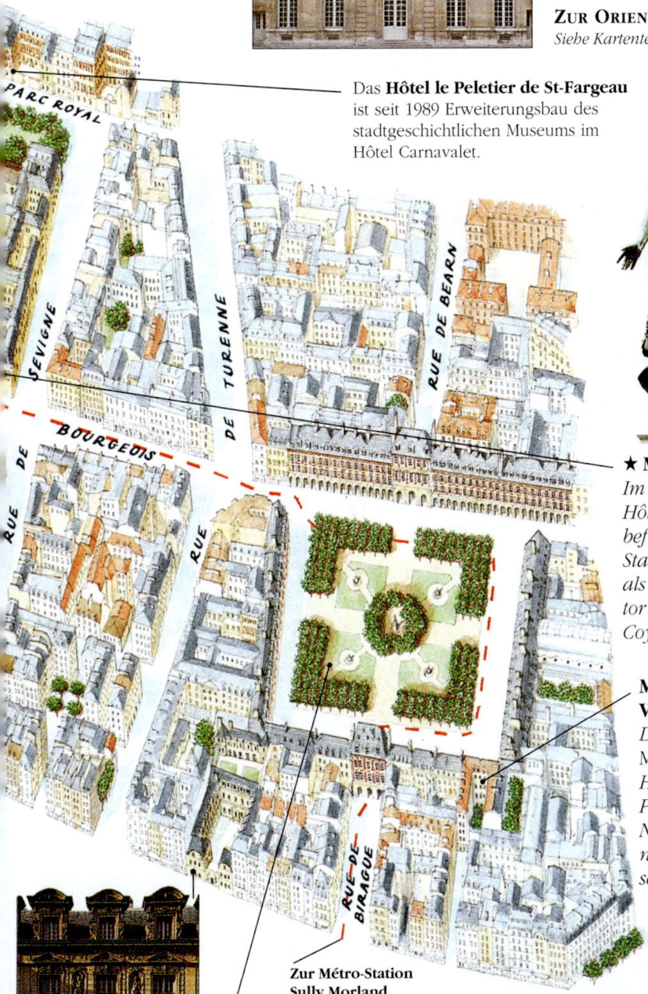

★ Musée Carnavalet
Im Ehrenhof des Hôtel Carnavalet befindet sich die Statue von Louis XIV als römischer Imperator– ein Werk von Coysevox. ❶

Maison de Victor Hugo
Der Autor von Les Misérables, *Victor Hugo, lebte in der Place des Vosges Nr. 6. Heute erinnert hier ein Museum an ihn.* ❻

Zur Métro-Station Sully Morland

Hôtel de Sully
Das Renaissance-Hôtel baute man für einen bekannten Spieler. ❼

★ Place des Vosges
Die historische Place des Vosges im Herzen von Marais wurde einst als Ort für Turniere genutzt und besticht durch harmonische Symmetrie. ❺

Musée Carnavalet ❶

Siehe S. 96 f.

Hôtel de Lamoignon ❷

24, rue Pavée, 75004. **Karte** 14 D3.
01 44 59 29 40. *St-Paul.*
Mo–Sa 10–18 Uhr. *Feiertage und 1.–15. Aug.*

DAS BEEINDRUCKENDE Hôtel de Lamoignon beherbergt die historische Stadtbibliothek. Es wurde 1585 für die Tochter von Henri II, Diane de France, auch bekannt als Duchesse d'Angoulême, erbaut. Den Palast stützen sechs von einem dreieckigen Giebel überragte korinthische Säulen. An Dianas Jagdleidenschaft erinnert das üppige Schmuckwerk von Hundeköpfen, Pfeilen, Bögen und Köchern. Zur Sammlung zählen Dokumente der Französischen Revolution und 80 000 Druckwerke zur Stadtgeschichte.

Rue des Francs-Bourgeois ❸

75003, 75004. **Karte** 14 D3.
Rambuteau, Chemin-Vert.

IM HERZEN des Marais verbindet diese wichtige Verkehrsader die Rue des Archives und die Place des Vosges. An ihren beiden Enden erheben sich das Hôtel de Soubise und das Musée Carnavalet. Der Name der Straße geht zurück auf die *francs* (von den Steuern Befreite) – 1334 wurden in den Häusern Nr. 34 und 36 Armenhäuser errichtet, später jedoch wegen illegaler Finanzgeschäfte geschlossen. In der Nähe findet sich bis heute das staatliche Pfandhaus.

Innenhof des Musée Carnavalet

Musée Cognacq-Jay ❹

Hôtel de Donon, 8, rue Elzévir, 75004. **Karte** 14 D3. *01 40 27 07 21.* *St-Paul.* *Di–So 10–18 Uhr.* *Feiertage.* *nach Vereinbarung.* *www.paris-france.org/musees*

DIE KLEINE, jedoch feine Privatsammlung französischer Kunstwerke und Möbel aus dem 18. Jahrhundert richteten Ernest Cognacq und seine Frau Louise Jay ein, die Begründer des größten Pariser Warenhauses, La Samaritaine *(siehe S. 115)*. Die Sammlung ist heute im Zentrum von Marais im Hôtel de Donon untergebracht. Anbau und Fassade dieses 1575 erbauten Hauses stammen aus dem 18. Jahrhundert.

Place des Vosges ❺

75003, 75004. **Karte** 14 D3.
Bastille, St-Paul.

FÜR BESUCHER wie Einheimische ist dieser Platz einer der schönsten der Welt *(siehe S. 22f)*. 400 Jahre gingen an seiner harmonischen Symmetrie spurlos vorüber: 36 Häuser, neun zu jeder Seite, aus Ziegel und Stein mit hohen Schieferdächern und Mansardenfenstern über Arkaden. Die Place des Vosges war Schauplatz historischer Ereignisse. 1615 fand hier anlässlich der Hochzeit von Louis XIII und Anna von Österreich ein dreitägiges Turnier statt. Hier erblickte 1626 die berühmte literarische Gastgeberin Madame de Sévigné das Licht der Welt, hielt sich 1615 der Monarchist Kardinal Richelieu auf und verbrachte Victor Hugo 16 Jahre.

Die Place des Vosges auf einem Stich aus dem 19. Jahrhundert

Maison de Victor Hugo ❻

6, place des Vosges, 75004. **Karte** 14 D3. *01 42 72 10 16.* *Bastille.* *Di–So 10–18 Uhr.* *Feiertage.* **Bibliothek**. *www. paris-france.org/musees*

Der französische Dramatiker und Romanautor Victor Hugo lebte 1832–48 im zweiten Stock des größten Gebäudes am Platze, des einstigen Hôtel Rohan-Guéménée. Hier schrieb er den größten Teil von *Les Misérables* und einige andere berühmte Werke. Zu besichtigen sind die Wohnräume des Schriftstellers, Federzeichnungen und Bücher. Exponate erinnern an entscheidende Lebensperioden Hugos – von der Kindheit bis zum Exil der Jahre 1852 bis 1870.

Auguste Rodin schuf diese Marmorbüste Victor Hugos

Hôtel de Sully ❼

62, rue St-Antoine, 75004. **Karte** 14 D4. *01 44 61 20 00.* *St-Paul.* *(nur Hof) tägl. 9–19 Uhr.* *Feiertage.*

Die Villa aus dem 17. Jahrhundert wurde nach alten Stichen restauriert. Erbaut wurde sie 1624 für »Petit Thomas«, einen Spieler, der in einer einzigen Nacht sein gesamtes Vermögen verlor. Duc de Sully, oberster Minister von Henri IV, erstand das Haus 1634. Ihm sind die Innendekorationen sowie die Orangerie Petit Sully in den Gärten zu verdanken.

Heute lädt hier das Centre des Monuments Nationaux zu Wechselausstellungen ein. Außen beeindruckt die Renaissancefassade, innen ein weitläufiger Hof mit gemeißelten Giebeln, Mansardenfenstern, Statuen der vier Jahreszeiten und Sphinxen.

Renaissancefassade des Hôtel de Sully

Rue des Rosiers ❽

75004. **Karte** 13 C3. *St-Paul.*

Das jüdische Viertel in und um diese Straße gehört zu den buntesten und belebtesten Stadtteilen von Paris. Der Straßenname geht auf die Rosenbüsche innerhalb der alten Stadtmauer zurück. Juden siedelten hier erstmals im 13. Jahrhundert, eine zweite Welle Immigranten kam im 19. Jahrhundert, als viele Juden aus Russland, Polen und Mitteleuropa hierher zogen. Nach der Unabhängigkeit Algeriens ließen sich in den 1960er Jahren zudem sephardische Juden hier nieder. Die Inschrift »N'Oubliez pas« (»Vergesst nicht«) am Haus Nr. 10 in der Rue de Hospitalières-St-Gervais erinnert an die Deportation von 165 Studenten. Heute verleihen Synagogen und koschere Restaurants wie das Jo Goldenberg *(siehe S. 322)* dem Viertel Gesicht und Leben.

Hôtel de Coulanges ❾

35, rue des Francs Bourgeois, 75004. **Karte** 13C3. *01 44 61 85 85.* *St-Paul.* *für Konzerte.* *Mo–Fr 8.30–18.30 Uhr.* *Feiertage.* ***Konzerte*** *(Termine unter 01 42 07 22 07).*

Das Gebäude mit bogengesäumtem Innenhof ist ein beeindruckendes Beispiel der Architektur des 18. Jahrhunderts. Zu den Besitzern gehörten u.a. der königliche Berater Phillippe II de Coulanges. Später wurden hier die Kinder von Louis XIV und Madame de Montespan aufgezogen. Heute ist es Sitz des Maison de l'Europe (Ausstellungen zu EU-Themen).

Orthodoxe Juden im Marais

Musée Carnavalet ❶

Eingang zum Carnavalet

DAS WEITLÄUFIGE Museum widmet sich der Geschichte von Paris und nimmt zwei benachbarte Palais ein. Zum Ausstellungsgut zählen vollständig ausgestaltete Räume mit Täfelungen, Möbeln und *objets d'art*. Hauptgebäude ist das Hôtel Carnavalet, das 1548 von Nicolas Dupuis als Stadthaus errichtet und Mitte des 17. Jahrhunderts von François Mansart umgebaut wurde. Die Nachbarvilla, das Hôtel le Peletier (17. Jh.), zeigt bemerkenswerte Innenausstattungen des frühen 20. Jahrhunderts. In der Orangerie sieht man Exponate zum prähistorischen und gallorömischen Paris.

Marie-Antoniette in Trauer *(1793)*
Alexandre Kucharchsis Gemälde zeigt die Trauernde nach der Hinrichtung von Louis XVI.

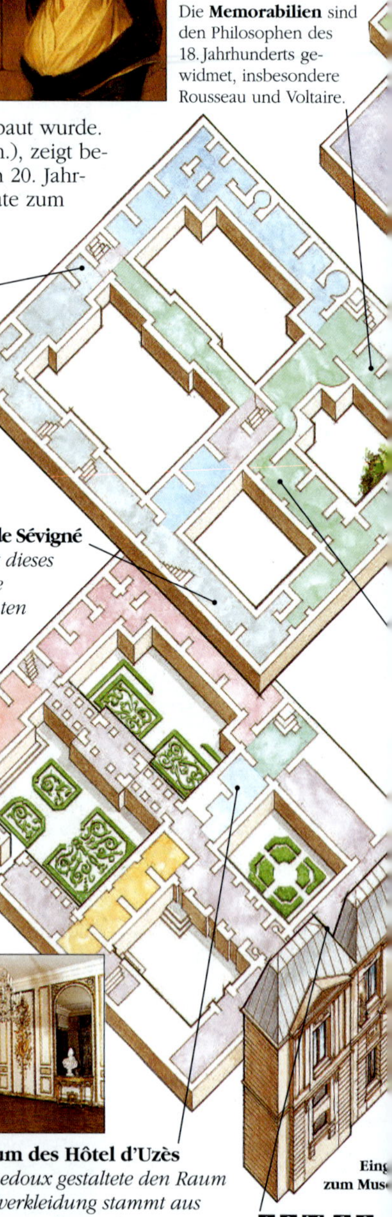

Die **Memorabilien** sind den Philosophen des 18. Jahrhunderts gewidmet, insbesondere Rousseau und Voltaire.

★ Deckengemälde von Charles Le Brun
Glanzvolle Arbeiten des Künstlers (17. Jh.) zieren das ehemalige Studierzimmer und die Halle des Hôtel de la Rivière.

★ Galerie Madame de Sévigné
In der Galerie hängt dieses Porträt von Madame Sévigné, der berühmten Briefeschreiberin. Sie lebte hier 20 Jahre, bis zu ihrem Tod.

NICHT VERSÄUMEN

- **★ Galerie Madame de Sévigné**
- **★ Deckengemälde von Charles Le Brun**
- **★ Empfangsraum des Hôtel d'Uzès**
- **★ Ballsaal aus dem Hôtel de Wendel**

★ Empfangsraum des Hôtel d'Uzès
Claude Nicolas Ledoux gestaltete den Raum 1761. Die Wandverkleidung stammt aus einem Herrenhaus in der Rue Montmartre.

Konventsraum
Unter den Erinnerungsstücken der Revolution befindet sich auch dieses Porträt von Georges Danton.

INFOBOX

23, rue de Sévigné, 75003.
Karte 14 D3. *01 44 59 58 58.*
St-Paul. *29, 69, 76, 96 Richtung St-Paul, Pl des Vosges.*
Hôtel de Ville, Rue St-Antoine.
Di–So 10–18 Uhr (Räume wechselnd geöffnet, tel. erfragen).
Feiertage. *So vorm. freier Eintritt.* *tel. erfragen.*
www.paris-france.org/musees

Juweliergeschäft Fouquet *(1900)*
Die Art-nouveau-Dekoration des Ladens stammt von A. Moucha.

★ Ballsaal aus dem Hôtel de Wendel
Die Ausstattung des Saals aus dem frühen 20. Jahrhundert wurde rekonstruiert. Die riesige Wanddekoration zeigt das Gefolge der Königin von Saba, ein Werk des katalanischen Künstlers José María Sert y Badia.

Zimmer von Louis XV
Dieser sehenswerte Raum enthält Werke der Bouvier-Sammlung und eine Wandverkleidungen aus dem Hôtel de Broglie.

LEGENDE

- Prähistorie bis Römerzeit
- Mittelalter
- Renaissance
- 17. Jahrhundert
- Louis XV
- Louis XVI
- Französische Revolution
- 19. Jahrhundert
- 20. Jahrhundert
- Wechselausstellungen
- Keine Ausstellungsfläche

KURZFÜHRER

Die Sammlung ist chronologisch angelegt. Das Hôtel Carnavalet widmet sich der Pariser Geschichte bis 1789: die Renaissance im Erdgeschoss, das 17. Jahrhundert bis zur Revolution im ersten Stock. Im Hôtel le Peletier werden Erstes und Zweites Kaiserreich im Erdgeschoss gezeigt; in der Orangerie ist die neue Abteilung Prähistorie bis Römerzeit zu sehen. Erste Etage: Zweites Kaiserreich bis heute; zweite Etage: Französische Revolution.

Hôtel Libéral Bruant ⑩

1, rue de la Perle, 75003. **Karte** 14 D3. *01 42 77 79 62.* *St-Paul, Chemin-Vert.* ***Museum*** *Mo 14–17 Uhr, Di–Fr 10–12, 14–17 Uhr.* *Aug und Feiertage.*

DER ARCHITEKT Libéral Bruant baute sich 1685 diese kleine Privatvilla, die durch ihren eleganten italienischen Touch so ganz anders anmutet als sein Hauptwerk, das Hôtel des Invalides *(siehe S. 187)*. Im schön restaurierten Gebäude hütet heute das Musée Bricard eine der weltweit reizvollsten Sammlungen ihrer Art: Schlösser, Türgriffe und -klopfer, die bis in die Römerzeit zurückreichen.

Musée Picasso ⑪

Siehe S. 100 f.

Opéra de Paris Bastille ⑫

120, rue de Lyon, 75012. **Karte** 14 E4. *01 40 01 17 89.* *08 92 89 90 90.* *Bastille.* *tel. erfragen.* *Feiertage.* *Siehe auch* ***Unterhaltung*** *S. 334f.* www.opera-de-paris.fr

DIE »VOLKSOPER«, eines der modernsten und umstrittensten Opernhäuser Europas, wurde offiziell am 14. Juli 1989 zur 200-Jahr-Feier des Sturms auf die Bastille eröffnet.

Der »Genius der Freiheit« auf der Colonne de Juillet

Carlos Otts imposanter Bau – geschwungen, massiv und mit viel Glas – bricht unübersehbar mit der Opernhausarchitektur des 19. Jahrhunderts, wie sie sich in seinem Gegenstück, Garniers prunkvoller Opéra *(siehe S. 215)* im Herzen der Stadt, präsentiert.

Das funktionell modern gestaltete Hauptauditorium bietet 2700 Besuchern Platz; die schwarzen Polstersitze kontrastieren mit den Granitwänden und der gläsernen Decke. Mit fünf beweglichen Bühnen stellt das Opernhaus auch in technischer Hinsicht ein Meisterwerk moderner Raffinesse dar.

Colonne de Juillet ⑬

Pl. de la Bastille, 75004. **Karte** 14 E4. *Bastille.* *der Öffentlichkeit nicht zugänglich.*

GEKRÖNT VON der Statue des »Genius der Freiheit« reckt sich die hohle Bronzesäule 51,5 Meter empor. Sie erinnert an die Toten jener Straßenschlachten, die im Juli 1830 zum Sturz des Monarchen führten *(siehe S. 31)*. In der Krypta ruhen die Überreste von 504 Opfern der heftigen Kämpfe und von Gefallenen der Februarrevolution von 1848.

Place de la Bastille ⑭

75004. **Karte** 14 E4. *Bastille.*

NICHTS BLIEB über von dem Gefängnis *(siehe S. 28f)*, das die revolutionäre Menge am 14. Juli 1789 stürmte, die Steine wurden zum Bau des Pont de la Concorde benutzt. Zwischen den Hausnummern 5 und 49 des Boulevard Henri IV zeigen Pflastersteine die Umrisse der einstigen Türme und Befestigungen. Bis vor kurzem verband nur ein verkehrsreicher Platz das Zentrum mit den östlichen *faubourgs* (Arbeitervierteln). Doch die Aufwertung schreitet voran: Es gibt einen neuen Yachthafen, den Port de Plaisance de l'Arsenal, dazu attraktive Cafés und Läden.

Glasfassade der Opéra de Paris Bastille

St-Paul-St-Louis 15

99, rue St-Antoine, 75004. **Karte** 14 D4. *01 42 72 30 32.* *St-Paul.* *tägl. 8–20 Uhr.* ***Konzerte***.

DIE JESUITENKIRCHE St-Paul-St-Louis zeugt von dem Einfluss, den dieser Orden von 1627, als Louis XIII den Grundstein legte, bis zu seiner Vertreibung 1762 besaß. Die Gesù-Kirche in Rom stand dem Hauptschiff Modell, während die 60 Meter hohe Kuppel dem Dôme des Invalides und der Sorbonne als Vorbild diente. Die Kirchenschätze gingen während der Revolution und in späteren unruhigen Zeiten weitgehend verloren. Doch nach wie vor ist Delacroix' Meisterwerk *Christus im Olivenhain* hier zu bewundern. Die Kirche steht an einer Hauptstraße im Marais, aber auch die alte Passage St-Paul führt zu ihr.

Hôtel de Sens 16

1, rue du Figuier, 75004. **Karte** 13 C4. *01 42 78 14 60.* *Pont Marie.* *Di–Fr 13.30–20.15 Uhr, Sa 10–20.15 Uhr.* *Feiertage.* *für Ausstellungen.* *nach Vereinbarung.*

DAS HAUS, eines der wenigen erhaltenen mittelalterlichen Gebäude in Paris, birgt heute die Kunstbibliothek Forney. Im 16. Jahrhundert wurde es in einen befestigten Palast verwandelt und von den Bourbonen, der Familie Guise und Cardinal de Pellevé bewohnt. Dem hohen Geistlichen versetzte 1594 der Zorn über den Einzug des Protestanten Henri IV in Paris den Todesstoß.

Marguerite de Valois, von ihrem Exgatten Henri IV im Hôtel untergebracht, führte hier ein skandalumwittertes Leben. Es gipfelte in der Enthauptung eines ehemaligen Liebhabers, der seinen Nachfolger ermordet hatte.

Das Hôtel de Sens, heute Heimat einer Kunstbibliothek

***Christus im Olivenhain* von Delacroix in St-Paul-St-Louis**

Denkmal für den unbekannten jüdischen Märtyrer (1956)

Mémorial du Martyr Juif Inconnu 17

17, rue Geoffroy-l'Asnier, 75004. **Karte** 13 C4. *01 42 77 44 72.* *Pont Marie.* *Mo–Fr 10–13, 14–17 Uhr (für Ausstellungen); Mo–Mi 11–17.30 Uhr, Do 11–20 Uhr (für Recherche-Zwecke).*

DIE EWIGE FLAMME in der Krypta des 1956 errichteten Denkmals für den unbekannten jüdischen Märtyrer flackert für die Opfer des Holocaust. Das Mahnmal befindet sich am Rand des jüdischen Viertels und bekommt durch diese Nähe noch größere emotionale Kraft. Besonders fällt ein großer Zylinder ins Auge, in den die Namen der Konzentrationslager eingraviert sind.

St-Gervais-St-Protais 18

Pl. St-Gervais, 75004. **Karte** 13 B3. *01 48 87 32 02.* *Hôtel de Ville.* *tägl. 5.30–21 Uhr.*

DIE AUF DAS 6. Jahrhundert zurückgehende Kirche ist benannt nach zwei römischen Soldaten, die durch Neros Grausamkeit zu Märtyrern wurden. St-Gervais-St-Protais besitzt die älteste klassische Fassade der Stadt. Hinter dieser, einem dreistufigen Arrangement dorischer, ionischer und korinthischer Säulen, öffnet sich eine herrliche gotische Kirche, die Kennern religiöser Musik ein Begriff ist. Für ihre kostbare Orgel komponierte François Couperin (1668–1733) seine beiden Messen.

Die Liturgiefeiern der heutigen römisch-katholischen Klostergemeinschaft ziehen zahlreiche Besucher aus der ganzen Welt herbei.

Doppelsäulen schmücken die Fassade von St-Gervais-St-Protais

Musée Picasso ⓫

Der gebürtige Spanier Pablo Picasso (1881–1973) verbrachte den größten Teil seines Lebens in Frankreich. Der französische Staat gelangte in den Besitz vieler seiner Arbeiten, da Picassos Familie Erbschaftssteuern mit Kunstwerken beglich. Mit diesen wurde die Sammlung des 1985 eröffneten Musée Picasso begründet. Es ist in Marais im Hôtel Salé untergebracht. Der Charakter des 1656 für den Salzsteuereintreiber (*salé* bedeutet »salzig«) Aubert de Fontenay erbauten Palais blieb bewahrt. Die Sammlung spiegelt Picassos Blaue, Rosa und Kubistische Periode ebenso wider wie die Verwendung unterschiedlichster Materialien.

★ Selbstporträt
Picasso schuf dieses Selbstbildnis Ende 1901, in einer persönlich schwierigen Zeit, die von Armut und Einsamkeit geprägt war.

Violine und Notenblatt
Eine Collage (1912) aus der Periode des synthetischen Kubismus.

★ Die beiden Brüder
Im Sommer 1906 kehrte Picasso nach Katalonien zurück. Dort entstand dieses Gemälde.

★ Der Kuss *(1969)*
1961 heiratete Picasso Jacqueline Roque. Um diese Zeit wandte er sich dem Thema der Beziehung zwischen Paaren sowie Künstler und Modell zu.

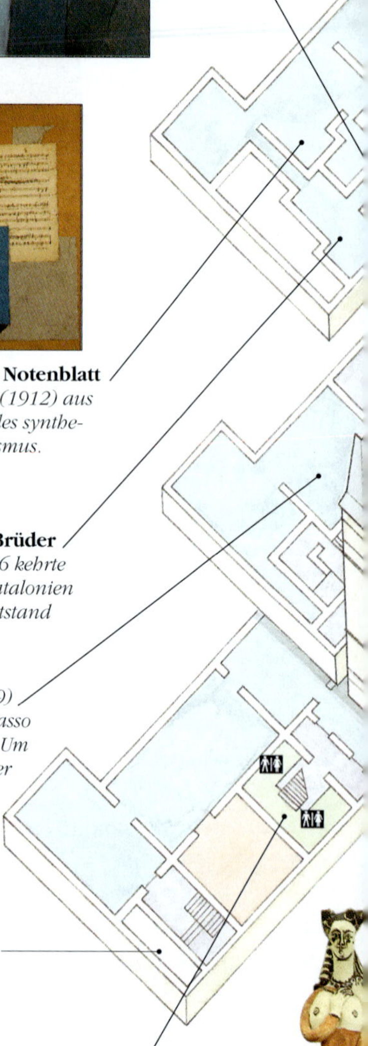

Frau mit Mantilla
(1949). Ab 1948 arbeitete Picasso an Keramiken und erweiterte so die Palette seines Schaffens.

Kurzführer
Ausgangspunkt der überwiegend chronologisch geordneten Sammlung ist der erste Stock mit der Blauen und Rosa Periode und den kubistischen Werken. Im Erdgeschoss befinden sich ein Skulpturengarten und die in den 1920er bis 1930er Jahren sowie Mitte der 1950er bis 1973 entstandenen Arbeiten. Ausgestellt wird immer nur ein Teil der gesamten Sammlung.

Legende

- Gemälde
- Illustrationen
- Skulpturengarten
- Keramiken
- Keine Ausstellungsfläche

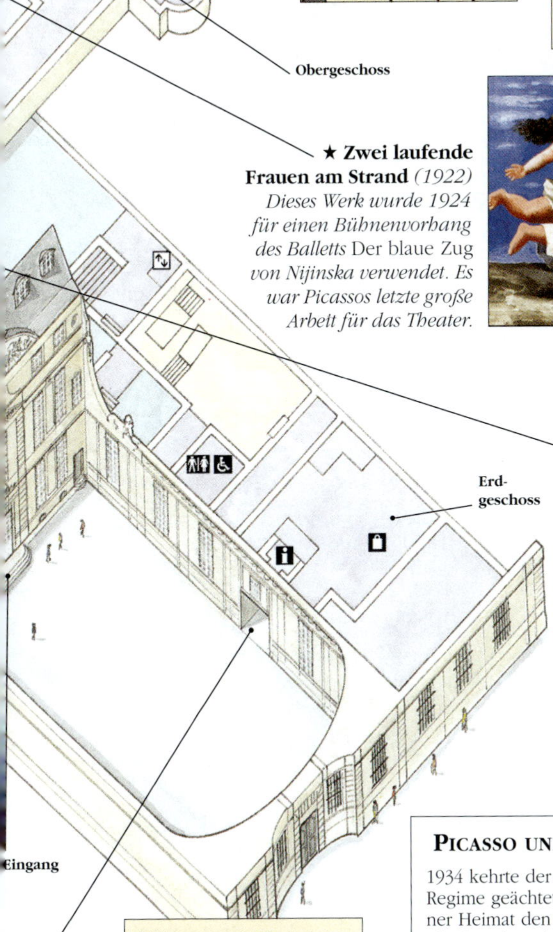

Maler mit Palette und Staffelei *(1928)*
Das postkubistische Ölporträt entstand zu einer Zeit, in der Picasso sich dem Surrealismus annäherte.

Infobox

Hôtel Salé, 5, rue de Thorigny.
Karte 14 D2. 01 42 71 25 21.
St-Sébastien, St-Paul.
29, 96, 75, 86, 87 Richtung St-Paul, Bastille, Pl. des Vosges.
Châtelet-Les-Halles.
Rue St-Antoine, Bastille.
tägl. 9.30–17.30 Uhr.
25. Dez, 1. Jan.
Gruppen nach Vereinbarung.
www.musee-picasso.fr

★ Zwei laufende Frauen am Strand *(1922)*
Dieses Werk wurde 1924 für einen Bühnenvorhang des Balletts Der blaue Zug *von Nijinska verwendet. Es war Picassos letzte große Arbeit für das Theater.*

Lesende Frau *(1932)*
Picasso verwendete häufig Purpur und Gelb, wenn er Marie-Thérèse Walter malte.

Nicht versäumen

- ★ **Selbstporträt**
- ★ **Die beiden Brüder**
- ★ **Zwei laufende Frauen am Strand**
- ★ **Der Kuss**

Picasso und Spanien

1934 kehrte der vom Franco-Regime geächtete Picasso seiner Heimat den Rücken. Als Künstler schöpfte er sein Leben lang aus spanischen Themen. So taucht der Stier (oft in Gestalt eines Minotaurus) auf, oder die Gitarre bringt andalusische Kindheitserinnerungen zum Klingen.

Das Rathaus (Hôtel de Ville) am Rande eines schönen Platzes

Hôtel de Ville ⓳

Pl de l'Hôtel de Ville, 75004. **Karte** 13 B3. *01 42 76 50 49.* *Hôtel de Ville.* *für Gruppen nach tel. Anmeldung.* *Feiertage, offizielle Anlässe.*

Das Rathaus, Sitz der Stadtverwaltung, entstand im 19. Jahrhundert als Rekonstruktion des 1871 niedergebrannten Gebäudes aus dem 17. Jahrhundert. Es ist mit Giebeln, Statuen und Türmchen verziert und überblickt die Place de l'Hôtel de Ville, die zum Bummeln einlädt – besonders nachts, wenn die Brunnen auf dem Platz angestrahlt werden.

Die frühere Place de Grève war einst Schauplatz von Hinrichtungen. Hier wurde Ravaillac, der 1610 Henri IV ermordet hatte, bei lebendigem Leibe von vier starken Zugpferden gevierteilt.

Im Hôtel de Ville fällt die lange Salle des Fêtes (Ballsaal) auf, der sich Salons anschließen, die der Wissenschaft, Kunst und Literatur gewidmet waren. Das eindrucksvolle Treppenhaus, die verzierten Kassettendecken mit den Lüstern und die zahlreichen Statuen und Karyatiden tragen zu einer pomphaften Stimmung bei – der geeignete repräsentative Rahmen für Empfänge. Offiziell ist das Hôtel de Ville Sitz des Bürgermeisters von Paris, der gegenwärtige, Bertrand Delanoë, wohnt jedoch nicht hier.

Cloître des Billettes ⓴

24, rue des Archives, 75004. **Karte** 13 B3. *01 42 72 38 79.* *Hôtel de Ville.* ***Kreuzgang*** *tägl. 12–19 Uhr;* ***Kirche*** *Do 6.30–7.45, So 9.30–16 Uhr.*

Das einzige verbliebene mittelalterliche Kloster in Paris wurde 1427 für die Barmherzigen Brüder, die *Billettes*, errichtet. Drei der vier Kreuzgänge sind noch erhalten. Die einst anschließende mittelalterliche Kirche wurde im Jahr 1756 durch ein schlichtes klassizistisches Gebetshaus ersetzt.

Das älteste Kloster in Paris

Notre-Dame-des-Blancs-Manteaux ㉑

12, rue des Blancs-Manteaux, 75004. **Karte** 13 C3. *01 42 72 09 37.* *Rambuteau.* *tägl. 10–12, 15–19 Uhr.* ***Konzerte***.

Die 1685 errichtete Kirche erhielt ihren Namen nach den weißen Kutten der Karmelitermönche, die 1258 hier ein Kloster gegründet hatten. Sie besitzt eine prachtvolle Kanzel im Stil des flämischen Rokoko (18. Jh.). Die berühmte Orgel wird bei den regelmäßigen Kirchenmusikkonzerten gespielt.

Hôtel de Rohan ㉒

87, rue Vieille-du-Temple, 75003. **Karte** 13 C2. *01 40 27 60 09.* *Rambuteau.* *nur für Ausstellungen geöffnet.*

Auch wenn es heute auf den ersten Blick nicht so aussieht – dieses *hôtel* ist ein Zwilling des Hôtel de Soubise. Es wurde vom gleichen Architekten, Delamair, für den Kardinal und Bischof von Straßburg gebaut. In ihm wird seit 1927 ein Teil des Nationalarchivs bewahrt. Im Hof befindet sich über dem Portal des Marstalls die Skulptur *Die Tränkung der Sonnenrosse* von Robert Le Lorrain aus dem 18. Jahrhundert.

Sonnenrosse **von Le Lorrain**

Hôtel de Soubise ㉓

60, rue des Francs-Bourgeois, 75003. **Karte** 13 C2. *01 40 27 60 96.* *Rambuteau.* *Mo, Mi–Fr 10–17.45 Uhr, Sa, So 14–17.45 Uhr.* *Feiertage.*

Hôtel de Soubise

DAS BEEINDRUCKENDE Stadtpalais wurde 1705 bis 1709 für die Prinzessin de Rohan erbaut und beherbergt heute einen Teil des Nationalarchivs. (Der andere befindet sich im Hôtel de Rohan.) Das Hôtel de Soubise verfügt über einen prächtigen Hof und eine beeindruckende Innenausstattung (1735–40), die von den begabtesten Malern jener Zeit geschaffen wurde: Carl van Loo, Jean Restout, Natoire und François Boucher.

Teil des Musée de l'Histoire de France ist die *rocaille*-Arbeit von Natoire im ovalen Salon. Unter den Exponaten befindet sich das Testament Napoléons, der darin um die Überführung seiner sterblichen Hülle nach Frankreich ersucht.

Hôtel Guénégaud ㉔

60, rue des Archives, 75003. **Karte** 13 C2. *01 53 01 92 40.* *Hôtel de Ville.* *Di–So 11–18 Uhr.* *Feiertage.*

DER GEFEIERTE Architekt François Mansart baute dieses beeindruckende Palais Mitte des 17. Jahrhunderts für Henri de Guénégaud des Brosses, Minister und Siegelbewahrer. Ein Flügel des Hôtel Guénégaud enthält heute das Musée de la Chasse et de la Nature (Jagdmuseum), das 1967 von André Malraux gegründet wurde. Zu den Exponaten zählt eine erlesene Sammlung von Jagdwaffen aus dem 16. bis 19. Jahrhundert. Hier befinden sich nicht nur Tiertrophäen aus der ganzen Welt, sondern auch Zeichnungen und Gemälde weltberühmter Künstler wie Oudry, Rubens, Rembrandt und Monet.

Musée des Arts et Métiers ㉕

60, rue Réaumur, 75003. **Karte** 13 B1–C1. *01 53 01 82 00.* *Arts et Métiers.* *Di–So 10–18 Uhr (Do ab 9.30 Uhr).* *Feiertage.* www.cnam.fr/museum

DAS MUSÉE des Arts et Métiers wurde 1794 gegründet und im Kloster Saint-Martin-des-Champs untergebracht. 1994 erfolgte eine grundlegende Renovierung und Sanierung des Gebäudes. Im Jahre 2000 wurde das spannende Wissenschafts- und Industriemuseum mit über 5000 Exponaten wiedereröffnet (weitere 75 000 Exponate stehen für Forschung und Wissenschaft zur Verfügung). Das Museum stellt die Erfindungen der Menschheit ins Zentrum, darunter Fotografie, Maschinen, Webstühle, aber auch Musikautomaten und mechanische Figuren, die musizieren. Besonders bekannt ist die »Joueuse de Tympanon« (Trommlerin), eine Puppe, die Marie-Antoinette darstellen soll.

Square du Temple ㉖

75003. **Karte** 13 C1. *Temple.*

DER RUHIGE Platz war einst der Sitz des mittelalterlichen Templerordens. Als Staat im Staate enthielt er Palast, Kirche und Läden; seine hohe Umfriedung mit Zugbrücke machte ihn zum Fluchtort aller von der königlichen Rechtssprechung Verfolgten. Hier wurden Louis XVI und Marie-Antoinette 1792 nach ihrer Verhaftung *(siehe S. 28f)* festgesetzt. Von hier trat der König seinen Gang zur Guillotine an.

Musée d'Art et d'Histoire du Judaïsme ㉗

Hôtel de St-Aignan, 71, rue du Temple, 75003. **Karte** 13 B2. *01 53 01 86 60.* *Rambuteau.* *Mo–Fr 11–18 Uhr, So 10–18 Uhr.* *jüdische Feiertage.*

ZAHLREICHE, bislang verstreute Einzelsammlungen zum Thema »Judentum in Frankreich« sind in diesem Museum vereint. Die Ausstellung dokumentiert jüdisches Leben in Frankreich vom Mittelalter bis zur Gegenwart. Seit römischen Zeiten gab es immer bedeutende jüdische Gemeinden in Frankreich. Das Museum zeigt zahlreiche kostbare Exponate, darunter viele Silberstücke, Überzüge für Torarollen, Judaika und Objekte für den religiösen Gebrauch, daneben zahlreiche Fotos, Gemälde, Comics sowie historische Dokumente.

»Jüdisches Leben 1939 in Paris« (Ausstellung des Jüdischen Museums)

BEAUBOURG UND LES HALLES

DIESER TEIL des rechten Seine-Ufers wird vom modernistischen Forum des Halles und dem Centre Pompidou geprägt. Beide bilden heute rege Begegnungsstätten für Ladenbummler aller Art, Kunstliebhaber, Studenten und Besucher. Zwischen den beiden Polen bewegen sich tagtäglich Hunderttausende. Die Hallen mit ihren Geschäften unterhalb der Beton- und Glaskonstruktion bieten Mode vor allem für junges Kaufpublikum. Die Straßen der Umgebung sind mit Bars und preiswerten Läden bestückt. Auch finden sich zahlreiche Delikatessengeschäfte, Metzger und Stände, die noch an die Zeit des »Bauches von Paris« erinnern. Alle Straßen rund um Les Halles streben auf Beaubourg und das Centre Pompidou zu, ein kühnes und avantgardistisches Konstrukt aus Röhren, Streben und Leitungen, wiedereröffnet nach einer Renovierung, die dringend nötig geworden war, um den täglichen 20 000 Besuchern standzuhalten. In den Straßen der Umgebung, Rue St-Martin und Rue Beaubourg, sind Galerien.

Brunnen auf der Place Igor Stravinsky

SEHENSWÜRDIGKEITEN AUF EINEN BLICK

Historische Straßen und Gebäude
Bourse du Commerce 14
Rue de Montmorency Nr. 51 11
Tour de Jean Sans Peur 12
Tour St-Jacques 17

Kirchen
St-Eustache 13
St-Germain l'Auxerrois 15
St-Merry 2

Museen und Galerien
Centre Pompidou S. 110 ff 1
Forum des Images 7
Musée de la Poupée 10
Pavillon des Arts 5

Moderne Architektur
Forum des Halles 8
Le Défenseur du Temps 9

Cafés
Bistrot d´Eustache 6
Café Beaubourg 4

Brunnen
Fontaine des Innocents 3

Kaufhaus
La Samaritaine 16

ANFAHRT

Zu den Métro-Stationen der Viertel zählen Rambuteau, Hôtel de Ville und Châtelet-Les Halles. Als eine der Buslinien verläuft Nr. 47 entlang der Rue Beaubourg und – vorbei am Centre Pompidou – dem Boulevard Sébastopol.

LEGENDE

Detailkarte
M Métro-Station
RER RER-Station
P Parken

SIEHE AUCH

• ***Kartenteil*** Karte 13
• ***Übernachten*** S. 278 f
• ***Restaurants*** S. 296, 300

◁ **St-Eustache mit *L'Ecoute*, einer Skulptur von Henri de Miller**

Im Detail: Beaubourg und Les Halles

Als Emile Zola die Hallen als »Bauch von Paris« bezeichnete, bezog er sich auf den Fleisch-, Gemüse- und Obstmarkt, der hier seit 1183 bestanden hatte. Die Verkehrsprobleme seit den 1960er Jahren erzwangen die Verlagerung des Marktes in die Vororte. Trotz heftiger Proteste wurden Baltards riesige schirmartige Marktpavillons niedergerissen, ein Einkaufs- und Freizeitzentrum entstand: das Forum. Die Umwidmung war erfolgreich, heute ziehen Les Halles, aber vor allem das 1977 eröffnete Centre Pompidou im Viertel Beaubourg täglich Ströme unterschiedlicher Besucher an.

Der **Pavillon des Arts** zählt zu den kelchartigen Lescot-Gebäuden, die das Forum überragen. Er wird für wechselnde Ausstellungen genutzt. ❺

Bistro d'Eustache
Dieses lebendige Café ist ein beliebter Treffpunkt von Jazzfreunden. ❻

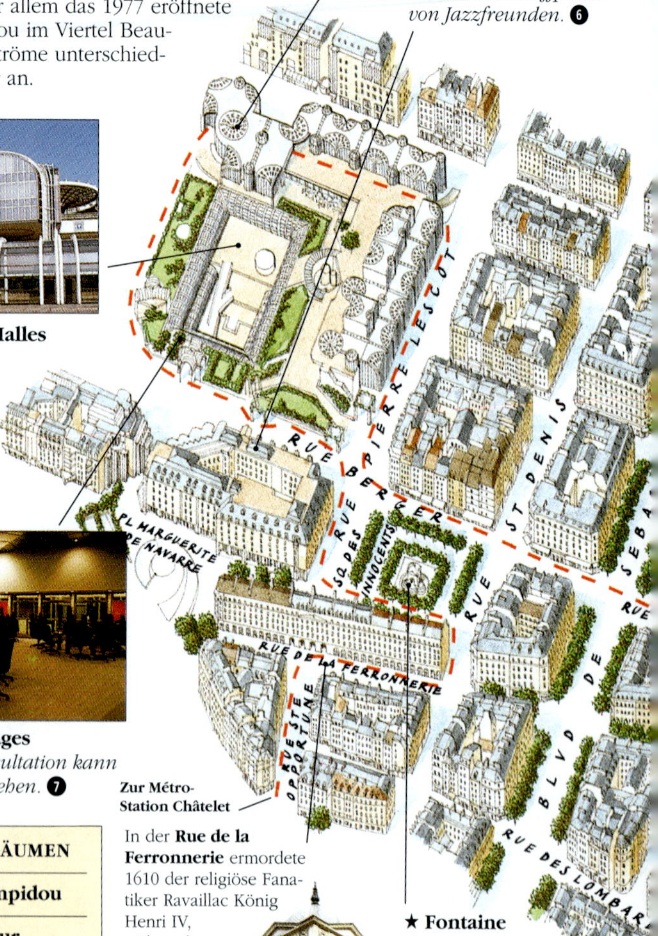

★ Forum des Halles
Unterhalb der Läden, Restaurants und Kinos liegt die lebhafteste U-Bahn-Station der Welt. ❽

Forum des Images
Im Salle de Consultation kann man Videos ansehen. ❼

Zur Métro-Station Châtelet

In der **Rue de la Ferronnerie** ermordete 1610 der religiöse Fanatiker Ravaillac König Henri IV, während dessen Kutsche im Verkehr feststeckte.

★ Fontaine des Innocents
Der letzte Renaissancebrunnen von Paris wurde vom Bildhauer und Architekten Jean Goujon geschaffen. ❸

IRCAM, ein unterirdisches Forschungszentrum, widmet sich neuen Wegen der Musikproduktion.

Nicht versäumen

- ★ Centre Pompidou
- ★ Le Défenseur du Temps
- ★ Fontaine des Innocents
- ★ Forum des Halles

Legende

– – – Routenempfehlung

★ **Le Défenseur du Temps**
An der mechanischen Uhr wird die Zeit gegen Angriffe von Drachen verteidigt. ❾

Die **Rue Quincampois** wird von restaurierten *hôtels* aus dem 18. Jahrhundert gesäumt.

Zur Orientierung
Siehe Kartenteil, Karten 12 & 13

★ **Centre Pompidou**
Das Museum der modernen Kunst enthält auch Bibliotheken und ein Zentrum für Industriedesign. ❶

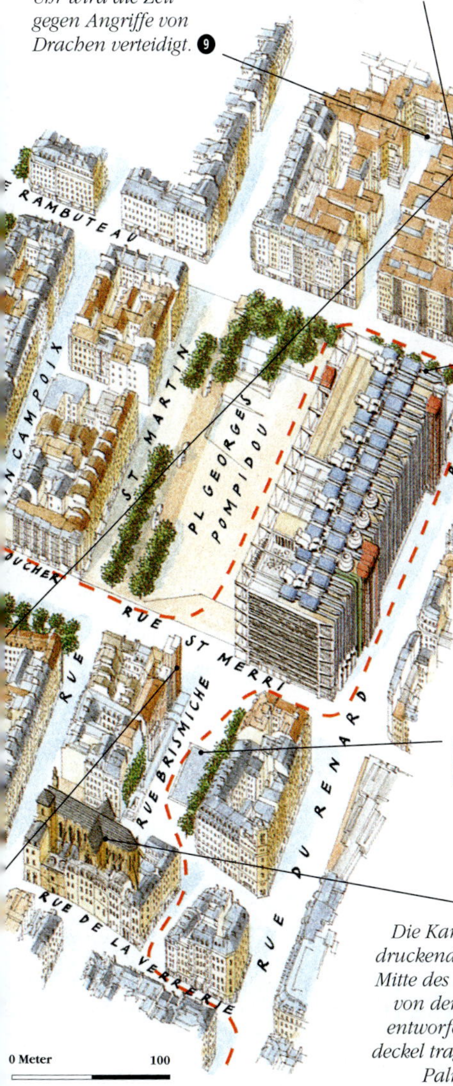

Métro-Station Rambuteau

Die **Place Igor Stravinsky** wird von einem Brunnen geprägt, der von Niki de Saint-Phalle und Jean Tinguely geschaffen wurde.

St-Merry
Die Kanzel dieser beeindruckenden Kirche wurde Mitte des 18. Jahrhunderts von den Brüdern Stodtz entworfen. Den Schalldeckel tragen geschnitzte Palmenstämme. ❷

Centre Pompidou ❶

Siehe S. 110 ff.

Darstellung von Mariä Geburt als Glasmalerei in St-Merry

St-Merry ❷

76, rue de la Verrerie, 75004. **Karte** 13 B3. *01 42 71 93 93.* M *Hôtel de Ville.* *tägl. 15–19 Uhr.* *erster und dritter So des Monats, nachm.* ***Konzerte***.

DIE ANLAGE dieser Kirche reicht ins 7. Jahrhundert zurück. Abt Medericus fand hier zu Beginn des 8. Jahrhunderts seine letzte Ruhestätte. Der Name des Heiligen, der sich später zu Merry abgeschliffen hat, diente einer in der Nähe errichteten Kapelle als Name.

Das Bauwerk im spätgotischen Flamboyant-Stil wurde 1552 fertig gestellt. Besonders reich verziert zeigt sich die Westfront. Der Nordwestturm birgt die älteste Glocke (1331) von Paris. Die nahe gelegene Rue des Lombards wurde nach den hier ansässigen lombardischen Kaufleuten benannt.

Fontaine des Innocents ❸

Square des Innocents, 75001. **Karte** 13 A2. M *Les Halles.* RER *Châtelet-Les-Halles.*

DER SORGFÄLTIG restaurierte Renaissancebrunnen zählt zu den schönsten Beispielen der Pariser Renaissance. Er schmückt den Square des Innocents, den wichtigsten Verkehrsknotenpunkt des Viertels. Ursprünglich wurde er 1549 in der Rue St-Denis erbaut und im 18. Jahrhundert auf den Platz verlegt, an dem sich bis 1780 der Friedhof »des Innocents«, der Unschuldigen befand.

Reliefschmuck an der Fontaine des Innocents

Café Beaubourg ❹

100, rue St-Martin, 75004. **Karte** 13 B2. *01 48 87 63 96.* M *Les Halles.* RER *Châtelet-Les Halles.* *So–Do 8–1 Uhr, Fr, Sa 8–2 Uhr.*

Im Inneren des Café Beaubourg

DAS VON Gilbert Costes 1987 eröffnete schicke Café wurde entworfen und eingerichtet von Christian de Portzamparc, einem französischen Stararchitekten, der auch die eindrucksvolle Cité de la Musique im Parc de la Vilette plante *(siehe S. 234)*. Auf der großen Terrasse kann man auf komfortablen roten und schwarzen Korbstühlen Platz nehmen. Das geräumige und kühl-elegante Innere wird von Regalen mit Büchern geschmückt, die die strenge Art-déco-Atmosphäre durchbrechen. Kunsthändler der umliegenden Galerien und Mitarbeiter des Centre Pompidou treffen sich hier und genießen die leichten Gerichte oder den Brunch.

Pavillon des Arts ❺

101, rue Rambuteau, Terrasse Lautréamont, 75001. **Karte** 13 A2. *01 42 33 82 50.* M *Les Halles.* *Di–So 11.30–18.30 Uhr.* RER *Châtelet-Les-Halles.* *Di-So 11.30–18.30 Uhr.* *Feiertage.*

MIT DER EINRICHTUNG dieses Ausstellungszentrums öffnete Paris im Jahr 1983 das neu belebte Viertel Les Halles den Künsten. In der futuristisch anmutenden Glas-Stahl-Konstruktion des Baltard-Pavillons bietet der Pavillon des Arts wechselnde Ausstellungen, die sich oft auf ungewöhnliche Themen konzentrieren. Die Ausstellungsstücke werden aus nationalen und internationalen Museen zusammengetragen. Eine der letzten Ausstellungen befasste sich mit sowjetischer Geschichte aus der Sicht russischer Fotografen.

Pavillon des Arts

Bistrot d'Eustache ❻

37, rue Berger, 75001. **Karte** 13 A2. *01 40 26 23 20.* *Les Halles.* *Châtelet-Les Halles.* *Di–Sa 9–18 Uhr, So, Mo 9–2 Uhr. Do* ***Live-Jazz****, Fr, Sa* ***Flamenco/Gypsy.***

DAS CAFÉ vermittelt mit seiner alten Holzvertäfelung und den bezaubernden Spiegeln einen Eindruck vom Paris der 1930er und 1940er Jahre – der Blütezeit des Jazz. Hier treffen sich Jazz-Musiker und all jene, die ihre Begeisterung dafür teilen. Sehr beliebt ist der rassige, gitarrenlastige Gybsy-Jazz, den man donnerstags und freitags oft hören kann. Traditionelle französische Gerichte werden den ganzen Tag über zu angemessenen Preisen serviert.

Terrasse des Bistrot d'Eustache

Forum des Images ❼

2, Grande Galerie, Forum des Halles, 75001. **Karte** 13 A2. *01 44 76 62 00.* *Les Halles.* *Châtelet-Les Halles.* *Di–So 13–21 Uhr.* *Feiertage.* www.forumdesimages.net

IM FORUM können Sie unter Tausenden von Filmen wählen, die sich alle mit der Stadt Paris befassen. Der Überblick über die Pariser Geschichte seit 1895 beinhaltet auch die bemerkenswerte Wochenschau von 1944 mit dem Anschlag auf General de Gaulle. Zu sehen sind ferner zahllose Filme, z. B. Truffauts *Geraubte Küsse*. Im Eintritt enthalten sind zwei Stunden Film eigener Wahl in der Salle de Consultation *(siehe S. 106)* sowie zwei einem speziellen Thema gewidmete Filmvorführungen im größeren Rahmen.

Truffauts *Geraubte Küsse*

Forum des Halles ❽

Forum des Halles, 75001. **Karte** 13 A2. *Les Halles.* *Châtelet-Les Halles.*

DAS HEUTIGE Forum des Halles, schlicht Les Halles genannt, wurde 1979 nach kontrovers geführten Diskussionen auf dem Gelände des berühmten alten Obst- und Gemüsemarktes errichtet.

Der neue Baukomplex umfasst über- und unterirdisch sieben Hektar Fläche. In den Untergeschossen II und III finden Sie eine Fülle von Läden – von schicken Boutiquen bis zu Megamärkten. Überirdisch liegen gepflegte Gärten, Pergolen und Pavillons. Eigenwillige Metall- und Glasbauten beherbergen den Pavillon des Arts und die Maison de la Poésie – beide Zentren für zeitgenössische Kunst bzw. Literatur. Leider ist die Gegend um das Form nachts aus Sicherheitsgründen nicht empfehlenswert.

Le Défenseur du Temps ❾

Rue Bernard-de-Clairvaux, 75003. **Karte** 13 B2. *Rambuteau.*

IM MODERNEN Quartier de l'Horloge (Uhrenviertel) befindet sich die neueste öffentliche Uhr der Stadt, »Der Verteidiger der Zeit« von Jacques Monastier. Die eindrucksvolle mechanische Skulptur aus Messing und Stahl ragt vier Meter hoch und wiegt eine Tonne. Der Verteidiger kämpft gegen die Elemente Luft, Erde und Wasser, die in Gestalt von wilden Bestien am Ende jeder Stunde unter Erdbebengrollen, Orkanen und Brandung angreifen. Um 14 und 16 Uhr besiegt er – unter dem Jubel von Kindern – die Angreifer.

***Pygmalion* von Julio Silva, Forum des Halles**

Centre Pompidou ❶

Das Centre Pompidou wirkt, als wäre sein Inneres nach außen gekehrt: Rolltreppen, Lifte, Versorgungs- und Belüftungsröhren und sogar die stählernen Stützen wurden sichtbar gemacht. Dies ermöglichte den Architekten (Richard Rogers, Renzo Piano, Gianfranco Franchini), den Raum für das Musée National d'Art Moderne und die anderen Einrichtungen unbeengt und flexibel in der Unterteilung zu gestalten. Zu den ausgestellten Künstlern zählen Matisse, Picasso und Miró, die Surrealismus, Kubismus und Fauvismus vertreten. Auf dem Vorplatz treten Straßenkünstler auf. Das Centre Pompidou wurde für das neue Millennium komplett renoviert.

Die **Rolltreppen,** die die Fassade über der Piazza in Stufen erklimmen, laufen in Plexiglasröhren. Von oben bietet sich ein faszinierender Blick über Paris mit Montmartre, La Défense und Eiffelturm.

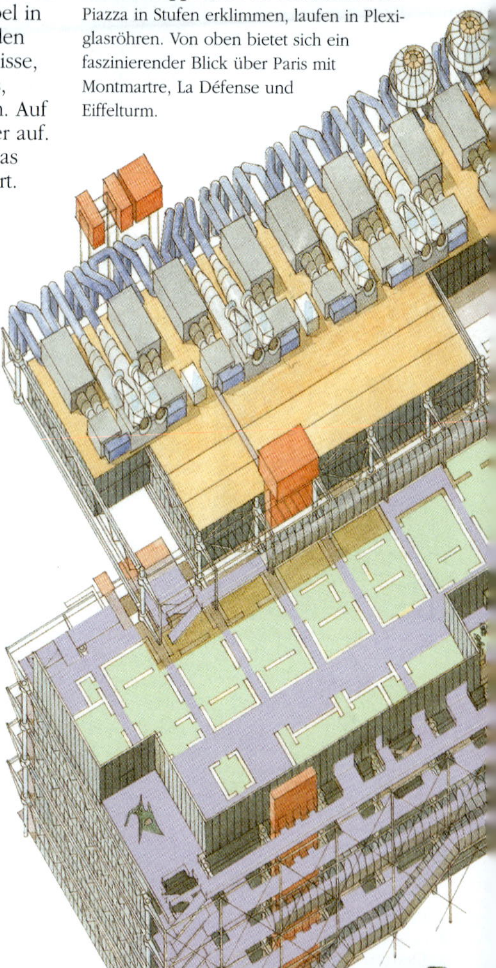

Legende

- Ausstellungsfläche
- Keine Ausstellungsfläche

Kurzführer

Die Dauerausstellungen befinden sich in der fünften (Werke von 1905 bis 1960) und vierten (zeitgenössische Kunst) Etage. Im ersten und sechsten Stock finden Ausstellungen zeitgenössischer Künstler statt. In der ersten, zweiten und dritten Etage befindet sich eine Bibliothek. Die unteren Stockwerke bilden »Das Forum«, ein öffentliches Zentrum mit Bühnen, einem Kino und Workshop-Räumen für Kinder.

Die Schriftstellerin Sylvia von Harden *(1926)*
Karikierender Realismus kennzeichnet das Gemälde von Otto Dix .

Le Cheval Majeur
Das Bronzepferd (1914–16) von Raymond Duchamp-Villon – Beispiel kubistisch-futuristischer Kunst.

Russland, den Eseln und den anderen *(1911)*
Sein ganzes Leben ließ sich Chagall vom russischen Witebsk inspirieren, wo er geboren wurde.

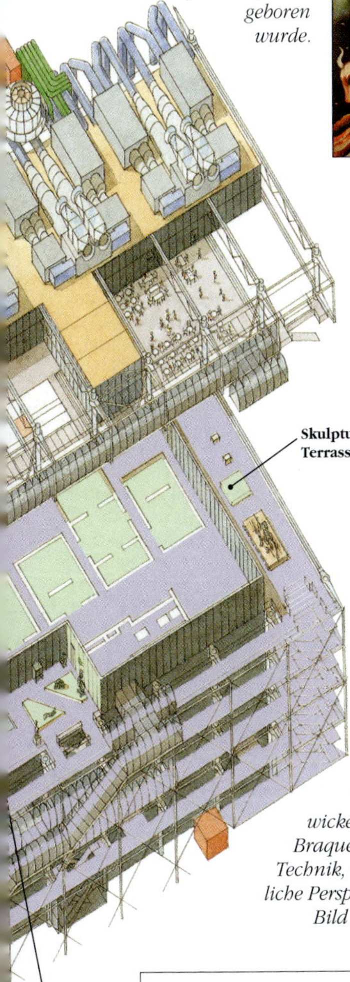

INFOBOX

Pl Georges Pompidou. **Karte** 13 B2. *01 44 78 12 33.*
Rambuteau, Châtelet, Hôtel de Ville. *21, 29, 38, 47, 58, 69, 70, 72, 74, 75, 76, 81, 85, 96.* *Châtelet-Les-Halles.*
MNAM & Wechselausstellungen: Mi–Mo; Bibliothek: Mi–Mo 12–22 Uhr; Atelier Brancusi: Mi–Mo 14–18 Uhr.
www.centrepompidou.fr

La Tristesse du Roi *(1952)*
Gegen Ende seiner Schaffensperiode kreierte Matisse diesen Gouache-Schnitt, der auf Leinwand aufgezogen ist.

Le Duo *(1937)*
Wie Picasso entwickelte auch Georges Braque eine kubistische Technik, um unterschiedliche Perspektiven in einem Bild zu kombinieren.

FARB-LEITUNGEN

Die farbigen Röhren, das besondere Merkmal an der Rückseite des Centre Pompidou in der Rue de Renard, veranlassten einst einen Kritiker, das Gebäude als Ölraffinerie zu bezeichnen. Die Farben dienen der Funktionsunterscheidung: Luftschächte sind blau lackiert, Wasserleitungen grün und Lichtleitungen leuchten gelb. Die Verbindungsgänge, Transportbänder und Rolltreppen wurden rot markiert. Die großen weißen Röhren sind Lüftungsschächte für die unteren Geschosse, und die tragenden Balken sind mit rostfreiem Stahl verkleidet. Die Architekturelemente verdeutlichen so die Dynamik oder den »Metabolismus« des Gebäudes.

Überblick: Kunst im Centre Pompidou

MIT ÜBER 50 000 WERKEN von mehr als 42 000 verschiedenen Künstlern umfasst das Centre Pompidou alle Bereiche der Kunst. Nach seiner Renovierung wurden die »klassischen« Kunstgattungen – Malerei, Skulptur, Zeichnung und Fotografie – um andere, etwa Kino, Architektur, Design sowie Video- und Ton-Archive, erweitert. Die Sammlungen bieten einen umfassenden Überblick über moderne und zeitgenössische Kunst.

Die Schleppkähne **(1906) von André Derain**

KUNST 1905–1960

DIE »HISTORISCHEN« Sammlungen umfassen die großen Kunstströmungen der ersten Hälfte des 20. Jahrhunderts, vom Fauvismus über den abstrakten Expressionismus bis hin zu den sich wandelnden Trends der 1950er Jahre. Die reiche Sammlung kubistischer Skulpturen – ein schönes Beispiel aus dieser Gruppe ist der *Cheval Majeur* (1914–16) von Duchamp-Villon – ist ebenso ausgestellt wie Werke der Großen Meister des 20. Jahrhunderts. Matisse, Picasso, Braque, Duchamp, Kandinsky, Léger, Miró, Giacometti und Dubuffet machen große Bereiche der Sammlung aus. Das Museum besitzt von Matisse unter anderem *La Tristesse du Roi* (Die Schwermut des Königs), entstanden 1952. Mit *Homme à la Guitare* (Mann mit Gitarre) stellt Braque sein Können auf dem Gebiet des Kubismus unter Beweis. Als einer der ersten, wenn nicht als *der* erste abstrakte Maler wandte sich Kandinsky von der Natur als Vorbild allen Kunstschaffens ab und schuf abstrakte Konstruktionen aus Farbe und Form. Das Museum verfügt über eine große Sammlung von Werken dieses russischen Malers, von denen die »Impressionen« (*Impressions V, Parc*, 1911) das Ende seiner expressionistischen Phase und sein Eintauchen in die abstrakte Kunst markieren.

Die Sammlung zeigt auch die Gruppen und Bewegungen, auf denen die Entwicklung der modernen Kunst basiert oder von denen sie beeinflusst wurde, darunter Dada, die abstrakte und die informelle, gegenstandsfreie Kunst. Einer der Begründer der informellen Kunst, Jean Fautrier, ist vertreten mit *Otages* (Geiseln), einer Erinnerung an die Leiden der Widerstandskämpfer.

Einige neu eröffnete Räume erweisen sich als wahre Offenbarung. Eine Raumfolge präsentiert die *Union des Artistes Modernes* (Vereinigung der modernen Künstler), wo sich in den 1920er Jahren bildende Künstler und Designer trafen. Ein weiterer Raum inszeniert die Atmosphäre des Ateliers von André Breton. Hier sind auch Werke seiner Freunde aus dem Kreis der Surrealisten ausgestellt. Der Raum, der Mirós drei große *Bleus* vorbehalten ist, gibt dem Besucher Zeit, über die fast explosionsartige Entfaltung und den revolutionären Charakter der modernen Kunst nachzudenken.

Mit dem schwarzen Bogen **(1912) von Wassily Kandinsky**

ATELIER BRÂNCUŞI

Das Atelier Brâncuşi an der zur Rue Rambuteau gewandten Seite des Platzes ist eine Rekonstruktion des Ateliers des Künstlers Constantin Brâncuşi (1876–1957). Brâncuşi wurde in Rumänien geboren, lebte und arbeitete aber seit 1904 in Paris. Er vermachte seine Sammlung eigener Werke dem französischen Staat unter der Bedingung, dass sein Atelier originalgetreu wieder aufgebaut werde. Unter den Exponaten befinden sich mehr als 200 Skulpturen, Fotografien, Werkzeuge, persönliche Dokumente und Brâncuşis Bibliothek.

Mlle Pogany **(1919/20) von C. Brâncuşi**

Abschiedstür (1980) von Joan Mitchell

Kunst nach 1960

Die Abteilung für zeitgenössische Kunst beginnt mit Werken aus dem Jahr 1960 und widmet sich vor allem Jean Tinguely. Der Bildhauer und Ingenieur schuf zusammen mit Niki de Saint-Phalle den Strawinsky-Brunnen in der Nähe des Museums. Die Ausstellung gruppiert sich um einen zentralen Flügel.

Um 1960 entwickelte sich die Pop Art in Amerika, die Motive und Objekte der Werbung, Massenmedien und Konsumgesellschaft in die Kunst einfließen ließ. Die wichtigsten Vertreter der Pop Art sind Jasper Johns, Andy Warhol und Claes Oldenburg. Ausgestellt werden hier *Ghost Drums Set* von Claes Oldenburg und *Electric Chair* von Andy Warhol sowie *Oracle.*

In Frankreich interessierten sich die Neuen Realisten, eine heterogene Gruppe um Yves Klein, César und Arman, für zeitgenössische Objekte. Sie trachteten danach, profanen Dingen des Alltagslebens künstlerische Bedeutung zu geben. Arman schuf »accumulations«, Raymond Hains sammelte Wandposter, um sie zu abstrakten Leinwänden umzuarbeiten. Jean Tinguely kreierte Maschinen aus Sperrmüll.

Mobile auf zwei Ebenen (1955) von Alexander Calder

Die subtile Erotik von Balthus (Baltusz Klossowski de Rola) glüht im *Maler und sein Modell* (1980–81); in einem der Ausstellungsbereiche finden sich Tuschzeichnungen des Dichtermalers Henri Michaux.

Das Werk Herbins, der die Vereinigung Abstraction-Création – eine lose verbundene Gruppe nichtfigürlicher

Infiltration für Konzertflügel (1966) von Joseph Beuys

Maler – gründete, steht im Mittelpunkt der Arbeiten mit geometrischen Formen. Ellsworth Kelly, Frank Stella und andere vertreten mit ihren klaren Umrissen und flachen Farben das Prinzip des *shaped canvas.* Richard Serras *Corner Prop. No. 7 (Für Natalie)* (1983) und Carl Andrés *144 Tin Square* (1975) sind nur zwei von mehreren minimalistischen Skulpturen in der Sammlung.

Das Museum besitzt eine Auswahl figurativer Kunst von Georg Baselitz, Gilbert und George sowie Anselm Kiefer, außerdem abstrakte Landschaftsmalerei von Joan Mitchell. Kinetic Art, Poor Art und Conceptual Art sowie Trends in der figurativen und abstrakten Malerei setzen Akzente auf dem Weg durch die Ausstellungsräume der zeitgenössischen Kunst.

Seit der Wiedereröffnung des Centre Pompidou wurden die Ausstellungsbereiche nicht mehr alleine nach Schulen oder Richtungen gegliedert, sondern widmen sich einem bestimmten Thema unter Zusammenführung verschiedener Disziplinen. So wird die Verwendung von Plastik in der Gegenwartskunst an Hand von Werken von Jean Dubuffet, César oder Claes Oldenburg den Arbeiten der Architekten Richard Buckminster und Hans Hollein sowie von Designern wie Ettore Sottsass gegenübergestellt. Die Neukonzeption des Museums erlaubt im vierten Stock die Möglichkeit, einzelne Aspekte der Sammlung besonders hervorzuheben. Hierbei werden häufig die Vorlieben der Kuratoren für die ironische und programmatische Form deutlich.

Eine Ausstellung der jüngeren Zeit zeigte Werke wie Joseph Beuys *Treuegelöbnis* (1985) mit Flügel, Wand und einer mit etwa sieben Tonnen Filz bezogenen Decke und Nam June Paiks *Video Fish* (1985), in dem in Videoprojektionen rasende Bildfolgen durch Aquarien mit gleichförmigen Fischen hindurchgeblitzt wurden.

Die Museumsgalerie erlaubt Wechselausstellungen, die mit selten gezeigten Magazinbeständen bestückt werden. Die Grafik- und die Videoabteilung vervollständigen das Museum, ein Videoraum gibt einen Einstieg in die umfangreiche Video- und Audiosammlung mit Werken bedeutender Künstler.

Bens Laden (1973) von Ben Vautier

Musée de la Poupée ⑩

Impasse Berthaud, 75003.
Karte 13 B2. *01 42 72 73 11.*
Rambuteau. *Di–So 10–18 Uhr.*
für Gruppen nach Vereinb.

DAS ENTZÜCKENDE Museum beherbergt eine Sammlung handgefertigter Puppen aus den letzten 150 Jahren. In 36 Schaukästen werden französische Puppen mit Porzellanköpfen gezeigt, die in der Zeit von 1850 bis 1950 hergestellt wurden. Weitere 24 Vitrinen sind thematisch angeordneten Puppen aus aller Welt gewidmet.

Vater und Sohn, Guido und Samy Odin, die Besitzer des Museums, stehen als Puppendoktoren zu Ihren Diensten. Ein Museumsladen hält alles bereit, was für die Pflege und den Erhalt dieser einzigartigen Kunstwerke benötigt wird. Darüber hinaus bieten Vater und Sohn Odin auch Puppenfertigungskurse für Kinder und Erwachsene an.

Französische Puppe mit Porzellankopf aus dem 19. Jahrhundert

Rue de Montmorency Nr. 51 ⑪

75003. **Karte** 13 C2. *Réaumur-Sébastopol.* *Besichtigungen nicht möglich.*

DAS HAUS gilt als das älteste oder zweitälteste in Paris. Es wurde 1407 von Nicolas Flamel, einem Alchemisten, errichtet. Er hielt seine Tür stets für bedürftige Arbeiter offen, von denen er als Gegenleistung Fürbitte für die Toten verlangte. Im Haus ist heute ein gutes Restaurant zu finden.

Das Mittelschiff von St-Eustache vor 160 Jahren

Tour de Jean Sans Peur ⑫

20, rue Etienne-Marcel, 75002.
Karte 13 B1. *01 40 26 20 28.*
Etienne-Marcel. *Mi, Sa, So 13.30–18 Uhr.*

NACHDEM DER HERZOG von Orléans 1408 auf Anweisung des Duc de Bourgogne ermordet worden war, fürchtete dieser Vergeltung. Um sich zu schützen, ließ er seinem Wohnhaus, dem Hôtel de Bourgogne, einen 27 Meter hohen Turm anfügen. Er verlegte sein Schlafzimmer in den vierten Stock des Turmes und schlief so sicher vor den Anschlägen seiner Feinde.

Rue de Montmorency Nr. 51 – eines der ältesten Häuser von Paris

St-Eustache ⑬

Place du Jour, 75001. **Karte** 13 A1.
01 40 26 47 99. *Les Halles.*
RER *Châtelet-Les Halles.* *tägl. 9.30–19 Uhr (Winter bis 17 Uhr).* P
Di–Fr 10, 18 Uhr, Mo, Sa 18 Uhr; So 9.30, 11, 18 Uhr. ***Orgelkonzerte*** *So 17.30 Uhr.*

MIT IHRER gotischen Grundanlage und Renaissanceausgestaltung zählt die Kirche zu den schönsten von Paris. Ihr Inneres orientiert sich mit fünf Schiffen und den Seitenkapellen an Notre-Dame. Während der 105 Jahre dauernden Bauarbeiten (1532–1637) erlebte St-Eustache die Blüte der Renaissance, die sich in den prächtigen Bögen, Pfeilern und Säulen zeigt. Die Fenster des Chors sind Entwürfe von Philippe de Champaigne. Die Kirche ist mit berühmten Personen verbunden: Colbert, Finanzminister von Louis XIV, hat hier sein Grab, Molière, Kardinal Richelieu und die Marquise de Pompadour, später Mätresse von Louis XV, wurden hier getauft.

Eingang zur Bourse du Commerce, ehemals Getreidehalle

Bourse du Commerce ⓮

2, rue de Viarmes, 75001. **Karte** 12 F2. *01 55 65 55 65.* M *Les Halles.* RER *Châtelet-Les Halles.* *Mo–Fr 9–13, 14–17 Uhr.* *nur für Gruppen nach Vereinbarung.*

Victor Hugo verglich sie mit einer Jockeymütze ohne Bommel – die alte Getreidehalle, die im 18. Jahrhundert erbaut und 1889 umgestaltet wurde. Heute erlebt man in der Kuppel den Betrieb des Zucker- und Kaffeemarkts. Hier sind ein Welthandelszentrum und die Büros der Chambre de Commerce et d'Industrie de Paris.

St-Germain l'Auxerrois ⓯

2, place du Louvre, 75001. **Karte** 12 F2. *01 42 60 13 96.* M *Louvre, Pont Neuf.* *tägl. 8–19 Uhr.* *So 13–15 Uhr.* ***Orgelkonzerte*** *So nachm. und manchmal abends.*

Als der Hof der Valois im 14. Jahrhundert von der Ile de la Cité in den Louvre zog, wurde St-Germain l'Auxerrois die bevorzugte Kirche der Könige. Nach der Vermählung von Henri de Navarre mit Marguerite de Valois soll die Glocke der Kiche am 24. August 1572 das schreckliche Gemetzel der Bartholomäusnacht eingeläutet haben, der Tausende von Hugenotten zum Opfer gefallen sind. Nach der Revolution diente die Kirche lange Zeit als Scheune. Trotz vieler Umgestaltungen ist sie heute ein bewundernswertes Juwel gotischer Architektur.

La Samaritaine ⓰

19, rue de la Monnaie, 75001. **Karte** 12 F2. *01 40 41 20 20.* M *Pont Neuf.* *Mo–Mi, Fr 9.30–19 Uhr, Do 9.30–21 Uhr, Sa 8–21 Uhr.* P *Siehe S. 313.*

Das elegante Kaufhaus wurde 1900 von Ernest Cognacq, einem ehemaligen Straßenhändler, gegründet. Die Eisen-Glas-Konstruktion von 1926 bildet ein herausragendes Beispiel des Art-déco-Stils. Der renovierte Innenraum zeigt eine schöne schmiedeeiserne Art-nouveau-Treppe und Hängegalerien unter der weiten Kuppel. Das Dachrestaurant Le Toupary eröffnet faszinierende Ausblicke auf die Stadt.

Cognacq war auch ein Liebhaber der Kunst des 18. Jahrhundert. Seine Sammlung ist nun im Cognacq-Jay-Museum im Marais-Viertel *(siehe S. 94)* zu sehen.

Das elegante Art-déco-Interieur von La Samaritaine

Die Tour St-Jacques mit ihrem reichen Ornament

Tour St-Jacques ⓱

Square de la Tour St-Jacques, 75004. **Karte** 13 A3. M *Châtelet.* *der Öffentlichkeit nicht zugänglich.*

Der imposante spätgotische Turm von 1523 ist der verbliebene Rest einer alten Kirche, die als Sammelplatz für Pilgerfahrten nach Santiago de Compostela diente. Die Kirche wurde nach der Revolution zerstört. Zuvor hatte Blaise Pascal, der Mathematiker, Physiker, Philosoph und Schriftsteller des 17. Jahrhunderts, den Turm für barometrische Versuche genutzt. Eine Statue im Erdgeschoss erinnert an ihn. Queen Victoria kam während ihres Staatsbesuchs im Jahr 1854 hierher und verlieh der nahen Avenue ihren Namen.

***Das Massaker der Bartholomäusnacht* von François Dubois**

TUILERIES

DAS VIERTEL der Tuilerien wird einerseits von der weiten und harmonisch angelegten Place de la Concorde begrenzt, andererseits vom Grand Louvre. Der Sonnenkönig Louis XIV lebt auf der Place des Victoires weiter, die allein als Rahmen für seine Statue angelegt wurde. Heute jedoch erheischen hier die Modekönige Aufmerksamkeit. An der Place Vendôme wurde der königliche Glanz durch das Glitzern der Edelsteine von Cartier, Boucheron und Chaumet und das feine Tuch arabischer, japanischer und deutscher Banker ersetzt – vom Chic der Damen im Ritz ganz zu schweigen. Das Viertel durchziehen zwei der prächtigsten Einkaufsstraßen. Parallel zum Jardin des Tuileries verläuft die recht lange Rue de Rivoli mit ihren Arkaden, teuren Boutiquen, Buchhandlungen und Fünf-Sterne-Hotels. Wenig nördlich der Rivoli vereint die Rue St-Honoré auf ihrer ebenfalls nicht geringen Länge Bescheidenheit und Reichtum.

Laterne auf der Place de la Concorde

SEHENSWÜRDIGKEITEN AUF EINEN BLICK

Historische Gebäude
Banque de France 20
Palais Royal 3

Museen und Galerien
Galerie Nationale du Jeu de Paume 15
Musée de l'Orangerie 16
Musée de la Mode et du Textile 9
Musée de la Publicité 10
Musée des Arts Décoratifs 11

Musée du Louvre S. 122ff 1
Village Royal 18

Denkmäler und Brunnen
Arc de Triomphe du Carrousel 12
Fontaine Molière 6

Plätze, Parks und Gärten
Jardin des Tuileries 14
Jardin du Palais Royal 5
Place de la Concorde 17
Place des Pyramides 8
Place des Victoires 21
Place Vendôme 19

Theater
Comédie Française 4

Läden
Louvre des Antiquaires 2
Rue de Rivoli 13

Kirche
St-Roch 7

ANFAHRT

Das Viertel wird von der Métro mit den Stationen Tuileries, Pyramides, Palais Royal und Musé du Louvre gut bedient. Zu den ständigen Busverbindungen zählen die Linien 24 und 72, die am Quai entlang führen und am Jardin de Tuileries und am Musée du Louvre halten.

SIEHE AUCH

- ***Kartenteil***, Karten 6, 11–12
- ***Übernachten*** S. 278, 280f
- ***Restaurants*** S. 296, 300f

LEGENDE

- Detailkarte
- M Métro-Station
- P Parken

◁ **Blick auf die Place de la Concorde und den Obelisken**

Im Detail: Tuileries

ELEGANTE PLÄTZE, fein gestaltete Gärten, Arkaden und Höfe prägen diesen Teil der Stadt. Monarchiedenkmäler und Kunstwerke wetteifern mit den Tempeln des Luxus: Fünf-Sterne-Hotels, weltbekannte Restaurants, Modehäuser und Juweliere. Nach Sandstrahlwäsche erstrahlen die Fassaden an der Place du Louvre und der Place du Palais Royal in neuem Glanz. Das königliche Palais, ein Bau Kardinal Richelieus, beherbergt nun Regierungsbehörden. Von hier überwacht das Kultusministerium die Reinigung und Restaurierung der bedeutsamen Bauwerke. Der andere ehemalige Königspalast, der Louvre, zählt zu den berühmtesten Museen der Erde.

St-Roch
Eine Papst-Statue ziert diese ausnahmsweise auf Nord-Süd-Achse angelegte, lang gezogene Kirche, die zahlreiche kirchliche Kunstwerke hütet. ❼

Das elegante Hotel **Normandie** spiegelt Gestaltungs- und Lebensstil der Belle Epoque wider, die um 1900 Paris belebte.

★ Jardin des Tuileries
Eselsausritte sind ein beliebtes Vergnügen in dieser vom Architekten André Le Nôtre im 17. Jahrhundert entworfenen Gartenanlage. ⓮

Métro-Station Pyramides

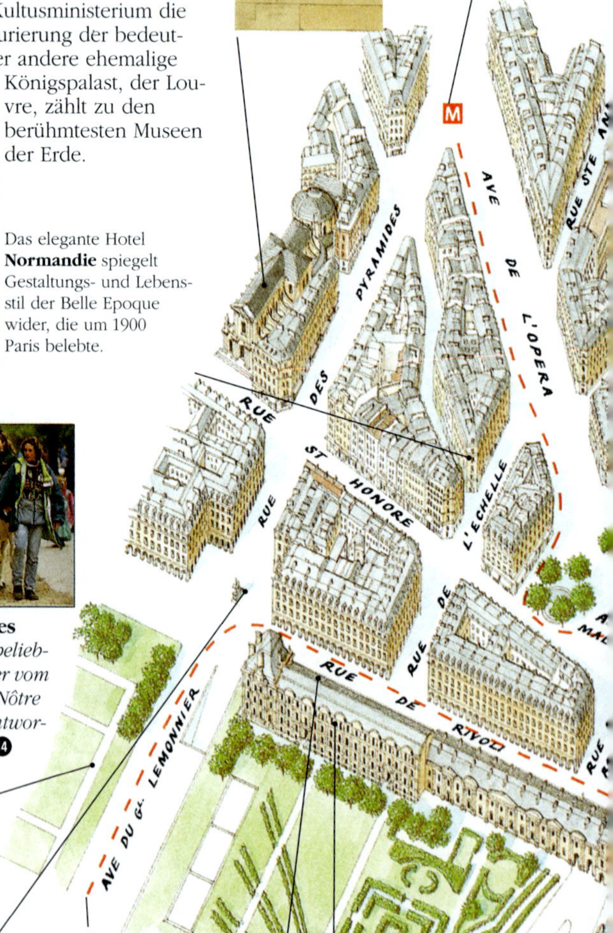

Zum Quai du Louvre

Place des Pyramides
Fremiets vergoldetete Statue der Jeanne d'Arc ist zu Jeannes Todestag (30. Mai 1431) Ziel einer Prozession. ❽

Musée de la Mode et du Textile
Die Haute-Couture-Kollektionen dieses Museums erweitern die Sammlungen des Louvre. ❾

Musée des Arts Décoratifs
Einen Höhepunkt der Kunst- und Design-Ausstellung bietet die Art-nouveau-Sammlung. ⓫

Fontaine Molière
Der Brunnen erinnert an den Komödiendichter, der in der Nähe wohnte. ❻

★ Jardin du Palais Royal
Diese Stadtoase wird von Arkaden mit Restaurants, Kunstgalerien und Fachgeschäften umsäumt. ❺

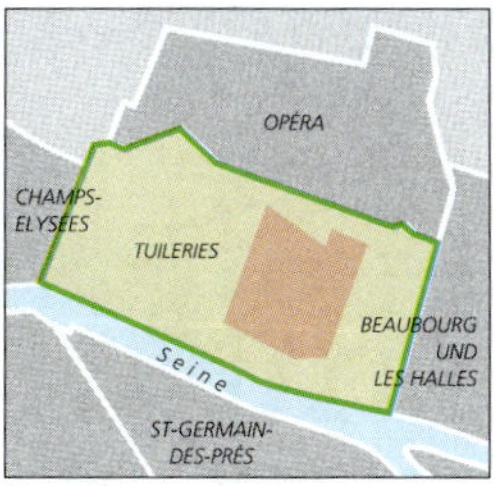

Zur Orientierung
Siehe Kartenteil, Karten 6 & 12

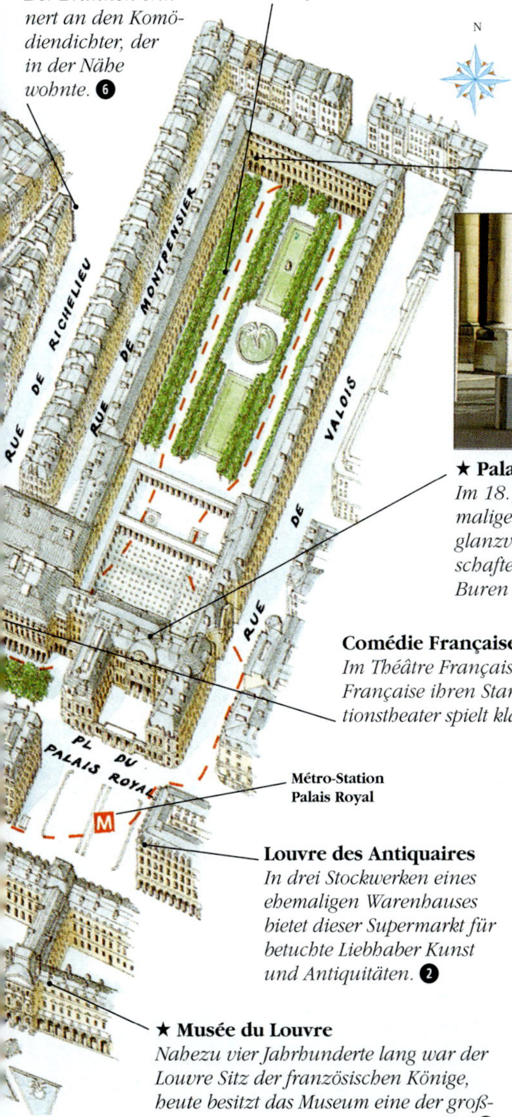

Le Grand Véfour
Wegen seines Dekors aus dem 18. Jahrhundert gilt das Restaurant als eines der schönsten der Stadt. Zu den berühmten Gästen zählten Napoléon und Victor Hugo *(siehe S. 296 und S. 301)*.

★ Palais Royal
Im 18. Jahrhundert war dieser ehemalige Königspalast Schauplatz glanzvoller und ausgelassener Gesellschaften. Die Säulen von Daniel Buren stehen im Ehrenhof. ❸

Comédie Française
Im Théâtre Français hat die Comédie Française ihren Stammsitz. Das Traditionstheater spielt klassische Stücke. ❹

Métro-Station Palais Royal

Louvre des Antiquaires
In drei Stockwerken eines ehemaligen Warenhauses bietet dieser Supermarkt für betuchte Liebhaber Kunst und Antiquitäten. ❷

★ Musée du Louvre
Nahezu vier Jahrhunderte lang war der Louvre Sitz der französischen Könige, heute besitzt das Museum eine der großartigsten Kunstsammlungen der Welt. ❶

Nicht versäumen

- ★ Musée du Louvre
- ★ Palais Royal
- ★ Jardin du Palais Royal
- ★ Jardin des Tuileries

Legende

– – – Routenempfehlung

0 Meter 100

Der Pont Royal verbindet den Louvre mit der linken Flussseite

Musée du Louvre ❶

Siehe S. 122 ff.

Louvre des Antiquaires ❷

2, pl. du Palais Royal, 75001. **Karte** 12 E2. *01 42 97 27 27.* *Palais - Royal.* *Di–So 11–19 Uhr (Juli, Aug Di–Sa).* *1. Jan, 25. Dez.*

Ein Geschäft im Louvre des Antiquaires

DAS KAUFHAUS Grands Magasins du Louvre wurde Ende der 1970er Jahre zu dieser dreistöckigen Ansammlung aus Kunstgalerien und Antiquitätenläden umgewandelt. Günstige Gelegenheitskäufe macht man hier selten, eher offenbaren die 250 edlen Geschäfte den Geschmack der Betuchten.

Palais Royal ❸

Pl. du Palais Royal, 75001. **Karte** 12 E1. *Palais Royal.* *der Öffentlichkeit nicht zugänglich.*

DAS EHEMALIGE königliche Palais erlebte eine stürmische Geschichte. Im frühen 17. Jahrhundert war es Richelieus Kardinalspalast, nach dessen Tod fiel das Gebäude an die Krone. In ihm verbrachte Louis XIV seine Kindheit. Im 18. Jahrhundert diente es den königlichen Herzögen von Orléans für glänzende Veranstaltungen, aber auch Glücksspiele. Das Theater des Kardinals, in dem Molière aufgetreten war, brannte 1763 nieder und wurde durch die Comédie Française ersetzt. Nach der Revolution war das Palais nur noch Spielkasino. Aber schon 1815 wurde es vom künftigen König Louis-Philippe beansprucht, zu dessen Bibliothekaren Alexandre Dumas zählte. Nur knapp blieb das Gebäude von den Flammen der Revolution von 1871 verschont.

Nach der Restaurierung zwischen 1872 und 1876 gelangte der Palast in staatliche Hand und beherbergt heute sowohl den Staatsrat (das Oberste Verwaltungsgericht) als auch seinen jüngeren Ebenpart, den Verfassungsrat. In einem anderen Flügel befindet sich das Kultusministerium.

Comédie Française ❹

2, rue de Richelieu, 75001. **Karte** 12 E1. *01 44 58 15 15.* *Palais Royal.* *bei Veranstaltungen.* *So 10.30 Uhr (01 44 58 13 16).* *Siehe **Unterhaltung** S. 330 ff.*

Gedenktafel für Pierre Corneille

FRANKREICHS Traditionstheater überblickt zwei reizvolle, wenn auch sehr verkehrsreiche Plätze, die nach den Schriftstellern Colette und André Malraux benannt sind. Die Tradition des Ensembles reicht bis zur Zeit Molières (17. Jh.) zurück. Im Foyer steht der Sessel, in dem Molière 1673 auf der Bühne starb – die Ironie wollte es, dass er gerade den *Eingebildeten Kranken* spielte. Seit seiner Gründung im Jahr 1680 durch Louis XIV genießt das Theater als Hort nationaler Kultur staatliche Unterstützung, seit 1799 befindet es sich am gegenwärtigen Ort. Zum Repertoire zählen Werke von Corneille, Racine, Molière und Shakespeare, aber auch Stücke der klassischen Moderne.

Daniel Burens Marmorsäulen (1980er Jahre) im Hof des Palais Royal

Jardin du Palais Royal ❺

Pl. du Palais Royal, 75001.
Karte 12 F1. Ⓜ *Palais Royal.*

DIE GEGENWÄRTIGE Anlage ist auf etwa zwei Drittel der ursprünglichen Fläche verringert, die vom königlichen Gärtner nach 1630 für Kardinal Richelieu angelegt worden war. Die Beschneidung des Gartens fand zwischen 1781 und 1784 statt, als er auf drei Seiten von 60 gleich gestalteten Häusern umrahmt wurde. Heute säumen Restaurants, Galerien und Läden den Platz. Jean Cocteau, Colette und Jean Marais zählten zu den Anwohnern in jüngerer Zeit.

Skulptur im Jardin du Palais Royal

Fontaine Molière ❻

Rue de Richelieu, 75001. **Karte** 12 F1.
Ⓜ *Palais Royal.*

FRANKREICHS berühmtester Komödiendichter wohnte ganz in der Nähe, in der heutigen Rue de Richelieu Nr. 40. Der Brunnen (19. Jh.) stammt von Louis Visconti, der auch Napoléons Grab entwarf *(siehe S. 188f).*

St-Roch ❼

296, rue St-Honoré, 75001. **Karte** 12 E1. ☎ *01 42 44 13 20.* Ⓜ *Tuileries.* ◯ *tägl. 8.30–19 Uhr.* ● *Feiertage.* ✝ *tägl., unterschiedliche Zeiten.* ***Konzerte.*** 📷

DIE GEWALTIGE KIRCHE wurde von Lemercier, dem Architekten des Louvre, entworfen, ihren Grundstein legte 1653 Louis XIV. Jules Hardouin-Mansart fügte im 18. Jahrhundert die großräumige Marienkapelle mit reich geschmückter Kuppel an. Zwei weitere Kapellen verlängerten die Kirche auf 126 Meter – nahezu die Maße von Notre-Dame.

St-Roch ist eine Schatzkammer religiöser Kunst, die teilweise von zerstörten Kirchen und Klöstern stammt. Auch birgt die Kirche die Gräber des Dramatikers Pierre Corneille, des Gartenarchitekten André Le Nôtre und des Philosophen Denis Diderot. Die Fassade weist Spuren des napoleonischen Angriffs von 1795 auf. Hier verschanzten sich royalistische Truppen.

***Die Predigt des hl. Dionysius vor den Galliern* (1767) in St-Roch**

Place des Pyramides ❽

75001. **Karte** 12 E1. Ⓜ *Tuileries, Pyramides.*

EINE REITERSTATUE (19. Jh.) von Emmanuel Frémiet erinnert an Jeanne d'Arc, die 1429 ganz in der Nähe im Kampf gegen die Engländer verwundet wurde. Die Statue ist Ziel einer Prozession.

Musée de la Mode et du Textile ❾

107, rue de Rivoli, 75001. **Karte** 12 E1. ☎ *01 44 55 57 50.* Ⓜ *Palais Royal, Tuileries.* ◯ *Di–Fr 11–18 Uhr, Sa, So 10–18 Uhr.* ♿ 🛍 Ⓦ www.ucad.fr

DAS MUSEUM wurde 1986 im Pavillon de Marsan des Louvre eingerichtet und widmet sich einem der ältesten und bekanntesten Wirtschaftszweige der Stadt – der Mode. Eine große Sammlung an Kleidungsstücken und Accessoires der Haute Couture wird hier präsentiert, außerdem veranstaltet das Museum viele Wechselausstellungen.

Schiaparelli-Jacke im Museum

Musée du Louvre ❶

DAS MUSÉE DU LOUVRE, dessen Baugeschichte bis ins Mittelalter zurückreicht, birgt eine der wichtigsten Kunstsammlungen der Welt. Ursprünglich (1190) von König Philippe-Auguste als Schutzburg errichtet, verlor der Bau unter François I seinen Wehrturm und wurde im Renaissancestil umgebaut. Danach betätigten sich französische Könige und Kaiser vier Jahrhunderte als erweiternde Bauherren. Zu den jüngsten Neuerungen zählt die Glaspyramide in der Cour Napoléon, von der aus alle Flügel erreicht werden können.

Die Ostfassade mit dem Pavillon St-Germain l'Auxerrois

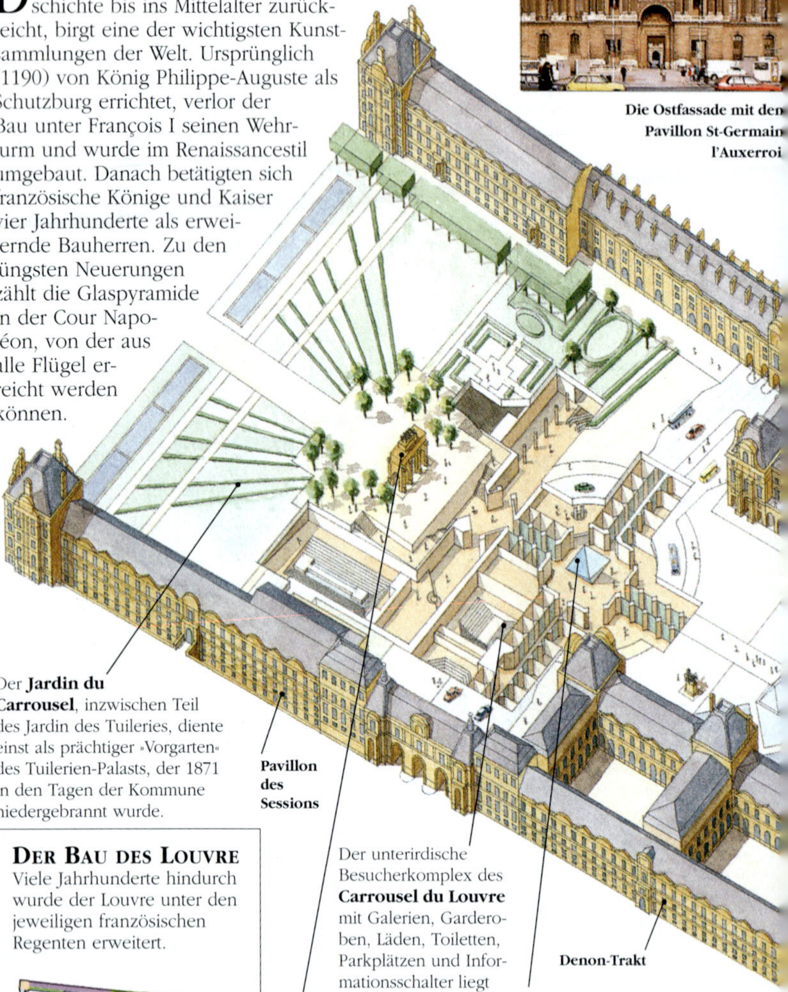

Der **Jardin du Carrousel**, inzwischen Teil des Jardin des Tuileries, diente einst als prächtiger »Vorgarten« des Tuilerien-Palasts, der 1871 in den Tagen der Kommune niedergebrannt wurde.

Pavillon des Sessions

Der unterirdische Besucherkomplex des **Carrousel du Louvre** mit Galerien, Garderoben, Läden, Toiletten, Parkplätzen und Informationsschalter liegt unterhalb des Arc de Triomphe du Carrousel.

Denon-Trakt

Die auf die Spitze gestellte **Glaspyramide** lässt Licht in den unterirdischen Bereich strömen. Sie bildet das Gegenstück zum Haupteingang in der Cour Napoléon.

Der Bau des Louvre

Viele Jahrhunderte hindurch wurde der Louvre unter den jeweiligen französischen Regenten erweitert.

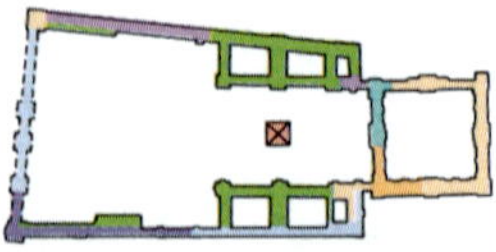

Wichtige Umbauphasen

- Unter François I (1515–47)
- Katharina von Medici (um 1560)
- Unter Henri IV (1589–1610)
- Unter Louis XIII (1610–43)
- Unter Louis XIV (1643–1715)
- Unter Napoléon I (1804–15)
- Unter Napoléon III (1852–70)
- I. M. Pei (1989) (Architekt)

★ Arc de Triomphe du Carrousel

Der Triumphbogen wurde zur Feier der napoleonischen Siege (1805) gebaut.

Nicht versäumen

- ★ Arc de Triomphe du Carrousel
- ★ Glaspyramide
- ★ Perrault-Kolonnade
- ★ Grundmauern

Pavillon Richelieu
Der eindrucksvolle Pavillon (19. Jh.) bildet einen Teil des Richelieu-Trakts, in dem einst das Finanzministerium seinen Sitz hatte. Heute birgt dieser Flügel sehenswerte Galerien.

Cour Marly heißt der glasüberdachte Hof, der heute den *Rossebändiger* (siehe S.125) beherbergt.

★ Glaspyramide
1989 wurde dieser gerühmte neue Haupteingang, ein Entwurf des Architekten I. M. Pei, eröffnet.

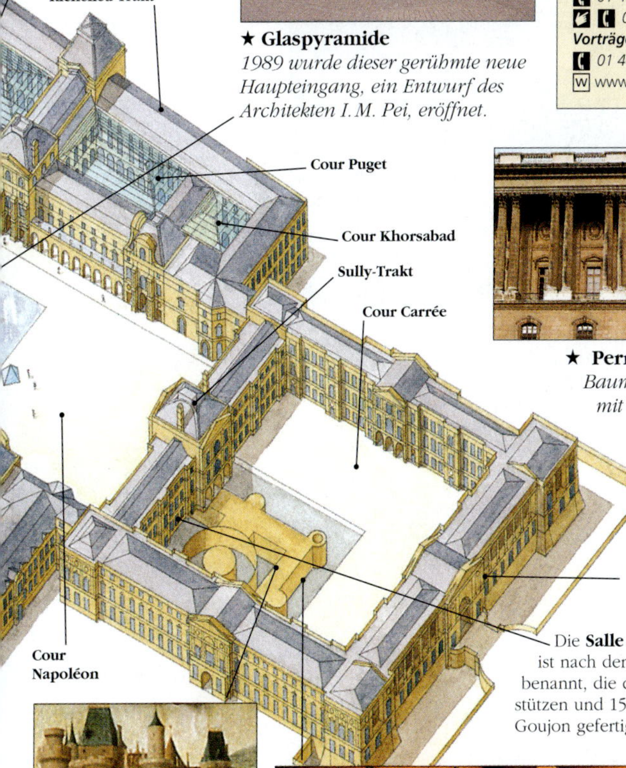

★ Perrault-Kolonnade
Baumeister der Ostfassade mit ihren majestätischen Säulenreihen war Claude Perrault. Zusammen mit Louis Le Vau arbeitete er Mitte des 17. Jahrhunderts am Louvre.

Die **Salle des Caryatides** ist nach den Frauenstatuen benannt, die die obere Galerie stützen und 1550 von Jean Goujon gefertigt wurden.

Der Louvre Charles' V
Um 1360 verwandelte Charles V die wehrhafte alte Festung von Philippe-Auguste in eine königliche Residenz.

★ Mittelalterliche Grundmauern
Das Ausgrabungsgelände zeigt Grundmauern der Türme und den Unterbau der Zugbrücke von Philippe Augustes Festung.

INFOBOX

Karte 12 E2. 01 40 20 53 17. 01 40 20 51 51. Palais Royal, Musée du Louvre. 21, 24, 27, 39, 48, 68, 69, 72, 81, 95. Châtelet-Les Halles. Louvre. Carrousel du Louvre (Eingang Ave du General Lemmonier); Pl du Louvre, Rue St-Honoré. Mi–Mo 9–18 Uhr (Mo u. Mi bis 21.45 Uhr); Räume zur Geschichte des Louvre nur Mo, Fr, Öffnungszeiten wie oben. 1. Jan, 1. Mai, 11. Nov, 25. Dez. nach 15 Uhr und So ganztägig halber Preis, erster So im Monat und für Besucher unter 18 frei. teilweise. 01 40 20 53 17. 01 40 20 52 09. ***Vorträge, Filme, Konzerte*** 01 40 20 67 89. www.louvre.fr

Sammlungen des Louvre

Die Schätze des Louvre geh'en auf die Sammlung von François I (1515–47) zurück, der viele italienische Gemälde, darunter auch die *Mona Lisa (La Gioconda)*, erwarb. Zur Zeit von Louis XIV (1643–1715) umfasste die Sammlung nur 200 Werke, gewann jedoch durch Schenkungen und Käufe deutlich an Umfang. Seit der Louvre 1793 der Öffentlichkeit zugänglich ist, wurden die Bestände stetig ergänzt.

Spitzenklöpplerin
Dieses einzigartige, um 1665 entstandene Bild Jan Vermeers gewährt Einblick in das häusliche Alltagsleben Hollands. Es befindet sich seit 1870 im Besitz des Louvre.

Das Floß der Medusa (1819)
Der Schiffbruch der französischen Fregatte »Méduse« inspirierte Théodore Géricault 1816 zu diesem gewaltigen Kunstwerk. Es hält den Augenblick fest, in dem die wenigen Überlebenden am Horizont das rettende Schiff sichten.

Kurzführer

Der Haupteingang ist unterhalb der Glaspyramide. Die Sammlungen umfassen vier Stockwerke. Die Gemälde- und Skulpturenabteilungen sind nach ihren Ursprungsländern geordnet. Ägyptischen, griechischen, etruskischen sowie römischen Artefakten, objets d'art, *Drucken und Zeichnungen sind eigene Abteilungen vorbehalten. Die Kunst aus Afrika, Asien, Ozeanien und Amerika befindet sich bis 2004 im Pavillon des Sessions.*

Legende

- Malerei
- *Objets d'art*
- Skulpturen
- Antike
- Keine Ausstellungsfläche

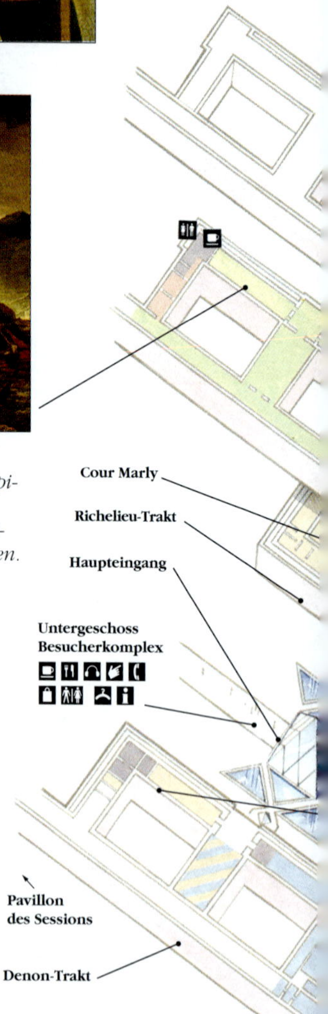

★ Venus von Milo
Die Statue aus dem hellenistischen Zeitalter (Ende 2. Jh. v. Chr.) wurde 1820 auf der griechischen Insel Milo entdeckt. Sie gilt als ideale Verkörperung weiblicher Schönheit.

★ Mona Lisa
Leonardo da Vinci fertigte um 1504 dieses kleine Porträt einer als La Gioconda bekannten florentinischen Adligen. Es galt bald als richtungsweisend für die Renaissance. Das verhaltene, einnehmende Lächeln des Modells gibt den Betrachtern immer neue Rätsel auf (Bild bis Ende 2004 im Denon-Takt ausgestellt).

★ Der Rossebändiger
Früher stand der für Schloss Marly bestimmte Rossebändiger *von Guillaume Coustou nahe der Place de la Concorde. Dort sieht man heute eine Replik – das Original steht im glasüberdachten Hof des Louvre.*

NICHT VERSÄUMEN

★ *Venus von Milo*

★ *Mona Lisa* von Leonardo da Vinci

★ *Der Rossebändiger* von G. Coustou

Sklave
Michelangelo schuf diese Statue zwischen 1513 und 1520 als Teil einer Skulpturengruppe für das Grabmal von Papst Julius II. in Rom.

Überblick: Musée du Louvre

Die Weitläufigkeit der Sammlungen sollte man nicht unterschätzen und sich deshalb auf einige Schwerpunkte konzentrieren. Die Kollektion europäischer Gemälde (1400–1850) ist umfassend, fast die Hälfte der Arbeiten stammt von französischen Künstlern. Dagegen ist die Skulpturenauswahl weniger umfangreich. Die Altertümer des Museums – orientalisch, ägyptisch, griechisch, etruskisch und römisch – genießen Weltruf und bieten eine Fülle ohnegleichen. Die Bandbreite der ausgestellten *objets d'art* reicht von Möbeln bis zu Juwelen.

***Die Wahrsagerin* (um 1594) von Caravaggio**

Europäische Malerei 1200 bis 1850

Die nordeuropäische Malerei (flämisch, niederländisch, deutsch, englisch) ist gut vertreten. Zu den frühesten flämischen Arbeiten zählt Jan van Eycks *Madonna des Kanzlers Nicholas Rolin* (um 1435). Hieronymus Boschs *Narrenschiff* (1500) ist eine feine satirische Darstellung der Eitelkeit des Menschen. Zur niederländischen Sammlung zählt auch Van Dycks *Karl I.* (1635), das den eleganten Charles I von England auf der Jagd zeigt. Der für seine wollüstigen Schlaraffenland-Szenen bekannte Jacob Jordaens entfaltet in seinen *Evangelisten* ungewöhnliche Sensibilität. Das Lächeln der *Zigeunerin* (1628) offenbart Frans Hals' Virtuosität und bildet einen interessanten Kontrast zu Vermeers *Spitzenklöpplerin*. Von Rembrandts Genie zeugen sein Selbstbildnis, sein *Christus in Emmaus* (1648) und *Bathseba* (1654).

***Erasmus von Rotterdam am Schreibpult* von Hans Holbein d. J.**

Die deutsche Malerei ist vergleichsweise bescheiden vertreten, doch drei bedeutende Künstler repräsentieren ihren Rang: Dürers Selbstbildnis (1493) zeigt ihn als 22-jährigen Maler; die *Venus* (1529) von Lucas Cranach und ein Porträt des Humanisten Erasmus von Rotterdam von Hans Holbein gesellen sich hinzu. Zu den Beiträgen Englands zählen Thomas Gainsborough (*Gespräch im Park*, um 1746), Joshua Reynolds (*Meister Lampe*, 1788) sowie einige Landschaftsbilder von William Turner.

Viele Meisterwerke der spanischen Sammlung zeigen düstere Motive: El Grecos *Christus am Kreuz in Anbetung durch Opfergebende* (1576) und Francisco de Zubaráns *Aufbahrung des hl. Bonaventura* (um 1629) mit einem dunkelgesichtigen Leichnam zählen zu den Schätzen des Louvre. José de Riberas *Der Klumpfüßige* (1642) zeigt einen armen Stummen, der Almosen in einen Fetzen Papier erbettelt. Leichtere Stimmung vermitteln einige Porträts von Goya aus dem 19. Jahrhundert.

Die Sammlung italienischer Gemälde (Zeit von 1200 bis 1800) ist riesig. Die Väter der frühen Renaissance, Cimabue und Giotto, sind ebenso ausgestellt wie Fra Angelico (*Krönung Mariä*, 1435) und Pisanello (mit seinem entzückenden *Bildnis eines Mädchens*, um 1435). Hinzu kommen ein feines Profilbildnis des Sigismondo Malatesta von Piero della Francesca (um 1450) und die *Schlacht von S. Romano* von Paolo Uccello. Verschiedene Gemälde von Leonardo da Vinci, etwa seine *Verkündigung an Maria*, ziehen den Betrachter ebenso in den Bann wie die *Mona Lisa*.

Die Kollektion französischer Malerei reicht vom 14. Jahrhundert bis 1848. Spätere Kunstwerke wurden im Musée d'Orsay untergebracht *(siehe*

***Gilles* oder *Pierrot* (um 1717) von Jean-Antoine Watteau**

Leonardo da Vinci in Frankreich

Leonardo – Künstler, Ingenieur und Wissenschaftler, geboren 1452 – war eine prägende Persönlichkeit der italienischen Renaissance. François I traf ihn 1515 und lud ihn ein, in Frankreich zu wirken. Der Maler brachte die *Mona Lisa* mit. Gesundheitlich geschwächt starb er drei Jahre später in den Armen des Königs.

Selbstporträt (frühes 16. Jh.)

S. 144ff). Eine herausragende frühe Arbeit ist Enguerrand Quartons *Pietà von Villeneuve-les-Avignon* (1455). Ein anderes frühes Werk zeigt *Gabrielle d'Estrée*, Mätresse von Henri IV, im Badezuber. Aus dem 16. und 17. Jahrhundert stammen Arbeiten von Georges de La Tour, einem der Maler von »Nachtstücken«. Jean Watteau ist ebenso vertreten wie der Meister des Rokoko, J. H. Fragonard. Sein erfrischend frivoles Grundthema findet sich z. B. in den *Badenden* von 1770. Im Kontrast dazu stehen der Klassizismus von Nicolas Poussin und die Historienmalerei von J. L. David. Die meisten Arbeiten von J. D. Ingres befinden sich im Musée d'Orsay – bis auf das erotische *Türkische Bad* von 1862.

Europäische Bildhauerei 1100 bis 1850

Unter den frühen flämischen und deutschen Skulpturen der Sammlung befinden sich Meisterwerke wie Tilman Riemenschneiders *Mariä Verkündigung* (Ende des 15. Jahrhunderts) und eine ungewöhnliche lebensgroße Nacktdarstellung der Büßerin Maria Magdalena von Gregor Erhart (frühes 16. Jh). Ein vergoldetes Altarblatt der gleichen Periode repräsentiert die flämische Kirchenkunst. Ein wichtiges Werk ist auch Adrian de Vries' langgliedrige Figurengruppe *Merkur und Psyche* (1593), die ursprünglich für den Hof Rudolfs II. in Prag gefertigt worden war.

Die französische Abteilung beginnt bei frühen romanischen Arbeiten, etwa der Christusgestalt eines burgundischen Bildhauers des 12. Jahrhunderts und einem Petrushaupt. Mit seinem achtköpfigen Trauergeleit zählt das Grabmal des Philippe Pot (eines hochrangigen Beamten in Burgund) zu den ungewöhnlichen Exponaten. Diane de Poitiers, Mätresse von Henri II, ließ eine große Figur der Göttin der Jagd für den Hof ihres Schlosses Fontainebleau anfertigen. Heute steht diese *Diana* im Louvre. Die Arbeiten von Pierre Puget (1620–94) aus Marseille wurden in der glasüberdachten Cour Puget versammelt. Zu ihnen zählt die Statue des Milon von Kroton, des griechischen Athleten, der sich in der Spalte eines Baumstumpfes verfing und von einem Löwen gefressen wurde. *Der Rossebändiger* befindet sich unter dem Glasdach der Cour Marly, umgeben von anderen Meisterwerken, darunter Houdons Büsten von Diderot und Voltaire (frühes 19. Jh.).

Unter den italienischen Skulpturen sind Arbeiten von Duccio und Donatello sowie Highlights wie Michelangelos *Sklaven* und Cellinis *Nymphe von Fontainebleau*.

***Grabmal des Philippe Pot* (spätes 15. Jh.) von Antoine Le Moiturier**

Orientalische, ägyptische, griechische, etruskische und römische Altertümer

Der Bestand an antiken Exponaten im Louvre beeindruckt. Die Stücke reichen von der Neusteinzeit (um 6000 v. Chr.) bis zum Niedergang des römischen Imperiums. Zu den wichtigen Werken mesopotamischer Kunst gehören die Statue des Verwalters Ebik-il (2400 v. Chr.) und verschiedene Bildnisse des Gudea, Fürst von Lagasch (vermutlich 2255 v. Chr.). Ein schwarzer Basaltblock mit dem Signum des babylonischen Königs Hammurabi (um 1700 v. Chr.) zählt zu den ältesten Gesetzesdokumenten der Welt.

Die kriegerischen Assyrer sind durch feine Reliefarbeiten und durch eine beeindruckende Rekonstruktion eines Teils des Palastes von Sargon II. (722–705 v. Chr.) mit seinen riesigen, geflügelten Stieren vertreten. Im 6. Jahrhundert v. Chr. schmückte der Perserkönig Darius den Aufgang seines Palastes in Khorsabad mit Fliesen, die seine Bogenschützen darstellen.

***Nike von Samothrake* (Griechenland, spätes 3. bis frühes 2. Jh. v. Chr.)**

Der Großteil ägyptischer Kunst diente dem Totenkult. Zu den Grabbeigaben zählten sehr lebendig wirkende Wiedergaben des Alltagslebens. Ein Beispiel gibt die winzige Grabkapelle eines hohen Beamten (um 2500 v. Chr.). Ihre Reliefdarstellungen zeigen Szenen aus der Alltagswelt.

Weitere Einblicke in das Leben im alten Ägypten eröffnen lebensechte Grabbilder – etwa der so genannte »Sitzende Schreiber« und verschiedene Skulpturen von Ehepaaren. Das älteste Steinbildwerk stammt von 2500, das jüngste von 1400 v. Chr. Eine dem Gott Osiris geweihte Grabkammer des Neuen Reichs (1555–1080 v. Chr.) enthält wuchtige Sarkophage und zahlreiche mumifizierte Tiere.

Zu den kleinen, aber sehr reizvollen Kunstwerken zählt die 29 Zentimeter hohe Gestalt einer Frau ohne Kopf, deren Körper sich unter dem Gewand abzeichnet. Sie stellt vermutlich Königin Nofretete (um 1365–1349 v. Chr.) dar.

***Geflügelter Stier mit Menschenantlitz* (8. Jh. v. Chr., Dur-Sarrukin, Assyrien)**

Die Abteilung griechischer, römischer und etruskischer Altertümer bietet eine große Anzahl zum Teil außergewöhnlicher Fragmente, darunter einen großen, geometrischen Kopf von den Kykladen (2700 v. Chr.) und eine elegante Schüssel mit Schwanenhals, die in ihrer Schlichtheit modern wirkt. Sie wurde vor 4500 Jahren aus einem einzigen Goldblatt gehämmert. Das griechische Archaikum (7.–5. Jh. v. Chr.) wird durch die *Dame von Auxerre,* eine der ältestbekannten griechischen Skulpturen, und die *Hera von Samos* von den Ionischen Inseln vertreten. Aus der Blütezeit der Klassik (um 5. Jh. v. Chr.) stammen verschiedene männliche Torsi und Köpfe, darunter der *Laborde-Kopf.* Er wurde als Teil einer Skulptur identifiziert, die einst den westlichen Giebel des Parthenon zierte.

Die beiden berühmtesten griechischen Statuen des Louvre, die *Venus von Milo* und die *Nike von Samothrake,* entstammen der Hellenistischen Epoche (spätes 3. bis 2. Jh. v. Chr.), als »natürlichere« menschliche Darstellungen bevorzugt wurden.

Im Mittelpunkt der etruskischen Sammlung steht der Terrakotta-Sarkophag eines Ehepaars, das einem ewigen Festmahl beizuwohnen scheint.

Terrakotta-Sarkophag aus Cerveteri (6. Jh. v. Chr.)

Die Exponate der römischen Abteilung offenbaren deutlich, wie sehr sich die Bildhauer im antiken Rom an griechischer Kunst orientiert haben. Zu den erlesenen Skulpturen gehören eine Büste des Agrippa, ein Basaltkopf von Augustus' Gattin Livia sowie ein Bronzekopf des Kaisers Hadrian aus dem 2. Jahrhundert. Letzterer macht einen lebensechten Eindruck – im Gegensatz zu vielen anderen, eher seelenlos wirkenden Kaiserköpfen.

***Sitzender Schreiber* (Ägypten, um 2500 v. Chr.)**

Objets d'Art

Der Begriff *objets d'art* beschreibt Kunsthandwerkliches und umfasst die Bereiche Schmuck, Möbel, mechanische und Sonnenuhren ebenso wie Gobelins, Miniaturen, Silber- und Glaswaren, Bestecke, kleine französische und italienische Bronzen, byzantinische und Pariser Elfenbeinschnitzerei, Limoges-Emaille, Porzellan, Schnupftabakdosen, wissenschaftliche Instrumente und Waffen. Der Louvre bietet in seien Ausstellungsräumen über 8000 solcher Gegenstände aus verschiedenen Zeiten, Ländern und Regionen.

Viele wertvolle Objekte stammen aus der Abtei St-Denis, wo die französischen Könige gekrönt wurden. Vor der Revolution hatte ein steter Strom von Wallfahrern die Abtei zum »Museum« verwandelt. Nach der Revolution wurden alle Kunstgegenstände dem Volk zugänglich gemacht. Trotz der Verluste (teils durch Diebstahl) bei der Auslagerung blieb eine höchst ansehnliche Sammlung.

Zu diesen Schätzen zählt eine geschwungene Steinplatte aus dem 1. Jahrhundert v. Chr. mit einer Einfassung aus Gold und Edelsteinen (9. Jh.) und acht goldenen Delphinen als Einlegearbeit. Interessant sind auch die Vulkansteinvase, die Suger, der Abt von St-Denis, in die Kontur eines goldenen Adlers fassen ließ, und das 1380 für König Charles V gefertigte Szepter. Zum französischen Kronschatz gehören die beeindruckenden Königskronen von Louis XV und Napoléon, Szepter, Schwerter und andere Insignien. Zu besichtigen ist auch der »Regent«, einer der reinsten Diamanten der Erde. Er wurde 1717 erworben, Louis XV trug ihn 1722 zur Krönung.

Ein Raum ist den *Jagden Kaiser Maximilians*, einer Serie von Gobelins vorbehalten, die 1530 nach Entwürfen von Bernard Van Orley für Kaiser Karl V. gefertigt wurden.

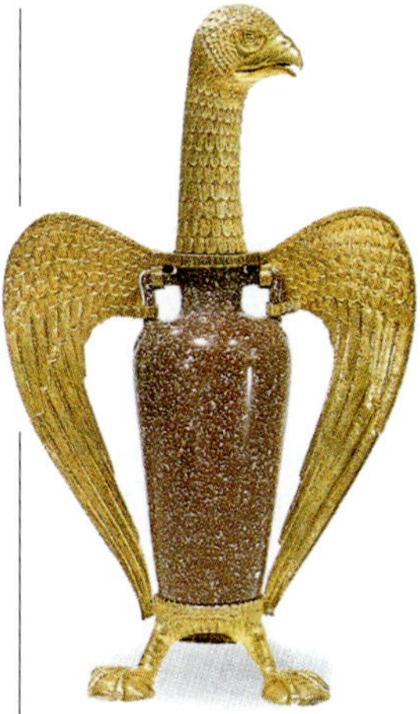

***Der Adler des Suger* (Mitte 12. Jh.)**

Die reichhaltige Sammlung französischer Möbel wurde zwischen dem 16. und 19. Jahrhundert hergestellt und ist nach Perioden oder auch nach Spendern (wie Isaac de Camondo) geordnet. Darunter sind wichtige Arbeiten von herausragenden Kunstschreinern wie André-Charles Boulle, der vom späten 17. bis Mitte des 18. Jahrhunderts für Louis XIV im Louvre arbeitete. Er wurde für seine Intarsien aus Kupfer und Schildpatt bekannt. Aus späterer Zeit stammt der eigenwillige Schreibtisch mit interessanten Stahl- und Bronzeeinlegearbeiten, der 1784 von Adam Weisweiler für Königin Marie-Antoinette gefertigt wurde.

Die Glaspyramide

Pläne für Modernisierung und Ausbau des Louvre lagen erstmals 1981 vor. Sie schlossen den Auszug des Finanzministeriums aus dem Richelieu-Trakt und einen neuen Haupteingang für das Museum ein. Der chinesisch-amerikanischer Architekt I. M. Pei erhielt den Auftrag für die Gestaltung. Er entwarf die Pyramide als neuen Eingang und optischen Brennpunkt. Die Glasbauweise lässt die historischen Gebäude des umliegenden Gevierts gut zur Wirkung kommen. Tageslicht kann in das unterirdische Foyer eindringen.

Musée de la Publicité ⑩

Palais du Louvre, 107, rue de Rivoli, 75001. **Karte** 12 E2. *01 44 55 57 50.* *Palais Royal, Tuileries.* *Di, Do, Fr 11–18 Uhr, Mi, 10–21 Uhr, Sa, So 10–18 Uhr.* www.ucad.fr

DAS MUSEUM FÜR Werbung, 1999 eröffnet, zeigt eine außergewöhnliche Sammlung von über 40 000 historischen Werbeplakaten, die vom 18. Jahrhundert bis 1949 reichen. Zum Museumsbestand gehören darüber hinaus etwa 45 000 Plakate jüngeren Datums und Multimedia-Werbung, etwa Videos. Es gibt eine gute Präsenzbibliothek.

Musée des Arts Décoratifs ⑪

Palais du Louvre, 107, rue de Rivoli, 75001. **Karte** 12 E2. *01 44 55 57 50.* *Palais Royal, Tuileries.* *Di, Do, Fr 11–18 Uhr, Mi 11–21 Uhr, Sa, So 10–18 Uhr.* ***Präsenzbibliothek*** *Feiertage.* www.ucad.fr

AUF FÜNF STOCKWERKEN zeigt das Museum dekorative und ornamentale Kunst und Design. Die vielfältige, interessante Zusammenstellung reicht vom Mittelalter bis heute. Zu den Highlights zählen die Art-nouveau- und die Art-déco-Räume, die Schmuck- und Glasabteilung und die bemerkenswerte Puppensammlung.

Derzeit sind zwar nur die Abteilungen Mittelalter und Renaissance zu besichtigen, das Museum wird nach umfangreichen Renovierungsarbeiten voraussichtlich 2004 wieder alle Bereiche öffnen.

Lemots Skulpturengruppe mit der vergoldeten Siegesgöttin

Arc de Triomphe du Carrousel ⑫

Pl du Carrousel, 75001. **Karte** 12 E2. *Palais Royal.*

NAPOLÉON LIESS diesen Triumphbogen 1806–08 als einen Eingang zum Palais des Tuileries erbauen. Über den rosafarbenen Marmorsäulen stehen Soldaten der Grande Armée, nachdem man die Pferde von San Marco 1815 zurückgeben musste.

Arkaden in der Rue de Rivoli

Rue de Rivoli ⑬

75001. **Karte** 11 C1 & 13 A2. *Louvre, Palais Royal, Tuileries, Concorde.*

LANGE ARKADEN ziehen sich, von Läden gesäumt, an klassizistischen Wohnhäusern entlang, die auf das frühe 18. Jahrhundert zurückgehen, aber erst 1850 vollendet wurden. Napoléon ließ die Straße nach seinem Sieg in Rivoli 1797 gestalten und ausbauen. Sie entwickelte sich zu einer wichtigen Verkehrsader und einem eleganten Handelszentrum.

Heute haben in der Rue de Rivoli zahlreiche exklusive Hemdenschneider ihren Sitz. Buchläden finden sich bis zur Place de la Concorde, Warenhäuser nahe Châtelet und Hôtel de Ville. Im Café Angelina, Haus Nr. 226, serviert man die angeblich beste heiße Schokolade von ganz Paris *(siehe S. 287)*.

Jardin des Tuileries ⑭

75001. **Karte** 12 D1. *01 40 20 90 43.* *Tuileries, Concorde.* *März–Sep tägl. 7.30–21 Uhr, Okt–Feb 7.30–19 Uhr.*

DIE ANLAGE wurde als Park für das alte Palais des Tuileries entworfen, eingefügt in das landschaftlich gestaltete Grün, das sich parallel zur Seine vom Louvre bis zu den Champs-Elysées und dem Arc de Triomphe erstreckt.

André Le Nôtre, Hofgärtner von Louis XIV, legte den Park im 17. Jahrhundert an. Im Zuge von Überholungsarbeiten entstand hier vor nicht allzu langer Zeit ein völlig neuer Garten, im ganzen Park wurden bemerkenswerte moderne und zeitgenössische Skulpturen aufgestellt.

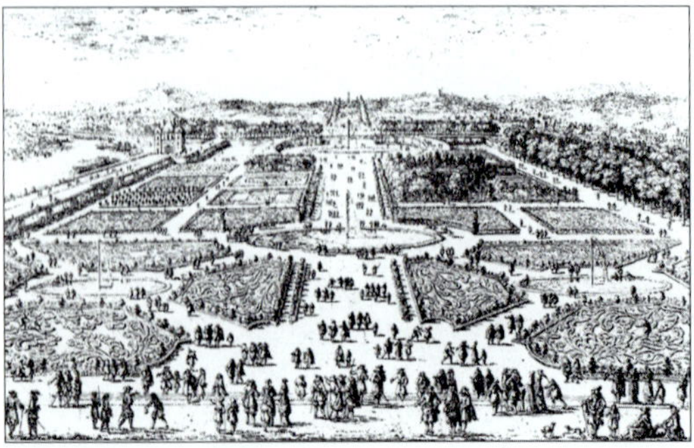

Der Jardin des Tuileries auf einem Stich von G. Perelle (17. Jh.)

Galerie Nationale du Jeu de Paume ⓯

Jardin des Tuileries, Pl de la Concorde, 75008. **Karte** 11 C1. *01 47 03 12 50.* *01 42 60 69 69.* *Concorde.* *Di 12–21 Uhr, Mi–So 12–19 Uhr.* *1. Jan, 1. Mai, 25. Dez.*

Jeu de Paume ist der Name für ein altes, mit Schlägern betriebenes Ballspiel. Das Gebäude wurde 1851 von Napoléon III errichtet. Als das Rasentennis das königliche *(réal)* Tennis verdrängte, hielt man hier Kunstausstellungen ab und richtete das Impressionisten-Museum ein. Dessen Sammlung zog 1986 in das neue Musée d'Orsay (ein ehemaliger Bahnhof, *siehe S. 144ff)* um. Heute wird im Jeu de Paume zeitgenössische Kunst ausgestellt.

Eingang zum Jeu de Paume

Musée de l'Orangerie ⓰

Jardin des Tuileries, Pl de la Concorde, 75008. **Karte** 11 C1. *Concorde.* *Mi–Mo 9.45–17 Uhr.* *nach Vereinbarung.*

Claude Monets berühmteste Werke, die Seerosenbilder, beherrschen die ovalen Räume im Erdgeschoss. Er malte die *Nymphéas* in seinem Garten in Giverny nahe Paris und präsentierte sie 1927 der Öffentlichkeit. Seine einzigartige Arbeit wird ergänzt durch die herausragende Walter-Guillaume-Sammlung mit Künstlern der Ecole de Paris. Sie umspannt den Zeitraum vom späten Impressionismus bis zur Zwischenkriegsära. Hier ballen sich

Monets Seerosenbilder, zu bewundern im Musée de l'Orangerie

Meisterwerke: Soutines eindringliche Arbeiten füllen einen Raum, Cézanne ist mit 14 Gemälden vertreten, darunter Stilleben, Porträts *(Madame Cézanne)* und Landschaften wie *Dans le Parc du Château Noir.*

Zu den 27 Bildern Renoirs gehört *Les Fillettes au Piano* (Junge Mädchen am Klavier). Werke des jungen Picasso, von Henri Rousseau – u. a. *Le Carriole du Père Juniet* (Das Wägelchen des Père Juniet) –, Matisse und ein Porträt des Kunsthändlers Paul Guillaume von Modigliani präsentieren sich dem Besucher in natürlichem Licht.

Place de la Concorde ⓱

75008. **Karte** 11 C1. *Concorde.*

Der Platz, einer der großartigsten und historisch bedeutendsten Plätze Europas, bedeckt im Herzen der Stadt eine Fläche von über acht Hektar. Auf dem ursprünglich Place Louis XV genannten Platz erhob sich einst eine Statue des Königs. Mitte des 18. Jahrhunderts gestaltete der Architekt Jacques-Ange Gabriel ihn in Form eines offenen, nur im Norden von Häusern gesäumten Achtecks um.

Als nächstes hieß der Platz Place de la Révolution, die Guillotine trat an die Stelle der Statue. Hier rollten in zweieinhalb Jahren 1119 Köpfe, darunter jene von Louis XVI, Marie-Antoinette (sie starb in Sichtweite ihres kleinen Verstecks in der Rue Royale Nr. 2) sowie den Führern der Revolution, Danton und Robespierre.

Geläuterte Revolutionäre gaben dem Platz schließlich den Namen Concorde (Eintracht). Im 19. Jahrhundert erhöhten ein 3200 Jahre alter Obelisk aus Luxor, zwei Brunnen und acht Statuen, die französische Städte symbolisieren, seine Ehrfurcht einflößende Pracht. Am 14. Juli erleben hier die über die Champs-Elysées ziehenden Paraden ihren Höhepunkt. Am 14. Juli 1989 feierten eine Million Menschen die Zweihundertjahrfeier des Sturms der Bastille.

Der 3200 Jahre alte Obelisk aus Luxor

Kolonnadeneingang zur Village Royale

Village Royal ⓲

75008. **Karte** 5 C5. Ⓜ *Madeleine.* ***Galerie Royale*** ◯ *Di–Sa 10–18 Uhr.* ● *Feiertage.*

Der architektonisch reizvolle Komplex von Stadthäusern aus dem 18. Jahrhundert liegt versteckt zwischen der Rue Royale und der Rue Boissy d'Anglas. Die Galerie Royal ist im ehemaligen Wohnhaus der Herzogin d'Abrantes untergebracht. Es wurde 1994 von dem Architekten Laurent Bourgois umgestaltet, der klassische und moderne Elemente in hervorragender Weise verband, was seinen Widerhall findet in der Kombination der ausgestellten antiken Glas- und Silberware und in den Arbeiten zeitgenössischer Glasbläser und Silberschmiede im Gewölbe. Im Innenhof steht eine raffiniert beleuchtete Statue der Pomona, mit blauen Edelsteinen aus böhmischem Kristall farbig gestaltet.

Place Vendôme ⓳

75001. **Karte** 6 D5. Ⓜ *Tuileries.*

Als vielleicht sinnfälligstes Beispiel der Eleganz des Pariser 18. Jahrhunderts wurde der königliche Platz des Architekten Hardouin-Mansart 1698 begonnen. Nach dem usprünglichen Plan sollten hinter den Arkadenfassaden Akademien und Botschaften untergebracht werden. Statt dessen richteten sich Bankiers prunkvoll ein. Der Platz blieb als Heimstatt für heutige Banker und Juweliere gut erhalten. Im Haus Nr. 12 starb im Jahr 1848 Frédéric Chopin, zur Wende zum 20. Jahrhundert errichtete César Ritz in Nr. 15 sein berühmtes Hotel.

Banque de France ⓴

39, rue Croix des Petits Champs, 75001. **Karte** 12 F1. Ⓜ *Palais Royal.*

Die von Napoléon 1800 gegründete Zentralbank Frankreichs hat ihren Sitz in einem Gebäude, das ursprünglich einem anderen Zweck diente: François Mansart, Architekt des 17. Jahrhunderts, entwarf das herrschaftliche Haus für Louis de

Napoléon-Statue auf der Place Vendôme

»Französische« Gärten in Paris

Das Parterre du Midi in Versailles (*siehe S. 248f*)

Nahezu dreihundert Jahre sind die bedeutenden Französischen (sorgfältig kultivierten) Gärten von Paris der Öffentlichkeit zugänglich und wichtiger Teil des urbanen Lebens. Der Jardin des Tuileries *(siehe S. 130)* wurde kürzlich aufwändig rekultiviert; der Jardin du Luxembourg *(siehe S. 172)*, Gartenanlagen des französischen Senats, werden weiterhin von den Bewohnern des linken Ufers geliebt; und der Jardin du Palais Royal *(siehe S. 121)* bietet immer noch friedvolle und ungestörte Plätzchen.

Die französische Landschaftsgestaltung wurde im 17. Jahrhundert zur Kunst entwickelt – dank André Le Nôtre, Gartenarchitekt von Louis XIV, der die Anlage von Versailles *(siehe S. 248f)* schuf. Er erreichte die glückliche Verbindung zwischen dem traditionellen italienischen Renaissancegarten und der französischen Vorliebe für rationale Gestaltung.

Die lange Galerie Dorée in der Banque de France

la Vrillière, Staatssekretär von Louis XIII. In der prächtigen Galerie Dorée war eine reiche Sammlung historischer Gemälde untergebracht. Das Haus wurde später an den Comte de Toulouse (Sohn von Louis XIV und Madame de Montespan) verkauft und nach der Revolution im 19. Jahrhundert aufwändig restauriert. Jacques Delors, Ex-Vorsitzender der Europäischen Kommission, ist gegenwärtig der Bekannteste, dessen Karriere mit der Bank verbunden ist.

Place des Victoires ㉑

75002. **Karte** 12 F1. Ⓜ *Palais Royal.*

DAS RONDELL mit den elegant-herrschaftlichen Anwesen wurde 1685 allein zum Zweck errichtet, der Statue von Louis XIV Wirkung zu verleihen. Sie stand in der Mitte des Platzes, Tag und Nacht von Fackeln beleuchtet. Der Architekt Jules Hardouin-Mansart hatte auch die Proportionen der Gebäude und selbst die nahen Straßen zur Hervorhebung der Statue angelegt.

Allerdings zeigten sich die revolutionären Massen 1792 weniger speichelleckerisch und rissen die Statue vom Sockel. Der 1822 aufgesetzte, anders gestaltete Ersatz stellte die Stilharmonie zu den Gebäuden nicht mehr her. Doch bewahrte der Platz noch weitgehend seine ursprüngliche Gestalt und ist heute die Adresse namhafter Modefirmen, darunter Thierry Mugler, Cacharel und Kenzo.

Louis XIV, Place des Victoires

Parc de Bagatelle mit Blumenpracht ***(siehe S. 255)***

Der französische Gartenarchitekt umhegte nicht die Natur, sondern überformte sie, indem er Bäume, Büsche und Hecken zu imposanten Baumskulpturen stutzte. Komplizierte, geometrisch angelegte Beete wurden durch Kieselwege und sorgsam getupfte Blütenpracht aufgegliedert. Symmetrie und Harmonie waren die Leitworte, Glanz und Pracht das Ziel.

Wie im 17. Jahrhundert erfüllen die französischen Gärten auch heute zweierlei Absichten: Sie dienen der Erbauung, aber auch als »natürlicher« Rahmen für ein Château oder einen Palast. Der beste Blick auf einen französischen Garten gewinnt man in der Regel vom ersten Stock. Von dort ergibt die Verbindung von Buchsbaumhecken, Blumen und Kieswegen ein kompliziert-abstraktes Muster – wie ein Gobelin der Natur als Widerspiegelung der Innenausstattung. Alleen verlieren sich oft in der Ferne und beweisen so dem Betrachter den Landreichtum des Schlossherren. So war und ist der französische Garten stets auch ein Statussymbol. Dies wird sowohl bei privaten als auch bei großen öffentlichen Anlagen deutlich. Napoléon Bonaparte schloss den Blick über den Jardin de Tuileries mit einem Triumphbogen ab. Dieser Vorgabe folgte Präsident Mitterrand mit der Grande Arche de la Défense *(siehe S. 38f, 255)* – auf derselben Achse wie die Tuileries und der Arc de Triomphe.

Aber Französische Gärten dienen auch dem Vergnügen. Im 17. Jahrhundert galten Spaziergänge in den Gärten als Gesundbrunnen. Welchen erbaulicheren Ort gibt es als einen solchen Park mit Statuen und Brunnen? Alte und Gebrechliche wurden einst in Sänften getragen, aber auch heute kann man es genießen, sich auf einer Steinbank im marmornen Glanz der Göttin Diana zu sonnen.

Les Deux Magots

ST-GERMAIN-DES-PRÉS

HEUTE IST DAS VIERTEL am linken Seine-Ufer belebter, sind seine Straßen und Cafés bevölkerter als in den 1950er Jahren. Damals war es Treffpunkt der intellektuellen Szene, und deren führende Köpfe haben sich in die Bürgerlichkeit zurückgezogen. An ihre Stelle traten die neuen Philosophen, die aus den Unruhen der 1960er Jahre geborenen radikalen jungen Denker. Immer noch haben bedeutende Verlage hier ihr Domizil, deren Vertreter bewirten geschätzte Schriftsteller und Literaturagenten in den berühmten Cafés. Aber sie teilen sich das Revier mit den Stammkunden des Nobelcouturiers Yves St-Laurent und der feinen Innenarchitekten in der eleganten Rue St-Jacob. Am südlichen Ende des Boulevard St-Germain sind die Straßen ruhig und malerisch, es gibt zahlreiche gute Restaurants. Beim Odéon findet man originelle Cafés und etliche Kinos.

Bahnhofsuhr im Musée d'Orsay

SEHENSWÜRDIGKEITEN AUF EINEN BLICK

Historische Straßen und Gebäude

Boulevard St-Germain 7
Cour de Rohan 12
Cour du Commerce St-André 13
Ecole Nationale d'Administration 17
Ecole Nationale Supérieure des Beaux-Arts 16
Institut de France 15
Palais Abbatial 2
Quai Voltaire 18
Rue de l'Odéon 10
Rue du Dragon 8

Kirche

St-Germain-des-Prés 1

Museen und Galerien

Musée d'Orsay S. 144ff 19
Musée de la Monnaie de Paris 14
Musée Eugène Delacroix 3
Musée Nationale de la Légion d'Honneur 20

Theater

Théâtre National de l'Odéon 11

Cafés und Restaurants

Brasserie Lipp 6
Café de Flore 5
Le Procope 9
Les Deux Magots 4

ANFAHRT

Die Métro-Stationen St-Germain-des-Prés und Odéon sowie die RER-Station Musée d'Orsay erschließen das Viertel. Die Buslinie 63 fährt über den Boulevard St-Germain, die Linien 48 und 95 über die Rue Bonaparte, 58 und 70 über die Rue Mazarin.

LEGENDE

- Detailkarte
- Métro-Station
- Batobus-Anlegestelle
- RER-Station
- Parken

0 Meter 400

SIEHE AUCH

- ***Kartenteil***, Karten 11–12
- ***Übernachten*** S. 278, 281f
- ***Restaurants*** S. 296, 301f

◁ **Das Café »Les Deux Magots« neben der Kirche St-Germain-des-Prés**

Im Detail: St-Germain-des-Prés

Drehorgelspieler in St-Germain

Nach dem Zweiten Weltkrieg stand St-Germain-des-Prés mit seinen Bars und Cafés im gesellschaftlichen Brennpunkt der intellektuellen Szene. Philosophen, Schriftsteller, Schauspieler und Musiker gaben sich ein Stelldichein in den Kellerlokalen und Brasserien. Zu den Zeiten von Jean-Paul Sartre und Simone de Beauvoir, der schwermütigen Chansonette Juliette Gréco und der jungen Filmemacher war das Viertel nicht so schick wie heute. Doch immer noch treibt es die Schriftsteller ins Les Deux Magots, Café de Flore und andere Lokale. Die Gebäude aus dem 17. Jahrhundert trotzen dem Wandel, der an noblen Antiquitäten-, Buch- und Modeläden sichtbar wird.

Les Deux Magots
Stammkunden wie Hemingway trugen zum Renommee des Cafés bei. ❹

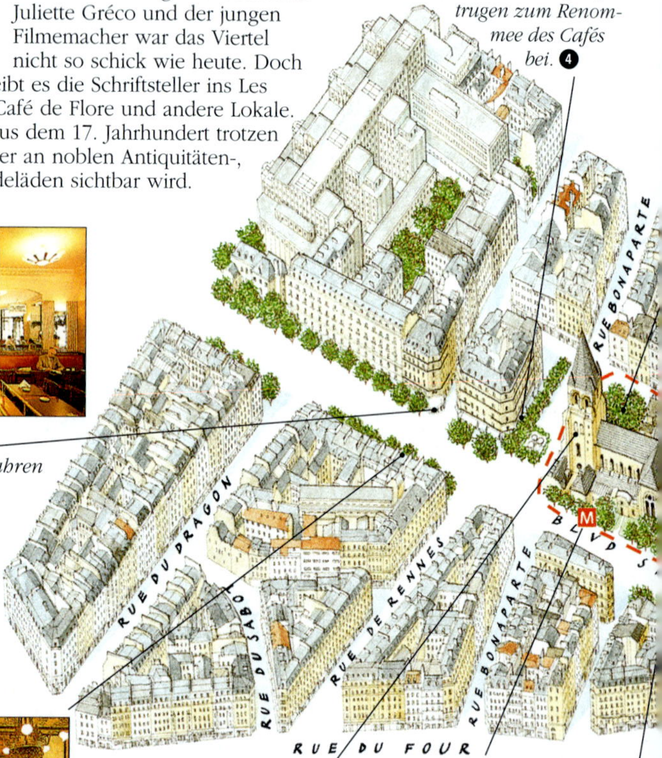

Métro-Station St-Germain-des-Prés

Café de Flore
In den 1950er Jahren philosophierten französische Intellektuelle in den Art-déco-Räumen des Cafés. ❺

Brasserie Lipp
Farbenfrohe Keramiken zieren die von Politikern gern besuchte Brasserie. ❻

★ St-Germain-des-Prés
Die älteste Kirche von Paris birgt die Grabmäler von René Descartes und dem polnischen König Johann II. Kasimir. ❶

★ Boulevard St-Germain
Cafés, Boutiquen, Kinos, Restaurants und Buchläden säumen den mittleren Abschnitt des Boulevards am linken Seine-Ufer. ❼

Picasso schuf das *Denkmal für Apollinaire,* das seit 1959 in der Nähe des Café de Flore steht. Der Dichter und Freund Picassos war oft Gast in diesem Café.

★ **Musée Delacroix**
Hier schuf Delacroix das Gemälde Jakobs Ringen mit dem Engel. ❸

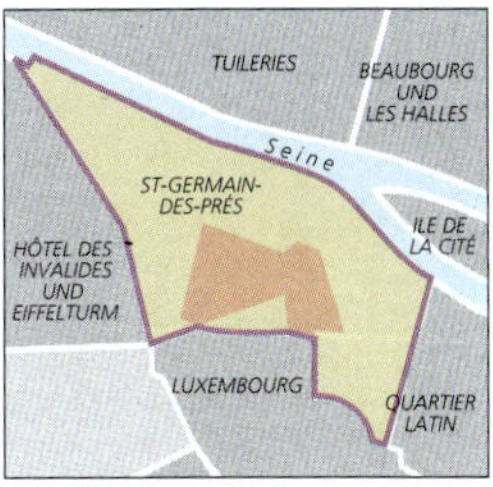

Zur Orientierung
Siehe Kartenteil, Karte 12

Nicht versäumen

★ **St-Germain-des-Prés**

★ **Boulevard St-Germain**

★ **Musée Delacroix**

Legende

Routenempfehlung

0 Meter 100

Die **Rue de Furstemberg** bildet einen winzigen Platz mit nostalgischen Straßenlaternen, der oft als Filmkulisse dient.

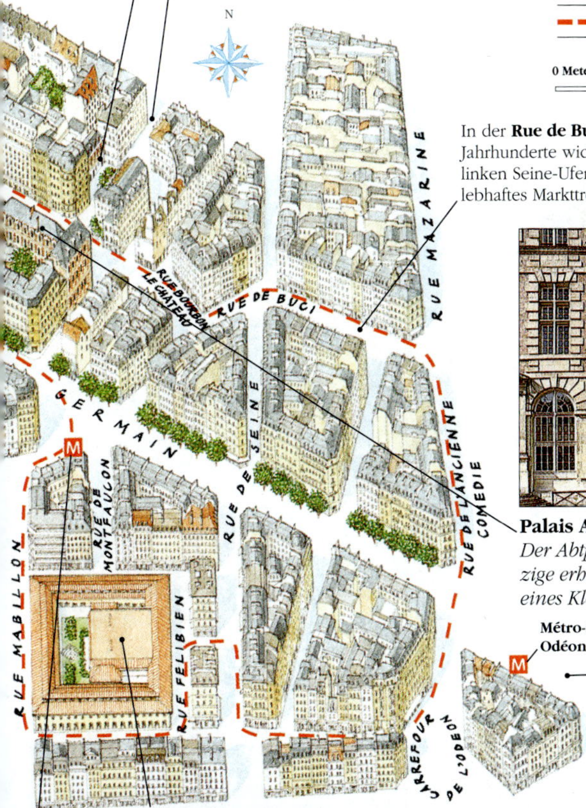

In der **Rue de Buci**, einer über Jahrhunderte wichtigen Straße am linken Seine-Ufer, herrscht täglich lebhaftes Markttreiben.

Palais Abbatial
Der Abtpalast ist das einzige erhaltene Gebäude eines Klosters. ❷

Métro-Station Odéon

Métro-Station Mabillon

Der **Marché St-Germain**, ein überdachter Viktualienmarkt, lädt seit 1818 an der Stelle eines ehemaligen Rummelplatzes ein *(siehe S. 327).*

Danton – die Statue (1889) von Auguste Paris, erinnert an den französischen Revolutionär.

St-Germain-des-Prés ❶

3, pl St-Germain-des-Prés, 75006. **Karte** 12 E4. *01 55 42 81 33.* *St-Germain-des-Prés.* *tägl. 7.30–19 Uhr.* ***Konzerte.***

VORGÄNGERIN dieser ältesten Kirche von Paris war eine 542 von König Childebert I. zur Aufbewahrung heiliger Reliquien erbaute Basilika. Die heutige Kirche stammt aus dem 11. Jahrhundert. Während und nach der Revolution wurde sie geplündert und demoliert. 1794 vernichtete ein Feuer den Großteil der Gebäude. Ein nahes Benediktinerkloster war am 3. September 1792 Schauplatz des Grauens: 318 Priester starben unter den Hieben des revolutionären Mobs. Die Kirche wurde im 19. Jahrhundert grundlegend restauriert. Nur einer von ursprünglich drei Türmen blieb stehen. Er hütet einen der landesweit ältesten Glockenstühle. Im Kircheninneren fügen Marmorsäulen aus dem 6. Jahrhundert, gotisches Gewölbe und romanische Bögen sich zu einem Ensemble verschiedener Stile. In den Gräbern ruhen Berühmtheiten wie der Philosoph René Descartes, der Dichter Nicolas Boileau und Johann II. Kasimir, König von Polen und ab 1669 Abt von St-Germain-des-Prés.

Marienstatue in St-Germain-des-Prés

Palais Abbatial ❷

1–5, rue de l'Abbaye, 75006. **Karte** 12 E4. *St-Germain-des-Prés.* ***Keine Besuchsmöglichkeit.***

DER PALAST aus Ziegel und Stein wurde 1586 für den Bourbonen Charles erbaut, Abt von St-Germain und kurze Zeit auch König von Frankreich. Zehn weitere Äbte lebten hier, bis in der Französischen Revolution das Anwesen verkauft wurde. Hier richtete sich im 19. Jahrhundert der für seine Frauengestalten bekannte Bildhauer Jean-Jacques Pradier ein. Der Bau zeichnet sich durch zahlreiche Baumaterialien und wunderbare hohe Fenster aus.

Schmiedeeiserne Verzierungen an der Fassade des Palais Abbatial

Musée Eugène Delacroix ❸

6, rue de Furstemberg, 75006. **Karte** 12 E4. *01 44 41 86 50.* *St-Germain-des-Prés.* *Mi–Mo 9.30–17 Uhr (letzter Einlass 16.30 Uhr).* www.musee-delacroix.fr

Eugène Delacroix

HIER LEBTE und arbeitete Eugène Delacroix von 1857 bis zu seinem Tod 1863. Leidenschaft und lebhafte Farben prägen die Werke dieses nonkonformistischen führenden Malers der französischen Romantik. Hier entstanden die (im Museum ausgestellten) Gemälde *Grablegung Christi* und *Weg nach Golgatha*. Delacroix' Arbeit an den herrlichen Wandgemälden in der Chapelle des Saint-Anges der nahen Kirche St-Sulpice war ein Grund für seinen Umzug in dieses Viertel. Die Wohnung im ersten Stock und das Gartenatelier bilden heute ein Museum mit ständigen Ausstellungen über den Künstler. In der Wohnung sind ein Porträt George Sands, Selbstporträts, Entwürfe und Erinnerungsstücke zu sehen.

Die winzige Place Furstemberg spiegelt den Charme des Delacroix-Gartens wider. Ihre nostalgischen Straßenlaternen und Trompetenbäume machen sie zu einem der romantischsten Plätze von Paris.

Les Deux Magots ❹

6, pl St-Germain-des-Prés, 75006. **Karte** 12 E4. *01 45 48 55 25.* *St-Germain-des-Prés.* *tägl. 7.30–1 Uhr.* *eine Woche im Jan.*

SURREALISTISCHE Künstler und junge Autoren, darunter Ernest Hemingway, kehrten in den 1920er und 1930er Jahren in diesem Café ein, gefolgt von den existentialistischen Philosophen und Schriftstellern der 1950er Jahre. Seither gilt es als Stammlokal der Literaten und Intellektuellen von Paris. Dieses Image pflegt das Café noch heute, selbst wenn unter seinen Gästen eher Verleger und Schaulustige zu finden sind als ein neuer Hemingway.

Zwei Holzstatuen chinesischer Kaufleute *(magots)* an einer Innensäule trugen dem Café seinen Namen ein. Hier kann man bei einer Tasse heißer Schokolade genüsslich die Welt an sich vorüberziehen lassen.

Im Café »Les Deux Magots«

Fassade des »Café de Flore«, des frühen Treffpunkts der Existenzialisten

Café de Flore 5

172, blvd St-Germain, 75006.
Karte 12 D4. *01 45 48 55 26.*
St-Germain-des-Prés. tägl. 7.30–1.30 Uhr. eingeschränkt.

Das Café mit roten Sitzen, Mahagoni, Spiegeln und Art-déco-Interieur hat sich seit dem Krieg kaum verändert. Wie im Les Deux Magots gingen auch hier in den Nachkriegsjahren die Intellektuellen ein und aus. Jean-Paul Sartre und Simone de Beauvoir trafen hier »die Familie« (ihre Freunde), um bei einem Glas die Philosophie des Existenzialismus reifen zu lassen.

Kellner vor der Brasserie Lipp

Brasserie Lipp 6

151, blvd St-Germain, 75006.
Karte 12 E4. *01 45 48 53 91.*
St-Germain-des-Prés. tägl. 11.30–1 Uhr. *Siehe S. 302.*

Mit der Brasserie Lipp ist das Triumvirat der berühmten Cafés am Boulevard St-Germain vollständig: Elsässer Bier, Sauerkraut, Wurst (ein Flüchtling aus dem Elsass gründete die Brasserie) und ausgezeichneter Kaffee machten Lipp zu einer Institution, zu der Politiker und Modegurus pilgern. Das Lokal aus dem späten 19. Jahrhundert gilt vielen als Inbegriff der Pariser Brasserie, wobei sich heute ein Besuch eher der Atmosphäre wegen lohnt. Das lichte Interieur beleben mit Papageien und Kranichen gemusterte Keramikkacheln. Reservierung ist nicht möglich.

Boulevard St-Germain 7

75006, 75007. **Karte** 11 C2 & 13 C5.
Solférino, Rue du Bac, St-Germain-des-Prés, Mabillon, Odéon.

Dies ist der bekannteste Boulevard am linken Seine-Ufer. Drei Kilometer lang schwingt er sich von der Ile St-Louis zum Pont de la Concorde. Seine Entstehung und seine homogene Architektur verdankt er Baron Haussmann, dem ehrgeizigen Stadtplaner des 19. Jahrhunderts.

Hier haben sich die unterschiedlichsten Lebensstile entfalten, zahlreiche religiöse und kulturelle Einrichtungen ansiedeln können. Im Osten (mit den niedrigen Hausnummern) beginnend, streift der Boulevard die Privatresidenz des verstorbenen François Mitterrand in der Rue de Bièvre, den Marktplatz Maubert-Mutualité, das Musée de Cluny und die Sorbonne, ehe er den Boulevard St-Michel kreuzt.

Er führt weiter vorbei an der Ecole de Médicine und der Place de l'Odéon nach St-Germain-des-Prés mit der historischen Kirche, wo sich Straßencafés, Modeboutiquen, Kinos, Restaurants und Buchhandlungen ballen. Hier pulsiert das Leben, und mit viel Glück begegnet man einem Kinostar oder bekannten Autor. Etwas weiter prägen zunehmend Wohnvillen das Gesicht des Boulevards, das schließlich mit dem Verteidigungsministerium und der Nationalversammlung erkenntlich politische Züge annimmt.

Rue du Dragon 8

75006. **Karte** 12 D4.
St-Germain-des-Prés.

Die kurze Straße zwischen Boulevard St-Germain und Carrefour de la Croix Rouge besteht seit dem Mittelalter, bis heute stehen hier schöne Häuser aus dem 17. und 18. Jahrhundert. Beachtung verdienen die großen Türen, hohen Fenster und eisernen Balkone. Im Haus Nr. 30 lebte vor der Revolution eine Gruppe flämischer Maler, auch Victor Hugo mietete sich hier eine Mansarde.

Gedenktafel für Victor Hugo an der Rue du Dragon Nr. 30

Le Procope ❾

13, rue de l'Ancienne-Comédie, 75006. **Karte** 12 F4. *01 40 46 79 00.* *Odéon.* *tägl. 12–24 Uhr. Siehe auch* ***Geschichte der Stadt*** *S. 27.*

DER SIZILIANER Francesco Procopio dei Coltelli gründete 1686 dieses nach eigenem Bekunden älteste Kaffeehaus der Welt. Es wurde rasch beliebt bei der politischen und literarischen Elite und den Schauspielern der Comédie Française.

Zu seinen Stammkunden zählte der Philosoph Voltaire – angeblich leerte er hier täglich vierzig Tassen Schokolade und Kaffee. Der junge Napoléon hinterließ seinen Hut als Pfand, während er Bargeld für die fällige Rechnung auftrieb. Das 1989 im Stil des 18. Jahrhunderts aufpolierte Le Procope ist heute ein Restaurant.

Hintere Fassade des Restaurants Le Procope

Das Théâtre de l'Odéon, einst Stammhaus der Comédie Française

Rue de l'Odéon ❿

75006. **Karte** 12 F5. *Odéon.*

IM HAUS NR. 12 führte Sylvia Beach 1921–40 die Buchhandlung Shakespeare & Co *(siehe S. 320f)*. Sie nahm sich vieler Not leidender amerikanischer und englischer Schriftsteller an, so Ezra Pound, T. S. Eliot, F. Scott Fitzgerald und Ernest Hemingway. Dank ihrer Unterstützung – als Sekretärin, Lektorin, Agentin und Geldgeberin – konnte James Joyce die erste Ausgabe des *Ulysses* veröffentlichen. Gegenüber in Nr. 7, in Adrianne Monniers Les Amis des Livres, verkehrten André Gide und Paul Valéry.

Die Straße wurde 1799 angelegt, um den Zugang zum Théâtre de l'Odéon zu erleichtern, und war die erste mit Rinnsteinen versehene Straße der Stadt. Die meisten Häuser und Geschäften stammen aus dem 18. Jahrhundert.

Théâtre National de l'Odéon ⓫

1, place Paul-Claudel, 75006. **Karte** 12 F5. *01 44 41 36 00.* *Odéon, Luxembourg.* *nur für Vorstellungen.* www.theatre-odeon.fr *– Siehe auch* ***Unterhaltung in Paris*** *S. 330.*

DAS KLASSIZISTISCHE Theater bauten Marie-Josephe Peyre und Charles de Wailly 1799 an der Stelle des vormaligen Hôtel de Condé. Der König hatte das Gelände erstanden und der Stadt übergeben, um die Comédie Française unterzubringen. *Figaros Hochzeit* von Beaumarchais hatte hier 1784 Premiere. Nach der Ankunft einer neuen Truppe hieß das Theater Odéon. 1807 brannte das Gebäude ab, doch der Architekt Jean-François Chalgrin baute es im selben Jahr wieder auf.

Nach dem Zweiten Weltkrieg verzeichnete das auf Dramen des 20. Jahrhunderts spezialisierte Haus die höchsten Besucherzahlen in Paris. Der Zuschauerraum ist beeindruckend, nicht zuletzt wegen der Decke, die André Masson 1965 gestaltete.

Hemingway in den 1920er Jahren

Cour de Rohan ⓬

75006. **Karte** 12 F4. *Odéon.* ***Eingang*** *von der Rue du Jardinet bis 20 Uhr; 20–8 Uhr vom Blvd St-Germain aus.*

Der bizarre mittlere Hof in der Cour de Rohan

DIE MALERISCHE, aus drei Höfen bestehende Anlage bildete im 15. Jahrhundert einen Teil der Pariser Residenz der Erzbischöfe von Rouen (verballhornt zu »Rohan«). Der mittlere Hof sticht besonders ins Auge. Mit Hilfe seiner dreibeinigen schmiedeeisernen Steighilfe *(pas de mule)*, der wohl letzten Gerätschaft dieser Art in Paris, bestiegen einst ältere Damen und übergewichtige Prälaten ihre Reittiere. Den Hof begrenzt die Fassade eines stilvollen Renaissancebaus aus dem frühen 17. Jahrhundert. In seinen Mauern wohnte unter anderem Diane de Poitiers, die berühmte Mätresse von Henri II. Der dritte Hof öffnet sich zur winzigen Rue du Jardinet, in der 1835 der Komponist Camille Saint-Saëns geboren wurde.

Cour du Commerce St-André ⓭

75006. **Karte** 12 F4. M *Odéon.*

DAS HAUS NR. 9 umgibt ein Hauch des Schreckens, soll doch hier Dr. Guillotin seine »menschenfreundliche Enthauptungsmaschine« perfektioniert haben. Tatsächlich aber war er nur geistiger Urheber dieses »humanen Fortschritts«, den der Pariser Chirurg Dr. Louis umsetzte. Als die Guillotine 1792 erstmals bei einer Hinrichtung eingesetzt wurde, nannte man sie noch *Louisette.*

Schaulustiger revolutionärer Mob bei einer Guillotine-Exekution

Musée de la Monnaie de Paris ⓮

11, quai de Conti, 75006. **Karte** 12 F3. *01 40 46 55 35.* M *Pont Neuf, Odéon.* *Di–Fr 11–17.30 Uhr, Sa, So 12–17.30 Uhr.* ***Filme.***

GEWINNER DES Architekturwettbewerbs, den Louis XV im späten 18. Jahrhundert anlässlich des geplanten Umzugs des Münzamtes ausgeschrieben hatte, war der Architekt Jacques Antoine. Er war mit dem 1777 vollendeten Bau, dem heutigen Hôtel des Monnaies, so zufrieden, dass er bis zu seinem Tode 1801 darin seine Wohnung hatte.

Münzen wurden hier bis 1973 geprägt (seitdem geschieht dies in Pessac in der Gironde). Die Präge- und Rändelhallen beherbergen heute die umfangreiche, den historischen Kontext einbeziehende Ausstellung des Münzen- und Medaillenmuseums. Die in frei stehenden Glasvitrinen bewahrten Münzen lassen sich beidseitig betrachten. Im letzten Raum veranschaulichen Werkzeuge und Maschinen aus dem späten 19. und frühen 20. Jahrhundert den Herstellungsprozess.

In den Werkstätten werden heute zwar keine Münzen, jedoch Medaillen geprägt, von denen einige auch zum Verkauf stehen. Sonderanfertigungen nach eigenen Ideen sind möglich.

Institut de France ⓯

23, quai de Conti, 75006. **Karte** 12 E3. *01 44 41 44 41.* M *Pont Neuf, St-Germain-des-Prés.* *Sa, So nur nach Vereinbarung.*
W www. institut-de-france.fr

DAS BAROCKE GEBÄUDE, heute Sitz der namhaften Académie Française, wurde 1688 als Palast errichtet und 1805 von Napoléon als Sitz des von ihm gegründeten Institut de France bestimmt. Die Kuppel entwarf Louis le Vau als harmonisches Pendant zum Palais du Louvre.

Kardinal Richelieu gründete 1635 die Académie Française, die berühmteste der fünf Akademien des Instituts, und be-

Hinweisschild auf das Münzeum in der ehemaligen Münzanstalt

auftragte sie mit der Erstellung eines offiziellen Lexikons der französischen Sprache. Die Mitgliedschaft in der Académie Française ist seither auf vierzig Personen begrenzt, die sich der Pflege der französischen Sprache widmen.

Ecole Nationale Supérieure des Beaux-Arts ⓰

13, quai Malaquais, 75006. **Karte** 12 E3. *01 47 03 50 00.* M *St-Germain-des-Prés.* *nur für Gruppen nach Vereinbarung, Tel. 01 47 03 52 15.* ***Bibliothek.***

WO DIE Rue Bonaparte und der Quai Malaquais aufeinander treffen, befindet sich in beneidenswerter Lage Frankreichs wichtige Akademie der Schönen Künste. Das beeindruckendste der vielen Gebäude der Hochschule ist der Palais des Etudes aus dem 19. Jahrhundert. Den weitläufigen Hof durchquerten bereits Scharen hoffnungsvoller französischer, europäischer und amerikanischer Maler und Architekten auf ihrem Weg in die verschiedenen Ateliers und Lehrräume.

Fassade der Ecole Nationale Supérieure des Beaux-Arts

Die viel gerühmten Cafés von Paris

Wer an Paris denkt, denkt auch an seine Cafés. Der Besucher hat dabei oft eine romantisch verklärte Vorstellung von den großen Künstlern, Schriftstellern und Intellektuellen, die in den berühmten Cafés am linken Seine-Ufer verkehrten. Für den Pariser ist das Café fester Bestandteil seines Alltagslebens, ein Ort, an dem man sich verabredet, Freunde trifft, Geschäfte abschließt oder müßig die Welt an sich vorüberziehen lässt.

Das älteste Café, das Le Procope *(siehe S. 140)*, wurde 1686 eröffnet. Im folgenden Jahrhundert eroberten sich Cafés einen wesentlichen Platz im gesellschaftlichen Leben von Paris. Mit dem Ausbau der Straßen, insbesondere als im 19. Jahrhundert Haussmanns großzügige Boulevards entstanden, etablierten sich Cafés auch auf den Bürgersteigen. Dort, so beobachtete Emile Zola, »verfolgte die schweigende Menge das Straßenleben«.

Mitunter verliehen die Vorlieben der Stammkunden einem Café sein Flair. In einigen versammelten sich die Schach-, Domino- oder Billardspieler. Die Literaten lockte es zu Molières Zeiten im 17. Jahrhundert ins Le Procope. Im 19. Jahrhundert zog es die Kaiserlichen Gardeoffiziere des Ersten Kaiserreiches ins Café d'Orsay, während die Financiers des Zweiten Kaiserreichs die Cafés in der Rue de la Chaussée d'Antin bevölkerten. Die Schickeria setzte sich im Café de Paris und im Café de Tortini ins Licht, und die Theaterbesucher strömten in die Cafés um die Opéra, so etwa in das Café de la Paix *(siehe S. 213)*.

Zeitung lesen im Café, von jeher beliebter Zeitvertreib

Ecole Nationale d'Administration ⓱

13, rue de l'Université, 75007.
Karte 12 D3. ☎ *01 49 26 45 45.*
Ⓜ *Rue du Bac.* ● *der Öffentlichkeit nicht zugänglich.*

Die geschmackvolle Villa aus dem 18. Jahrhundert erhebt sich an der Stelle zweier Häuser, die Briçonnet 1643 erbaut hatte. 1713 errichtete hier Thomas Gobert für die Witwe von Denis Feydeau de Brou ein *hôtel*. Sie vermachte es ihrem Sohn, Paul-Esprit de Brou. Nach dessen Tod 1767 residierte darin der venezianische Botschafter. Nach der Beschlagnahmung durch Belzunce 1787 diente es in den Revolutionsjahren bis zur Wiederherstellung der Monarchie als Arsenal. Bis vor kurzem war es Sitz der Ecole Nationale d'Administration (heute in Straßburg), in der die politische, wirtschaftliche und wissenschaftliche Elite ausgebildet wird.

Gedenktafel für Voltaire, der in diesem Haus am Quai Voltaire starb

Quai Voltaire ⓲

75006 und 75007. **Karte** 12 D3.
Ⓜ *Rue du Bac.*

Der heutige Quai Voltaire, einst Teil des Quai Malaquais und später Quai des Théatins genannt, ist Domizil einiger der namhaftesten Antiquitätenhändler von Paris. Die reizvollen Häuser aus dem 18. Jahrhundert beherbergten zahlreiche Berühmtheiten und laden zu einem aufschlussreichen wie angenehmen Spaziergang ein.

In Nr. 1 lebten im 18. Jahrhundert der schwedische Botschafter Graf Tessin und der Bildhauer Jean-Jacques Pradier. Seine Frau schwamm unbekleidet durch die Seine und erregte damit kaum weniger Aufsehen als seine Statuen. In den Häusern Nr. 3–5 wohnte Louise de Kéroualle. Sie war Spionin für Louis XIV und wurde vom in Liebe entbrannten englischen König Charles II zur Herzogin von Portsmouth ernannt.

Haus Nr. 19 bot den Komponisten Richard Wagner und Jean Sibelius, dem Dichter Charles Baudelaire und dem Exilanten Oscar Wilde Obdach.

Voltaire verstarb im Hôtel de la Villette in Nr. 27. Die Kirche lehnte ein Begräbnis des Atheisten ab. Um ihn nicht in einem Armengrab enden zu lassen, wurde er in Sellières bei Troyes beigesetzt.

Szene aus den 1950er Jahren: Unterhaltung im Café Claude Alain, Rue de Seine

Die bekanntesten Cafés liegen am linken Ufer, in St-Germain und Montparnasse, wo sich einst die Literaten einfanden und heute die High-Snobiety Hof hält. Vor dem Ersten Weltkrieg überschwemmten russische Revolutionäre Montparnasse, an ihrer Spitze Lenin und Trotzki. Sie verbrachten den Tag bei einem *petit café* und diskutierten die Probleme Russlands und der Welt. Das kulturelle Leben blühte, als in den 1920er Jahren Surrealisten wie Salvador Dalí und Jean Cocteau die Cafészenerie beherrschten und später amerikanische Schriftsteller, allen voran Ernest Hemingway und F. Scott Fitzgerald, im La Coupole *(siehe S. 178)*, Le Sélect oder La Closerie des Lilas *(siehe S.179)* diskutierten, tranken und arbeiteten.

Nach dem Zweiten Weltkrieg wanderte die Kulturszene ins nördliche St-Germain. Der Existentialismus bestimmte nun die Lebenshaltung, charismatisch verfochten von Jean-Paul Sartre. Sartre und ihm gleichgesinnte Intellektuelle, unter ihnen die Schriftsteller/in Simone de Beauvoir und Albert Camus, der vielseitige Boris Vian und die Chansonette Juliette Gréco, debattierten und arbeiteten im Les Deux Magots *(siehe S. 138)* und im benachbarten Café de Flore *(siehe S. 139)*. Dieser Nimbus umgibt die Cafés bis heute, wenngleich nun internationaler Jetset und über ihre Notizbücher gebeugte selbst ernannte Intellektuelle allmählich ihre Vorgänger ablösen.

Werke von Albert Camus (1913–60), Stammgast in St-Germain

Musée d'Orsay ⓳

Siehe S. 144 ff.

Musée National de la Légion d'Honneur ⓴

2, rue de Bellechasse (Rue de la Légion d'Honneur), 75007. **Karte** 11 C2. *01 40 62 84 25.* M *Solférino.* RER *Musée d'Orsay.* *Wiedereröffnung 2004: Di–So 11–17 Uhr.*

Der unmittelbare Nachbar des Musée d'Orsay, das wuchtige Hôtel de Salm, wurde 1782 als einer der letzten Privatpaläste dieses Viertels erbaut. Sein erster Besitzer, der deutsche Fürst von Salm-Kyrburg, fand 1794 auf der Guillotine den Tod.

Heute gibt hier ein Museum Aufschluss über die Ehrenlegion, Frankreichs höchsten, von Napoléon I gestifteten Verdienstorden. Eine kleine rote Rosette im Knopfloch ziert die Ordensträger. Gemälde ergänzen die eindrucksvolle Sammlung von Medaillen und Insignien. In einem Raum ist Napoléons Orden der Ehrenlegion samt Schwert und Bruststern ausgestellt.

Daneben wurden Ehrenzeichen aus fast der ganzen Welt zusammengetragen, so das britische Victoria Cross und das amerikanische Verwundetenabzeichen, das Purple Heart.

Ein Bahnhof wurde zum Museum: das Musée d'Orsay

Das Große Kreuz der Ehrenlegion von Napoléon III

Musée d'Orsay ⑲

DER PRUNKVOLLE BAHNHOF von Victor Laloux im Stil der Zeit um 1900 wurde 1986, 47 Jahre nach seiner Stilllegung, als Musée d'Orsay wiedereröffnet. Der Bau, einst Endstation der Bahnlinie Paris–Orléans, entkam in den 1970er Jahren – der Abriss der Baltard-Pavillons im Großmarkt Les Halles hatte breite Empörung ausgelöst– um Haaresbreite der Zerstörung. Die Umgestaltung berücksichtigte weitgehend die ursprüngliche Architektur, derzeit erfolgt eine erneute Restauration. Das Museum widmet sich den Kunstrichtungen der Jahre 1848–1914 und berücksichtigt den gesellschaftlichen Rahmen sowie die kreativen Aktivitäten der jeweiligen Zeit.

Blick auf das Museum vom rechten Ufer
Victor Laloux entwarf den Bau für die Weltausstellung im Jahre 1900.

Stuhl von Charles Rennie Mackintosh
Der Stil dieses 1900 gefertigten Stuhls steht für Mackintoshs Versuch, Ideen durch vertikale und horizontale Formengestaltung Ausdruck zu verleihen.

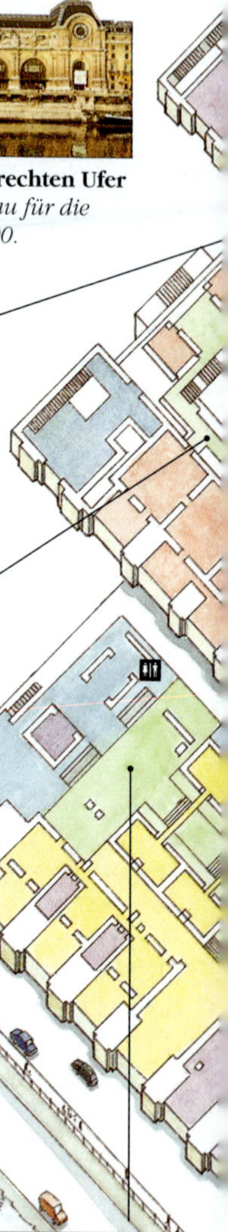

★ Das Höllentor *(1880–1917) Rodin integrierte in das berühmte Tor bereits vollendete Figuren wie den* Denker *und den* Kuss.

★ Das Frühstück im Freien *(1863) von Manet war erstmals zu sehen im Salon des Refusés von Napoléon III.*

Der Tanz *(1867/68)*
Die Skulptur von Carpeaux löste seinerzeit einen Skandal aus.

LEGENDE

- Architektur & dekorative Künste
- Skulpturen
- Malerei vor 1870
- Impressionismus
- Neoimpressionismus
- Naturalismus und Symbolismus
- Art nouveau (Jugendstil)
- Wechselausstellungen
- Keine Ausstellungsfläche

KURZFÜHRER

Die Sammlung verteilt sich über drei Ebenen.
Erdgeschoss: *Werke von 1850 bis 1900.*
Mittlere Ebene: *Dekorative Kunst im Art-nouveau-Stil (Jugendstil), Bilder und Skulpturen von 1850 bis nach 1900 sowie eine Ausstellung über die Anfänge des Kinos.*
Obere Ebene: *Impressionistische und neoimpressionistische Kunst.*

★ Le Moulin de la Galette
Um das von den Bäumen gefilterte flirrende Licht einzufangen, malte Renoir 1876 diese farbenfrohe Montmartre-Szene im Freien.

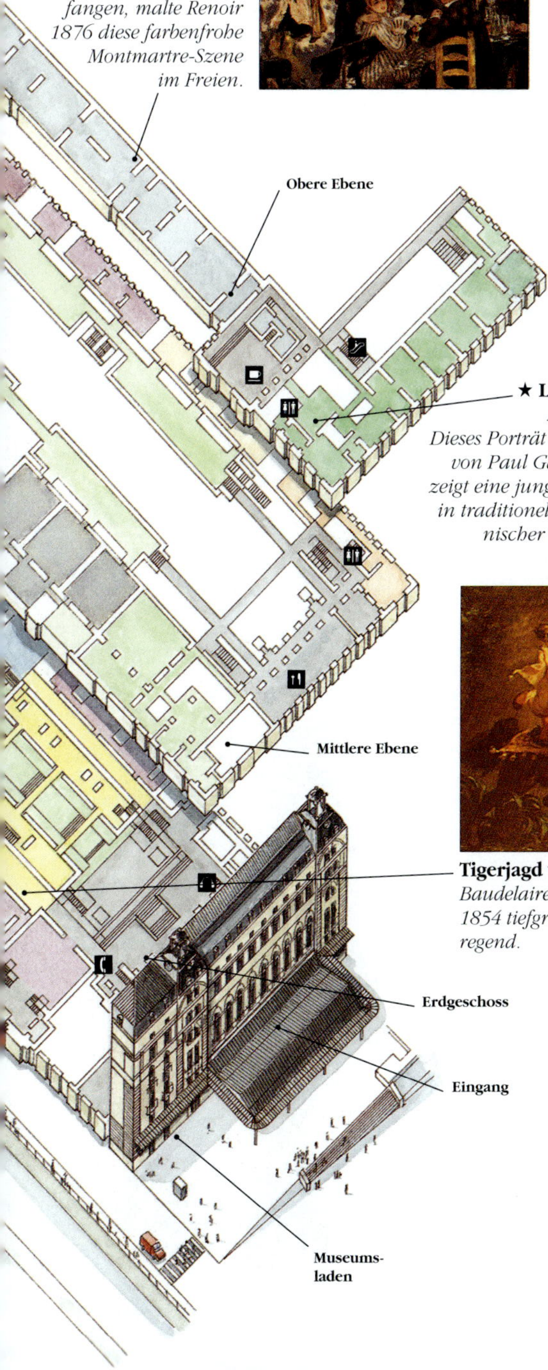

Infobox

Quai Anatole France. **Karte** 12 D2. *01 40 49 48 14 (Gruppen: 01 53 63 04 50).* *Solférino.* *24, 68, 69, 84 zum Quai A. France; 73 zur Rue Solférino; 63, 83, 84, 94 zum Blvd St-Germain.* *Musée d'Orsay.* *Musée d'Orsay.* *Rue du Bac, Blvd St-Germain.* *Juni–Sep Di–So 10–18 Uhr (Do bis 21.45 Uhr); Okt–Mai Di–Sa 10–18 Uhr (Do bis 21.45 Uhr), So 9–18 Uhr.* *1. Jan, 1. Mai, 25. Dez.* ***Konzerte.*** www.musee-orsay.fr

★ La Belle Angèle
Dieses Porträt (1889) von Paul Gauguin zeigt eine junge Frau in traditionell bretonischer Tracht.

Tigerjagd von Eugène Delacroix
Baudelaire nannte das Gemälde von 1854 tiefgründig, sinnlich und furchterregend.

Nicht versäumen

★ ***Das Höllentor* von Rodin**

★ ***Das Frühstück im Freien* von Manet**

★ ***Le Moulin de la Galette* von Renoir**

★ ***La Belle Angèle* von Gauguin**

Überblick: Musée d'Orsay

VIELE EXPONATE, die jetzt im Musée d'Orsay gezeigt werden, kamen aus dem Louvre, und als die beengte Galerie Jeu de Paume 1986 geschlossen wurde, fand die einzigartige impressionistische Sammlung hier ausreichend Raum. Begleitendes Material, darunter Ausstellungen zum Zeitungswesen und der Geschichte der Kinematografie, erläutert den sozialen, politischen und technologischen Hintergrund der ausgestellten Werke.

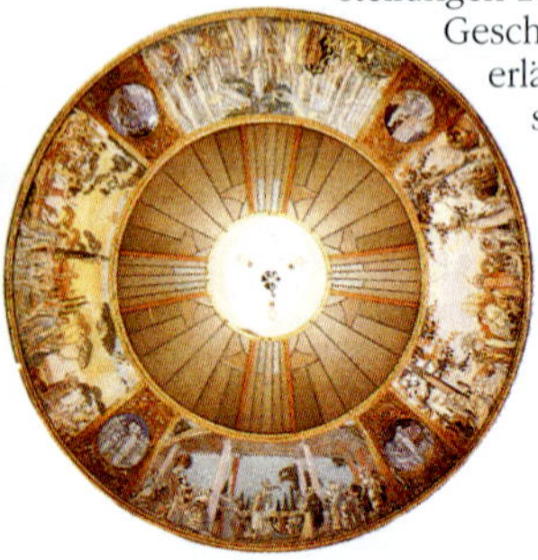

Deckendekor (1911) des Malers und Graphikers Maurice Denis

Art nouveau

DER BELGISCHE Architekt Victor Horta war einer der Pioniere jener schwungvoll eleganten Stilrichtung, die dem in Frankreich Art nouveau genannten Jugendstil den Spitznamen *Style Nouille* (Nudelstil) eintrug. Eine Pariser Galerie für modernes Design war Namensgeberin des Art nouveau, der bis zum Ersten Weltkrieg die europäische Kunst beeinflusste. In Wien verbanden Otto Wagner, Koloman Moser und Josef Hoffmann meisterliches Handwerk mit dem neuen Stil. Die Glasgow-Schule entwickelte, angeführt von Charles Rennie Mackintosh, einen geradlinigeren Ansatz, der den Arbeiten des amerikanischen Architekten Frank Lloyd Wright den Weg bereitete.

René Lalique ließ die ästhetischen Prinzipien in die Goldschmiede- und Glaskunst einfließen, während der von Horta inspirierte Hector Guimard für seine Jugendstil-Eingänge der Pariser Métro-Stationen berühmt ist. Unbedingt sehenswert ist Rupert Carabins geschnitzter Bücherschrank (1890). Das bildreiche Dekor zeigt allegorische Aktdarstellungen, bronzene Palmwedel und bärtige Häupter.

Bildhauerei

DIE ZENTRALE FLUCHT des Museums beherrscht eine Fülle scheinbar zufällig vereinter Skulpturen. Sie veranschaulichen die eklektische Stimmung, in der sich Mitte des 19. Jahrhunderts der Klassizismus eines Eugène Guillaume mit seinen *Büsten der Gracchen* (1848–53) ebenso behauptete wie die Romantik eines François Rude, der 1836 das oft verkürzt *La Marseillaise* *(siehe S. 209)* genannte Relief am Arc de Triomphe schuf.

Ergötzlich anzusehen ist eine Serie von 36 Büsten (1832) des Karikaturisten und Bildhauers Honoré Daumier – aufgeblasene und selbstgefällige Parlamentarier. Zu sehen sind weiter Arbeiten des genialen Jean-Baptiste Carpeaux. Eine Figur Dantes regte ihn zu seiner ersten bedeutenden Bronzeskulptur, *Graf Ugolino* (1862), an. Dionysische Lebensfreude brach sich Bahn in seinem *Tanz* (1868), der als »Beleidigung der öffentlichen Moral« geschmäht wurde. Hiervon heben sich sittsame, aber weniger originelle Arbeiten von Alexandre Falguière und Hyppolyte Moulin ab.

Bereits zu seinen Lebzeiten wurde Edgar Degas' *Vierzehnjährige Tänzerin* (1881) ausgestellt. Die vielen anderen gezeigten Bronzen aber goss man nach Wachsfiguren, die nach seinem Tod im Atelier gefunden wurden. Auguste Rodins kraftvolle Skulpturen dagegen erregten bereits damals Aufsehen. Das Museum besitzt zahlreiche seiner Werke, darunter das Gipsmodell seines *Balzac* (1897). Vom Talent seiner Schülerin und Geliebten Camille Claudel zeugt hier eine grimmige Anspielung auf die Sterblichkeit, *Reife* (1899–1903).

Die Jahre um 1900 ist gekennzeichnet durch Arbeiten von Emile-Antoine Bourdelle und Aristide Maillol.

Malerei vor 1870

EINE ÜBERRASCHENDE Stilvielfalt prägte die Malerei des 19. Jahrhunderts. Sie wird im Erdgeschoss unterstrichen durch das dichte Nebeneinander von Werken, die vor 1870 entstanden – jenem Jahr, in dem der Impressionismus erstmals auf sich aufmerksam machte. Neben der unbändigen Farben- und nahezu expressionistischen Ausdruckskraft der *Tigerjagd* (1854) von Eugène Delacroix ist die kühle Klassik des *Frühling* (1820–56) von Jean-Dominique Ingres bemerkenswert. Den Mittelgang beherrscht Thomas Coutures Monumentalgemälde *Die Römer der Verfallszeit* (1847), dessen Wachsfigurenstil den akademischen Manierismus verkörpert. Eine eigene Gruppe bilden Edouard Manets provokative Werke *Olympia* und *Das Frühstück im Freien* (1863), während die Bilder seiner Freunde Claude Monet, Auguste Renoir, Frédéric Bazille und Alfred Sisley die Morgenröte der impressionistischen Bewegung ahnen lassen.

***Vierzehnjährige Tänzerin* (1881) von Edgar Degas**

Olympia (1863) von Edouard Manet

Impressionismus

Claude Monet, Auslöser der impressionistischen Bewegung, fing zu verschiedenen Tageszeiten die *Kathedrale von Rouen* (1892/93) ein, die hier neben vielen anderen seiner Werke zu bewundern ist. Auguste Renoir schuf seine fülligen Akte sowie die Ballszene im *Moulin de la Galette* (1876) auf dem Höhepunkt seiner impressionistischen Phase. Auch Impressionisten wie Camille Pissaro, Alfred Sisley und Mary Cassatt sind vertreten.

Edgar Degas, Paul Cézanne und Vincent van Gogh wurden aufgenommen, obwohl ihre Techniken sich von den Impressionisten unterscheiden. Degas, der oft zum klaren Realismus neigte, beherrschte sehr wohl, wie *L'Absinthe* (1878) zeigt, die impressionistische Skizze. Cézanne beschäftigte sich mehr mit Strukturen als dem Licht, so beim Stilleben *Äpfel und Orangen* (1895–1900). Zeitweise vom Impressionismus beeinflusst ging van Gogh seinen eigenen Weg, wie Arbeiten aus Dr. Gachets Sammlung veranschaulichen.

Bretonische Bäuerinnen (1894) von Paul Gauguin

Neo-Impressionismus

Seinem Namen zum Trotz unterschied sich der Neoimpressionismus beträchtlich von seinem Vorläufer, wie Arbeiten seines Hauptvertreters Georges Seurat (darunter der *Zirkus*, 1891) erkennen lassen. Er sowie Maximilien Luce und Paul Signac zerlegten die Farbwerte in kleine Punkte, die sich für den Betrachter zu einem flimmernden Mosaik fügen.

Die Tänzerin Jane Avril (1892) hängt hier neben vielen anderen Bildern von Henri de Toulouse-Lautrec. Zu Paul Gauguins in der Bretagne enstandenen Arbeiten gesellen sich die Werke jüngerer Künstler, die Gauguins Weg gekreuzt hatten. Zu sehen sind auch Arbeiten aus seinen Jahren auf Tahiti.

Die Nabis-Gruppe (unter ihnen Paul Bonnard) betrachtete die Leinwand als Fläche, die dem Betrachter jedoch ein Gefühl der Tiefe vermittelte. Symbolistische Tendenzen zeigen sich in den Visionen Odilon Redons, während *Der Krieg* (1894) und *Die Schlangenbeschwörerin* (1907) für Henri (Douanier) Rousseaus naive Kunst stehen.

Blaue Seerosen (1919) von Claude Monet

Naturalismus und Symbolismus

Drei grosse Räume sind den Bildern zwischen 1880 und 1900 gewidmet. Die von der Dritten Republik geschätzten Naturalisten fanden damals viele Nachahmer.

Fernand Cormons *Kain* stieß 1880 bei seiner ersten Ausstellung auf hohes Lob. Jules Bastien-Lepage galt seit seinem Bild *Heuernte* (1877) als einer der führenden Naturalisten. Seine recht freie Hand zeugt vom Einfluss Manets und dessen Freunden. Ein melancholischerer (und eindrucksvollerer) Naturalismus spricht aus Lionel Waldens *Docks von Cardiff* (1894).

Den Symbolismus, entstanden als Gegenbewegung zum Realismus und Impressionismus, beherrschten Bilder aus der Welt der Träume und Imagination. Er fand so zu einer Vielfalt von Themen und Ausdrucksmitteln. Sie schlugen sich nieder in Henri Martins zuckersüßer Darstellung schwebender Harfenspieler, einem Werk mit dem Titel *Heiterkeit* (1899), in Edward Burne-Jones' monumentalem *Glücksrad* (1883) und in Jean Delvilles *Akademie des Platon* (1898). Zu den bewegendsten Gemälden in dieser Abteilung zählt sicherlich Winslow Homers lyrische *Sommernacht* (1890).

Quartier Latin

Buntglas (15. Jh.) im Musée de Cluny

Cafés, Buchhandlungen, Kinos und Jazzklubs beleben das alte, flussnahe Viertel zwischen Seine und Jardin du Luxembourg. Zu den zahlreichen berühmten Bildungsanstalten zählen die zwei angesehensten *lycées,* Henri IV und Louis le Grand, in denen ein großer Teil der zukünftigen französischen Elite ausgebildet wird.

So wie die Führer der 68er-Revolte *(siehe S. 38f)* sich dem bürgerlichen Leben eingliederten, so wandte sich der Boulevard St-Michel, die Hauptschlagader des Viertels, von der Politik ab und dem Kommerz zu. Heute wimmelt es dort von preisgünstigen Geschäften und Fastfood-Buden; im Labyrinth der engen, kopfsteingepflasterten Straßen drängen sich schräge Boutiquen, Avantgarde-Theater und Kinos. Aber die 800-jährige Geschichte des Stadtteils lässt sich nicht völlig verdrängen. Die Sorbonne bewahrt noch weitgehend ihren Charakter, auch die ins 13. Jahrhundert zurückreichenden Straßen des östlichen Quartier und die Rue St-Jacques, ehemals römische Ausfallstraße und Vorläufer aller städtischen Straßen.

Ein junger Straßenmusikant unter dem Pont St-Michel versinnbildlicht die lange Tradition des Quartier als Sammelpunkt der Jugend.

Sehenswürdigkeiten auf einen Blick

Historische Gebäude und Straßen

Boulevard St-Michel ❷
Collège de France ❽
La Sorbonne ❼

Museen und Galerien

Musée de la Préfecture de Police ❻
Musée National du Moyen Age S. 154ff ❶

Kirchen und Tempel

Eglise de la Sorbonne ❾
Panthéon S. 158ff ⓫
St-Etienne-du-Mont ❿
St-Julien-le-Pauvre ❹
St-Séverin ❸

Platz

Place Maubert ❺

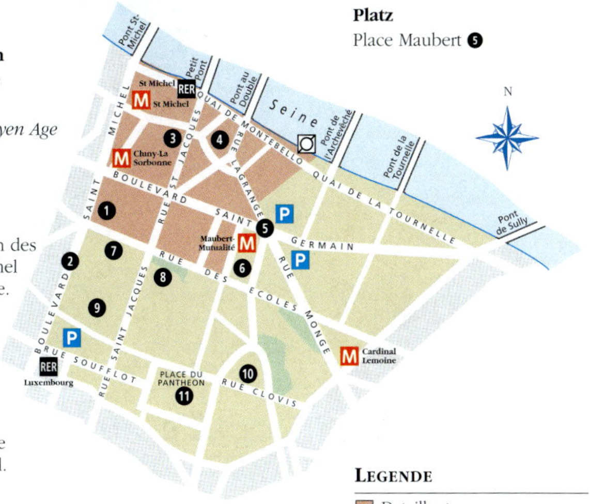

Anfahrt

Zu den Métro-Stationen des Quartier zählen St-Michel und Cluny-La Sorbonne. Der Balabus und die Linien 24 und 87 führen den Blvd St-Germain entlang; die 38 streift die Sorbonne und das Musée National du Moyen Age auf dem Blvd St-Michel.

Siehe auch

- ***Kartenteil*** Karten 12, 13, 17
- ***Übernachten*** S. 278, 282
- ***Restaurants*** S. 296f, 302

0 Meter 400

Legende

Detailkarte
Métro-Station
Batobus-Anlegestelle
RER-Station
Parken

◁ **Ein Platz zum Lesen und Nachdenken an einem Quai des Quartier Latin**

Im Detail: Quartier Latin

SEIT DEM MITTELALTER wird dieses Viertel am Fluss, das seinen Namen von den ehemals Latein sprechenden Studenten erhielt, von der Sorbonne beherrscht. Es geht zurück auf eine Römersiedlung jenseits der Ile de la Cité; zu jener Zeit war die Rue St-Jacques eine der wichtigen Ausfallstraßen. Der Stadtteil wird gemeinhin mit Künstlern, Intellektuellen, der Boheme und dem politischen Aufbegehren in Verbindung gebracht. 1871 lag hier das Zentrum der Pariser Kommune, im Mai 1968 das der Studentenrevolte. Mittlerweile wurde die Osthälfte jedoch dermaßen chic, dass sich ein Teil des Establishment hier findet.

Die **Place St-Michel** bietet einen Brunnen von Davioud. Die Bronzestatue von Duret stellt den hl. Michael, den Drachentöter, dar.

Métro-Station St-Michel

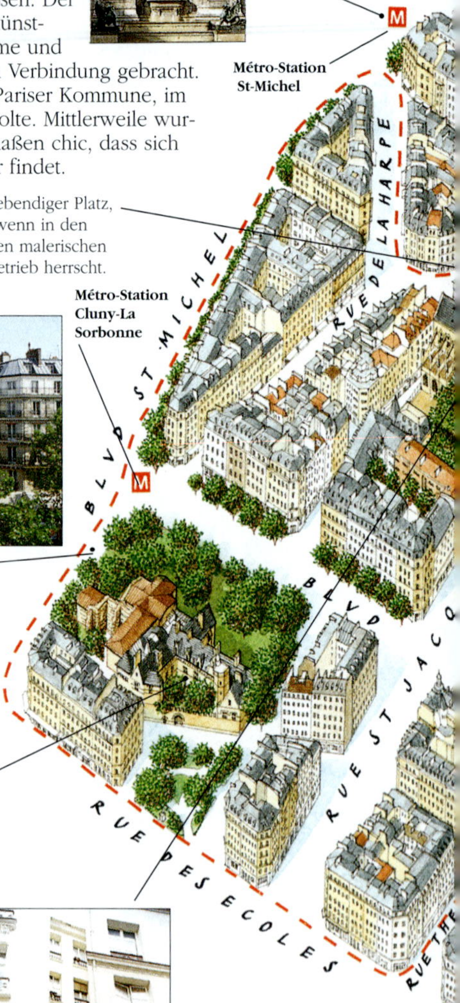

Klein-Athen ist abends ein lebendiger Platz, besonders am Wochenende, wenn in den griechischen Restaurants in den malerischen Straßen um St-Séverin Hochbetrieb herrscht.

Métro-Station Cluny-La Sorbonne

★ Boulevard St-Michel

Das Nordende des Boul'Mich, wie er liebevoll genannt wird, ist eine lebhafte Mélange aus Cafés, Buch- und Kleiderläden, nahe gelegenen Nachtklubs und Avantgarde-Kinos. ❷

★ Musée National du Moyen Age

Eine der besten Sammlungen mittelalterlicher Kunst in einem Gebäude (spätes 15. Jh.), das auch die Ruinen gallo-römischer Thermen umfriedet. ❶

Die **Rue St-Séverin Nr. 22** gilt als schmalstes Haus in Paris und war Wohnsitz von Abbé Prévost, Verfasser des *Manon Lescaut*.

★ St-Séverin
Der Bau der schönen im 13. Jahrhundert begonnenen Kirche dauerte 300 Jahre. Sie ist ein herausragendes Beispiel der Spätgotik. ❸

Zur Orientierung
Siehe Kartenteil, Karten 12, 13, 17

Die **Rue du Chat qui Pêche** ist eine enge Fußgängerzone, die sich in ihrer 200-jährigen Geschichte wenig wandelte.

Shakespeare & Co *(siehe S. 320f)* in der Rue de la Bûcherie Nr. 37 ist ein witziger, wenn auch chaotischer Buchladen. Jedes gekaufte Buch erhält den Stempel *Shakespeare & Co Kilomètre Zéro Paris*.

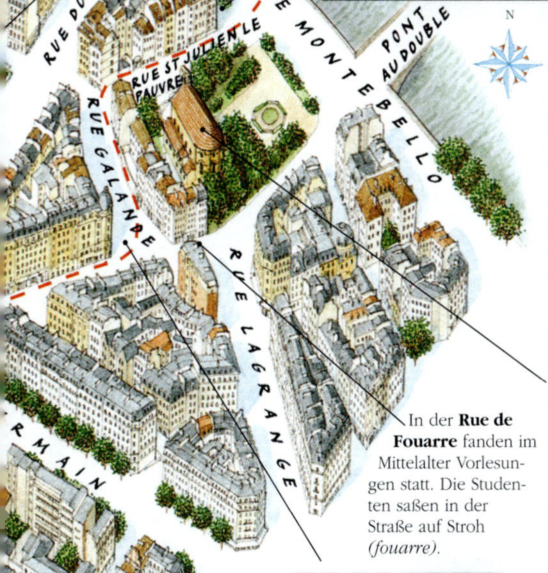

★ St-Julien-le-Pauvre
Die im 17. Jahrhundert wiedererrichtete Kirche diente während der Revolution als Stall. ❹

In der **Rue de Fouarre** fanden im Mittelalter Vorlesungen statt. Die Studenten saßen in der Straße auf Stroh *(fouarre)*.

Métro-Station Maubert-Mutualité

Die **Rue Galande** war im 17. Jahrhundert Heimstatt der Reichen und Schönen, erlangte danach aber den Ruf eines Kneipenviertels.

Nicht versäumen

- ★ **Boulevard St-Michel**
- ★ **Musée National du Moyen Age**
- ★ **St-Séverin**
- ★ **St-Julien-le-Pauvre**

Legende

– – – Routenempfehlung

0 Meter 100

Musée National du Moyen Age ❶

Siehe S. 154 ff.

Boulevard St-Michel ❷

75005 und 75006. **Karte** 12 F5 und 16 F2. M *St-Michel, Cluny-La Sorbonne.* RER *Luxembourg.*

DER BOULEVARD, der 1869 durch den Stadtteil gezogen wurde, erreichte Ruhm durch seine literarischen Cafés. Heute wurden die meisten von ihnen von Modeläden abgelöst. Zwischen Haus Nr. 60 und 64 findet man die Ecole Nationale Supérieure des Mines *(siehe S. 173)*. Auf der Place St-Michel erinnern Marmortafeln an die Studenten, die 1944 hier als Widerstandskämpfer starben.

Wasserspeier an St-Séverin

St-Séverin ❸

1, rue-des-Prêtres-St-Séverin, 75005. **Karte** 13 A4. ☎ *01 42 34 93 50.* M *St-Michel.* ◯ *Mo–Fr 11–19 Uhr, Sa 11–20 Uhr, So 9–21 Uhr.* ◻ ***Konzerte***.

ALS EINE der schönsten Kirchen von Paris bietet St-Séverin ein vollkommenes Beispiel spätgotischen Stils. Sie wurde nach einem Eremiten des 6. Jahrhunderts benannt, der hier lebte und den späteren St Cloud, Enkel von König Chlodwig, zur Beherzigung himmlischer Weisungen bewegte. Der Bau wurde im frühen 16. Jahrhundert beendet. Er hat einen bemerkenswerten doppelten Chorumgang. 1684 übernahm die Grande Mademoiselle, Base von Louis XIV, die Patenschaft, nachdem sie mit ihrer Kirche St-Sulpice gebrochen hatte. Sie ließ den Altarraum erneuern.

Im Friedhof, der heute ein Park ist, fand 1474 die erste Gallensteinoperation statt. Einem zum Tode verurteilten Bogenschützen wurde vom König die Freiheit versprochen, wenn er einwilligte. Die Operation glückte, und der Mann errang seine Freiheit. Im Garten steht das mittelalterliche Beinhaus mit Giebel.

St-Julien-le-Pauvre

St-Julien-le-Pauvre ❹

1, rue St-Julien-le-Pauvre, 75005. **Karte** 13 A4. ☎ *01 43 29 09 09.* M *St-Michel.* RER *St-Michel.* ◯ *tägl. 9–13.30, 15–18 Uhr.* ***Konzerte.*** *Siehe* ***Unterhaltung*** *S. 333.*

VON DEN DREI möglichen Namenspatronen der Kirche gilt St. Julien als der wahrscheinlichste. Die Kirche ist zusammen mit St-Germain-des-Prés die älteste von Paris, ihre Entstehung reicht in den Zeitraum von 1165 bis 1220 zurück. Bis 1524 hielt die Universität hier ihre offiziellen Versammlungen ab, dann veranlassten Studentenunruhen das Parlament, dies zu untersagen. Von 1889 diente das Gotteshaus der Melchitischen Kirche als Versammlungsort. Heute finden hier regemäßig Kammer- und Kirchenmusikkonzerte statt.

Place Maubert ❺

75005. **Karte** 13 A5. M *Maubert-Mutualité.*

VOM 12. BIS ZUR Mitte des 13. Jahrhunderts war »La Maub« eines der scholastischen Zentren von Paris, wo die Vorlesungen im Freien stattfanden. Nach dem Umzug der Gelehrten in die Hochschulgebäude von Montagne Ste-Geneviève wurde der Platz zu einer Stätte der Folter und Hinrichtung – auch für den Philosophen Etienne Dolet, der 1546 lebend auf dem Scheiterhaufen als Gotteslästerer verbrannt wurde. Gerade weil hier so viele Protestanten im 16. Jahrhundert den Tod fanden, wurde der Ort zum Pilgerziel für die Anhänger des neuen Glaubens. Heute wird sein Ruf vom Straßenmarkt geprägt, der hier abgehalten wird.

Musée de la Préfecture de Police ❻

4, rue de la Montagne Ste-Geneviève, 75005. **Karte** 13 A5. ☎ *01 44 41 52 50.* M *Maubert-Mutualité.* ◯ *Mo–Fr 9–17 Uhr, Sa 10–17 Uhr (letzter Einlass 16.30 Uhr).* ● *Feiertage.*

Waffen im Polizeimuseum

EINE DUNKLE Seite der Geschichte der Stadt wird in diesem kleinen Museum erhellt. Es wurde 1909 geschaffen und verfolgt die Polizeigeschichte von Paris bis ins Mittelalter zurück. Zu den Sehenswürdigkeiten gehören Haftbefehle für illustre Personen wie den Revolutionsführer Danton und eine Ausstellung der eher bescheidenen Waffen namhafter Missetäter. Eine weitere Abteilung widmet sich der Rolle der Polizei in der Résistance und bei der Befreiung von Paris.

La Sorbonne 7

47, rue des Ecoles, 75005. **Karte** 13 A5. *01 40 46 22 11. Cluny-La Sorbonne, Maubert-Mutualité. Mo–Fr 9–17 Uhr. Feiertage. nach Vereinbarung. Anfragen schriftlich an* Service des Visites.

Die Sorbonne, Universität von Paris, wurde 1253 von Robert de Sorbon, Hofkaplan von Louis IX, gegründet, um 16 mittellosen Studenten das Theologiestudium zu ermöglichen. Aus diesem bescheidenen Anfang entwickelte sich das Zentrum der scholastischen Theologie. 1469 erwarb der Rektor drei Druckmaschinen aus Mainz und gründete damit die erste Druckerei in Frankreich. Die konservative Haltung der Universität angesichts der revolutionär-philosophischen Stimmung des 18. Jahrhunderts kehrte sich während der Revolution gegen sie. Die Institution wurde 1806 von Napoléon wiederbelebt, einige Gebäudeteile wurden ersetzt.

Statuen außerhalb des Collège

Collège de France 8

11, pl Marcelin-Berthelot, 75005. **Karte** 13 A5. *01 44 27 12 11. Maubert-Mutualité. Okt–Juni Mo–Fr 9–18 Uhr.*

Das Collège, eine der bedeutendsten Pariser Einrichtungen von Wissenschaft und Forschung, wurde 1530 von François I gegründet. Beeinflusst vom Humanisten Guillaume Budé wagte der König den Kampf gegen die Intoleranz und den Dogmatismus der Sorbonne. Eine Statue von Budé befindet sich im westlichen Hof. Der freigeistige Anspruch spiegelt sich im Eingangsmotto wider: Docet omnia (allen Lehrinhalten zugewandt). Die Vorlesungen sind kostenlos und frei zugänglich.

Chapelle de la Sorbonne 9

Pl de la Sorbonne, 75005. **Karte** 13 A5. *Caisse Nationale 01 40 46 22 11. Cluny-La Sorbonne, Maubert-Mutualité. RER Luxembourg. Nur bei Wechselausstellungen.*

Lemercier entwarf die zwischen 1635 und 1642 errichtete Kirche. Sie erinnert vor allem an Richelieu, dessen Grabmal sich im Inneren befindet. Es wurde 1694 von Girardon nach Entwürfen von Le Brun geschaffen. Die beeindruckende Hauptfassade ist der Place de la Sorbonne zugewandt.

Uhr an der Eglise de la Sorbonne

St-Etienne-du-Mont 10

Pl Ste-Geneviève, 75005. **Karte** 17 A1. *01 43 54 11 79. Cardinal Lemoine. Mo–Fr 8–19.45, Sa, So 8–12, 14.30–19.45 Uhr. Mo im Juli, Aug.*

Die bemerkenswerte Kirche birgt nicht nur den Schrein der Sainte Geneviève, der Schutzheiligen von Paris, sondern auch die sterblichen Überreste des Dramatikers Racine und des Physikers Pascal. Gotik und Renaissance prägen das Innere gleichermaßen. Besonders erwähnenswert sind der Lettner und die Buntglasfenster.

Panthéon 11

Siehe S. 158 f.

Musée National du Moyen Age ❶

Haupt Johannes' des Täufers

BIS VOR KURZEM hieß das Museum Musée du Cluny, denn es war Pierre de Chalus, Abt von Cluny, der die Ruinen 1330 kaufte. Inmitten von neu angelegten fantasievollen Gärten mittelalterlicher Art bietet es eine einzigartige Verbindung von gallorömischen Ruinen, die in ein mittelalterliches Palais integriert sind. Hier kann man eine der weltweit schönsten Sammlungen mittelalterlicher Kunst sehen.

Mittelalterliches Palais
Der Bauherr des 1500 vollendeten Hôtel de Cluny war Jacques d'Amboise, Abt von Cluny.

Mittelalterliche Kapelle

★ Die Dame mit dem Einhorn
Die sechs Gobelins bieten ein herausragendes Beispiel des Millefleurs-Stils, der im 15. und frühen 16. Jahrhundert gepflegt wurde. Er ist für die anmutige Wiedergabe von Pflanzen, Tieren und Menschen berühmt.

★ Goldene Rose von Basel *(1330)*
Der Goldschmied Minucchio da Siena fertigte diese Rose für den Avignon-Papst Johannes XXII.

Römische Thermen
Die im 2./3. Jahrhundert erbauten Thermen wurden um 380 zerstört.

caldarium **(Heißwasserbad)**

Gallorömisches *frigidarium*
Die Bögen des Kaltbades (um 300 n. Chr.) waren einst mit Paaren von Schiffsschnäbeln verziert, Reminiszenz an die reichen Pariser Schiffer (nautes).

NICHT VERSÄUMEN

- **★ Goldene Rose von Basel**
- **★ Die Dame mit dem Einhorn**
- **★ Galerie der Könige**

Stundenbücher
Das Museum besitzt zwei Stundenbücher aus der ersten Hälfte des 15. Jahrhunderts. Die illustrierten Seiten zeigen u.a. die Bußtage des Monats mit ihren jeweiligen Tierkreiszeichen.

INFOBOX

6, pl Paul-Painlevé. **Karte** 13 A5. *01 53 73 78 00.* M *Cluny-La Sorbonne, St-Michel, Odéon.* *63, 86, 87, 21, 27, 85, 38 zur Rue Soufflot, Rue des Ecoles.* RER *St-Michel, Cluny-La Sorbonne.* P *Blvd St-Germain, Pl Edmond Rostand.* *Mi–Mo 9.15–17.45 Uhr (letzter Einlass 17.05 Uhr).* *1. Jan, 1. Mai. 25. Dez.* ***Konzerte, Lesungen.*** W www.musee-moyenage.fr

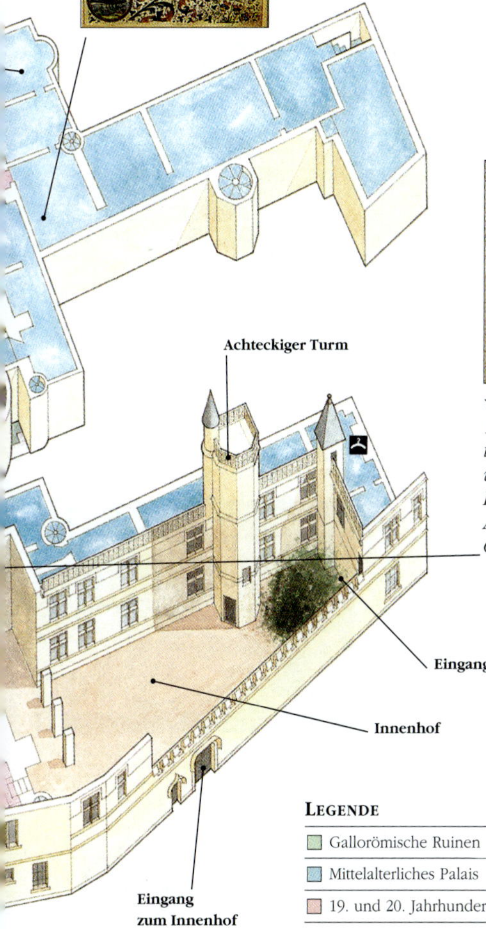

★ Galerie der Könige
1977 wurden 21 von 28 Kopfskulpturen judäischer Könige (um 1220 während der Regentschaft von Philippe-Auguste geschaffen) bei Ausgrabungen in der Rue de la Chaussée-d'Antin gefunden.

LEGENDE

- Gallorömische Ruinen
- Mittelalterliches Palais
- 19. und 20. Jahrhundert

KURZFÜHRER

Die Sammlung wird auf den beiden Stockwerken des Gebäudes präsentiert. Der Schwerpunkt liegt auf mittelalterlicher Kunst, u.a. findet man illustrierte Manuskripte, Gobelins, Textilien, Arbeiten aus Edelmetall, Alabaster und Keramik, Skulpturen und Kirchendekor. Etliche gallo-römische Kunstgegenstände befinden sich an den Seiten des frigidarium. *Der kleine runde Raum daneben enthält einige Kapitelle.*

ZEITSKALA

um 200 Thermen erbaut

1500 Palais von Jacques d'Amboise fertig gestellt

1747 Achteckiger Turm wird als Sternwarte genutzt

1789 Während der Revolution vergrößert und vom Staat verkauft

1833 Von Alexandre du Sommerard, Sammler mittelalterlicher Kunst, erworben

1844 Als Museum eröffnet

200 | 1450 | 1750 | 1800 | 1850

um 380 Thermen geplündert und zerstört

1600 Hôtel wird Residenz des päpstlichen Nuntius

Louis XVIII am Schreibtisch

1819 Auf Geheiß von Louis XVIII Thermen freigelegt

1842 Hôtel de Cluny und Sammlung vom Staat erworben

Überblick: Die Sammlungen von Cluny

ALEXANDRE DU SOMMERARD übernahm 1833 das Hôtel de Cluny. Mit Gespür für Dramatik und räumliche Gegebenheiten brachte er darin seine Kunstsammlung unter. Nach seinem Tode kaufte der Staat das Hôtel mitsamt Inventar und verwandelte es in ein Museum.

***Traubenlese,* Gobelin**

GOBELINS

DAS MUSEUM BESITZT sehr alte, hervorragend erhaltene und kostbare Gobelins, auf denen sich naive wie subtilere Elemente zu bestechenden Motiven verweben. Auf einem der ältesten Wandteppiche, *Darbietung des Herzens* (frühes 15. Jh.), überreicht ein Mann einer sitzenden Schönheit sein Herz. Alltäglichere Szenen bebildern das *Herrenleben* (um 1500). Im oberen Stockwerk (Saal C) erwecken die berühmten sechs Gobelins *Dame mit dem Einhorn* Bewunderung.

SCHNITZARBEITEN

AUSGEZEICHNET repräsentiert sind die mittelalterlichen europäischen Schnitztechniken. Aus dem englischen Nottingham sind Holz- und Alabasterarbeiten zu bewundern, die einst Europas Altarblätter zierten. Zu den kleineren Kunstwerken zählt die verblüffend lebensechte *Schule* aus dem frühen 16. Jahrhundert. Das obere Stockwerk hütet erlesene flämische und süddeutsche Holzschnitzereien. Als typisches Beispiel gilt die vielfarbige Figur des hl. Johannes. Augenweiden sind zwei Altararbeiten, die liebevoll geschnitzte und bemalte *Beweinung Christi* (um 1485) aus dem Herzogtum Kleve sowie das 1523 in Antwerpen gefertigte Averbode-Altarblatt mit drei Szenen, darunter dem Letzten Abendmahl. Auch an der lebensgroßen Statue der Maria Magdalena sollte man nicht achtlos vorübergehen.

GLASMALEREI

ÜBERWIEGEND französischer Herkunft sind die Glasfenster aus dem 12. und 13. Jahrhundert, deren älteste (1144) aus der Basilika St-Denis stammen. Der Kathedrale von Troyes entstammen drei Fragmente: Zwei zeigen Szenen aus dem Leben des hl. Nikolaus, das dritte bebildert das Leben Christi. Während der Restaurierung der Sainte-Chapelle *(siehe S. 88f)* Mitte des 19. Jahrhunderts bewahrte man viele ihrer kostbaren Fenster im Cluny-Museum auf. Dort sind sie heute noch, darunter fünf Szenen von 1248 mit alttestamentarischen Simson-Motiven. Die im späten 13. Jahrhundert aufkommende Technik, farbige Glasornamente durch die gräulichen Töne der Grisaille-Malerei hervorzuheben, belegen vier Glasgemälde aus dem Chateau de Rouen.

Glasmalereien aus Britannien (1400)

***Die Schule,* englische Holzschnitzarbeit (frühes 16. Jh.)**

Kopf einer Königinnenstatue, die einst St-Denis schmückte

Bildhauerei

Der Höhepunkt dieser Abteilung ist die *Galerie der Könige,* Fragmente von Skulpturen von Notre-Dame. Im Gewölberaum sind edle, aus französischen Kirchen geborgene romanische Skulpturen ausgestellt. Zu den ältesten zählen zwölf Häupter aus dem frühen 11. Jahrhundert. Die kühnen Konturen eines Königinnenhauptes (Anfang 12. Jh.) nehmen, obwohl beschädigt, den Betrachter gefangen. Einst war es am Kirchenportal von St-Denis angebracht.

In nächster Nähe entdeckt der Besucher weitere sehenswerte Skulpturen im romanischen und frühgotischen Stil, außerdem vier der berühmtesten Statuen des Museums: die im frühen 13. Jahrhundert für die Sainte-Chapelle angefertigten Apostel.

Alltagsobjekte

Die Ausstellung von Gebrauchsgegenständen beleuchtet eine andere Seite mittelalterlichen Lebens. Die Sammelstücke reichen von Wandbehängen über Schatullen bis hin zu Küchengeräten, Kleidung und Kinderspielzeug. Reisekisten und religiöse Embleme lassen Entdeckungsreisen und Pilgerfahrten wieder lebendig werden.

Goldschmiedearbeiten

Das Museum besitzt wertvolle Juwelen, Münzen, Metall- und Emailarbeiten, die aus gallischen bis mittelalterlichen Zeiten zusammengetragen wurden. Durchweg schlichtes Design prägt den goldenen Schmuck in der gallischen Vitrine. Als einer der kostbarsten Schätze gilt die zierliche *Goldene Rose von Basel* (1330), die älteste bekannte Goldschmiedearbeit dieser Art.

Früheste Beispiele der Emailkunst liefern späte römische und byzantinische *Cloisonné*-Arbeiten. Die schönsten kommen aus den berühmten Emailwerkstätten von Limoges. Von außergewöhnlich hoch entwickelter sakraler Kunst zeugen der Baseler Altar und das Altarblatt aus Stavelot.

Kreuz aus Italien (spätes 15. Jh.)

Der Pilier des Nautes

Gallorömische Ruinen

Ein Besuch des Museums veranschaulicht nicht zuletzt Ausmaße und Gestaltung eines gallorömischen Bades. Das *frigidarium* (Kaltwasserbad) war seinerzeit das größte Galliens. Hier ist auch der berühmte, 1711 bei Ausgrabungen unter Notre-Dame freigelegte *Pilier des Nautes* (Schiffersäule) zu sehen. Er besteht aus fünf Steinblöcken, auf denen gallische und römische Gottheiten abgebildet sind und deren Hauptfigur die Schiffer *(nautes)* der Seine symbolisieren soll. Vom *caldarium* (Heißwasserbad) und dem *tepidarium* (lauwarmes Bad) blieben ebenfalls Reste erhalten. Die unterirdischen Gewölbeanlagen stehen ebenfalls zur Besichtigung frei.

Gobelinfolge »Die Dame mit dem Einhorn«

Einhorn des sechsten Gobelins

Im späten 15. Jahrhundert gestalteten Weber in den Niederlanden das Ensemble aus sechs Gobelins. Es bezaubert durch harmonische Farbkomposition und anmutige Figuren. Die ersten fünf Gobelins sind Allegorien der fünf Sinne: Sehen (Spiegelblick), Hören (Orgelspiel), Schmecken (Kosten an Naschwerk), Riechen (Schnuppern an Nelken) und Tasten (die Dame berührt das Horn des Einhorns). Der rätselhafte sechste Gobelin, auf dem Juwelen in eine Schachtel gelegt werden, trägt die Inschrift »A mon seul désir«.

Panthéon ⓫

Als Louis XV 1744 von schwerer Krankheit genas, gelobte er in Dankbarkeit den Bau einer Sainte Geneviève (Genoveva) geweihten Kirche. Der Auftrag erging an den Architekten Jacques-Germain Soufflot, der eine Kirche im klassizistischen Stil entwarf. Der 1764 begonnene Bau wurde 1790, nach Soufflots Tod, unter Guillaume Rondelet vollendet. Da dieses Jahr im Zeichen der Revolution stand, wurde das Gotteshaus in ein Pantheon umgewandelt, eine Begräbnis- und Gedenkstätte für herausragende Persönlichkeiten. Napoléon gab den Ehrentempel 1806 der Kirche zurück. Das Bauwerk wurde abermals säkularisiert, dann wiederum zur Kirche, seit 1885 ist es endgültig profane Stätte.

Die Fassade
Den Portikus an der Hauptfront stützen nach Vorbild des römischen Pantheons 22 korinthische Säulen.

Die **Bogen unter der Kuppel** zeugen von einem wiedererwachten Interesse an der Gotik. Sie wurden von Rondelet entworfen und verbinden vier Pfeiler, die die 10 000 Tonnen schwere, 83 Meter hohe Kuppel tragen.

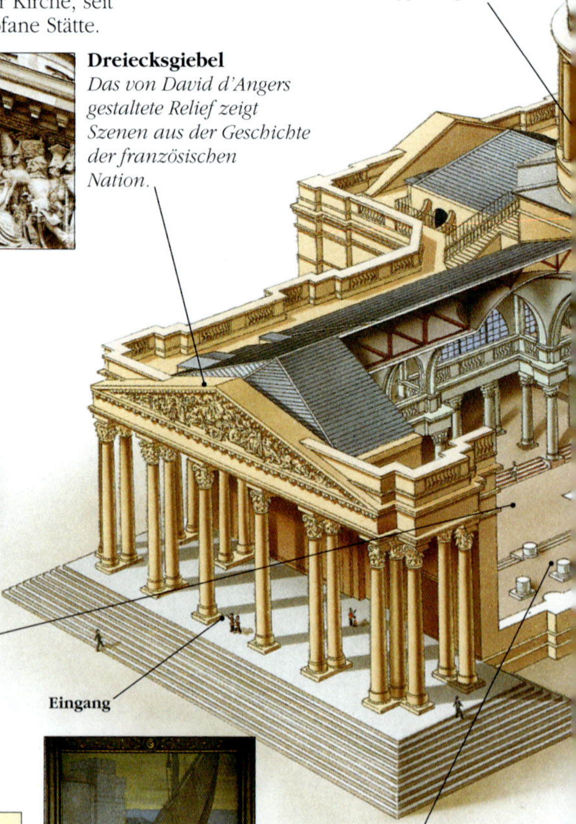

Dreiecksgiebel
Das von David d'Angers gestaltete Relief zeigt Szenen aus der Geschichte der französischen Nation.

Inneres des Panthéon
Das Innere besteht aus vier Schiffen. Sie sind in Form eines griechischen Kreuzes angelegt, über dessen Mitte sich die mächtige Kuppel spannt.

Eingang

★ Fresken der Sainte Geneviève
An der Südwand des Hauptschiffs illustrierte der Freskenmaler Pierre Puvis de Chavannes (19. Jh.) das Leben der hl. Genoveva.

Nicht versäumen

- ★ **Fresken der Sainte Geneviève**
- ★ **Kuppelraum**
- ★ **Krypta**

Der **Kuppelaufsatz,** die Laterne, lässt die Sonnenstrahlen nur schwach ins Innere eindringen. Helles Licht, so meinte man, wäre der Würde dieses Orts nicht angemessen.

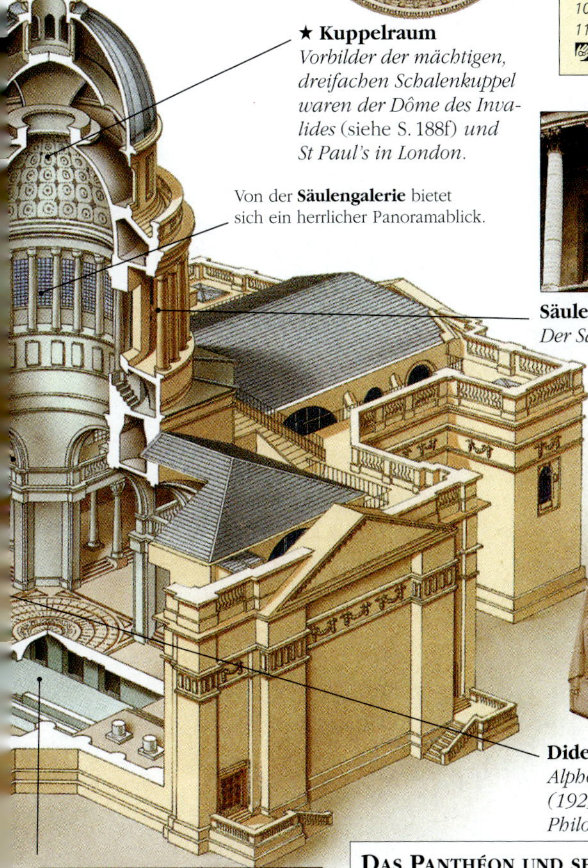

★ Kuppelraum
Vorbilder der mächtigen, dreifachen Schalenkuppel waren der Dôme des Invalides (siehe S. 188f) *und St Paul's in London.*

Von der **Säulengalerie** bietet sich ein herrlicher Panoramablick.

Infobox

Pl du Panthéon. **Karte** 17 A1.
01 44 32 18 00.
M *Jussieu, Cardinal-Lemoine.*
84 zum Panthéon; 21, 27, 38, 85 zur Gare du Luxembourg.
RER *St-Michel.*
P *Pl Edmond Rostand.*
***Krypta** Apr–Sep tägl. 10–17.45 Uhr; Okt–März tägl. 10–17.15 Uhr.* *1. Jan, 1. Mai, 11. Nov, 25. Dez.*

Säulenring
Der Säulenring dient nicht allein der Zierde, sondern ist zugleich Teil der raffinierten Statik.

Diderot-Denkmal
Alphonse Terroirs Würdigung (1925) des Schriftstellers und Philosophen Denis Diderot.

★ Krypta
Sie nimmt unterirdisch die gesamte Grundfläche des Gebäudes ein. In ihren von dorischen Säulen flankierten Gängen ruhen zahlreiche Berühmtheiten.

Das Panthéon und seine Toten

Als Erster wurde hier der populäre Redner Honoré Mirabeau bestattet. (Unter den neuen Führern der Revolution fiel er jedoch in Ungnade, sein Leichnam wurde wieder entfernt.) Ihm folgte der 1788 verstorbene Voltaire. Vor seinem Grab erhebt sich seine von Jean-Antoine Houdon geschaffene Statue. In den 1970er Jahren wurde hier Jean Moulin, Führer des französischen Widerstands, ein zweites Mal zur Ruhe getragen.
Die Körper von Pierre und Marie Curie wurden 1995 hierher transferiert. Auch Jean-Jacques Rousseau, Victor Hugo und Emile Zola werden im Panthéon geehrt.

STELLA ARTOIS BAR
LOU
THES
CAFES
LE MOULE A GATEAU

Jardin des Plantes

Das Viertel ist traditionell eines der ruhigsten von Paris. Friedvollen Charme verleihen ihm die botanischen Gärten aus dem 17. Jahrhundert, in denen die Könige des *ancien régime* ihre Heilkräuter zogen und heute das Nationale Institut für Naturgeschichte angesiedelt ist. Die Atmosphäre unterstreichen die vielen Krankenhäuser, besonders das größte der Stadt, die Pitié Salpêtrière. Nur der bunte Markt, der tagtäglich von der Rue Mouffetard Besitz ergreift, sorgt für Umtrieb. Und die Straßen abseits der Rue Mouffetard führen zurück ins Mittelalter.

Sehenswürdigkeiten auf einen Blick

Museen und Galerien
Collection des Minéraux de l'Université 4
La Manufacture des Gobelins 13
Musée de la Sculpture en Plein Air 2
Muséum National d'Histoire Naturelle 10

Moderne Architektur
Institut du Monde Arabe 1

Kirchen und Moscheen
Mosquée de Paris/ Institut Musulman 9
St-Médard 8

Plätze, Gärten und Parks
Ménagerie 3
Place de la Contrescarpe 6
Jardin des Plantes 11

Historische Gebäude und Straßen
Arènes de Lutèce 5
Rue Mouffetard 7
Groupe Hospitalier Pitié-Salpêtrière 12

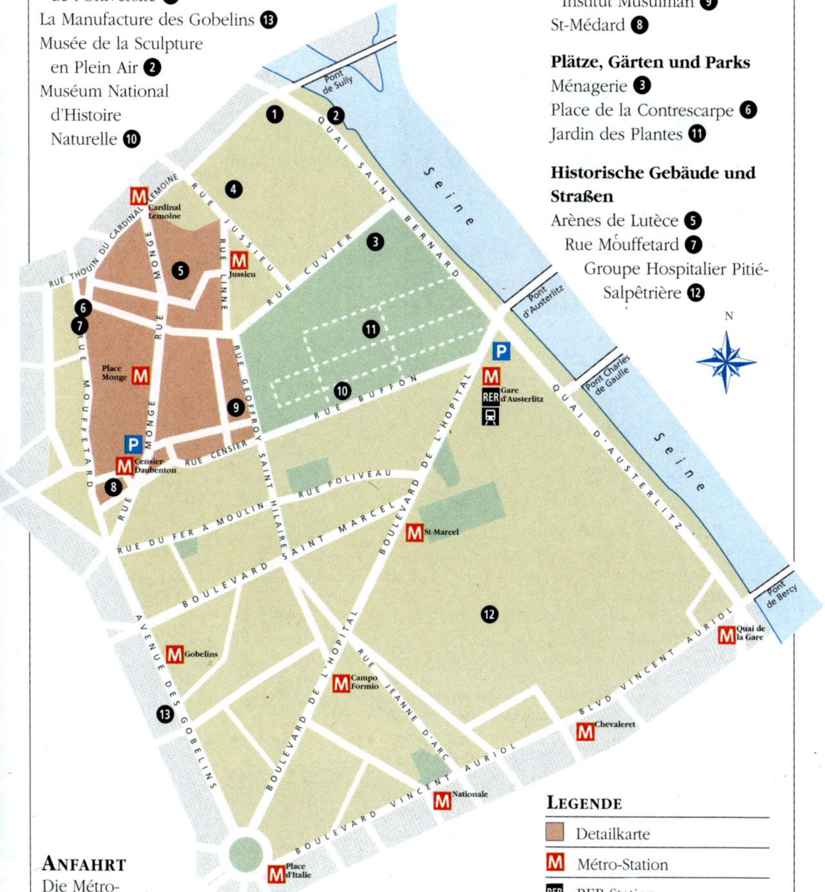

Legende

Detailkarte
Métro-Station
RER-Station
Bahnhof (SNCF)
Parken

0 Meter 400

Anfahrt
Die Métro-Stationen Cardinal Lemoine, Gare d'Austerlitz, St-Marcel und Place d'Italie erschließen das Viertel. Gare d'Austerlitz ist RER- und SNCF-Bahnhof. Bus 47 fährt durch die Rue Monge, Bus 89 entlang den Gärten.

Siehe auch

- ***Kartenteil***, Karten 17, 18
- ***Übernachten*** S. 278f
- ***Restaurants*** S. 297, 302f

◁ **Markt in der Rue Mouffetard**

Im Detail: Jardin des Plantes

ZWEI HOFÄRZTE von Louis XIII, Jean Hérouard und Guy de la Brosse, legten 1626 im dünn besiedelten Vorort St-Victor den Königlichen Heilkräutergarten an. Zusammen mit den Gärten verschiedener religiöser Einrichtungen verlieh er dieser Gegend ländlichen Charakter. Als die Bevölkerung im 19. Jahrhundert wuchs, dehnte sich das Gebiet aus und seine Bebauung nahm zu, bis es sein heutiges Aussehen annahm: Bauten aus dem 19. und frühen 20. Jahrhundert prägen, durchsetzt von einigen älteren und neueren Gebäuden, das abwechslungsreiche Wohnviertel.

Place de la Contrescarpe
Restaurants und Cafés säumen den dörflichen Platz, der abends voller Studenten ist. 6

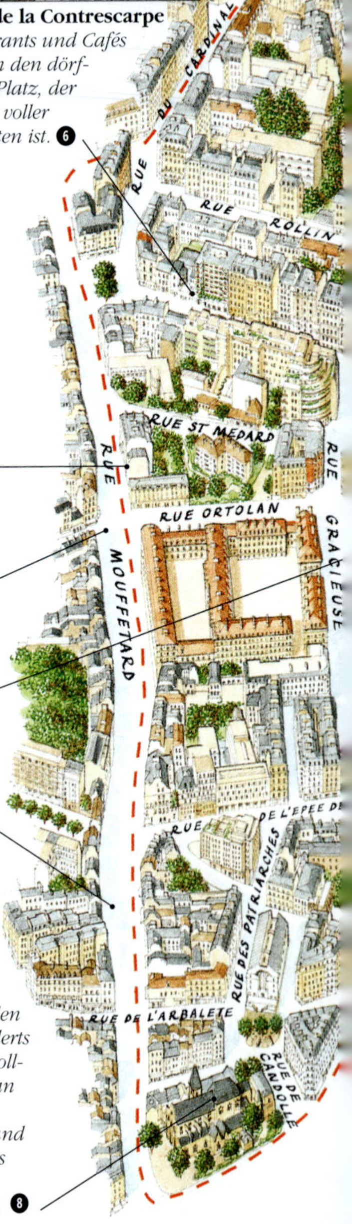

Métro-Station Cardinal Lemoine

★ Rue Mouffetard
Der tägliche Markt, einer der ältesten von Paris, zieht die Einheimischen in Scharen an. 1938 stieß man beim Abriss des Hauses Nr. 53 auf einen Schatz mit Louis-d'or-*Goldmünzen aus dem 18. Jahrhundert.* 7

Der **Pot de Fer** ist einer von 14 Brunnen, die Maria von Medici 1624 als Wasserspender für ihren Palast im Jardin du Luxembourg anlegen ließ. Der Brunnen wurde 1671 umgestaltet.

Métro-Station Place Monge

Die **Passage des Postes** wurde 1830 in einer alten Gasse eröffnet. Der Eingang befindet sich in der Rue Mouffetard.

St-Médard
Die Bauarbeiten wurden Mitte des 15. Jahrhunderts begonnen und 1655 vollendet. 1784 versah man die Kirche mit einem klassizistischen Chor und ersetzte die Fenster des Hauptschiffes (16. Jh.) durch Buntglasfenster. 8

★ Arènes de Lutèce
Das römische Amphitheater von Lutetia diente im 4. Jahrhundert als Friedhof. ❺

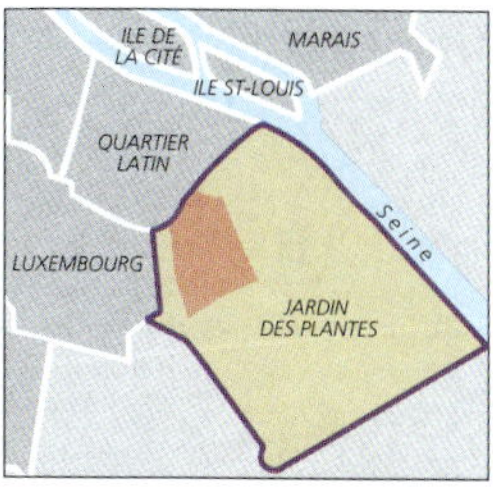

ZUR ORIENTIERUNG
Siehe Kartenteil, Karten 17 & 18

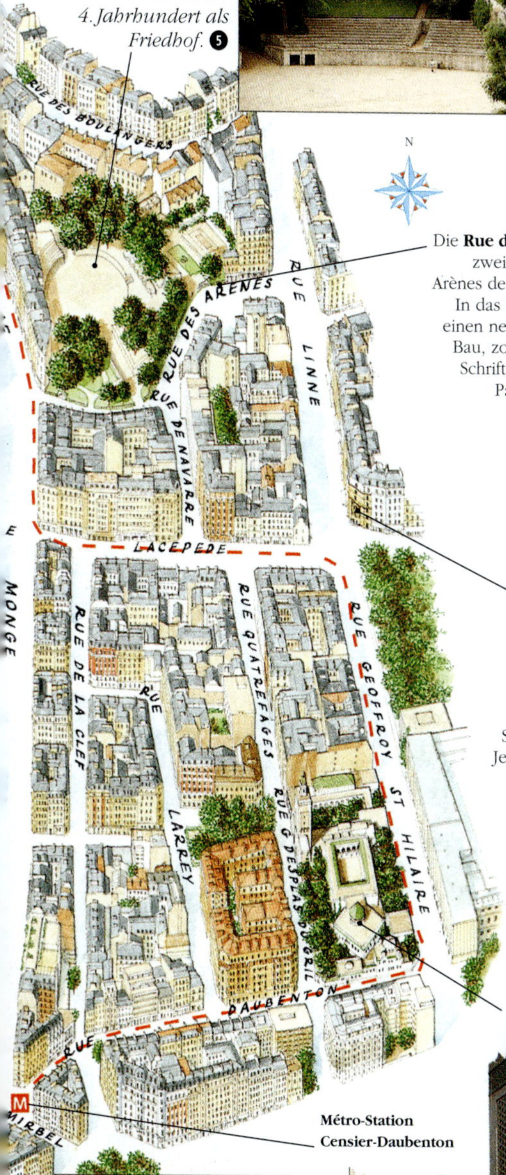

Die **Rue des Arènes** zweigt von den Arènes de Lutèce ab. In das Haus Nr. 5, einen neugotischen Bau, zog 1940 der Schriftsteller Jean Paulhan ein.

Der **Cuvier-Brunnen** wurde 1840 von P. Vigouroux als Denkmal für den Naturforscher Georges Cuvier errichtet. Die Skulptur schuf Jean-Jacques Feuchère.

LEGENDE

- - - Routenempfehlung

0 Meter 100

★ Institut Musulman
Das Museum für islamische Kunst besitzt Teppiche aus aller Welt, einen von der Alhambra inspirierten weiträumigen Innenhof und Mosaikfriese mit Koranzitaten. ❾

Métro-Station Censier-Daubenton

NICHT VERSÄUMEN

★ Rue Mouffetard

★ Arènes de Lutèce

★ Institut Musulman

Institut du Monde Arabe ❶

1, rue des Fossées St-Bernard, 75005. **Karte** 13 C5. *01 40 51 38 38.* *Jussieu, Cardinal Lemoine.* ***Museum & Ausstellungen*** *Di–So 10–18 Uhr.* ***Bibliothek*** *Di–Sa 13–20 Uhr.* ***Vorträge.*** www.imarabe.org

Das Institut wurde 1980 von Frankreich und 21 arabischen Ländern gegründet, um die kulturellen Beziehungen zwischen der arabischen und der westlichen Welt zu fördern. Es ist in einem großartigen modernen Bau des französischen Architekten Jean Nouvel untergebracht, der moderne Materialien mit traditioneller arabischer Architektur vereint. Durch die gläserne Westfront erinnert der weiße marmorne Bücherturm an ein Minarett. Der Wertschätzung der arabischen Architektur für Innenräume wird ein abgeschlossener Innenhof gerecht. Er ist durch einen schmalen Spalt, der das Gebäude zweiteilt, zu erreichen.

Im vierten bis siebten Stock fasziniert arabische Kunst aus dem 9. bis 19. Jahrhundert, darunter Glas- und Keramikarbeiten, Skulpturen, Teppiche und eine Sammlung von Astrolabien, unverzichtbaren Instrumenten der arabischen Astronomen. Das Institut besitzt auch eine Bibliothek und ein Medienarchiv.

Musée de la Sculpture en Plein Air ❷

75004 und 75005. **Karte** 13 C5. *Gare d'Austerlitz, Sully Morland.*

Der Pont de Sully taucht an der linken Seite des Institut du Monde Arabe auf. Die Brücke verbindet die Ile St-Louis mit beiden Seine-Ufern. Sie wurde 1877 aus Gusseisen errichtet und ist nicht besonders schön. Trotzdem lohnt ein Stopp auf der Brücke, denn von hier hat man einen fabelhaften Blick auf Notre-Dame, die sich mächtig hinter dem würdevollen Pont Marie erhebt.

Der ruhige Quai St-Bernard verläuft am Fluss entlang vom Pont de Sully bis hin zum Pont d'Austerlitz. Er war während des 17. Jahrhunderts berühmt als Nacktbadeplatz, bis dies, angeschürt von der empörten Öffentlichkeit, verboten wurde. Die Grashänge neben dem Quai eignen sich hervorragend für ein Picknick. Sie wurden 1975 zu Ehren eines berühmten korsischen Sängers eröffnet, daher der Name Jardin Tino Rossi. Die Anlage ist als Musée de la Sculpture en Plein Air konzipiert, unter freiem Himmel waren bis vor kurzem verschiedenste Skulpturen ausgestellt. Aufgrund von mutwilligen Zerstörungen mussten leider einige kostbare Exponate entfernt werden.

Ménagerie ❸

57, rue Cuvier, 75005. **Karte** 17 C1. *01 40 79 37 94.* *Jussieu, Austerlitz.* *Okt–März tägl. 9–17 Uhr; Apr–Sep Mo–Sa 9–18 Uhr (So und Feiertage 18.30 Uhr).*

Frankreichs ältester öffentlicher Zoo liegt im Jardin des Plantes und wurde während der Revolution als Obdach für gerettete Tiere aus der königlichen Menagerie in Versailles eingerichtet. Der Staat stockte die Bestände mit Zirkustieren auf, aus dem Ausland trafen Exoten ein. Während der deutschen Belagerung von Paris (1870/71) wurden die meisten Tiere geschlachtet, um die Bürger zu versorgen *(siehe S. 224)*. Heute ist der Zoo auf kleine Säugetiere, Insekten, Vögel, Primaten und Reptilien spezialisiert und bei Kindern beliebt, da sie die Tiere aus der Nähe betrachten können. Das Löwenhaus beherbergt u.a. Panther aus China. Weitere Attraktionen sind das große Affenhaus, Bärengruben, Wasservögel sowie wilde Schafe und Ziegen.

Das Vivarium (Anlagen, in denen Tiere unter natürlichen Bedingungen gehalten werden) bietet regelmäßig wechselnde Schauen. In einer ständigen Ausstellung kann man Mikro-Arthropoden (Gliederfüßer) beobachten.

Spielendes Kind im Zoo

Licht-Spiele

Die Südfassade ist mit 240 quadratischen Fenstern verkleidet, die das einfallende Licht dosieren. Ihre Formgebung ist moucharabias *(von Marokko bis Südostasien verbreiteten geschnitzten Fensterläden mit Jalousieneffekt) nachempfunden.*

Jedes Fenster besteht aus 21 fotoelektrisch gesteuerten Metallblenden, die sich, je nach Sonneneinwirkung, öffnen und schließen.

Die zentrale Blende besteht aus ineinandergreifenden Metallblättern, durch deren Bewegungen sich die mittlere Öffnungsweite verändert.

Die äußeren Blenden sind untereinander sowie mit der zentralen Blende verbunden. Ihre Bewegungen werden von Fotozellen gesteuert und schaffen so im Inneren des Instituts ein zauberhaftes Spiel von Licht und Schatten.

Collection des Minéraux de l'Université ❹

Université Pierre et Marie Curie, 34, rue Jussieu, 75005. **Karte** 13 C5.
01 44 27 52 88.
M *Jussieu.* *Mi–Mo 13–18 Uhr.* *1. Jan, Ostern, 1. Mai, 14. Juli, 1. Nov, 25. Dez.*
für Gruppen Di nachmittag.

Im Untergeschoss des Hauptgebäudes der Universität verbirgt sich dieses Kleinod der Pariser Museenlandschaft. Perfekt beleuchtet erfreuen die geschliffenen und ungeschliffenen Edelsteine und Bergkristalle der Sammlung, die Hunderte von Mineralien aus aller Welt umfasst, das Auge.

Topas

Arènes de Lutèce ❺

Rue de Navarre, 75005. **Karte** 17 B1.
M *Jussieu.* *Siehe S. 19.*

Die Überreste dieser weitläufigen römischen Arena (Paris hieß unter den Römern Lutetia) gehen auf das ausgehende 2. Jahrhundert zurück. Ende des 3. Jahrhunderts begannen die Barbaren mit ihrer Zerstörung; später lieferten die Überreste Baumaterial für die Mauern der Ile de la Cité. Damit war die genaue Lage der allmählich verschütteten Arena nur aus alten Aufzeichnungen bekannt. Weitere Hinweise gab der erhaltene Name Clos des Arènes. Man entdeckte sie im 1869 beim Bau der Rue Monge und der Aufteilung benachbarter Grundstücke wieder. Bereits im 19. Jahrhundert setzten sich der Dichter Victor Hugo und andere für eine Restaurierung ein, doch erst 1918 kamen die Arbeiten in Gang.

Früher fanden in der Arena 15 000 Zuschauer auf 35 Rängen Platz, die hier Theatervorstellungen, aber auch dem grausamen Schauspiel der Gladiatorenkämpfe beiwohnten. Diesen beiden Zwecken dienten auch – typisch für Gallien – die in ähnlicher Weise angelegten Amphitheater in den Städten Nîmes und Arles.

Die Arènes de Lutèce im öffentlichen Park

BUFFON UND DER JARDIN DES PLANTES

George Louis Leclerc, Graf von Buffon (1707–88), wurde mit 32 Jahren zum Direktor des Jardin des Plantes ernannt. Zu jener Zeit stand die Naturforschung vor der Wende zur Moderne – Charles Darwins *Über die Entstehung der Arten* wurde 120 Jahre später veröffentlicht. Buffon ließ den Jardin des Plantes umgestalten, der unter Wissenschaftlern bald als beispielhaft galt. Nach Erscheinen seiner Hauptwerke, *Naturgeschichte* und *Die Epochen der Natur*, wurde er 1752 in die Académie Française aufgenommen. Buffon starb mitten im Jardin in seinem Haus.

Primat, Illustration aus Buffons *Naturgeschichte*

Place de la Contrescarpe ❻

75005. **Karte** 17 A1. M *Place Monge.*

Einst lag dieser Ort außerhalb der Stadtmauern. Sein Name geht zurück auf den Gegenwall (Kontergarde) der Stadtmauer, die Philippe-Auguste anlegen ließ. 1852 erhielt der Platz seine heutige Gestalt. Eine Gedenktafel am Haus Nr. 1 erinnert an den von Rabelais literarisch verewigten »Kiefernzapfen-Club«. Hier trafen sich im 16. Jahrhundert die sieben Mitglieder der Dichterschule *La Pléiades* (benannt nach der griechischen Dichtergruppe Pleias).

Schon immer wurden hier Feste veranstaltet. An Wochenenden pulsiert das Leben, am Nationalfeiertag findet ein reizvoller Ball statt.

Alte Stadtmauer in der Rue Clovis

Käse auf dem Markt, Rue Mouffetard

Rue Mouffetard ❼

75005. **Karte** 17 B2. M *Censier-Daubenton, Place Monge.* *Di–So 8–13 Uhr. Siehe* ***Läden und Märkte*** *S. 327.*

Die Strasse war schon zu Römerzeiten als Teil der Verbindung zwischen Lutetia (Paris) und Rom eine wichtige Verkehrsader. Viele ihrer Gebäude stammen aus dem 17. und 18. Jahrhundert, als sie als Grande Rue du Faubourg St-Marcel bekannt war. Einige kleine Läden besitzen noch Schilder aus jenen alten Tagen. Bewunderung verdienen die restaurierte Louis-XIII-Fassade des Hauses Nr. 125 und der reich geschmückten Fassade von Haus Nr. 134.

Die Gegend ist berühmt für ihre Straßenmärkte, besonders jene auf der Place Maubert, der Place Monge und in der Rue Daubenton, einer Seitenstraße, in der sich ein lebhafter afrikanischer Markt niedergelassen hat.

St-Médard ❽

141, rue Mouffetard, 75005. **Karte** 17 B2. *01 44 08 87 00.* M *Censier-Daubenton.* *Di–So 8–12, 14.30–19.30 Uhr.*

Die Spuren dieser bezaubernden Kirche verweisen in das 9. Jahrhundert. Mit einem Kranz weißer Rosen pflegte St. Médard, Ratgeber der Merowinger-Könige, tugendhafte Jungfrauen auszuzeichnen. Der Kirchhof, heute ein Garten, war im 18. Jahrhundert berüchtigte Kultstätte der *Convulsionnaires*, die durch hysterische Anfälle Wunderheilungen zu bewirken suchten. Viele kostbare Gemälde sind im Kircheninneren zu sehen, so *Der schreitende Josef mit dem Jesuskind* von Francisco de Zurbarán.

Mosquée de Paris/Institut Musulman ❾

2 bis, pl du Puits de l'Ermite, 75005. **Karte** 17 C2. *01 45 35 97 33.* M *Place Monge.* *Sa–Do 9–12, 14–18 Uhr.* *Muslimische Feiertage.* **Bibliothek.** www.mosquee-de-paris.com

Die Gebäudegruppe, die in den 1920er Jahren im spanisch-maurischen Stil errichtet wurde, ist geistiges Zentrum der islamischen Gemeinde von Paris. Das Anwesen umfasst religiöse, kommerzielle und Bildungseinrichtungen mit einer Moschee im Zentrum, deren Kuppeln unterhalb des

Innendekor der Moschee

33 Meter hohen Minaretts unterschiedliche Dekors zeigen: Wandmosaiken und mit Flechtwerkmustern verzierte Bogen schmücken den weiten, von der Alhambra inspirierten Patio.

Die einst Gelehrten vorbehaltene Moschee hat sich im Alltagsleben einen bedeutenden Platz erobert. Die türkischen Bäder sind, an unterschiedlichen Tagen, Männern wie Frauen zugänglich.

Muséum National d'Histoire Naturelle ⑩

2, rue Buffon, 75005. **Karte** 17 C2. *01 40 79 30 00.* M *Jussieu, Austerlitz.* *Mi–Mo 10–17 Uhr (letzter Einlass 16.30 Uhr).* *eingeschränkt.* www.mnhn.fr

Dimetrodon-Schädel

Die Hauptattraktion des Museums für Naturgeschichte ist die »Galerie der Evolution«. Daneben gibt es vier weitere Abteilungen: Paläontologie mit Skeletten ausgestorbener Tiere sowie einer Ausstellung über die Entwicklung der Wirbelsäule; die auf pflanzliche Fossilien spezialisierte Paläobotanik; die auch Edelsteine umfassende Mineralogie; die Entomologie mit einigen der ältesten fossilierten Insekten. Im Haus, in dem der Naturforscher Buffon von 1772 bis zu seinem Tod 1788 lebte, befindet sich eine Buchhandlung.

Jardin des Plantes ⑪

57, rue Cuvier 75005. **Karte** 17 C1. M *Jussieu, Austerlitz.* *tägl. 7–20 Uhr (Winter bis 17 Uhr).*

Louis XIII erlaubte 1626 seinen Hofärzten Jean Hérouard und Guy de la Brosse, auf dem Gelände der heutigen botanischen Gärten einen Heilkräutergarten anzulegen, den später eine Schule für Botanik, Naturgeschichte und Pharmazie ergänzte. Der seit 1640 öffentliche Garten erlebte unter Buffons Leitung seine Glanzzeit. Heute findet man hier, in einem der größten Parks von Paris, ein naturgeschichtliches Museum, eine Botanik-Schule und einen Zoo. Neben zauberhaften Ausblicken und alten Bäumen, zwischen denen Statuen hervorlugen, besitzt der Park einen alpinen Garten mit Pflanzen aus Korsika, Marokko, den Alpen und dem Himalaya sowie zahlreiche Kräuter- und Wildgewächse. Über die englischen Kew-Gärten fand Frankreichs erste Libanonzeder ihren Weg hierher.

Groupe Hospitalier Pitié-Salpêtrière ⑫

47, blvd de l'Hôpital, 75013. **Karte** 18 D3. M *St-Marcel, Austerlitz.* RER *Gare d'Austerlitz.* ***Kapelle*** *tägl. 8.30–18.30 Uhr.* *15.30 Uhr.*

Das weitläufige Krankenhaus erhebt sich auf dem Gelände einer ehemaligen Schießpulverfabrik, Salpeter verlieh ihm seinen Namen. Die Salpêtrière wurde 1656 von Louis XIV für kranke und sozial schwache Frauen und Kinder gegründet. Später machte sie als Wegbereiterin einer humanen Behandlung psychisch Kranker von sich reden. Ein Blickfang ist die von Libéral Bruant 1670 entworfene Kapelle.

Libanonzeder im Jardin des Plantes

Vor dem Hôpital Salpêtrière

La Manufacture des Gobelins ⑬

42, ave des Gobelins. 75013. **Karte** 17 B3. *01 44 54 19 30.* M *Gobelins.* ***Nur Führungen*** *Di–Do 14, 14.45 Uhr. (15 Min vorher eintreffen). Gruppen nach Vereinbarung.* *Feiertage.*

Gobelin von Le Brun in Versailles

Die Brüder Gobelin gründeten um 1440 eine Färberei, in deren Räumen im frühen 17. Jahrhundert eine Wandteppich-Manufaktur eingerichtet wurde. Hoflieferant wurde sie 1662 unter Louis XIV, der von den namhaftesten Handwerkern seiner Zeit – Teppichwebern, Kunsttischlern und Silberschmieden – seinen Palast in Versailles einrichten ließ. Unter der Leitung des Hofmalers Charles Le Brun begründeten 250 flämische Teppichweber den internationalen Ruf der Manufaktur. Die traditionelle Handwerkskunst verwendet heute auch modernere Motive, darunter Entwürfe von Picasso und Matisse.

LUXEMBOURG

VIELE PARISER TRÄUMEN davon, in der Nähe des Jardin du Luxembourg zu wohnen. Hier geht es ruhiger und beschaulicher zu als in den benachbarten Gebieten. Das Luxembourg-Viertel ist mit seinen Buchläden und prachtvollen, liebenswerten Gartenanlagen einer der bezauberndsten Flecken der Stadt. Obwohl berühmte Schriftsteller wie Paul Verlaine oder André Gide nicht mehr durch die Haine wandeln, ziehen die charmanten Pfade, Rasenflächen und Alleen die Schüler der nahe gelegenen *grandes écoles* und *lycées* an. Und an warmen Tagen vertreiben sich unter Kastanienbäumen alte Männer bei einer Partie Schach oder einem *Boules*-Spiel die Zeit.

Im Westen finden sich öffentliche und Verwaltungsgebäude, während die Häuser im Osten von den hohen Kastanien des Boulevard St-Michel überschattet werden.

Segelschiffe werden von Jung und Alt gemietet, um sie im *grand bassin*, dem Zierteich des Jardin du Luxembourg, treiben zu lassen.

SEHENSWÜRDIGKEITEN AUF EINEN BLICK

Museen
Ecole Nationale Supérieure des Mines ⓫
Musée du Service de Santé des Armées ❿

Historische Gebäude
Institut Catholique de Paris ❻
Palais du Luxembourg ❸

Kirchen
St-Joseph-des-Carmes ❼
St-Sulpice ❷
Val-de-Grâce ❾

Plätze und Parks
Jardin du Luxembourg ❺
Place St-Sulpice ❶

Brunnen
Fontaine de l'Observatoire ❽
Fontaine de Médicis ❹

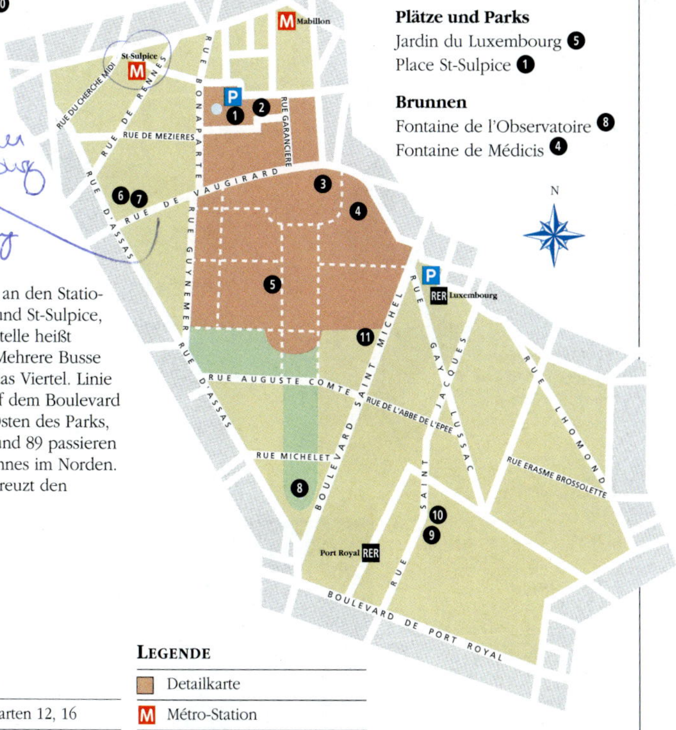

ANFAHRT

Die Métro hält an den Stationen Mabillon und St-Sulpice, die RER-Haltestelle heißt Luxembourg. Mehrere Busse durchqueren das Viertel. Linie 38 verkehrt auf dem Boulevard St-Michel im Osten des Parks, die Linien 58 und 89 passieren die Rue de Rennes im Norden. Bus 82 durchkreuzt den Süden.

SIEHE AUCH

- ***Kartenteil*** Karten 12, 16
- ***Übernachten*** S. 278 , 282
- ***Restaurants*** S. 296 ff

LEGENDE

- Detailkarte
- M Métro-Station
- RER RER-Station
- P Parken

0 Meter 400

◁ **Schachspieler im Jardin du Luxembourg**

Im Detail: Luxembourg

NUR WENIGE SCHRITTE vom umtriebigen St-Germain-des-Prés liegt dieses elegante, historische Viertel als Ort der Ruhe mitten im Herzen einer modernen Großstadt. Der Jardin du Luxembourg und das Palais du Luxembourg prägen sein Gesicht. Der Comte de Provence (und spätere Louis XVIII) machte die Gärten im 19. Jahrhundert der Öffentlichkeit – gegen eine geringe Gebühr – zugänglich. Die in ihrer Ursprünglichkeit erhaltenen Gärten, der Palast und die alten Häuser im nördlichen Straßenviertel locken wie eh und je Besucher an.

★ St-Sulpice
134 Jahre dauerte der Bau der von Daniel Gittard gestalteten klassizistischen Kirche. Die Fassade entwarf Giovanni Servandoni. ❷

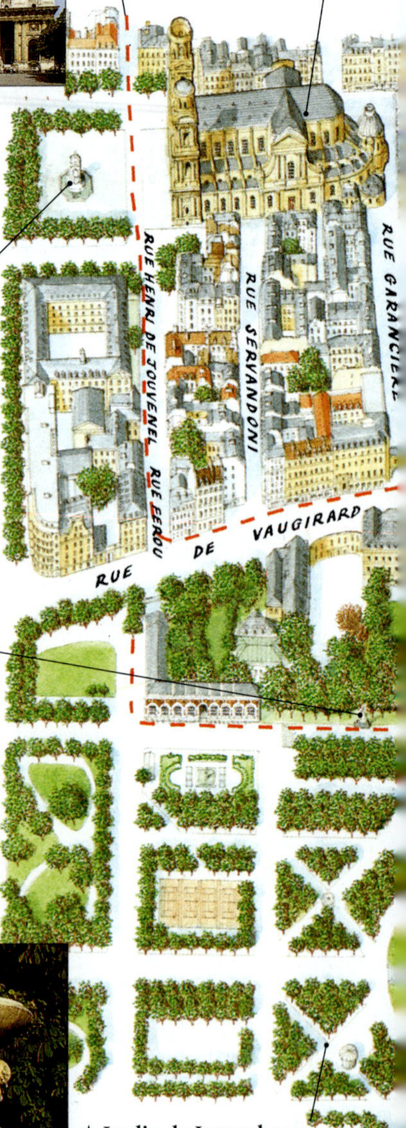

Place St-Sulpice
Die Fontaine des Quatre Points Cardinaux schmücken an den vier Himmelsrichtungen vier Kirchenoberhäupter. Point bedeutet auch »nie«: Keiner der vier geistlichen Herren wurde zum Kardinal ernannt. ❶

Das **Delacroix-Denkmal** von Jules Dalou findet man nahe den Privatgärten des französischen Senats. Die Statuen zu Füßen dieses führenden Malers der französischen Romantik versinnbildlichen die Kunst, die Zeit und den Ruhm.

NICHT VERSÄUMEN

- ★ St-Sulpice
- ★ Jardin du Luxembourg
- ★ Palais du Luxembourg
- ★ Fontaine de Médicis

★ Jardin du Luxembourg
Im 19. Jahrhundert, unter der Herrschaft Louis-Philippes, wurden in dem Park viele wunderschöne Statuen aufgestellt. ❺

Die **Rue de Tournon** besticht durch die Eleganz ihrer Boutiquen und alte Buchhandlungen. Das Grand Hôtel d'Entragues in Nr. 12 baute Neveu im 18. Jahrhundert unter Louis XVI wieder auf.

★ Palais du Luxembourg
Als 1794, während der Revolution, der Maler Jacques-Louis David hier in Haft saß, entwarf er Skizzen für sein Werk Die Sabinerinnen. ❸

ZUR ORIENTIERUNG
Siehe Kartenteil, Karten 12 & 16

LEGENDE

– – – Routenempfehlung

0 Meter 100

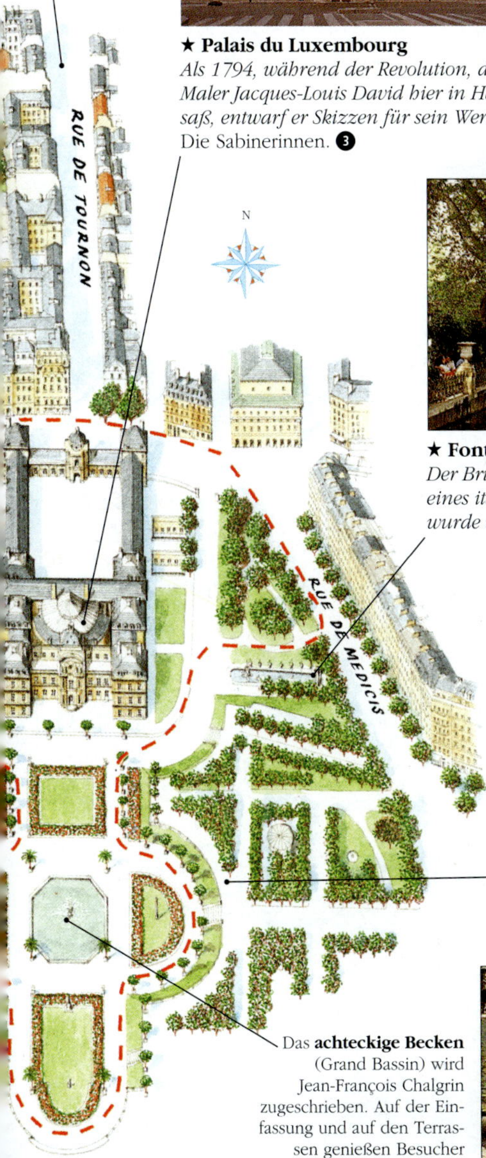

★ Fontaine de Médicis
Der Brunnen, im 17. Jahrhundert im Stil eines italienischen grotto *(Höhle) erbaut, wurde von Salomon de Brosse entworfen.* ❹

Sainte Geneviève (Genoveva), Schutzpatronin von Paris, war eine wohlhabende gallo-römische Landbesitzerin im 5. Jahrhundert. Beim Hunneneinfall 451 beteten sie und ihre Freundinnen um Verschonung der Stadt – ihre Fürbitten wurden erhört. Ihr zollt diese Statue Michel-Louis Victors (1845) Respekt.

Das **achteckige Becken** (Grand Bassin) wird Jean-François Chalgrin zugeschrieben. Auf der Einfassung und auf den Terrassen genießen Besucher gern ein Sonnenbad.

Place St-Sulpice ❶

75006. **Karte** 12 E4. Ⓜ *St-Sulpice.*

DER WEITRÄUMIGE PLATZ, der in der zweiten Hälfte des 18. Jahrhunderts angelegt wurde, liegt zu Füßen der gleichnamigen Kirche, die ihn im Osten gebieterisch überragt. Augenfällig sind besonders zwei Schmuckstücke: Joachim Viscontis Fontaine des Quatre Points Cardineaux (1844) und die rosa blühenden Kastanien. Schriftsteller und Studenten treffen sich im Café de la Mairie, einer beliebten Kulisse für französische Filme.

Buntglasfenster an St-Sulpice

St-Sulpice ❷

Pl St-Sulpice, 75006. **Karte** 12 E5. 01 46 33 21 78. Ⓜ *St-Sulpice.* *tägl. 8–19 Uhr.* *häufig.*

ÜBER EIN JAHRHUNDERT dauerte der 1646 begonnene Bau dieser gewaltigen, beeindruckenden Kirche. Zwei elegante Säulenreihen zieren die zweigeschossige Fassade. Den harmonischen Eindruck beeinträchtigen die beiden Türme, die nicht ganz zu passen scheinen.

Durch große Bogenfenster strömt Licht in das Innere. Die beiden muschelförmigen Weihwasserbecken beim Portal waren ein Geschenk Venedigs an François I. Ihre Felsensockel schuf Jean-Baptiste Pigalle. Die Seitenkapelle rechts vom Eingang gestaltete Eugène Delacroix mit Wandgemälden aus, so den Szenen *Jakobs Ringen mit dem Engel* (*siehe S. 137*), *Heliodors Vertreibung aus dem Tempel* und *Der hl. Michael tötet den Drachen.* Mit etwas Glück hören Sie ein Orgelkonzert.

Palais du Luxembourg ❸

15, rue de Vaugirard, 75006. **Karte** 12 E5. *01 42 34 20 00.* Ⓜ *Odéon.* RER *Luxembourg.* *nur Gruppen, ersten So im Monat, vorher anmelden. Tel. 01 44 61 21 66.* W www.senat.fr

DEN PALAST, heute Sitz des französischen Senats, ließ Maria von Medici, Witwe von Henri IV, in Erinnerung an ihre Heimat Florenz errichten. Der Baumeister Salomon de Brosse gestaltete das Palais im Stil des florentinischen Palazzo Pitti. Bei Bauabschluss (1631) hatte man Maria bereits verbannt, doch das Palais blieb bis zur Revolution königliches Palais. Danach diente es kurze Zeit als Gefängnis und im Zweiten Weltkrieg als Hauptquartier der deutschen Luftwaffe.

Skulpturen am Palais du Luxembourg

Dekor der Fontaine de Médicis

Fontaine de Médicis ❹

15, rue de Vaugirard, 75006. **Karte** 12 F5. RER *Luxembourg.*

EIN UNBEKANNTER Architekt entwarf den Barockbrunnen für Maria von Medici. Er steht am Ende eines langen, baumbeschatteten Wasserbeckens, in dem sich Goldfische tummeln. Die mythologischen Figuren fügte im Jahr 1866, also wesentlich später, Auguste Ottin hinzu.

Jardin du Luxembourg ❺

Blvd St-Michel, 75006. **Karte** 12 E5. *01 42 34 20 00.* RER *Luxembourg.* *Apr–Okt tägl. 7.30–21.30 Uhr; Nov–März tägl. 7.45–18.15 Uhr (Zeiten können leicht variieren).*

DIE GRÜNE OASE der Rive Gauche umringt auf einer Fläche von 25 Hektar das Palais du Luxembourg. Blickfang dieses beliebtesten Parks der Pariser ist ein achteckiger Teich, auf dem Jung und Alt gerne Spielzeugboote treiben lassen.

Zu purer Augenweide fügen sich die geometrisch angelegten Terrassen, breiten Spazierwege und vielen Statuen harmonisch zusammen. Der Besucher findet im Park ein Gartencafé, ein Puppentheater, Tennisplätze, einen Musikpavillon, sogar eine Imkerei und ganz in der Nähe eine Reitschule.

Institut Catholique de Paris 6

21, rue d'Assas, 75006. **Karte** 12 D5.
M *St-Placide, Rennes.* ***Musée Biblique*** *Sa 15–18 Uhr und nach Vereinbarung.* *01 45 48 09 15.*
Musée Branly *nach Vereinbarung.*
01 45 38 98 57. W www.icp.fr

Die 1875 gegründete namhafte Lehrstätte beherbergt zwei Museen: das Musée Biblique mit Ausgrabungsfunden aus dem Heiligen Land und das Musée Branly zum Gedenken an den Physiker Edouard Branly, den Erfinder des »Kohärers« (der die drahtlose Telegraphie ermöglichte).

Statue im Hof des Institut Catholique

St-Joseph-des-Carmes 7

70, rue de Vaugirard, 75006.
Karte 12 D5. *01 44 39 52 00.*
M *St-Placide.* *Mo–Sa 7–19 Uhr, So 9–19 Uhr.* *Ostermontag, Pfingsten.* *eingeschränkt.*
Sa 15 Uhr.

Das 1620 als Kapelle eines Karmeliterklosters vollendete Gotteshaus erlangte traurigen Ruhm, als es während der Revolution als Gefängnis diente. Bei den Septembermassakern 1792 *(siehe S. 28f)* starben über hundert Priester auf dem Kirchhof einen grausamen Tod. Ihre Gebeine ruhen in der Krypta.

Fassade von St-Joseph-des-Carmes

Brunnenskulptur von Carpeaux

Fontaine de l'Observatoire 8

Pl Ernest Denis, bei der Ave de l'Observatoire. **Karte** 16 E2. RER *Port Royal.*

Lebendigkeit versprüht der bronzene Brunnen am südlichen Zipfel des Jardin du Luxembourg. Vier Frauengestalten symbolisieren die Weltteile und tragen die Weltkugel – die fünfte, Ozeania, fehlt aus Gründen der Symmetrie. Delphine, Pferde, eine Schildkröte und weitere Figuren schmücken das 1873 vollendete Werk des Bildhauers Jean-Baptiste Carpeaux.

Val-de-Grâce 9

1, pl Alphonse-Laveran, 75005.
Karte 16 F2. *01 40 51 51 92.*
RER *Port Royal.* *Di, Mi, Sa, So 12–18 Uhr.* *(im Schiff frei)*
regelmäßig nachmittags. *nach Vereinbarung.*

Die schöne Kirche ließ Louis XIII für seine Gattin Anna von Österreich als Dank für die Geburt des Thronfolgers errichten. Der junge Louis XIV legte selbst 1645 den Grundstein, Architekt war François Mansart.

Eine vergoldete Bleikuppel mit einem Durchmesser von 19 Metern ragt 41 Meter hoch auf. Pierre Mignard stattete die Kuppel mit einem Fresko aus, dessen 200 Figuren dreifache Lebensgröße erreichen. Den Altar rahmen sechs gedrehte Säulen, die an Berninis Säulen im Petersdom erinnern.

Henriette von Frankreich, die Gattin des englischen Königs Charles I, fand hier ihre letzte Ruhestatt, außerdem 26 Mitglieder der französischen königlichen Familie.

Musée du Service de Santé des Armées 10

1, pl Alphonse-Laveran, 75005.
Karte 16 F2. *01 40 51 51 92.*
RER *Port Royal.* *Di, Mi 12–17 Uhr, Sa 13–17 Uhr, So 13.30–17 Uhr.*
nur für Gruppen, vorher anrufen.

Das im Ersten Weltkrieg gegründete und von der Armee betriebene Museum ist auch als Musée du Val-de-Grâce bekannt. Es ist im Westflügel eines ehemaligen Klosters untergebracht, das seit 1795 als Militärhospital dient.

Manche Exponate dieser Sammlung zur Geschichte der Medizin, darunter künstliche Gliedmaßen und Rekonstruktionen von Lazarettzügen zum Transport verwundeter Soldaten, mögen zart besaitete Besucher schaudern lassen.

Ecole Nationale Supérieure des Mines 11

60, blvd St-Michel, 75006.
Karte 16 F1. *01 40 51 91 45.*
RER *Luxembourg.* *Di–Sa 13.30–18 Uhr.*

Louis XIV gründete 1783 die Akademie zur Ausbildung von Bergbauingenieuren. Heute zählt die Ecole Nationale zu den führenden *grandes écoles* (höheren Fachschulen), aus denen sich die Elite des Staatsdienstes rekrutiert. Das Gebäude beherbergt außerdem die nationale Mineraliensammlung.

Montparnasse

Während der ersten drei Jahrzehnte des 20. Jahrhunderts war der Montparnasse ein blühendes Kunst- und Literaturzentrum. Zahllose Maler und Bildhauer, Poeten und Romanciers zog es hierher. Die Ateliers und der Lebensstil der Boheme lockten die Vertreter des Geistes, darunter auch viele Ausländer. Der Zweite Weltkrieg beendete diese Zeit jäh. Später wurden viele Ateliers zerstört, die Tour Montparnasse wurde errichtet. Dieser höchste Pariser Büroturm läutete die »moderne« Zeit des *quartier* ein. Doch das Viertel hat seinen Reiz nicht ganz verloren. Die großen Cafés werden noch immer von einem lebhaften internationalen Publikum bevölkert. Kleine Café-Theater haben eröffnet, und an Wochenenden bringen Kinobesucher Leben in den Stadtteil.

Denkmal für Charles Augustin Ste-Beauve auf dem Cimetière de Montparnasse

Sehenswürdigkeiten auf einen Blick

Histor. Gebäude und Straßen
Catacombes 10
Observatoire de Paris 11
Rue Campagne-Première 3

Friedhof
Cimetière du Montparnasse S. 180f 4

Museen und Galerien
Fondation Cartier 9
Musée Antoine Bourdelle 6
Musée de la Poste 7
Musée Montparnasse 8
Musée Zadkine 2

Moderne Architektur
Tour Montparnasse 5

Cafés und Restaurants
La Closerie des Lilas 12
La Coupole 1

Anfahrt

Das Gebiet wird von Métro- und SNCF-Zügen gut bedient. Neben anderen Buslinien fährt hier der Bus 68 entlang dem Boulevard Raspail und streift dabei die nordöstliche Seite des Cimetière de Montparnasse.

Legende

- Detailkarte
- Métro-Station
- Bahnhof (SNCF)
- Parken

0 Meter 400

Siehe auch

- ***Kartenteil***, Karten 15, 16
- ***Übernachten*** S. 279, 283
- ***Restaurants*** S. 297, 303

◁ **Tour Montparnasse vom Cimetière du Montparnasse aus gesehen**

Im Detail: Montparnasse

Mit seiner gerühmten Mischung aus Kunst und Lebenskunst macht der Montparnasse seinem Namen immer noch Ehre: Den Berg Parnass wähnten die Griechen als Sitz des Apoll, Gott der Poesie, Musik und Schönheit. Das Leben des Montparnasse vibrierte besonders in den 1920er und 1930er Jahren, als Künstler und Literaten wie Picasso, Hemingway, Cocteau, Giacometti, Matisse und Modigliani in den Bars und Cafés verkehrten.

★ La Coupole
Das traditionsreiche Café im Brasserie-Stil mit seiner großen überdachten Terrasse eröffnete 1927 und wurde ein berühmter Treffpunkt für Künstler und Literaten. ❶

★ Tour Montparnasse
Europas zweithöchster Wolkenkratzer ruht auf Fundamenten, die 62 Meter tief in die Erde gerammt wurden. ❺

★ Cimetière du Montparnasse
Die schöne Skulptur Trennung *von de Max steht auf dem kleinsten der großen Friedhöfe.* ❹

Das **Théâtre Montparnasse** in Nr. 31 erstrahlt nach 15-jährigen Renovierungsarbeiten wieder im seinem alten Glanz von 1880.

Nicht versäumen

- ★ La Coupole
- ★ Tour Montparnasse
- ★ Cimetière du Montparnasse
- ★ Rue Campagne-Première

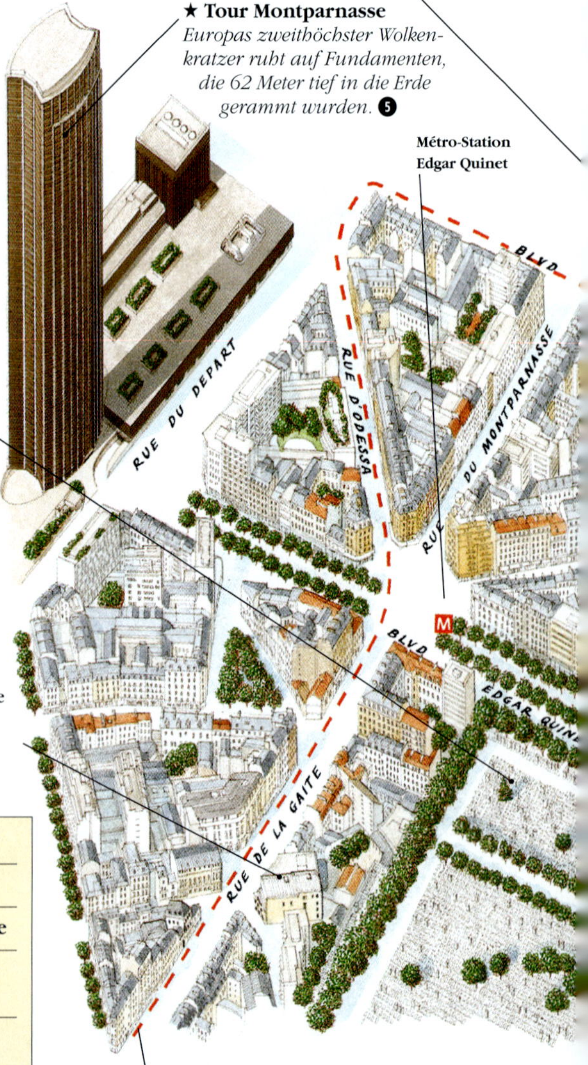

Die **Rue Bréa** bietet eine Vielzahl von Geschäften, zwei Restaurants und sogar einen Nachtklub – alles auf 90 Metern. Gegenüber liegen ein kleiner Platz und zwei Kinos.

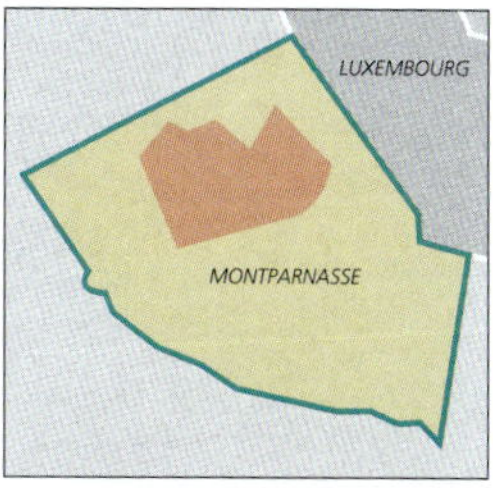

ZUR ORIENTIERUNG
Siehe Kartenteil, Karten 15 & 16

Die **Statue Balzacs** von Auguste Rodin, 1939 errichtet, ragt drei Meter hoch.

In der **Rue de la Grande Chaumière Nr. 14** werden Kurse in Malerei und Bildhauerei angeboten.

★ Rue Campagne-Première
Der Gebäudeblock mit Ateliers in Nr. 31 wurde 1911 errichtet. Der Fassadenschmuck stammt vom Keramiker Paul Bigot. ❸

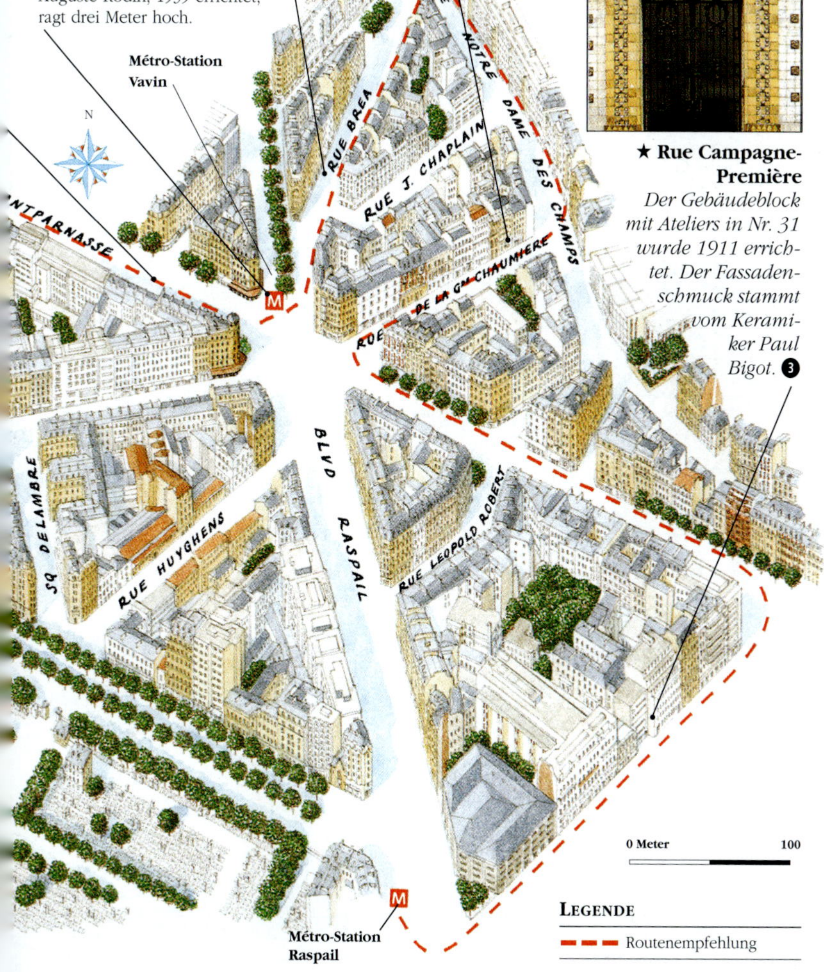

Métro-Station Vavin

Métro-Station Raspail

0 Meter **100**

LEGENDE

Routenempfehlung

Innenraum von La Coupole

La Coupole ❶

102, blvd du Montparnasse, 75014. **Karte** 16 D2. *01 43 20 14 20.* M *Vavin, Montparnasse.* *tägl. 8.30–1 Uhr.* *Siehe* ***Restaurants und Cafés*** *S. 303.*

Das 1927 eröffnete elegante Tanzhallen-Restaurant-Café unterzog sich in den 1980er Jahren einem Facelifting. Allerdings sind seine berühmten, von einheimischen Künstlern dekorierten roten Samtsessel und Säulen geblieben. Zu den illustren Gästen zählten Jean-Paul Sartre, Josephine Baker und Roman Polanski.

Drei Schöne **(1950) von Ossip Zadkine**

Musée Zadkine ❷

100 bis, rue d'Assas, 75116. **Karte** 16 E1. *01 55 42 77 20.* M *Notre-Dame-Les Champs.* *Di–So 10– 18 Uhr.* *Feiertage.* *nach Vereinbarung.* *eingeschränkt.*

Der russischstämmige Bildhauer Ossip Zadkine lebte hier von 1928 bis zu seinem Tod 1967. Das kleine Haus mit Atelier enthält seine häufig gequält wirkenden Arbeiten. Hier schuf er sein großes Werk *Die zerstörte Stadt*, von Rotterdam nach dem Zweiten Weltkrieg in Auftrag gegeben, sowie zwei Denkmäler für Vincent van Gogh (eines für Holland und eines für Auvers-sur-Oise, wo van Gogh starb). Das Museum zeigt Zadkines stilistischen Spannbogen von den kubistischen Anfängen zu Expressionismus und Abstraktion.

Rue Campagne-Première ❸

75014. **Karte** 16 E2. M *Raspail.*

Die Strasse weist einige interessante Art-déco-Gebäude und eine lange künstlerische Tradition auf. Der unglückliche Modigliani lebte, zerstört von Opium und Tuberkulose, in Nr. 3. Zwischen den Kriegen wohnten hier viele Künstler, darunter Picasso, Miró und Kandinsky.

Cimetière du Montparnasse ❹

Siehe S. 180 f.

Tour Montparnasse ❺

Pl Raoul Dautry, 75014. **Karte** 15 C2. M *Montparnasse-Bienvenue.* *01 45 38 52 56.* *tägl. 9.30–23 Uhr (letzter Einlass 22.30 Uhr).*

Bei seinem Bau 1973 war der Turm Europas größter Bürogigant, Mittelpunkt eines neuen Geschäftsviertels, das einem heruntergekommenen Innenstadtbereich Dynamik verleihen sollte. Der Koloss aus Stahl und Rauchglas beherrscht mit 209 Metern Höhe die Skyline des Viertels. Bar, Restaurant und Observatorium im 56. Stockwerk bieten einen Panoramablick über die Stadt – bis zu 40 Kilometer weit an klaren Tagen.

Tour Montparnasse

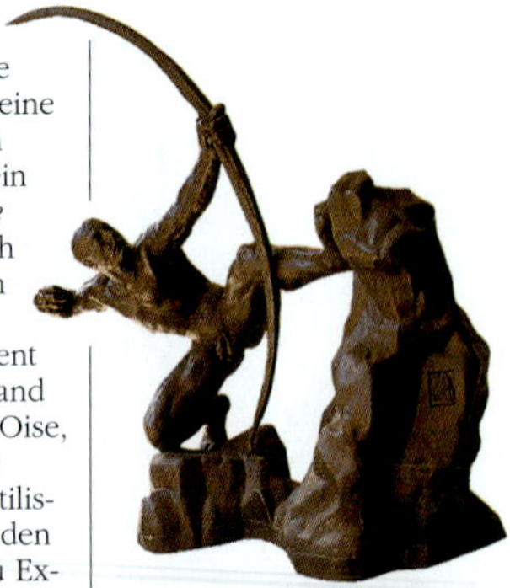

Der Bogenschütze **(1909) von Antoine Bourdelle**

Musée Antoine Bourdelle ❻

18, rue Antoine Bourdelle, 75015. **Karte** 15 B1. *01 49 54 73 73.* M *Montparnasse-Bienvenue.* *Di–So 10–18 Uhr.* *Feiertage.* *eingeschränkt.* W www.paris-france.org/musees

Der einfallsreiche Bildhauer Antoine Bourdelle lebte und arbeitete in dem Atelier von 1884 bis zu seinem Tod 1929. Haus, Atelier und Garten dienen nun als Museum, das seinem Vermächtnis gewidmet ist. Unter den 900 ausgestellten Werken sind auch die originalen Gipsabdrücke der Monumentalarbeiten für große öffentliche Plätze. Sie befinden sich in der großen Halle eines Anbaus. Zu ihnen zählt die Skulpturengruppe der Reliefdekoration des Théatre des Champs-Élysées.

Musée de la Poste ❼

34, blvd de Vaugirard, 75015. **Karte** 15 B2. *01 42 79 64 64.* M *Montparnasse-Bienvenue.* *Mo–Sa 10–18 Uhr.* *Feiertage.* ***Bibliothek.*** W www.laposte.fr/musee

Die Ausstellung widmet sich dem französischen Postwesen und seinen Transportmöglichkeiten. Es gibt einen Raum für die Postzustellung in Kriegszeiten – so wurden im Deutsch-Französischen Krieg Brieftauben eingesetzt, die die Poststempel auf den Flügeln trugen. Die Galerie zeigt schöne Beispiele von Briefmarkenkunst.

Von Miró entworfene Briefmarke

Musée du Montparnasse ❽

21, ave du Maine, 75015. **Karte** 15 C1. *01 42 22 91 96.* *Montparnasse-Bienvenue, Falguière.* *Di–So 12–18.30 Uhr.*

Während des 1.Weltkriegs war hier eine Kantine für bedürftige Künstler. Künstler wie Picasso, Braque, Modigliani und Léger aßen hier für 65 Centimes und feierten anschließend bis spät in die Nacht. An dem symbolträchtigen Ort befindet sich heute ein Museum, das daran erinnert, wie hier an der Vavin-Kreuzung einige der für die moderne Kunstgeschichte bedeutendsten Kapitel geschrieben wurden.

Fondation Cartier ❾

261, blvd Raspail, 75014 **Karte** 11 A2. *01 42 18 56 50.* *Raspail.* *Di–Sa 12–20 Uhr (Do 22 Uhr).* *1. Jan, 25. Dez.* www.fondation.cartier.fr

Die Stiftung für zeitgenössische Kunst ist in einem Gebäude untergebracht, das der Architekt Jean Nouvel entwarf. Er schuf eine transparente, luftige Konstruktion, in die er eine Libanonzeder integrierte, die François-René de Chateaubriand 1823 an dieser Stelle gepflanzt hatte. Das Gebäude bildet einen passenden Rahmen für die darin stattfindenden Ausstellungen moderner Kunst

Catacombes ❿

1, pl Denfert-Rochereau, 75014. **Karte** 16 E3. *01 43 22 47 63.* *Denfert-Rochereau.* *Di 11–16 Uhr, Mi–So 9–16 Uhr.* *Feiertage.* www.paris-france.org/musees

Im Jahr 1786 begann hier ein riesiges Projekt: die Überführung der Millionen Schädel und Gebeine vom gesundheitsgefährdenden Stadtfriedhof von Les Halles in die antiken Steinbrüche am Fuß der drei »Berge« Montparnasse, Montrouge und Montsouris. Es dauerte 15 Monate, um die Knochen und Skelette nachts in großen Karren quer durch die Stadt zu ihrem neuen Ruheplatz zu bringen.

Kurz vor der Revolution feierte der Comte d'Artois (später Charles X) noch wilde Partys in den Catacombes. Während des Zweiten Weltkriegs lag hier das Hauptquartier der Résistance. Über dem Eingang warnen die Worte: »Halt! Hier beginnt das Reich des Todes.«

Observatoire de Paris ⓫

61, ave de l'Observatoire, 75014. **Karte** 16 E3. *01 40 51 22 21.* *Denfert-Rochereau.* *erster Sa des Monats, 14.30 Uhr; Gruppen n. Vereinb. (2 Monate vorher anmelden).* *Aug.* www.obspm.fr

Louis XIV wurde 1667 von seinen Astronomen überzeugt, dass Frankreich ein Observatorium brauche. Der Bau begann am 21. Juni, dem Tag der Sommersonnwende, und dauerte fünf Jahre.

Zu den großen astronomischen Forschungsergebnissen gehörten die Berechnung der genauen Ausmaße des Sonnensystems (1672), die Entwicklung von Messgeräten, die Kartierung des Mondes (1679) und die Entdeckung des Planeten Neptun (1846).

Die Fassade des Observatoriums

La Closerie des Lilas ⓬

171, blvd du Montparnasse, 75014. **Karte** 16 E2. *01 40 51 34 50.* *Vavin.* *Port Royal.* *Bar tägl. 11–1 Uhr, Brasserie tägl. 12–23.30 Uhr.*

Lenin, Trotzki, Hemingway – sie besuchten diverse Bars und Cafés von Montparnasse, aber die Closerie war ihr Lieblingsort. Ein Gutteil des Romans *Fiesta* von Hemingway spielt hier. In nur sechs Wochen schrieb er den Roman auf der Terrasse nieder. Heute ist diese Terrasse von vielen Bäumen umgeben, das ganze Anwesen glänzt mit eleganterer Erscheinung *(siehe S. 37)*.

Gebeine in den Catacombes

Cimetière du Montparnasse ❹

Der Friedhof von Montparnasse wurde von Napoléon außerhalb der Stadtmauern angelegt, um die zahlreichen kleinen, überfüllten Grabanlagen innerhalb der Altstadt zu entlasten. Diese galten um 1800 als Gesundheitsgefahr. Er wurde 1824 eröffnet und zum Ruheplatz vieler illustrer Pariser (vor allem von der Rive Gauche). Wie in allen französischen Friedhöfen gliedern gepflegte Wege die einzelnen Gräberfelder. Die Rue Emile Richard zerteilt ihn in den Grand und den Petit Cimetière.

★ Ehrenmal von Charles Baudelaire
Es erinnert an den großen Essayisten und Kritiker (1821–1867), der Die Blumen des Bösen *schrieb.*

Samuel Beckett, der durch Werke wie *Warten auf Godot* berühmte irische Dramatiker, verbrachte den Großteil seines Lebens in Paris. Er starb 1989.

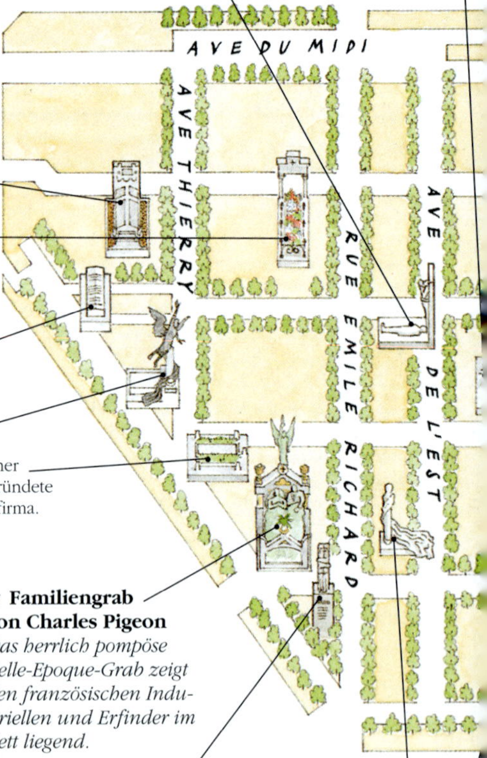

Das **Pétain-Grab** birgt die Familie des Marschalls, der während des Zweiten Weltkriegs mit den Deutschen kollaborierte. Pétain selbst liegt auf der Ile d'Yeu begraben, wo er auch interniert war.

Guy de Maupassant war ein Romancier des 19. Jahrhunderts.

Der Hochverratsprozess gegen den Hauptmann jüdischer Abstammung **Alfred Dreyfus** 1894 löste einen politischen und gesellschaftlichen Skandal aus.

Frédéric Auguste Bartholdi schuf 1886 die Freiheitsstatue in New York.

André Citroën, 1935 verstorbener Ingenieur und Industrieller, begründete die berühmte französische Autofirma.

★ Familiengrab von Charles Pigeon
Das herrlich pompöse Belle-Epoque-Grab zeigt den französischen Industriellen und Erfinder im Bett liegend.

Nicht versäumen

- **★ Ehrenmal von Charles Baudelaire**
- **★ Familiengrab von Charles Pigeon**
- **★ Serge Gainsbourg**
- **★ Jean-Paul Sartre und Simone de Beauvoir**

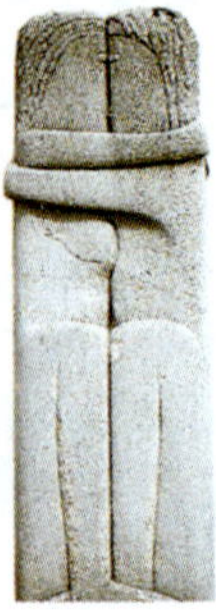

Der Kuss von Brâncuşi
Die kubistische Skulptur des bedeutenden rumänischen Künstlers, der 1957 starb und nahe der Rue Emile Richard begraben liegt, ist eine Hommage an Rodins Kuss.

Charles-Augustin Sainte-Beuve war ein Kritiker der französischen Romantik und wird gemeinhin »Vater der modernen Kritik« genannt.

Camille Saint-Saëns, der 1921 verstorbene Pianist, Organist und Komponist, gilt als einer der großen nachromantischen Musiker Frankreichs.

★ **Serge Gainsbourg**
Der französische Sänger, Pop-Ikone der 1970er und 1980er Jahre, ist für seine tabulosen Songs bekannt. Er war mit der Schauspielerin Jane Birkin verheiratet.

INFOBOX

3, blvd Edgar Quinet. **Karte** 16 D3. *01 44 10 86 50.* M *Edgar Quinet.* *38, 83, 91 zum Port Royal.* RER *Port Royal.* P *Rue Campagne-Première, Blvd St-Jacques.* *Mitte März–Okt Mo–Fr 8–18 Uhr, Sa 8.30–18 Uhr, So 9–18 Uhr; Nov–Mitte März bis 17.30 Uhr.*

Der **Turm** ist der einzige Überrest einer Mühle aus dem 17. Jahrhundert. Sie war Teil des Besitzes der Barmherzigen Brüder, auf dem der Friedhof errichtet wurde.

Génie du Sommeil Eternel
H. Daillions Bronzeengel des Ewigen Schlafs bildet das Zentrum des Friedhofs.

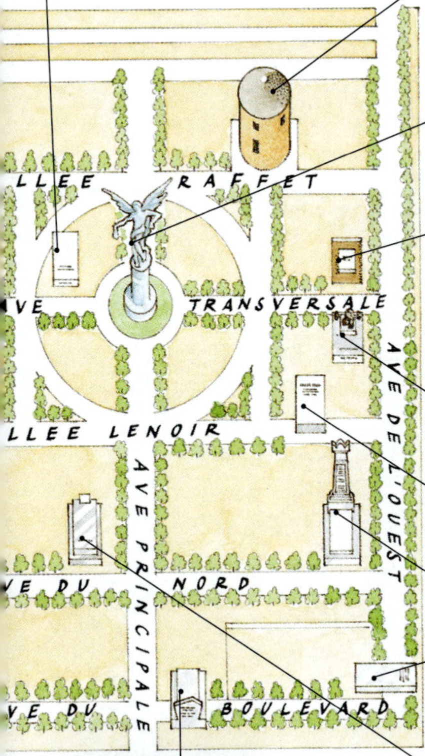

Tristen Tzara, der rumänische Schriftsteller, führte den literarischen und künstlerischen Dadaismus im Paris der 1920er Jahre an.

Henri Laurens
Der französische Bildhauer (1885– 1954) war führend in der kubistischen Bewegung.

Man Ray, amerikanischer Fotograf, machte die Kunst- und Kaffeehaus-Atmosphäre des Montparnasse der 1920er und 1930er Jahre unsterblich.

Charles Baudelaire liegt hier bestattet, zusammen mit seiner Mutter – im Familiengrab seines gehassten Schwiegervaters.

Chaim Soutine, ein armer ukrainischer Jude, war ein Boheme-Maler des Montparnasse der 1920er Jahren. Er war eng mit dem italienischen Künstler Amedeo Modigliani befreundet.

Jean Seberg
Die Hollywood-Schauspielerin, Hauptdarstellerin in François Truffauts Film Außer Atem, *war der Inbegriff von Jugend, Glamour und blonder Schönheit.*

★ **Jean-Paul Sartre und Simone de Beauvoir**
Das existentialistische Paar, nach dem Krieg unangefochtene Führer der Literaturszene, ruht nahe der geliebten Rive Gauche.

Hôtel des Invalides und Eiffelturm

Kanone im Musée de l'Armée

Die Gegend um das Hôtel des Invalides mutet wie ein Viertel der Denkmäler an. Von den ausladenden, an die Avenue de la Motte Piquet grenzenden Gebäuden der Ecole Militaire erstreckt sich der Parc du Champs de Mars zum Eiffelturm und an die Seine. Luxusbauten, einige im Art-nouveau-Stil, und Botschaften säumen die Avenuen um den Eiffelturm. Bereits zwischen den Weltkriegen, als der bekannte Schauspieler und Schriftsteller Sacha Guitry hier wohnte, genoss die Gegend hohes Ansehen. Schon im 18. Jahrhundert zogen Wohlhabende aus dem Marais in diesen Stadtteil und errichteten ihre aristokratischen Häuser in der Rue de Varenne und Rue de Grenelle.

Sehenswürdigkeiten auf einen Blick

Historische Gebäude und Straßen
Assemblée Nationale Palais Bourbon ⓫
Champ-de-Mars ⓮
Ecole Militaire ⓲
Hôtel des Invalides ❻
Hôtel Matignon ❽
Les Egouts ⓭
No. 29 Avenue Rapp ⓰
Rue Cler ⓬

Museen und Galerien
Musée de l'Armée ❹
Musée de l'Ordre de la Libération ❸
Musée des Plans-Reliefs ❺
Musée Maillol ❾
Musée Rodin ❼

Kirchen und Gedenkstätten
Dôme des Invalides S. 188f ❶
Sainte-Clothilde ❿
St-Louis-des-Invalides ❷

Turm
Eiffelturm S. 192f ⓯

Moderne Architektur
UNESCO ⓳
Village Suisse ⓱

Anfahrt
Das Viertel besitzt mit den Métro-Stationen Invalides, Solférino, Sèvres-Babylone, Varenne, La Tour-Mabourg und Ecole Militaire eine vorzügliche Verkehrsanbindung. Es liegt auf den Routen verschiedener Busse: Linie 69 fährt über die Rue St-Dominique ostwärts und auf dem Rückweg durch die Rue de Grenelle. Bus 87 verkehrt auf der Avenue de Suffren, Bus 28 auf der Avenue De La Motte Piquet.

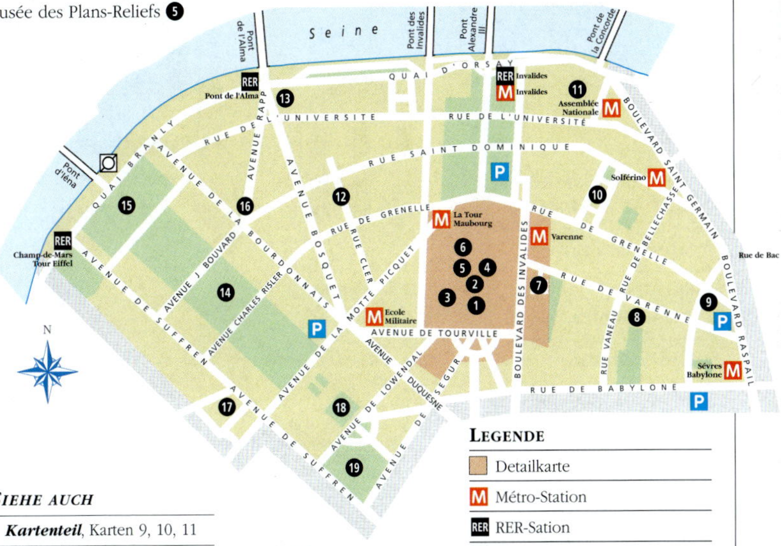

Legende
Detailkarte
M Métro-Station
RER RER-Sation
Batobus-Anlegestelle
P Parken

Siehe auch
- ***Kartenteil***, Karten 9, 10, 11
- ***Übernachten*** S. 279, 283
- ***Restaurants*** S. 297, 303

Im Detail: Hôtel des Invalides

Berittener Militärpolizist

DEN IMPOSANTEN NAMENSGEBER des Viertels, das Hôtel des Invalides, ließ Louis XIV 1671–76 für seine versehrten und obdachlosen Veteranen und zum Zeichen seines Ruhms erbauen. Im Mittelpunkt glänzt golden die Kuppel des Dôme des Invalides, Kirche des Sonnenkönigs und letzte Ruhestatt von Napoléon Bonaparte. Der Leichnam des Kaisers wurde 1840, 19 Jahre nach seinem Tode, von St. Helena hierher überführt. Er ruht in einem roten, majestätischen Sarkophag, einer Schöpfung von Joachim Visconti, in der runden Krypta. Im Gegensatz zu dieser getragen-weihevollen Umgebung wirkt das Musée Rodin, östlich des Hôtel am Boulevard des Invalides gelegen, wie ein erholsamer Hort klarer Kunst.

Métro-Station La Tour Maubourg

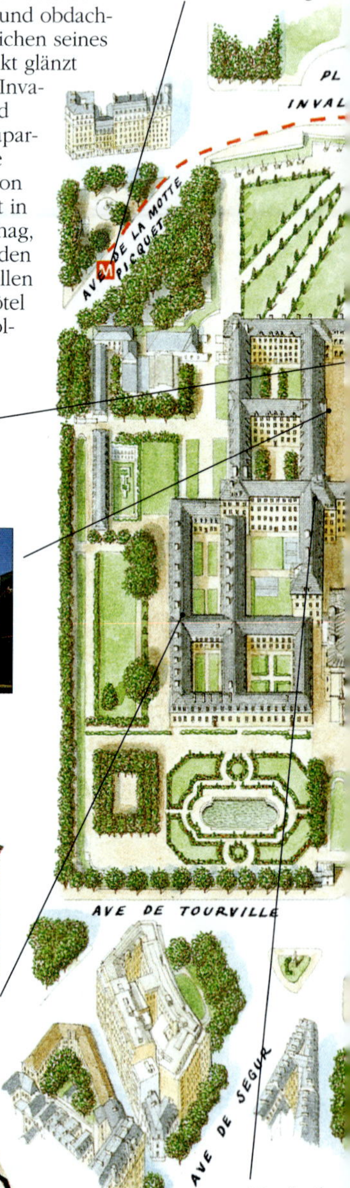

Die streng gegliederte **Fassade** des Hôtel des Invalides hat eine Länge von 196 Metern. Trophäen-Motive, von denen keines dem anderen gleicht, schmücken die Dachfenster.

★ Musée de l'Armée

Das Museum bietet einen Überblick der Militärgeschichte von der Frühzeit bis zum Zweiten Weltkrieg. Eine Ausstellung erläutert, beginnend bei den Flaggen des ancien régime, *das Entstehen der französischen Trikolore.* ❹

Musée de l'Ordre de la Libération

Mit diesem Orden wurden Heldentaten des Zweiten Weltkriegs ausgezeichnet. ❸

Musée des Plans-Reliefs

Modelle von Festungsanlagen, befestigten Städten, Pläne und Grafiken zeigt dieses Museum. ❺

NICHT VERSÄUMEN

- **★ Musée de l'Armée**
- **★ St-Louis-des-Invalides**
- **★ Musée Rodin**
- **★ Dôme des Invalides und Napoléons Grab**

LEGENDE

▬ ▬ ▬ Routenempfehlung

0 Meter 100

General de Gaulles Befreiungsorden und Kompass

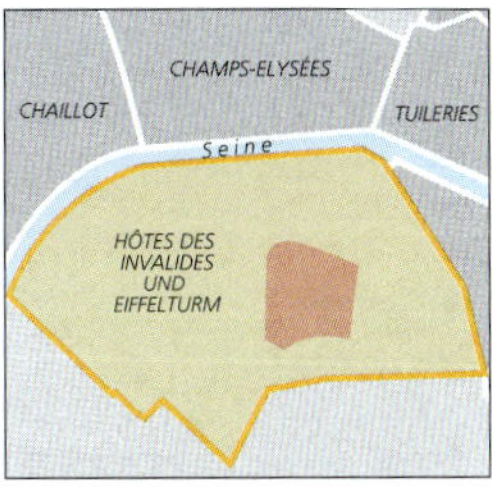

ZUR ORIENTIERUNG
Siehe Kartenteil, Karten 9, 10, 11

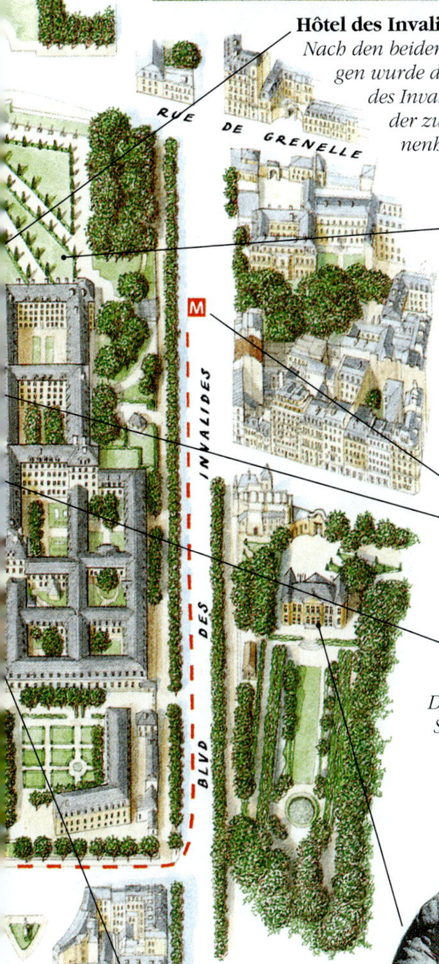

Hôtel des Invalides
Nach den beiden Weltkriegen wurde das Hôtel des Invalides wieder zum Veteranenhospital. ❻

Die **Gartenanlage** gestaltete de Cotte 1704. Hier stehen Kanonen aus dem 17. und 18. Jahrhundert.

Métro-Station Varenne

Der **Cour d'Honneur** ist heute noch Schauplatz von Militärparaden. An seiner Südseite steht eine Napoléon-Statue, im Volksmund »Le Petit Caporal« genannt.

★ St-Louis-des-Invalides
Die Soldatenkirche St-Louis grenzt an den Dôme des Invalides. ❷

★ Musée Rodin
Mit seinem Schaffen hatte Auguste Rodin die Bildhauerkunst grundlegend beeinflusst. Seine Meisterwerke, wie beispielsweise Der Denker *(um 1880), sind hier zu bewundern.* ❼

★ Dôme des Invalides und Napoléons Grab
Der Bau des Doms dauerte 27 Jahre. Die Krypta birgt den Sarkophag Napoléons, dessen letzter Wille es war, »an den Ufern der Seine zu ruhen«. ❶

Dôme des Invalides ❶

Siehe S. 188 f.

St-Louis-des-Invalides ❷

Hôtel des Invalides, 75007. **Karte** 11 A3. *La Tour-Maubourg, Varenne.* *01 44 42 37 65.* *Apr–Sep tägl. 10–18 Uhr; Okt–März tägl. 10–17 Uhr.*

NACH PLÄNEN von Libéral Bruant, dem Architekten des Hôtel des Invalides, erbaute Jules Hardouin-Mansart von 1679 bis 1708 die auch »Soldatenkirche« genannte Hauskapelle des Hôtel des Invalides. Das Ehrfurcht gebietende, schlichte Interieur schmücken in Schlachten erbeutete Fahnen.

Die herrliche Orgel (17. Jh.) baute Alexandre Thierry. Hier erklang 1837 erstmals das *Requiem* von Hector Berlioz unter Mitwirkung von vier Orchestern und einem gewaltigen Chor.

Musée de l'Ordre de la Libération ❸

51 bis, blvd de La Tour-Maubourg, 75007. **Karte** 11 A4. *01 47 05 04 10.* *La Tour-Maubourg.* *tägl. 10–18 Uhr (Winter bis 17 Uhr).* *Feiertage.* *nach Vereinbarung, 1 Monat vorher anmelden.*

DAS MUSEUM GEDENKT der Vertreter des »Freien Frankreichs«, die sich im

Altar von St-Louis-des-Invalides

Fassade des Musée de l'Orde de la Libération

Zweiten Weltkrieg unter Führung Charles de Gaulles in London zur Exilregierung zusammenfanden. Den Befreiungsorden, Frankreichs höchstes Ehrenzeichen, stiftete de Gaulle 1940 in Brazzaville als Auszeichnung für herausragende Leistungen bei der Unterstützung der Alliierten. Zum Kreis der dekorierten *companions* zählten Zivilisten und Militärs sowie einige ausländische Persönlichkeiten, so George VI von England, Churchill und Eisenhower.

Kanonen im Musée de l'Armée

Musée de l'Armée ❹

Hôtel des Invalides 75007. **Karte** 11 A3. *01 44 42 37 72.* *La Tour-Maubourg, Varenne.* RER *Invalides.* *tägl. 10–18 Uhr (Winter bis 17 Uhr).* *1. Jan., 1. Mai, 1. Nov., 25. Dez.* *nur Erdgeschoss.* ***Filme***.

KAUM EIN ANDERES Museum der Welt erläutert Militärgeschichte derart umfassend. Die Exponate reichen von der Frühzeit bis in die letzten Tage des Zweiten Weltkriegs. Die Säle sind in zwei von vier ehemaligen Refektorien, die im Hôtel des Invalides (17. Jh.) die Seiten des herrlichen Hofes säumen, und in dem neu eröffneten »Priesterflügel« mit der erweiterten Abteilung zum Zweiten Weltkrieg.

An der Ostseite beeindrucken in der Salle Turenne Fahnen aus der Zeit von 1619 bis 1945, darunter die Flagge, die 1814, als Napoleon erstmals abdankte, in Fontainebleau gehisst wurde. Die Salle Napoléon im zweiten Stock erinnert an Napoléons Internierung auf Elba, das Intermezzo der Hundert Tage, Waterloo und an sein Exil auf St. Helena, veranschaulicht durch eine Rekonstruktion des Zimmers, in dem er 1821 starb.

Die Salle orientale an der Westseite ist mit Waffen und Rüstungen aus China, Japan, Indien und der Türkei bestückt. Schwerter und Dolche aus der Renaissance sind in der Salle François I ausgestellt, Rüstungen, Helme, Speere, Schwerter und Feuerwaffen füllen das Arsenal.

Musée des Plans-Reliefs ❺

Hôtel des Invalides, 75007. **Karte** 11 B3. *01 44 42 30 11.* *La Tour-Maubourg, Varenne.* RER *Invalides.* *tägl. 10–18 Uhr (Winter bis 17 Uhr).* *1. Jan, 1. Mai, 1. und 11. Nov, 25. Dez.*

Karte von Alessandria, Italien (1813)

DIE DETAILLIERTEN Modelle französischer Festungen und befestigter Städte, von denen einige bis in die Regierungszeit von Louis XIV zurückreichen, galten als streng geheim, ehe man sie in den 1950er Jahren hier ausstellte. Das älteste Modell (1686) zeigt Perpignan, dessen Befestigungen im 17. Jahrhundert der berühmte Baumeister Vauban entwarf, der auch Städte wie Briançon mit Verteidigungsanlagen versah.

Hôtel des Invalides ❻

75007. **Karte** 11 A3. *01 44 42 37 72.* *Latour-Maubourg, Varenne.* *tägl. 10–18 Uhr (Winter bis 17 Uhr).* *Feiertage.* www.invalides.org

Hauptportal des Hôtel des Invalides

LOUIS XIV ließ dieses erste Militärhospital einrichten, das auch Kriegsveteranen und verarmten, auf Almosen angewiesenen Soldaten Obdach gewährte. 1670 erging der Erlass zum Bau des riesigen Komplexes, der nach Plänen Libéral Bruants fünf Jahre später abgeschlossen war.

Die harmonische klassizistische Fassade zählt zu den bemerkenswertesten Sehenswürdigkeiten von Paris. Kanonen prangen im Vorhof des vierstöckigen Gebäudes, der Garten und die von Bäumen gesäumte Esplanade reichen bis an die Seine. Südlich gelangt man zur Soldatenkirche St-Louis-des-Invalides, hinter der sich Jules Hardouin-Mansarts großartiger Dôme anschließt. Seit 1989 strahlt seine neuvergoldete Kuppel wieder in altem Glanz.

Musée Rodin ❼

77, rue de Varenne, 75007. **Karte** 11 B3. *01 44 18 61 10.* *Varenne.* *Apr–Sep Di–So 9.30–17.45 Uhr; Okt–März Di–So 10–16.45 (Gärten bis 17.45 Uhr).* *25. Dez, 1. Jan, 1. Mai.* *eingeschränkt.* *gelegentl.* www.musee-rodin.fr

AUGUSTE RODIN, Frankreichs bedeutendster Bildhauer des 19. Jahrhunderts, lebte und arbeitete von 1908 bis zu seinem Tod 1917 im Hôtel de Biron. Als Gegenleistung für Wohnung und Atelier vermachte Rodin dem Staat seine Werke. Im Garten der eleganten Villa aus dem 18. Jahrhundert sind wertvolle Skulpturen zu bewundern: *Die Bürger von Calais*, *Der Denker*, *Das Höllentor* und *Balzac*. Umgeben von 2000 Rosenbüschen lassen sie den Garten zur Augenweide werden.

Die ausgestellten Arbeiten umspannen das gesamte Lebenswerk des Künstlers. Glanzlichter setzen Skulpturen wie *Der Kuss* und *Eva*.

Hôtel Matignon ❽

57, rue de Varenne, 75007. **Karte** 11 C4. *Solférino, Rue du Bac.* *der Öffentlichkeit nicht zugänglich.*

DAS PRIVATPALAIS, eines der schönsten im Viertel Faubourg, wurde 1721 von Jean Courtonne erbaut, jedoch seither grundlegend umgestaltet. Zu seinen Besitzern zählten der Staatsmann und Diplomat Talleyrand, der hier rauschende Feste und Empfänge gab, sowie verschiedene Adelige. Seit 1958 ist das Anwesen mit dem größten Privatpark der Stadt offizielle Residenz des französischen Premierministers.

Rodins *Kuss* (1886) im Musée Rodin

Musée Maillol ❾

59–61, rue de Grenelle, 75007. **Karte** 11 C4. *01 44 22 59 58.* *Sèvres-Babylone, Rue du Bac.* *Mi–Mo 11–18 Uhr.* www.musee-maillol.com

DINA VIERNY, einst Modell und Muse des Künstlers Maillol, richtete dieses Museum ein, das dem katalanischen Künstler gewidmet ist. Alle Bereiche seines Kunstschaffens – Zeichnungen, Gemälde, Skulpturen und dekorative Objekte – sind hier zu sehen. Ausgestellt ist auch Dina Viernys Privatsammlung mit Werken von Matisse, Dufy, Picasso und Rodin.

Vor dem Haus am Brunnen stehen zahlreiche allegorische Figuren, z.B. die *Stadt Paris* oder die *Vier Jahreszeiten*.

Skulpturen bei Ste-Clothilde

Sainte-Clothilde ❿

12, rue de Martignac, 75007. **Karte** 11 B3. *01 44 18 62 64.* *Solférino, Varenne, Invalides.* *tägl. 9–19 Uhr.* *Feiertage.*

DER ARCHITEKT François-Christian Gau, ein gebürtiger Deutscher, entwarf die Pläne für diese Kirche. Als erster neogotischer Bau von Paris spiegelt sie die im 19. Jahrhundert herrschende Bewunderung für das Mittelalter wider, der Schriftsteller wie Victor Hugo literarisch Ausdruck verliehen. Selbst vom gegenüberliegenden Seine-Ufer aus erkennt man die mächtigen Zwillingstürme. Das Innendekor bereichern Buntglasfenster mit Szenen aus dem Leben der Schutzheiligen und ein skulptierter Kreuzweg von Jean-Jacques Pradier. Auf der Orgel spielte 32 Jahre lang der Komponist César Franck.

Dôme des Invalides ❶

Der Sonnenkönig Louis XIV beauftragte 1676 Jules Hardouin-Mansart, die Gebäude des Hôtel des Invalides mit einem Dom zu krönen. Eine Soldatenkirche stand bereits, der Dom sollte ausschließlich dem Sonnenkönig vorbehalten bleiben und als königliche Grablege dienen. Inmitten der umliegenden Bauten geriet die Kirche zu einem Meisterwerk und herausragenden Beispiel der französischen Architektur des 17. Jahrhunderts. Nach dem Tod von Louis XIV verwarf man das Vorhaben, die königliche Familie hier beizusetzen. Der Dôme des Invalides wurde zum Ruhmesdenkmal der Bourbonen. 1840 ließ Louis-Philippe die sterblichen Überreste Napoléons hierher überführen. Weitere Gräber, u.a. jene von Vauban, Marschall Foch und anderen Persönlichkeiten, machen die Kirche zum nationalen Denkmal.

Kuppel
Rippen, Trophäen und Laterne sind vergoldet.

① **Grab des Joseph Bonaparte**
Der Sarkophag von Napoléons ältestem Bruder, König von Neapel und später König von Spanien, steht in der Augustinuskapelle.

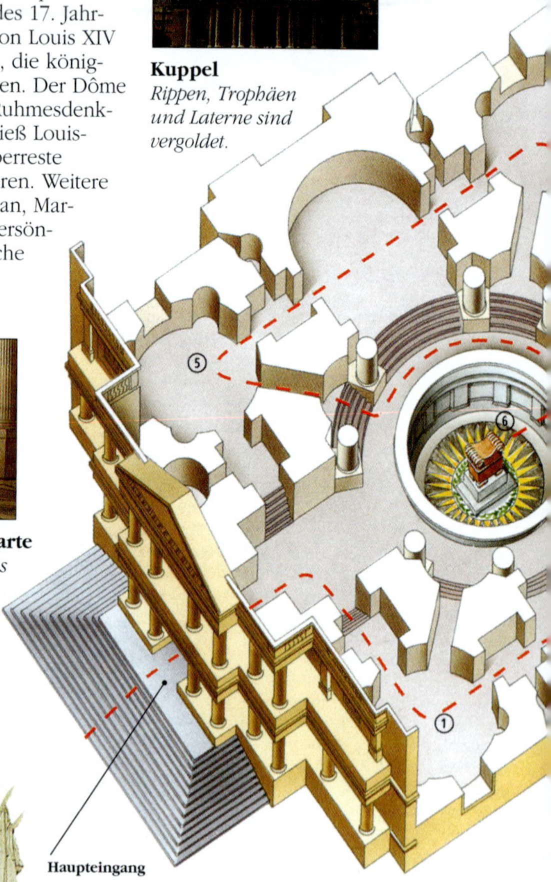

② **Grabmal des Marschall Vauban**
Die 1808 auf Geheiß von Napoléon I errichtete Stätte birgt eine Urne mit dem Herzen von Sébastien le Prestre de Vauban, der 1707 starb. Unter Louis XIV war er der bedeutendste Festungsbaumeister, Höhepunkt seiner militärischen Laufbahn war 1703 die Ernennung zum Marschall. Seine Rikoschett-Batterien waren für den Festungsbau richtungsweisend. Die Statue von Antoine Etexist wird von den Figuren Wissenschaft *und* Krieg *flankiert.*

⑥ Gläserne Galerie
Der Zugang zur Krypta mit dem Sarkophag Napoléons befindet sich bei der geschwungenen Treppe vor dem Altar. Die Glaswand hinter dem Altar trennt den Dôme von St-Louis-des-Invalides.

INFOBOX

Hôtel National des Invalides, 129, rue de Grenelle. **Karte** 11 A3. *01 44 42 37 72.* *Latour-Maubourg, Varenne.* *28, 49, 63, 69, 82, 83, 87, 92 nach Les Invalides.* RER *Invalides.* *Tour Eiffel.* P *Rue de Constantine.* *Okt–März tägl. 10–17 Uhr; Apr–Sep tägl. 10–18 Uhr.* *1. Jan, 1. Mai, 17. Juni, 1. Nov, 25. Dez.* *eingeschränkt.* *Gruppen.* *01 44 42 37 72.*

LEGENDE

– – – Rundgang

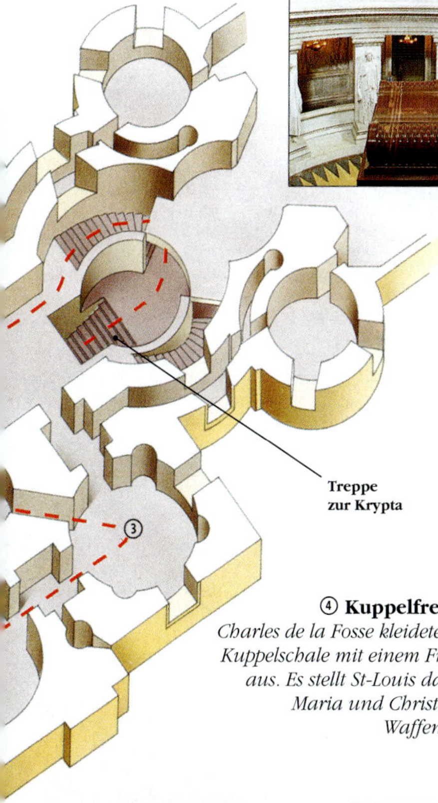

⑤ Seitenkapelle St-Jérôme
In der südwestlichen Seitenkapelle befindet sich das Grabmal von Napoléons jüngerem Bruder Jérôme, dem auch »König Lustig« genannten König von Westfalen.

④ Kuppelfresko
Charles de la Fosse kleidete die Kuppelschale mit einem Fresko aus. Es stellt St-Louis dar, der Maria und Christus seine Waffen darbietet.

③ Grab des Marschall Foch
Paul Landowski errichtete 1937 das beeindruckende Bronzegrab für Ferdinand Foch.

NAPOLÉONS RÜCKKEHR

Im Jahr 1940 ließ König Louis-Philippe den Leichnam Kaiser Napoléons von St. Helena in einem wahren Triumphzug nach Paris überführen. Der von historischem und militärischem Nimbus umgebene Dôme des Invalides war ideal als letzte Ruhestatt. Man bettete Napoléons sterbliche Überreste in sechs ineinander gefügte Särge. Zunächst wurde er in der südwestlichen Seitenkapelle aufgebahrt. Die Beisetzung in der Krypta bildete 1841 den Höhepunkt einer bombastischen Zeremonie.

Klassizistische Fassade der Assemblée Nationale Palais-Bourbon

Assemblée Nationale Palais Bourbon ⓫

126, rue de l'Université, 75007. **Karte** 11 B2. *01 40 63 60 00.* *Assemblée Nationale.* RER *Invalides.* *Sa 10, 14, 15 Uhr. Eingang 33, quai d'Orsay. Ausweis erforderlich.* *Gruppen.* *01 40 63 64 08.*

DAS PALAIS BOURBON wurde 1722 für die Tochter von König Louis XIV erbaut. Es wurde während der Französischen Revolution beschlagnahmt, seit 1830 dient es als Sitz der Nationalversammlung Frankreichs, und während der deutschen Besatzung im Zweiten Weltkrieg etablierten die Nationalsozialisten hier ihren Verwaltungssitz. Heute können Zuschauer die Sitzungen der französischen Nationalversammlung verfolgen.

Die eindrucksvolle klassizistische Fassade mit den zwölf Säulen wurde dem Palais erst 1806 hinzugefügt, um eine harmonische Ensemblewirkung mit der Kirche La Madeleine auf der anderen Seine-Seite zu erreichen. Das an das Palais-Bourbon angrenzende, von de Condé erbaute Hôtel de Lassay ist Dienstsitz des Präsidenten der Nationalversammlung.

Rue Cler ⓬

75007. **Karte** 10 F3. *Ecole Militaire, La Tour-Maubourg.* ***Markt*** *Di–Sa.* *Siehe* ***Läden und Märkte*** *S. 326f.*

IN DER RUE CLER findet der Straßenmarkt des begütertsten Viertels von Paris statt. Im siebten Arrondissement haben sich hohe Beamte, Industriemagnaten und Diplomaten niedergelassen. Hochwertig sind die Produkte – und entsprechend die Preise. Der Markt liegt in einer Fußgängerzone südlich der Rue de Grenelle. Wer die exklusiv gekleideten Pariserinnen beim Einkaufen beobachten will, kann bei dieser Gelegenheit die Jugendstilhäuser Nr. 33 und 151 bewundern.

Les Egouts ⓭

Vor 93, quai d'Orsay, 75007. **Karte** 10 F2. *01 53 68 27 81.* *Alma-Marceau.* RER *Pont de l'Alma.* *Sa–Mi 11–17 Uhr (Winter bis 16 Uhr).* *letzte drei Wochen Jan.*

DIE ABWASSERKANÄLE *(égouts)*, die Baron Haussmann im Zweiten Kaiserreich *(siehe S. 32f)* anlegen ließ, sind eine seiner beachtlichsten Leistungen. Mit einer Gesamtlänge von 2100 Kilometern würden sie von Paris bis Istanbul reichen. Die auf ein Gebiet um den Eingang am Quai d'Orsay begrenzten Führungen erfolgen zu Fuß. Dort wurde ein kleines Kanalisationsmuseum eingerichtet, in dem Besucher in das unterirdischen Paris eintauchen sowie Maschinen und Geräte aus vergangenen und modernen Tagen der Kanalisierung besichtigen können.

Blick in eine Weinhandlung in der Rue Cler

Eingang Avenue Rapp Nr. 29

Champ-de-Mars ⓮

75007. **Karte** 10 E3. Ⓜ *Ecole-Militaire.* RER *Champ-de-Mars-Tour-Eiffel.*

Der Park erstreckt sich vom Eiffelturm bis zur Ecole Militaire. Auf seinem Gelände paradierten einst die Offiziersanwärter, später fanden Pferderennen, Ballonflüge und am 14. Juli, dem Nationalfeiertag, Massenveranstaltungen statt. Der ersten Jubiläumsfeier der Revolution wohnte 1790, mürrisch und entmündigt, Louis XVI bei. Bis zum späten 19. Jahrhundert erregten große Ausstellungen Aufsehen, so die Weltausstellung 1889, anlässlich derer der Eiffelturm gebaut wurde. Von Jean-Michel Wilmotte stammt das Friedensmonument *Mur de la Paix*.

Montgolfière über Paris

Eiffelturm ⓯

Siehe S. 192f.

No. 29 Avenue Rapp ⓰

75007. **Karte** 10 E2. Ⓜ *Pont de l'Alma.*

Ein Meisterwerk der Jugendstilarchitektur lässt Besucher in der Avenue Rapp vor dem Haus Nr. 29 innehalten. Es trug seinem Architekten, Jules Lavirotte, 1901 beim Concours des Façades de la Ville de Paris den ersten Preis ein. Die Keramik- und Ziegelfassade ziert ein reizvolles Dekor aus Tier- und Pflanzenmotiven. Auf verschiedenfarbigen Sandstein sind erotische Frauenfiguren gesetzt, die seinerzeit gewiss Anstoss erregten. Auch Lavirottes unversehrtes Gebäude samt Wachturm am Square Rapp ist eine Besichtigung wert.

Village Suisse ⓱

38–78, ave de Suffren, 75015. **Karte** 10 E4. Ⓜ *Dupleix.* *Do–Mo 10.30–19 Uhr.*

Zur Weltausstellung, die 1900 auf dem nahen Champ-de-Mars stattfand, bildete die Schweizer Regierung ein Alpendorf nach, das sich zu einem Zentrum des Gebrauchtwarenhandels entwickelte. Seit in den 1950er Jahren immer mehr Antiquitätenhändler einzogen, verlangt das exklusive Angebot ein dickes Portemonnaie. In den 1960er Jahren wurde das »Schweizer Dorf« renoviert.

Ecole Militaire ⓲

1, pl Joffre, 75007. **Karte** 10 F4. Ⓜ *Ecole Militaire.* ***Besuche** nur mit Genehmigung der Militärbehörde – schriftliche Anfrage notwendig!*

Die Königliche Militärakademie wurde 1751 von Louis XV zur Ausbildung von fünfhundert armen Offizierssöhnen gegründet. Verantwortlich zeichnete der Architekt Jacques-Ange Gabriel. Einen Hauptblickfang bildet der mittlere Pavillon, mit acht korinthischen Säulen und Kuppel ein gelungenes Beispiel des Klassizismus. Beachtenswert sind die Kapelle und das Geländer der Haupttreppe.

Zu den Kadetten der Akademie zählte Napoléon, dem man bescheinigte: »Sofern es die Umstände gestatten, steht ihm eine große Zukunft bevor.«

Planung der Ecole Militaire (Stich von 1751)

UNESCO ⓳

7, pl de Fontenoy, 75007. **Karte** 10 F5. *01 45 68 10 00.* *01 45 68 10 60.* Ⓜ *Ségur, Cambronne.* *Mo–Fr 9–18 Uhr.* *Feiertage & während Konferenzen.* ***Ausstellungen, Filme.*** www.unesco.org

Hier hat die UNESCO ihren europäischen Hauptsitz. Die Organisation der Vereinten Nationen für Erziehung, Wissenschaft und Kultur widmet sich der Zusammenarbeit ihrer Mitgliederstaaten bei den verschiedensten Projekten.

Im UNESCO-Gebäude sind ein Wandgemälde von Picasso, eine Keramik von Joan Miró und einige Skulpturen von Henry Moore zu entdecken.

Henry Moores *Reclining Figure* in der UNESCO (1958)

Eiffelturm ⑮

Blick auf den Eiffelturm vom Trocadéro

Anlässlich der Weltausstellung 1889 erbaut, sollte der Eiffelturm (Tour Eiffel) die Skyline der Stadt nur vorübergehend prägen. Der Ingenieur Gustave Eiffel wurde von den Ästheten seiner Zeit heftig geschmäht. Der Dichter Guy de Maupassant speiste regelmäßig hier – nur um den Turm nicht sehen zu müssen. Erst 1931 machte das Empire State Building in New York dem Eiffelturm den Rang des höchsten Gebäudes der Welt streitig. Heute erstrahlt das Wahrzeichen von Paris mit neuer Beleuchtung schöner denn je.

Filigran aus Eisen
Das komplizierte Gitterwerk der roheisernen Träger ersann Eiffel, um das Bauwerk bei starken Winden zu stabilisieren. Die gefällige Symmetrie fand alsbald auch hohes künstlerisches Lob.

Maschinenraum des Aufzugs
Bei den Aufzügen zog Eiffel die Sicherheit der Geschwindigkeit vor.

Nicht versäumen

- ★ Cinémax
- ★ Hydraulischer Aufzugsmechnismus
- ★ Aussichtsplattform
- ★ Eiffel-Büste

★ Cinémax
Das kleine Museum lässt mit einem kurzen Film die Geschichte des Turms lebendig werden. Hier haben auch berühmte Besucher des Eiffelturms ihren Fußabdruck hinterlassen, so Charlie Chaplin und Josephine Baker.

Herausforderung und Illusion

Der Turm regte häufig die Abenteuerlust an. Bergsteiger erklommen ihn, ein Journalist radelte von der Spitze hinab, Fallschirmspringer stürzten sich hinunter, Trapezkünstler nutzten ihn als Gerüst. 1912 versuchte der Pariser Schneider Reichelt, mit einem Flügel-Cape von der Brüstung abzuheben. Vor den Augen der Zuschauer stürzte er in den Tod. Der Autopsie zufolge setzte sein Herz aus, ehe er den Boden berührte.

Der »Vogelmensch«

★ Hydraulischer Aufzugsmechanismus
Dieser Teil des ursprünglichen Aufzugs von 1900 führt den Lift von der zweiten Etage zur Turmspitze.

Die **dritte Plattform**, 276 Meter über dem Erdboden, bietet 400 Personen Platz.

★ Aussichtsplattform
An klaren Tagen beträgt die Sicht 72 Kilometer, manchmal bis zur Kathedrale von Chartres.

INFOBOX

Champ-de-Mars. **Karte** 10 D3. *01 44 11 23 11. Bir Hakeim. 42, 69, 72, 82, 87, 91 zum Champ-de-Mars. RER Champ-de-Mars. Tour Eiffel. Sep– Juni 9.30– 23.30 Uhr (letzter Einlass 22.30 Uhr); Juli, Aug 9–24 Uhr (letzter Einlass 23 Uhr). eingeschränkt.* ***Filme, Videos, Postamt.*** W www.tour-eiffel.com

Doppelstöckige Aufzüge
Aufgrund des begrenzten Fassungsvermögens der Aufzüge erreicht man in der Hauptsaison womöglich erst nach stundenlangem Warten die Turmspitze. Das Schlangestehen verlangt Geduld und Schwindelfreiheit.

Die **zweite Plattform** befindet sich auf 115 Meter Höhe. Sie ist über 359 Stufen oder mit dem Lift zu erreichen.

Das **Jules-Verne-Restaurant,** eines der besten von Paris, verwöhnt mit ausgezeichnetem Essen und Panoramablick *(siehe S. 303).*

Die **unterste Plattform** liegt auf 57 Meter Höhe und lässt sich mit dem Lift oder über 360 Stufen erreichen. Hier befindet sich auch ein Postamt.

DER TURM IN ZAHLEN

- Höhe (mit Antenne) 324 Meter.
- durch Ausdehnung an heißen Tagen 18 Zentimeter Höhenzuwachs.
- 1665 Stufen bis zur dritten Plattform.
- 2,5 Millionen Nieten halten den Turm zusammen.
- Schwingung maximal 7 Zentimeter.
- 10 100 Tonnen Gewicht.
- benötigt alle sieben Jahre 60 Tonnen Farbe.

Arbeiter beim Bau des Turms

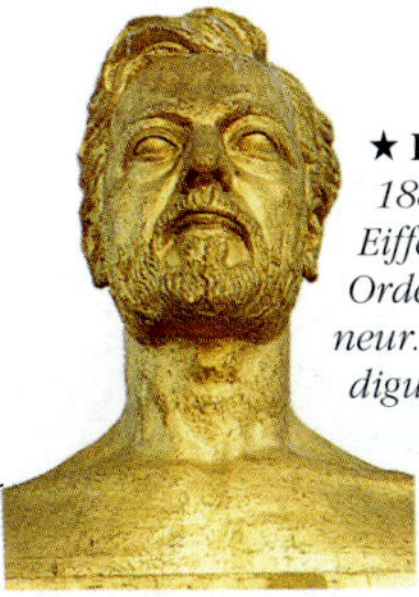

★ Eiffel-Büste
1889 erhielt Gustave Eiffel (1832–1923) den Orden der Légion d'Honneur. Eine weitere Würdigung ist seine Büste von Antoine Bourdelle, die 1929 am Fuß des Turms aufgestellt wurde.

Vergoldete Bronzestatuen verschiedener Bildhauer im Haupthof des Palais de Chaillot

CHAILLOT

DAS DORF CHAILLOT wurde im 19. Jahrhundert eingemeindet und in einen Pariser Stadtteil verwandelt, in dem sich großzügige Avenuen aus dem Zweiten Kaiserreich *(siehe S. 32f)*, Luxusvillen und faszinierende Museen ballen. Einige Avenuen münden in die für ihre eleganten Cafés bekannte Place du Trocadéro. Von ihr zweigt die Avenue du Président Wilson ab, die mit den meisten Museen bestückte Straße der Stadt. Viele der prachtvollen Privatpaläste dieses Viertels dienen als Sitz von Botschaften, z. B. des Vatikans, oder großer Firmen. Andere Villen erzählen von vergangenen glanzvollen Tagen, in denen die Pariser Noblesse hier ein- und ausging. Im Westen liegt die Enklave der *haute bourgeoisie,* die exklusivste Wohngegend von Paris.

Skulpturen an der Basis des Chaillot-Beckens

SEHENSWÜRDIGKEITEN AUF EINEN BLICK

Museen und Galerien

Cinémathèque Française 2
Cité de l'Architecture et du Patrimoine 3
Maison de Balzac 8
Musée Arménien 12
Musée d'Art Moderne de la Ville de Paris 16
Musée Dapper 13
Musée de l'Homme 4
Musée de la Contrefaçon 10
Musée de la Marine 5
Musée de la Mode et du Costume Palais Galliera 15
Musée de Radio France 9
Musée du Vin 7
Musée National d'Ennery 11
Musée National des Arts Asiatiques Guimet 14

Park

Jardins du Trocadéro 6

Moderne Architektur

Palais de Chaillot 1

ANFAHRT

Métro-Benutzer können an den Stationen Passy, Trocadéro und Iéna aussteigen. Die RER-Stationen heißen Ave Foch und Ave Henri Martin. Mehrere Buslinien bedienen das Viertel: Linie 63 fährt über die Ave Georges Mandel und die Ave du Président Wilson.

SIEHE AUCH

- ***Kartenteil***, Karten 3, 9, 10
- ***Übernachten*** S. 279, 283f
- ***Restaurants*** S. 297, 303f

LEGENDE

- Detailkarte
- M Métro-Station
- RER RER-Station
- P Parken

Im Detail: Chaillot

DIE CHAILLOT-ANHÖHE eröffnet eine einzigartige Aussicht über die Seine – darum wollte Napoléon an dieser Stätte für seinen Sohn den »größten und außergewöhnlichsten Palast« der Geschichte errichten. Doch bei Napoléons politischem Abstieg waren nur wenige Mauern zu sehen. Heute prangt hier das monumentale Palais de Chaillot mit seinen beiden wuchtigen, geschwungenen Flügeln. Die vorderen Terrasse bieten einen herrlicher Blick bis zum Eiffelturm.

Die **Statue des Marschall Ferdinand Foch,** der 1918 die Truppen der Entente zum Sieg führte, stammt von Robert Wlérick und Raymond Martin. Das Standbild wurde am 11. November 1951 zum Gedenken an Fochs 100. Geburtstag und den 33. Jahrestag des Waffenstillstands von 1918 enthüllt.

Métro-Station Trocadéro

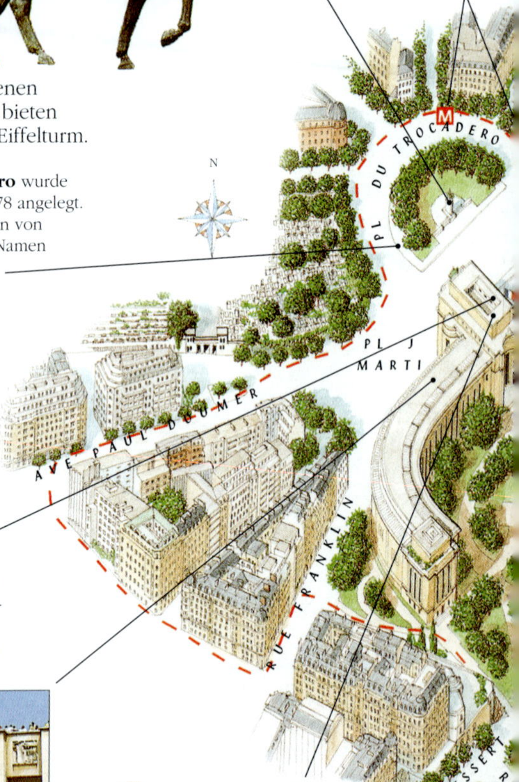

Die **Place du Trocadéro** wurde zur Weltausstellung 1878 angelegt. Zuvor trug sie, zu Ehren von Napoléons Sohn, den Namen Place du Roi-de-Rome.

★ **Musée de la Marine**
Schwerpunkt des Museums ist die Geschichte der französischen Seefahrt. Unter den Exponaten sind auch Navigationsinstrumente. ❺

Palais de Chaillot
Der neoklassizistische Bau wurde anlässlich der Weltausstellung 1937 errichtet und ersetzte das aus dem Jahre 1878 stammende Palais du Trocadéro. ❶

★ **Musée de l'Homme**
Dieser Stuhl aus Benin zählt zur reichhaltigen völkerkundlichen Afrika-Sammlung des Museums. ❹

Cité de l'Architecture et du Patrimoine
Der weitläufige Gebäudekomplex wird ein Architekturmuseum, eine Schule sowie Denkmalschutzämter beherbergen. ❸

Zum **Théâtre National de Chaillot** gehören ein Kulturzentrum und ein modernes Theater mit 1200 Sitzplätzen *(siehe S. 330f).*

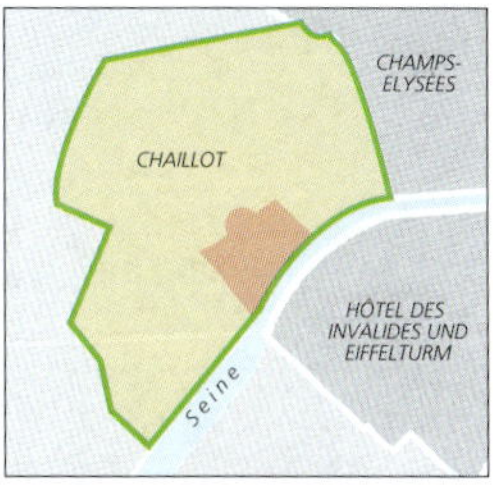

ZUR ORIENTIERUNG
Siehe Kartenteil, Karten 3, 9 & 10

★ Cinémathèque Française
Diese Pilgerstätte der Cineasten zeigt alte Filmklassiker wie Der rote Ballon *von Albert Lamorisse (1956).* ❷

Die **Trocadéro-Wasserspiele** schäumen im Wechsel, wobei die mittleren Fontänen wie mächtige Kanonen Richtung Eiffelturm schießen. Nachts werden die Wasserspiele angestrahlt.

Den **Pont d'Iéna** ließ Napoléon zur Feier seines Siegs über die Preußen 1806 in Iéna (Jena) erbauen. Er wurde 1937 vergrößert und den Ausmaßen des neuen Palais de Chaillot angepasst.

Jardins du Trocadéro
R. Lardat verlieh der Grünanlage nach der Weltausstellung 1937 ihr heutiges Aussehen. ❻

LEGENDE

— — — Routenempfehlung

0 Meter 100

NICHT VERSÄUMEN

★ Musée de la Marine

★ Musée de l'Homme

★ Cinémathèque

Die Wasserspiele vor dem Palais de Chaillot am Trocadéro

Palais de Chaillot ❶

17, pl du Trocadéro, 75016.
Karte 9 C2. M *Trocadéro.*
Mi–Mo 9.45–17.15 Uhr.

DAS PALAIS setzt sich aus zwei geschwungenen, von Kolonnaden gesäumten Flügeln zusammen, jeder endet in einem Pavillon. Neben vier Museen beherbergt es die Cinémathèque und ein Theater. Den zur Weltausstellung 1937 von Léon Azème, Louis-Hippolyte Boileau und Jacques Carlu entworfenen Bau schmücken Skulpturen und Basreliefs. Goldene Inschriften des Lyrikers und Essayisten Paul Valéry zieren die Wände der Pavillons.

Auf der Terrasse zwischen den beiden Pavillons, dem *parvis*, sind große Bronzestatuen und Zierteiche. Auf der Terrasse vor dem *parvis* stehen die Bronzen *Apollo* von Henri Bouchard und *Herkules* von Albert Pommier. Stufen leiten von der Terrasse zum Théâtre National de Chaillot *(siehe S. 330f)*, dessen avantgardistische Inszenierungen in der Nachkriegszeit Aufsehen erregten.

Cinémathèque Française ❷

Palais de Chaillot, 7, ave Albert de Mun, 75016. **Karte** 10 D2. *01 56 26 01 01 (Aufführungen).* M *Trocadéro, Iéna.* *Siehe* ***Unterhaltung*** *S. 340f.*

DIE FILMBIBLIOTHEK, die 1997 durch ein Feuer zerstört wurde, ist nun wieder eröffnet. Sie verfügt über das weltweit breiteste Repertoire an Filmklassikern. Retrospektiven erwecken legendäre Stars und Filmemacher zu neuem Leben. Die Cinémathèque und das Musée du Cinéma ziehen Anfang 2004 in Frank Gehrys ehemaliges American Center, die neue Maison du Cinéma in 51, rue de Bercy, um.

Szenen aus dem Méliès-Film *Reise zum Mond* (1902)

Kirchenmodell aus Bagneux (Cité de l'Architecture et du Patrimoine)

Cité de l'Architecture et du Patrimoine ❸

Palais de Chaillot, Pl du Trocadéro, 75016. **Karte** 9 C2. *01 44 05 39 10.* M *Trocadéro.* *Wiedereröffnung 2004/2005.*

VIOLLET-LE-DUCS sehenswertes Musée des Monuments Français wird der Öffentlichkeit spätestens ab Anfang 2005 wieder zugänglich sein. In dem neu renovierten, weitläufigen Gebäudekomplex wird man außerdem verschiedene Institutionen finden: ein erweitertes Architekturmuseum mit großzügiger Ausstellungsfläche, die berühmte »Denkmalschule« der Ecole de Chaillot, eine regierungseigene »Architekturagentur«, ein Bibliotheks- und Archivzentrum sowie verschiedene Denkmalschutzämter.

Musée de l'Homme ❹

Palais de Chaillot, 17, pl du Trocadéro, 75016. **Karte** 9 C2. *01 44 05 72 72.* *Trocadéro.* *Mi–Mo 9.45–17.15 Uhr.* *Feiertage.* *Sa 14.30 Uhr.* ***Ausstellungen, Filme.*** www.mnhn.fr

IM WESTFLÜGEL des Palais de Chaillot folgt das Museum den anthropologischen, archäologischen und ethnologischen Spuren der Menschheit. Die anthropologische Abteilung widmet sich rituellen Bräuchen wie Tätowierung und Mumifizierung.

Die Afrika-Sammlung mit Skulpturen und Musikinstrumenten wird derzeit in das Musée du Quai Branley (Eröffnung voraussichtlich 2006) verlegt. Die Amerika- und Ozeanien-Sammlungen (u. a. eine riesige Statue von den Osterinseln) werden folgen.

Maske im Musée de l'Homme

Musée de la Marine ❺

Palais de Chaillot, 17, pl du Trocadéro, 75016. **Karte** 9 C2. *01 53 65 69 69.* *Trocadéro.* *Mi–Mo 10–18 Uhr.* *1. Jan, 1. Mai, 25. Dez.* ***Filme, Videos, Bibliothek.*** www.musee-marine.fr

ÜBER DIE FRANZÖSISCHE Seefahrtsgeschichte – von den Tagen der königlichen Holzkriegsschiffe bis hin zu modernen Flugzeugträgern und nuklearen Unterseebooten – berichten hier z. T. über 200 Jahre alte Modelle, Vermächtnisse berühmter Seefahrer, Bilder und Navigationsinstrumente. Das 1827 von Charles X gegründete Museum zog 1943 in das Palais de Chaillot um. Napoléons Barkasse, Modelle der Flotte, die er 1805 für seine geplante Invasion Britanniens sammelte, Exponate zur Meeresforschung und Fischerboote bieten unterhaltsame Information.

Relief am Musée de la Marine

Jardins du Trocadéro ❻

75016. **Karte** 10 D2. *Trocadéro.*

DIE REIZVOLLEN GÄRTEN gruppieren sich auf zehn Hektar um einen langen, rechteckigen Zierteich. An seinen Ufern ragen steinerne und vergoldete Bronzestatuen auf – gespensterhaft im Schein der nächtlich angestrahlten Fontänen. Unter den Skulpturen sind der *Mann* von P. Traverse und die *Frau* von G. Braque, der *Stier* von P. Jouve und das *Pferd* von G. Guyot. Von den Seiten des Teichs fallen die Hänge der Chaillot-Anhöhe sanft zur Seine und dem Pont d'Iéna ab. Im nordöstlichen Winkel verbirgt sich ein Aquarium. Die Gärten sind ideal für einen Abendspaziergang.

Musée du Vin – Caveau des Echansons ❼

Rue des Eaux, 5, sq Charles Dickens, 75016. **Karte** 9 C3. *01 45 25 63 26.* *Passy.* *Di–So 10–18 Uhr.* *24. Dez–1. Jan.* *nur Gruppen.* *nur mittags.*

Wachsfiguren veranschaulichen die Geschichte der Weinherstellung in mittelalterlichen Gewölbekellern, die einst die Mönche von Passy nutzten. Zu besichtigen sind u. a. alte Weinflaschen, Gläser und traditionelle, zum Keltern und Abfüllen von Wein verwendete Geräte. Für sinnliche Freuden sorgen Führungen mit Weinproben, ein ausgezeichnetes Restaurant und die Möglichkeiten zum Weinkauf.

In den Jardins du Trocadéro

Maison de Balzac ❽

47, rue Raynouard, 75016. **Karte** 9 B3. *01 55 74 41 80.* *Passy, La Muette.* *Di–So 10–18 Uhr (letzter Einlass 17.30 Uhr).* *Feiertage.*

IN DIESEM HAUS suchte der französische Schriftsteller Honoré de Balzac von 1840 bis 1847 unter falschem Namen Zuflucht vor seinen zahlreichen Gläubigern. Hier verfasste er manche seiner berühmtesten Werke, darunter *La Cousine Bette* (1846).

Heute findet der Besucher im Maison de Balzac eine Präsenzbibliothek mit einigen Originalmanuskripten des Autors. Auch ein Museum erinnert an Balzacs Leben. Die Zeichnungen und Gemälde an den Zimmerwänden zeigen seine Familie und engen Freunde. Der Madame-Hanska-Raum ist jener Russin gewidmet, die 18 Jahre lang Balzacs Brieffreundin und in den fünf Monaten vor seinem Tod 1850 seine Ehefrau war.

Unerwünschten Besuchern entfloh Balzac durch den Hinterausgang. Dieser führt zur Rue Berton hinaus, die sich mit efeuumrankten Mauern ihren alten, ländlichen Charme bewahrt hat.

Tafel an der Maison de Balzac

Gerät von 1955, Radiomuseum

Musée de Radio France 9

116, ave du Président-Kennedy, 75016. **Karte** 9 B4. *01 56 40 15 16.* *Ranelagh.* *nur Führungen, Mo–Sa 10.30–11.30, 14.30–16.30 Uhr.* *Feiertage.* www.radio-france.fr

Henry Bernard entwarf 1963 das eindrucksvolle Gebäude, in dem der staatliche Rundfunksender Radio France seinen Sitz hat. Das weitläufigste allein stehende Bauwerk Frankreichs bedeckt eine Fläche von zwei Hektar. Es setzt sich aus drei unvollständigen konzentrischen Kreiskonstruktionen und einem rechteckigen Turm zusammen.

Wie in seinen rund 70 Studios und dem Hauptauditorium französische Radioprogramme entstehen, vermittelt ein Besuch im zugehörigen Museum. Auf spannende Weise dokumentiert es die Geschichte der Nachrichtenübermittlung von Charles Chappes erstem Flügeltelegrafen (1793) bis hin zu neuesten Transistoren.

Musée de la Contrefaçon 10

16, rue de la Faisanderie, 75016. **Karte** 3 A5. *01 56 26 14 00.* *Porte Dauphine.* *Di–So 14–17.30 Uhr.* *Feiertage.* www.unifab.com

Französische Luxuswaren wie Cognac oder Parfum genießen seit langem weltweiten Ruhm – oftmals jedoch unter den falschen Etiketten international rühriger Imitatoren. Das vom Herstellerverband begründete Museum zollt dieser seit Römerzeiten gepflegten Schwindeltradition Respekt. Die Sammlung täuschend echter Fälschungen umfasst Kopien von Louis-Vuitton-Gepäck, Cartier-Uhren und Weinen aus der Region um Narbonne. Wer hier eine neue Geschäftsidee schnuppert, erfährt zugleich, welches Schicksal ihn erwartet, sollte er dieser Versuchung erliegen.

Musée National d'Ennery 11

59, ave Foch, 75016. **Karte** 3 B5. *01 45 53 57 96.* *Porte Dauphine.* *wegen Renovierung bis auf weiteres geschlossen.*

Die Villa aus dem Zweiten Kaiserreich beherbergt die kostbaren *objets d'art* zweier Museen, des Musée d'Ennery und des Musée Arménien, beide zur Zeit wegen Renovierung geschlossen. Das Musée d'Ennery enthält die stattliche Kollektion chinesischer und japanischer Kunst, die der Dramatiker und Sammler Adolphe d'Ennery im 19. Jahrhundert zusammengetragen hat, darunter zahlreiche Tier- und Menschenfiguren, Möbel, Keramikdosen und hunderte *netsuke* – winzige, aus Knochen, Holz oder Elfenbein geschnitzte Gürtelanhänger.

Chinesische Vase (18. Jh.) im Musée d'Ennery

Musée Arménien 12

59, ave Foch, 75016. **Karte** 3 B5. *01 45 53 57 96.* *Porte Dauphine.* *wegen Renovierung bis auf weiteres geschlossen.*

Im Erdgeschoss des Hauses wurde nach dem Zweiten Weltkrieg das Armenische Museum eingerichtet. Zu den Schätzen der kleinen, aber feinen Kollektion zählen Sakralgegenstände, Miniaturen, Silber- und Keramikwaren, Teppiche sowie zahlreiche Gemälde.

Kunst der Khmer im Musée National des Arts Asiatiques Guimet

Musée Dapper 13

35 bis, rue Paul Valéry, 75116. *01 45 00 01 50.* *Victor Hugo.* *Mi–So 11–19 Uhr.*

Das aussergewöhnliche Museum gehört zum international renommierten ethnografischen Forschungszentrum, der Stiftung Dapper. Das Museum bietet die reichhaltigste Sammlung zum Thema afrikanische Kunst und Kultur in ganz Frankreich. In einem reizvollen Gebäude mit attraktiven afrikanischen Gärten führt das Museum seine Besucher in die farbenfrohe Welt Afrikas. Der Schwerpunkt der Sammlungen liegt auf vorkolonialer Zeit, gezeigt werden Skulpturen, Schnitzereien, Volkskunst, Malerei und zahlreiche rituelle Masken (teilsweise aus dem 12. Jahrhundert). Die Besuchergruppen sind bunt gemischt: Wissenschaftler, Anthropologen, Einheimische und Besucher treffen sich hier.

Armenische Krone (19. Jh.)

Musée National des Arts Asiatiques Guimet ⓮

6, pl d'Iéna, 75116. **Karte** 10 D1.
01 56 52 53 00. *Iéna.*
Mi–Mo 10–17.45 Uhr .
Panthéon Bouddhique (weitere Galerie): 19, Ave d'Iéna. *01 40 73 88 00.*
www.museeguimet.fr

Das Museum ist eines der bedeutendsten für asiatische Kunst, mit den wertvollsten in einem westlichen Museum vereinten Schätzen aus Kambodscha (Khmer). Ihm ist ein Asienforschungsinstitut angeschlossen. 1879 in Lyon von dem Industriellen und Orientalisten Emile Guimet begründet, zog das Museum 1884 nach Paris um. Ausgestellt sind seltene große Khmer-Tempelfiguren sowie Statuen aus Japan, Indien, Vietnam und Indonesien, außerdem chinesische Bronze- und Lackarbeiten.

Nach einer umfangreichen Renovierung kann das Museum seine 15 000 Exponate jetzt noch besser präsentieren: Neben vielen Skulpturen aus dem kambodschanischen Angkor Wat sind 1600 Kunstwerke aus dem Himalaya und aus China zu bewundern. Und wer schon immer mal richtig große Buddha-Statuen sehen wollte, der wird in diesem Museum fündig.

Skulptierte Türen von Gabriel Forestier, Musée d'Art Moderne

Musée de la Mode et du Costume Palais Galliera ⓯

10, ave Pierre 1er de Serbie, 75116. **Karte** 10 E1. *01 56 52 86 00.* *Iéna, Alma Marceau.* *nur für Ausstellungen, Di–So 10–18 Uhr.* ***Hort für Kinder.*** www.paris-france.org/musées

Das Museum für Modegeschichte hat sich in einem Renaissancepalast eingerichtet, der 1892 für die Duchesse Maria de Ferrari Galliéra erbaut wurde. Die Kollektion der über 100 000 Kleidungsstücke reicht vom 18. Jahrhundert bis heute. Modische Damen, so Baronin Hélène de Rothschild und Gracia Patricia von Monaco, spendeten modernere Exponate. Namhafte Modeschöpfer wie Balmain und Balenciaga stifteten Modellentwürfe. Der Mode folgend führt das Museum seine Kollektion in zwei jährlich wechselnden Ausstellungen vor. Die Themen beleuchten die Karriere eines Modeschöpfers oder einen spezifischen Stil.

Musée d'Art Moderne de la Ville de Paris ⓰

Palais de Tokyo, 11, ave du Président-Wilson 75016. **Karte** 10 E1. *01 53 67 40 00.* *Iéna.* *Di–So 10–19 Uhr (12–24 Uhr für »Site de Création Contemporaine«).*
Filme.
www.palaisdetokyo.com

Das im Ostflügel des Palais de Tokyo untergebrachte Museum demonstriert die Hauptströmungen und Stilrichtungen des 20. und des beginnenden 21. Jahrhunderts. Höhepunkte bilden das gigantische Wandgemälde *Elektrizität*, das Raoul Dufy für die Weltausstellung 1937 schuf, und die Collage *Der Tanz* von Matisse (1932). Außergewöhnlich gut repräsentiert ist der Fauvismus mit zahlreichen Gemälden von Georges Rouault. Im Westflügel des Gebäudes befindet sich die **Site de Création Contemporaine**, die neueste Stilrichtungen zeigt. Besonders die Abendöffnung bis Mitternacht lockt viele Besucher an.

Garten und Fassade des Palais Galliera

Champs-Elysées

Zwei Prachtstrassen beherrschen diesen Teil der Stadt: die Avenue des Champs-Elysées und die Rue St-Honoré. Die Champs-Elysées bestechen durch imposante Breite und großzügig angelegte Bürgersteige – zu Recht ist die Straße die berühmteste von Paris. Cafés, Kinos und Geschäfte ziehen die Menschen an, die zum Essen und Einkaufen kommen, aber auch »Sehen-und-gesehen-Werden« spielt eine große Rolle. Hübsche Mitte der Prachtstraße ist der Rond Point mit Schatten spendenden Walnussbäumen und bunten Blumenrabatten. Die Champs-Elysées sind nicht nur Schauplatz großer Paraden, sondern auch fantastischer Mode und eines luxuriösen Lebensstils, Fünf-Sterne-Hotels, vornehme Restaurants und Luxusgeschäfte säumen auch die Seitenstraßen. In der Rue St-Honoré befinden sich der bewachte Elysée-Palast, prächtige Stadtvillen, Botschaften und Konsulate.

Laterne auf dem Pont Alexandre III

Sehenswürdigkeiten auf einen Blick

Historische Gebäude und Straßen
Avenue des Champs-Elysées ❽
Avenue Montaigne ❻
Palais de l'Elysée ❺
Place de Charles de Gaulle (l'Etoile) ❾

Denkmal
Arc de Triomphe S. 208f ❿

Brücke
Pont Alexandre III ❶

Museen und Galerien
Grand Palais ❷
Musée Jacquemart-André ❼
Palais de la Découverte ❸
Petit Palais ❹

Anfahrt

Métro-Stationen sind Champs-Elysées-Clemenceau und Charles de Gaulle-Etoile (auch RER); die Buslinien 42 und 73 fahren die Champs-Elysées hinunter.

Legende

- Detailkarte
- Métro-Station
- RER-Station
- Parken

0 Meter 400

Siehe auch

- ***Kartenteil***, Karten 3, 4, 5, 11
- ***Übernachten*** S. 279, 284f
- ***Restaurants*** S. 297, 304f

◁ **Der Arc de Triomphe bei Nacht**

Im Detail: Champs-Elysées

Die französischen Gärten entlang den Champs-Elysées zwischen der Place de la Concorde und dem Rond Point haben sich seit ihrer Anlage durch den Architekten Jacques Hittorff im Jahr 1838 kaum verändert. Sie bildeten den Rahmen für die Weltausstellung 1855, zu der das Palais de l'Industrie als Pendant auf den Londoner Crystal Palace errichtet wurde. Das Grand Palais und das Petit Palais, die Visitenkarten der Dritten Republik für die Weltausstellung von 1900, traten an die Stelle dieses Palais. Heute flankieren sie den beeindruckenden Blick von der Place Clemenceau über den Pont Alexandre III zum Dôme des Invalides.

Das **Théâtre du Rond-Point** war Sitz der Compagnie Renaud-Barrault. Tafeln an der rückwärtigen Tür erinnern an Napoléons Feldzüge.

Métro-Station Franklin D. Roosevelt

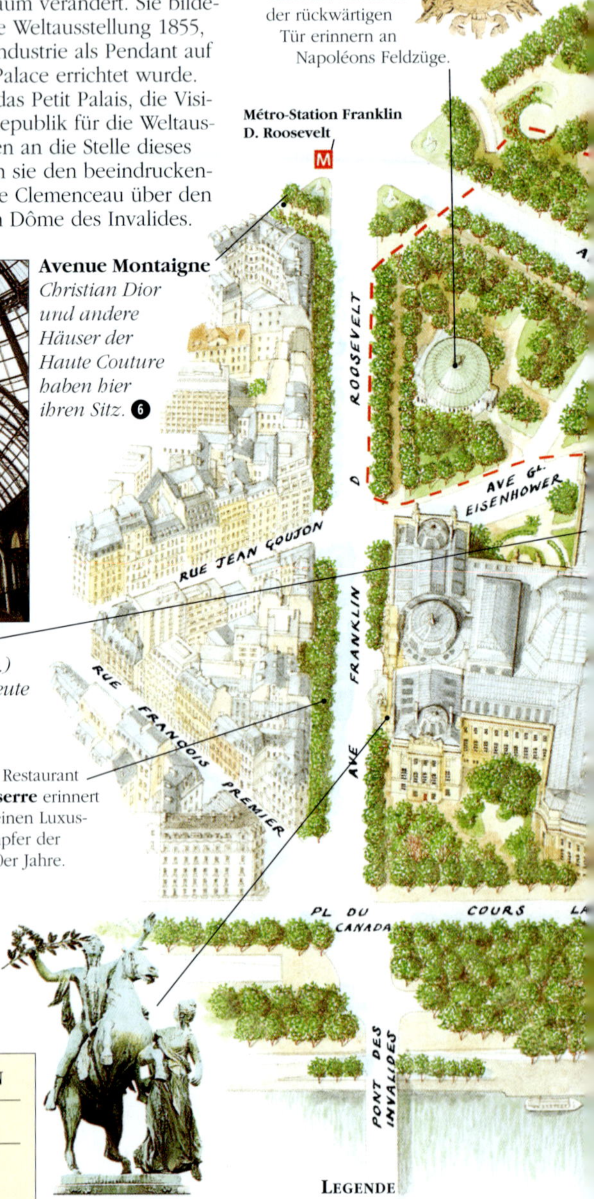

Avenue Montaigne *Christian Dior und andere Häuser der Haute Couture haben hier ihren Sitz.* ❻

★ **Grand Palais** *Ausstellungshalle (19. Jh.) von Ch. Girault; noch heute finden hier bedeutende Ausstellungen statt.* ❷

Das Restaurant **Lasserre** erinnert an einen Luxusdampfer der 1930er Jahre.

Palais de la Découverte *Das naturwissenschaftliche Museum bewachen zwei Reiterstatuen.* ❸

Nicht versäumen

- ★ **Grand Palais**
- ★ **Avenue des Champs-Elysées**
- ★ **Petit Palais**
- ★ **Pont Alexandre III**

Legende

Routenempfehlung

0 Meter 100

★ Avenue des Champs-Elysées
Schauplatz von Siegesfeiern nach dem Zweiten Weltkrieg und der Parade zur 200-Jahr-Feier im Jahr 1989. ❽

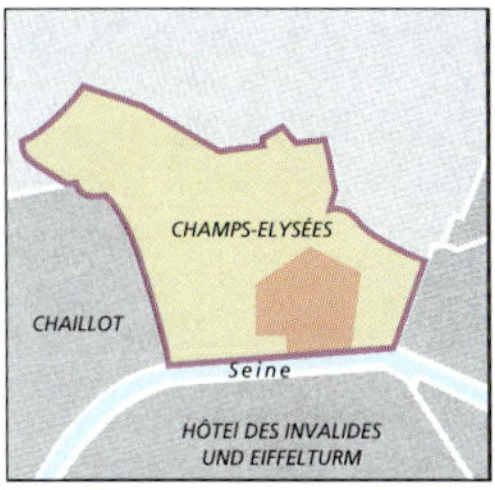

ZUR ORIENTIERUNG
Siehe Kartenteil, Karten 3, 4, 5, 11

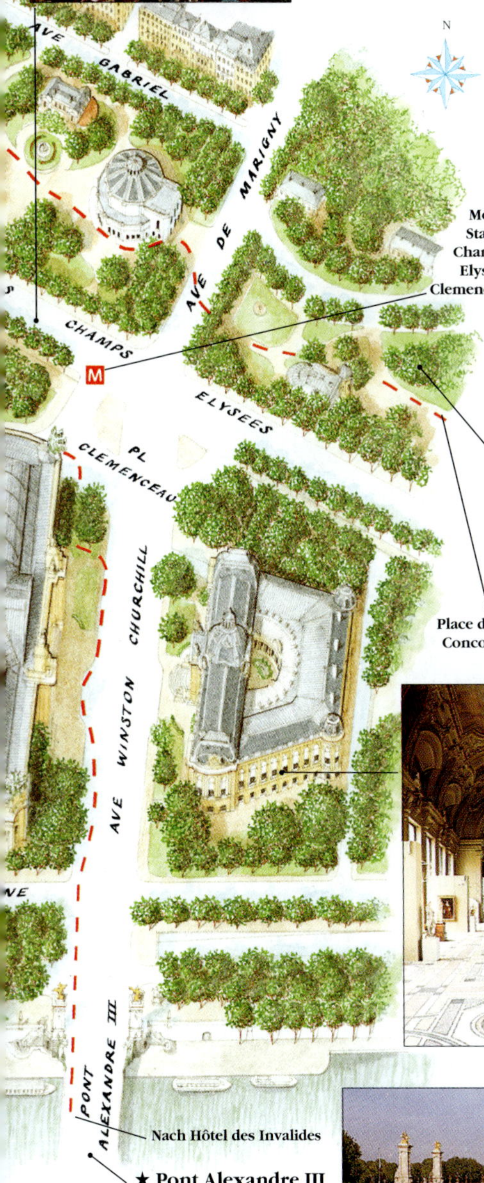

Métro-Station Champs-Elysées-Clemenceau

Die **Jardins des Champs-Elysées** mit ihren Brunnen, Blumenbeeten und Pavillons waren gegen Ende des 19. Jahrhunderts sehr beliebt. Das elegante Paris traf sich hier, darunter auch Marcel Proust.

Zur Place de la Concorde

★ Petit Palais
Hier sind die Kunstsammlungen der Stadt Paris untergebracht. Die Objekte reichen von antiken Skulpturen bis zu impressionistischen Gemälden. ❹

Nach Hôtel des Invalides

★ Pont Alexandre III
Die vier Pylonen tragen zur Verankerung der Brücke bei; sie dienen der Konstruktion ohne Zwischenpfeiler als Gegengewicht. ❶

Pont Alexandre III ❶

75008. **Karte** 11 A1. Ⓜ *Champs-Elysées-Clemenceau.*

MIT IHREN REICHEN Jugendstil-Verzierungen (Laternen, Engeln, Nymphen und geflügelten Pferden) ist sie die hübscheste Brücke von Paris. Sie wurde zwischen 1896 und 1900 rechtzeitig zur Weltausstellung erbaut und nach Zar Alexander III. benannt, dessen Sohn Nikolaus II. im Oktober 1896 den Grundstein legte.

Das technische Wunderwerk des 19. Jahrhunderts spiegelt den Stil des Grand Palais wider, zu dem der Pont Alexandre III am rechten Seine-Ufer führt. Er besteht aus einem einzigen, sechs Meter hohen, die Seine überspannenden Stahlbogen. Beim Bau mussten strenge Auflagen beachtet werden, da die Brücke den Blick auf die Champs-Elysées und den Dôme des Invalides nicht beeinträchtigen durfte. So kann man auch heute noch eine wunderbare Aussicht genießen.

Pont Alexandre III

Grand Palais ❷

Porte A, Ave Général Eisenhower, 75008. **Karte** 11 A1. ☎ *01 44 13 17 30.* Ⓜ *Champs-Elysées-Clemenceau.* ◯ *für Ausstellungen (tel. erfragen) Do–Mo 10–20 Uhr, Mi 10–22 Uhr.* *tägl. 10–13 Uhr, Mi, Sa auch nachmittags.*

DAS GRAND PALAIS wurde gleichzeitig mit dem Petit Palais und dem Pont Alexandre III erbaut. Das wuchtige Palais vereint eine beeindruckende klasszistische Fassade mit einer Aufsehen erregenden Jugendstil-Eisenkonstruktion. Auffallend sind das prächtige Glasdach und die Pferdegespanne aus Bronze auf den vier Eckgebäuden. Am schönsten wirkte das Grand Palais bei Nacht, wenn das Glasdach von innen leuchtet und sich die Statuen als Silhouetten vor dem Himmel abzeichneten. Leider kann dieser Anblick seit 1993 wegen Renovierung nicht mehr genossen werden. Immerhin werden in den Galeries Nationals du Grand Palais immer noch Wechselausstellungen durchgeführt.

Palais de la Découverte

Palais de la Découverte ❸

Ave Franklin D. Roosevelt, 75008. **Karte** 11 A1. ☎ *01 56 43 20 21.* Ⓜ *Franklin D. Roosevelt.* ◯ *Di–Sa 9.30–18 Uhr, So 10–19 Uhr.* ● *1. Jan, 1. Mai, 14. Juli, 15. Aug, 25. Dez.* *nur mit Erlaubnis.* W www.palais-decouverte.fr

DAS NATURWISSENSCHAFTLICHE Museum im Flügel des Grand Palais wurde zur Weltausstellung 1937 eröffnet und erfreut sich heute noch großer Beliebtheit. Die Grundlagen moderner Naturwissenschaften werden hier in anschaulicher Weise vermittelt.

Eingang zum Petit Palais

Petit Palais ❹

Ave Winston Churchill, 75008. **Karte** 11 B1. ☎ *01 44 51 19 31.* Ⓜ *Champs- Elysées-Clemenceau.* ● *wegen Renovierung bis Jan 2005.* *für Ausstellungen.*

DAS PETIT PALAIS wurde für die Weltausstellung 1900 errichtet, um die französische Kunst in einem umfassenden Überblick darzustellen. Heute beherbergt das Palais, das von einem halbkreisförmigen Garten umgeben ist, das Musée des Beaux-Arts. Im Stil ähnelt es dem Grand Palais. Bemerkenswert sind die ionischen Säulen, das Portal und die Kuppel, ein Abbild des Dôme des Invalides auf der anderen Seite des Flusses.

Die Exponate sind in folgende Abteilungen gegliedert: die Dutuit-Sammlung mit Kunstgegenständen und Gemälden aus Mittelalter und Renaissance; die Tuck-Sammlung mit Möbeln und Kunstgegenständen des 18. Jahrhunderts und die Sammlungen der Stadt Paris mit Werken von Ingres, Delacroix und Courbet, Landschaftsmalern der Barbizon-Schule und Impressionisten.

GRAND PALAIS

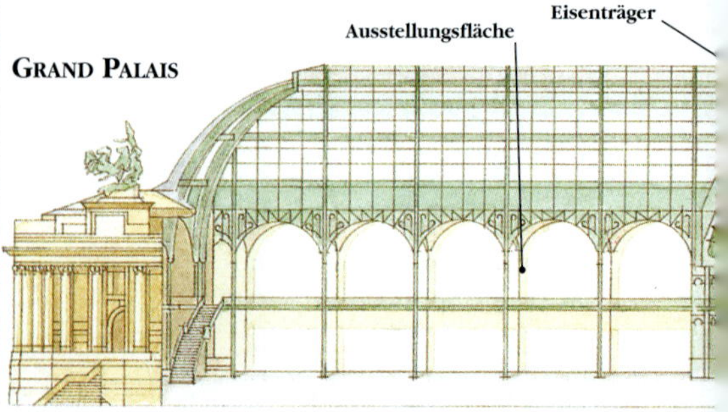

Palais de l'Elysée ❺

55, rue du Faubourg-St-Honoré, 75008. **Karte** 5 B5. M *St-Philippe-du-Roule.* ● *der Öffentlichkeit nicht zugänglich.*

Der 1718 erbaute Elysée-Palast, der inmitten einer prächtigen Parkanlage liegt, ist seit 1873 offizieller Amtssitz des französischen Präsidenten. Von 1805 bis 1808 wohnte Napoléons Schwester Caroline mit ihrem Gatten Murat hier. Aus dieser Zeit sind noch zwei prächtig ausgestattete Räume erhalten: der Salon Murat und der Salon d'Argent. Im Spiegelsaal pflegte General de Gaulle seine Pressekonferenzen abzuhalten. Heute bewohnt der französische Präsident ein modernisiertes Apartment in der ersten Etage gegenüber der Rue de l'Elysée.

Elysée-Wache

Avenue Montaigne ❻

75008. **Karte** 10 F1. M *Franklin D. Roosevelt.*

Im 19. Jahrhundert war die Avenue berühmt für ihre Tanzpaläste und Wintergärten. Man kam, um Adolphe Sax auf seinem gerade erfundenen Saxophon spielen zu hören. Noch heute ist sie mit Restaurants, Cafés, Hotels und Luxusboutiquen eine der elegantesten und lebhaftesten Straßen in Paris.

Im Musée Jacquemart-André

Musée Jacquemart-André ❼

158, blvd Haussmann 75008. **Karte** 5 A4. 01 45 62 11 59. M *Miromesnil, St-Philippe-du-Roule.* *tägl. 10–18 Uhr.* www.musee-jacquemart-andre.com

Das Museum ist für seine Kunstschätze aus der italienischen Renaissance und dem Frankreich des 18. Jahrhunderts bekannt. Besonders zu erwähnen sind die herrlichen Tiepolo-Fresken, Werke von Andrea Mantegna und Paolo Uccellos Meisterwerk *Hl. Georg und der Drache* (ca. 1435), außerdem Gemälde von François Boucher und Jean-Honoré Fragonard.

Avenue des Champs-Elysées ❽

75008. **Karte** 5 A5. M *Franklin D. Roosevelt, George V.*

Die Anfänge dieser wohl berühmtesten Pariser Straße gehen auf das Jahr 1667 zurück, als der Architekt André le Nôtre eine Allee als Verlängerung der Blickachse der königlichen Tuilerien anlegen ließ – die Champs Elysées (elysischen Gefilde). Seit der Rückführung des Leichnams Napoléons im Jahr 1840 von St. Helena haben sie den Beinamen »Triumphweg« bekommen. Erst nachdem in der zweiten Hälfte des 19. Jahrhunderts zahlreiche Cafés und Restaurants hinzukamen, wurde die Prachtstraße zur Flaniermeile.

Place de Charles de Gaulle (l'Etoile) ❾

75008. **Karte** 4 D4. M *Charles de Gaulle-Etoile.*

Der Platz wurde nach Baron Haussmanns Plänen von 1854 angelegt *(siehe S. 32f)* und ist mit den vielen einmündenden Straßen einer der verkehrsreichsten in Paris. Bis zum Tod von Charles de Gaulle im Jahr 1969 hieß er Place de l'Etoile. Noch heute wird das ganze Stadtviertel »l'Etoile« (der Stern) genannt.

Der Arc de Triomphe, von Westen gesehen

Arc de Triomphe ❿

Siehe S. 208f.

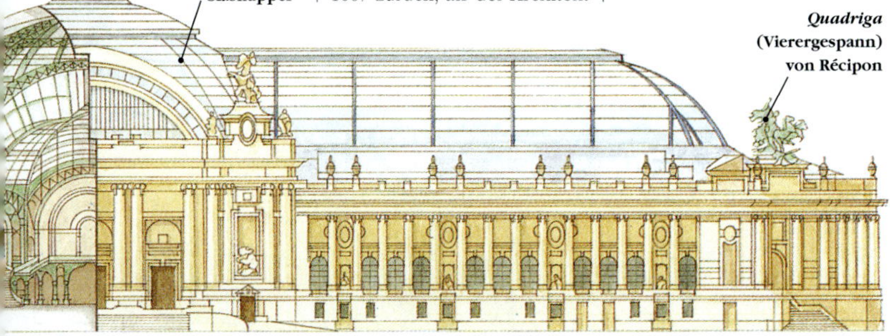

Arc de Triomphe ⑩

Die Ostfassade des Arc de Triomphe

»Ihr werdet durch Triumphbogen heimkehren«, versprach Napoléon seinen Soldaten 1805 nach seinem größten Sieg bei Austerlitz. Der Grundstein des berühmtesten Triumphbogens der Welt wurde im folgenden Jahr gelegt. Die Vollendung des Monumentalwerks verzögerte sich jedoch bis 1836, weil die Pläne des Architekten Jean-François Chalgrin geändert wurden und Napoléons Macht versiegte. Heute ist der 50 Meter hohe Triumphbogen traditioneller Ausgangspunkt für Feiern und Paraden.

Dreißig Schilde direkt unterhalb des Dachs tragen die Namen der siegreichen Schlachten Napoléons.

Ostfassade

Der **Fries** wurde von Rude, Brun, Jacquet, Laitié, Caillouette und Seurre dem Älteren ausgeführt. Die Ostfassade zeigt den Auszug der französischen Armee zu neuen Feldzügen, die Westseite zeigt ihre Rückkehr.

Die **Schlacht von Aboukir 1799**, ein Relief von Seurre dem Älteren, stellt eine Szene des napoleonischen Siegs 1759 über die türkische Armee dar.

Triumph Napoléons nach dem Frieden von 1810
Das Relief von Cortot verherrlicht den Frieden von Wien.

Nicht versäumen

- ★ **Grabmal des Unbekannten Soldaten**
- ★ **Auszug der Freiwilligen 1792**

★ **Grabmal des Unbekannten Soldaten**
Hier ruht ein unbekannter französischer Soldat des Ersten Weltkriegs.

Zeitskala

1806 Napoléon beauftragt Chalgrin mit dem Bau des Triumphbogens

1815 Fall Napoléons. Einstellung der Arbeiten

1836 Vollendung durch Louis-Philippe

1840 Napoléons Leichenzug

1885 Der tote Victor Hugo wird hier zwei Tage aufgebahrt

1919 Siegesparade der Alliierten

1944 Befreiung von Paris. De Gaulle an der Spitze der Menge

1800 | 1850 | 1900 | 1950

NAPOLÉONS HOCHZEITSZUG

1809 verstieß Napoléon Josephine, da sie ihm keine Kinder schenken konnte. 1810 wurde eine politische Heirat mit Marie-Louise, der Tochter des österreichischen Kaisers, arrangiert. Um seine Gemahlin zu beeindrucken, wollte Napoléon bei seinem Hochzeitszug unter dem Triumphbogen hindurchziehen. Da die Arbeiten kaum begonnen hatten, errichtete Chalgrin eine Attrappe in Originalgröße, durch die das Paar schreiten konnte.

INFOBOX

Pl Charles de Gaulle. **Karte** 4 D4. *01 55 37 73 77. M RER Charles de Gaulle-Etoile. 22, 30, 31, 73, 92 zur Pl Ch de Gaulle. P nahe Pl Ch de Gaulle.* ***Museum*** *Apr–Okt tägl. 10–23 Uhr; Nov–März tägl. 10–22.30 Uhr (letzter Einlass 30 Min. vor Schließung). 1. Jan, 1. Mai, 14. Juli, 11. Nov, 25. Dez.*

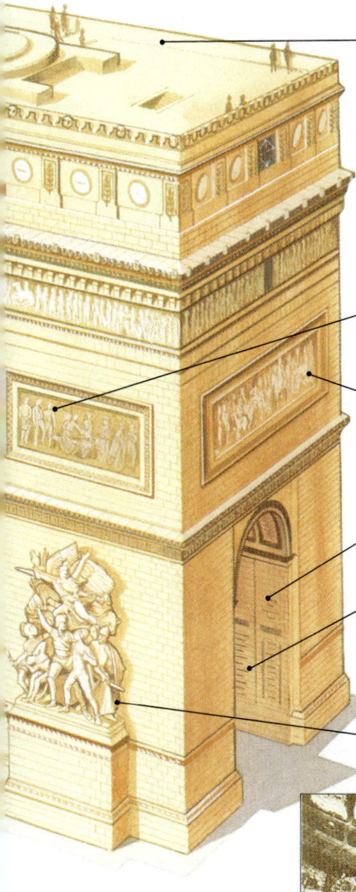

Von der **Aussichtsplattform** hat man einen herrlichen Blick auf Paris, über die Champs-Elysées auf der einen bis La Défense auf der anderen Seite.

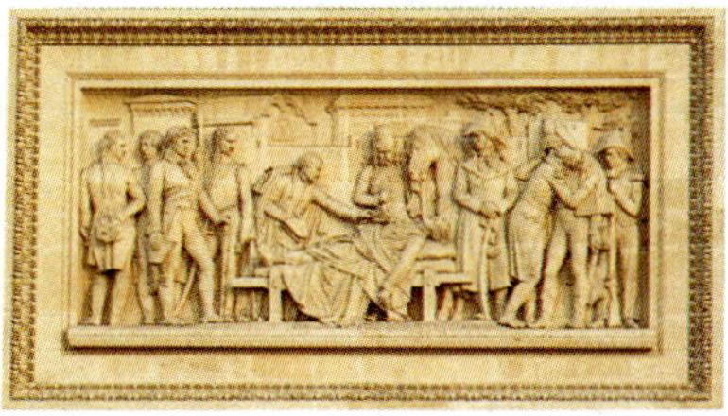

Das Begräbnis des General Marceau 1796
Marceau besiegte die Österreicher 1795, unterlag ihnen jedoch im folgenden Jahr.

Die Schlacht von Austerlitz 1805
Das Relief von Gechter und Chaillot stellt eine Szene aus der »Dreikaiserschlacht« dar.

Offiziere der kaiserlichen Armee sind an den Wänden der kleineren Bogen verewigt.

Eingang zum Museum

★ Auszug der Freiwilligen 1792
Bürger beim Auszug zur Verteidigung der Nation (von François Rude).

Place Charles de Gaulle
Zwölf Avenuen gehen sternförmig vom Triumphbogen aus. Einige sind nach bedeutenden französischen Generälen benannt, so die Avenue Marceau (siehe S. 32f).

Opéra

Ein buntes Nebeneinander von Bankiers, Börsenmaklern, Presseleuten, Theaterbesuchern und Touristen prägt dieses Viertel. Die großen Boulevards, im 19. Jahrundert nach den Plänen des Präfekten Haussmann angelegt, erstrahlen in ihrer ursprünglichen Grandezza und erfreuen sich bei Einheimischen wie Besuchern unverminderter Beliebtheit.

Hauptanziehungspunkt sind die Geschäfte und Kaufhäuser aller Kategorien. Sehr viel mehr vom ursprünglichen Charakter haben sich die vielen *passages* erhalten, enge Einkaufsgässchen mit Glasdächern – Relikte einer anderen Zeit. Das *enfant terrible* der Mode, Jean-Paul Gaultier, hat sein Geschäft in der exklusivsten, der Galerie Vivienne. Authentischer sind die Passage des Panoramas, die Passage Jouffroy, die Passage Verdeau, in der alte Kameras und Comics angeboten werden, und die winzige Passage des Princes, Traum eines jeden Pfeifenrauchers. Zwei der feinsten Delikatessengeschäfte, Fauchon und Hédiard, präsentieren ihre Auslagen mit exquisiten Senfsorten, Konfitüren, Gewürzen, Pasteten und Saucen. Dieses Viertel genießt außerdem den Ruf eines bedeutenden Pressezentrums, obwohl *Le Monde* weggezogen ist. Kino und Theater haben ebenfalls Tradition. 1895 fand hier die erste öffentliche Filmvorführung der Brüder Lumière statt, und die Opéra de Paris Garnier war Schauplatz großer Theaterereignisse.

***In den Opernkulissen* (1889) von J. Beraud**

Sehenswürdigkeiten auf einen Blick

Historische Gebäude und Straßen
Avenue de l'Opéra ⓬
Grands Boulevards ❸
Place de la Madeleine ❷
Palais de la Bourse ❾

Kirche
La Madeleine ❶

Opernhaus
Opéra de Paris Garnier ❹

Museen und Galerien
Bibliothèque Nationale ⓫
Cabinet des Médailles et des Antiques ❿
Grévin ❼
Musée de l'Opéra ❺

Läden
Drouot (Hôtel des Ventes) ❻
Les Passages ❽

Anfahrt

Die Métro-Linien 3, 7 und 8 halten an der Station Opéra, die Métro-Linie 14 an der Station Madeleine, die RER-Linie A an der Station Auber. Die Buslinien 42 und 52 fahren durch den Boulevard Madeleine, die Linien 21, 27 und 29 durch die Avenue de l'Opéra.

Legende
Detailkarte
Métro-Station
RER-Station
Parken

0 Meter 400

Siehe auch
- ***Kartenteil*** Karten 5&6
- ***Übernachten*** S. 279, 285
- ***Restaurants*** S. 297f, 305

◁ **Statuen der Vestalinnen als Straßenlaternen vor der Opéra de Paris Garnier**

Im Detail: Opéra

EIN GEFLÜGELTES WORT sagt: Wenn man lange genug im Café de la Paix (gegenüber der Opéra de Paris Garnier) sitzt, sieht man die ganze Welt vorüberziehen. Tagsüber ist dieses Viertel eine Mischung aus Business – die drei größten Banken haben hier ihren Sitz – und Tourismus. Neben exklusiven Geschäften an der eleganten Place de l'Opéra gibt es auch preiswertere Kaufhäuser. Abends ziehen Theater und Kinos ein ganz anderes Publikum an, und in den Cafés am Boulevard des Capucines herrscht reges Leben.

Statue by Gurnery on the Opéra

Place de la Madeleine
Auf der Nordseite: Delikatessen aus aller Welt in den Auslagen von Fauchon. ❷

LEGENDE

Routenempfehlung

0 Meter 100

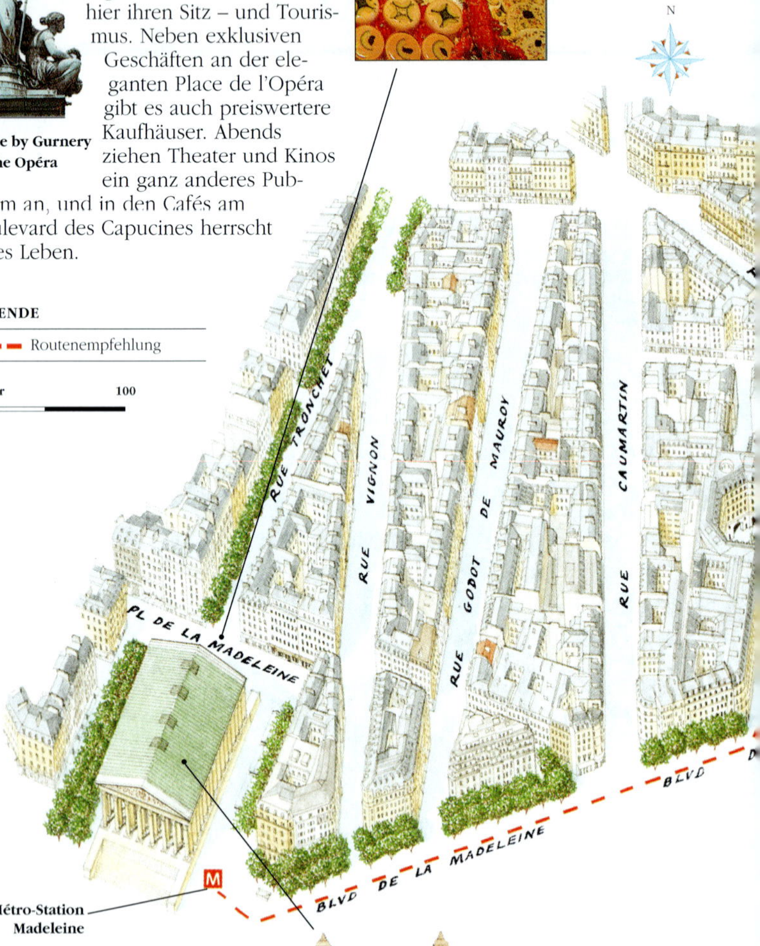

★ La Madeleine
Das heutige Aussehen der Kirche weicht vom vorgesehenen ab, wie das Architekturmodell zeigt, das im Musée Carnavalet (siehe S. 96 f) *zu besichtigen ist.* ❶

NICHT VERSÄUMEN

- ★ La Madeleine
- ★ Opéra de Paris Garnier
- ★ Boulevard des Capucines

★ **Opéra de Paris Garnier**
Mit ihrer Stilmischung von Neoklassizismus bis Neobarock ist die Opéra (eröffnet 1875) ein Symbol des opulenten Zweiten Empire. ❹

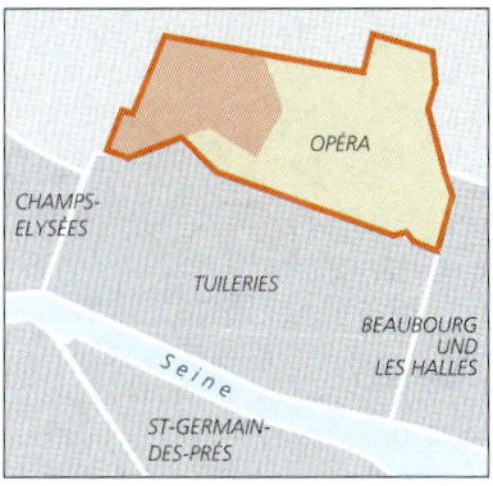

Zur Orientierung
Siehe Kartenteil, Karten 5 & 6

Métro-Station Chaussée d'Antin

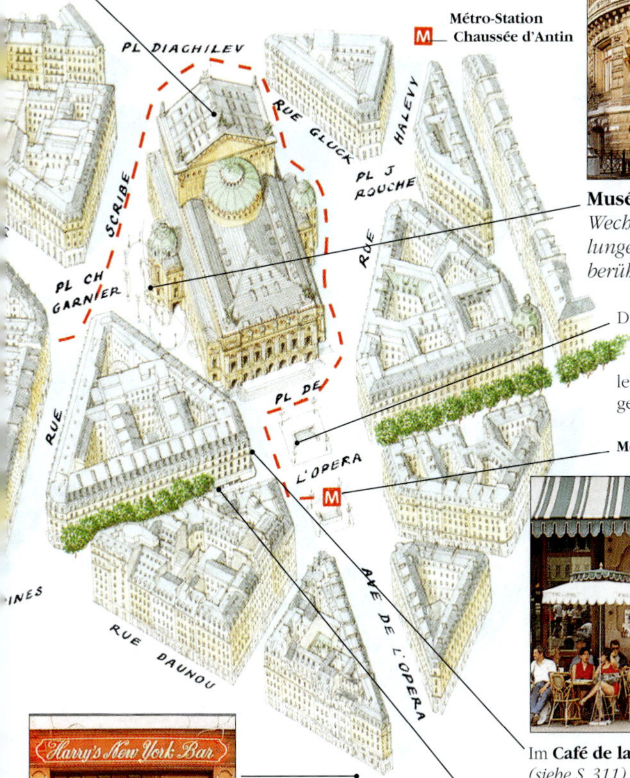

Musée de l'Opéra
Wechselnde Ausstellungen von Werken berühmter Künstler. ❺

Die **Place de l'Opéra**, gestaltet von Haussmann, ist eine der lebhaftesten Kreuzungen in Paris.

Métro-Station Opéra

Im **Café de la Paix** von Garnier *(siehe S. 311)* wird im Originaldekor des 19. Jahrhunderts traditioneller Stil gepflegt. Derzeit wird das Café renoviert.

Harry's Bar ist benannt nach dem Barkeeper Harry MacElhone, der das Lokal im Jahr 1913 kaufte. Zu den Stammgästen gehörten F. Scott Fitzgerald und Ernest Hemingway.

★ **Boulevard des Capucines**
Am Haus Nr. 14 erinnert eine Tafel an die erste öffentliche Filmvorführung durch die Brüder Lumière. Sie fand im Jahr 1895 im Grand Café statt. ❸

Marochettis *Erhebung der hl. Maria Magdalena in den Himmel* (1837) hinter dem Hochaltar der Madeleine

La Madeleine ❶

Pl de la Madeleine, 75008. **Karte** 5 C5. *01 44 51 69 00.* *Madeleine.* *Tägl. 9–19 Uhr.* *regelmäßig.* ***Konzerte.*** *Siehe **Unterhaltung** S. 333 f.*

WEGEN IHRER Größe und Lage zählt die Maria Magdalena gewidmete Kirche zu den bekanntesten Bauwerken von Paris. Sie krönt den Endpunkt der großen Boulevards und bildet ein Gegenstück zum Palais Bourbon (Sitz der Nationalversammlung) auf der anderen Seite der Seine. Mit dem Bau wurde 1764 begonnen, geweiht wurde die Kirche erst 1845. In der Zwischenzeit wurden Pläne erörtert, sie in ein Parlament, eine Börse oder eine öffentliche Bibliothek umzuwandeln.

Das heutige Bauwerk geht auf einen Entwurf von Pierre Vignon für Napoléons Ruhmestempel zurück, den dieser 1806 nach der Schlacht von Jena erbauen lassen wollte. Eine Kolonnade mit 20 Meter hohen korinthischen Säulen, die einen verzierten Fries tragen, zieht sich um das Gebäude. Das Flachrelief der Bronzetüren von H. de Triquet zeigt die Zehn Gebote.

Fauchon-Dose

Das Innere ist mit Marmor und Vergoldungen reich verziert, unter den Skulpturen ist besonders François Rudes *Taufe Christi* hervorzuheben.

Place de la Madeleine ❷

75008. **Karte** 5 C5. *Madeleine.* ***Blumenmarkt** Di–So 8–19.30 Uhr.*

DER PLATZ entstand zur selben Zeit wie die Madeleine-Kirche und ist ein Paradies für Feinschmecker: Viele Läden haben sich auf Delikatessen wie Trüffel, Champagner, Kaviar und hausgemachte Pralinen spezialisiert.

Fauchon, der Supermarkt für Millionäre (Haus Nr. 26, *siehe S. 322 f*), führt mehr als 20 000 Artikel. In dem großen Haus Nr. 9 verbrachte Marcel Proust seine Kindheit. An der Ostseite der Kirche wird ein kleiner Blumenmarkt abgehalten *(siehe S. 326)*.

OPÉRA DE PARIS GARNIER

Grands Boulevards ❸

75002 und 75009. **Karte** 6 D5 –7C5.
Ⓜ *Madeleine, Opéra, Richelieu-Drouot, Montmartre.*

ACHT BREITE BOULEVARDS – Madeleine, Capucines, Italiens, Montmartre, Poissonnière, Bonne Nouvelle, St-Denis und St-Martin – verlaufen zwischen Madeleine und der Place de la République. Sie wurden im 17. Jahrhundert angelegt, um die veralteten Befestigungsanlagen in elegante Promenaden umzuwandeln – das Wort »Boulevard« leitet sich vom niederländischen *bulwerc* (Bollwerk) ab. Im 19. Jahrhundert wurden sie so populär, dass man den Begriff *boulevardier* für die dort flanierenden Dandys prägte.

Rund um Madeleine und die Oper kann man noch einen Eindruck vom ursprünglichen Aussehen der Boulevards mit ihren Cafés und eleganten Geschäften gewinnen. Ansonsten sind die meisten Cafés und Restaurants schon lange verschwunden, und die alten Fassaden werden von protzenden Neonreklamen verdeckt. Dennoch ziehen die Grands Boulevards und die nahen Kaufhäuser am Boulevard Haussmann noch immer viele Menschen an.

Boulevard des Italiens

Opéra de Paris Garnier ❹

Pl de l'Opéra, 75009. **Karte** 6 E4.
01 40 01 22 63. Ⓜ *Opéra.*
tägl. 10–17 Uhr. *Feiertage.*
Siehe ***Unterhaltung*** *S. 334 ff.*
www.opera-de-paris.fr

MANCHMAL WIRD das prächtige Gebäude mit einem großen Hochzeitskuchen verglichen. Entworfen wurde es im Auftrage von Napoléon III von Charles Garnier. Das einzigartige Aussehen verdankt es einer Kombination verschiedener Materialien wie Stein, Marmor, Bronze und einer Mischung unterschiedlicher Stilrichtungen mit Säulen, Friesen und Skulpturen an der Außenfassade. Die Bauarbeiten begannen 1862 und dauerten 13 Jahre, unterbrochen durch den Krieg und den Aufstand von 1871. Die Eröffnung fand 1875 statt.

1858 hatte Orsini vor der alten Oper ein Attentat auf den Kaiser verübt. Deshalb plante Garnier an der Ostseite des Gebäudes einen Pavillon ein, zu dem eine Rampe hinaufführte, sodass dem Kaiser von seiner Kutsche aus ein sicherer Zugang zu den für ihn reservierten Räumen und seiner Loge gewährt war.

Die Funktion der einzelnen Gebäudeteile spiegelt sich im Aufbau wider. Hinter dem flachen Foyer erhebt sich die Kuppel über dem Zuschauerraum, der dreieckige Giebel dahinter kennzeichnet den Beginn der Bühne. Unterhalb der Oper liegt ein kleiner See, der Paul Leroux zum Versteck für sein *Phantom der Oper* inspirierte.

Das prachtvolle Treppenhaus aus weißem Marmor mit Balustraden aus rotem und grünem Marmor und das Foyer mit der Mosaikdecke sollten Sie unbedingt ansehen. Im Zuschauerraum mit den fünf Rängen herrschen roter Samt, Putti und Blattgold vor; einen Kontrast dazu bildet das Deckengemälde von Chagall (1964). Die meisten Opern werden nun in der Opéra de Paris Bastille (*siehe S. 98)* aufgeführt, aber das Ballett ist hier noch zu Hause.

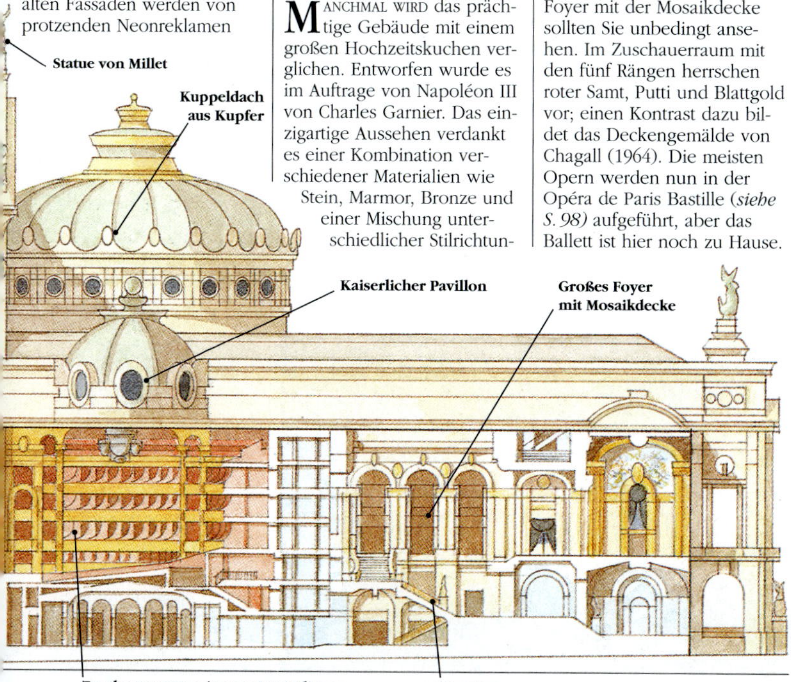

Schild vor dem Grévin

Musée de l'Opéra ❺

Pl de l'Opéra, 75009. **Karte** 6 E5. *01 40 01 24 93.* M *Opéra.* *tägl. 10–17 Uhr (Juli, Aug bis 18 Uhr).* *1. Jan, 1. Mai.* *01 40 01 22 63.*

Der Eingang zu diesem kleinen Museum war ursprünglich der kaiserliche Privateingang zur Oper. Das Museum stellt die Geschichte der Oper anhand einer umfangreichen Sammlung von Partituren, Libretto-Manuskripten, Fotos und Erinnerungsstücken an berühmte Künstler dar. So sind z. B. die Ballettschuhe des russischen Tänzers Nijinsky zu sehen, aber auch Bühnenbildmodelle sowie Büsten bedeutender Komponisten. Dem Museum ist eine ausgezeichnete Bibliothek zum Thema Musiktheater angeschlossen.

Drouot (Hôtel des Ventes) ❻

9, rue Drouot, 75009. **Karte** 6 F4. *01 48 00 20 20.* M *Richelieu-Drouot.* *Mo–Sa 11–18 Uhr.* *Siehe* ***Läden und Märkte*** *S. 324 f.* W www.gazette-drouot.com

Das nach dem Grafen Drouot, einem Adjutanten Napoléons, benannte Haus ist das führende Auktionshaus (Hôtel des Ventes) Frankreichs. Bereits seit 1858 stand ein Auktionshaus an diesem Platz, 1860 kam sogar Napoléon III, um einige Steinguttöpfe zu erwerben. Das alte Gebäude wurde abgerissen und 1970 durch ein neues, wieder ansprechendes ersetzt, das seitdem als das Nouveau Drouot bezeichnet wird.

Obwohl es im internationalen Vergleich im Schatten von Christie's und Sotheby's steht, kommt bei den Auktionen eine faszinierende Vielfalt seltener Objekte zum Aufruf. In den nahen Galerien haben sich viele Antiquitäten- und Briefmarkenhändler niedergelassen.

Grévin ❼

10, blvd Montmartre, 75009. **Karte** 6 F4. *01 47 70 85 05.* M *Grands Boulevards.* *Mo–Fr 10–18.30 Uhr, Sa, So 10–19 Uhr (letzter Einlass 1 Std. vorher).* W www.musee-grevin.com

Das Wachsfiguren-Museum wurde 1882 gegründet und gehört zu den besonderen Attraktionen von Paris, vergleichbar mit Madame Tussaud's in London. Historische Szenen, z. B. Louis XIV in Versailles oder die Verhaftung von Louis XVI, werden lebensecht dargestellt. Daneben sieht man allerlei berühmte Gestalten aus Kunst, Sport und Politik, außerdem gibt es ein klassisches Zerrspiegelkabinett. In den Shows des Cabinet Fantastique tritt regelmäßig ein »echter« Zauberer auf.

Galerie Vivienne

Les Passages ❽

75002. **Karte** 6 F5. M *Bourse.*

Die Einkaufspassagen des frühen 19. Jahrhunderts (auch bekannt als *galeries*) liegen zwischen Boulevard Montmartre und Rue St-Marc (die lange Passage des Panoramas) sowie zwischen Rue du Quatre Septembre und Rue des Petits Champs.

Bei ihrem Bau waren Les Passages als verkehrsfreie Zonen für Geschäfte, Werkstätten und Wohnungen konzipiert. Später wurden sie nicht mehr benutzt, bis sie nach 1970 ein gewaltiges Comeback erlebten. Heute beherbergen sie eine vielfältige Mischung kleiner Läden, in denen von Designerschmuck bis zu seltenen Büchern alles zu haben ist. Charakteristisch sind ihre Spitzbogendächer aus Glas mit Eisenträgern. Eine der reizvollsten ist die Galerie Vivienne mit ihrem Mosaikboden und ihrem ausgezeichneten Teesalon (Zugang Rue Vivienne oder Rue des Petits Champs).

Modell des Bühnenbilds der *Hugenotten* (1875) im Musée de l'Opéra

Klassizistische Säulenfassade des Palais de la Bourse

Palais de la Bourse 9

(Bourse des Valeurs) 4, pl de la Bourse, 75002. **Karte** 6 F5. *01 49 27 55 54 (Führungen).* *Bourse.* *nur nach Vereinbarung.* *obligatorisch.* ***Filme***.

DER NEOKLASSIZISTISCHE Börsentempel wurde von Napoléon in Auftrag gegeben und war von 1826 bis 1987 Sitz des französischen Aktienhandels. Heute haben Computer den Aktienmarkt übernommen. Der hektische Handel ist infolgedessen stark zurückgegangen und beschränkt sich auf Termingeschäfte (Matif) und Optionsgeschäfte (Monep).

Sainte-Chapelle-Kamee im Cabinet des Médailles

Cabinet des Médailles et des Antiques 10

58, rue de Richelieu, 75002. **Karte** 6 F5. *01 53 79 83 34.* *Bourse.* *Mo–Fr 13–18 Uhr, Sa 13–17 Uhr, So 12–18 Uhr.* *Feiertage.* www.bnf.fr

DIE WERTVOLLE Sammlung von Münzen, Medaillen und anderen Kostbarkeiten gehört zur Bibliothèque Nationale. Zu sehen sind der Berthouville-Schatz (Silbergegenstände aus dem 1. Jh.) und die Frand Camée aus der Sainte-Chapelle.

Bibliothèque Nationale 11

58, rue de Richelieu, 75002. **Karte** 6 F5. *01 53 79 53 79.* *Bourse.* *für Ausstellungen.* www.bnf.fr

DEN GRUNDSTOCK der Bibliothèque Nationale (Nationalbibliothek) bildeten die Handschriftensammlungen der Könige des Mittelalters. Seit 1537 muss ein Exemplar jedes gedruckten französischen Buches hier aufbewahrt werden. Die Bibliothek befindet sich in einem Gebäude, das Kardinal Mazarin im 17. Jahrhundert erbauen ließ. Obwohl Literaturwerke, Zeitschriften und Tonträger in der neuen Zentralbibliothek, der Bibliothèque Nationale de France *(siehe S. 246)* in Tolbiac, untergebracht sind, umfasst der Bestand der Richelieu-Gebäude immer noch eine riesige Auswahl an Büchern, darunter zwei Gutenberg-Bibeln sowie Originalmanuskripte von Victor Hugo und Marcel Proust, die größte Sammlung von Stichen und Fotografien sowie eine Musikabteilung. Leider ist der Lesesaal (19. Jh.) nicht für die Öffentlichkeit zugänglich.

Bibliothèque Nationale

Avenue de l'Opéra 12

75001 und 75002. **Karte** 6 E5. *Opéra, Pyramides.*

DIE BREITE Avenue ist ein Paradebeispiel für Baron Haussmanns radikale Modernisierung der Stadt *(siehe S. 32f)*. Das mittelalterliche Paris wurde größtenteils zerstört, um Platz für die heutigen breiten Verkehrsadern zu schaffen. Die Avenue de l'Opéra, die vom Louvre zur Opéra de Paris Garnier führt, wurde 1876 vollendet. Die eindrucksvolle Einheitlichkeit ihrer fünfstöckigen Häuser steht in krassem Gegensatz zu den Gebäuden aus dem 17. und 18. Jahrhundert in den Nebenstraßen. Nicht weit davon entfernt, an der Place Gaillon, liegt das Café Drouant, in dem jedes Jahr der Goncourt-Preis für Literatur vergeben wird. Das Bild der heutigen Avenue de l'Opéra bestimmen Reisebüros und Luxusgeschäfte. In Haus Nr. 27 ist das nationale Zentrum für visuelle Künste mit seinem blinden Eingang.

Avenue de l'Opéra

ARTS

MONTMARTRE

MONTMARTRE UND KUNST gehören untrennbar zusammen. Ende des 19. Jahrhunderts war dieses Viertel Mekka der Maler und Schriftsteller. Man traf sich dort, um sich in den Kneipen, Kabaretts und Revuen zu verlustieren, was dem Viertel in den Augen der seriösen Bürger einen üblen Ruf einbrachte. Inzwischen haben die Künstler die Gegend längst verlassen, und auch das Nachtleben hat nicht mehr denselben Reiz.

Dennoch besitzt die Anhöhe von Montmartre noch immer ihre sinnliche Ausstrahlung. Scharen von Touristen pilgern auf den Hügel; die meisten drängt es zu den Plätzen, auf denen sich Porträtmaler und Souvenirhändler tummeln, so beispielsweise auf dem alten Stadtplatz, der Place du Tertre. Anderswo stößt man auf reizvolle Plätze, verwinkelte Gassen und winzige Terrassen oder steht vor langen Treppenaufgängen. Zudem findet sich hier der bekannte Weinberg, auf dem jeden Frühherbst die wenigen Trauben festlich geerntet werden. Vielerorts eröffnet sich ein großartiger Ausblick über die Stadt – vor allem von Sacré-Cœur aus. Montmartre war lange Zeit Amüsierviertel, und diese Tradition setzt sich bis in unsere Tage mit all den Chansoniers fort, die man in den Restaurants singen hören kann.

Straßentheater auf dem Montmartre

SEHENSWÜRDIGKEITEN AUF EINEN BLICK

Historische Gebäude und Straßen
Avenue Junot 15
Bateau-Lavoir 11
Moulin de la Galette 14

Kirchen
Chapelle du Martyre 8
Sacré-Cœur S. 224f 1
St-Jean l'Evangéliste de Montmartre 10
St-Pierre de Montmartre 2

Museen und Galerien
Espace Montmartre 4
Musée d'Art Naïf Max Fourny 7
Musée de Montmartre 5

Plätze
Place des Abbesses 9
Place du Tertre 3

Friedhof
Cimetière de Montmartre 13

Theater und Nachtklubs
Au Lapin Agile 6
Moulin Rouge 12

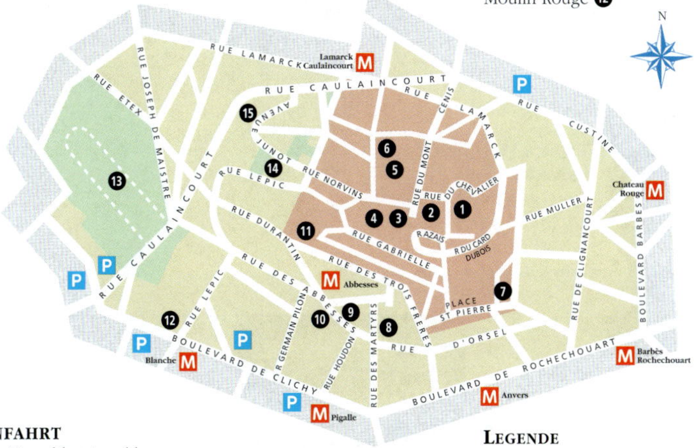

ANFAHRT

Das Viertel hat Anschluss an mehrere Métro-Stationen. Der Montmartre-Bus durchfährt von Pigalle aus das ganze Stadtviertel, die Buslinie 80 passiert den Friedhof Montmarte. Die Linie 85 fährt entlang der Rue de Clignancourt.

SIEHE AUCH

- ***Kartenteil***, Karten 2, 6, 7
- ***Montmartre-Rundweg*** S. 266f
- ***Übernachten*** S. 279, 285
- ***Restaurants*** S. 298, 306f

LEGENDE

Detailkarte
M Métro-Station
P Parken

0 Meter 400

◁ **Die enge Rue St-Rustique führt auf den Hügel nach Sacré-Cœur hinauf**

Im Detail: Montmartre

Straßenmaler

SEIT 200 JAHREN gilt Montmartre als Inbegriff des Künstlerviertels. Zu Beginn des 19. Jahrhunderts lebten Theodore Géricault und Camille Corot hier. Im 20. Jahrhundert verliehen die Bilder von Maurice Utrillo den Straßen Unsterblichkeit. Heute leben die Straßenmaler von den Touristen, die es zu dem pittoresken Stadtteil mit der Vorkriegs-Atmosphäre zieht. Der Name des Viertels leitet sich her von Ortsheiligen, die um 250 n. Chr. den Märtyrertod erlitten: »mons martyrium« – Berg der Märtyrer.

Der **Weinberg von Montmartre** ist der letzte von Paris. Am ersten Samstag im Oktober wird der Beginn der Weinlese gefeiert.

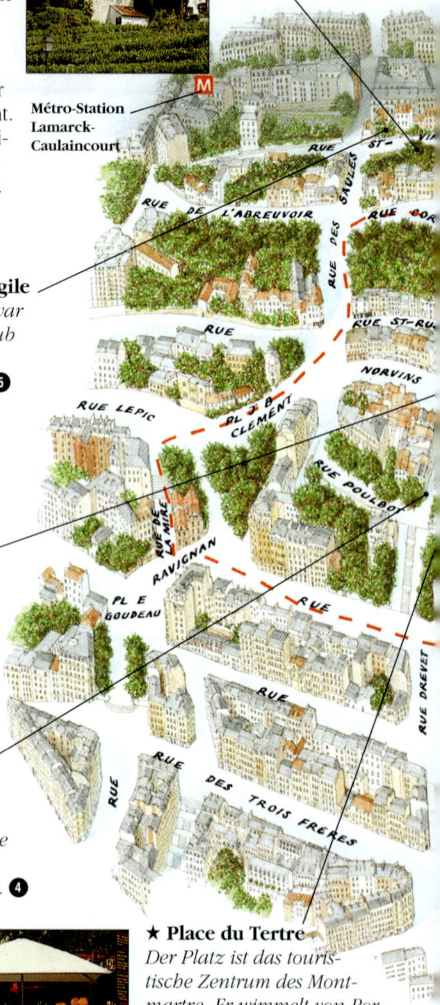

Métro-Station Lamarck-Caulaincourt

★ Au Lapin Agile
Von 1910 an war dieser Nachtklub ein Treffpunkt der Literaten. ❻

A La Mère Cathérine war 1814 das bevorzugte Lokal der russischen Kosaken. Sie pflegten auf die Tische zu schlagen und »Bistro« (russisch für »schnell«) zu brüllen – daher die Bezeichnung »Bistro«.

Espace Montmartre Salvador Dalí
Die Ausstellung ist eine Huldigung an Dalí. Einige der Werke wurden zum ersten Mal hier ausgestellt. ❹

★ Place du Tertre
Der Platz ist das touristische Zentrum des Montmartre. Er wimmelt von Porträtisten. Haus Nr. 3 erinnert an Kinder des Viertels, die der Zeichner Poulbot populär machte. ❸

NICHT VERSÄUMEN

- **★ Au Lapin Agile**
- **★ Place du Tertre**
- **★ Musée de Montmartre**
- **★ Sacré-Coeur**

LEGENDE

— — — Routenempfehlung

0 Meter 100

★ Musée de Montmartre
Das Museum beherbergt Werke von Künstlern, die in dem Viertel gelebt haben. Das Porträt einer Frau *stammt vom italienischen Maler und Bildhauer Amedeo Modigliani.* ❺

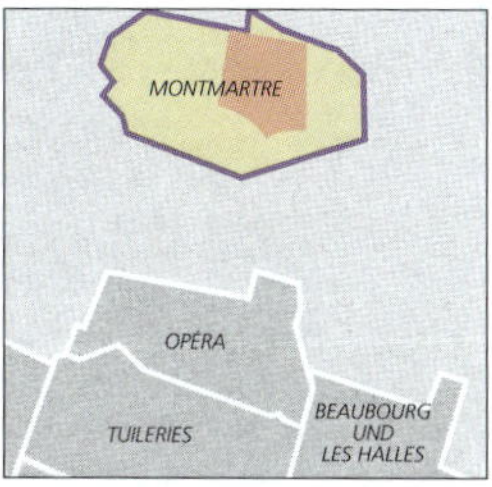

ZUR ORIENTIERUNG
Siehe Kartenteil, Karten 2, 6, 7,

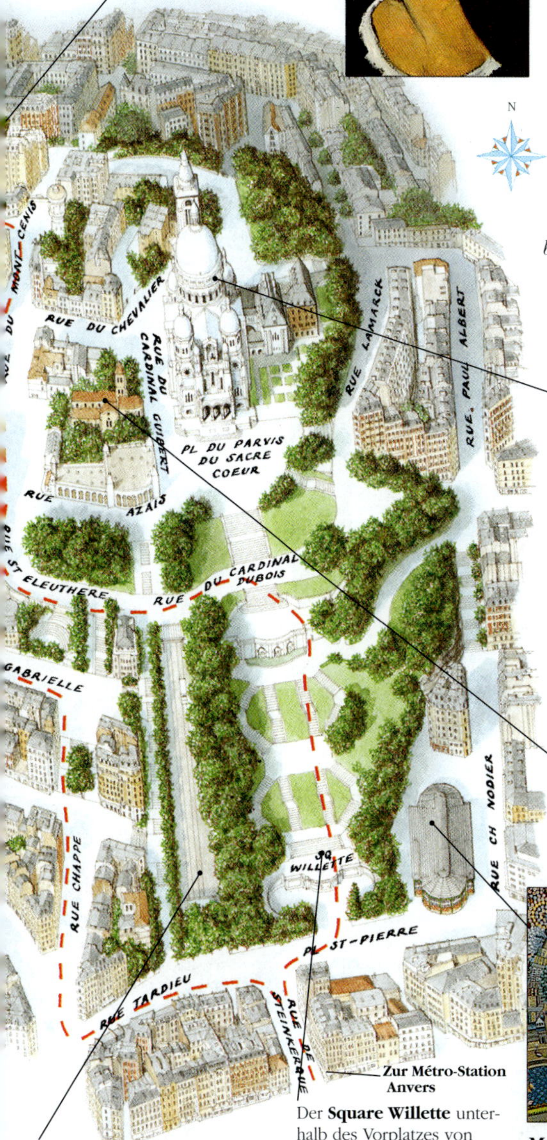

★ Sacré-Cœur
Die neoromanisch-byzantinische Kirche, 1870 begonnen, 1914 vollendet, birgt viele Kunstschätze, darunter diese Christus-Figur (1911) von Eugène Benet. ❶

St-Pierre de Montmartre
Während der Revolution machte man aus dieser Kirche einen »Tempel der Vernunft«. ❷

Musée d'Art Naïf Max Fourny
Das Museum besitzt 580 Beispiele Naiver Kunst. Dieses Ölgemälde, L'Opera de Paris *(1986), ist von L. Milinkov.* ❼

Der **Funiculaire** (Zahnradbahn) am Ende der Rue Foyatier führt hinauf zur Sacre-Cœur. Die Métro-Fahrscheine gelten auch hier.

Der **Square Willette** unterhalb des Vorplatzes von Sacré-Cœur ist in Form einer Reihe absteigender Terrassen angelegt und mit Büschen, Bäumen und Blumenbeeten geschmückt.

Kunst und Kitsch am Montmartre

Sacré-Cœur ❶

Siehe S. 224 f.

St-Pierre-de-Montmartre ❷

2, rue du Mont-Cenis, 75018. **Karte** 6 F1. *01 46 06 57 63.* *Abbesses.* *Tägl. 8.30–19 Uhr.* *regelmäßig.* ***Konzerte.***

St-Pierre-de-Montmartre im Schatten von Sacré-Cœur ist eine der ältesten Kirchen von Paris. Sie ist der Überrest der großen Benediktiner-Abtei von Montmartre, die Louis VI und seine Gemahlin Adelaide von Savoyen 1133 gegründet hatten; Adelaide, die erste Äbtissin, ist hier begraben.

Die vier prächtigen Säulen im Inneren stammen von einem römischen Tempel, der ursprünglich hier stand. Der Chor datiert aus dem 12. Jahrhundert, das Kirchenschiff wurde im 15., die Westfront im 18. Jahrhundert wiederhergestellt. Während der Revolution wurde der Abt guillotiniert und die Kirche säkularisiert. Erst 1908 wurde sie wieder geweiht. Bleiglasfenster im gotischen Stil ersetzen die im Zweiten Weltkrieg durch eine verirrte Bombe zerstörten. Zur Kirche gehört auch ein Friedhof, der jedoch nur an Allerheiligen (1. November) geöffnet ist.

Eingangstür von St. Pierre

Place du Tertre ❸

75018. **Karte** 6 F1. *Abbesses.*

Tertre bedeutet »kleiner Hügel«, »Wall«. Der pittoreske Platz ist mit 130 Metern der höchste Punkt in Paris. Einst standen dort die Galgen der Abtei. Heute ist der Ort für die Künstler bekannt, die im 19. Jahrhundert begannen, hier ihre Bilder auszustellen. Der Platz wird von farbenfrohen Restaurants gesäumt – A La Mère Cathérine gibt es bereits seit 1793. Nr. 21 war früher das Heim der 1920 gegründeten »Freien Kommune«, die den Geist der Boheme wiederbeleben wollte; heute ist dort das Informationszentrum für das alte Montmartre.

Der Künstler Salvador Dalí

Espace Montmartre Salvador Dalí ❹

11, rue Poulbot, 75018. **Karte** 6 F1. *01 42 64 40 10.* *Abbesses.* *tägl. 10–18.30 Uhr (Juli, Aug bis 21 Uhr).* *Gruppen nach Vereinbarung.*

Hier im Zentrum von Montmartre zeigt eine Ausstellung 330 Werke des Malers und Bildhauers Salvador Dalí. Die dunkle Einrichtung betont den dramatischen Charakter des Genies des 20. Jahrhunderts. Sich bewegende Scheinwerfer setzen die surrealistischen Werke ins rechte Licht. In regelmäßigen Abständen ertönt dazu die Stimme Dalís. Dem originellen Museum sind eine Kunstgalerie und eine Bibliothek angegliedert.

Musée de Montmartre ❺

12, rue Cortot, 75018. **Karte** 2 F5. *01 46 06 61 11.* *Lamarck-Caulaincourt.* *Di–So 11.30–18 Uhr.*

Das Haus, das einen besonderen Charme ausstrahlt, gehörte während des 17. Jahrhunderts dem Schauspieler Roze de Rosimond, einem Mitglied von Molières Theatertruppe. Roze starb wie sein Mentor während einer Aufführung von Molières Schauspiel *Der eingebildete Kranke*. Ab 1875 beherbergte das große weiße Haus, sicherlich eines der schönsten von Montmartre, Heim und Atelier einer Anzahl von Künstlern, darunter Maurice Utrillo und seine Mutter Suzanne Valadon, vormals Akrobatin und Modell, ebenso Ateliers von Dufy und Renoir.

Das Museum belegt mittels Kunstwerken, Dokumenten, Zeichnungen und Fotografien die Geschichte des Montmartre von den Tagen der Abtei bis in die Gegenwart. Es ist reich an Erinnerungsstücken aus der Zeit der Boheme, es gibt sogar eine Nachbildung des Café de l'Abreuvoir, Utrillos bevorzugter Kneipe.

Das nachgebaute Café de l'Abreuvoir

Die trügerisch rustikale Außenansicht des Lapin Agile, eines der bekanntesten Nachtlokale von Paris

Au Lapin Agile ❻

22, rue des Saules, 75018. **Karte** 2 F5. ☎ *01 46 06 85 87.* Ⓜ *Lamarck-Caulaincourt.* ◷ *Di–So 21–2 Uhr.* *Siehe* ***Unterhaltung*** *S. 330 f.* Ⓦ www.au-lapin-agile.com

DAS FRÜHERE Cabaret des Assassins hat seinen Namen von einem Bild des Humoristen André Gill, das einen Hasen zeigt, der aus einem Topf flüchtet: *Le Lapin à Gill* wurde bekannt als der wendige Hase, *Lapin Agile.* Der Club erfreute sich während der Zeit um 1900 großer Beliebtheit bei Intellektuellen und Künstlern. Hier ließ sich der Schriftsteller Roland Dorgeles aus Hass auf die moderne Kunst, wie sie Picasso und andere Maler am »Bateau-Lavoir« (13, place Emile-Goudeau) hervorbrachten, dazu hinreißen, dem Dichter, Kunstkritiker und Verfechter des Kubismus, Guillaume Apollinaire, einen Streich zu spielen. Er band einen Malerpinsel an den Schwanz des Esels, der dem Café-Besitzer gehörte: Das Resultat wurde unter dem Titel *Sonnenuntergang über der Adria* in einer Ausstellung des Salon des Indépendents gezeigt.

1903 wurde das Grundstück vom Cabaret-Unternehmer Aristide Bruant gekauft, den Toulouse-Lautrec in einer Serie von Plakaten festgehalten hat.

Musée d'Art Naïf Max Fourny ❼

Halle St-Pierre, 2, rue Ronsard, 75018. **Karte** 7 A1. ☎ *01 42 58 72 89.* Ⓜ *Anvers.* ◷ *tägl. 10–18 Uhr (letzter Einlass 17.30 Uhr).* Ⓦ www.hallesaintpierre.org

FÜR DIE NAIVE KUNST sind meist einfache Themen, leuchtende Farben und eine nicht stimmige Perspektive typisch. Seine Tätigkeit als Herausgeber brachte Max Fourny in Kontakt mit vielen Naiven, und dieses ungewöhnliche, in der Halle von St-Pierre untergebrachte Museum enthält seine Sammlung von Bildern und Skulpturen aus über 30 Ländern. Viele der Bilder sind selten anderswo zu sehen. Das Museum bietet auch Wechselausstellungen von Autodidakten und skurrilen Vertretern der Volkskunst. Speziell für Kinder werden Workshops veranstaltet. Das Gebäude ist eine für das 19. Jahrhundert typische Konstruktion aus Eisen und Glas und war ehemals Teil der Markthallen von St-Pierre.

Die Klagemauer **(1944), Tremblot**

Chapelle du Martyre ❽

9, rue Yvonne-Le-Tac, 75018. **Karte** 6 F1. Ⓜ *Pigalle.* ◷ *Fr–Mi 10–12, 15–17 Uhr.*

DIE KAPELLE aus dem 19. Jahrhundert steht an der Stelle einer mittelalterlichen Klosterkirche, die selbst wiederum den Ort markiert, wo der erste Bischof von Paris, Saint Denis, 250 n. Chr. von den Römern enthauptet und zu einem der frühen christlichen Märtyrer wurde.

In der Krypta der ursprünglichen Kapelle legte Ignatius von Loyola mit sechs Gleichgesinnten sein Ordensgelübde ab. Ignatius war der Begründer der Gesellschaft Jesu, des Jesuitenordens, der sich im Zuge der Gegenreformation bildete.

Sacré-Cœur ❶

Südöstliches Rosettenfenster

BEI AUSBRUCH des Deutsch-Französischen Kriegs gelobten zwei katholische Geschäftsmänner, dass sie eine dem heiligen Herzen Christi geweihte Kirche erbauen würden, sollte Frankreich von dem drohenden Angriff der Deutschen verschont bleiben. Forthin lebten Alexandre Legentil und Hubert Rohault de Fleury nur noch für dieses Ziel. Das Projekt wurde schließlich von dem Pariser Erzbischof Guibert aufgegriffen, 1875 begannen die Arbeiten nach Entwürfen von Paul Abadie. Sie waren inspiriert von der romanisch-byzantinischen Kirche von St-Front in Perigueux. 1914 konnte die Basilika vollendet werden, aber der Zweite Weltkrieg verhinderte ihre Weihe, die erst 1919 erfolgte.

Die Fassade
Von den unterhalb liegenden Gärten hat man die beste Sicht auf Sacré-Cœur.

Der **Glockenturm** (1895) ist 83 Meter hoch und trägt mit 18,5 Tonnen eine der schwersten Glocken der Welt; allein der Klöppel wiegt 850 Kilogramm.

★ Großes Christus-Mosaik
Das Mosaik einer Christusgestalt (1912–22) von Luc-Olivier Merson und Marcel Magne beherrscht die Apsis.

Maria mit Kind *(1896)*
Die Silberstatue von P. Brunet ist eine von zwei Figuren im Wandelgang.

DIE BELAGERUNG VON PARIS

1870 besetzten die Deutschen Frankreich. Während der viermonatigen Belagerung von Paris zwang der Hunger die Einwohner dazu, alle Tiere in der Stadt zu schlachten.

★ Krypta
In einer steinernen Urne wird das Herz Legentils aufbewahrt.

NICHT VERSÄUMEN

- ★ **Großes Christus-Mosaik**
- ★ **Krypta**
- ★ **Konische Kuppel**
- ★ **Bronzetüren**

INFOBOX

35, rue du Chevalier de la Barre, 75018. **Karte** 6 F1. *01 53 41 89 00. Abbesses (weiter mit dem Funiculaire zu den Treppen von Sacré-Cœur), Anvers, Barbès-Rochechouart, Château-Rouge, Lamarck-Caulaincourt.* *30, 54, 80, 85.* *Blvd de Clichy, Rue Custine.* **Basilika** *tägl. 6.15–22 Uhr.* ***Kuppel und* Krypta** *tägl. 9–19 Uhr (Winter 18 Uhr). für Krypta und Kuppel. Mo–Fr 10.30, 12.15, 19, 22 Uhr (Freitag auch 15 Uhr), Sa 10.30, 12.15, 18, 22 Uhr, So 9.30, 11, 18, 22 Uhr.* *eingeschränkt.*

★ **Konische Kuppel**
Nach dem Eiffelturm ist dies der höchste Punkt von Paris.

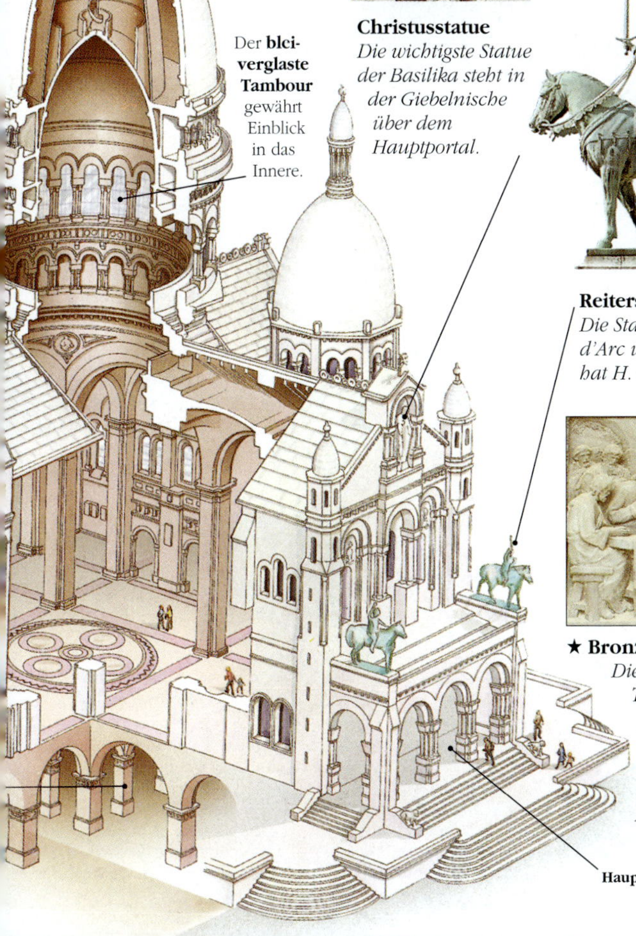

Christusstatue
Die wichtigste Statue der Basilika steht in der Giebelnische über dem Hauptportal.

Reiterstandbilder
Die Statuen der Jeanne d'Arc und des Saint Louis hat H. Lefebvre gefertigt.

★ **Bronzetüren**
Die Reliefs auf den Türen des Hauptportals zeigen Szenen aus dem Leben Jesu Christi, so das Letzte Abendmahl.

Die berühmte Silhouette des Nachtclubs Moulin Rouge

Place des Abbesses ❾

75018. **Karte** 6 F1. M *Abbesses.*

DIES IST einer der malerischsten Plätze von Paris. Er liegt zwischen der Place Pigalle mit ihren Striplokalen und der von Touristen überlaufenen Place du Tertre. Übersehen Sie auf keinen Fall die Abbesses-Métro-Station mit ihren grünen schmiedeeisernen Bogen und bernsteingelben Lampen. Die vom Architekten Hector Guimard gestaltete Métro-Station ist eine der wenigen originalen im Jugendstil (Art noveau).

Zugang zur Métro-Station Abbesses

St-Jean l'Evangéliste de Montmartre ❿

19, rue des Abbesses, 75018. **Karte** 6 F1. *01 46 06 43 96.* M *Abbesses.* *Mo–Sa 9–12, 15–19 Uhr; So 14–19 Uhr.* *regelmäßig.* *einmal im Monat.*

DIE VON Anatole de Baudot gestaltete Kirche von 1904 war die erste aus Stahlbeton. Die Blumenmotive auf den Innenwänden und den Pfeilern sind typisch Art nouveau, die Bogen erinnern an islamische Architektur. Die rote Backsteinfassade hat dem Bau den Spitznamen »St-Jean-des Briques« eingebracht.

Fassadendetail von St-Jean l'Evangéliste

Bateau-Lavoir ⓫

13, pl Emile-Goudeau, 75018. **Karte** 6 F1. M *Abbesses.* *der Öffentlichkeit nicht zugänglich.*

FRÜHER WAR dieses Mekka der Malerei und Literatur eine Pianofabrik. Der Name rührt von der Ähnlichkeit des Gebäudes mit den Waschbooten, welche die Seine entlangzogen. Zwischen 1890 und 1920 wohnten hier die talentiertesten Künstler ihrer Zeit. Sie lebten in einfachsten Verhältnissen, hatten nur einen tropfenden Wasserhahn und wechselten sich beim Schlafen in den Betten ab. Picasso, Van Dongen, Marie Laurencin, Juan Gris und Modigliani sind nur einige der berühmten Bewohner. Hier malte Picasso 1907 sein Bild *Les Demoiselles d'Avignon*, das erste kubistische Gemälde. Das heruntergekommene Gebäude brannte 1970 nieder. Man errichtete eine genaue Nachbildung – mit Ateliers für Nachwuchskünstler.

Moulin Rouge ⓬

82, blvd de Clichy, 75018. **Karte** 6 E1. *01 53 09 82 82.* M *Blanche.* *Abendessen 19 Uhr, erste Show 21 Uhr (tägl.), zweite Show 23 Uhr (Sa, So).* *Siehe* ***Unterhaltung*** *S. 339.* W www.moulin-rouge.com

VON DEM ursprünglichen Nachtklub, der 1885 erbaut und 1900 in eine Tanzhalle umgewandelt wurde, sind nur die roten Windmühlenflügel übrig geblieben. Cancan kommt ursprünglich aus den Polka-Gärten der Rue de la Grande-Chaumiere in Montparnasse; er wird aber stets mit dem Moulin Rouge verbunden bleiben, dessen Tanzshows durch die Plakate von Toulouse-Lautrec unsterblich wurden. Die Darbietungen einer Jane Avril oder einer Yvette Guilbert finden heutzutage ihre Fortsetzung in einer Glitzerrevue mit Lichteffekten und Magier-Show.

Der Tänzer Vaslaw Nijinsky

Cimetière de Montmartre ⓭

20, ave Rachel, 75018. **Karte** 2 D5. 01 53 42 36 30. Place de Clichy, Blanche. Mo–Fr 8–17.30, Sa 8.30–17.30, So 9–17.30 Uhr (Sommer bis 18 Uhr).

Seit dem Beginn des 19. Jahrhunderts haben viele Berühmtheiten aus dem Bereich der Kunst ihre letzte Ruhestätte auf diesem Friedhof von Montmartre gefunden. Der Komponist Hector Berlioz, Jacques Offenbach, der die bekannte Cancan-Melodie komponierte, der Dichter Heinrich Heine, der russische Tänzer Vaslaw Nijinsky und der Filmemacher François Truffaut sind nur einige von ihnen. Hier ist auch die berühmte Tänzerin La Goulue (bürgerlicher Name Louise Weber) begraben. Sie war der Star der Offenbachschen Cancans. Die besondere Stimmung des Friedhofs und die schönen Gräber locken viele Besucher hierher.

Nicht weit entfernt, nahe beim Platz Roland-Dorgèles, befindet sich der zweite Friedhof des Montmartre-Viertels, der **Cimetière St-Vincent**, der von Besuchern leicht übersehen wird. Hier liegt z. B. der französische Maler Maurice Utrillo begraben, der viele Gemälde aus dem Viertel Montmartre schuf. Unter den weiteren Grabmälern finden sich Prominente wie der Schweizer Komponist Arthur Honegger oder der Schriftsteller Marcel Aymé.

Moulin de la Galette ⓮

Kreuzung Rue Tholoze und Rue Lepic, 75018. **Karte** 2 E5. Lamarck-Caulaincourt. der Öffentlichkeit nicht zugänglich.

Einst war die Silhouette des Montmartre geprägt von den Flügeln der mehr als 30 Windmühlen, die Getreide und Trauben verarbeiteten. Nur zwei dieser Mühlen sind übrig geblieben: Moulin du Radet, die weiter unten in der Rue Lepic steht, und Moulin de la Galette, die wiedererrichtet wurde.

Moulin de la Galette wurde 1622 erbaut und ist auch als »Blute-fin« bekannt. Es wird berichtet, dass Debray, einer ihrer Besitzer, während der Belagerung von Paris im Jahr 1814 an den Windflügeln gekreuzigt wurde, weil er versucht hatte, die anstürmenden Kosaken zurückzuschlagen. Um 1900 wurde aus der Mühle eine berühmte Tanzhalle. Sie lieferte vielen Malern, besonders Auguste Renoir und Vincent van Gogh, Anregungen. Die steile Rue Lepic ist eine sehr belebte Einkaufsmeile mit einem sehenswerten Markt *(siehe S. 327)*. Im Haus Nr. 54 wohnten die Maler Armand Guillaumine und van Gogh.

Moulin de la Galette

Sacré-Coeur, Montmartre, ein Gemälde von Maurice Utrillo

Avenue Junot ⓯

75018. **Karte** 2 E5. Lamarck-Caulaincourt.

In der 1910 angelegten Straße befinden sich viele Ateliers und schöne Wohnhäuser. Nr. 13 besitzt Mosaiken, die ein früherer Bewohner, der Illustrator Francisque Poulbot, bekannt durch seine Zeichnungen von Straßenkindern, ausgeführt hat. Ihm wird auch die Erfindung eines Bar-Billardspiels zugeschrieben. Nr. 15 ist die Maison Tristan Tzara, so benannt nach ihrem früheren Besitzer, einem aus Rumänien stammenden dadaistischen Schriftsteller. Der Architekt Adolf Loos gestaltete sie recht ausgefallen. Die Häuser Nr. 23bis sind schöne Beispiele für Art déco.

Am Fuße der Treppen der Allée des Brouillards findet sich eine andere architektonische Verrücktheit: das Château des Brouillards aus dem 18. Jahrhundert. Gérard de Nerval, ein Dichter des Symbolismus, hat in diesem Haus gewohnt.

Abstecher

Viele der grossen Schlösser außerhalb von Paris konnten als Museen vor dem Verfall bewahrt werden; darunter ist Versailles das edelste. Sollten Sie mehr der Moderne zugeneigt sein, können Sie auch Architektur von Le Corbusier besichtigen. Außerdem gibt es zwei Vergnügungsparks: Euro Disney und den Parc de la Villette – für Erwachsene und Kinder gleichermaßen atraktiv. Und wenn Ihnen der Betrieb der Stadt auf die Nerven geht, finden Sie idyllische Parks zum Ausruhen.

Sehenswürdigkeiten auf einen Blick

Museen und Galerien

Musée Cernuschi 4
Musée des Années 30 32
Musée du Cristal de Baccarat 8
Musée Edith Piaf 13
Musée Gustave Moreau 5
Musée Marmottan 30
Musée Nissim de Camondo 3
Palais de la Porte Dorée 17

Kirchen

Basilique Saint-Denis 7
Cathédrale St-Alexandre-Nevsky 1
Notre-Dame du Travail 24

Histor. Gebäude und Straßen

13. Arrondissement 21
Bercy 19
Bibliotheque Nationale de France 20
Château de Malmaison 34
Cité Universitaire 23
Fondation Le Corbusier 29
Institut Pasteur 25
La Défense 33
Portes St-Denis et St-Martin 9
Rue La Fontaine 28
Versailles S. 248ff 27

Märkte

Marché aux Puces de St-Ouen 6
Marché d'Aligre 16

Parks, Gärten und Kanäle

Bois de Boulogne 31
Canal St-Martin 10
Château et Bois de Vincennes 18
Parc André Citroën 26
Parc des Buttes-Chaumont 11
Parc Monceau 2
Parc Montsouris 22

Friedhof

Cimetière du Père Lachaise S. 240f 14

Vergnügungsparks

Disneyland Paris S. 242ff 15
Parc de la Villette S. 234ff 12

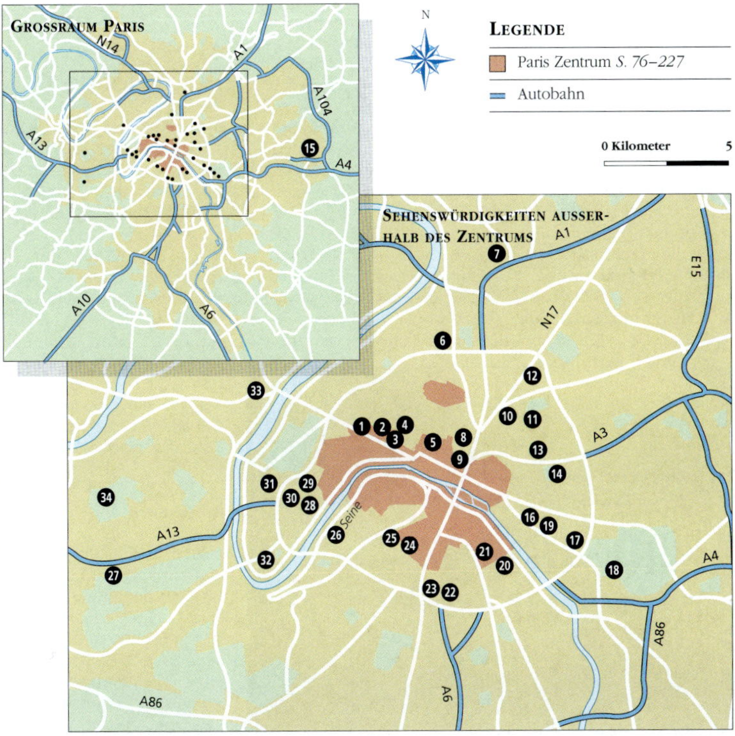

◁ **Künstlich angelegtes Inselidyll im Bois de Boulogne**

Im Norden

Cathédrale-St-Alexandre-Nevsky

Cathédrale St-Alexandre-Nevsky ❶

12, rue Daru, 75008. **Karte** 4 F3.
01 42 27 37 34. M *Courcelle.*
Di, Fr, So 15–17 Uhr.
Sa 18 Uhr, So 10.30 Uhr.

DIE IMPOSANTE russisch-orthodoxe Kathedrale mit ihren fünf goldkupfernen Kuppeln weist unübersehbar auf die Existenz einer großen russischen Gemeinde in Paris hin. Die Kirche wurde von der Akademie der Schönen Künste St. Petersburg entworfen und 1861 mit Unterstützung des Zaren fertig gestellt. Innen teilt eine Ikonostase den Raum in zwei Hälften. Der Grundriss (griechisches Kreuz), die prächtigen Mosaiken und die Fresken sind neubyzantinisch, Außenbau und Kuppeln hingegen traditionell russisch-orthodox.

Nach den beiden Russischen Revolutionen 1917 stieg der russische Bevölkerungsanteil in Paris dramatisch an. Die Rue Daru, in der die Kathedrale steht, und ihre nähere Umgebung wurden »Klein-Russland« genannt. Die russischen Schulen, die vielen Tanzinstitute, die speziellen Tee- und Buchläden in der Gegend rechtfertigen den Namen noch immer.

Parc Monceau ❷

Blvd de Courcelles, 75017. **Karte** 5 A3.
01 42 27 08 64. M *Monceau.*
tägl. 7–21 Uhr (Sommer bis 23 Uhr).
*Siehe **Fünf Spaziergänge** S. 258 f.*

DIESE GRÜNE INSEL geht zurück auf das Jahr 1778, als der Herzog von Chartres dem Hobby-Landschaftsarchitekten Louis Carmontelle den Auftrag für einen Aufsehen erregenden Park erteilte. Carmontelle war Bühnenbildner und schuf einen »Garten der Träume«: eine exotische Landschaft voller Verrücktheiten im Stil der zeitgenössischen englischen und deutschen Mode. 1783 gestaltete Thomas Blaikie einen weiteren Teil des Gartens ebenfalls nach englischem Vorbild. Am 22. Oktober 1797 wagte André Jacques Garnerin hier die erste verbürgte Landung mit einem Fallschirm.

Nach wechselnden Besitzern erwarb 1852 die Stadt Paris den Park. Sie überließ die Hälfte des Areals privaten Nutzern. Die verbliebenen neun Hektar wurden zum öffentlichen Park. Der Architekt des Bois de Boulogne und des Boi de Vincennes, Adolphe Alphand, setzte die Anlage instand und errichtete neue Gebäude.

Der Park ist zwar immer noch einer der schönsten der Stadt, hat aber viele Attraktionen verloren. Übrig geblieben ist das von korinthischen Säulen flankierte »Naumachia«-Bassin, ein großes Becken im römischen Stil, in dem früher Seeschlachten nachgespielt wurden. Erwähnenswert sind auch die Renaissancearkaden und der Pavillon de Chartres, der einst als Zollhaus diente.

Kolonnade am »Naumachia«-Bassin im Parc Monceau

Musée Nissim de Camondo

Musée Nissim de Camondo ❸

63, rue de Monceau, 75008. **Karte** 5 A3. *01 53 89 06 40.* M *Monceau, Villiers.* *Mi–So 10–17 Uhr (letzter Einlass 16.30 Uhr).* *Feiertage.* *01 44 55 59 26.*

DER COMTE Moise de Camondo, ein bedeutender jüdischer Geschäftsmann, ließ diese Villa 1914 im Stil des Petit Trianon in Versailles *(siehe S. 249)* erbauen, um dort seine seltene Sammlung von Möbeln, Gobelins und Gemälden des 18. Jahrhunderts unterzubringen. Das Museum gibt das Innere eines Stadthauses wieder, wie es Aristokraten zu Zeiten Louis' XV und Louis' XVI bevorzugten. 1935 übereignete de Camondo die Villa mitsamt Inventar dem französischen Staat – zum Gedenken an seinen im Ersten Weltkrieg gefallenen Sohn Nissim. Im Museum kann man u.a. Savonnerie-Teppiche, Beauvais-Gobelins und Sèvres-Porzellan bestaunen.

Musée Cernuschi ❹

7, ave Vélasquez, 75008. **Karte** 5 A3. *01 45 63 50 75.* *Villiers, Monceau.* *nach Renovierung ab Mitte 2004 wieder geöffnet.* www.paris-france.org/musees

In dem feudalen Haus ist die Privatsammlung spätasiatischer Kunst des Politikers und Bankiers Enrico Cernuschi (1821–96) untergebracht. Sie enthält den aus dem 5. Jahrhundert stammenden Bodhisattva (buddhistisches göttliches Wesen) von Yunkang, *La Tigresse* (eine Bronzevase aus dem 12. Jh. v. Chr.) und das auf Seide gemalte Bild *Pferde und Stallburschen* aus dem 8. Jahrhundert, das dem bedeutendsten Hofmaler der Periode, Han Kan, zugeschrieben wird.

Bodhisattva im Musée Cernuschi

Musée Gustave Moreau ❺

14, rue de la Rochefoucauld, 75009. **Karte** 6 E3. *01 48 74 38 50.* *Trinité.* *Mi–Mo 10–12.45, 14–17.15 Uhr.* *1. Jan, 1. Mai, 25. Dez.*

Der Maler des Symbolismus Gustave Moreau (1826–98), der biblische und mythologische Sujets in fantasievollen Werken behandelte, hinterließ dem Staat in seinem Stadthaus eine riesige Sammlung von mehr als 1000 Ölbildern und Aquarellen sowie 7000 Zeichnungen. Eines seiner bekanntesten Werke, *Jupiter und Semele*, ist hier zu sehen, aber auch eine umfassende Sammlung unvollendeter Skizzen.

***Engel auf Reisen* von Gustave Moreau im Musée Gustave Moreau**

Marché aux Puces de St-Ouen ❻

Rue des Rosiers, 75018 St-Ouen. **Karte** 2 F2. *Porte de Clignancourt.* *Sa–Mo 7–18 Uhr. Siehe* **Märkte** *S. 327.*

Der sechs Hektar große Flohmarkt nahe der Porte de Clignancourt ist der älteste und größte von Paris. Im 19. Jahrhundert kamen hier vor der Stadtgrenze reisende Händler und fahrendes Volk zusammen, um ihre Waren anzubieten. Seit diesem illustren Beginn hat der Ort Tradition bei Händlern. Noch in den 1920er Jahren gab es hier einen Kunstmarkt, auf dem ein eingeweihter Kunde nichts ahnenden Verkäufern billig Meisterwerke abhandeln konnte. Heute ist der Markt in verschiedene Warenbereiche aufgeteilt. Bekannt ist er wegen seiner Vielfalt an Möbeln von 1852 bis 1870. Echte Schnäppchen sind rar, doch Tausende suchen danach an den über 2000 Ständen.

Basilique Saint-Denis ❼

2, rue de Strasbourg, 93200 Saint-Denis. *01 48 09 83 54.* *Saint-Denis-Basilique.* RER *Saint-Denis.* *Apr–Sep Mo–Sa 10–19 Uhr, So 12–18.30 Uhr; Okt–März Mo–Sa 10–17 Uhr, So 12–17 Uhr (letzter Einlass 15 Min. vor Schließung).* *So 8.30, 10 Uhr.*

Zwischen 1137 und 1281 erbaut, befindet sich diese Basilika an der Stelle des Grabs von St-Denis, dem ersten Bischof von Paris, der 250 in Montmartre enthauptet wurde. Seit der Zeit der Merowinger bettete man hier die Herrscher Frankreichs zur letzten Ruhe. Viele Gräber wurden während der Revolution zerstört, die verbliebenen repräsentieren eine gute Auswahl an Grabkunst, darunter Ruhestätten von Dagobert (gest. 638), François I (gest. 1574), Henri II (gest. 1559), Katharina von Medici (gest. 1598) sowie Louis XVI und Marie-Antoinette (gest. 1793).

Abessinische Vase aus Baccarat-Kristall und Bronze

Musée du Cristal de Baccarat ❽

30 bis, rue de Paradis, 75010. **Karte** *7 B4.* *01 47 70 64 30.* *Château d'Eau.* *Mo–Sa 10–18 Uhr.* *Feiertage.* www.baccarat.fr

In der Rue de Paradis befinden sich kleine Glas- und Keramikläden sowie die 1764 in Lorraine gegründete Baccarat-Gesellschaft. Das Musée de Cristal, auch Musée de Baccarat genannt, liegt neben dem Ausstellungsraum und präsentiert über 1200 Artikel der Gesellschaft. Darunter sind die schönsten Arbeiten aus den Werkstätten sowie Tafelservice für königliche und kaiserliche Höfe Europas.

Westseite der Porte St-Denis, des einstigen Stadttores

Portes St-Denis et St-Martin ❾

Blvds St-Denis & St-Martin, 75010. **Karte** 7 B5. M *St-Martin, Strasbourg-St-Denis.*

DIE BEIDEN TORE gewähren Zugang zu den zwei alten Hauptverkehrsstraßen in Nord-Süd-Richtung. Ursprünglich markierten sie den Stadteingang. Die Porte St-Denis wurde 1672 von François Blondel erbaut; François Girardon, Bildhauer Louis' XIV, führte die allegorischen Figuren aus, um an die Siege in Flandern und am Rhein im selben Jahr zu erinnern. Die Porte St-Martin, 1674 von Pierre Bullet erbaut, erinnert an die Eroberung Besançons und die Kämpfe gegen die Allianz der Spanier, Deutschen und Holländer.

Boote im Port de l'Arsenal

Im Osten

Canal St-Martin ❿

Karte 8 E2. M *Jaurès, J. Bonsergent, Goncourt.* *Siehe **Fünf Spaziergänge** S.260f.*

DER 1825 ERÖFFNETE, fünf Kilometer lange Kanal bietet dem Schiffsverkehr eine Abkürzung der Seine-Schleifen. Schon lange ist der Kanal bei Schriftstellern, Filmleuten und Besuchern gleichermaßen beliebt. Zahlreiche Ausflugsboote (Ablegestelle Port de l'Arsenal) fahren hier entlang. Am Nordende liegen das Bassin de la Villette und die Rotonde de la Villette, die nachts spektakulär beleuchtet ist.

Parc des Buttes-Chaumont ⓫

Rue Manin, 75019 (Haupteingang Rue Armand Carrel). *01 53 35 89 35.* M *Botzaris, Buttes-Chaumont.* *Okt–Apr tägl. 6.30–21 Uhr; Mai–Sep tägl. 7–22 Uhr.*

VIELEN IST DIES der angenehmste Park von ganz Paris. Aus einer ehemaligen Hinrichtungsstätte gestaltete Präfekt Haussmann in den 1860er Jahren den Hügel. Er arbeitete mit Adolphe Alphand zusammen, der für das Verschönerungsprogramm verantwortlich war und die Pariser Avenuen mit Fußgängerwegen, Bänken und Straßenlaternen versah. Der Ingenieur Darcel und der Landschaftsgärtner Barillet-Deschamps waren gleichzeitig mit dem Ausbau des später hoch gelobten Parks beschäftigt. Sie schufen einen See, eine Insel mit echten und künstlichen Felsen, setzten einen römischen Tempel darauf und legten einen Wasserfall, Bäche und Brücken an, die zu der Insel führen. Wer all diese Pracht heute besucht, hat auch Gelegenheit Boot zu fahren und auf einem Esel zu reiten.

Parc de la Villette ⓬

Siehe S. 234ff.

Musée Edith Piaf ⓭

5, rue Crespin du Gast, 75011. *01 43 55 52 72.* M *Ménilmontant.* *Mo–Do 13–18 Uhr (letzter Einlass 17.30 Uhr), nur nach Vereinbarung.* *Feiertage.*

Edith Piaf – der »Spatz von Paris« (1915–1963)

GEBOREN 1915 (als Edith Gassion) und aufgewachsen in einem Arbeiterviertel des östlichen Paris, sang Edith Piaf in Bars und Cafés, bevor sie in den späten 1930er Jahren ein internationaler Star wurde. Ihr Künstlername Piaf leitet sich von ihrem Spitznamen »Spatz« ab.

Edith Piaf hat niemals unter der Adresse des Museums gewohnt, das ein Fanclub, Les Amis d'Edith Piaf, 1967 gründete. Die Gesellschaft hat seitdem eine Menge von Erinnerungsstücken gesammelt und in das kleine Apartment gezwängt. Es enthält zahlreiche Fotografien, Porträts, persönliche Briefe, Kleider, Lithografien von Charles Kiffer, ihr gewidmete Bücher und Andenken von anderen Sängern. Auf Wunsch spielt man in dem Museum Schallplatten der Piaf, die 1963 starb und auf dem Friedhof Père Lachaise *(siehe S. 240f)* begraben liegt.

Cimetière du Père Lachaise ⑭

Siehe S. 240 f.

Disneyland Paris ⑮

Siehe S. 242 ff.

Marché d'Aligre ⑯

Place d'Aligre, 75012. **Karte** 14 F5. *Ledru-Rollin.* *tägl. 7.30–12.30 Uhr.*

JEDEN SONNTAGMORGEN bietet dieser Markt einen der farbenprächtigsten Anblicke der Stadt. Französische, arabische und afrikanische Händler bieten Früchte, Gemüse, Blumen und Kleider an. Der benachbarte überdachte Markt Beauveau St-Antoine ist auf Fleisch, Käse und Pasteten spezialisiert.

Aligre befindet sich genau im Schnittpunkt von altem und neuem Paris. Hier leben die älteren Bewohner des Handwerkerviertels und eine Menge unternehmungslustiger junger Leuten einträchtig nebeneinander. Angelockt wurden Letztere durch die Umwandlung des Bastille-Viertels.

Relief an der Fassade des Palais de la Porte Dorée

Das frisch renovierte Château de Vincennes

Palais de la Porte Dorée ⑰

293, ave Daumesnil, 75012. *01 44 74 84 80.* *Porte Dorée.* *Mi–Mo 10–17.15 Uhr* *eingeschränkt.*

DAS MUSEUM und Aquarium ist in einem eigens für die Kolonial-Ausstellung 1931 von den Architekten Albert Laprade und Léon Jaussely entworfenen Art-déco-Gebäude untergebracht. Ein riesiger Fries von A. Janniot an der Fassade zeigt die Beiträge der einzelnen Überseekolonien.

Bis Anfang 2003 war hier das Musée National des Arts d'Afrique et d'Océanie zu Hause. Dessen Bestände umfassen eine bemerkenswerte Sammlung von Volkskunst aus West-, Zentral- und Nordafrika sowie Ozeanien und Australien. Diese Stücke sollen ab 2006 in einem neuen Museum am Quai Branley zu sehen sein.

Aber auch so ist im Palais de la Porte Dorée noch viel aus der Kolonialzeit zu sehen, so z.B. die Rekonstruktionen eines Raums aus den 1930er Jahren oder eines Art-déco-Ballsaals.

Im Kellergeschoss befinden sich ein tropisches Aquarium mit vielen bunten Fischen sowie Terrarien mit Schildkröten und Krokodilen.

Château et Bois de Vincennes ⑱

Château de Vincennes. RER *Vincennes.* **Château** Ave de Paris, 94300 Vincennes. *01 48 08 31 20.* *tägl. 10–18 Uhr (Winter bis 17 Uhr).* *obligatorisch in Wehrturm und Kapelle.* **Bois de Vincennes** *tägl. von Sonnenauf- bis -untergang.* **Zoo** *01 44 75 20 10.* *tägl. 9–17.30 Uhr (Winter bis 17 Uhr) (letzter Einlass 30 Min. vor Schließung).*

DAS CHÂTEAU de Vincennes, umgeben von Verteidigungsmauern und einem Graben, war einst königliche Residenz. In dieser Anlage starb 1422 Heinrich V. von England. Sein Leichnam wurde angeblich in der Küche konserviert, um ihn für die Verschiffung zurück nach England zu präparieren. Nachdem Versailles fertig war, verkam das Château de Vincennes. Napoléon gab ihm 1840 seine Bestimmung als Festung. Im Wehrturm ist heute das Schlossmuseum untergebracht. Sehenswert ist auch die um 1550 errichtete gotische Kapelle mit den schönen Rosettenfenstern. Zwei Pavillons (17. Jh.) beherbergen ein Museum für militärische Abzeichen.

Der Forst von Vincennes war einst königlicher Jagdgrund. 1860 überließ ihn Napoléon III der Stadt Paris. Baron Haussmanns Landschaftsarchitekt versah ihn mit Teichen und Kaskaden. Hauptattraktionen sind der Zoo und der größte Jahrmarkt Frankreichs (von Palmsonntag bis Ende Mai).

Parc de la Villette ⓬

DAS AREAL des alten Schlachthofs und des Viehmarkts von Paris wurde in einen großräumigen Stadtpark verwandelt, den Bernard Tschumi entwarf. Die Einrichtungen sind über ein 55 Hektar großes Gebiet verteilt. Geplant war, die traditionelle Rolle der Parks als Orte der Begegnung wiederzubeleben und das Interesse für Kunst und Wissenschaft zu wecken. 1984 wurde mit dem Umbau begonnen; inzwischen gibt es ein großes wissenschaftliches Museum, eine Halle für Popkonzerte, ein Sphären-Kino und ein Musikzentrum. Das alles ist eingebettet im Park mit seinen Brücken, Gartenanlagen und Spielplätzen.

Spielgeräte
Solche roten Würfel sind überall im Park aufgestellt und bieten unter anderem eine Tagesstätte, ein Café und eine Kinderwerkstatt.

Kinderspielplatz
Drachenrutsche, Sandgrube und Spielgeräte in einer Art Irrgarten machen den Spielplatz zu einem echten Kinderparadies.

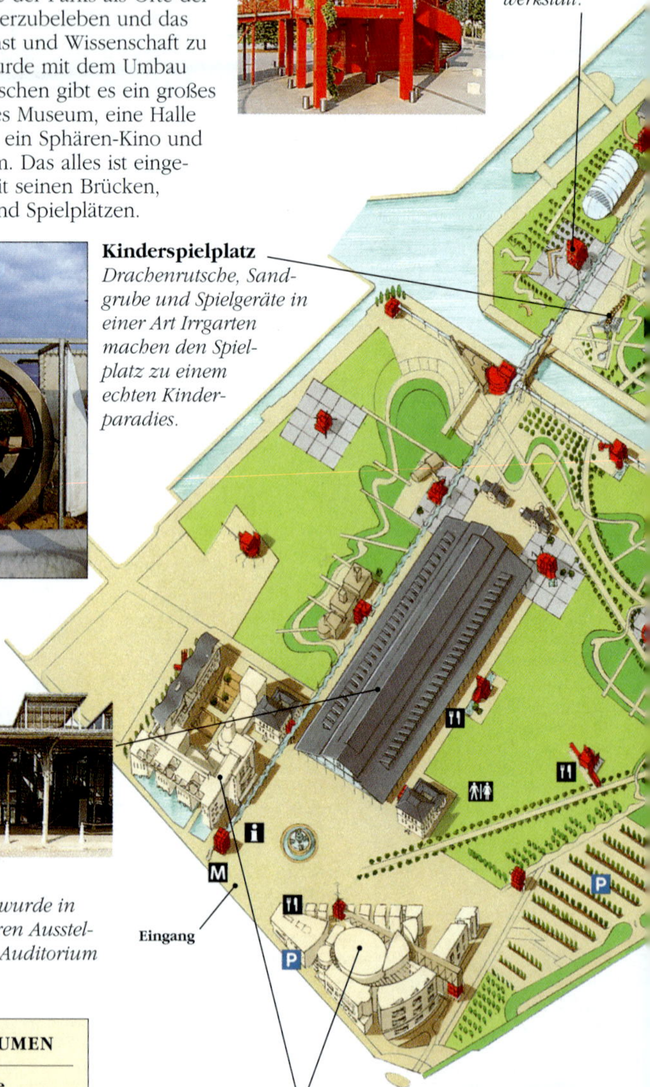

★ Grande Halle
Die alte Viehhalle wurde in einen veränderbaren Ausstellungskomplex mit Auditorium verwandelt.

NICHT VERSÄUMEN
- ★ Grande Halle
- ★ Cité de la Musique
- ★ Cité des Sciences
- ★ Théâtre Zénith

★ Cité de la Musique
In dem eigenwilligen Gebäude befinden sich Konservatorium, Konzerthalle, Bücherei, Studios und ein Museum.

Das **Maison de la Villette** ist eine Art Heimatkundemuseum zur Geschichte des Viertels.

Eingang

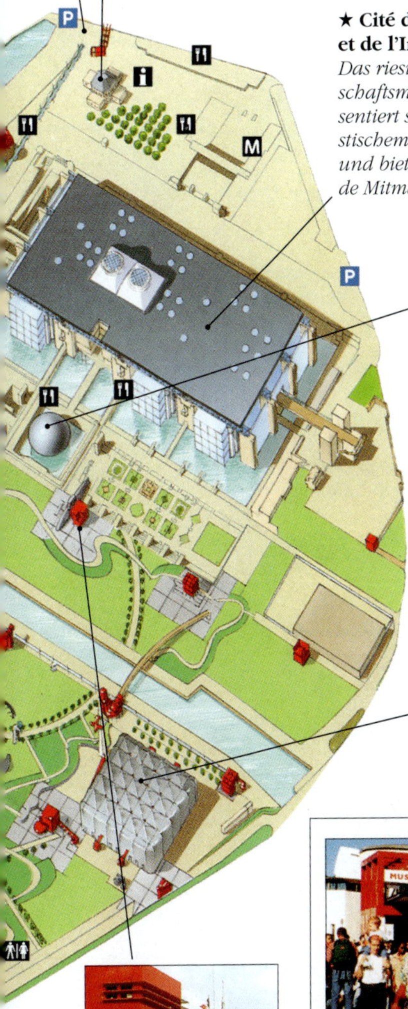

★ **Cité des Sciences et de l'Industrie**
Das riesige Wissenschaftsmuseum präsentiert sich in futuristischem Gewande und bietet begeisternde Mitmach-Modelle.

La Géode
Die gigantische 360°-Leinwand des Kinos kombiniert visuelle und akustische Effekte, um z.B. eine Reise durch den Weltraum authentisch zu vermitteln.

★ **Théâtre Zénith**
Der riesige Konzertsaal wurde als Veranstaltunsort für Popkonzerte errichtet. Er bietet 6000 Zuschauern Platz.

L'Argonaute
Hier gibt es ein U-Boot aus den 1950er Jahren und ein Schifffahrtsmuseum zu sehen.

Straßendarbietung von Musikern aus Guadeloupe

Le Musée de la Musique

Das Museum zeigt in seiner Sammlung über 4500 Instrumente, Objekte, Apparate und Kunstwerke, die die Musikgeschichte seit der Renaissance sehr schön illustrieren. Die ständige Ausstellung umfasst über 900 Exponate und ist chronologisch angeordnet. Audioführer geben Orientierung.

La Villette: Cité des Sciences et de l'Industrie

Atlas-Statue

Das riesige Wissenschafts- und Technikmuseum ist in der ursprünglich als Fleischgroßmarkt vorgesehenen Halle untergebracht. Sie ist 40 Meter hoch und erstreckt sich über drei Hektar. Der Architekt Adrien Fainsilber schuf ein anregendes Zusammenspiel zwischen dem eigentlichen Gebäude und den Naturelementen: Der Bau wird von Wasser umgeben, die Pflanzenwelt dringt durch die Gewächshäuser herein, und durch die Kuppeln flutet das Licht. Das Museum ist auf fünf Ebenen untergebracht. Zentralstück ist die Explora-Ausstellung auf den Ebenen 1 und 2. Hier sollen unterhaltsame Exponate von Maschinen und technischen Projekten das Interesse an der Wissenschaft fördern. So können Besucher auf spielerische Art und Weise Computer, Weltraum und Klangwelt erobern.

Kuppeln
Die beiden gläsernen Kuppeln (15 Meter Durchmesser) filtern das Licht für die Haupthalle.

★ Planetarium
Im Saal mit 260 Plätzen simulieren Spezialprojektoren und Klangsysteme aufregende Planetenbilder.

Haupthalle
Eine hoch aufragende Konstruktion aus Schächten, Brücken und Balkonen schafft eine Atmosphäre wie in einer Kathedrale.

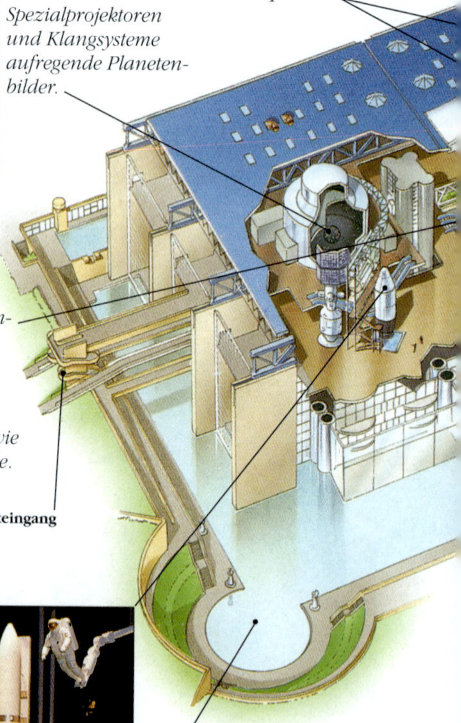

Nicht versäumen

- ★ Planetarium
- ★ Ariane-Rakete
- ★ La Géode

★ Ariane-Rakete
In der faszinierenden Ausstellung wird erklärt, wie Astronauten ins Weltall geschickt werden. Gezeigt wird ein Modell der europäischen Trägerrakete Ariane.

Der **Wassergraben** wurde 13 Meter unter Niveau angelegt, sodass natürliches Licht in die unteren Ebenen des Baus dringen kann. Die Spiegelung im Wasser steigert das wuchtige Erscheinungsbild des Gebäudes.

Mirage-Flugzeug
Zu den Ausstellungsstücken zum technischen Fortschritt gehört ein Modell des Düsenjägers Mirage in Originalgröße.

Wissenschaftszentrum für Kinder
In der weitläufigen Abteilung können Kinder experimentieren und spielerisch mit Naturwissenschaft vertraut werden.

Die **Gewächshäuser** sind quadratische Treibhäuser (32 Meter hoch und breit), die den Park mit dem Gebäude optisch verbinden.

Laufgänge
Die Laufgänge kreuzen den umgebenden Wall, um die Ebenen des Museums mit La Géode und Park zu verbinden.

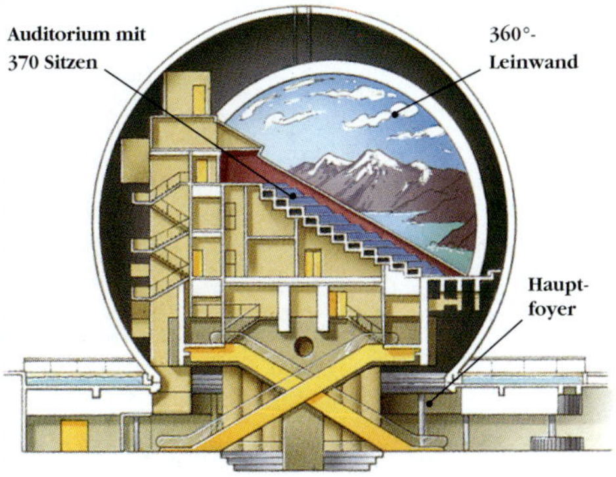

La Géode

Die gigantische Unterhaltungskugel (Ø 36 m) wird von einer »Haut« aus 6500 stählernen Dreiecken umfasst, auf der sich die Umgebung und der Himmel spiegeln. Innen werden auf einer riesigen hemisphärischen Leinwand (1000 m²) Filme über Erde und All gezeigt.

Cité des Sciences: Explora

DIE AUSSTELLUNGSSTÜCKE dieser Stadt der Wissenschaften geben einen faszinierenden Einblick in die Welt von Wissenschaft und Technik. Eindrucksvolle multimediale Darbietungen, Computeranimationen und Lehrmodelle erweitern unser Verständnis von Computern, Weltraum, Ozean, Erde, Musik und Film. Kinder und Erwachsene können spielerisch den Umgang mit Licht, Klang und Raum erlernen. Kleine Kinder können durch den »Schallschwamm« laufen, optische Tricks bewundern und erfahren, wie Astronauten im Weltraum leben. Ältere können mehr darüber lernen, wie man unter Wasser lebt und arbeitet, wie Spezialeffekte beim Film entstehen, dem Bericht über einen fernen Planeten zuhören und die Entstehung eines Gebirges verfolgen.

Schall-Schüsseln
Die Parabol-Schalltrichter übermitteln die Unterhaltung zweier Personen auf 15 Meter Entfernung.

Monorys Fresken sind Aluminiumplatten, die Jacques Monory bemalt hat; mit Neonröhren verbunden schmücken sie den äußeren Rand des Planetariums.

★ Planetarium
Der Simulator projiziert 10 000 Sterne auf die Kuppel des Planetariums. Die Klangeffekte vermitteln das Gefühl atemberaubender Reisen durch den Raum.

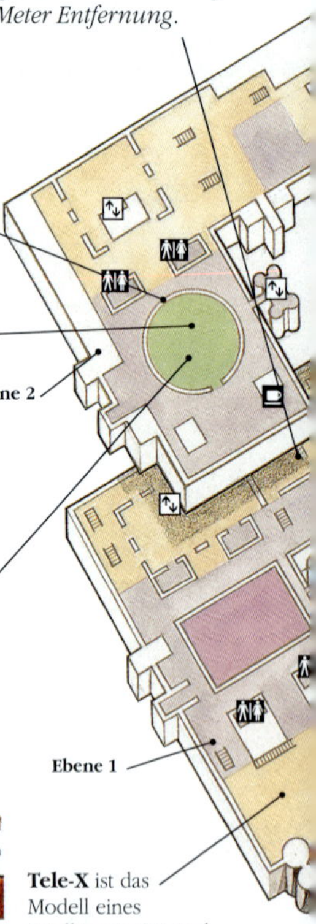

Ebene 2

Ebene 1

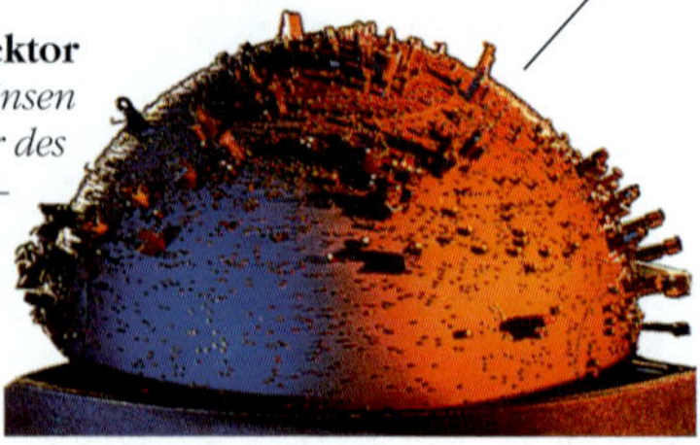

Projektor
Der aus 10 000 Linsen bestehende Projektor des Planetariums reproduziert Bilder des Himmels, wie er sich den Astronauten darstellt.

Tele-X ist das Modell eines Satelliten in Originalgröße mit interaktiven Möglichkeiten.

LEGENDE

- Ständige Ausstellungen
- Wechselausstellungen
- Planetarium
- Geplante Ausstellungsflächen
- Keine Ausstellungsfläche

NICHT VERSÄUMEN

★ Planetarium

★ Roussis Roboter

Der **Flugsimulator** verschafft dem Besucher mittels computergesteuertem Datenaustausch die hautnahe Erfahrung eines Flugs im Cockpit.

INFOBOX

30, ave Corentin-Cariou, 75019. *01 40 05 80 00.* *Porte de la Villette.* *75, 139, 150, 152, 250A, PC zur Pte de la Villette.* *Di–Sa 10–18, So 10–19 Uhr.* ***Konzerte, Filme, Videos, Konferenzzentrum, Bibliothek.*** www.cite-sciences.fr

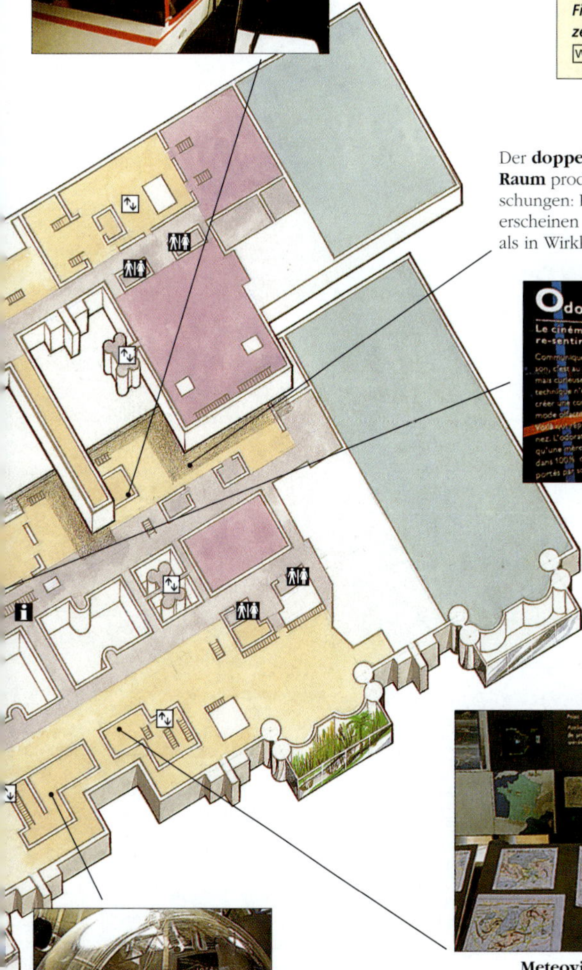

Der **doppelt perspektivische Raum** produziert optische Täuschungen: Personen im Raum erscheinen größer oder kleiner als in Wirklichkeit.

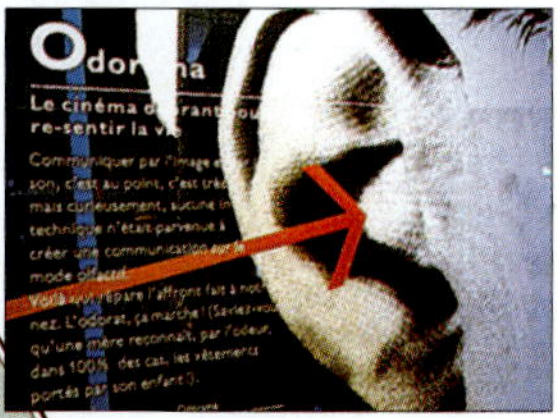

Odorama
Der Spaß bei den Vorführungen besteht darin, den Geruch des Objekts auf der Leinwand zu erraten.

Meteovision
Hier wird mit Hilfe von Karten und Satellitenbildern die Methode der Wettervorhersage demonstriert. Es können ständig aktuelle Wetterberichte für 240 Städte auf der ganzen Welt ausgegeben werden.

★ Roussis Roboter
Gilles Roussis sechs Meter hohe, computergesteuerte Skulptur ist äußerst sensibel: Der Roboter reagiert auf die leichteste Bewegung von Personen in seiner Nähe mit Blinken und Sprechen.

Cimetière du Père Lachaise ⓮

Der berühmteste Friedhof von Paris liegt auf einem bewaldeten Hügel, der einen Blick über die Stadt gewährt. Das Areal gehörte einst Père de la Chaise, dem Beichtvater von Louis XIV. 1803 wurde es auf Befehl von Napoléon gekauft, um einen neuen Friedhof anlegen zu können. Dieser wurde bei der Pariser Bourgeoisie so beliebt, dass er während des 20. Jahrhunderts sechsmal erweitert werden musste. Berühmtheiten wie der Schriftsteller Honoré de Balzac und der Komponist Frédéric Chopin wurden hier beigesetzt, in jüngerer Zeit waren es der Sänger Jim Morrison und der Schauspieler Yves Montand.

In der **Urnenhalle** (um 1900) ist die Asche der amerikanischen Tänzerin Isadora Duncan und vieler anderer Prominenter.

Marcel Proust
Proust porträtierte die Belle Epoque in seinem weltberühmten Roman A la recherche du temps perdu.

★ Simone Signoret und Yves Montand
Frankreichs berühmtestes Filmpaar der Nachkriegszeit war wegen seiner politischen Einstellung und heftigen Beziehung bekannt.

Allan Kardec war im 19. Jahrhundert der Begründer einer Sekte, die noch immer eine starke Anhängerschaft hat; das Grab ist stets mit Blumen geschmückt.

Sarah Bernhardt
Die französische Schauspielerin galt als beste Bühnendarstellerin ihrer Zeit. Sie starb 1923 im Alter von 78 Jahren.

Das **Monument aux Morts** von Paul Albert Bartholomé, eine der schönsten Skulpturen des Friedhofs, kann man in der Hauptallee nicht übersehen.

Eingang

Nicht versäumen

- ★ Simone Signoret und Yves Montand
- ★ Oscar Wilde
- ★ Edith Piaf
- ★ Jim Morrison

Frédéric Chopin, der polnische Komponist, gehörte zur Generation der französischen Romantiker.

Théodore Géricault
Das Grab des französischen Malers der Romantik schmückt sein Meisterwerk Das Floß der Medusa.

★ Oscar Wilde
Der aus dem puritanischen England vertriebene irische Dramatiker starb 1900, alkoholkrank und zerstört, in Paris. Jacob Epstein hat das Grabmal geschaffen.

INFOBOX

16, rue du Repos. *01 55 25 82 10.* *Père Lachaise, Alexandre Dumas.* *62, 69, 26 zur Pl Gambetta.* *Pl Gambetta.* *tägl. 8–17.30 Uhr (Sa ab 8.30, So ab 9 Uhr).*

Die **sterblichen Überreste von Molière**, dem Komödiendichter des 17. Jahrhunderts, wurden 1817 hierher überführt.

Mur de Fédérés heißt die Mauer, an der 1871 die letzten der Kommune-Aufständischen von der Armee erschossen wurden. Heute ist hier eine Pilgerstätte für Anhänger der Linken.

★ Edith Piaf
Die Piaf, der »Spatz von Paris«, war die größte französische Chansonette des 20. Jahrhunderts. Mit ihrer typischen Stimme besang sie Liebe und Liebesleid im Pariser Alltag.

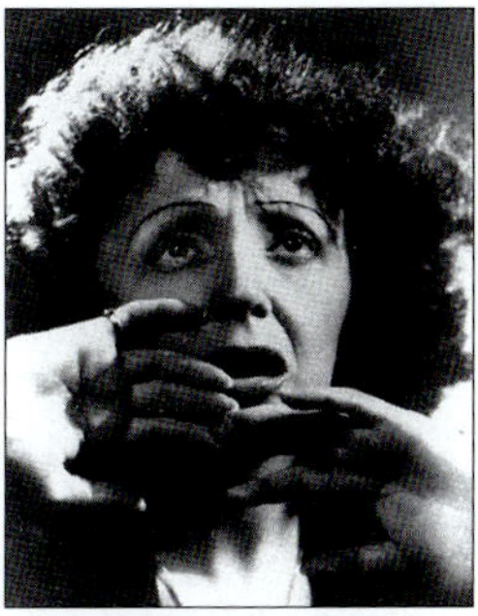

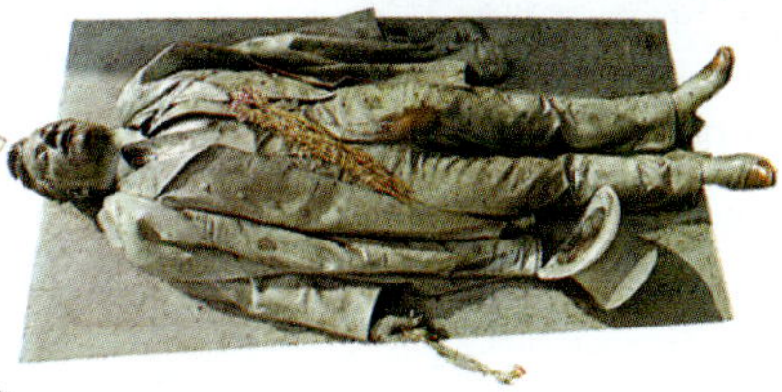

Victor Noir
Der lebensgroßen Statue des Journalisten aus dem 19. Jahrhundert werden übersinnliche Kräfte nachgesagt.

George Rodenbach, ein Dichter des 19. Jahrhunderts, ist dargestellt, wie er sich – eine Rose in der ausgestreckten Hand – aus seinem Grab erhebt.

Elizabeth Demidoff, eine russische Prinzessin, die 1818 starb, wird durch einen dreistöckigen klassischen Tempel von Quaglia geehrt.

François Raspail
Das Grab des Revolutionärs der Jahre 1830 und 1840 hat die Form einer Gefängniszelle.

★ Jim Morrison
Noch immer sind die Todesumstände des 1971 in Paris gestorbenen Lead-Sängers der Doors *ungeklärt.*

Disneyland Paris ⓯

Disneyland Paris wurde auf einem 200 Hektar großen Gelände errichtet – das entspricht etwa einem Fünftel der Größe von Paris. Die Anlage besteht aus zwei Themenparks, sechs Hotels (darunter Europas größtem Hotel), einem Einkaufs-, Restaurant- und Unterhaltungsbereich, einer Campinganlage, einem Eislaufplatz, Seen, zwei Kongresszentren, einem Golfplatz und mehreren Schwimmbädern. Nur eine Bahnstation weiter liegt Val d'Europe, ein riesiges Einkaufszentrum mit mehr als 180 Outlets und dem beliebten Sea World Center. Wer einmal dem Alltag entfliehen möchte, ist in dieser pulsierenden Welt aus rasanten Achterbahnen und phänomenalen Lichteffekten genau richtig.

Das Schloss der Herzkönigin überragt das Labyrinth von Alice

Die Parks

Disneyland Resort Paris besteht aus dem Disneyland Park und den Walt Disney Studios. Der Disneyland Park basiert auf dem Magic Kingdom in Kalifornien und bietet 42 Achterbahnen und andere Attraktionen. Die Walt Disney Studios wurden Disney MGM in Florida nachempfunden. Weitere Informationen finden Sie unter www.disneylandparis.com.

Anfahrt

Mit dem Auto
Das Disneyland Paris liegt 32 Kilometer östlich von Paris und hat eine eigene Autobahnausfahrt (Nr. 14) von der A4 aus Richtung Paris bzw. Straßburg. Folgen Sie der Beschilderung nach Marne la Vallée (Val d'Europe), bis Sie die Disneyland-Schilder sehen. Die Davy Crockett Ranch erreichen Sie über die Ausfahrt Nr. 13.

Mit dem Flugzeug
Vom Flughafen Paris Orly und von Charles de Gaulle verkehren im 30-Minuten-Takt (45 Minuten in der Nebensaison) Shuttle-Busse nach Disneyland. Platzreservierung ist nicht notwendig, der Fahrpreis beträgt ca. 12 €.

Mit dem Zug
Sowohl die RER als auch der TGV fahren von Paris direkt zum Park.

Gastronomie

Im Park muss niemand hungern. **Au Chalet de la Marionette** im Fantasyland ist bei Kindern ebenso beliebt (und um 15 Uhr praktisch leer) wie der **Cowboy Cookout** im Frontierland, der meist etwas voller ist. Ein Besuch bei **Colonel Hathi's Pizza Place** im Adventureland lohnt sich schon allein wegen der im Kolonialstil gehaltenen Ausstattung. Im **Café Hyperion – Videopolis** im Discoveryland bekommen Sie gutes Essen gepaart mit guter Unterhaltung.

Etwas teurer als die Fast-Food-Lokale sind die Restaurants, aber eine Mahlzeit in der **Blue Lagoon** im Adventureland ist unvergesslich. Sie nehmen dort Ihre Mahlzeit auf einer Pirateninsel ein, während karibische Piratenboote an Ihnen vorbeiziehen. Auch **Walt's** in der Main Street ist ein exzellentes Restaurant, wenngleich etwas teurer. Wenn Sie Glück haben und einen Fensterplatz ergattern, können Sie die Nachmittagsparade bequem von dort verfolgen.

In **Annette's Diner** im Disney Village werden Sie von Bedienungen auf Rollschuhen zur Musik der 1950er Jahre bedient. Des Weiteren sind das **Planet Hollywood**, das **Rainforest Cafe** und das **Steakhouse** zu empfehlen, und natürlich ist auch **McDonald's** mit seinem üblichen Angebot mit von der Partie. Die Preise der Hotelrestaurants steigen, je näher sie am Park liegen.

Parken

Für Besucher, die mit dem Auto anreisen, stehen über 12 000 Parkplätze zur Verfügung. Über ein Laufband gelangen Sie schnell und bequem zum Eingang. Die Parkgebühr beträgt 6 € pro Tag und Auto und 10 € für Wohnmobile und Busse. Für Gäste der Disneyland Paris-Hotels stehen kostenlose Parkplätze zur Verfügung, die Hotels Disneyland und New York bieten einen Parkservice.

Öffnungszeiten

Zur Hauptsaison hat der Park von 9 bis 22 Uhr geöffnet, in der Nebensaison von 10 bis 19 oder 21 Uhr (werktags) bzw. bis 20 oder 22 Uhr (Sa und So). Die Öffnungszeiten werden oft kurzfristig geändert und für besondere Ereignisse mitunter auch verlängert.

Die beste Zeit

Die meisten Besucher kommen zwischen Weihnachten und Neujahr bzw. von Mitte Februar bis Anfang April, von Juli bis Anfang September und Mitte Oktober ins Disneyland, wobei dienstags und mittwochs etwas weniger Trubel herrscht als an den anderen Tagen.

Aufenthaltsdauer

Wenn Sie alle Attraktionen von Disneyland Paris erleben möchten, müssen Sie auf jeden Fall drei bis vier Tage einplanen. Zwar gibt es durch beide Parks eintägige Touren, wenn Sie Ihre Zeit aber etwas genießen möchten, sollten Sie sich zwei Tage allein für den Disneyland Park Zeit nehmen. Wer zusätzlich noch die Wild West Show ansehen oder einen Nachtklub besuchen möchte, benötigt sicherlich vier Tage. Mit der RER erreicht man den Park zwar in 35 Minuten, es empfiehlt sich jedoch, in einem der Hotels zu übernachten. Disney bietet verschiedene Pakete an, in denen Eintritt für die Parks, Übernachtung und Frühstück enthalten sind, zudem gibt es All-inclusive-Angebote.

Eintrittskarten

Wenn Sie ein Paket buchen, ist der Eintritt im Preis enthalten. Sie können die so genannten Disneyland Park Passports in allen Disneystores oder bei der Ankunft im Park kaufen, was allerdings recht lange dauern kann. Es gibt 1-, 2- oder 3-Tages-Karten, die Preise variieren je nach Saison.

In Disneyland unterwegs

Zwischen den Parks und den Hotels (mit Ausnahme der Davy Crockett Ranch) verkehren Busse im 30-Minuten-Takt. Im Sommer können Sie sich in offenen Bussen von den drei Hotels an den Seen zum Disney Village fahren lassen. Wenn Sie in einem der integrierten Hotels übernachten, können Sie auch zu Fuß (in max. 20 Minuten) zum Parkeingang gehen.

Das Dornröschenschloss ist das Herzstück des Parks

Welches Hotel?

Sechs Hotels befinden sich auf dem Gelände von Disneyland Paris, außerdem gibt es zwei Kilometer außerhalb eine Campinganlage. Die besten Hotels liegen in der Nähe der Parks.

Santa Fe: Einfach, klein und relativ günstig. Das einzige Hotel, bei dem Sie direkt vorm Zimmer parken können.

Hotel Cheyenne: Wildwest-Hotel, ca. 17 Gehminuten vom Park entfernt, mit kleinen Zimmern (Stockbetten für Kinder), einem Indianerspielplatz und Zugang zum Pool der Sequoia Lodge. Günstig und ein Erlebnis für Kinder.

Sequoia Lodge: Eine »Jägerhütte« am See; über 1000 Zimmer zu moderaten Preisen. Verlangen Sie wegen des guten Blicks ein Zimmer im Haupthaus.

Newport Bay: Riesiges Hotel am See, ganz mit Wassermotiven dekoriert. Trotz der moderaten Preise verfügt dieses Hotel über ein Kongresszentrum, einen herrlichen Swimmingpool und viele Zusatzangebote.

New York: Teures Business-Class-Hotel, nicht besonders kinderfreundlich, dafür mit einem Kongresszentrum. Von Oktober bis März ist der Eislaufplatz geöffnet.

Disneyland Hotel: Das Kronjuwel. Teuer, aber dafür direkt am Parkeingang. Voller kleiner Überraschungen, z. B. Standuhren, die rückwärts gehen. Der Castle Club ist ein 50 Zimmer großes Hotel im Hotel. Wer es sich leisten kann, darf sich dort ungehemmtem Genuss hingeben.

Davy Crockett Ranch: Relativ teure Campinganlage. Der Preis beinhaltet einen eigenen Wasser- und Elektroanschluss. Zum Teil hervorragend ausgestattet, der Pool zählt zu den besten in Disneyland Paris.

Bezahlen

Kreditkarten werden überall im Ressort akzeptiert. Gleich neben dem Parkeingang und an den Hotelrezeptionen stehen außerdem Geldautomaten und Wechselstuben zur Verfügung.

Behinderte Besucher

In der City Hall am Eingang von Disneyland Paris finden Sie eine Broschüre, die Informationen für behinderte Besucher ernthält. Außerdem können Sie über die Website von Disneyland Paris kostenlos Informationen bestellen. Die Anlage wurde möglichst behindertengerecht entworfen, Schauspieler dürfen jedoch nicht beim Heben von Personen mit eingeschränkter Bewegungsfreiheit oder beim Schieben von Rollstühlen behilflich sein.

Unterkunft in einem Disney Hotel

In der Anlage selbst stehen Hotelzimmer in verschiedenen Preiskategorien zur Verfügung, wobei die in der Nähe der Parks gelegenen Hotels generell teurer sind. Allerdings sind hier die kurzen Anfahrtswege von Vorteil. An bestimmten Tagen erhalten Sie schon vor den offiziellen Öffnungszeiten Einlass in den Park.

Wenn Sie in einem Disney Hotel übernachten, erhalten Sie einen Hotelausweis, den Sie zum Bezahlen im Park (Abrechnung über die Hotelrechnung) nutzen können. Außerdem berechtigt er Sie zum vorzeitigen Einlass in den Park (vor den Tagesgästen). Kinder lieben den Aufenthalt in einem Disney Hotel besonders, weil sie die Chance haben, einmal mit ihren Lieblingsstars zu frühstücken.

Der historische Goldminenzug am Big Thunder Mountain

Überblick: Disneyland Resort Paris

DISNEYLAND RESORT umfasst zwei große Unterhaltungsbereiche, Disneyland Park und Walt Disney Studios Park. Ersterer beschwört – à la Hollywood – eine vergangene Zeit oder einen sagenumwobenen Ort herauf, in Letzterem begegnen Sie der fortschrittlichen Welt von Film, Fernsehen und Animationen. Das Resort bietet zahllose Attraktionen und Paraden mit einer Vielzahl von Themen aus der »Wonderful World Of Disney«.

DISNEYLAND PARK

MAIN STREET, USA

DIE MAIN STREET verkörpert das Musterbild einer amerikanischen Kleinstadt. Das Straßenbild wird geprägt von pferdegezogenen Schienenbahnen und anderen alten Transportmitteln, die zwischen Town Square und Central Plaza verkehren. Hinter den viktorianischen Fassaden verbergen sich Geschäfte: Das Emporium bietet Souvenirs, etwas weiter können Sie sich bei Casey's stärken oder den Verlockungen von Cookie Kitchen oder Cable Car Bake Shop erliegen. Der Weg zur Central Plaza wird gesäumt von den Discovery-und Liberty-Arkaden, sodass Sie überdacht vorbei an Ausstellungen und Verkaufsständen flanieren können.

Nachts wird die Main Street von Tausenden Lichtern hell erleuchtet. Die Electrical Parade, ein glitzernder Zug mit Musik, Straßenakrobatik und beleuchteten Wagen, startet am Town Square. In der Main Street – und bis 12 Uhr nur hier – können Sie die alte Dampflok aus dem 19. Jahrhundert besteigen.

FRONTIERLAND

DIESE HOMMAGE an den Wilden Westen Amerikas weist einige der beliebtesten Attraktionen auf. *Big Thunder Mountain*, eine Achterbahn, wird ergänzt durch zwei Schaufelraddampfer, auf denen Sie mit Musikbegleitung an den interessantesten Naturwundern Amerikas vorbeiziehen. *Phantom Manor* ist eine Geisterbahn, im *Chaparral Theater* sehen Sie eine Bühnenshow. Bei den Kleinen beliebt sind *Pocahontas Indian Village* und *Critter Corral*.

ADVENTURELAND

WILDE FAHRTEN und faszinierende Audioanimationen erwarten Sie hier. Rasen Sie mit Indiana Jones™ durch die Minengänge im Tempel des Todes – rückwärts! Diese Achterbahn mit ihren Fackeln, steilen Gefällen und 360°-Loopings ist spektakulär. Oder begleiten Sie die *Piraten der Karibik* auf ihrer Fahrt durch feuchte Verliese und Galeonen aus dem 16. Jahrhundert. Wer die Geschichte der schiffbrüchigen *Robinsons* erleben will, muss als erstes auf einen 27 Meter hohen Baum. Von hier kann man den Rest der Insel überblicken, z. B. Ben Gunns Höhle aus der *Schatzinsel* oder die Hängebrücke von *Eyeglass Hill*. Kinder lieben den Besuch am Spielplatz *Pirate's Beach*.

FANTASYLAND

DIE GEBÄUDE im Fantasyland basieren auf Märchen-Trickfilmen. Viele Attraktionen üben besonders auf Kinder große Anziehungskraft aus, beispielsweise *Schneewittchen und die sieben Zwerge* oder *Pinocchio*. Die ganz Kleinen lieben *Dumbo, den fliegenden Elefanten* sowie *Peter Pan*, den man bei einem fantasievollen Flug über London begleiten kann, aber auch das Labyrinth von *Alice im Wunderland*.

Jede Stunde findet die Musikparade mit den Figuren von *It's a Small World* statt. Besteigen Sie ein Boot und lassen Sie sich durch die animierte Welt treiben. Eine andere Bootsfahrt bringt Sie durch das Märchenland, an Bord des Zugs *Casey Jr* können Sie das Ganze überblicken.

DISCOVERYLAND

DIE ACHTERBAHN *Space Mountain* mit ihren atemberaubenden Loopings hat viele Fans, gegen Abend verkürzen sich die Warteschlangen. Tauchen Sie mit der *Nautilus* ab in eine Welt, die 20 000 Meilen unter dem Meer liegt. In *Autopia* können Kinder ihre Fähigkeiten als Rennfahrer unter Beweis stellen und im beliebten *Orbitron* die Welt der Raumfahrt erleben. Bei *Star Tours* sind Sie Passagier an Bord einer Sternenflotte und werden Zeuge von Beinahekollisionen.

Die besten Shows sehen Sie in *Videopolis*, dazwischen laufen Cartoons. Das *Visionarium* ist ein Kino mit einer gigantischen 360°-Leinwand, in dem Sie auf Zeitreise gehen. Und *Honey, I Shrunk the Audience* ist ein Meisterwerk der Illusion und Spezialeffekte.

STUDIOS PARK

FRONTLOT

HINTER DEN gigantischen Studiotoren fällt gleich ein Brunnen in Form von Mickey Mouse als *Zauberlehrling* ins Auge. Ebenso wenig zu übersehen ist der »Earful Tower«, der dem Wasserturm in den kalifornischen Disney Studios nachempfunden ist. Das Disney Studio 1 enthält eine komplette Filmkulissenstraße. Besucher spazieren zwischen den Fassaden und können u. a. den Club Swankedero im Stil der 1930er Jahre, die Tropenbar Liki Tiki oder den ultracoolen Hep Cat Club entdecken.

ANIMATION COURTYARD

DER SCHLÜSSEL zu Disneys Erfolgsgeschichte, die Kunst der Animation, ist in drei Arealen nachzuvollziehen. Der riesige Hut des

Zauberlehrlings markiert den Eingang zu *Art of Disney Animation*, wo man interaktiv die Geschichte des Trickfilms verfolgen kann. *Animagique* ist eine Show mit Highlight-Szenen aus Disney-Filmen. In der Welt der perfekten Illusion kann jede Fantasie Wirklichkeit werden. In *Flying Carpets over Agrabah* durchqueren Sie auf einem magischen fliegenden Teppich die Kulissen des Fansasy-Streifens. Im Zentrum steht die riesige Flasche von Aladins Genie, der Besucher wird selbst zum Star des Films, bei dem Genie Regie führt.

Production Courtyard

Achtung Aufnahme! Hier dürfen Sie hinter die Kulissen blicken. In den Walt Disney Television Studios erleben Sie, wie Live-Shows gedreht werden. Das neue *CinéMagique* ist ein Muss für jeden Kinofan, denn hier werden 100 Jahre Filmgeschichte präsentiert. Die *Studio Tram Tour* bringt Ihnen die Welt des Films näher und lässt Sie dann durch den *Catastrophe Canyon* rasen. Aufregung pur auf dem Live-Filmset.

Backlot

Hier stehen die Themen Spezialeffekte, Filmmusik und Stunts im Mittelpunkt. *Armageddon Special Effects* wirbelt Sie an Bord einer spektakulären Raumstation durch die aufregendsten Spezialeffekte aller Zeiten. Und der *Rock 'n' Roller Coaster* ist der ultimative Trip. Hier rasen Sie auf der schnellsten Bahn aller Disney Parks im Videoclip durch die Welt der Rockmusik – zu den pulsierenden Rhythmen von Aerosmith.

Liste der Attraktionen

Die Tabelle soll Ihnen mit Beschreibungen der einzelnen Attraktionen und Angaben zur günstigsten Fahrzeit helfen, Ihre Zeit in Disneyland Resort Paris bestmöglich zu nutzen.

Attraktion	Wartezeit	Mindest-Grösse	Empfohlene Zeit	Fast Pass	Schockfaktor	Nichts für Empfindliche	Gesamtwertung
Phantom Manor	◗		jede		❷		★
Schaufelraddampfer	❍		jede		❶		▼
Big Thunder Mountan	●	1,2 m	M	✔	❷		★
Pocahontas Indian Village	❍		jede		❶		▼
Indiana Jones & der Tempel des Todes	●	1,4 m	A	✔	❸	✔	★
Adventure Island	❍		jede		❶		▼
Das Baumhaus der Robinsons	❍		jede		❶		▼
Piraten der Karibik	❍		jede		❶		★
Peter Pan	●		M	✔	❶		◆
Schneewittchen & die sieben Zwerge	●		➤11		❶		◆
Pinocchio	●		➤11		❶		▼
Dumbo, der fliegende Elefant	●		M		❶		▼
Mad Hatter's Teacups	◗		➤12		❶		▼
Alices Labyrinth	❍		jede		❶		▼
It's a Small World	❍		jede		❶		◆
Casey Jr	❍		➤11		❶		◆
Märchenland (Pays des Contes des Fées)	❍		jede		❶		◆
Star Tours	❍	1,3 m	jede	✔	❶		★
Space Mountain	●	1,4 m	A	✔	❸	✔	★
Honey, I Shrunk the Audience	❍		jede		❶		★
Autopia	●		M		❶		▼
Orbitron	●	1,2 m	M		❶		▼
Disney Studios 1	◗		jede		❶		◆
Art of Disney Animation	◗		jede		❶		▼
Animagique	●		jede		❶		◆
Flying Carpets Over Agrabah	●	1,2 m	M		❶	✔	◆
Walt Disney Television Studios	●		jede		❶		◆
CinéMagique	◗		jede		❶		◆
Studio Tram Tour	●		M		❶		★
Armageddon Special Effects	●		jede		❶		▼
Rock 'n' Roller Coaster	●	1,2 m	jede		❸	✔	★

kurz - ❍ mittel - ◗ lang - ● beliebige Zeit - jede vor 11 Uhr - ➤11 früh morgens - M abends - A
gering - ❶ mittel - ❷ hoch - ❸ gut - ▼ sehr gut - ◆ fantastisch - ★

Bercy ⓳

75012. **Karte** 18 F3. *Bercy, Cour St-Emilion.* *Port de Bercy (01 43 43 40 30).*

DER EHEMALIGE Weinhandelsort Bercy hat eine radikale Umgestaltung erlebt: Die Stadt Paris sanierte das östliche Viertel von Grund auf. Eine neue Métrolinie 14 führt von Bercy direkt ins Zentrum. Im Zentrum des neuen Bercy steht das Palais Omnisport de Paris-Bery, abgekürzt POPB. Hier finden zahlreiche Kultur- und Sportveranstaltungen statt, darunter nationale Meisterschaften, aber auch Opern und Rockkonzerte *(siehe S. 337 und 343)* statt. Die auffallende Pyramidenform ist längst zu einem Wahrzeichen im Osten von Paris geworden.

Die attraktive Skyline von Bercy bietet zahlreiche neue und spannende Bauwerke, z.B. Chemetovs gewaltige Gebäude für das Finanzministerium oder Frank Gehrys American Center, in dem ab 2004 das Maison du Cinema und die Cinemathèque Française zu Hause sind. Die neuen Gebäude gruppieren sich um den 70 Hektar großen Parc de Bercy. Die grüne Oase ist willkommen, Kinder sind besonders von dem alten Karussell fasziniert.

Zahlreiche Weinläden und alte Kellereien entlang dem Cours St Emilio haben inzwischen wieder geöffnet; daneben gibt es viele neue Läden, Restaurants und Bars. Eine der alten Lagerhallen beherbergt nun das Musée des Arts Forains. Im nahen Viaduc des Art haben sich zahlreiche Künstler, Boutiquen und Restaurants angesiedelt. Die Marina de Bercy ist Ausgangspunkt vieler Bootsfahrten, die auf der Seine durch Paris bis zum Eiffelturm ziehen.

Die neue Bibliothèque Nationale de France

Bibliothèque Nationale de France ⓴

Quai François-Mauriac, 75013. **Karte** 18 F4. *01 53 79 59 59.* *Bibliothèque F. Mitterrand, Quai de la Gare.* *Di–Sa 10–19 Uhr, So 12–19 Uhr.* *Feiertage & 2 Wochen Mitte Sep.* www.bnf.fr

DOMINIQUE PERRAULTS 1996 eröffnete französische Nationalbibibliothek ist das größte aller *Grands Projets*, die in Bercy realisiert wurden. Vier große Türme in Buchform beherbergen eine Präsenz- und Leihbibliothek mit über zwölf Millionen gedruckten Titeln und über 50 000 digitalisierten Bildern.

13. Arrondissement ㉑

Zac Paris Rive Gauche, 75013. **Karte** 18 F5. *Bibliothèque François Mitterrand.*

ZEHN JAHRE dauerte es, bis das Projekt Zac Paris Rive Gauche aus dem 13. Arrondisement ein neues, interessantes Viertel voller Leben gemacht hat. Das ehdem vernachlässigte Gebiet zwischen Gare d'Austerlitz und Ivry-sur-Seine hat eine neue Universität für 30 000 Studenten bekommen. Außerdem gibt es die MK2 Bibliothèque, einen großen Kinokomplex mit 14 Sälen, diverse Cafés und Ausstellungsräume. Eine Brücke, die das Viertel mit Bercy verbindet, soll im Jahr 2005 eröffnet werden.

Im Süden

Parc Montsouris ㉒

Blvd Jourdan, 75014. *01 45 88 28 60.* *Porte d'Orléans.* RER *Cité Universitaire.* *Sommer tägl. 7.30–19 Uhr; Winter tägl. 7.30–17.30 Uhr.*

SCHÖPFER DIESES englischen Gartens ist Adolphe Alphand, der ihn zwischen 1865 und 1878 anlegte. Ein Restaurant, Wiesen, Hänge, schöne hohe Bäume und ein See mit einer Vielfalt von Vogelarten zieren die Anlagen. Der Park ist der zweitgrößte im Stadtzentrum; die städtische Wetterstation hat in ihm ihren Platz gefunden.

Das interessante American Center von Frank Gehry in Paris-Bercy

Cité Universitaire ㉓

19–21, blvd Jourdan, 75014. *01 44 16 64 00.* RER *Cité Universitaire.* www.ciup.fr

DIE INTERNATIONALE Stadt *en miniature* bietet mehr als 5000 ausländischen Studenten Platz. Sie wurde in den 1920er Jahren mit Hilfe von Gönnern aus der ganzen Welt geschaffen und besteht aus 37 Häusern, jedes im Stil eines anderen Landes. Das Schweizer Haus und das Franco-Brasilianische Haus wurden von Le Corbusier entworfen. Das Internationale Haus, 1936 von John D. Rockefeller gestiftet, verfügt über eine Bücherei, ein Restaurant, ein Schwimmbad und ein Theater. Die Studentengemeinde lässt eine lebendige und anregende Atmosphäre entstehen.

Japan-Haus in der Cité Universitaire

Notre-Dame du Travail ㉔

59, rue Vercingetorix, 75014. **Karte** 15 B3. *01 44 10 72 92.* M *Pernety.* *tägl. 10–12, 14–17 Uhr.* *Mo–Fr 9, 19 Uhr, Sa 18.30 Uhr, So 9, 11 Uhr.*

DIE 1901 ERRICHTETE Kirche fällt durch die Mixtur der Baumaterialien auf: Stein, Bruchstein und Ziegel über genietetem Stahl und eisernem Fachwerk. Sie ist das Werk von Pater Soulange-Boudin, einem Kleriker, der Kooperativen organisierte und Arbeiterschaft und Kapital aussöhnen wollte. Örtliche Arbeiter gaben einen Teil des

Sewastopol-Glocke in Notre-Dame du Travail

Gelds für den Bau, aber es reichte nicht aus, um alle Vorhaben, darunter den Glockenturm, zu verwirklichen. An der Fassade hängt die Sewastopol-Glocke, eine Trophäe aus dem Krim-Krieg, die Napoléon III der hiesigen Gemeinde schenkte. Das Jugendstil-Interieur wurde kürzlich restauriert und ist mit Bildern der Schutzheiligen geschmückt.

Institut Pasteur ㉕

25–28, rue du Docteur Roux, 75015. **Karte** 15 A2. *01 45 68 80 00.* M *Pasteur.* *Mo–Fr 14–17.30 Uhr (letzter Einlass 16.45 Uhr).* *Aug, Feiertage.* **Filme, Videos**. *obligatorisch.* www.pasteur.fr

DAS INSTITUT PASTEUR ist Frankreichs führendes medizinisches Forschungszentrum. 1888/89 gründete es der namhafte Wissenschaftler Louis Pasteur, der die Technik der Milch-Pasteurisierung sowie die Impfstoffe gegen Tollwut und Milzbrand entdeckte. Das Wissenschaftszentrum unterhält auch ein Museum, in dem sich Rekonstruktionen von Pasteurs Wohnung und Labor befinden. Einer seiner Enkel stellte die Räume originalgetreu bis ins Detail zusammen. Pasteurs Grabmal befindet sich in einer Krypta im Kellergeschoss des Gebäudes; im Garten wurde das Grab von Emile Roux angelegt, der die Behandlung von Diphtherie durch Seren-Injektion entdeckte.

Louis Pasteur

Das Institut verfügt über Laboranlagen für Grundlagen- und angewandte Forschung, über Vortragssäle, ein Archiv und ein Krankenhaus. Außerdem existiert eine Bücherei, das ursprüngliche Institutsgebäude von 1888, in der unter Leitung von Professor Luc Montagnier, der 1983 das HIV-Virus entdeckte, AIDS-Forschung betrieben wird.

Im Parc André Citroën

Parc André Citroën ㉖

Rue Balard, 75015. *01 56 56 11 56.* M *Javel, Balard.* *Mo–Fr 7.30 Uhr bis Sonnuntergang, Sa, So & Feiertage 9 Uhr bis Sonnuntergang.*

DER PARK WURDE 1992 eröffnet und ist die dritte große Grünanlage an der Seine neben Les Invalides und Champ-de-Mars. Den Landschaftsplanern ist hier eine faszinierende Mischung gelungen. Im Norden wandert man durch Wildblumenwiesen, im Süden befindet sich der Mineral- und Skulpturengarten. Moderne Wasserskulpturen zieren den Park, im riesigen Gewächshaus gibt es einen mediterranen Garten, Pflanzen der südlichen Hemisphäre und eine Orangerie, in der im Sommer Blumenausstellungen stattfinden.

Versailles ㉗

Siehe S. 248ff.

Das Schloss und die Gärten von Versailles ㉗

Flötenspieler im Park

Wenn man das Innere des Palastes besichtigt oder die ausgedehnten Gärten durchstreift, kann man verstehen, warum das Schloss den Ruhm des Sonnenkönigs begründet hat. Anfangs war es ein bescheidener Jagdsitz seines Vaters, aus ihm machte Louis XIV den größten Palast Europas. Die Architekten Louis Le Vau und Jules Hardouin-Mansart entwarfen die Gebäude, Charles Le Brun die Innenausstattung und André Le Nôtre, der große Landschaftsarchitekt, legte die Gärten an. Wege, Haine, Hecken, Blumenbeete, Wasserbecken und Springbrunnen sind symmetrisch angeordnet.

★ Die Gärten
Geometrisch angeordnete Sträucher sind charakteristisch für die Anlage.

Die **Orangerie** wurde von Hardouin-Mansart zwischen 1648 und 1686 errichtet.

Das **Parterre du Midi** ist reich mit Blumenornamenten verziert.

★ Das Schloss
Louis XIV machte das Schloss zum Zentrum der Macht in Frankreich.

Das **Parterre d'Eau** wird von allegorischen Bronzefiguren gesäumt.

Bassin de Latone
Über fünf Marmorbecken erhebt sich die Statue der Latona.

Fontaine de Neptune
Meeresungeheuer flankieren das Bassin de Neptune.

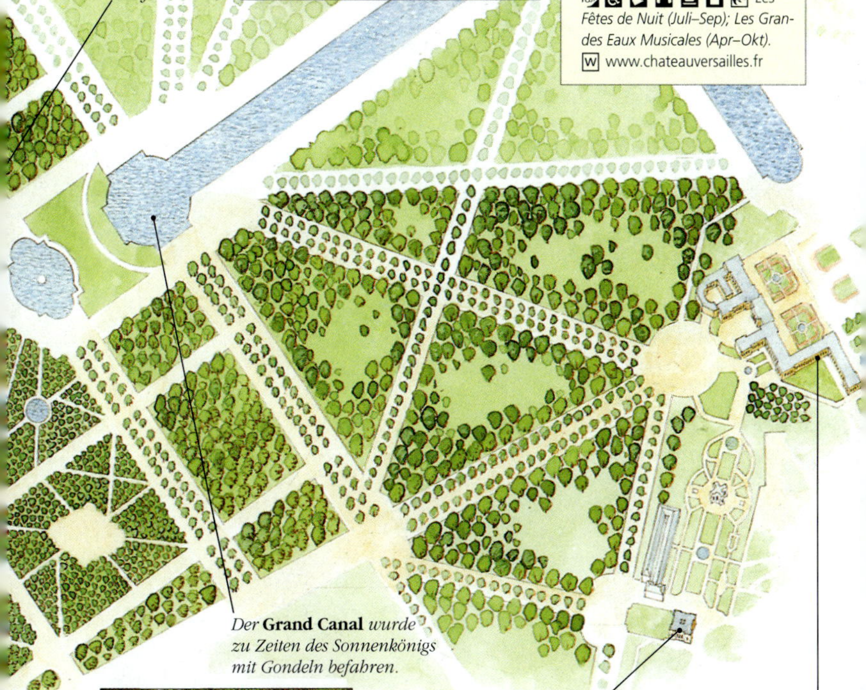

Den **Jardin du Roi** ließ Louis XVIII im englischen Stil anlegen.

Colonnade
Mansart erbaute das Rund aus Marmorarkaden im Jahr 1685.

INFOBOX

Versailles. ☎ 01 30 83 76 20. ℹ 01 30 83 77 77. 🚌 171 nach Versailles. RER Versailles Rive Gauche. ***Schloss*** *🕒 Apr–Sep Di–So 9–18 Uhr; Okt–März Di–So 9–17 Uhr.* ***Grand Trianon und Petit Trianon*** *🕒 Apr–Okt tägl. 12–18.30 Uhr; Nov–März tägl. 12–17.30 Uhr. Les Fêtes de Nuit (Juli–Sep); Les Grandes Eaux Musicales (Apr–Okt).*
W www.chateauversailles.fr

Der **Grand Canal** *wurde zu Zeiten des Sonnenkönigs mit Gondeln befahren.*

Bassin de Neptune
Neptun und Aphrodite auf einer Muschel bilden den Mittelpunkt der großen Brunnenanlage.

Petit Trianon
Das kleine Schlösschen ließ Louis XV 1763–67 von Jacques-Ange Gabriel errichten.

★ Grand Trianon
Louis XIV erbaute 1687 den Nebenpalast, um den Zwängen des Hoflebens zu entkommen und sich ungestört mit seiner Mätresse, Madame de Maintenon, treffen zu können.

NICHT VERSÄUMEN

- **★ Die Gärten**
- **★ Das Schloss**
- **★ Grand Trianon**

Die Hauptgebäude von Versailles

Goldwappen am Petit Trianon

Der Schlosskomplex entstand in verschiedenen Bauabschnitten und wurde um den früheren Jagdsitz gruppiert, dessen Ziegelmauer noch immer sichtbar ist. Nach 1660 schuf Louis Le Vau die erste Erweiterung: Gebäudeflügel rahmten den nun vergrößerten Schlosshof, der mit Marmorbüsten, antiken Statuen und vergoldeten Dächern geschmückt wurde. Die Westfassade bekam Säulen, der erste Stock wurde um eine Terrasse erweitert. 1678 übernahm Mansart das Projekt und fügte Nord- und Südflügel hinzu; Le Vaus Terrasse wurde zum Spiegelsaal umgebaut. Er plante auch die Kapelle, die 1710 vollendet wurde. 1770 ließ Louis XV ein Opernhaus errichten.

Südflügel
In den ehemaligen Wohnungen des Hochadels richtete Louis-Philippe ein historisches Museum ein.

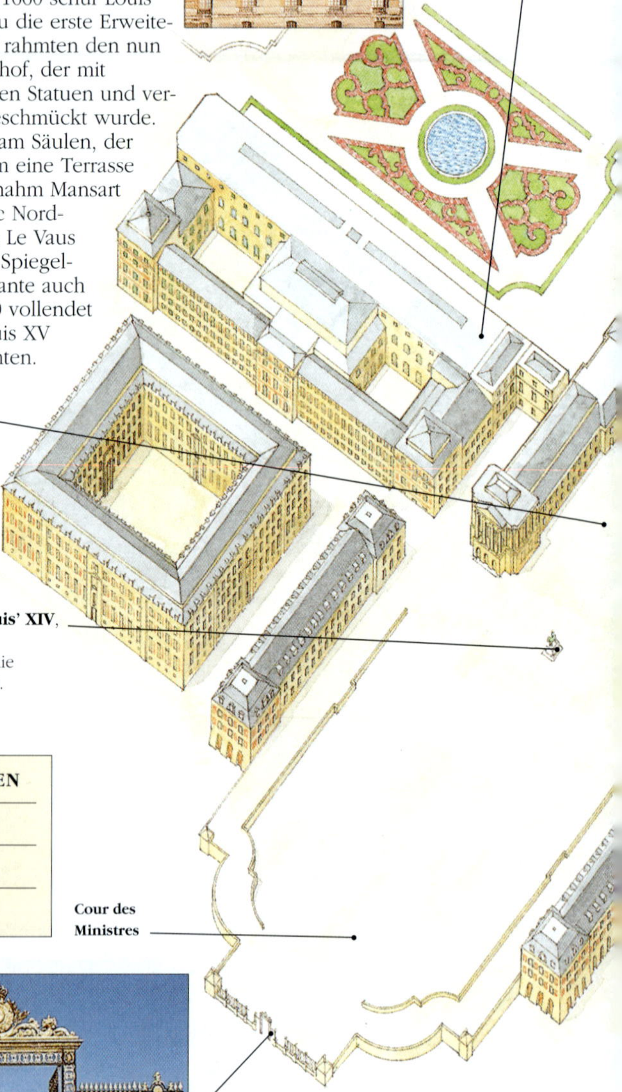

Die **Cour Royal** (Königshof) war unter Louis XIV von der Cour des Ministres durch ein schmiedeeisernes Gitter getrennt; nur die königlichen Kutschen durften passieren.

Das **Reiterstandbild Louis' XIV**, 1837 von Louis-Philippe errichtet, steht auf der Linie des einstigen Trenngitters.

Cour des Ministres

Nicht versäumen
★ **Cour de Marbre**
★ **L'Opéra Royal**
★ **Chapelle Royale**

Haupttor
Mansarts Gittertor, vom königlichen Wappen gekrönt, bildet den Eingang zur Cour des Ministres (Ministerhof).

Zeitskala

Louis XV

1661 Louis XIV beginnt, das Schloss zu erweitern

1667 Baubeginn des Grand Canal

1668 Le Vau errichtet das neue Schloss

1671 Beginn der Innenausstattung

1682 Louis XIV verlegt Hof und Regierung nach Versailles

1715 Nach dem Tod Louis' XIV verlässt der Hof Versailles

1722 Der 12-jährige Louis XV bezieht Versailles

1774 Louis XVI und Marie-Antoinette leben in Versailles

1789 König und Königin werden gezwungen, nach Paris zu übersiedeln

1793 Louis XVI und Marie-Antoinette hingerichtet

1833 Louis-Philippe macht aus dem Schloss ein Museum

1919 Vertrag von Versailles am 28. Juni

1650 | 1700 | 1750 | 1800 | 1850

Die Uhr
Herkules und Mars flankieren die Uhr über der Cour de Marbre.

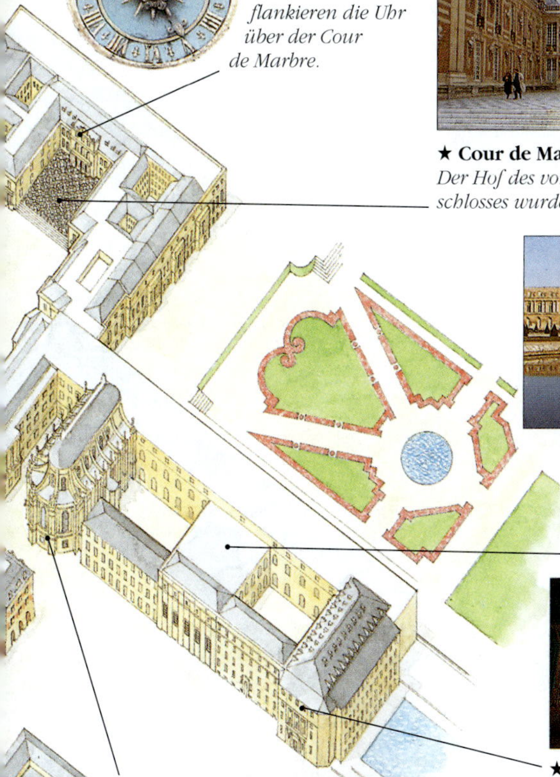

★ Cour de Marbre
Der Hof des von Louis XIII erbauten Jagdschlosses wurde mit Marmor gepflastert.

Nordflügel
Ursprünglich waren darin königliche Räume, dann Kapelle, Oper und Bildergalerie untergebracht.

★ L'Opéra Royal
Das Opernhaus wurde 1770 vollendet, rechtzeitig zur Vermählung des späteren Louis XVI mit Marie-Antoinette.

★ Chapelle Royale
Die Barockkapelle, Mansarts letztes großes Werk, war auch die letzte Erweiterung von Versailles unter Louis XIV.

Schloss Versailles von innen

Die kostbar ausgestatteten Prunkgemächer befinden sich im ersten Stock der Schlossanlage. Um die Cour de Marbre sind die Privatgemächer des Königs und der Königin angeordnet. Auf der Gartenseite befinden sich die Staatsräume, in denen das offizielle Hofleben stattfand. Charles Le Brun hatte sie reich ausgestattet: mit farbigem Marmor, Skulpturen, Holzschnitzereien, Samt sowie versilberten und vergoldeten Möbeln. Im weltberühmten Spiegelsaal stehen den 17 Rundbogenfenstern zum Park 17 Spiegelbogen mit insgesamt 306 Spiegelelementen gegenüber.

Nicht versäumen

- ★ **Prunkgemächer**
- ★ **Salon de Venus**
- ★ **Chapelle Royale**
- ★ **Spiegelsaal**

Legende

- Südflügel
- Krönungsraum
- Gemächer der Madame de Maintenon
- Prunkgemächer der Königin und Privatgemächer
- Staatsräume
- Prunkgemächer des Königs und Privatgemächer
- Nordflügel
- Nicht zu besichtigen

★ Prunkgemächer *In der Chambre de la Reine wurden viele Prinzen und Prinzessinnen geboren.*

Eingang

Bibliothek Louis XVI Sehenswert: klassizistische Wandtäfelung und die Weltkugel.

Der **Salon du Sacre** enthält u. a. Gemälde von Jacques-Louis David.

Eingang

★ Salon de Venus *Inmitten reicher Marmorverzierungen steht eine Statue Louis' XIV.*

★ Chapelle Royale *Die erste Etage der Kapelle war der königlichen Familie vorbehalten, das Parterre dem Hof. Der Innenraum ist mit weißem Marmor und vergoldeten Barockwänden geschmückt.*

★ Spiegelsaal
Große Staatsempfänge wurden in der Galerie des Glaces gegeben, die sich 70 Meter die Westfassade entlang erstreckt. Im Spiegelsaal wurde 1919 der Vertrag von Versailles unterzeichnet.

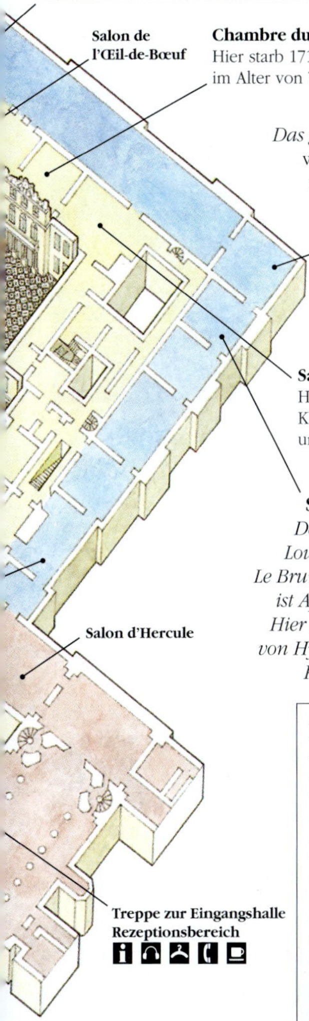

Salon de l'Œil-de-Bœuf

Chambre du Roi
Hier starb 1715 Louis XIV im Alter von 77 Jahren.

Salon de la Guerre
Das große Relief Louis XIV wird vom Sieg gekrönt *von Antoine Coysevox befindet sich an der Eingangswand.*

Salle du Conseil
Hier empfing der König die Minister und seine Familie.

Salon d'Apollon
Der Thronsaal von Loui XIV wurde von Le Brun entworfen und ist Apollon gewidmet. Hier hängt eine Kopie von Hyacinthe Rigauds Porträt Louis XIV.

Salon d'Hercule

Treppe zur Eingangshalle
Rezeptionsbereich

Die Verfolgung der Königin

Am 6. Oktober 1789 stürmte der Pariser Mob auf der Suche nach der verhassten Marie-Antoinette das Schloss. Gewarnt verließ die Königin ihr Bett und floh in Richtung Chambre du Roi. Sie befand sich gerade im Salon de l'Œil-de-Bœuf, dem Salon des »Lever«, und pochte an die Tür, als der Mob versuchte, in den Raum einzudringen. Im Gemach des Königs war sie nur bis zum nächsten Morgen in Sicherheit, dann brachte man sie nach Paris.

Im Westen

Art-nouveau-Fenster in der Rue La Fontaine

Rue La Fontaine 28

75016. **Karte** 9 A4. *Jasmin, Michel-Ange Auteuil.*

In der Rue La Fontaine und den umliegenden Straßen finden sich einige interessante architektonische Beispiele des frühen 20. Jahrhunderts. Der Wohnblock Castel Béranger (Nr. 14) wurde zwar aus preiswerten Baumaterialien errichtet, doch verleihen ihm buntes Glas, viel Schmiede- und Gusseisen, Balkone und Mosaiken eine gewisse Extravaganz. Der Bau begründete den Ruf des Art-nouveau-Architekten Hector Guimard, der später verschiedene Eingänge zur Pariser Métro entwarf. Die Straße weist noch weitere Beispiele seines Wirkens auf, z. B. das Hôtel Mezzara (Nr. 60).

Fondation Le Corbusier 29

8–10, square du Docteur Blanche, 75016. *42 88 41 53.* *Jasmin.* *Mo 12.30–18 Uhr, Di–Fr 10–12.30, 13.30–18 Uhr (Fr bis 17 Uhr).* *Feiertage, Aug, 24. Dez–2. Jan.* ***Videos.*** *Siehe* ***Geschichte*** *S. 36 f.* www.fondationlecorbusier.asso.fr

In einem ruhigen Winkel Auteuils stehen die Villa La Roche *(siehe S. 265)* und die Villa Jeanneret, die beiden ersten Pariser Häuser, die Charles Edouard Jeanneret, genannt Le Corbusier, baute. Sie zeigen exemplarisch Le Corbusiers revolutionierenden Einsatz von weißem Beton in kubistischen Formen. Die ineinander übergehenden Räume lassen viel Licht und Volumen zu; die Häuser stehen auf Pfeilern, über die gesamte Länge ziehen sich Fenster.

Die Villa La Roche gehörte früher dem Kunstmäzen Raoul La Roche. Heute sind beide Villen Dokumentationszentren über Le Corbusier.

Musée Marmottan 30

2, rue Louis Boilly, 75016. *01 42 24 07 02.* *Muette.* *Di–So 10–18 Uhr (letzter Einlass 17.30 Uhr).* *1. Mai, 25. Dez.* www.marmottan.com

Das Museum wurde 1932 in diesem Gebäude aus dem 19. Jahrhundert eingerichtet, als der Kunsthistoriker Paul Marmottan dem Institut de France sein Haus und seine Sammlung von Bildern und Möbeln aus der Renaissance, der Zeit des Konsulats und des Ersten Kaiserreichs vermachte. 1971, als der Sohn Claude Monets dem Museum 65 Bilder seines Vaters hinterließ, erhielt es einen anderen Schwerpunkt. Einige der berühmtesten Bilder Monets, darunter das Bild *Impression: Soleil Levant,* das 1872 den Begriff »Impressionismus« prägte, ein Bild der Kathedrale von Rouen und mehrere *Seerosen*-Bilder, hängen hier.

Auch ein Teil von Monets privater Kunstsammlung, darunter Bilder Pissaros, Renoirs und Alfred Sisleys, ging als Schenkung an das Museum. Es bewahrt auch mittelalterliche Handschriften.

La Barque **(1887) von Claude Monet im Musée Marmottan**

Bois de Boulogne 31

75016. *Porte Maillot, Porte Dauphine, Porte d'Auteuil, Sablons.* *tägl. 24 Std.* *für besondere Gärten u. Museen.* **Jardin Shakespeare Freilichttheater** *01 40 19 95 33/ 31.* *Mai–Sep.* **Parc de Bagatelle & Rosengarten** *01 40 67 97 00.* *ab 8.30 Uhr. Schließung variiert nach Saison zw. 16.30 und 20 Uhr.* **Jardin d'Acclimatation** *01 40 67 90 82.* *Juni–Sep tägl. 10–19 Uhr; Okt–Mai tägl. 10–18 Uhr.* **Musée en Herbe** *01 40 67 97 66.* *Mo–Fr tägl. 10–18 Uhr, Sa 14–18 Uhr.* **Musée des Arts et Traditions Populaires** *01 44 17 60 00.* *Mi–Mo 9.30–17.15 Uhr.* *nach Vereinbarung.*

Zwischen den westlichen Vororten von Paris und der Seine bildet der 865 Hektar große Bois de Boulogne einen weitläufigen Grüngürtel. Hier ist Gelegenheit zum Bummeln und Picknicken

Die Villa La Roche, der Sitz der Fondation Le Corbusier

Kiosque de l'Empereur auf der Insel im Grand Lac, Bois de Boulogne

oder zum Besuch eines Pferderennens.

Der Bois ist Überbleibsel des großen Forêt du Rouvre und wurde Mitte 19. Jahrhundert von Baron Haussmann auf Geheiß Napoléons III nach dem Vorbild des Londoner Hyde Park angelegt.

Viele schöne Einzelanlagen prägen den Park, z. B. der Pré Catelan, in dem man die größte Buche von Paris bewundern kann. Der reizvolle Parc de Bagatelle verfügt über architektonische Kleinodien und einen kleinen Landsitz aus dem 18. Jahrhundert mit prächtigem Rosengarten. Der Landsitz wurde in nur 64 Tagen gebaut – er ist das Ergebnis einer Wette zwischen dem Comte d'Artois und Marie-Antoinette.

Musée des Années 30 ㉜

28, ave André Morizet, Boulogne-Billancourt, 92100. *01 55 18 46 42.* M *Marcel Sembat.* *Di–So 11–17.45 Uhr.*
W www.boulognebillancourt.com

La Grande Arche de La Défense

Das 1998 eröffnete Museum der 1930er Jahre ist Teil eines Gebäudekomplexes, des Espace Landowski. Namensgeber waren der Bildhauer Paul Landowski, der von 1905 bis zu seinem Tod 1961 in Boulogne-Billancourt lebte, und sein Bruder Marcel, ein Musiker. Neben einem Museum mit einer Vielzahl von Paul Landowskis Werken enthält der Komplex eine Bibliothek, eine Galerie von Fernsehregisseuren sowie ein Kino. Bald wird ein Multimediazentrum mit Künstlerateliers hinzukommen. Die ausgestellten Gemälde, Zeichnungen, Skulpturen und Objekte vermitteln einen lebhaften Eindruck vom damaligen Zeitgeschmack. Das Museum organisiert Ausstellungen mit Bezug auf die 1930er Jahre, das Multimediazentrum stellt Künstlern von heute Werkstätten zur Verfügung.

La Défense ㉝

La Grande Arche. *01 49 07 27 57.* M RER *La Défense.* *tägl. 10–19 Uhr (letzter Einlass 18.30 Uhr).*
Siehe ***Geschichte der Stadt*** *S. 38 f.* W www.grandearche.com

Auf einer Fläche von über 80 Hektar erstrecken sich die Wolkenkratzer dieser größten Bürostadt Europas am Westrand von Paris. Um führenden französischen und internationalen Unternehmen einen attraktiven Standort zu bieten, wurde der Komplex in den 1960er Jahren hochgezogen. Der künstlerische Anspruch der Planer und Betreiber sorgte dafür, dass viele der Plätze zu Freilichtmuseen geworden sind.

Seit 1989 steht der ausladende Kubus La Grande Arche de La Défense. Er wurde von dem dänischen Architekten Otto von Spreckelsen entworfen, der den Auftrag im Rahmen der *Grand Travaux* erhielt, jener vom damaligen Präsidenten Mitterrand initiierten, viel diskutierten neuen Bauvorhaben. In La Grande Arche befinden sich eine Galerie und ein Konferenzzentrum.

Château de Malmaison ㉞

Ave du Château, 92500 Rueil Malmaison. *01 41 29 05 55.* M RER *La Défense, dann Bus 258.* *tägl. 10–17 Uhr (Schließung ändert sich nach Saison, tel. erfragen).*
Siehe ***Geschichte der Stadt*** *S. 30 f.*
W www.napoleon.org

Das Bett der Kaiserin Joséphine im Château de Malmaison

Joséphine de Beauharnais, die Gemahlin Napoléons, kaufte 1799 dieses Schloss aus dem 17. Jahrhundert. Sie veranlasste, dass eine Veranda, Statuen und ein kleines Theater hinzukamen. Napoléon und sein Gefolge kamen zur Entspannung hierher. Nach ihrer Trennung von ihm wurde das Schloss Joséphines Hauptwohnsitz. Heute ist es, wie das nahe gelegene Château de Bois-Préau, ein wichtiges Napoléon-Museum.

Möbel, Porträts, Kunstgegenstände und Erinnerungsstücke der kaiserlichen Familie werden in Räumen im Stil des Ersten Empire gezeigt. Von den erhaltenen Resten der Gärten ist Joséphines berühmter Rosengarten am besten erhalten.

Fünf Spaziergänge

Paris ist eine Stadt für Spaziergänger, man kommt zu Fuß leichter und zügiger voran als in den meisten Großstädten. Viele Sehenswürdigkeiten liegen relativ nah beieinander, die meisten sind im Herzen der Stadt, nahe der Ile de la Cité, zu finden.

Im *Führer durch die Stadtteile* sind die 14 klassischen touristischen Gebiete beschrieben; jedes Viertel wird mit einem kurzen Rundgang vorgestellt, der auf der *Detailkarte* eingezeichnet ist und Sie zu den interessantesten Sehenswürdigkeiten führt. Darüber hinaus bietet Paris aber eine Fülle weniger bekannter, ebenso beachtenswerter Viertel, die dem Besucher viele weitere interessante Facetten der Stadt offenbaren.

Die folgenden fünf Spaziergänge durch die Stadtviertel berühren nicht nur Hauptsehenswürdigkeiten, sie führen den Besucher auch ein in die Fülle der Details und feinen Unterschiede, die zum speziellen Charakter der jeweiligen Bezirke beitragen.

Statue im Parc Monceau

Dazu gehören Cafés, Bars, Straßenmärkte, Kirchen, Kanäle, Gärten, alte Dorfstraßen und Brücken. Allgegenwärtige literarische und historische Bezüge verbinden Vergangenheit und Gegenwart. Das pulsierende Leben der modernen Stadt wird in einem kulturellen Mikrokosmos dargeboten.

Die Spazierwege setzen die gediegenen Viertel von Auteuil, Monceau und der Ile St-Louis in Kontrast zu den alten Arbeitervierteln Montmartre und St-Martin. Auteuil ist bekannt als luxuriöse Wohngegend, Monceau für seine pompösen Empirebauten, St-Louis für die *Ancien-régime*-Gebäude. Dagegen machen die engen Straßen, in denen einst berühmte Künstler wohnten, den Charme von Montmartre aus, eiserne Brücken dokumentieren die industrielle Vergangenheit am Canal St-Martin.

Zu allen Ausgangspunkten gelangen Sie leicht mit öffentlichen Verkehrsmitteln (Métro oder Bus). Bei jedem Spaziergang finden Sie Vorschläge für angenehme Pausen- und Einkehrmöglichkeiten auf dem Weg.

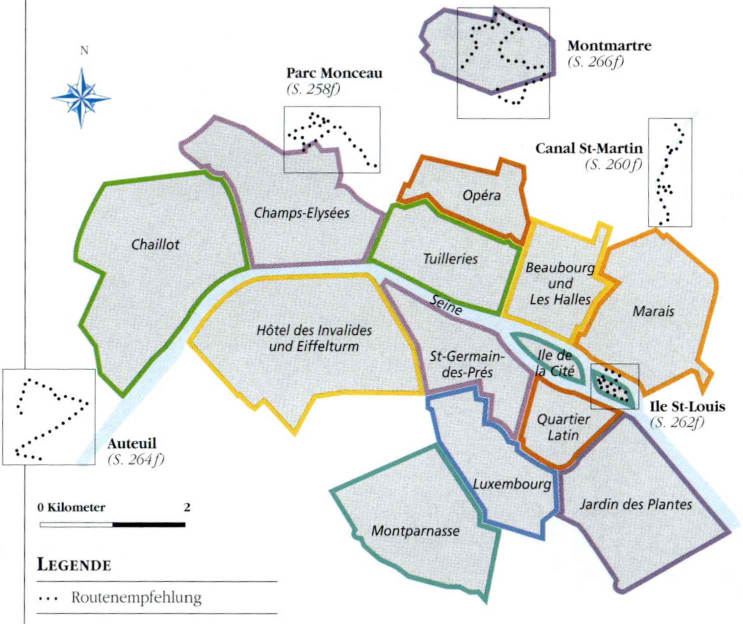

◁ **Brücke über den Canal St-Martin**

90-Minuten-Spaziergang um den Parc Monceau

Dieser Spaziergang führt durch den aus dem späten 18. Jahrhundert stammenden Parc Monceau, das Herzstück eines vornehmen, vom Zweiten Kaiserreich geprägten Bezirkes, und durch die Straßen der Umgebung, in denen prunkvolle Villen von der Pracht zeugen, in der manche Pariser leben. Er endet an der Place St-Augustin. (Mehr zu Monceau *siehe S. 230f.*)

Zollhaus im Parc Monceau ②

Ruysdaël-Tor

Vom Parc Monceau zur Avenue Velasquez

Der Rundweg beginnt bei der Métro-Station Monceau ① am Boulevard de Courcelles. Gehen Sie an Nicolas Ledoux' Zollhaus ② aus dem 18. Jahrhundert vorbei in den Park. Zu beiden Seiten stehen üppig vergoldete Tore aus Schmiedeeisen mit reich verzierten Laternenpfählen.

Nehmen Sie den zweiten Weg auf der Linken, vorbei am Guy-de-Maupassant-Denkmal ③ (1897). Dies ist nur eines der sechs effektvoll über den Park verteilten, Schriftstellern und Musikern gewidmeten Denkmäler aus der Belle Epoque. Fast alle zeigen die berühmte Person mit einer niedersinkenden Muse.

Geradeaus befindet sich die bedeutendste der übrig gebliebenen Skurrilitäten: eine moosbedeckte korinthische Kolonnade ④, die sich am Ufer eines kleinen Sees mit obligatorischer Insel entlangzieht. Gehen Sie um die Kolonnade herum und unter einem Bogen aus dem 16. Jahrhundert hindurch ⑤, der vom Hôtel de Ville *(siehe S. 102)* hierher verpflanzt wurde.

Gehen Sie jetzt an der Allee de la Comtesse de Segur links und in die Avenue Velasquez, eine breite Allee mit klassizistischen Villen aus dem 19. Jahrhundert. Im Haus Nr. 7 ist das prächtige Cernuschi-Museum ⑥ mit einer Sammlung fernöstlicher Kunst.

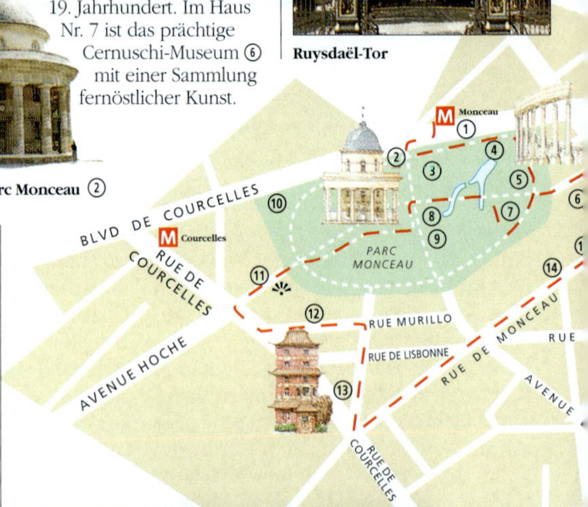

Kolonnade im Parc Monceau ④

Ambroise-Thomas-Statue ⑧

Von der Avenue Velasquez zur Avenue Van Dyck

Gehen Sie jetzt wieder zurück in den Park und links in den zweiten kleinen und gewundenen Weg, vorbei an einer bemoosten Pyramide aus dem 18. Jahrhundert ⑦, antiken Gräbern, einer Steinarkade und einer chinesischen Pagode. Die romantisch-melancholische Stimmung dieser falschen Ruinen verleiht dem Ort den Geist des späten 18. Jahrhunderts.

Nehmen Sie hinter der Pyramide den ersten Weg rechts zurück zum Hauptweg. Geradeaus überquert eine Renaissancebrücke einen kleinen Bach. Gehen Sie jetzt nach links, vorbei am Denkmal des Musikers Ambroise Thomas ⑧. Gleich dahinter befindet sich ein künstlicher Hügel mit einem Wasserfall. Gehen Sie nun links bis zum Denkmal des Komponisten Charles Gounod ⑨. Von hier aus folgen Sie wieder dem gewundenen ersten Weg rechts zum Ausgang Avenue Van Dyck. Halbrechts voraus, in der Ecke des Parks, können Sie das Chopin-Denkmal ⑩ sehen und an der Allee de la Comtesse de Segur das Denkmal des Dichters Alfred de Musset.

Von der Avenue Van Dyck zur Rue de Monceau

Verlassen Sie nun den Park und wenden Sie sich in die Avenue Van Dyck. Zunächst beeindruckt die neobarocke Villa des Schokoladenfabrikanten Emile Menier (Nr. 5) ⑪; das Haus Nr. 6 ist im französischen Renaissancestil gehalten. Geradeaus, jenseits der Ziergitter, hat man einen schönen Ausblick auf die Avenue Hoche und den Arc de Triomphe. Gehen Sie am Tor vorbei, und biegen Sie nach links

Legende

- - - Routenempfehlung

Aussichtspunkt

M Métro-Station

0 Meter 250

Hügel mit Wasserfall ⑨

in die Rue de Courcelles und noch einmal nach links in die Rue Murillo, an die Stadthäuser aus dem 18. Jahrhundert grenzen ⑫. An der Kreuzung der Rue Rembrand führt auf der linken Seite ein weiteres Tor zum Park; auf der rechten erheben sich ein Mietshaus von 1900 und ein elegantes Haus im Stil der französischen Renaissance mit meisterhaft geschnitzter Holztür (Nr. 1). Ecke Rue Rembrand/Rue de Courcelles erscheint das seltsamste aller Häuser dieser Gegend: eine fünfstöckige, rote chinesische Pagode ⑬. Es handelt sich um ein exklusives Handelszentrum für chinesische Kunst.

Biegen Sie nun nach links in die Rue de Monceau, vorbei an der Avenue Ruysdaël und weiter zum Museum Nissim de Camondo, Rue de Monceau Nr. 63 ⑭. In der Nähe befinden sich Gebäude, die einen kleinen Abstecher lohnen: Nr. 52, 60 und 61 ⑮.

Chinesische Pagode ⑬

Boulevard Malesherbes

Wenden Sie sich von der Rue de Monceau rechts in den Boulevard Malesherbes, eine lange Straße mit sechsstöckigen Wohnhäusern, die typisch ist für die Avenuen, die Baron Haussmann – Präfekt des Seine-Bezirks während des Zweiten Kaiserreiches *(siehe S. 32f)* – schnurgerade durch Paris legen ließ. Sie entsprachen dem Geschmack der Bourgeoisie des Industriezeitalters, verschreckten aber die Schriftsteller, die sie mit den Bauten New Yorks verglichen.

Hinter der Marmorfassade von Haus Nr. 75 ⑯ lässt das elegante Paris sein Briefpapier drucken. Nahe dem Boulevard Haussmann zeichnet sich links die größte Kirche von Paris ab: St-Augustin ⑰, im 19. Jahrhundert von Victor-Louis Baltard erbaut. Betreten Sie die Kirche durch das Seitenportal in der Rue de la Bienfaisance. Wenn Sie sie wieder durch das Hauptportal verlassen, sehen Sie links das Gebäude des französischen Offiziersclubs, das Cercle Militaire ⑱. Geradeaus erinnert eine Bronzestatue an Jeanne d'Arc ⑲. Gehen Sie nun weiter bis zur Métro-Station an der Place St-Augustin.

Statue der Jeanne d'Arc ⑲

Routeninfos

Start: *Blvd de Courcelles.*
Länge: *3 Kilometer.*
Anfahrt: *Die nächste Métro ist Monceau (via Bus 30). Bus 84 fährt zur Métro Courcelles. Bus 94 hält zwischen Monceau und Villiers.*
St-Augustin: *Mo–Sa 8.30–19 Uhr, So & Feiertage 8.30–12.30, 15.30–19 Uhr.*
Rasten: *Nahe der Renaissancebrücke im Parc Monceau bietet ein Kiosk Kaffee, Sandwiches und Snacks. Zwei hübsche Cafés erwarten Sie an der Place de Rio de Janeiro, einige Brasserien um die Place St-Augistin. Der Square M Pagnol ist ein idealer Platz, um sich zu entspannen und die Schönheiten des Parks in Ruhe noch einmal Revue passieren zu lassen.*

90-Minuten-Spaziergang am Canal St-Martin

Der Weg am Canal St-Martin entlang vermittelt einen Eindruck von Paris, der sich sehr von dem in gediegeneren Vierteln unterscheidet. Hier weisen die Zeugen der Vergangenheit – die Fabriken, Lagerhäuser, Tavernen und Cafés – auf das Alltagsleben der Industriearbeiter des 19. Jahrhunderts hin. Aber es gibt auch die romantischen Reize der alten eisernen Flussbrücken, der von Bäumen gesäumten Quais, es gibt die unvermeidlichen Fischer, die flachen Kanalboote und die stillen Wasser der breiten Kanalbecken. Ein Spaziergang an diesem Kanal, der das Bassin de la Villette mit der Seine verbindet, ruft Phantasien wach an das Paris der Arbeiter, wie es Jean Gabin und Edith Piaf verkörperten.

Barrière de la Villette (18. Jh.) ②

Blick vom Bassin de la Villette Richtung Norden ③

Von der Place de Stalingrad zur Avenue Jean-Jaurès

Von der Métro-Station Stalingrad ① folgen Sie dem Boulevard de la Villette bis zu dem neuen Platz vor der Barrière de la Villette ②, einem der wenigen Zollhäuser aus dem 18. Jahrhundert, das der Architekt Nicolas Ledoux nach 1780 im Stil des Klassizismus baute. Die Brunnen, Plätze und Terrassen wurden in den 1880er Jahren angelegt, um einen attraktiven Hintergrund für das Bassin de la Villette ③ in Richtung Norden zu schaffen. Gehen Sie weiter Richtung Avenue Jean-Jaurès. Links ermöglicht die erste Schleuse den Abstieg zum Kanal ④.

Vom Quai de Valmy zur Rue Bichat

Gehen Sie hinüber zum Quai de Jemmapes, der auf der östlichen Seite die ganze

Blick von der Brücke Rue E Varlin ⑦

> **Routeninfos**
>
> ***Start:*** *Place de Stalingrad.*
> ***Länge:*** *3,5 Kilometer.*
> ***Anfahrt:*** *Die nächste Métro ist Stalingrad (Haltestelle Bus 54). Bus 26 hält an der Métro Jaurès.*
> ***Hôpital St-Louis:*** *Kapelle Fr–So 14–17 Uhr; der Innenhof ist täglich geöffnet.*
> ***Rasten:*** *Am Quai de Valmy befinden sich einige günstige ausländische Restaurants. Weitere Lokale mit fremdländischer Küche finden Sie auch entlang der Rue du Faubourg du Temple. Auf den Bänken am Quai de Valmy lässt es sich gut ausruhen. Erholen können Sie sich auch in einem schattigen öffentlichen Park am Boulevard Jules Ferry.*

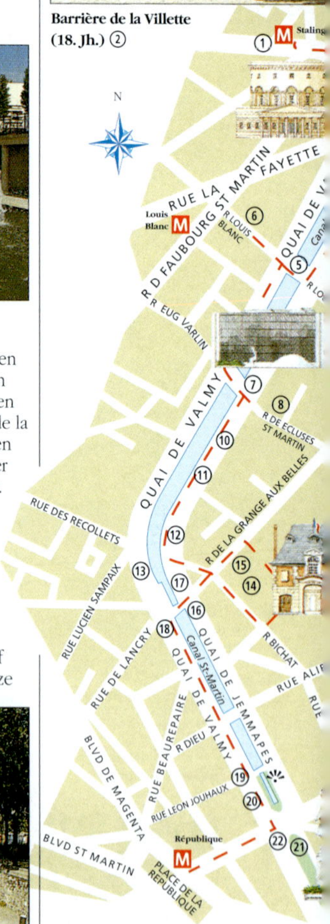

Legende

— Routenempfehlung

Aussichtspunkt

M Métro-Station

0 Meter 500

Garten im Innenhof des Hôpital St-Louis ⑭

Eiserne Fußgängerbrücke ⑤

Länge des Kanals entlangläuft, bis hinunter zur ersten Brücke an der Rue Louis Blanc ⑤. Überqueren Sie die Brücke zum Quais de Valmy. Von der Ecke aus ist ein flüchtiger Blick möglich auf die schräge Granit-und-Glas-Front des neuen Pariser Industrie-Gerichtshofs ⑥ in der Rue Louis Blanc.

Gehen Sie weiter am Quai de Valmy entlang. An der Rue E Varlin überqueren Sie die Brücke ⑦, von der aus man die zweite Schleusenkammer, das Schleusenwärterhaus und öffentliche Gärten sehen kann. Auf der anderen Seite der Brücke, Ecke Quai de Jemmapes und entlang der Rue Haendel, ist das hoch aufragende, terrassierte Gebäude einer Sozialbausiedlung zu betrachten ⑧.

In der Nähe liegt das Hauptquartier der französischen Kommunistischen Partei an der Place du Colonel Fabien ⑨. Das Gebäude erkennt man an seinem geschwungenen verglasten Turm.

Gehen Sie nun zurück zum Quai de Jemmapes, wo als Nr. 134 ⑩ eines der wenigen erhalten gebliebenen Industriegebäude in Ziegel- und Eisenbauweise steht. In Nr. 126 ⑪ finden Sie ein anderes bemerkenswertes modernes Gebäude, ein Altenheim mit monumentalen Betonbogen und verglasten Erkern. Nr. 112 ⑫ ist ein Art-déco-Bau mit Eisenbalkonen und Fliesentäfelung. Im Ergeschoss befindet sich ein typisches Arbeitercafé der 1930er Jahre. Hier biegt der Kanal in die dritte Schleuse ein, überspannt von einer reizenden eisernen Fußgängerbrücke ⑬.

Vom Hôpital St-Louis zur Rue Léon Jouhaux

Biegen Sie nach links in die Rue Bichat, die zum Hôpital St-Louis ⑭ führt. Dort gehen Sie durch das alte Haupttor mit seinem hohen Dach und dem massiven Steinbogen hinein in den Innenhof. Das Hospital wurde 1607 von Henri IV, dem ersten König der Bourbonen, zur Pflege der Pestkranken gegründet. Verlassen Sie den Innenhof durch das Tor nach links. Sie kommen an der aus dem 17. Jahrhundert stammenden Kapelle ⑮ des Hospitals vorbei und gelangen in die Rue de la Grange aux Belles.

Wenden Sie sich nach links, und gehen Sie zurück zum Kanal, wo die Rue de la Grange-Batelière in den Quai de Jemmapes mündet. Hier stand bis 1627 der berüchtigte Montfaucon-Galgen ⑯, einer der Haupthinrichtungsorte des mittelalterlichen Paris. Wieder auf dem Quai de Jemmapes, Haus Nr. 101 ⑰, sehen Sie die Originalfront des Hôtel du Nord, das durch den gleichnamigen Film aus den 1930er Jahren berühmt wurde. Gegenüber befinden sich eine eiserne Fußgängerbrücke sowie eine Zugbrücke ⑱. Überqueren Sie die Brücke, und gehen Sie weiter den Quai de Valmy entlang bis zur letzten Fußgängerbrücke ⑲ an der Rue Leon Jouhaux. Von hier aus lässt sich verfolgen, wie der Kanal durch einen großen Steinbogen unter der Oberfläche von Paris verschwindet.

Eingang zum Hôpital St-Louis ⑭

Vom Square Frédéric Lemaître zur Place de la République

Gehen Sie am Square Frédéric Lemaître ⑳ entlang bis zum Boulevard Jules Ferry, in dessen Mitte sich ein Garten erstreckt, der in den 1860er Jahren über dem Kanal angelegt wurde. An seinem oberen Ende steht die reizende Statue eines Blumenmädchens, La Grisette ㉑. Zur Linken liegt eine lebhafte Straße, Rue du Faubourg du Temple ㉒, mit ausländischen Läden und Restaurants. Folgen Sie der Straße nach rechts zur Métro-Station auf der Place de la République.

Laden in der Rue du Temple ㉒

90-Minuten-Spaziergang auf der Ile St-Louis

Der Rundweg auf der reizenden kleinen Insel führt an malerischen, von Bäumen gesäumten Quais entlang vom Pont Louis-Philippe zum Quai d'Anjou. Er bezieht die prächtigen *hôtels* aus dem 17. Jahrhundert mit ein, die die Atmosphäre dieser Epoche spürbar machen. Danach führt er ins Zentrum der Insel, entlang der Rue St-Louis mit ihren schicken Restaurants, Cafés, Kunstgalerien und Boutiquen, bevor er zur Nordseite der Insel und zum Pont Marie zurückführt (Informationen über die Sehenswürdigkeiten *siehe S. 77 und 87).*

Blick vom linken Ufer auf die Ile St-Louis

Angler am Ufer der Ile St-Louis

Von der Métro Pont Marie zur Rue Jean du Bellay

Gehen Sie von der Métro-Station Pont Marie ① den Quai des Celestins hinunter, dann den Quai de l'Hôtel de Ville mit den Buchständen und der schönen Aussicht auf die Ile St-Louis. Wenden Sie sich links zum Pont Louis-Philippe ②, den Sie überqueren. Gehen Sie rechts die Stufen zum unteren Quai hinunter, dann um die mit Bäumen bestandene Westspitze der Insel herum ③, schließlich die andere Seite wieder hinauf zum Pont St-Louis ④. Gegenüber der Brücke, an der Ecke der Rue Jean du Bellay, liegt das Café Le Flore en l'Ile ⑤.

Quai d'Orléans

Die Ecke Rue Jean du Bellay und Quai d'Orléans bietet einen schönen Blick auf das Panthéon und Notre-Dame. Das Hôtel Rolland (Nr. 18 bis 28) schmücken ungewöhnliche hispano-maurische Fenster. Das Haus Nr. 12 ⑥ ist eines von mehreren Gebäuden aus dem 17. Jahrhundert. Haus Nr. 6, die ehemalige Polnische Bücherei (1838), besitzt ein kleines Museum ⑦, das dem polnischen Poeten Adam Mickiewicz gewidmet ist. Hier werden auch Chopin-Partituren und Autographen von Victor Hugo verwahrt. Rechter Hand verbindet der Pont de la Tournelle ⑧ die Ile St-Louis mit dem linken Seine-Ufer.

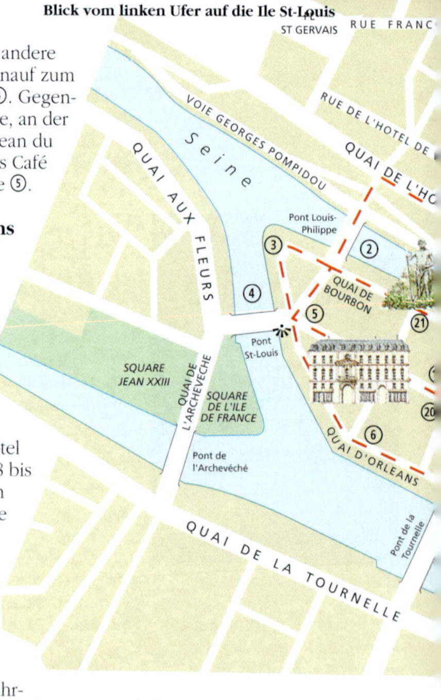

Legende

- Routenempfehlung
- Aussichtspunkt
- Métro-Station

0 Meter 250

Ein Schiff auf der Seine passiert den Quai St-Louis

Vom Quai de Béthune zum Pont Marie

Gehen Sie weiter jenseits der Brücke auf den Quai de Béthune, wo im Haus Nr. 36 ⑨ die Nobelpreisträgerin Marie Curie lebte. Nr. 34 und 30 haben schmiedeeiserne Balkone. Das Hôtel Richelieu ⑩, Nr. 18, ist eines der schönsten Häuser der Insel.

Biegen Sie dann links in die Rue Bretonvilliers ein, dort gibt es ein imposantes Haus aus dem 17. Jahrhundert, das, über einen Bogen konstruiert, die Straße überspannt ⑪. Gehen Sie nun zurück zum Quai de Béthune und weiter zum Pont de Sully aus dem 19. Jahrhundert ⑫. Geradeaus liegt der reizvolle Square Barye ⑬, ein schattiger öffentlicher Garten an der Ostspitze der Insel. Gehen Sie nun weiter zum Quai d'Anjou bis zur Ecke der Rue St-Louis-en-l'Ile, wo Sie das berühmteste Haus der Insel, das Hôtel Lambert ⑭ *(siehe S. 24f)*, sehen. Folgen Sie weiter dem Quai d'Anjou, um die klassische Front des Hôtel de Lanzun ⑮ in Nr. 17 und seine vergoldeten Balkone betrachten zu können. Nun geht es nach links in die Rue Poulletier; beachten Sie dort den »Konvent der Töchter der Barmherzigkeit« ⑯ (Nr. 5). Ein Stück weiter: Ecke Rue Poulletier–Rue St-Louis-en-l'Ile steht die Inselkirche St-Louis ⑰ mit einem ungewöhnlichen Turm und einem schön geschnitzten Hauptportal.

Setzen Sie Ihren Rundgang fort entlang der Rue St-Louis-en-l'Ile, die viele kleine, schicke Restaurants im Bistro-Stil aufweist. Im Haus Nr. 18 befindet sich der originale Berthillon-Laden ⑱, in Nr. 60 ein reizvoller Antiquitätenladen ⑲. Nr. 51 ist eines der wenigen *hôtels* aus dem 18. Jahrhundert, das Hôtel Chernizot ⑳ mit einem außergewöhnlich schönen Rokokobalkon.

Biegen Sie nun nach rechts in die Rue Jean Bellay und weiter bis zum Pont Louis-Philippe. Wenden Sie sich nochmals nach rechts zum Quai de Bourbon, der von einer der feinsten Fluchten von *hôtels* auf der ganzen Insel gesäumt wird; das nobelste darunter ist das Hôtel Jassaud, Nr. 19 ㉑. Setzen Sie den Weg fort zum Pont Marie ㉒, der aus dem 17. Jahrhundert stammt, und überqueren Sie ihn in Richtung der Métro-Station Pont Marie, die auf der anderen Seite liegt.

Wasserspeier, Rue St-Louis-en-l'Ile, Nr. 51 ⑳

Kirchentür St-Louis ⑰

Der Pont Marie ㉒ aus dem 17. Jahrhundert

Fenster des Hôtel Rolland

ROUTENINFOS

Start: *Métro Pont Marie.*
Länge: *2,6 Kilometer.*
Anfahrt: *Der Weg beginnt bei der Métro-Station Pont Marie. Die Buslinie 67 bringt Sie ebenfalls zur Rue du Pont Louis-Philippe, sie überquert die Insel auf der Rue des Deux Ponts und dem Boulevard Pont de Sully.*
Rasten: *Auf dem Weg kommen Sie an Cafés wie dem Flore en l'Ile* (siehe S. 311) *und der Berthillon-Eisdiele* (S. 311) *vorbei. Restaurants auf der Rue St-Louis-en-l'Ile sind Auberge de la Reine Blanche (Nr. 30) und Au Gourmet de l'Isle (Nr. 42). Es gibt auch eine Pâtisserie und einen Käseladen. Plätze zum Ausruhen bieten die schattigen Quais und der Square Barye am Ostende der Insel.*

90-Minuten-Spaziergang in Auteuil

Dieser faszinierende Spaziergang im Westen der Stadt führt durch eine Bastion bürgerlicher Lebensart mit reizvollen Kontrasten. Über der Rue d'Auteuil, wo der Rundgang beginnt, liegt das Flair der Provinz, während Meisterwerke eleganter Architektur der Moderne die Rue La Fontaine und die Rue du Docteur Blanche prägen. Der Spaziergang endet an der Métro-Station Jasmin. (Mehr über Auteuil *siehe S. 254*.)

Obelisk, Place d'Auteuil ①

Rue d'Auteuil
Der Rundgang beginnt an der Place d'Auteuil ①, einem begrünten Stadtplatz mit auffälligem Métro-Eingang von Guimard, einem Obelisken und der neoromanischen Notre-Dame d'Auteuil aus dem 19. Jahrhundert. Erleben Sie in der Rue d'Auteuil, der Hauptstraße des Viertels, das Flair einer vergangenen Welt. In den Räumen der ältesten Taverne des Viertels, in der Molière und seine Schauspieltruppe im 17. Jahrhundert einkehrten,wird heute die Brasserie »L'Auberge du Mouton Blanc« ② betrieben; im Haus Nr. 45 bis 47 ③ wohnte vormals der US-Präsident John Adams. An der angenehm schattigen Place Jean Lorrain ④, auf der ein örtlicher Markt abgehalten wird, kann man sich am Trinkbrunnen laben, den der englische Millionär Richard Wallace im 19. Jahrhundert gestiftet hat. Über die Rue Donizetti geht es rechter Hand weiter zur Villa Montmorency ⑤, einem privaten Ensemble eleganter Villen, errichtet auf dem früheren Landsitz der Comtesse de Boufflers.

Wallace–Brunnen ④

Rue La Fontaine
Setzen Sie Ihren Weg fort entlang der Rue La Fontaine, die berühmt ist für die Hector-Guimard-Architektur. Marcel Proust wurde in Nr. 96 geboren. Henri Sauvages Ensemble von Künstlerateliers (Nr. 65) ⑥ ist eines der originalgetreu erhaltenen Art-déco-Gebäude in Paris. Haus Nr. 60 ⑦ ist ein Art-nouveau-Gebäude von Guimard, mit mittelalterlichen Türmchen und gusseisernen Balkonen. Ein Stück weiter (Nr. 40) ⑧ steht eine neogotische Kapelle, schräg gegenüber befinden sich Art-nouveau-Häuser ⑨. Beeindruckend ist Nr.14: Guimards Castel Béranger ⑩.

Routeninfos

Start: *Place d'Auteuil.*
Länge: *3 Kilometer.*
Anfahrt: *Dem Ausgangspunkt am nächsten gelegen ist die Métro-Station Eglise d'Auteuil, die Busse 22, 52 und 62 fahren zur Place Auteuil.*
Rasten: *In der Rue d'Auteuil ist die preiswerte und vielfrequentierte, noch im Stil der 1930er Jahre eingerichtete Brasserie Batifol zu finden. In der Rue La Fontaine Nr. 17 lässt sich in dem winzigen, im Stil des Art nouveau der Zeit um 1900 gehaltenen Café ebenso gut verweilen wie auf der schattigen Place Jean Lorrain, im kleinen Park an der Rue La Fontaine mit neogotischer Kapelle (Nr. 40) oder im Garten an der Place Rodin.*

Eingang zu Rue d'Auteuil Nr. 28

Legende

— Routenempfehlung
Aussichtspunkt
M Métro-Station

0 Meter 250

Von der Rue de l'Assomption zur Rue Mallet Stevens

Ecke Rue de l'Assomption: Das mächtige, 1963 für das französische Radio und Fernsehen gebaute *(siehe S. 200)* Gebäude von Radio France ⑪ war einer der ersten modernen Nachkriegsbauten in Paris. Folgen Sie nun links der Rue de l'Assomption bis zum schönen Apartmenthaus aus den 1920er Jahren (Nr.18) ⑫. Weiter geht es links in die Rue du General Dubail bis zur Place Rodin, wo ein Bronzeakt des großen Bildhauers, *Das Eherne Zeitalter* (1877) ⑬, das Zentrum des Runds beherrscht.

Erkerfenster mit Jalousien, Square Jasmin Nr. 3

Nehmen Sie die Avenue Theodore Rousseau zurück zur Rue de l'Assomption, und folgen Sie dieser weiter Richtung Avenue Mozart. Dies ist die Nord und Süd verbindende Hauptschlagader des 16. Arrondissements, gesäumt von typischen Bürgerhäusern aus dem späten 19. Jahrhundert. Überqueren Sie die Rue Mozart, und schlendern Sie weiter bis zur Avenue des Chalets, wo eine Anzahl typischer Wochenendvillen ⑭ an das ruhigere, vorstädtische Auteuil Mitte des 19. Jahrhunderts gemahnt. Weiter der Rue de l'Assomption folgend stoßen Sie auf die im Stil der Neorenaissance gehaltene Notre-Dame de l'Assomption aus dem 19. Jahrhundert ⑮. Biegen Sie nach links in die Rue du Docteur Blanche ein. Nr. 9 und weitere Häuser in der angrenzenden Rue Mallet Stevens ⑯ sind Werke eines Architekten der 1930er Jahre, Robert Mallet-Stevens. In dieser teuren einstigen Avantgarde-Kolonie lebten Architekten, Designer, Künstler und ihre Kunden. Die ursprünglichen Proportionen wurden in den 1960er Jahren durch Hinzufügung eines dritten Stockwerks stark verändert.

Weiter auf der Rue du Docteur Blanche geht es links in die Sackgasse Villa du Docteur Blanche, an deren Ende das berühmteste Haus der Moderne in Auteuil steht, Le Corbusiers Villa La Roche ⑰. Wie die benachbarte Villa Jeanneret wird sie von der Corbusier-Gesellschaft *(Seite 36f)* verwaltet. Das 1924 für einen Kunstsammler in der damals neuen Stahlbetontechnik errichtete Gebäude ist in seiner schnörkellos geometrischen Form beispielhaft.

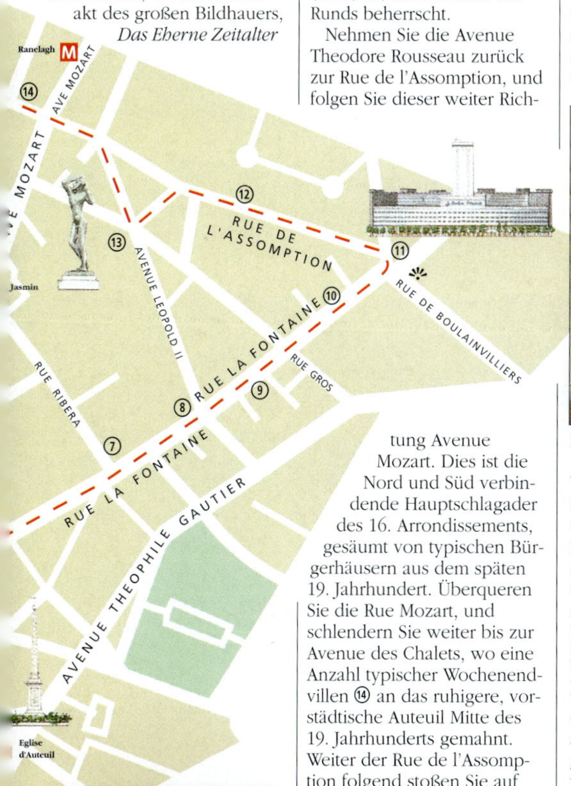

Detail, Rue de l'Assomption Nr. 18

Von der Rue du Docteur Blanche zur Rue Jasmin

Gehen Sie zurück zur Rue du Docteur Blanche und rechts in die Rue Henri Heine. Nr. 18 ⑱ ist ein elegantes Mietshaus im neoklassizistischen Stil, daneben steht eine von Guimards letzten Schöpfungen von 1926: Die Art-nouveau-Fassade ist weniger gewagt als die des Castel Béranger, ihre Ziegelstruktur wird durch Erker gegliedert und von einem Terrassendach gekrönt. Biegen Sie nach links in die Rue Jasmin. Am Square Jasmin steht ein weiteres Haus von Guimard (Nr.3) ⑲. Am Ende der Rue Jasmin liegt die gleichnamige Métro-Station.

Innenhof, Rue La Fontaine Nr. 14

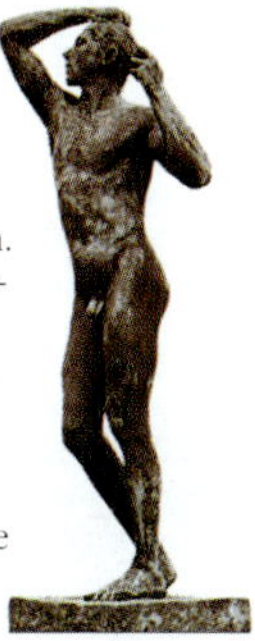

Das Eherne Zeitalter ⑬

90-Minuten-Spaziergang durch Montmartre

DER WEG BEGINNT am Fuße des Sandsteinhügels *(butte)*, wo die alten Theater und Tanzhallen, die früher einmal Maler wie Renoir und Picasso besucht und gemalt haben, inzwischen schrille Rockklubs geworden sind. Er führt über die Treppen den Hügel hinauf zum ursprünglichen Dorf, durch enge Gassen, bevor er wieder den Hang hinab führt und an der Place Blanche endet. (Mehr über die Hauptsehenswürdigkeiten von Montmartre *siehe S. 218 ff.*)

Montmartre aus der Ferne

Von der Place Pigalle zur Rue Ravignan

Folgen Sie von der lebhaften Place Pigalle ① aus der Rue Frochot zur Rue Victor Masse. An der Ecke liegt der Eingang zu einer exklusiven Privatstraße, die von Chalets der Zeit um 1900 gesäumt wird ②. Gegenüber, in der Rue Victor Masse Nr. 27, steht ein verziertes Mietshaus (19. Jh.), Nr. 25 ist das Haus, in dem Vincent van Gogh und sein Bruder 1886 gelebt haben ③. Das Chat Noir ④, in den 1890er Jahren Montmartres berühmtestes Künstler-Kabarett, florierte im Haus Nr. 12. Am Ende der Straße beginnt die Avenue Trudaine. Biegen Sie links in die Rue Lallier, dann rechts in den Boulevard de Rochechouart. Im Haus Nr. 84 befand sich ursprünglich das Chat Noir; Nr. 82 beherbergte das Grand Trianon ⑤, das älteste erhaltene Pariser Kino aus den frühen 1890er Jahren. Ein paar Schritte weiter prangt die Originalfassade der ersten großen Cancan-Halle am Montmartre: Elysée-Montmartre ⑥. Biegen Sie links in die Rue Steinkerque. Sie führt zu den Gärten von Sacré-Cœur, dann biegen Sie wieder links in die Rue d'Orsel, die zur begrünten Place Charles Dullin verläuft. Dort steht das kleine Théâtre de l'Atelier (19. Jh.) ⑦. Gehen Sie weiter auf der Rue des Trois Frères den Hügel hinauf und links in die Rue Yvonne le Tac, die in die Place des Abbesses ⑧ mündet. Dies ist einer der lebendigsten Plätze des Viertels. Der überdachte Métro-Eingang im Jugendstil wurde von Hector Guimard entworfen. Gegenüber steht St-Jean l'Evangéliste ⑨, eine

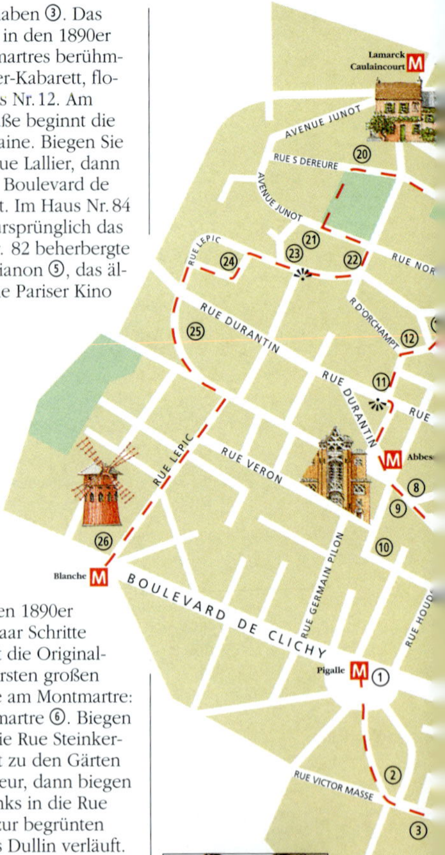

Eingangstor zur Avenue Frochot

ROUTENINFOS

Start: *Place Pigalle.*
Länge: *2,3 Kilometer. Der Weg führt einige sehr steile Straßen zur Anhöhe hinauf; wenn Sie nicht gerne »klettern«, nehmen Sie besser den Montmartrobus; er fährt an der Place Pigalle los.*
Anfahrt: *Nächste Métro: Pigalle, Buslinien: 30, 54 und 67.*
Rasten: *Es gibt viele Cafés und Läden in der Rue Lepic und in der Rue des Abbesses. Das Rayons de la Santé, rechts vom Theater an der Place Charles Dullin, ist eines der besten vegetarischen Restaurants der Stadt. Für eine Rast im Schatten empfehlen sich die Place Jean-Baptiste Clément und der Square S Buisson bei der Avenue Junot.*

Rue André Antoine ⑩

ungewöhnliche Backstein-Kirche im Jugendstil. Zur Rechten führt eine Treppenflucht zur winzigen Rue André Antoine, wo Georges Seurat im Haus Nr. 39 lebte ⑩. Folgen Sie der Rue des Abbesses bis zur Rue Ravignan.

Rue Ravignan

Von hier aus öffnet sich ein überwältigender Blick über Paris. Steigen Sie die Stufen geradeaus hoch zur schattigen Place Emile Goudeau ⑪: Auf der Linken, Nr. 13, sehen Sie den Original-Eingang zum Bateau-Lavoir, der wichtigsten Künstlerkolonie auf dem Montmartre. Hier lebte Anfang des 20. Jahrhunderts Picasso. Weiter oben, an der Ecke Rue Orchampt/ Rue Ravignan, sind weitere Ateliers (19. Jh.) ⑫.

Kunstmarkt an der Place du Tertre ⑮

Legende

— Routenempfehlung

Aussichtspunkt

M Métro-Station

0 Meter 250

St-Jean l'Evangéliste, Detail ⑨

Von der Rue Ravignan zur Rue Lepic

Gehen Sie weiter den Hügel hinauf über die Place Jean-Baptiste Clément ⑬. Auf der Höhe überqueren Sie die Rue Norvins. Gegenüber gibt es ein altes Restaurant, Auberge de la Bonne Franquette ⑭, das im 19. Jahrhundert wie das Aux Billards en Bois ein beliebter Künstlertreffpunkt war. Folgen Sie der schmalen Rue St-Rustique mit Blick auf man Sacré-Cœur. Am Ende liegt rechts die Place du Tertre ⑮. Der Weg führt nordwärts in die Rue du Mont Cenis, von der links die Rue Cortot abzweigt. In Haus Nr. 6 ⑯ lebte der Komponist Erik Satie, in Nr. 12 befindet sich das Montmartre-Museum ⑰. Gehen Sie nach rechts in die Rue des Saules, vorbei am Weinberg ⑱, zum Lapin Agile ⑲ Ecke Rue St-Vincent. Sie kommen durch die Rue des Saules zurück, biegen rechts in die Rue de l'Abreuvoir und gehen weiter durch die Allée des Brouillards. Nr. 6 ⑳ war das letzte Haus, das Renoir auf dem Montmartre bewohnte. Nehmen Sie die Treppe, die in die Rue Simon Dereure hinabführt, wenden Sie sich nach links in einen kleinen Park, um die Avenue Junot zu erreichen. Nr. 15 ㉑ war in den frühen 1920er Jahren das Haus des Dadaisten Tristan Tzara. Nun geht es die Avenue Junot hinauf, dann nach rechts in die Rue Girardou und noch einmal rechts in die Rue Lepic.

Nachtklub Au Lapin Agile ⑲

Von der Rue Lepic zur Place Blanche

Gleich an der Ecke befindet sich eine gut erhaltene Windmühle: Moulin du Radet ㉒. Weiter auf der Rue Lepic können Sie zur Rechten eine zweite Windmühle sehen: Moulin de la Galette ㉓. Gehen Sie nun nach links in die Rue de l'Armée d'Orient ㉔, dann erneut nach links in die Rue Lepic. In Nr. 54 ㉕ wohnte 1886 van Gogh. Weiter zur Place Blanche; am Boulevard de Clichy liegt zur Rechten das Wahrzeichen des Viertels: Moulin Rouge ㉖.

Der Nachtklub Moulin Rouge in der Nähe der Place Blanche ㉖

Zu Gast in Paris

ÜBERNACHTEN

Es gibt in Paris mehr Gästezimmer als in irgendeiner anderen europäischen Stadt. Die Bandbreite der Hotels reicht vom hyperluxuriösen Ritz (in Frankreich nennt man solche Hotels *palaces*) und exklusiven Einrichtungen wie das *L'Hôtel*, wo Oscar Wilde verarmt gestorben ist, zu einfachen Hotels in reizvollen älteren Teilen von Paris.

Wir haben empfehlenswerte Hotels aus allen Preiskategorien ausgewählt. Die Tabelle auf den Seiten 278f hilft Ihnen bei der Wahl, detailliertere Informationen finden Sie im Verzeichnis auf den Seiten 280ff. Die Hotels sind nach Gebieten und Preisklassen geordnet. Informationen über andere Übernachtungsmöglichkeiten finden Sie auf den Seiten 272ff. Achten Sie darauf, dass *hôtel* nicht immer »Hotel« heißt, sondern auch Rathaus *(hôtel de ville)*, Krankenhaus *(Hôtel-Dieu)* oder einfach Haus.

Hotelsuche

Hotels ähnlicher Ausstattung sind meist in bestimmten Vierteln konzentriert, wobei die Seine eine simple Unterscheidung ermöglicht. Luxushotels befinden sich normalerweise auf der nördlichen Seite, besonders romantische Häuser im Süden.

In den eleganten Bezirken nahe den Champs-Elysées liegen viele der bedeutendsten Hotels von Paris, darunter das Royal Monceau, das Bristol, das Four Seasons George V, das Meurice und das Plaza Athénée. Viele weniger bekannte, gleichwohl elegante Hotels finden sich im gepflegten Wohn- und Botschaftsviertel nahe dem Palais de Chaillot.

Weiter östlich auf dem rechten Ufer, im restaurierten Marais, wurden mehrere ältere Häuser und Paläste in außerordentlich attraktive Hotels mit vernünftigen Preisen verwandelt. Aber die nahe gelegene Gegend um Les Halles und die Rue St-Denis ist ein Anziehungspunkt für Prostituierte und Drogenabhängige. Südlich des Marais erstrecken sich am anderen Seine-Ufer die Ile St-Louis und die Ile de la Cité mit mehreren hübschen Hotels.

Auf dem linken Ufer finden sich einige der populärsten touristischen Gebiete und eine große Anzahl kleiner, aber stilvoller Hotels. Die Atmosphäre wandelt sich allmählich vom bürgerlichen Quartier Latin über das schicke St-Germain-des-Prés und den Regierungs- und Verwaltungsbezirk bis zu Hôtel des Invalides und Tour Eiffel. Dieser Wandel spiegelt sich auch in den Hotels.

Weiter vom Zentrum entfernt liegen am Montparnasse mehrere große Businesshotels. Im Bahnhofsviertel an der Gare du Nord und Gare

Hôtel de Crillon *(siehe S. 280)*

de Lyon findet sich eine Anzahl von einfachen, zum Teil aber sehr schäbigen Hotels. Montmartre verfügt über ein bis zwei Hotels in Hügellage. Es gibt aber viele Hotels, die vorgeben, zu Montmarte zu gehören, in Wirklichkeit aber im Rotlichtbezirk Pigalle liegen. Wenn Sie sich nach einem Hotel umsehen, ist der späte Vormittag oder der Nachmittag die beste Zeit. Sollten die Hotels ausgebucht sein, versuchen Sie es nochmals nach 18 Uhr, wenn die nicht beanspruchten Reservierungen frei werden. Sehen Sie sich das angebotene Zimmer an. Informationen über Flughafenhotels finden Sie unter *Anreise (siehe S. 360ff)*.

Das Hôtel du Louvre *(siehe S. 280)* zwischen Louvre und Palais Royal

Hotelpreise

Die Hotelpreise sind außerhalb der Hochsaison (also von Mitte November bis März und im Juli und August) nicht unbedingt niedriger, weil Modeveranstaltungen und andere Ereignisse den Hotelbetrieb das ganze Jahr über in Gang halten. Allerdings finden Sie in älteren Hotels häufig beträchtliche Preisunterschiede, je nach Lage und Größe der Zimmer. Zimmer mit Verbindungstür sind etwas teurer als normale Doppelzimmer, die Kosten für eine Einzelbelegung sind so hoch oder fast so hoch wie die für zwei Personen (Preise werden fast immer pro Zimmer, nicht pro Person aufgeführt). Einzelzimmer sind selten, viele von ihnen sind eng und dürftig möbliert. Zimmer ohne Bad kosten in der Regel 20 Prozent weniger. Halbpension ist in Anbetracht der breiten Palette guter Restaurants nicht nötig.

Es lohnt sich immer, nach einem Preisnachlass zu fragen. Manche Hotels haben spezielle Angebote für Studenten, Familien oder Senioren.

Versteckte Preisaufschläge

Von Gesetz wegen sind Steuer und Bedienung im Preis enthalten, der an der Rezeption oder in den Zimmern angegeben ist. Trinkgelder sind nur für außergewöhnliche Leistungen nötig, für eine Kartenbestellung oder wenn das Zimmermädchen etwas für Sie wäscht. Bevor Sie ein Zimmer reservieren, sollten Sie sich allerdings immer erkundigen, ob das Frühstück im Preis enthalten ist. Seien Sie vorsichtig mit Getränken und Snacks aus der Minibar. Sie sind normalerweise teuer, ebenso wie die Wäschereinigung, die Hotelgarage oder Telefongespräche vom Zimmer aus, insbesondere wenn das Telefonat von der Rezeption vermittelt wird.

Four Seasons George V *(siehe S. 284f)*

Das Hôtel Meurice *(siehe S. 281)* beim Jardin des Tuileries

Hotelkategorien

Französische Hotels werden von den Tourismusbehörden relativ systematisch in fünf Kategorien unterteilt: ein Stern bis vier Sterne und eine Vier-Sterne-Deluxe-Kategorie. Sehr einfache Hotels werden in diese Klassifizierung nicht aufgenommen. Die Sterne sind recht zuverlässige Indikatoren dafür, was Sie an Ausstattung und Komfort zu erwarten haben. Bedenken Sie jedoch: Diese offizielle Klassifizierung ist kein zuverlässiger Führer in puncto Freundlichkeit, Sauberkeit, Lärmbelästigung oder Geschmack der Einrichtung und des Dekors.

Staturim Hôtel Relais Christine *(siehe S. 282)*

Komfort

Wenige Pariser Hotels unterhalb der Vier-Sterne-Kategorie haben ein Restaurant, aber fast alle einen Frühstücksraum. Viele Hotelrestaurants schließen im August. In den meisten älteren Hotels finden Sie kein Foyer vor. Modernere oder teurere Hotels bieten dementsprechend größeren Komfort und haben in der Regel eine Bar. Günstige Hotels haben häufig keinen Aufzug, und nur die teureren Hotels haben eigene Parkplätze. Ausnahmen hiervon sind auf den Seiten 280ff aufgeführt. Wenn Sie mit dem Auto anreisen, können Sie auf eines der motelähnlichen Hotels an der Peripherie ausweichen *(siehe S. 273f)*.

Außer den allereinfachsten Innenstadthotels haben fast alle ein Telefon und einen Fernseher auf jedem Zimmer. Fax- und Internetanschlüsse gibt es in Hotels für Geschäftsleute. Doppelbetten *(grands lits)* sind weit verbreitet, aber man muss extra danach fragen.

Das Plaza Athénée *(siehe S. 285)* auf den Champs-Elysées

Ausstattung

Viele Hotelbetten sind mit dem französischen Kopfpolster in Form einer Wurst ausgestattet. Wenn Sie Kissen bevorzugen, fragen Sie nach *oreillers*. Wenn Sie eine Toilette oder ein Bad im Zimmer haben wollen, fragen Sie nach einem *WC* bzw. einem *bain*. Ein *cabinet de toilette* besteht nur aus einem Waschbecken und Bidet, und *eau courante* bedeutet einfach ein Becken mit fließend heißem und kaltem Wasser. Ein Duplexzimmer ist eine Suite mit zwei Stockwerken.

Das traditionelle französische Hotelfrühstück mit frischem Kaffee, Croissants, Marmelade und Orangensaft wird in Paris nach und nach durch ein aufwändiges Frühstücksbüfett mit Wurst und Käse ersetzt. Bestehen Sie, unabhängig von der Frühstücksart, auf *orange pressée* (frisch gepressten Orangensaft) statt *jus d'orange*, der gewöhnlich aus der Dose kommt. Einige Luxushotels sind mittlerweile beliebte Frühstücksorte, so dass es sich empfiehlt zu reservieren, wenn man nicht auf dem Zimmer essen will. Eine angenehme Alternative sind die Cafés, in denen französische Arbeiter frühstücken. Man muss gewöhnlich das Zimmer bis Mittag verlassen, sonst zahlt man für einen weiteren Tag.

Sonderangebote

Da Paris bei Urlaubern und bei Geschäftsreisenden ein beliebtes Reiseziel ist, gibt es kaum Wochenendrabatte. Wenn keine größeren Veranstaltungen stattfinden, kann man außerhalb der Hochsaison einen Rabatt oder ein Gesamtpaket aushandeln.

Mit Kindern unterwegs

Familien mit Kindern können häufig ohne oder gegen geringen Aufpreis ein Zimmer mit diesen teilen. Manchmal gibt es dafür sogar Sonderpreise. Wenige Hotels akzeptieren keine Kinder, aber nicht alle haben spezielle Einrichtungen für Kinder.

Behinderte Reisende

Unsere Informationen wurden per Fragebogen ermittelt und beruhen auf der Selbstauskunft der Hotels. Nur wenige sind, was behinderte Gäste betrifft, gut ausgestattet. Die **Association des Paralysés de France** und **Groupement pour l'Insertion des Personnes Handicapées Physiques (GIHP)** veröffentlichen aber nützliche Prospekte. (Adressen *siehe S. 351.)*

Ferienwohnungen

Appartements in speziellen Blocks mit Selbstversorgung bietet **Résidences de Tourisme**. Die Preise reichen von ca. 90 € pro Nacht für ein kleines Appartement bis über 300 € pro Nacht für ein größeres. Fragen Sie bei **Paris-Séjour-Réservation** an, oder nehmen Sie direkt Kontakt mit der *résidence* auf.

Das ruhige Hôtel des Grands Hommes *(siehe S. 282)*

Das Pariser **Office du Tourisme** hat eine vollständige Liste der *résidences*. Die Agenturen **Allo Logement Temporaire**, **At Home In Paris** und **Paris Appartements Services** beschaffen Apartments für Aufenthalte von einer Woche bis zu sechs Monaten. Die Preise sind mit denen der Résidences de Tourisme vergleichbar. **France-Lodge**, **Mondialoco** und **Good Morning Paris** vermitteln auch Ferienwohnungen, die einige hotelähnliche Annehmlichkeiten bieten. (Adressen *siehe S. 274*).

Privatunterkünfte

Bed & Breakfast nennt man in Paris *chambre d'hôte* oder *café-couchette*. Unterkünfte dieser Art bekommt man zu moderaten Preisen zwischen 35 € und 75 € pro Nacht und Doppelzimmer. **Alcôve & Agapes, Good Morning Paris**, **Mondialoca** und **France-Lodge** bieten Privatunterkünfte mit Frühstück an.

Hotelketten

Motelähnliche Einrichtungen schießen am Stadtrand von Paris wie Pilze aus dem Boden. Zu den preiswerten Hotelketten gehören **Formule 1**, **Première Class** und **Fast Hotel**. Eine Stufe teurer sind **Campanile**, **Ibis** und **Primevère**. Für Autobesitzer sind solche Hotels sehr praktisch und relativ günstig, aber sie haben keinerlei Pariser Flair. Oft liegen sie an vielbefahrenen Straßen und sind dem Lärm ausgesetzt.

Die neueren sind besser ausgestattet und gemütlicher eingerichtet als die alten. Mehrere Hotelketten (**Sofitel**, **Novotel** und **Mercure**) sind speziell auf Geschäftsreisende eingestellt, das heißt mehr Komfort, aber zu höheren Preisen. Häufig lohnt es sich, die attraktiven Wochenendofferten dieser Ketten zu nutzen. Viele von ihnen haben eigene Restaurants. Von den meisten sind eigens produzierte Broschüren erhältlich, die eine präzise Lagebeschreibung des Motels enthalten. (Adressen *siehe S. 274.*)

Das Hôtel Atala (Terrasse) *(s. S. 284)*

Der Garten des Relais Christine *(siehe S. 282)*

Viele Hotels bieten spezielle Weekend-Pauschalen an. Erkundigen Sie sich auch nach Bonusprogrammen, wenn Sie mit dem Flugzeug oder einem Mietwagen angereist sind. Mit Leihwagen- oder Fluggesellschaften gibt es oft gegenseitige Bonus- oder Meilengutschriften.

Das Hôtel Prince de Galles Sheraton *(siehe S. 285)*

Jugendherbergen und Studentenwohnheime

Es gibt mehrere Jugendherbergsnetze in Paris. **Maisons Internationales de la Jeunesse et des Etudiants (MIJE)** bietet Schlafsaalunterkünfte für 18- bis 30-Jährige in drei prächtigen Häusern im Marais. Außer für Gruppen gibt es keine Vorausbuchung; man ruft am gewünschten Tag bei der Zentrale an.

Das **Bureau Voyage Jeunesse (BVJ)** bietet in zwei Hostels Unterküfte in Doppelzimmer oder in Schlafsälen zu erschwinglichen Preisen von 23 € bis 28 € (mit Frühstück und Duschen). Reservierungen können maximal 14 Tage im Voraus erfolgen.

La Maison de l'UCRIF (Union des Centres de Rencontres Internationales de France) verfügt in Paris über neun Filialen mit Einzel- und Gemeinschaftsunterkünften. Ein Alterslimit gibt es nicht. Einige der Filialen bieten kulturelle und sportliche Aktivitäten an.

Féderation Unie des Auberges de Jeunesse (FUAJ) gehört dem internationalen Jugendherbergswerk an. In den zwei Pariser Herbergen gibt es kein Alterslimit. (Adressen *siehe S. 274.*)

Camping

Der einzige Campingplatz in Paris selbst ist der **Camping du Bois de Boulogne/Ile de France** (zwischen 9 € und 25 € pro Nacht). Der gut ausgerüstete Campingplatz ist an der Seine gelegen, jedoch normalerweise während des Sommers komplett ausgebucht. Weitere Campingplätze befinden sich in der Umgebung der Stadt. Manche haben den Vorteil, in der Nähe einer RER-Station zu liegen.

Einzelheiten zum Camping erfährt man beim **Paris Office du Tourisme** oder in einer von der **Féderation Française de Camping-Caravaning (FFCC)** herausgegebenen Broschüre. (Adressen *siehe S. 274.*)

AUF EINEN BLICK

OFFICE DU TOURISME

127, ave des Champs-Elysées, 75008.
08 92 68 31 12.
Filialen an Gare de Lyon & Eiffelturm (im Sommer).
www.paris-touristoffice.com

VERMITTLUNG

Paris-Séjour-Réservation
90, ave des Champs-Elysées, 75008.
01 53 89 10 50.
FAX 01 53 89 10 59.

Ely 12 12
5, rue d'Artois, 75008.
01 43 59 12 12.
www.ely1212.com

FERIENWOHNUNG

Allo Logement Temporaire
64, rue du Temple, 75003.
01 42 72 00 06.
FAX 01 42 72 03 11.

At Home in Paris
16, rue Médéric, 75017.
01 42 12 40 40.
FAX 01 42 12 40 48.

ASLOM
75, ave Parmentier, 75011.
01 43 49 67 79.
www.aslom.com

Paris Appartements Services
69, rue d'Argout, 75002.
01 40 28 01 28.
FAX 01 40 28 92 01.
www.paris-apts.com

3,2,1: International
BP 60, 95472 Fosses.
01 34 31 10 23.
www.mondialoca.net

RÉSIDENCES DE TOURISME

Résidences in Paris
35, rue de Berri, 75008.
01 53 77 56 00.
FAX 01 42 56 52 75.

Les Citadines
27, rue Esquirol, 75013.
08 25 01 03 29.
www.citadines.com

Flatotel
14, rue du Théâtre, 75015.
01 45 75 62 20.
FAX 01 45 79 73 30.

Pierre et Vacances
10, pl Charles-Dullin, 75018.
01 42 57 14 55.
FAX 01 42 54 48 87.

Résidence du Roy
8, rue François-1er, 75008.
01 42 89 59 59.
www.hroy.com

PRIVAT-UNTERKÜNFTE

Alcôve & Agapes
8 bis, rue Coysevox, 75018.
01 44 85 06 05.
FAX 01 44 85 06 14.

France-Lodge
41, rue La Fayette, 75009.
01 53 20 09 09.
www.apartments-in-paris.com

Mondialoca
BP 60, 95472 Fosses.
01 34 31 10 23.
www.mondialoca.net

Good Morning Paris
43, rue Lacépède, 75005.
01 47 07 28 29.
FAX 01 47 07 44 45.

HOTELKETTEN

Campanile
01 64 62 46 46 *(zentrale Reservierung).*
www.campanile.fr

Ibis
08 03 88 22 22 *(zentrale Reservierung).*
www.accorhotels.com

Primevère
08 00 12 12 12 *(zentrale Reservierung).*
www.choicehotels.com

Golden Tulip St-Honoré
218, rue du Faubourg, St-Honoré, 75008.
01 49 53 03 03.
www.gtshparis.com

Hilton
18, ave de Suffren, 75015.
01 44 38 56 00.
www.hilton.com

Holiday Inn St-Germain-des-Prés
92, rue de Vaugirard, 75006.
01 49 54 87 00.
www.holiday-inn.com

Holiday Inn République
10, pl de la République, 75011.
01 43 14 43 50.
www.holiday-inn.com

Mercure Paris Bercy
77, rue de Bercy, 75012.
01 53 46 50 50.
www.mercure.com

Mercure Pont Bercy
6, blvd Vincent Auriol, 75013.
01 45 82 48 00.
www.mercure.com

Mercure Paris Montparnasse
20, rue de la Gaîté, 75014.
01 43 35 28 28.
www.mercure.com

Mercure Paris Tour-Eiffel Suffren
20, rue Jean Rey, 75015.
01 45 78 50 00.
www.mercure.com

Mercure Paris Porte de Versailles
69, blvd Victor, 75015.
01 44 19 03 03.
www.mercure.com

Méridien Montparnasse
19, rue du Commandant René Mouchotte, 75014.
01 44 36 44 36.
www.lemeridien-montparnasse.com

Novotel Paris Bercy
85, rue de Bercy, 75012.
01 43 42 30 00.
www.novotel.com

Novotel Paris Les Halles
8, pl Marguerite de Navarre, 75001.
01 42 21 31 31.
www.novotel.com

Novotel Tour Eiffel
61, quai de Grenelle, 75015.
01 40 58 20 00.
www.novotel.com

Hotel Sofitel Scribe
1, rue Scribe, 75009.
01 44 71 24 24.
www.sofitel.com

Sofitel Paris Forum Rive Gauche
17, blvd St-Jacques, 75014.
01 40 78 79 80.
www.sofitel.com

Sofitel Paris CNIT
2, pl de la Défense, 92800.
01 46 92 10 10.
www.sofitel.com

Sofitel Paris Arc de Triomphe
(siehe S. 285)

Sofitel Le Faubourg
15, rue Boissy d'Anglas, 75008.
01 44 94 14 14.
www.sofitel.com

Warwick
5, rue de Berri, 75008.
01 45 63 14 11.

JUGEND-HERBERGEN

FUAJ – Centre National
27, rue Pajol, 75018.
01 44 89 87 27.
FAX 01 44 89 87 49.
www.fuaj.org

MIJE
Zentrale: 11, rue du Fauconnier, 75004.
01 42 74 23 45.
FAX 01 40 27 81 64.

BVJ
20, rue Jean-Jacques Rousseau, 75001.
01 53 00 90 90.
FAX 01 53 00 90 91 *oder*
44, rue des Bernardins, 75005.
01 43 29 34 80.

La Maison de l'UCRIF
27, rue de Turbigo, 75002.
01 40 26 57 64.
FAX 01 40 26 58 20.

CAMPING

Camping du Bois de Boulogne/ Ile de France
Allée du Bord de l'Eau, 75016.
01 45 24 30 00.
FAX 01 42 24 42 95.

FFCC
78, rue de Rivoli, 75004.
01 42 72 84 08.
FAX 01 42 72 70 21.

Reservierung

Die touristische Hochsaison ist in Paris Mai, Juni, September und Oktober, aber große Veranstaltungen wie Modeschauen, Handelsmessen und Ausstellungen sorgen dafür, dass Zimmer stets gefragt sind. Euro Disney hat zur Nachfrage nach Unterkünften noch zusätzlich beigetragen, da viele Besucher mit dem RER zum Vergnügungspark fahren, aber in Paris wohnen. Im Juli und August ist es ruhiger, da viele Pariser im Urlaub sind. Im Gegensatz zu früher bleiben aber selbst im August rund die Hälfte der Hotels, Restaurants und Läden geöffnet.

Wenn sie ein Hotel buchen wollen, sollten Sie dies mindestens einen Monat im Voraus tun. Die aufgelisteten Hotels gehören zu den besten ihrer Kategorie und sind besonders schnell ausgebucht. Reservieren Sie zwischen Mai und Oktober sechs Wochen im Voraus, am besten direkt beim Hotel. Wenn Sie sich telefonisch erkundigen, tun Sie es möglichst tagsüber, damit autorisiertes Personal Ihre Buchung entgegennehmen kann. In der Hochsaison sollten Sie Ihre Buchung per Fax bestätigen. Sofern verfügbar sind auch Internet- und E-Mail-Adressen angegeben.

Wenn Sie zur Buchung eine Agentur bevorzugen, wenden Sie sich an **Ely 12 12** oder **Paris-Séjour-Réservation**, die Hotels, andere Unterkünfte und auch Hausboote auf der Seine vermitteln.

Wenn alle Hotels voll sind, versuchen Sie gegen eine kleine Gebühr eine Direktbuchung über das **Office du Tourisme**.

Anzahlung

Wenn Sie eine telefonische Reservierung vornehmen, werden Sie entweder nach der Nummer Ihrer Kreditkarte gefragt (von der auch evtl. Stornierungsgebühren abgebucht werden) oder nach einer Anzahlung (*arrhes*). Diese *arrhes* können den Preis einer ganzen Nacht betragen, normal sind 15 Prozent dieses Betrags. Entrichten Sie diese Anzahlung mit der Kreditkarte oder einer internationalen Zahlungsanweisung. Manchmal kann man auch einen Barscheck als Bestätigung der Buchung schicken. In der Regel behalten Hotels die Schecks bis zum Eintreffen des Gastes und händigen ihn zusammen mit der Gesamtrechnung wieder aus. Es ist in der Regel kein Problem, bei frühzeitiger Buchung spezielle Zimmerwünsche zu äußern.

Versuchen Sie, bis 18 Uhr in Ihrem Hotel zu sein, oder rufen Sie an, wenn es später wird, da Sie andernfalls leicht das Zimmer verlieren können.

Ein Hotel, das eine bestätigte, vorausbezahlte Buchung nicht erfüllt, wird vertragsbrüchig. Der Gast hat dann Anspruch auf wenigstens die doppelte Anzahlungssumme. Bei Problemen wenden Sie sich an das Office du Tourisme.

Touristeninformationsschalter am Flughafen Charles de Gaulle

Informationsschalter

Sie können Hotelzimmer an jedem Flughafenauskunftsschalter buchen, aber nur persönlich und für denselben Tag. In der Gare du Lyon, am Eiffelturm (je nach Saison) sowie an der Gare Montparnasse sind ähnliche Arrangements möglich.

Viele Pariser Informationsbüros führen vollständige Hotellisten, einige buchen für Sie auch Veranstaltungskarten (*siehe* Praktische Hinweise *S. 350*).

Zeichenerklärung

Die Hotels auf den Seiten 280ff sind nach Gebiet und Preis geordnet. Alle sind zentral gelegen. Die Symbole nach den Adressen fassen die Austattungsmerkmale zusammen.

- Geschlossen
- Alle Zimmer mit Bad und/oder Dusche
- Auch Einzelzimmer
- Mehrbettzimmer bzw. Extrabett
- 24-Stunden-Zimmer-Service
- Alle Zimmer mit Fernseher
- Alle Zimmer mit Minibar
- Nichtraucherzimmer vorhanden
- Zimmer mit Aussicht
- Alle Zimmer mit Klimaanlage
- Fitnessanlage
- Schwimmbad im Hotel
- Einrichtungen für Geschäftsleute: Faxgerät, Schreibtisch, Telefon, Computeranschluss, Konferenzraum
- Kinderfreundlich: Kinderbetten und Babysitting-Service
- Behindertengerechte Ausstattung
- Aufzug
- Haustiere nach Voranmeldung erlaubt (Blindenhunde sind immer erlaubt)
- Hotelparkplatz
- Garten und/oder Terrasse
- Bar
- Restaurant
- Information

- Kreditkarten akzeptiert

AE American Express
DC Diners Club
MC MasterCard
V Visa

Preiskategorien für ein Doppelzimmer inkl. Frühstück, Steuer und Service:

€ unter 90 €
€€ 90–140 €
€€€ 141–180 €
€€€€ 181–260 €
€€€€€ über 260 €

Highlights: Hotels

PARIS IST BERÜHMT für seine Hotels. Es brilliert in jeder Kategorie – von den glitzernd-üppigen *palaces* (den absoluten Spitzenhotels) über die romantischen *hôtels de charme* bis hin zu den schlichteren Familienhotels in ruhigen Seitenstraßen. Als Mode- und Kulturzentrum ist die Stadt seit langem ein Mekka für die Schönen, Reichen und Berühmten aller Sparten. Kaum verwunderlich also, dass es sich einiger der prächtigsten Hotels der Welt rühmen kann. Allein in der Innenstadt befinden sich über tausend Hotels. Wie unterschiedlich die Preise auch sein mögen – die von uns aufgelisteten Hotels *(siehe S. 280ff)* zeigen alle jenen unnachahmlichen Stil, der die Pariser auszeichnet. Hier nun eine Auswahl der allerbesten Hotels.

Bristol
Im schicken Kern von Paris – der Inbegriff des Luxus (siehe S. 284).

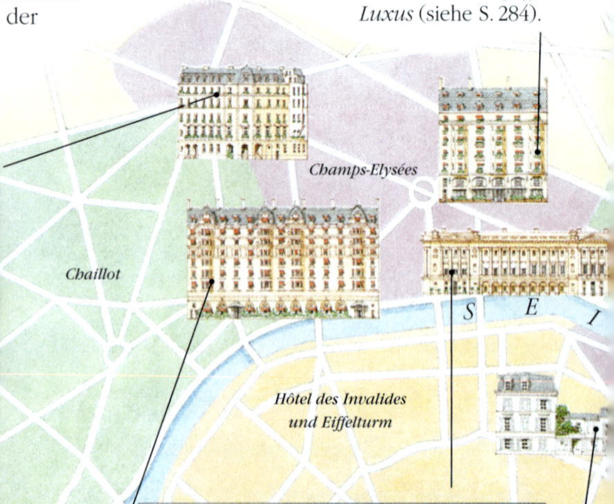

Balzac
Klein, aber fein, mit dem Charme vergangener Epochen und dem gepriesenen Restaurant Pierre Gagnaire (siehe S. 284).

Hôtel de Crillon
Eines der großen palace-*Hotels, gebaut für Louis XV* (siehe S. 280).

Plaza Athénée
Im Herzen der Pariser haute couture, *der Lieblingsort der Modewelt, mit prächtigem Dekor und einem ausgezeichneten Restaurant* (siehe S. 285).

Duc de St-Simon
Ein friedliches und idyllisches hôtel de charme *(18. Jahrhundert) südlich der Seine, Blick auf einen hübschen Garten* (siehe S. 283).

Le Grand Hôtel Intercontinental
Gebaut 1862 für Napoléon III und regelmäßig besucht von Größen wie Mata Hari und Churchill (siehe S. 285).

L'Hôtel
Oscar Wildes letzter Wohnort mit beeindruckenden und bizarren Räumen, von denen einer von dem Varietéstar Mistinguett ausgestattet und bewohnt wurde (siehe S. 281).

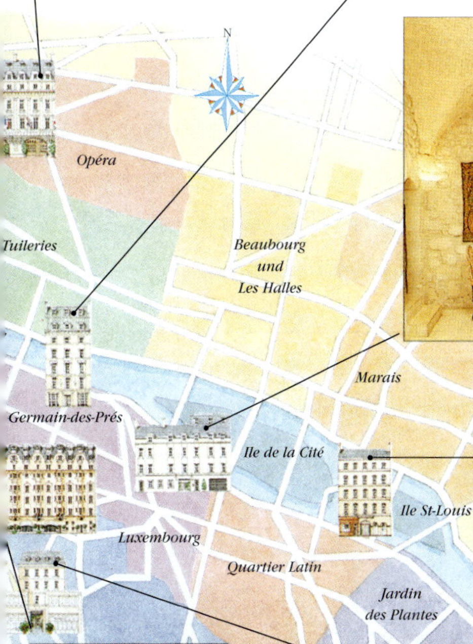

Relais Christine
Eine Oase der Ruhe im Herzen der Stadt mit traditionellem Komfort und Kaminfeuer im Salon (siehe S. 282).

Hôtel du Jeu de Paume
Ein raffiniert vom Sportplatz (jeu de paume) *zum Hotel verwandeltes Gebäude* (siehe S. 280).

Lutétia
Gestaltet von der Topdesignerin Sonia Rykiel (siehe S. 282).

Hotel de l'Abbaye
Ein kleines verstecktes Hotel mit hübschem Garten, Hof und attraktiven Räumen in der Nähe des Jardin du Luxembourg (siehe S. 282).

Hotelauswahl

Die Hotels auf den folgenden Seiten wurden alle für diesen Führer einzeln begutachtet und bewertet. Die Tabelle führt Kriterien auf, die Ihnen die Wahl erleichtern. Weitere Informationen zu den einzelnen Hotels finden Sie auf den Seiten 280ff.

Hotel	Preis	Anzahl der Zimmer	Geräumige Zimmer	Für Geschäftsleute	Kinderfreundlich	Gutes Restaurant	Geschäfte und Restaurants	Ruhige Lage	24-Stunden-Zimmerservice
Ile St-Louis, Marais *(siehe S. 280)*									
St-Merry	€€	11					●		
Hôtel de la Bretonnerie	€€	30	●		●		●		
Hôtel des Deux-Iles	€€€	17						■	
St-Paul-le-Marais	€€€	27		■			●		
Hôtel du Jeu de Paume	€€€€	31						■	
Pavillon de la Reine	€€€€€	55			●		●	■	
Tuileries *(siehe S. 280f)*									
Brighton	€€€	70			●		●		
Clarion St-James et Albany	€€€€€	200		■	●		●		
Hôtel de Crillon	€€€€€	148	●	■	●	■	●		●
Hôtel du Louvre	€€€€€	199			●		●		●
Intercontinental	€€€€€	445		■	●	■	●		●
Jolly Hôtel Lotti	€€€€€	130		■			●		
Meurice	€€€€€	160	●	■		■	●		●
Regina	€€€€€	120	●	■	●		●		●
Ritz	€€€€€	175	●	■	●	■	●		●
St-Germain-des-Prés *(siehe S. 281f)*									
Hôtel de Lille	€	20					●		
Hôtel de Fleurie	€€	29			●		●		
Hôtel du Quai Voltaire	€€	33			●				●
Hôtel d'Angleterre	€€€	27					●	■	
Hôtel des Marronniers	€€€	40					●	■	
Hôtel des Sts-Pères	€€€	39					●	■	
Lenox Saint-Germain	€€€	34					●	■	
Senateur	€€€	40		■	●		●		
L'Hôtel	€€€€	27			●	■	●	■	
La Villa St-Germain des Prés	€€€€	32			●		●	■	●
Lutétia	€€€€€	250	●	■	●	■	●		●
Montalembert	€€€€€	56		■		■	●	■	●
Relais Christine	€€€€€	51		■	●		●	■	●
Quartier Latin *(siehe S. 282)*									
Esmeralda	€	19						■	●
Hôtel des Grandes Ecoles	€€	51			●			■	
Hôtel de Notre-Dame	€€	34					●	■	
Hôtel des Grands Hommes	€€€	31			●			■	
Hôtel du Panthéon	€€€	36			●			■	
Luxembourg *(siehe S. 282)*									
Aviatic	€€	43		■	●		●	■	
Récamier	€€	30					●	■	
Hôtel de l'Abbaye	€€€€	46			●		●	■	

Preiskategorien für ein Doppelzimmer pro Nacht inkl. Frühstück und Steuer:
€ unter 90 €
€€ 90–140 €
€€€ 141–180 €
€€€€ 181–260 €
€€€€€ über 260 €

GESCHÄFTE UND RESTAURANTS
Zu Fuß höchstens fünf Minuten zur nächsten Einkaufsstraße.

KINDERFREUNDLICH
Kinderbetten und Babysitting-Service auf Wunsch. Einige Hotels bieten in ihrem Restaurant auch Kinderportionen und -stühle an.

FÜR GESCHÄFTSLEUTE
Weiterleitung von Nachrichten, Faxgerät, Schreibtisch und Telefon in allen Zimmern, Konferenzraum im Hotel.

		ANZAHL DER ZIMMER	GERÄUMIGE ZIMMER	FÜR GESCHÄFTSLEUTE	KINDERFREUNDLICH	GUTES RESTAURANT	GESCHÄFTE UND RESTAURANTS	RUHIGE LAGE	24-STUNDEN-ZIMMERSERVICE
MONTPARNASSE *(siehe S. 283)*									
Lenox Montparnasse	€€	52			●			■	
Ferrandi	€€	42						■	
Ste-Beuve	€€	22			●			■	
Villa des Artistes	€€	59			●			■	
Le Saint-Grégoire	€€€	20			●		●	■	
HÔTEL DES INVALIDES *(siehe S. 283)*									
Hôtel de Varenne	€€	24			●				
Hôtel Bourgogne et Montana	€€€	32						■	
Hôtel de Suède St-Germain	€€€	39			●			■	
Duc de St-Simon	€€€€	34					●	■	
CHAILLOT, PORTE MAILLOT *(siehe S. 283f)*									
Hôtel de Banville	€€€	38			●				●
Concorde La Fayette	€€€€	995	■	●	■			●	
Square	€€€€	22		■			●		
Melia-Alexander	€€€€€	62	●		●		●		
Le Méridien	€€€€€	1,025		■	●	■			●
Raphaël	€€€€€	90	●	■		■	●		●
St-James	€€€€€	48		■		■	●	■	●
Villa Maillot	€€€€€	42		■					
CHAMPS-ELYSÉES *(siehe S. 284f)*									
Résidence Lord Byron	€€€	31			●		●	■	
Atala	€€€€	48				■	●	■	
Claridge-Bellman	€€€€	42	●				●		
Balzac	€€€€€	70	●			■	●	■	●
Bristol	€€€€€	180	●	■	●	■	●		●
Four Seasons George V	€€€€€	245	●	■	●	■	●		●
Hôtel de la Trémoille	€€€€€	107	●	■	●	■	●	■	
Plaza Athénée	€€€€€	188		■		■	●		●
Prince de Galles	€€€€€	168	●	■	●	■	●		●
Royal Monceau	€€€€€	220		■		■			●
San Régis	€€€€€	44			●		●	■	●
Sofitel Paris Arc de Triomphe	€€€€€	135	●	■	●	■	●	■	●
Vernet	€€€€€	54			●		●		●
OPÉRA *(siehe S. 285)*									
Ambassador	€€€€€	296	●	■	●	■	●		●
Le Grand Hôtel Intercontinental	€€€€€	514		■	●	■	●		●
MONTMARTRE *(siehe S. 285)*									
Terrass Hôtel	€€€€€	100		■	●				

Ile St-Louis
Marais

St-Merry

78, rue de la Verrerie, 75004. **Karte** 13 B3. *01 42 78 14 15.* FAX *01 40 29 06 82.* www.hotelmarais.com hotelstmerry@wanadoo.fr ***Zimmer:*** *11.* *AE,MC, V.* €€

Das Hôtel beim Centre Pompidou war im 17. Jahrhundert der Chorraum der Kirche St-Merry. Es lohnt sich, einen Blick in dieses Hotel im gotischen Stil zu werfen, und sei es nur, um sich Zimmer 9 anzusehen, das in die Kirche hineingebaut wurde und von Strebepfeilern durchzogen ist.

Hôtel de la Bretonnerie

22, rue Ste-Croix de la Bretonnerie, 75004. **Karte** 13 C3. *01 48 87 77 63.* FAX *01 42 77 26 78.* www.labretonnerie.com hotel@bretonnerie.com ***Zimmer:*** *30.* *MC, V.* €€

Das Hôtel de la Bretonnerie (17. Jh.) in der hübschen Rue Ste-Croix ist eines der komfortabelsten Hotels im Marais. Die geräumigen Zimmer sind mit antikem Mobiliar ausgestattet und haben alle Badezimmer. Besonders herzlicher Empfang.

Hôtel des Deux-Iles

59, rue St-Louis-en-l'Ile, 75004. **Karte** 13 C4. *01 43 26 13 35.* FAX *01 43 29 60 25.* www.hotel-ile-stlouis.com hotel.2iles@free.fr ***Zimmer:*** *17.* *AE,MC, V.* €€€

Eine Übernachtung auf der Ile St-Louis ist etwas Besonderes, und im Hôtel des Deux-Iles (Gebäude 17. Jh.) ist das zu einem fairen Preis möglich. Die Atmosphäre ist angenehm, die kleinen Zimmer sind freundlich, und in der Lounge erwartet Sie ein offener Kamin.

St-Paul-le-Marais

8, rue de Sévigné, 75004. **Karte** 14 D3. *01 48 04 97 27.* FAX *01 48 87 37 04.* www.hotel-paris-marais.com ***Zimmer:*** *27.* *AE, DC, MC, V, JCB.* €€€

Im Herzen des Marais, nahe der Place des Vosges, wird dieses Hotel mit Balken und altem Gemäuer dem Wunsch nach rustikaler Ausstattung gerecht, trotz der geradlinig-modernen Bauweise. Verlangen Sie, wegen des Verkehrs auf der engen Rue de Sévigné, Zimmer zum Hof. Ein herzlicher Empfang und freundlicher Service sind Ihnen hier gewiss.

Hôtel du Jeu de Paume

54, rue St-Louis-en-l'Ile, 75004. **Karte** 13 C4. *01 43 26 14 18.* FAX *01 40 46 02 76.* www.hoteljeudepaume.com info@jeudepaumehotel.com ***Zimmer:*** *31.* *AE, DC, MC, V.* €€€€

Aus dem früheren Tennisplatz auf der Ile St-Louis wurde ein beispielhaftes Familienhotel. Es ist von Holzbalken und Tonkacheln geprägt und verfügt über einen gläsernen Lift, eine Sauna und mehrere reizende Duplexzimmer.

Pavillon de la Reine

28, pl des Vosges, 75003. **Karte** 14 D3. *01 40 29 19 19.* FAX *01 40 29 19 20.* www.pavillon-de-la-reine. com contact@pavillon-de-la-reine.com ***Zimmer:*** *55.* *AE, DC, MC, V.* €€€€€

Dieses Hotel an der wundervollen Place des Vosges ist das Luxushotel des Marais. Der Hof ist ruhig, die Zimmer wurden aufwändig renoviert und mit ausgezeichneten Reproduktionen von Antiquitäten ausgestattet.

Tuileries

Brighton

218, rue de Rivoli, 75001. **Karte** 12 D1. *01 47 03 61 61.* FAX *01 42 60 41 78.* www.esprit-de-france.com hotel.brighton@wanadoo.fr ***Zimmer:*** *70.* *AE, DC, MC, V.* €€€

Das traditionsreiche Hotel bietet schöne Zimmer mit hohen Decken. Sie gehen auf den Jardin des Tuileries oder den Hof hinaus, die Hofzimmer sind ruhiger, aber weniger attraktiv. Einige Zimmer mit Balkon.

Clarion St-James et Albany

202, rue de Rivoli, 75001. **Karte** 12 E1. *01 44 58 43 21.* FAX *01 44 58 43 11.* www.clarionstjames.com ***Zimmer:*** *200.* *AE, DC, MC, V. JCB.* €€€€€

Das Hotel gegenüber dem Jardin des Tuileries gehört zu einer zusammengewürfelten Häusergruppe, darunter das Hôtel Noailles mit seiner auffällig hübschen Fassade. Es ist ruhig und gefällig, bräuchte aber eine Renovierung. Wegen des Straßenlärms sollte man ein Zimmer zum Hof nehmen.

Hôtel de Crillon

10, pl de la Concorde, 75008. **Karte** 11 C1. *01 44 71 15 00.* FAX *01 44 71 15 02.* www.crillon-paris.com ***Zimmer:*** *148.* *AE, DC, MC, V.* €€€€€

In konkurrenzloser Lage an der Place de la Concorde verbreitet das Hôtel de Crillon prächtige, aber dezente Eleganz. Ausländische Staatsgäste wohnen während ihres Aufenthalts in dem mit Marmorlounge und vergoldeter Eichenholzgalerie ausgestatteten Hotel. Prächtiger Speisesaal im Ambassadors-Salon, großartige Königssuite und Terrasse.

Hôtel du Louvre

Pl André Malraux, 75001. **Karte** 12 E1. *01 44 58 38 38.* FAX *01 44 58 38 01.* www.hoteldulouvre.com hoteldulouvre@hoteldulouvre.com ***Zimmer:*** *200.* *AE, DC, MC, V.* €€€€€

In bester Lage, zwischen Louvre und Palais Royal, bietet dieses Hotel luxuriöse Räume mit spektakulärer Aussicht. Von der Pissarro-Suite malte der Künstler seine Ansicht von der Place du Théâtre Français.

Intercontinental

3, rue de Castiglione, 75001. **Karte** 12 D1. *01 44 77 11 11.* FAX *01 44 77 14 60.* www.interconti.com paris@interconti.com ***Zimmer:*** *445.* *AE, DC, MC, V.* €€€€€

Das elegante Hotel aus dem 19. Jahrhundert liegt ideal zwischen dem Jardin des Tuileries und der Place Vendôme. Es wurde vom Architekten der Pariser Oper, Charles Garnier, entworfen. In den historischen Salons finden häufig Modeschauen der *haute couture* statt. Im Sommer wird das Frühstück im sonnigen Hof serviert. Die Zimmer sind ruhig, die besten gehen auf die Höfe.

Jolly Hôtel Lotti

7, rue de Castiglione, 75001. **Karte** 12 D1. *01 42 60 37 34.* FAX *01 40 15 93 56.* www.jollyhotels.fr ***Zimmer:*** *130.* *AE, DC, MC, V.* €€€€€

Eine gedämpfte Atmosphäre langsamen Verfalls umgibt dieses früher berühmte Hotel. Einige der Zimmer sind sehr groß, die Mansardenräume im sechsten Stock sind reizvoll und daher bevorzugt.

Meurice

228, rue de Rivoli, 75001. **Karte** 12 D1. *01 44 58 10 10.* FAX *01 44 58 10 15.* www.meuricehotel.com ***Zimmer:*** *160.* 1 24 TV *AE, DC, MC, V.* €€€€€

Das Hôtel Meurice ist ein Musterbeispiel gelungener Restaurierung, mit exzellenten Repliken der Originalausstattung. Der Speisesaal befindet sich im Grand Salon im Erdgeschoss. Musiknachmittage finden im Pompadoursalon statt, der im Winter oft mit einem offenen Kamin beheizt wird. Luxuriöse und geräumige Zimmer im ersten und zweiten Stock überblicken den Jardin des Tuileries. Unbedingt im Voraus buchen!

Regina

2, pl des Pyramides, 75001. **Karte** 12 E1. *01 42 60 31 10.* FAX *01 40 15 95 16.* www.regina-hotel.com @ management@regina-hotel.com ***Zimmer:*** *120.* 24 TV *AE, DC, MC, V.* €€€€€

Nur wenige Touristen kennen dieses Hotel, obwohl hier schon viele Filme gedreht wurden. Die Holzarbeiten in der Lounge sind schönstes Art nouveau. Die Räume sind mit Antiquitäten möbliert, die zur Rue de Rivoli bieten einen herrlichen Ausblick.

Ritz

15, pl Vendôme, 75001. **Karte** 6 D5. *01 43 16 30 30.* FAX *01 43 16 31 78.* www.ritzparis.com ***Zimmer:*** *175.* 1 24 TV *AE, DC, MC, V.* €€€€€

Auch nach 100 Jahren wird das Ritz seinem exquisiten Ruf immer noch gerecht. Die Möbel aus der Zeit von Louis XVI, die Marmorkamine und Kronleuchter sind Originale. Der Duke of Windsor war Gast in der Windsor-Suite, Hemingway frequentierte die Hemingway-Bar regelmäßig. Signierte Fotografien sind Zeugen der berühmten Klientel. Und so sollte man sich nicht wundern, wenn man beim Frühstück neben Henry Kissinger oder Madonna sitzt.

St-Germain-des-Prés

Hôtel de Lille

40, rue de Lille, 75007. **Karte** 12 D2. *01 42 61 29 09.* FAX *01 42 61 53 97.* ***Zimmer:*** *20.* TV *AE, DC, MC, V.* €

Das Hôtel de Lille liegt nahe den Museen Orsay und Louvre im Herzen des aristokratischen Faubourg St-Germain. Die modernen Standardzimmer sind klein, die Bar ist winzig. Einige Zimmer haben nur Dusche. Im gewölbten Keller befindet sich eine reizende kleine Lounge.

Hôtel de Fleurie

32, rue Grégoire de Tours, 75006. **Karte** 12 F4. *01 53 73 70 00.* FAX *01 53 73 70 20.* www.hotel-de-fleurie.fr ***Zimmer:*** *29.* 1 TV *AE, DC, MC, V.* €€

Allein die Fassade lädt schon zu einem Besuch in diesem familienfreundlichen Hotel ein. Im Innern erzeugen Holz und weißer Stein eine angenehme Atmosphäre. Die Zimmer sind geschmackvoll dekoriert und verfügen alle über ein gut ausgestattetes Bad.

Hôtel du Quai Voltaire

19, quai Voltaire, 75007. **Karte** 12 D2. *01 42 61 50 91.* FAX *01 42 61 62 26.* www.quaivoltaire.fr ***Zimmer:*** *33.* *30.* 1 24 TV *auf Anfrage.* *AE, DC, MC, V.* €€

Das Hotel mit Blick auf die Seine war das Lieblingshotel von Blondin, Baudelaire und Pisarro. Da es keine Schallschutzfenster gibt, sind die Zimmer auf der Quaiseite sehr laut. Aber die Aussicht ist wunderbar, und die Räume sind sehr schön dekoriert.

Hôtel d'Angleterre

44, rue Jacob, 75006. **Karte** 12 E3. *01 42 60 34 72.* FAX *01 42 60 16 93.* @ anglotel@wanadoo.fr ***Zimmer:*** *27.* 1 TV *AE, DC, MC, V.* €€€

Das Hôtel d'Angleterre, früher Sitz der britischen Botschaft, trägt noch viele Züge des Originals: die schöne alte Treppe, den exquisiten Garten und den Kamin des Salons. In den ganz unterschiedlich eingerichteten Zimmern findet man eindrucksvolle Kamine vor, viele haben Holzdielen und Himmelbetten. Ein reizendes, außerordentlich gepflegtes Hotel.

Hôtel des Marronniers

21, rue Jacob, 75006. **Karte** 12 E3. *01 43 25 30 60.* FAX *01 40 46 83 56.* ***Zimmer:*** *40.* 1 *MC, V.* €€€

Zwischen einem Hof und einem Garten gelegen, ist dieses Hotel ein Ort der Stille. Die Inneneinrichtung ist unauffällig, in den rückwärtigen Zimmern im vierten Stock blickt man auf die Dächer von Paris und den Kirchturm von St-Germain-des-Prés. Buchen Sie im Voraus, um den vielen Stammgästen zuvorzukommen.

Hôtel des Sts-Pères

65, rue des Sts-Pères, 75006. **Karte** 12 E3. *01 45 44 50 00.* FAX *01 45 44 90 83.* www.esprit-de-france.com ***Zimmer:*** *39.* TV *AE, MC, V.* €€€

Das Hotel in einem alten Aristokratenhaus von St-Germain-des-Prés hat eine Originaltreppe mit Holzgeländer aus dem 17. Jahrhundert. Die Lounge wirkt kühl, die Zimmer sind ruhig und geräumig. Das schönste hat ein Deckenfresko und ein Badezimmer, das nur durch einen Wandschirm abgetrennt ist.

Lenox Saint-Germain

9, rue de l'Université, 75007. **Karte** 12 D3. *01 42 96 10 95.* FAX *01 42 61 52 83.* www.lenoxsaintgermain.com ***Zimmer:*** *34.* TV *AE, DC, MC, JCB, V.* €€€

Der Charme dieses im Herzen von Faubourg St-Germain gelegenen Hotels ist seine Schlichtheit. Die Begrüßung ist oft salopp, die Räume sind jedoch tadellos ausgestattet. Die Duplexzimmer haben bepflanzte Balkone und Kamine.

Senateur

10, rue de Vaugirard, 75006. **Karte** 12 F5. *01 43 26 08 83.* FAX *01 46 34 04 66.* ***Zimmer:*** *40.* 1 TV *AE, DC, MC, V.* €€€

Das Senateur liegt in der Nähe von Senat und Jardin du Luxembourg. Die meisten Räume sind im klassischen, funktionalen Stil gehalten. Die Badezimmer erstrahlen in makellosem Glanz.

L'Hôtel

13, rue des Beaux-Arts, 75006. **Karte** 12 E3. *01 44 41 99 00.* FAX *01 43 25 64 81.* www.l-hotel.com ***Zimmer:*** *27.* TV *AE, DC, MC, V.* €€€€

Wo sonst findet man ein Treppenhaus mit Kuppel, einen Baumstumpf mitten im Speisesaal, ein metallenes Lamm mit goldenem Fell und einen Papagei in einem Riesenkäfig? Hier kann man Oscar Wildes Sterbezimmer bewohnen und in Mistinguetts Bett oder im Kardinalsgemach sein Haupt betten. Von derartigen Reminiszenzen abgesehen, bietet das Hotel beeindruckende Qualität und Stil. Es ist außerdem eine Oase der Ruhe in St-Germain-des-Prés.

Zeichenerklärung *siehe S. 275*

La Villa St-Germain des Prés

29, rue Jacob, 75006. **Karte** 12 E3. *01 43 26 60 00.* FAX *01 46 34 63 63.* www.villa-saintgermain.com hotel@villa-saintgermain.com. ***Zimmer:*** *32.* *AE, DC, MC, V.* €€€€

Nahe St-Germain-des-Prés liegt das überraschende, moderne Hotel La Villa. Die stark stilisierte Schlichtheit mag zwar nicht jedem gefallen, aber die Lounge ist ohne Zweifel sehr elegant.

Lutétia

45, blvd Raspail, 75006. **Karte** 12 D4. *01 49 54 46 46.* FAX *01 49 54 46 00.* www.lutetia-paris.com ***Zimmer:*** *250.* *AE, DC, MC, V.* €€€€€

Das Lutétia, das einzige *palace hôtel* (Luxushotel) südlich der Seine, wurde lange Zeit von Stammkunden aus der Provinz frequentiert. Inzwischen wurde das im Art-nouveau- und Art-déco-Stil gehaltene Gebäude grundlegend renoviert. Im Restaurant und in der Bar treffen sich die Verleger aus der Nachbarschaft. Das Lutétia ist ohne Zweifel ein In-Treffpunkt.

Montalembert

3, rue de Montalembert, 75007. **Karte** 12 D3. *01 45 49 68 68.* FAX *01 45 49 69 49.* www.montalembert.com ***Zimmer:*** *56.* *AE, DC, MC, V.* €€€€€

Das Hôtel Montalembert liegt im Herzen des Verlagsviertels und wurde aufwändig renoviert. Die Bar ist ein populärer Treffpunkt, die Zimmer sind mit Holz und Designerstoffen eingerichtet. Die Suiten im achten Stock bieten eine schöne Aussicht.

Relais Christine

3, rue Christine, 75006. **Karte** 12 F4. *01 40 51 60 80.* FAX *01 40 51 60 81.* ***Zimmer:*** *51.* www.relais-christine.com *AE, DC, MC, V.* €€€€€

Das Relais Christine ist der Prototyp eines *hôtel de charme* schlechthin und immer voll. Es ist Teil eines Klosters aus dem 16. Jahrhundert, ein Hafen des Friedens im Herzen von Saint-Germain-des-Prés. Das Frühstück wird in einer ehemaligen Kapelle serviert. Die Zimmer, besonders die Duplexzimmer, sind hell und geräumig.

Quartier Latin

Esmeralda

4, rue St-Julien-le-Pauvre, 75005. **Karte** 13 A4. *01 43 54 19 20.* FAX *01 40 51 00 68.* ***Zimmer:*** *19.* 1 24 *AE, V.* €

Das Esmeralda liegt im Herzen des Quartier Latin. Hinter Steinmauern und unter alten Deckenbalken spiegelt das Dekor die verschiedensten Epochen und Stile wider. Chet Baker, Terence Stamp und Serge Gainsbourg sind seinem Charme erlegen und haben hier gewohnt. Die schönsten Zimmer blicken auf Notre-Dame.

Hôtel des Grandes Ecoles

75, rue Cardinal Lemoine, 75005. **Karte** 13 B5. *01 43 26 79 23.* FAX *01 43 25 28 15.* www.hotel-grandes-ecoles.com ***Zimmer:*** *51.* *MC, V.* €€

Das Hôtel des Grandes Ecoles liegt zwischen Panthéon und Place de la Contrescarpe und ist ein Ensemble aus drei Gebäuden mit einem Garten. Die Universität ist zwar umgezogen, doch das Hotel blieb auf der Montagne Ste-Geneviève. Das Hauptgebäude wurde renoviert, die anderen beiden Häuser haben ihren altmodischen Charme bewahrt.

Hôtel de Notre-Dame

19, rue Maître Albert, 75006. **Karte** 13 B5. *01 43 26 79 00.* FAX *01 46 33 50 11.* www.hotel-paris-notredame.com ***Zimmer:*** *34.* *AE, DC, MC, V.* €€

Das Hôtel de Notre-Dame, nicht zu verwechseln mit dem gleichnamigen Hotel am Quai St-Michel, überblickt Notre-Dame und Panthéon. Es ist der ideale Ausgangspunkt, um das alte Paris zu entdecken.

Hôtel des Grands Hommes

17, pl du Panthéon, 75005. **Karte** 17 A1. *01 46 34 19 60.* FAX *01 43 26 67 32.* www.hoteldesgrandshommes.com ***Zimmer:*** *31.* 1 *AE, DC, MC, V.* €€€

Nahe dem Jardin du Luxembourg und im Herzen des Quartier Latin wird das ruhige Familienhotel gern von Dozenten der Sorbonne frequentiert. Die Zimmer sind komfortabel und haben angenehme Bäder. Der Blick von den Dachzimmern auf das Panthéon ist einzigartig.

Hôtel du Panthéon

19, pl du Panthéon, 75005. **Karte** 17 A1. *01 43 54 32 95.* FAX *01 43 26 64 65.* www.hoteldupantheon.com ***Zimmer:*** *36.* *AE, DC, MC, V.* €€€

Dieses Hotel wird von derselben Familie betrieben wie das Hôtel des Grands Hommes: Der Empfang ist hier ebenso herzlich und die Ausstattung ebenso klassisch. In Zimmer 33 erwartet den Gast ein Himmelbett.

Luxembourg

Aviatic

105, rue de Vaugirard, 75006. **Karte** 12 E5. *01 53 63 25 50.* FAX *01 53 63 25 55.* www.aviatic.fr welcome@aviatic.fr ***Zimmer:*** *43.* P *AE, DC, MC, V.* €€

Der Familienbetrieb mit Tradition wurde kürzlich renoviert und kombiniert jetzt den Charme der Boheme und die individuelle Einrichtung mit modernem Komfort. Zwischen den Vierteln Luxembourg und St-Germain ist es nicht weit zu den Museen und Parks.

Récamier

3 bis, pl St-Sulpice, 75006. **Karte** 12 E4. *01 43 26 04 89.* FAX *01 46 33 27 73.* ***Zimmer:*** *30.* *23.* *MC, V.* €€

Das Récamier wird von den Besitzern selbst betrieben, liegt an der Place St-Sulpice und ist zu Fuß von St-Germain-des-Prés aus zu erreichen. Mit seinem altmodischen Charme (ohne Fernseher, aber auch ohne Restaurant) ist es bei Schriftstellern und Besuchern beliebt. Fragen Sie nach einem Zimmer mit Blick auf den Platz.

Hôtel de l'Abbaye

10, rue Cassette, 75006. **Karte** 12 D5. *01 45 44 38 11.* FAX *01 45 48 07 86.* www.hotel-abbaye.com ***Zimmer:*** *46.* *AE, MC, V.* €€€€

Die ehemalige Abtei ist heute ein elegantes Hotel mit ruhiger Atmosphäre. Die Schlafzimmer sind klein, aber makellos eingerichtet, einige sind sogar von alten Balken durchzogen. Der hübsche Innenhof und ein offenes Feuer im Salon laden die Gäste zum Entspannen ein. Zu empfehlen sind die Zimmer im Erdgeschoss, die einen herrlichen Blick auf den Garten bieten, sowie die Duplexzimmer.

MONTPARNASSE

Lenox Montparnasse

15, rue Delambre, 75014. **Karte** 16 D2. *01 43 35 34 50.* FAX *01 43 20 46 64.* W www.hotellenox.com @ hotel@lenoxmontparnasse.com ***Zimmer:*** *52.* *AE, DC, MC, V.* €€

Das Hotel ist weniger stilvoll als das Lenox St-Germain, aber zentral gelegen in einer Gegend, die wenige reizende Hotels kennt. Die Bar ist im Art-déco-Stil eingerichtet und die Atmosphäre von zurückhaltender Eleganz. Jede der sechs großen Suiten im obersten Stockwerk hat einen offenen Kamin.

Ferrandi

92, rue du Cherche-Midi, 75006. **Karte** 15 C1. *01 42 22 97 40.* FAX *01 45 44 89 97.* W www.123france.com @ hotel.ferrandi@wanadoo.fr ***Zimmer:*** *42.* *AE, DC, MC, V, JCB* €€

Liebhaber von Antiquitäten und Bistros sowie Kenner der Verlagswelt fühlen sich in der Rue du Cherche-Midi zu Hause. Das Hôtel Ferrandi ist ein ruhiges Hotel mit offenem Kamin und komfortablen Schlafzimmern, viele davon mit Himmelbetten.

Ste-Beuve

9, rue Ste-Beuve, 75006. **Karte** 16 D1. *01 45 48 20 07.* FAX *01 45 48 67 52.* W www.paris-hotel-charme.com ***Zimmer:*** *22.* *AE, MC, V.* €€

Das Ste-Beuve ist ein kleines, sorgsam restauriertes Hotel für Ästheten und *habitués* der Galerien an der Rive Gauche. Hier finden sie herzliche Aufnahme in bezaubernder Umgebung. Die Halle hat einen offenen Kamin, die Zimmer sind in Pastelltönen eingerichtet, viele mit zeitgenössischen Bildern. Die Atmosphäre ist warm und behaglich.

Villa des Artistes

9, rue de la Grande Chaumière, 75006. **Karte** 16 D2. *01 43 26 60 86.* FAX *01 43 54 73 70.* W www.villa-artistes.com ***Zimmer:*** *59.* *AE, DC, MC, V.* €€

Hier wird die Belle Epoque lebendig, der so viele Maler des Montparnasse frönten. Die Zimmer sind sauber, mit gut ausgestatteten Badezimmern. Die besondere Attraktion des Hauses ist ein großer Garten mit Springbrunnen, an dem man in Ruhe frühstücken kann. Einige der Zimmer gehen auf den Hof hinaus. Betreuungsservice für Kinder über fünf.

Le Saint-Grégoire

43, rue de l'Abbé Grégoire, 75006. **Karte** 11 C5. *01 45 48 23 23.* FAX *01 45 48 33 95.* W www.hotelsaintgregoire.com @ hotel@saintgregoire.com ***Zimmer:*** *20.* *AE, DC, MC, V.* €€€

Le St-Grégoire ist ein schönes Stadthaus-Hotel, makellos eingerichtet mit Mobiliar aus dem 19. Jahrhundert. In der Mitte des Salons gibt es einen offenen Kamin. In einem Gewölbekeller wird ein ausgezeichnetes Frühstück gereicht, einige der Zimmer haben eine eigene Terrasse.

INVALIDES

Hôtel de Varenne

44, rue de Bourgogne, 75007. **Karte** 11 B2. *01 45 51 45 55.* FAX *01 45 51 86 63.* W www.hoteldevarenne.com @info@hoteldevarenne.com ***Zimmer:*** *24.* *AE, MC, V.* €€

Hinter der recht schmucklosen Fassade verbirgt sich ein schmaler Innenhof, in dem die Gäste im Sommer frühstücken können. Schallschutzfenster minimieren zwar die Straßengeräusche, am angenehmsten sind dennoch die Zimmer, die auf den Hof hinaus sehen.

Hôtel Bourgogne et Montana

3, rue de Bourgogne, 75007. **Karte** 11 B2. *01 45 51 20 22.* FAX *01 45 56 11 98.* W www.bourgogne-montana.com ***Zimmer:*** *32.* *AE, DC, MC, V.* €€€

Das Hotel vor der Assemblée Nationale strahlt eine gewisse Seriosität aus. Zur Ausstattung gehören eine Mahagoni-Bar, ein alter Lift und eine runde Halle mit Marmorsäulen. Die Schlafzimmer sind vergleichsweise einfach; die Zimmer im vierten Stock erlauben einen Blick auf die Place de la Concorde. Alles in allem ist es ein entspannendes und angenehm intimes Hotel.

Hôtel de Suède St-Germain

31, rue Vaneau, 75007. **Karte** 11 B4. *01 47 05 00 08.* FAX *01 47 05 69 27.* W www.hoteldesuede.com ***Zimmer:*** *39.* *AE, DC, MC, V.* €€€

Das Hôtel de Suède überblickt den Park des Hôtel Matignon, den Sitz des Premierministers. Die Einrichtung der eleganten Zimmer ist im Stil des 18. Jahrhunderts gehalten, die obersten Zimmer blicken auf den Park. Der Empfang und der Service sind hier von seltener Freundlichkeit.

Duc de St-Simon

14, rue de St-Simon, 75007. **Karte** 11 C3. *01 44 39 20 20.* FAX *01 45 48 68 25.* @ duc.de.st.simon-@wanadoo.fr ***Zimmer:*** *34.* *AE, MC, V.* €€€€

Das Hôtel Duc de St-Simon ist eines der beliebtesten Hotels auf der Südseite des Flusses, ein bezauberndes, mit Antiquitäten eingerichtetes Herrenhaus aus dem 18. Jahrhundert, das sich mit den großen Häusern im Faubourg St-Germain messen kann. Die Zimmer mit eigener großer Terrasse sind ein seltener Luxus und eine Wohltat im Herzen von Paris.

CHAILLOT PORTE MAILLOT

Hôtel de Banville

166, blvd Berthier, 75017. **Karte** 4 D1. *01 42 67 70 16.* FAX *01 44 40 42 77.* W www.hotelbanville.com @ hotelbanville@wanadoo.fr ***Zimmer:*** *38.* *AE, DC, MC, V.* €€€

Das Hotel aus den 1930er Jahren besitzt noch Teile der Orginalausstattung wie das Eisentor, das Treppenhaus und den Lift. Die Salons sind opulent ausgestattet, die Zimmer komfortabel. Die beste Aussicht genießen Sie im achten Stock.

Concorde La Fayette

3, pl du Général Koenig, 75017. **Karte** 3 C2. *01 40 68 50 68.* FAX *01 40 68 50 43.* W www.concorde-lafayette.com @ bookings@concorde-hotels.com ***Zimmer:*** *995.* *AE, DC, MC, V.* €€€€

Das Concorde La Fayette überragt mit seinem Turm den Palais de Congrès an der Porte Maillot und ist ganz High-Tech-orientiert. Es gibt einen Fitnessclub, eine Bar im 33. Stock, verschiedene Restaurants und eine Einkaufsgalerie. Von den oberen Zimmern ist die Aussicht atemberaubend.

Zeichenerklärung *siehe S. 275*

Square

3, rue de Boulainvilliers, 75016. **Karte** 9 A4. *01 44 14 91 90.* FAX *01 44 14 91 99.* www.hotelsquare.com *Zimmer: 22.* *AE, DC, MC, V.* €€€€

Vom Hotel hat man einen großartigen Ausblick über die Seine zum Eiffelturm. Das Hotel ist modern und doch gemütlich. Die Zimmer und Suiten, von denen einige behindertengerecht ausgebaut sind, sind mit edlen Stoffen und exotischen Hölzern dekoriert, jedes hat ein Marmorbad.

Melia-Alexander

102, ave Victor Hugo, 75016. **Karte** 3 B5. *01 56 90 61 00.* FAX *01 56 90 61 01.* www.solmelia.com melia.alexandre@solmelia.com *Zimmer: 62.* *AE, DC, MC, V.* €€€€€

Dieses komfortable, traditionelle Hotel spiegelt etwas von dem bürgerlichen Selbstbewusstsein der Avenue Victor Hugo wider. Die kleinen Salonräume vermitteln Intimität und sind wie geschaffen, um Freunde zu treffen. Die Zimmer sind groß und gut ausgestattet mit geräumigen Badezimmern.

Le Méridien

81, blvd Gouvion St-Cyr, 75017. **Karte** 3 C2. *01 40 68 34 34.* FAX *01 40 68 31 31.* www.lemeridien-etoile.com resindiv.paris@lemeridien.com *Zimmer: 1025.* *AE, DC, MC, V.* €€€€€

Obwohl es ihm etwas an Charme fehlt, ist das Méridien eines der beliebtesten Hotels. Es liegt günstig gegenüber dem Palais de Congrès und dem Air-France-Terminal für Roissy. Das Restaurant ist eines der besten in Pariser Hotels. Der Lionel Hampton Club hat sich mit seinen Jazz-Brunchs im Winter einen Namen gemacht.

Raphaël

17, ave Kléber, 75016. **Karte** 4 D4. *01 53 64 32 00.* FAX *01 53 64 32 01.* www.raphael-hotel.com reservation@raphael-hotel.com *Zimmer: 90.* *AE, DC, MC, V.* €€€€€

Hier ist man diskret, es werden keine Fragen gestellt, Stars werden vor Paparazzi abgeschirmt, und das Turner-Gemälde in der Halle zieht nicht einmal einen flüchtigen Blick auf sich.

St-James

43, ave Bugeaud, 75016. **Karte** 3 B5. *01 44 05 81 81.* FAX *01 44 05 81 82.* www.saint-james-paris.com *Zimmer: 48.* *AE, DC, MC, V.* €€€€€

Das St-James ist in einem Herrenhaus mit kleinem Park nahe der Avenue Foch und dem Bois de Boulogne. Besucher heißen hier »zeitweilige Mitglieder« (des Hotelclubs) – der Beitrag ist im Zimmerpreis enthalten. Die englischen Salons, holzgetäfelten Bibliotheken, Billardzimmer und geräumigen Zimmer verleihen dem Haus einen britischen Touch.

Villa Maillot

143, ave de Malakoff, 75016. **Karte** 3 C4. *01 53 64 52 52.* FAX *01 45 00 60 61.* www.lavillamaillot.fr *Zimmer: 42.* *AE, DC, MC, V.* €€€€€

Das Villa Maillot, günstig zu Porte Maillot und La Défense gelegen, ist ein Art-déco-Bau im Geist der 1930er Jahre. Die Zimmer haben große Betten, Kochnischen und Badezimmer aus Marmor. Jede der Suiten ist einem Maler gewidmet.

Champs-Elysées

Résidence Lord Byron

5, rue Chateaubriand, 75008. **Karte** 4 E4. *01 43 59 89 98.* FAX *01 42 89 46 04.* www.escapade-paris.com lordbyron@escapadeparis.fr *Zimmer: 31.* *AE, DC, MC, V.* €€€

Das Hotel in der Nähe des Arc de Triomphe, ist ein diskretes Haus mit Innenhof, in dem man im Sommer frühstücken kann. Die hellen Zimmer sind relativ ruhig, aber nicht groß, geräumigere Zimmer gibt es im Pavillon zwischen den beiden Gärten. Die Zimmer im sechsten Stock bieten eine prächtige Aussicht.

Atala

10, rue Chateaubriand, 75008. **Karte** 4 E4. *01 45 62 01 62.* FAX *01 42 25 66 38.* www.hotelatala.com *Zimmer: 48.* *AE, DC, MC, V.* €€€€

Das Atala befindet sich in einer ruhigen Straße nur wenige Minuten von den Champs- Elysées entfernt. Die zum Restaurant gehörende Terrasse ist eine willkommene Oase und die Sicht aus dem achten Stock auf den Eiffelturm spektakulär. Die Zimmer mit Blick auf einen ruhigen Garten wurden mit Geschmack renoviert, die Rezeption und das Restaurant wirken jedoch nach wie vor etwas unpersönlich.

Claridge-Bellman

37, rue François-1er, 75008. **Karte** 4 F5. *01 47 23 54 42.* FAX *01 47 23 08 84.* www.hotel-claridge-bellman.com *Zimmer: 42.* *AE, DC, MC, V.* €€€€

Das Hotel ist die Miniaturausgabe des alten Claridge-Hotels und wird nach wie vor von seinen alten Direktoren geleitet. Das ruhige, gut geführte Haus ist mit Wandteppichen und Antiquitäten eingerichtet und hat bezaubernde Dachzimmer im sechsten Stock.

Balzac

6, rue Balzac, 75008. **Karte** 4 F4. *01 44 35 18 00.* FAX *01 44 35 18 05.* hotelbalzac@noos.fr *Zimmer: 70.* *AE, DC, MC, V.* €€€€€

Man kennt das Balzac vor allem wegen seines Restaurants Pierre Gagnaire, das stolz drei Michelin-Sterne vorweisen kann. Aber das relativ kleine Luxushotel ist auch als Quartier einen Besuch wert. Hinter seiner Fin-de-siècle-Fassade verbirgt sich eine beeindruckende Halle mit Säulen und Philip Starcks »Bar à Cigares«.

Bristol

112, rue du Faubourg-St-Honoré, 75008. **Karte** 5 A4. *01 53 43 43 00.* FAX *01 53 43 43 01.* www.hotel-bristol.com resa@hotel-bristol.com *Zimmer: 180.* *AE, DC, MC, V.* €€€€€

Eines der besten Hotels in Paris. Die großen Zimmer sind verschwenderisch eingerichtet und haben prächtige Badezimmer aus Marmor. Der Speisesaal ist mit flämischen Wandteppichen und Kristallleuchtern ausgeschmückt. Im Sommer kann man auch im Freien speisen.

Four Seasons George V

31, ave George V, 75008. **Karte** 4 E5. *01 49 52 70 00.* FAX *01 49 52 70 10.* www.fourseasons.com *Zimmer: 245.* *AE, DC, MC, V.* €€€€€

Unglücklicherweise hat dieses legendäre Hotel mit seinen versteckten Salons, dem alten Mobiliar, Bildern und Erinnerungsstücken durch die Renovierung ein wenig an Charme eingebüßt. Dafür wurde aber sein Restaurant, Le Cinq, mit zwei Michelin-Sternen bedacht. Der Service ist nach wie vor exzellent, die Gäste sind in der Regel berühmt.

Hôtel de la Trémoille

14, rue de la Trémoille, 75008. **Karte** 10 F1. *01 56 52 14 00.* FAX *01 40 70 01 08.* W www.hotel-tremoille.com ***Zimmer:*** *107.* *AE, DC, MC, V.* €€€€€

Das Hôtel de la Trémoille gibt sich zwanglos, aber mit dem besten Service. Die Zimmermädchen sind meistens beim ersten Klingeln mit einem Lächeln zur Stelle; im Kamin brennt ein angenehmes Feuer. Alle Zimmer sind mit antiken Möbeln eingerichtet und die Badezimmer luxuriös.

Plaza Athénée

25, ave Montaigne, 75008. **Karte** 10 F1. *01 53 67 66 65.* FAX *01 53 67 66 66.* W www.plaza-athenee-paris.com ***Zimmer:*** *188.* *AE, DC, MC, V.* €€€€€

Seit über 80 Jahren steht das legendäre Plaza Athénée auf der schillernden Avenue Montaigne. Es ist ideal für Flitterwöchner, Aristokraten sowie Modezaren und prachtvoll mit Gobelins ausgestattet. Das mit drei Michelin-Sternen ausgezeichnete Restaurant desselben Namens ist wunderbar romantisch, vor allem die efeubewachsene Terrasse im Sommer. Das Le Relais hat allerdings den Ruf, das arroganteste Grillrestaurant in Paris zu sein, vor allem während der Modeschauen. Die Zimmer sind luxuriös und entsprechen den höchsten Standards.

Prince de Galles

33, ave George V, 75008. **Karte** 4 E5. *01 53 23 77 77.* FAX *01 53 23 78 78.* W www.luxurycollection.com ***Zimmer:*** *168.* *AE, DC, MC, V.* €€€€€

Das Prince de Galles leidet darunter, neben dem Four Seasons Georges V nur zweite Wahl zu sein. Das Hotel hat weniger Prestige, die Gäste sind weniger prominent, den Zimmern täte eine Renovierung gut. Allerdings können sich die komfortable Bar und das Restaurant mit der großen Konkurrenz durchaus messen lassen.

Royal Monceau

37, ave Hoche, 75008. **Karte** 4 F3. *01 42 99 88 00.* FAX *01 42 99 89 90.* W www.royalmonceau.com ***Zimmer:*** *220.* *AE, DC, MC, V.* €€€€€

Das majestätische Royal Monceau zwischen der Place Charles de Gaulle und dem Parc Monceau ist wieder in seinem alten Glanz erstanden. Sein Fitnesscenter ist einer der luxuriösesten in Paris und Le Carpaccio eines der besten italienischen Restaurants der Stadt. Das Frühstück wird in einem außergewöhnlichen runden Glasvorbau serviert. Die Zimmer sind elegant – gönnen Sie sich eines mit Blick über den Hof oder eine der ansehnlichen Suiten.

San Régis

12, rue Jean Goujon, 75008. **Karte** 11 A1. *01 44 95 16 16.* FAX *01 45 61 05 48.* W www.hotel-sanregis.fr ***Zimmer:*** *44.* *AE, DC, MC, V, JCB.* €€€€€

Seit seiner Eröffnung 1923 bietet das San Régis ein Refugium für die Meister der *haute couture* und für berühmte Filmschauspieler, die sich seiner zentralen Lage nahe den Champs-Elysées erfreuen. Das einladende Luxushotel und seine berühmte Bar sind eindeutig britisch geprägt. Die Suiten in den oberen Stockwerken bieten einen Ausblick auf die nette Terrasse im Erdgeschoss.

Sofitel Paris Arc de Triomphe

14, rue Beaujon, 75008. **Karte** 4 E4. *01 53 89 50 50.* FAX *01 53 89 50 51.* W www.sofitel.com ***Zimmer:*** *135.* *AE, DC, MC, V.* €€€€€

Das Sofitel Arc de Triomphe im Geschäftsbezirk nahe dem Arc de Triomphe ist ein wunderbar ruhiges Hotel. Die Schlafzimmer wurden im Pullman-Stil renoviert, in Grau, Pink und Beige, mit nachgeahmten Art-déco-Möbeln. Das Clovis-Restaurant ist erstaunlich gut, die Junior-Suiten sind überaus komfortabel.

Vernet

25, rue Vernet, 75008. **Karte** 4 E4. *01 44 31 98 00.* FAX *01 44 31 85 69.* W www.hotelvernet.com ***Zimmer:*** *54.* *AE, DC, MC, V.* €€€€€

Das Hôtel Vernet ist relativ unbekannt. Der Architekt des Eiffelturms, Gustave Eiffel, entwarf das Glasdach des Speisesaals. Die geräumigen, ruhigen Schlafzimmer sind angenehm eingerichtet. Gäste des Hauses erhalten freien Zutritt zum Fitnesscenter des Royal Monceau.

OPÉRA

Ambassador

16, blvd Haussmann, 75009. **Karte** 6 E4. *01 44 83 40 40.* FAX *01 42 46 19 84.* W www.hotelambassador-paris.com ***Zimmer:*** *296.* *AE, DC, MC, V.* €€€€€

Das Ambassador, eines der besten Art-déco-Hotels in Paris, glänzt wieder in seiner alten Größe, samt dicken Teppichen und antiken Möbeln. Das Erdgeschoss zieren Marmorsäulen, Baccarat-Leuchter und Aubusson-Wandteppiche. Der Küchenchef, ehemaliger Maître des Grand Véfour *(siehe S. 301)*, zaubert außergewöhnliche Menüs.

Le Grand Hôtel Intercontinental

2, rue Scribe, 75009. **Karte** 6 D5. *01 40 07 32 32.* FAX *01 42 66 12 51.* W www.paris.interconti.com ***Zimmer:*** *514.* *AE, DC, MC, V.* €€€€€

Die Intercontinental-Kette hat einiges in das Pariser Grand Hôtel investiert. Im Obergeschoss gibt es jetzt ein Fitnesscenter, die Zimmer sind mit dem größtmöglichen Luxus ausgestattet. Eine Besonderheit ist der prächtige »Opernsalon« unter einer Art-déco-Kuppel.

MONTMARTRE

Terrass Hôtel

12, rue Joseph-de-Maistre, 75018. **Karte** 6 E1. *01 46 06 72 85.* FAX *01 42 52 29 11.* W www.terrass-hotel.com @ terrass@francenet.fr ***Zimmer:*** *100.* *AE, DC, MC, V.* €€€€€

Von den oberen Stockwerken des Hotels, aber auch von der Frühstücksterrasse hat man einen Panoramablick über die Dächer von Paris. Die Zimmer sind komfortabel, aber nicht bemerkenswert eingerichtet. In einigen Zimmern findet man noch originale Art-déco-Holzarbeiten.

Restaurants, Cafés und Bars

Die Franzosen haben eine Passion für gute Küche, Essen gehört zu den größten Vergnügen eines Paris-Besuchs. Überall in der Stadt sieht man Einheimische, die auswärts essen – in Restaurants, Bistros, Cafés und Bars. Die meisten Restaurants bieten französische Gaumenfreuden, aber es gibt auch eine reiche Auswahl italienischer, griechischer, indischer, chinesischer, vietnamesischer und afrikanischer Lokale.

Im Restaurantverzeichnis *(S. 299ff)* finden Sie in jeder Preisklasse das Beste, was Paris zu bieten hat. Die Auswahl *(S. 296ff)* ist nach Preisklasse und Gegend geordnet. Die meisten Lokale servieren Mittagessen zwischen 12 und 14 Uhr, oft als komplettes Menü zu festem Preis. Abends füllen sich Restaurants um 20.30 Uhr, das Abendessen wird meist bis 23 Uhr serviert. *(Siehe auch* Leichte Mahlzeiten und Snacks *S. 310f.)*

Spezialitäten

Pariser Köche halten ein reiches Angebot an Speisen bereit, von Fleischgerichten und vollendeten Backwaren, für die Frankreich besonders berühmt ist, bis zur einfacheren regionalen französischen Küche *(siehe S. 290f)*. Letztere findet man meist in Brasserien und Bistros, sie unterscheidet sich je nach Herkunft des Kochs. In Cafés, Bars und Bierkneipen bekommt man zu jeder Tageszeit einfache warme Gerichte, Brasserien, Bistros und Patisserien gibt es im Überfluss. Einige Cafés, z. B. die Bar du Marché *(siehe S. 311)* in St-Germain-des-Prés, sind bekannt für ihre kalten Gerichte und bieten keine warmen Mahlzeiten an. Die beste Ethno-Küche kommt aus Frankreichs ehemaligen Kolonien. Nordafrikanische Lokale sind bekannt als *couscous*-Restaurants, man isst dort scharf und preiswert. Vietnamesische Restaurants bieten gute Alternativen. Gute japanische Restaurants findet man um die Rue Monsieur le Prince (6. Arr.), in der Rue de la Requette (11. Arr.) und in der Rue de Belleville (19. Arr.).

Wegweiser zu Restaurants und Cafés

Fast überall in Paris kann man gut essen. Wo Sie auch sind, Sie werden als Faustregel feststellen, dass die hervorragendsten Restaurants die sind, die eine vorrangig französische Klientel haben.

Am linken Ufer sind wahrscheinlich die meisten Restaurants, vor allem in den Touristengegenden wie St-Germain-des-Prés und dem Quartier Latin. Die Qualität des Essens variiert, aber es gibt einige empfehlenswerte Bistros, Cafés und Weinstuben. (Für Bistros, Brasserien und Restaurants mit Tischen im Freien *siehe* Restaurantauswahl *S. 296ff.)* Im Quartier Latin sind viele chinesische und griechische Restaurants zu finden, vor allem um die Rue de Huchette herum.

In gut besuchten Gegenden wie Marais und Bastille gibt es kleine Bistros und Cafés zuhauf, viele modisch und neu, aber auch viele gute, alteingesessene Bistros und Brasserien.

In der Gegend um die Champs-Elysées und Madeleine ist es schwierig, für wenig Geld gutes Essen zu finden. Es überwiegen Fastfood und teure, oft schlechte Cafés. Allerdings gibt es hier auch sehr gute, teure Restaurants.

Einige der großen Cafés der 1920er Jahre sind noch in Montparnasse, so Le Sélect und La Rotonde *(siehe S. 311)* auf dem Boulevard Montparnasse. Vieles von ihrer alten Pracht konnte durch Renovierungsarbeiten wieder-

Im Beauvilliers *(siehe S. 306)*

Mariage Frères – Laden und Teesalon *(siehe S. 311)*

hergestellt werden. In dieser Gegend gibt es auch ausgezeichnete Bistros.

Zahlreiche bemerkenswerte Restaurants, Bistros und Cafés befinden sich in der Louvre-Tivoli-Gegend. Sie wetteifern mit touristischen und überteuerten Cafés. Etwas weiter nach Osten, bei Les Halles, häufen sich mittelmäßige Lokale und Fastfood-Restaurants.

In der Gegend um die Opéra sind gute japanische Restaurants und einige ausgezeichnete Brasserien, um die Grands Boulevards hingegen sind gute Restaurants rar. In der Nähe der Bourse zieht eine Anzahl namhafter Restaurants und Bistros die Börsenmakler an.

Das beliebte Viertel Montmartre beherbergt eine unvermeidliche Anzahl von Restaurants für Touristen, aber daneben gibt einige sehr angenehme kleine Bistros. Teurer dagegen sind das luxuriöse Beauvilliers *(siehe S. 306)* und das italienisch beeinflusste La Table d'Anvers *(siehe S. 307)* nahe Butte Montmartre.

In der Umgebung des Hôtel des Invalides, des Eiffelturms und des Palais de Chaillot ist es nachts ruhiger, die Restaurants sind seriöser und meist weniger laut. Die Preise können allerdings hoch sein.

In den beiden Chinesenvierteln von Paris, in der Gegend südlich der Place d'Italie und im traditionellen Arbeiterviertel Belleville, findet man geballt vietnamesische und billige chinesische Restaurants. Belleville ist eine Hochburg nordafrikanischer Lokale.

Im Tour d'Argent *(siehe S. 302)*

Le Grand Véfour im Tuileries-Viertel *(siehe S. 301)*

KLEINE RESTAURANT- UND CAFÉKUNDE

EINER DER vergnüglichsten Aspekte der Pariser Esskultur ist die Vielfalt der Lokalitäten, in denen man essen kann. Bistros sind kleine, oft nicht zu teure Restaurants mit einer beschränkten Speisekarte. Die schönsten Bistros sind aus der Belle Epoque, mit verzinkten Bars, Spiegeln und schönen Fliesen. Die Küche ist meist, aber nicht immer, regional und traditionell. Viele Köche bekannter Restaurants haben eigene Bistros eröffnet, die meist sehr gut sind.

Brasserien sind in der Regel große, geschäftige Lokale, viele mit elsässischem Charakter, die elsässischen Wein in Karaffen und Sauerkraut mit Würsten servieren. Die Auswahl an Gerichten ist groß, meist ist die Küche den ganzen Tag über bis spät in die Nacht geöffnet. Draußen kann man die eindrucksvollen Auslagen bewundern, hinter denen beschürzte Männer bis spät mit Austern hantieren.

Speisekarte, Le Bistrot du Dôme

Cafés (und manche Bars) haben schon sehr früh geöffnet und schließen, sieht man von großen Touristencafés ab, etwa um 22 Uhr. Essen – Salate, Sandwiches, Eier – kann man den ganzen Tag bestellen. Daneben bieten viele mittags eine Auswahl an Tagesgerichten an. Die Preise in Cafés unterscheiden sich je nach der Gegend und proportional zur Anzahl der Touristen. In feineren Cafés wie Café de Flore und Les deux Magots kann man auch spät abends noch essen. Cafés führen fast immer Muscheln, Pommes frites und Zwiebelkuchen. Meistens gibt es »Brunch« für etwa 15 €.

Weinstuben sind zwanglos und bieten meist nicht zu teure, einfache Gerichte und offenen Wein. Bis 21 Uhr kann man eine Zwischenmahlzeit bekommen – etwa wunderbare belegte Brote *(tartines)* mit Käse, Wurst oder Pâté –, wenige bieten komplette Mahlzeiten an.

Teesalons öffnen am Morgen bzw. Vormittag und schließen am frühen Abend. Viele bieten Mittagessen an, am besten besucht man sie jedoch nachmittags zu Kaffee oder heißer Schokolade. Einige, z. B. Le Loir dans la Théière, geben sich ungezwungen mit Sofas und großen Tischen, während es im Mariage Frères förmlicher zugeht. Das Angélina in der Rue de Rivoli ist berühmt für seine heiße Schokolade und das Ladurée für sein feines Schokoladengebäck. (Adressen *siehe S. 311.*)

VEGETARISCHES ESSEN

VEGETARISCHE Restaurants sind rar in Paris, und die Speisekarten nichtvegetarischer Restaurants bauen in der Regel auf Fleisch und Fisch. Einen guten Salat bekommen Sie jedoch fast überall, Sie können auch einfach zwei *entrées* bestellen. In nordafrikanischen Restaurants gibt es *couscous nature*, das ohne Fleisch gereicht wird. Äußern Sie unbesorgt Sonderwünsche. Wenn Sie einen Salat mit Schinken, Speck oder *foie gras* sehen, bestellen Sie ihn ohne Fleisch. Erkundigen Sie sich, ob man Ihnen ein besonderes Gericht zubereitet. Die meisten Restaurants werden Ihnen gerne entgegenkommen. Mehr und mehr verwenden die Köche heute biologisch erzeugte Nahrungsmittel.

PREISE

DIE PREISE für Essen in Paris bewegen sich zwischen sehr billig und astronomisch. Für 12 € können Sie zwar noch ein herzhaftes Mittagessen bekommen, in der Regel kostet gutes Essen in einer Brasserie, einem Bistro oder Restaurant im Zentrum von Paris 30 € bis 38 € mit *vin de table*. (Denken Sie daran, dass bessere Weine die Rechnung merklich nach oben treiben.) Teurere Restaurants beginnen bei 34 € (mit Wein) und gehen bis 150 € in den Gourmettempeln. Oft gibt es – vor allem zur Mittagszeit – Festpreismenüs *(formule* oder *prix fix)*, die fast immer das beste

Le Carré des Feuillants *(siehe S. 301)*

Angebot darstellen. Wein und Kaffee werden dabei meist extra berechnet.

Alle französischen Restaurants sind gesetzlich verpflichtet, ihre Speisekarte draußen auszuhängen. Die Preise sind einschließlich Service, aber ein Trinkgeld für gute Bedienung ist immer gern gesehen (einen Euro oder fünf Prozent des Gesamtbetrags).

Die verbreitetste Kreditkarte ist Visa. Nur wenige Restaurants akzeptieren American Express, einige Bistros nehmen überhaupt keine Karten. Auch Reiseschecks werden eher selten angenommen. In Cafés zahlt man traditionell mit Bargeld.

RESERVIERUNGEN

ES EMPFIEHLT SICH, in begehrten Restaurants, Brasserien und Bistros vorher zu reservieren. Obwohl normalerweise in einer Brasserie keine Reservierung nötig ist, könnte es sein, dass man längere Zeit auf einen Tisch warten muss.

Le Pavillon Montsouris nahe dem Parc Montsouris *(siehe S. 308)*

KLEIDERORDNUNG

ABGESEHEN VON einigen Drei-Sterne-Restaurants, die sehr förmlich sind, können Sie innerhalb eines bestimmten Rahmens anziehen, was Sie wollen. Im Verzeichnis *(siehe S. 299ff)* wird auf Restaurants mit spezieller Kleiderordnung hingewiesen.

SPEISEKARTEN UND BESTELLUNGEN

OFT SIND in Restaurants, Bistros und selbst in großen Brasserien die Speisekarten von Hand geschrieben und mühsam zu entziffern. Bitten Sie, wenn nötig, einfach um Hilfe. In der Regel wird der Kellner die Bestellungen für das *entrée* (erster Gang) aufnehmen, dann für das Hauptgericht *(plat)*. Desserts werden nach der Mahlzeit bestellt, es sei denn, es

Der Teesalon Angélina *(siehe S. 311)*

handelt sich um einen heiß servierten Nachtisch. Der Kellner wird Sie darauf aufmerksam machen, oder Sie werden den Hinweis *à commander avant le repas* auf der Speisekarte finden.

Der erste Gang besteht meistens aus frischen Salaten, *pâté* und Gemüsegerichten oder *tartes*. Daneben werden oft Tartar und kleine Fischgerichte angeboten: geräucherter Lachs, gegrillte Sardinen, Hering und Fischsalate. In Brasserien gibt es Schalentiere und Austern (nur in Monaten mit einem »r« zu empfehlen). Der zweite Gang besteht in der Regel aus Fisch, Fleisch oder Geflügel, in besseren Lokalen im Herbst auch aus

Le Train Bleu – Bahnhofsrestaurant in der Gare de Lyon *(siehe S. 309)*

Wild. Die meisten Restaurants haben Tagesspezialitäten *(plat du jour)*, je nachdem was die Jahreszeit bietet und in der Regel zu günstigen Preisen.

Käse gibt es als Vor- oder Nachspeise. Manche Menschen bevorzugen grünen Salat dazu. Kaffee wird nach dem Dessert serviert, nicht dazu. Bestellen Sie *café au lait*, wenn Sie viel Milch möchten. Auch koffeinfreier Kaffee *(décaféiné)* und selbst Kräutertees *(tisanes)* werden serviert.

In vielen Restaurants wird man Sie vor die Wahl stellen, einen Drink vor dem Essen zu nehmen. Typische Aperitifs sind *kir* (Weißwein mit einem Schuss Crème de Cassis) oder *kir royal* (das Gleiche mit Champagner). *(Siehe* Was trinkt man in Paris *S. 292f.)*

Restaurant Lucas Carton *(S. 306)*

In Bistros und Brasserien finden Sie die Weinkarte meist auf der Speisekarte. In besseren Restaurants wird eine separate Weinkarte vom Weinkellner gebracht, nachdem Sie einen Blick auf die Speisekarte geworfen haben.

Service

Man nimmt sich Zeit zum Essen in Frankreich. Die Bedienung wird nicht immer die schnellste sein, auch wenn im Allgemeinen der Standard in Pariser Restaurants hoch ist. Erwarten Sie in kleinen Restaurants keinen Schnellservice: Meist gibt es nur einen Kellner, und die Gerichte werden auf Bestellung zubereitet.

Kinder

Kinder sind in der Regel sehr willkommen, aber oft gibt es wenig Platz für Kinderwagen, und mit einem Hochstuhl oder Babysitz sollten Sie besser nicht rechnen.

Rauchen

Schon seit einiger Zeit gibt es strikte Gesetze, die Nichtrauchertische in jedem Restaurant vorsehen. Trotzdem sind viele Lokale und vor allem Cafés meist sehr verraucht.

Rollstühle

Der Zugang mit dem Rollstuhl ist oft beschränkt. Weisen Sie beim Reservieren darauf hin, damit Sie mit günstigem Tisch und Hilfe bei der Ankunft rechnen können.

Zeichenerklärung für die Symbole auf den Seiten 299 bis 309.

- Jahresferien
- Tagesmenü
- Vegetarische Gerichte
- Kinderportionen und -stühle
- Rollstuhlgerecht
- Korrekte Kleidung
- Livemusik
- Garten/Terrasse
- Besonders gute Weinkarte
- ★ Sehr empfehlenswert

Kreditkarten:
AE American Express
DC Diners Club
MC MasterCard
V Visa

Preiskategorien für ein Drei-Gänge-Menü inklusive einer halben Flasche Hauswein, Steuer und Service:
€ unter 25 €
€€ 25–35 €
€€€ 36–50 €
€€€€ 51–75 €
€€€€€ über 75 €

Was isst man in Paris

Ziegenkäse

KOCHEN IST IN FRANKREICH eine sich ständig weiterentwickelnde Kunst. Die klassische französische Küche baut auf Butter; Geflügel, Fleisch und Fisch stehen im Mittelpunkt. Dennoch ist weder alles fett noch *nouvelle cuisine*. Heute interessieren sich viele Pariser Restaurants für regionale und hausgemachte Gerichte. Diese fußen auf saisonbedingten Zutaten, wie etwa in *coquilles Saint-Jacques* und *moules marinières*. Es wird nicht scharf gewürzt, aber frische Kräuter wie Schnittlauch, Petersilie und Estragon sind essentielle Zutaten für Saucen und Fonds. Das Essen aus der Gegend um Lyon, aus Burgund und dem Südwesten ist besonders beliebt. Aber auch provenzalische Traditionen mit ihren Düften nach Knoblauch und Olivenöl gewinnen an Popularität. Die Küche Lyons zeichnet sich durch ihre reichen Salate und herzhaften Fleischgerichte aus. Das Essen aus Burgund und dem Südwesten ist schwer, typisch sind *foie gras*, *jambon* oder *homard persillé* (Schinken bzw. Hummer) und *cassoulet*, ein herzhaftes Gericht mit Schweinefleisch.

Baguette
Das charakteristische Weißbrot, frisch vom Bäcker, als Sandwich oder einfach mit Butter: nicht zu überbieten.

Coquilles Saint-Jacques
Jakobsmuscheln werden auf viele Arten zubereitet und garniert. Klassisch ist die mit geschnittenen Pilzen in Weißwein, Zitronensaft und Butter, angerichtet in einer Muschelschale, oft umrahmt von Kartoffelbrei, um die Muscheln und die Sauce in der Schale zu halten.

Croissants
Die Hörnchen werden zum Frühstück gegessen.

Pains au Chocolat
Eine schokoladengefüllte Alternative zum Croissant.

Brioches
Das Gebäck wird Stück für Stück in Kaffee getunkt.

Foie Gras
Leber von speziell gemästeten Gänsen oder Enten.

Moules Marinières
Muscheln, in Weinsud mit Knoblauch gedünstet.

Escargots à la Bourguignonne
Gekochte Schnecken, garniert und in Schalen serviert.

Homard Persillé
Diese Hummerterrine gart in einem Fond mit Petersilie, Schalotten und Kräutern.

Œufs en Cocotte à l'Estragon
Estragonsauce wird über gebackene Eier gegossen.

Andouillettes à la Lyonnaise
Die Würste aus Schweineinnereien werden gegrillt und mit Zwiebeln gegessen.

Noisettes d'Agneau
Kleine, zarte Lammkoteletts in Butter gebraten und mit Beilagen serviert.

Chèvre Tiede sur un Lit de Salade
Gegrillter Ziegenkäse auf klassisch gemischtem Salat.

Brie de Meaux

Crottins de Chavignol

Käse *(fromages)*
Käse ist ein französisches Aushängeschild. Es gibt die verschiedensten Sorten – aus Milch von Kühen, Schafen oder Ziegen. Milde Weichkäse, wie Brie und Camembert, sind in jedem Restaurant zu bekommen.

Pont l'Evêque

Camembert

Crêpes Suzettes
Pfannkuchen mit Mandarinen- und Curaçao-Sauce.

Tarte Tatin
Der gestürzte Apfelkuchen ist eine Pariser Spezialität.

Tarte Alsacienne
Klassisch-elsässische Tarte mit Vanillesauce und Obst.

Was trinkt man in Paris

In Paris finden Sie die größte Auswahl an französischen Weinen. Am billigsten ist es, eine Karaffe zu bestellen: 250 ml *(quart)*, 330 ml *(filette)*, 500 ml *(demi)* oder 750 ml *(pichet*, entspricht einer Flasche). In Cafés und Weinstuben gibt es den Wein immer glasweise: *un petit blanc*, ein kleines Glas Weißwein; ein größeres Glas Rotwein heißt *un ballon rouge*. Hauswein ist fast immer eine gute Wahl.

Letzter Weinberg in Paris bei Sacré-Cœur ***(siehe S. 220)***

Typische Flaschenformen: Bordeaux und Burgunder

Rotwein

Einige Bordeauxweine und Burgunder gehören zu den erlesensten, teuersten Rotweinen der Welt. Für den täglichen Bedarf steht aber eine Riesenauswahl an gewöhnlichen Bordeaux- oder Côtes-du-Rhône-Weinen zur Verfügung, ebenso der Beaujolais aus dem südlichen Burgund, ein leichter Wein, der gekühlt serviert wird.

Unter den **Bordeaux**-Châteaux-Weinen zählen die Margaux zu den exklusivsten Rotweinen der Welt.

Große, starke **Burgunder**-Weine kommen aus dem Dorf Gevrey-Chambertin, das in der Côte de Nuits liegt.

Am 15. November, Tag des neuen **Beaujolais**, wird der fruchtige Wein in ganz Frankreich in den Cafés getrunken.

Von der **Loire**, aus der Gegend um Chinon, kommen sehr gute Rotweine. Sie sind meist leicht und trocken.

Das **südliche Rhônetal** ist bekannt für die dunklen, gehaltvollen Rotweine aus Châteauneuf-du-Pape.

Von der **nördlichen Rhône** um Vienne kommen die würzigen, dunklen Côte-Rôtie (nach 10 Jahren reif).

Weinsorten	2002	2001	2000	1999	1998	1997	1996	1995	1994
Bordeaux									
Margaux, St-Julien, Pauillac, St-Estèphe	7	7	8	7	7	7	8	8	6
Graves, Pessac-Léognan (rot)	8	7	8	7	8	7	8	8	6
Graves, Pessac-Léognan (weiß)	7	7	8	8	7	8	7	7	7
St-Emilion, Pomerol	7	8	8	7	7	7	8	8	6
Burgund									
Chablis	7	8	8	8	8	9	8	9	6
Côte de Nuits (rot)	7	7	7	7	7	8	7	8	5
Côte de Beaune (weiß)	6	8	7	7	8	9	8	9	6
Loire									
Bourgueil, Chinon	8	7	8	8	7	9	9	8	6
Sancerre (white)	7	8	8	8	7	9	8	8	7
Rhône									
Hermitage (rot)	8	7	7	8	8	7	9	8	7
Hermitage (weiß)	8	8	9	7	8	8	8	7	7
Côte-Rôtie	7	7	8	9	8	7	9	8	7
Châteauneuf-du-Pape	7	7	8	7	8	7	8	8	7

Die Qualitätsskala von 1 bis 10 beruht auf einer pauschalen Jahresbewertung und ist nur allgemeine Richtlinie.

WEISSWEIN

DIE FEINSTEN weißen Bordeaux- und Burgunderweine schmecken am besten zum Essen. Ansonsten versuche man einen leichten, trockenen Wein (z.B. Entre-Deux-Mers aus Bordeaux, Anjou Blanc oder Sauvignon de Touraine von der Loire). Auch Dessertweine wie Sauternes, Barsacoder Coteaux du Layon sind ein Genuss.

Elsässer Riesling und Burgunder

PERLWEIN

BEI FESTLICHEN ANLÄSSEN ist Champagner (jeder Kategorie) in Frankreich die erste Wahl. Moussierende Weine nach Champagner-Art kommen auch aus anderen Anbaugebieten und sind erheblich preisgünstiger. Fragen Sie nach Crémant de Loire, Crémant de Bourgogne, Vouvray Mousseux, Saumur Mousseux oder Blanquette de Limoux.

Champagner

Elsässer Weine werden meist nach der Traubenart bezeichnet. Gewürztraminer gehört zu den bekanntesten.

Von der **östlichen Loire** kommt der Pouilly-Fumé. Er ist sehr trocken, oft ein wenig rauchig.

Ein **Burgunder** ist auch der Chablis, ein frischer, trockener Wein aus dem Norden mit vollem Bukett.

Von der **Loire** kommt der Muscadet, ein trockener Wein von der Atlantikküste, hervorragend zu Seefisch.

In der **Champagne**, östlich von Paris, wird der berühmte Schaumwein erzeugt. Leicht ist der Billecart-Salmon.

Süßer **Bordeaux** ist ein köstlicher, goldfarbener Dessertwein. Besonders bekannt: Barsac und Sauternes.

APERITIFS UND DIGESTIFS

DER GEBRÄUCHLICHSTE APERITIF ist *kir*, ein Weißwein mit einem Schuss Johannisbeerlikör oder *crème de cassis*. Sehr verbreitet ist auch der erfrischende *pastis* mit Anisgeschmack, mit Eiswürfeln und einem Krug Wasser serviert. Aber auch ein Wermut, etwa Noilly-Prat, ist als Aperitif beliebt. *Digestifs* oder Verdauungsgetränke werden oft zu Kaffee getrunken: *eaux-de-vie*, starke Spirituosen mit Fruchtgehalt, oder Branntweine wie Cognac, Armagnac oder Calvados.

Kir: Weißwein mit *cassis*

BIER

BIER WIRD IN FRANKREICH in der Flasche oder (preiswerter) vom Zapfhahn im Glas gekauft: *un demi*. Am billigsten ist *bière française*: Die besten Sorten sind Meteor und Mutzig, dann »33« und Kronenbourg. Größeren Malzgehalt hat das Leffe, als *blonde* (Helles) oder *brune* (dunkler und würziger) erhältlich. Pelforth ist ein sehr gutes Bier (hell und dunkel). Einige Kneipen und Cafés sind auf ausländische, vor allem belgische Biere spezialisiert. (Bierkneipen sind unter *Leichte Mahlzeiten und Snacks* verzeichnet, *siehe S. 310f.*)

ANDERE GETRÄNKE

DIE FARBENFROHEN DRINKS, die man in Paris in allen Cafés sieht, sind eine Mischung aus aromatischen Sirups und Mineralwasser, *sirops à l'eau*. Smaragdgrün ist der Pfefferminzsirup, rot der Granatapfelsirup. Fruchtsäfte wie Tomatensaft erhält man in der Flasche, sofern nicht *citron pressé* (frisch gepresste Zitrone) oder *orange pressée* (frisch gepresste Orange) dazu verlangt wird. Gepresster Fruchtsaft wird mit einem Krug Wasser und mit Zucker serviert. Leitungswasser *(eau de robinet)* ist problemlos trinkbar, Mineralwasser (mit oder ohne Gas – *l'eau gazeuse* oder *l'eau naturelle*) gibt es überall.

Frischer Zitronensaft, mit Wasser und Zucker serviert

Highlights: Restaurants

PARIS BIETET EINE GRÖSSERE AUSWAHL an Speiselokalen als jede andere Stadt vergleichbarer Größe. Von der kleinsten Imbissstube bis zum elegantesten Luxusrestaurant – alles ist hier zu finden. Auch im einfachsten Bistro kommen Brot und Backwaren frisch aus der Bäckerei, und der Käse hat seine volle Reife erreicht. Wir stellen hier eine kleine Auswahl von Pariser Restaurants vor, die aus der Liste auf den Seiten 299ff wegen ihrer besonders schönen Einrichtung und der kulinarischen Genüsse ausgesucht wurden.

Le Grand Colbert
Die hübsche Brasserie in historischem Gebäude bietet klassische Speisen auch noch spät (siehe S. 306).

L'Astrance
Gleich beim Eiffelturm serviert dieses Restaurant überraschend erfindungsreiche Gerichte (siehe S. 304).

Taillevent
Dezent luxuriöse Umgebung, unvergleichliche Küche, eine herausragende Weinkarte und ausgezeichneter Service (siehe S. 305).

L'Arpège
Ein betont modernes Restaurant, Nähe Musée Rodin, mit großartiger haute cuisine (siehe S. 303).

Chartier
Beliebt wegen der betriebsamen Atmosphäre, des preiswerten Essens und der denkmalgeschützten Ausstattung (siehe S. 305).

Brasserie Flo
Brauereirestaurant mit echt elsässischer Küche: Sauerkrautteller, Meeresfrüchte und ausgezeichnete regionale Weine und Biere (siehe S. 308).

Au Pied de Cochon
Das farbenfroh restaurierte Wahrzeichen der alten Halles (siehe S. 300).

Benoît
Klassisches Bistro mit Spiegelwänden von 1912 und typisch französischer Küche (siehe S. 300).

Brasserie Bofinger
Die älteste und sehr beliebte Brauereigaststätte (1864) ist bekannt für ihre Ausstattung und die ausgezeichneten Schalentiere (siehe S. 299).

Pharamond
Mit seinen Mosaiken und Fliesen ist das alte Bistro eine Perle des Jugendstils (siehe S. 300).

La Tour d'Argent
Das berühmte Restaurant mit Panoramablick – an Komfort und Preisen nicht zu überbieten (siehe S. 302).

Restaurantauswahl

Die folgende Liste stellt Ihnen Restaurants vor, die wegen ihrer hohen Qualität, des hervorragenden kulinarischen Angebots und des angenehmen Ambientes ausgesucht wurden. Weitere Informationen zu den Restaurants finden Sie auf den Seiten 299ff, zu Imbissstuben und Snackbars auf den Seiten 310f.

		Fisch & Meeresfrüchte	Tagesmenü	Nachts geöffnet (nach 23.30 Uhr)	Kinderfreundlich	Tische im Freien	Ruhiges Restaurant	Vegetarisches Essen
Ile de la Cité *(siehe S. 299)*								
Vieux Bistrot	€€€€					●		
Marais *(siehe S. 299)*								
Galerie 88	€		■	●		●		●
Le Baracane	€		■					
Le Passage des Carmagnoles	€				■		■	
Aux Vins des Pyrénées	€						■	●
Le Repaire de Cartouche	€€							
Chez Jenny	€€		■	●		●		●
Le Bar à Huîtres	€€	●	■	●		●		
Brasserie Bofinger	€€€		■	●				
La Guirlande de Julie	€€€					●		
L'Ambroisie ★	€€€€€						■	
Beaubourg und Les Halles *(siehe S. 300)*								
Le Bistrot Beaubourg	€		■	●		●		
Au Crocodile	€	●	■			●	■	
Le Grizzli	€		■			●		
Le Loubechem	€		■					
Aux Tonneaux des Halles	€			●		●		
Au Pied de Cochon	€€		■	●		●		
Pharamond	€€		■			●	■	
Saudade	€€€							
Le 404 ★	€€€			●				●
Benoît ★	€€€€€							
Tuileries *(siehe S. 300f)*								
Gaya	€€	●	■					
Le Grand Louvre	€€		■		■			
Goumard	€€€	●						
Les Ambassadeurs ★	€€€€€		■					
L'Espadon ★	€€€€€		■		■	●		
Le Carré des Feuillants ★	€€€€€		■					
Le Grand Véfour ★	€€€€€		■					
St-Germain-des-Prés *(siehe S. 301f)*								
Aux Charpentiers	€		■			●		
Le Petit St-Benoît	€							
Aux Fins Gourmets	€€							
Le Procope	€€		■	●				
Yugaraj	€€		■					●
Alcazar	€€€		■	●	■			●
Brasserie Lipp	€€€			●				
Rôtisserie d'en Face	€€€		■					
Tan Dinh	€€€€						■	
Lapérouse	€€€€€		■					
Restaurant Jacques Cagna ★	€€€€€		■					
Quartier Latin *(siehe S. 302)*								
Restaurant Perraudin	€		■				■	
Loubnane	€€		■	●	■			

Preiskategorien pro Person für ein Drei-Gänge-Menü mit einer halben Flasche Hauswein, inklusive Steuer und Service:
€ unter 25 €
€€ 25 – 35 €
€€€ 36 – 50 €
€€€€ 51 – 75 €
€€€€€ über 75 €

★ sehr empfehlenswert.

TAGESMENÜ
Menü zu festem Preis mittags oder abends oder zu beiden Zeiten.

KINDERFREUNDLICH
Kinderportionen. (Kinder sind in den meisten Restaurants in Paris gern gesehen, auch wenn keine speziellen Arrangements vorgesehen sind.)

RUHIGES RESTAURANT
Das Restaurant hat eine ruhige, intime Atmosphäre. Keine störende Musik.

		Fisch & Meeresfrüchte	Tagesmenü	Nachts geöffnet (nach 23.30 Uhr)	Kinderfreundlich	Tische im Freien	Ruhiges Restaurant	Vegetarisches Essen
Le Balzar	€€€			●		●		
Restaurant Moissonnier	€€€		■					
Rôtisserie du Beaujolais	€€€					●		
La Tour d'Argent ★	€€€€€		■		■		■	
JARDIN DES PLANTES *(siehe S. 302f)*								
Au Petit Marguery	€€		■			●		
MONTPARNASSE *(siehe S. 303)*								
La Cagouille ★	€€	●	■		■	●		
La Coupole	€€		■	●				
Contre-Allée	€€€		■			●		
HÔTEL DES INVALIDES UND EIFFELTURM *(siehe S. 303)*								
L'Oeillade	€€		■					
La Serre	€€				■			
Thoumieux	€€		■	●				
L'Arpège ★	€€€€€		■					
Le Jules Verne	€€€€€		■					
Vin sur Vin	€€€€€							
CHAILLOT, PORTE MAILLOT *(siehe S. 303f)*								
L'Huîtrier	€	●						
La Butte Chaillot	€€		■	●		●		
Chez Géraud	€€		■					
Oum El Banine	€€						■	
La Plage	€€					●		
L'Astrance	€€€€		■				■	
59 Poincaré ★	€€€€		■		■			
Le Timgad	€€€€							
Amphyclès ★	€€€€€		■		■			
CHAMPS-ELYSÉES *(siehe S. 304f)*								
La Fermette Marbeuf 1900	€€		■			●		
Savy	€€		■				■	
Sébillon	€€€		■	●				
L'Avenue	€€€€			●				
Le Cercle Ledoyen	€€€€€					●		
Guy Savoy ★	€€€€€							
Lasserre	€€€€€							
Laurent ★	€€€€€		■			●		
La Maison Blanche/15 Avenue Montaigne	€€€€€					●		
Spoon	€€€€€							●
Taillevent ★	€€€€€							
OPÉRA *(siehe S. 305f)*								
Chartier	€							
Chez Clément	€		■	●				
La Ferme St-Hubert	€						■	●
A.G. Le Poète	€€		■					
Au Petit Riche	€€		■	●				
Café Runtz	€€		■					

Preiskategorien pro Person für ein Drei-Gänge-Menü mit einer halben Flasche Hauswein, inklusive Steuer und Service:
€ unter 25 €
€€ 25 – 35 €
€€€ 36 – 50 €
€€€€ 51 – 75 €
€€€€€ über 75 €

★ sehr empfehlenswert.

Tagesmenü
Menü zu festem Preis mittags oder abends oder zu beiden Zeiten.

Kinderfreundlich
Kinderportionen. (Kinder sind in den meisten Restaurants in Paris gern gesehen, auch wenn keine speziellen Arrangements vorgesehen sind.)

Ruhiges Restaurant
Das Restaurant hat eine ruhige, intime Atmosphäre. Keine störende Musik.

		Fisch & Meeresfrüchte	Tagesmenü	Nachts geöffnet (nach 23.30 Uhr)	Kinderfreundlich	Tische im Freien	Ruhiges Restaurant	
Le Vaudeville	€€		■	●	■	●		
Les Noces de Jeannette	€€		■		■		■	
Café Drouant	€€€		■	●				
Le Grand Colbert	€€€		■	●				
Lucas Carton ★	€€€€€		■					
Montmartre *(siehe S. 306f)*								
Le Restaurant	€€€		■		■			
Beauvilliers	€€€€		■			●		
La Table d'Anvers	€€€€€		■					
Abstecher *(siehe S. 307ff)*								
Le Baron Rouge (75012)	€	●	■		■			●
Chez Fernand (75011)	€		■					
Dao Vien (75013)	€		■					
Favela Chic (75011)	€			●				●
L'Occitanie (75011)	€		■					
Pause Café (75011)	€		■	●		●		●
Le Petit Keller (75011)	€							
Les Allobroges (75020)	€€		■					
Les Amognes (75011)	€€		■					
Astier (75011)	€€		■		■			
Le Bistro des Deux Théâtres (75009)	€€		■	●				
Brasserie Flo (75010)	€€		■	●				●
Le Clos Morillons (75015)	€€		■				■	
Julien (75010)	€€			●				
La Marine (75010)	€€	●				●		
La Maison du Cantal (75015)	€€	●	■					
Restaurant $8^{1/2}$ (75011)	€€		■					●
Le Volant (75015)	€€		■					
L'Auberge du Bonheur (75016)	€€€				■	●		
Aux Senteurs de Provence (75015)	€€€					●		
Le Chardenoux (75011)	€€€				■			
L'Oulette (75012)	€€€		■			●		
Le Pavillon Montsouris (75014)	€€€		■		■	●		
Pavillon Puebla (75019)	€€€		■		■	●		●
Tante Jeanne (75017)	€€€				■	●		
Le Train Bleu (75012)	€€€		■					
Le Villaret (75011) ★	€€€		■					
Au Pressoir (75012)	€€€€		■		■			
Le Bistrot d'à Côté Flaubert (75017)	€€€€					●		
Apicius (75017) ★	€€€€€							
Au Trou Gascon (75012)	€€€€€		■					
Augusta (75017)	€€€€€	●			■		■	
Faucher (75017)	€€€€€		■					
Le Pré Catelan (75016)	€€€€€		■		■	●		

ILE DE LA CITÉ

Vieux Bistrot

14, rue du Cloître-Notre-Dame, 75004. **Karte** 13 B4. *01 43 54 18 95.* *tägl. 12–14, 19.30–22.30 Uhr.* *24., 25. Dez.* *AE, MC, V.* €€€€

Trotz seines Namens, der Nähe zu Notre-Dame und des Besucherstroms ist dies ein bodenständiges Bistro geblieben, das bei vielen Pariser Gastronomen und Entertainern einen guten Ruf hat. Der leicht abgegriffene Dekor steht dem Lokal gut. Beliebte Speisen wie Rinderfilet mit Mark, *bœuf bourguignon*, *gratin dauphinois* (Kartoffelscheiben, in Sahne gebacken), *tarte tatin* (gestürzte Apfeltorte) und *profiteroles* (kleine Windbeutel) schmecken köstlich.

MARAIS

Galerie 88

88, quai de l'Hôtel de Ville, 75004. **Karte** 13 B4. *01 42 72 17 58.* *tägl. 12–24 Uhr.* €

Dieses Lokal an der Seine ist bei Studenten und weniger betuchten Gästen sehr beliebt. Der Grund: niedrige Preise, ein freundlicher (wenn auch etwas langsamer) Service und die echt Pariser Atmosphäre. Es gibt gute Hausmannskost, unter anderem Eintopfgerichte, vegetarische Gerichte und eine Auswahl an hausgemachten Kuchen.

Le Baracane

38, rue des Tournelles, 75004. **Karte** 14 E3. *01 42 71 43 33.* *Mo–Fr 12–14.30, 19–24 Uhr, Sa 19–24 Uhr.* *MC, V.* €

Im teuren Touristenviertel Marais bietet dieses kleine Restaurant hochwertige Kost zu vernünftigen Preisen. Besonders empfiehlt sich das Tagesmenü: Aperitif, 3-gängiges Menü, eine Flasche Wein und Kaffee. Es wird ausgezeichnete Küche aus dem Südwesten Frankreiches serviert, beispielsweise Hasen-*confit* (im Topf gekocht), geschmorter Ochsenschwanz, Birnen in Madeira und *cassis* (Johannisbeerlikör) sowie ein köstliches hausgemachtes Brot mit Esskastanien.

Le Passage des Carmagnoles

18, passage de la Bonne Graine, 75011. **Karte** 14 F4. *01 47 00 73 30.* *Mo–Sa 12–16, 18–23.30 Uhr.* *AE, DC, MC, V.* €

Das freundliche Restaurant liegt versteckt in der Passage de la Bonne Graine unweit der Place de la Bastille. Oft empfängt der Besitzer Soizik seine Gäste persönlich. Es nennt sich zwar Weinstube (hervorragende Auswahl an Flaschen- und offenen Weinen!), bietet aber auch Mahlzeiten an, darunter fünf Arten von *andouillette* (Wurst aus Innereien), wechselnde Tagesgerichte, hervorragende Käsesorten und gute Desserts.

Aux Vins des Pyrénées

25, rue Beautreillis, 75004. **Karte** 13 C3. *01 42 72 64 94.* *Mo–Sa 12–15, 20–23.30 Uhr.* *DC, MC, V.* €

Ein altes und beliebtes Bistro mit freundlicher Atmosphäre und typischem Flair. Auf der Tageskarte steht meist gegrilltes Fleisch, die Weinkarte bietet eine exzellente Auswahl offener Weine (besonders günstiger Bordeaux und Weine aus Südwest-Frankreich).

Le Repaire de Cartouche

8, blvd Filles du Calvaire, 75011. **Karte** 14 D2. *01 47 00 25 86.* *Di–Sa 12–14, 19–23 Uhr.* *Aug.* *DC, MC, V.* €€

Wie das Restaurant »Le Villaret« wird auch dieses Restaurant von ehemaligen Angestellten des Astier mit demselben hohen Anspruch geführt. Das Angebot richtet sich nach der Saison und enthält gebratene Tauben mit Lauch in Essigsauce oder Haseneintopf mit Schokolade. Das traditionelle Dekor rundet das eher gediegene Gesamtbild des Restaurants ab.

Chez Jenny

39, blvd du Temple, 75003. **Karte** 14 D1. *01 44 54 39 00.* *So–Do 12–24 Uh, Fr, Sa 12–1 Uhr.* *DC, MC, V.* €€

Seit über 60 Jahren ist dieses Brauhaus an der Place de la République eine Hochburg der elsässischen Küche. Die gesellige Atmosphäre wird durch Kellnerinnen in elsässischer Tracht noch unterstrichen. Das Sauerkrautgericht *choucroute spéciale Jenny* ist eine herzhafte Mahlzeit, die mit einer Obsttorte oder einem Sorbet (Halbgefrorenem) mit Fruchtlikör abgeschlossen werden sollte.

Le Bar à Huîtres

33, blvd Beaumarchais, 75003. **Karte** 14 E3. *01 48 87 98 92.* *tägl. 12–2 Uhr.* *AE, MC, V.* €€

Die drei Pariser Bars à Huîtres (die anderen beiden finden Sie in Montparnasse und St-Germain-des-Prés) haben sich auf Austern und andere Meeresfrüchte spezialisiert. Die Vorspeise stellen Sie selbst zusammen, dann folgen heiße Fischgerichte oder Fleischspeisen. Ein stimmungsvolles Lokal, nahe der Place de la Bastille und des Marais gelegen.

Brasserie Bofinger

3, rue de la Bastille, 75004. **Karte** 14 E4. *01 42 72 87 82.* *tägl. 12–15 Uhr, 18.30–1 Uhr.* *AE, DC, MC, V.* €€€

Bofinger gilt als ältestes Brauereilokal in Paris (seit 1864). Sicher ist es eines der schönsten, mit Buntglasfenstern der Zeit um 1900, Lederbänken, Messinggerätschaften und Wandgemälden des Elsässers Hansi. Hier gibt es ausgezeichnete Meeresfrüchte, schmackhafte *choucroute* (Sauerkraut) und Grillfleisch. Das an der Place de la Bastille gelegene Restaurant ist bei Politikern, Geschäftsleuten und Opernbesuchern gleichermaßen beliebt. Selbst mit Reservierung muss man unter Umständen auf einen Tisch warten.

La Guirlande de Julie

25, pl des Vosges, 75003. **Karte** 14 D3. *01 48 87 94 07.* *Di–So 12–14.30, 19–22.30 Uhr.* *MC, V.* €€€

Ein ausgezeichnetes Restaurant an der vom 17. Jahrhundert geprägten Place des Vosges. Der Vollblutgastronom Claude Terrail, Besitzer des Tour d'Argent *(siehe S. 302)*, vertraute La Guirlande de Julie einem guten Küchenchef an. Die Ausstattung ist feminin, frisch und ansprechend. Von den Fenstern im ersten Speiseraum hat man die beste Aussicht. Bei schönem Wetter kann man stimmungsvoll unter den schönen Arkaden speisen.

L'Ambroisie

9, pl des Vosges, 75004. **Karte** 14 D3. *01 42 78 51 45.* *Di–Sa 12–13.30, 20–23.30 Uhr.* ★ *AE, MC, V.* €€€€€

Das diskrete und romantische Lokal ist eines von nur sieben Pariser Restaurants, das sich dreier Michelin-Sterne rühmen darf; Inhaber Pacaud hat ein früheres Juweliergeschäft geschmackvoll mit elegantem Steinboden restauriert. Bestellungen auf die 40 vorhandenen Plätze werden einen Monat im Voraus angenommen. Spezialitäten sind eine *mousse* (Cremespeise) mit süßer roter Paprika, *truffe feuilletée* (mehrschichtige Pastete), Langustinen mit Sesam und *croustillant* (knuspriger Lammbraten).

Beaubourg und Les Halles

Le Bistrot Beaubourg

25, rue Quincampoix, 75004. **Karte** 13 B2. *01 42 77 48 02. tägl. 12–2 Uhr. nur mittags.* DC, MC, V. €

Das recht schicke Restaurant serviert klassische französische Küche zu günstigen Preisen. Rochen in schwarzer Buttersauce oder Rippchen in grüner Pfeffersauce sind typisch für die Tageskarte. Hier kann man sich richtig Zeit lassen und dabei die ungewöhnliche Postersammlung oder die sonnige Terrasse genießen.

Au Crocodile

28, rue Léopold Bellan, 75002. **Karte** 13 A1. *01 42 36 92 44. Mo 12–15 Uhr, Di–Fr 12–15 Uhr, 20–22 Uhr, Sa 20–22 Uhr.* MC, V. €

Ein freundliches kleines Restaurant mit nicht sehr umfangreicher, saisonabhängiger Speisekarte: marinierte Sardinen, *profiteroles* (eine Art Windbeutel) mit Lachs und Seeforellen mit Basilikum. Die elfenbeinfarbene, lackierte Eschenholztäfelung mit Blumenmotiven setzt einen frischen Akzent.

Le Grizzli

7, rue St-Martin, 75004. **Karte** 13 B3. *01 48 87 77 56. tägl. 12–14.30, 19.30–23 Uhr.* AE, MC, V. €

Das alte Grizzli wurde 1903 eröffnet und war eines der letzten Pariser Lokale mit Tanzbären. Dann wechselte der Eigentümer und damit der Charakter des Hauses. Im Angebot sind heute viele Erzeugnisse aus dem Südwesten Frankreichs: Schinken, auf Stein gebratene Lammkoteletts, diverse Käsesorten und Weine aus dem Familienbetrieb.

Le Loubechem

31, rue Berger, 75001. **Karte** 12 F2. *01 42 33 12 99. Mo–Sa 12–14.30, 18–23 Uhr.* AE, DC, MC, V. €

Der Name des Restaurants stammt aus der Straßensprache und bedeutet »Metzger«. In der Tat dreht sich in dieser ehemaligen Metzgerei alles um Fleisch. Die Portionen orientieren sich am Appetit von Schwerwichtsboxern. Die *assiette du rôtisseur* (drei gegrillte Fleischsorten mit Saucen) ist legendär, und die *aiguillette à la ficelle* wird nach alter Tradition zubereitet.

Aux Tonneaux des Halles

28, rue Montorgueil, 75001. **Karte** 13 A1. *01 42 33 36 19. Mo–Sa 8–24 Uhr.* DC, MC, V. €

Das typisch Pariser Bistro verfügt noch über eine alte Zinkbar und hat wohl eine der kleinsten Küchen in Paris. Der Service ist nicht besonders schnell, aber auf solches Essen wartet man gerne. Äußerst günstige Weinkarte.

Au Pied de Cochon

6, rue Coquillière, 75001. **Karte** 12 F1. *01 40 13 77 00. tägl. 24 Stunden.* AE, DC, MC, V. €€

In dem jetzt farbenfroh restaurierten Brauhaus trafen sich einst in den Morgenstunden die hohen Herren, um die Marktarbeiter in den Halles zu beobachten und die Zwiebelsuppe des Hauses zu genießen. Trotz der großen Besucherströme ist das Lokal angenehm, die Speisekarte bietet jedem etwas (ausgezeichnete Schalentiere), und es ist immer noch einer der besten Orte, um sich nach einer langen Nacht zu erholen.

Pharamond

24, rue de la Grand-Truanderie, 75001. **Karte** 13 B2. *01 40 28 45 18. tägl. 12–14.30, 19–23.30 Uhr. So abend (Winter). mittags.* AE, DC, MC, V. €€€

Das 1870 eröffnete Bistro hat die Ausquartierung der Halles in die Außenbezirke überlebt und blieb mit seinen Kacheln, Mosaiken, der Holztäfelung und den Spiegeln erhalten. Zu den Spezialitäten gehören *tripes à la mode de Caen* (Kuddeln mit Zwiebeln und Lauch, in Apfelwein und Calvados gekocht) und *bœuf en daube* (Rindfleischeintopf). Ausgezeichneter Cidre aus der Normandie.

Saudade

34, rue des Bourdonnais, 75001. **Karte** 13 A2. *01 42 36 30 71. Mo–Sa 12–14, 19.30–22.30 Uhr (Fr, Sa bis 23 Uhr).* AE, MC, V. €€€

Das wohl beste portugiesische Restaurant in Paris. Hier glaubt man sich eher am Tejo als an der Seine. Das portugiesische Stammgericht *bacalao* (gepökelter Kabeljau) gibt es in verschiedener Zubereitung, z. B. mit Tomaten und Zwiebeln oder mit Kartoffeln und Ei. Jungschweinebraten und *cozido* (portugiesischer Eintopf) sind weitere wohlschmeckende Spezialitäten. Reichhaltige Weinkarte, auch mit Portweinen.

Le 404

69, rue Gravilliers, 75003. **Karte** 13 B1. *01 42 74 57 81. tägl. 12–14.30, 20–24 Uhr.* V ★ AEC, MC, V. €€€

Das exzellente Restaurant befindet sich im *hôtel particulier*, das 1737 für Gabrielle d'Estrées (die Geliebte von Henri IV) gebaut wurde. Es wird von dem Schauspieler Smaïn geführt, dem auch das Momo in London gehört. Das Essen basiert auf der traditionellen marokkanischen Küche, das Dekor erinnert an ein Beduinenzelt. Vorbestellung unbedingt notwendig.

Benoît

20, rue St-Martin, 75004. **Karte** 13 B2. *01 42 72 25 76. tägl. 12–14, 20–22 Uhr. mittags.* ★ AE. €€€€€

Ein Juwel unter den Pariser Bistros. Die vom Großvater 1912 eingebauten Marmorimitationen, der Messingglanz und die Spitzenvorhänge sind noch heute der Stolz des Besitzers. Ausgezeichnete, traditionelle Bistro-Küche mit *saladiers* (Salatteller), Leberpastete nach Art des Hauses, *bœuf à la mode* und *cassoulet* (Eintopf mit Fleisch und weißen Bohnen). Hervorragende Weinkarte.

Tuileries

Gaya

17, rue Duphot, 75001. **Karte** 5 C5. *01 42 60 43 03. Mo–Fr 12–14.30, 19–23 Uhr.* AE, MC, V. €€

Monsieur Goumards *bistrot de la mer* (Bistro der Meeresfrüchte) war vor der Restaurierung seines Goumard Prunier *(siehe S. 301)* eines der hochklassigsten Fischrestaurants. Die heutige Speisekarte bietet einfach zubereitete Fischgerichte. Hübsche portugiesische Kacheln im Erdgeschoss.

Le Grand Louvre

Le Louvre, 75001. **Karte** 12 F2. *01 40 20 53 41. Mi–Mo 12–15, Mo und Mi auch 19–22 Uhr.* AE, DC, MC, V. €€

Selten findet man in einem Museum ein so gutes Restaurant wie hier, unter der Glaspyramide im Eingangsbereich; das nüchterne Holz- und Metalldekor ist eine wohltuende Ergänzung zur Glaskonstruktion. Das Angebot ist von der Küche Südwestfrankreichs geprägt – gefüllter Gänsehals, *foie gras, bœuf en daube* (Rindfleischeintopf) oder Backpflaumeneis mit Armagnac. Das Angebot geht ursprünglich auf den Star-Gastronomen André Daguin zurück.

Goumard

9, rue Duphot, 75001. **Karte** 5 C5. *01 42 60 36 07.* *Di–Sa 12.15–14.30, 19–22.30 Uhr.* *mittags.* *AE, DC, MC, V.* €€€

Das alteingesessene Restaurant (das Gebäude stammt aus dem 19. Jh.) ist schon fast zum Synonym für delikaten Fisch und ausgezeichnete Meeresfrüchte geworden. Es wurde von Monsieur Goumard mit großem Aufwand restauriert: Eine sehr hübsche Küche, großartige Lalique-Leuchter und Skulpturen harmonieren mit den Originalelementen aus der Zeit von 1900 bis 1930. Der Fisch ist stets frisch, die Desserts sind hervorragend.

Les Ambassadeurs

10, pl de la Concorde, 75008. **Karte** 11 C1. *01 44 71 16 16.* *tägl. 12–14.30, 19.30–22 Uhr.* ★ *AE, DC, MC, V.* €€€€€

Das Haupttrestaurant des Luxushotels Crillon *(siehe S. 280)* ist eines von nur zwei Pariser Hotelrestaurants, die Michelin mit zwei Sternen ausgezeichnet hat. Der Küchenchef Dominique Bouchet besticht vor allem durch seine Kreativität. Sein typischer Stil: klassische französische Küche mit modernem Touch, und vor allem mit viel Liebe zum Detail. Bouchet ändert seine Speisekarte mit den Jahreszeiten. Zu empfehlen sind vor allem die Jakobsmuscheln mit Basilikum und Tomaten sowie die knusprige Kartoffelpfannkuchen. Der Service ist hervorragend, der marmorglänzende Speiseraum an der Place de la Concorde beeindruckend.

L'Espadon

15, pl Vendôme, 75001. **Karte** 6 D5. *01 43 16 30 80.* *tägl. 7–11, 12–15, 19.30–23 Uhr.* ★ *AE, DC, MC, V.* €€€€€

Das mit zwei Michelin-Sternen ausgezeichnete Restaurant gehört zum Hotel Ritz *(siehe S. 281)*. Was hier geboten wird, ist die hohen Preise wahrlich wert: Schönes Dekor, ein idyllischer Garten, erstklassiger Service und M. Guillouët moderne klassische Küche ergeben zusammen einen Hochgenuss ab.

Le Carré des Feuillants

14, rue de Castiglione, 75001. **Karte** 12 D1. *01 42 86 82 82.* *Mo–Fr 12–14, 19.30–22.30 Uhr.* *Aug.* ★ *AE, DC, MC, V.* €€€€€

Hier führt Stargastronom Alain Dutournier die besten Erzeugnisse Südwestfrankreichs, seiner Heimat, vor: eigens georderte Lamm und Rind, *foie gras,* Geflügel. Elegantes venezianisches Glasdekor und illusionistische Deckengemälde sorgen für eine leicht rustikale Atmosphäre. Hervorragende Weinkarte.

Le Grand Véfour

17, rue de Beaujolais, 75001. **Karte** 12 F1. *01 42 96 56 27.* *Mo–Fr 12.30–14, 20–22 Uhr.* *Aug.* ★ *AE, DC, MC, V.* €€€€€

Das Restaurant mit seiner denkmalgeschützten Inneneinrichtung (18. Jh.) gilt weithin als das attraktivste in ganz Paris. Gastronom Guy Martin gelingt es, seine drei Michelin-Sterne zu halten. Er bietet u. a. Kammmuscheln mit Beaufort-Käse, Krautravioli mit Trüffelcreme und *galette* mit Endiviensalat an. Sie können nach dem Lieblingstisch von Colette, Victor Hugo oder Napoléon fragen. Ein Lokal für besondere Gelegenheiten.

St-Germain-des-Prés

Aux Charpentiers

10, rue Mabillon, 75006. **Karte** 12 E4. *01 43 26 30 05.* *tägl. 12–15, 19–23.30 Uhr.* *AE, DC, MC, V.* €

Ein etabliertes Bistro, bei Studenten und Einheimischen in St-Germain-des-Prés von jeher beliebt. Gut zubereitete Standardgerichte wie Kalbfleisch *marengo* (in Öl gebraten) oder *bœuf à la mode* sind in dem geräumigen, lauten Lokal immer zu vernünftigen Preisen zu bekommen.

Le Petit St-Benoît

4, rue St-Benoît, 75006. **Karte** 12 E3. *01 42 60 27 92.* *Mo–Sa 12–14.30, 19–22.30 Uhr.* €

Das preiswerte Lokal für alle, die auf ihr Geld achten müssen oder einfach nur Einheimische treffen möchten. Die Kellnerinnen sind nicht auf den Mund gefallen, vielleicht werden Sie mit anderen Gästen an einen Tisch gesetzt. Einfache Einrichtung, gute Hausmannskost.

Aux Fins Gourmets

213, blvd St-Germain, 75007. **Karte** 11 C3. *01 42 22 06 57.* *Di–Sa 12–14.15, 19.30–22 Uhr, Mo 19.30–22 Uhr.* €€

Das freundliche Lokal liegt am Ende des Boulevard St-Germain, unweit der Assemblée Nationale. Es wartet mit einer schlichten, aber herzhaften Küche auf. Spezialitäten aus dem Südwesten (darunter *cassoulet*: Fleischeintopf mit weißen Bohnen). Hervorragendes Gebäck von der Pâtisserie Peltier.

Le Procope

13, rue de l'Ancienne Comédie, 75006. **Karte** 12 F4. *01 40 46 79 00.* *tägl. 11–1 Uhr.* *AE, MC, V.* €€

Zwar beitet die Küche nichts Außergewöhnliches, dennoch hat das Lokal Besonderes zu bieten: Hier waren zahlreiche namhafte Persönlichkeiten der Pariser Geschichte zu Gast, seit der Eröffnung 1686 – Le Procope ist das älteste Restaurant von Paris – war es stets Treffpunkt für Künstler, Schriftsteller, Politiker und Philosophen. Zu den Gästen zählten etwa Diderot, Danton, Beaumarchais und Balzac. Und auch heute noch treffen sich hier Künstler und Schriftsteller. Das Drei-Gänge-Menü für rund 20 € (bis 20 Uhr) ist auch für Not leidende Intellektuelle bezahlbar.

Yugaraj

14, rue Dauphine, 75006. **Karte** 12 F3. *01 43 26 44 91.* *tägl. 19–23 Uhr, Di–So auch 12–14.15 Uhr.* *AE, DC, MC, V.* €€

Gilt bei vielen immer noch als das beste indische Restaurant in Paris und wurde kürzlich renoviert. Der hervorragende indische Küchenchef empfiehlt Gerichte aus seiner Heimat; die wichtigsten Gewürze bezieht er direkt von dort. Erstaunlich gute Weinkarte; der Inhaber ist offenbar überzeugt, dass zu indischer Kost mehr als Bier und Rosé gehört.

Alcazar

62, rue Mazarine, 75006. **Karte** 12 F4. *01 53 10 19 99.* *tägl. 12–15, 19–23.30 Uhr (Sa, So bis 24 Uhr).* *mittags.* *AE, DC, MC, V.* €€€

Das Alcazar war in den 1970er Jahren ein schicker Klub. Sir Terence Conran kaufte es 1999 und verwandelte es in eine Art Brasserie-Bar. Das Resultat ist ein großzügiges, durch und durch modernes Restaurant mit einer einfachen, aber immer guten Küche.

Zeichenerklärung *siehe S. 289*

Brasserie Lipp

151, blvd St-Germain, 75006.
Karte 12 E4. *01 45 48 53 91.* *tägl. 12–1 Uhr.* *AE, DC, MC, V.* €€€

Die Brasserie wird geliebt und gehasst zugleich. Und doch kehren Show-Stars, Politiker und andere Stammkundschaft immer wieder. Zu den Spezialitäten gehören Hering in Cremesauce und eine gewaltige *millefeuille*-Pastete. Verlangen Sie einen Tisch im Erdgeschoss, wenn Sie dazugehören wollen. Das Obergeschoss wird »Sibirien« genannt.

Rôtisserie d'en Face

2, rue Christine, 75006. **Karte** 12 F4. *01 43 26 40 98.* *Mo–Sa 12–14.30, 19–23 Uhr, Fr, Sa 19–23.30 Uhr.* *AE, DC, MC, V.* €€€

Das elegante Restaurant im Bistro-Stil – eines von vier des Zwei-Sterne-Gastronomen Jacques Cagna – ist fast über Nacht berühmt geworden. Auch Wohlhabende nehmen gern Preisvorteile wahr, und so isst hier eine gemischte Gesellschaft zu festen Preisen. Serviert werden beispielsweise Farmhähnchen vom Spieß mit Kartoffelbrei, Räucherlachs mit frischem Spinat und *profiteroles* (kleine Windbeutel) mit Schokoladensauce.

Tan Dinh

60, rue de Verneuil, 75007. **Karte** 12 D3. *01 45 44 04 84.* *Mo–Sa 12– 14, 19.30–23 Uhr.* *Aug.* €€€€

Französisch-vietnamesisches Restaurant, im Besitz der unaufdringlichen Familie Vifian. Das Tan Dinh ist relativ teuer, serviert aber hervorragende Speisen und hat eine exzellente Weinkarte sowie eines der größten Angebote von Pomerols in Paris. Hier muss man keine fernöstlichen Lampions in Kauf nehmen, sondern speist in einer ansprechend nüchternen Inneneinrichtung.

Lapérouse

51, quai des Grands Augustins, 75006. **Karte** 12 F4. *01 43 26 68 04.* *Mo–Fr 12–14.30 Uhr, Sa 20–22 Uhr.* *AE, DC, MC, V.* €€€€€

Ein berühmtes Restaurant aus dem 19. Jahrhundert, das seinem Ruf als Schmuckstück der Stadt unter der Führung von Alain Hacquard gerecht wird. In den verschiedenen Salons blieb die ursprüngliche Einrichtung (um 1850) erhalten. Die besten Tische stehen an den Fenstern zur Seine.

Restaurant Jacques Cagna

14, rue des Grands Augustins, 75006. **Karte** 12 F4. *01 43 26 49 39.* *Di–Fr 12–14 Uhr, Mo–Sa 19.30–22.30 Uhr.* ★ *AE, DC, MC, V.* €€€€€

Das elegante Stadthaus aus dem 17. Jahrhundert bietet einen angemessenen Rahmen für die kostbaren Schmuckstücke und die ausgezeichnete klassisch-moderne Küche des Hauptinhabers Jacques Cagna. Die Speisen zeigen auch ein wenig dessen Liebe für den Fernen Osten. Sie bekommen etwa Seebarbensalat mit *foie gras*, Tauben-*confit* (aus dem Topf) mit Rüben und einen klassischen *Paris-Brest* (Windbeutel mit Pralinencreme). Hervorragende Weinkarte.

Quartier Latin

Restaurant Perraudin

157, rue St-Jacques, 75005. **Karte** 16 F1. *01 46 33 15 75.* *Di–Fr 12–22.15 Uhr, Mo, Sa 19–22.15 Uhr.* *Aug.* *DC, MC, V.* €

Das winzige Restaurant in der Nähe des Panthéon serviert Altbewährtes, beispielsweise *oeuf-cocotte* and marinierte Ente. Zur Mittagszeit ist es wegen der freundlichen Atmosphäre meist recht voll.

Loubnane

29, rue Galande, 75005. **Karte** 9 A4. *01 43 26 70 60.* *Mi–So 12–14.30, 19–24 Uhr, Di 19–23.30 Uhr.* *AE, DC, MC, V.* €€

Ein libanesisches Restaurant. Serviert werden Spezialitäten wie *mezzes*, die sorgfältig von einem *patron* serviert werden, dessen einziges Lebensziel es zu sein scheint, seine Gäste glücklich zu machen. Oft finden im Keller Aufführungen libanesischer Musik statt.

Le Balzar

49, rue des Ecoles, 75005. **Karte** 13 A5. *01 43 54 13 67.* *tägl. 12–24 Uhr.* *AE, MC, V.* €€€

Hier gibt es eine gute Auswahl von Brauhausgerichten, aber die Hauptattraktion ist die durch eine Holzverkleidung geprägte gemütliche Atmosphäre des Restaurants. Ein typisches Lokal des linken Seine-Ufers, in dem vor allem Professoren und Studenten der Sorbonne verkehren.

Restaurant Moissonnier

28, rue des Fossés St-Bernard, 75005. **Karte** 13 B5. *01 43 29 87 65.* *Di–Sa 12–14, 19.30–22.30 Uhr.* *Aug.* *MC, V.* €€€

Das Bistro im Familienbesitz bringt den Geschmack der Provinzen nach Paris. Es gibt Standardleibgerichte aus der Lyoner Region, etwa *saladiers* (Salatteller), *gras-double* (Kutteln), *quenellles de brochet* (Fischklößchen) und Schokoladenkuchen. Auf der Weinkarte dominiert der Beaujolais. Fragen Sie nach einem Tisch im Erdgeschoss, dort ist mehr los.

Rôtisserie du Beaujolais

19, quai de la Tournelle, 75005. **Karte** 13 B5. *01 43 54 17 47.* *Di–So 12–14.15, 19.30–23 Uhr.* *V.* €€€

Der Name ist Programm. In dem Restaurant an der Seine (es gehört Claude Terrail von der Tour d'Argent nebenan) gibt es Geflügel und anderes Fleisch vom Grill. Fleisch und Käse werden zumeist direkt bei den besten Lieferanten von Lyon geordert. Hier wird natürlich Beaujolais getrunken.

La Tour d'Argent

15–17, quai de la Tournelle, 75005. **Karte** 13 B5. *01 43 54 23 31.* *Di–So 12–13.30, 19.30–21.30 Uhr.* ★ *AE, DC, MC, V.* €€€€€

La Tour d'Argent wurde 1582 (!) gegründet und scheint für die Ewigkeit geschaffen. Jedenfalls kann man keinerlei altersschwache Züge entdecken. Der Inhaber Claude Terrail lässt die klassische Speisekarte regelmäßig durch eine ganze Truppe junger Küchenchefs auf Vordermann bringen. Die Bedienung wirkt auf manche ein wenig »von oben herab«, aber das gehört hier einfach zum Stil. Der Weinkeller ist wahrscheinlich einer der besten der Welt.

Jardin des Plantes

Au Petit Marguery

9, blvd de Port-Royal, 75013. **Karte** 17 B3. *01 43 31 58 59.* *Di–Sa 12–14.15, 19.30–22.15 Uhr.* *AE, V.* €€

Drei Brüder leiten das komfortable, gute Bistro. Viele ihrer Gerichte sind normalerweise in einem Bistro nicht zu bekommen: kalte Hummer-Consommé mit

Kaviar, Pilzsalat mit *foie gras*, gewürzter Kabeljau, Schokoladenkuchen mit *mocha-sabayon*-Sauce. Typische Spezialitäten sind außerdem Fasan- und Entengerichte.

MONTPARNASSE

La Cagouille

10–12, pl Constantin Brancusi, 75014. **Karte** 15 C3. *01 43 22 09 01.* *tägl. 12–14.30, 19.30–22.30 Uhr.* ★ *MC, V.* €€

Das große, moderne Lokal an der neu entstandenen Place Brancusi im umgebauten Montparnasse-Viertel ist mit seiner Seemannsatmosphäre eines der besten Fischrestaurants in Paris. Große Fische werden mit wenigen Saucen oder Zierbeilagen serviert; auch ungewöhnliche Zugaben der Saison kommen vor, etwa schwarze Kammmuscheln und *vendangeurs* (winzige Seebarben). Der Meeresfrüchteteller ist einer der besten in Paris, ebenso das Angebot an Cognacs.

La Coupole

102, blvd du Montparnasse, 75014. **Karte** 16 D2. *01 43 20 14 20.* *So–Do 8.30–1 Uhr, Fr, Sa 8.30–2 Uhr.* *24. Dez abends.* V *AE, DC, MC, V.* €€

Seit 1927 ist die berühmte Brasserie Treffpunkt für Künstler, Philosophen und Snobs. Dem Besitzer gehört auch die Brasserie Flo, die Speisekarte der beiden Restaurants ist ähnlich: gute Meeresfrüchte, Räucherlachs, *choucroute* (Sauerkraut), außerdem viele köstliche Desserts. Eine Spezialität des Hauses ist Currylamm. Die beachtliche, halb-monumentale Ausstattung wurde restauriert. Hier herrscht den ganzen Tag Hochbetrieb, vom Frühstück bis in die frühen Morgenstunden *(siehe auch S. 178)*.

Contre-Allée

83, ave Denfert-Rochereau, 75014. **Karte** 16 E3. *01 43 54 99 86.* *Mo–Fr 12–14, Mo–Sa 20–22 Uhr.* *AE, MC, V.* €€€

Das Restaurant liegt neben der Place Denfert-Rochereau in einer Seitenstraße gleichen Namens. Es wird von Professoren der Sorbonne und Anwohnern besucht. Chefkoch Michel Inizian (ehemaliger Chefkoch des Le Procope) zaubert Kabeljau mit Parmesan, *hachis parmentier* (eine Art Auflauf) mit *foie gras* und Ente, köstliche Kalbsleber und Überbackenes mit Apfelsine. Sparsames Dekor mit interessanten Schwarzweiß-Fotos.

HÔTEL DES INVALIDES UND EIFFELTURM

L'Oeillade

10, rue de St-Simon, 75007. **Karte** 11 C3. *01 42 22 01 60.* *Di–Fr 12.30–14 Uhr, Mo–Sa 19.30–23 Uhr.* *MC, V.* €€

In Reisebroschüren wird dieses gastfreundliche Restaurant oft als Touristenlokal beschrieben. Es hat aber eine sehr gediegene Speisekarte, auf der sich Gerichte finden wie gebratener Stint, *pipérade* (geschmorte Paprika, Tomaten und Knoblauch) mit verlorenen Eiern, *sole meunière*, Kabeljau *brandade* (gesalzener Kabeljau und Knoblauchpüree), Lammbraten mit Kreuzkümmel und *œufs à la neige* (Meringe mit Vanillepudding).

La Serre

29, rue de l'Exposition, 75007. **Karte** 10 F3. *01 45 55 20 96.* *Di–Sa 12–15, Di–So 19–23 Uhr.* *MC, V.* €€

Ein gemütliches Restaurant in einer ruhigen Straße unweit des Eiffelturms. Die Besitzer Mary-Alice und Philippe Beraud kochen Hausmannskost aus frischesten Zutaten zu günstigen Preisen. Die Gerichte sind einfach und geschmackvoll, darunter gibt es Spezialitäten aus dem Südwesten wie *gesiers confit sur salade, cuisse de canard confite* oder Kalbsleber mit *confiture d'onions*. Restaurants dieser Art findet man heute nur noch selten.

Thoumieux

79, rue St-Dominique, 75007. **Karte** 11 A2. *01 47 05 49 75.* *tägl. 12–15, 18.30–23.30 Uhr.* *AE, MC, V.* €€

Gut geführtes Restaurant, das sein Geld wert ist. Die Ingredienzien der Speisen sind frisch, fast alles wird an Ort und Stelle zubereitet – *foie gras*, Ente *rillettes* (aus dem Topf), *cassoulet* (Fleischeintopf mit weißen Bohnen – eine Spezialität des Hauses) und zwei Arten von Schokoladencreme.

L'Arpège

84, rue de Varenne, 75007. **Karte** 11 B3. *01 45 51 47 33.* *Mo–Fr 12.30–14, 20–22 Uhr.* ★ *AE, DC, MC, V.* €€€€€

Alain Passards Drei-Sterne-Restaurant unweit des Musée Rodin ist eines der angesehensten in Paris. Die Ausstattung mit hellem Holz ist eindrucksvoll, die Speisekarte hervorragend. Spezialitäten sind Hummer mit Rüben-Vinaigrette und Ente Louise Passard.

Le Jules Verne

2. Plattform, Eiffelturm, 75007. **Karte** 10 D3. *01 45 55 61 44.* *tägl. 12.15–13.30, 19.15–21.30 Uhr.* *AE, DC, MC, V.* €€€€€

Das Restaurant ist keine Touristenfalle: Im Jules Verne auf der zweiten Etage des Eiffelturms bekommen Sie tatsächlich kaum eine Tischreservierung. Elegantes Dekor in Schwarz und ausgezeichnete Küche. Fragen Sie nach dem Raum gen Osten oder gen Westen.

Vin sur Vin

20, rue de Monttessuy, 75007. **Karte** 10 E2. *01 47 05 14 20.* *Di–Fr 12–14, Mo–Sa 20–22 Uhr.* *MC, V.* €€€€€

Patrice Vidal, der Inhaber, ist mit Recht stolz auf dieses kleine Restaurant am Eiffelturm (acht Tische). Die originellen Menüs wechseln je Saison, es gibt eine großartige, nicht überteuerte Weinkarte. Standardgerichte sind *galette* (Buchweizen-Pfannkuchen) mit Tintenfisch, Schneckenpastete, *blanquette* aus Weißfisch und Ente mit Pfirsich.

CHAILLOT PORTE MAILLOT

L'Huîtrier

16, rue Saussier Leroy, 75017. **Karte** 4 E2. *01 40 54 83 44.* *Di–Sa 12–14.30, 19–22.30 Uhr, So 12–14.30 Uhr.* *Mitte Aug.* *AE, MC, V.* €€€

Ein neu renoviertes Restaurant, spezialisiert auf Meeresfrüchte, vor allem Austern – im Halbdutzend oder Dutzend – und heiße Fischgerichte. Hier kann man nach einem Besuch des Markts in der nahen Rue Poncelet wieder neue Kräfte sammeln.

La Butte Chaillot

110 bis, ave Kléber, 75116. **Karte** 4 D5. *01 47 27 88 88.* *tägl. 12–14.30, 19–23 Uhr.* *AE, MC, V.* €€

Das neueste Restaurant des angesehenen Gastronomen Guy Savoy ist mit seinen polierten Holzböden, den lackierten Wänden in Ocker- und Beigetönen und dem stahl- und glasgefassten Treppenabgang zum Untergeschoss auch das modernste. Die Küche bietet Schneckensalat, Austern mit Cremesauce, gebratene Kalbsbrust mit Rosmarin und Apfeltorte. Sehr modebewusstes Publikum.

Zeichenerklärung *siehe S. 289*

Chez Géraud

31, rue Vital, 75016. **Karte** 9 B3. *01 45 20 33 00.* *Mo–Fr 12–14, 19.30–21.15 Uhr.* *Aug.* AE, MC, V. €€

Géraud Rongier, der joviale Inhaber des Bistros, begrüßt den Gast wie einen Freund: Hier soll man sich wohl fühlen. Die Küche orientiert sich genau am Markt, das heißt am Angebot des Tages. Es gibt z. B. Lammschulter am Spieß, Sabodet-Würste in Rotweinsauce, Rochen mit Senf, Brattauben mit Portweinsauce und Kuchen aus Bitterschokolade. Die hübsche Wandfliesenmalerei wurde speziell für das Restaurant angefertigt.

Oum El Banine

16 bis, rue Dufrenoy, 75016. **Karte** 9 A1. *01 45 04 91 22.* *Di–Sa 12–14, 20–22.30 Uhr.* AE, MC, V. €€

Die Inhaberin des kleinen Restaurants in dem schicken Wohnviertel hat ihre Kunst bei ihrer Mutter in Marokko gelernt. Ihre Lieblingsgerichte: eine *harira*-Suppe (dick und würzig), *pastilla* (würzige Blätterteigtorte) und *brik* (dreieckiges Gebäck mit Füllung), köstliches *couscous* mit fünf verschiedenen Ragouts sowie appetitliche *tagines* (geschmorte Eintopfgerichte). Ein originelles und authentisches Restaurant.

La Plage

Port Javel, 75015. **Karte** 9 B5. *01 40 59 41 00.* *Mo–Fr 12–15, 20–24 Uhr.* AE, DC, MC, V. €€€

Das beliebte Restaurant gegenüber der Freiheitsstatue auf der Ile aux Cignes lohnt schon allein wegen der Lage einen Besuch. Aber auch die Küche ist durchaus empfehlenswert. Wer etwas auf sich hält, lässt sich zum Mittagessen auf der Terrasse sehen, die sich an einem lauen Sommerabend auch hervorragend für ein romantisches Candlelight-Dinner eignet.

L'Astrance

4, rue de Beethoven, 75016. **Karte** 9 C3. *01 40 50 84 40.* *Mo, Di 20–21.30 Uhr, Mi–So 12–13.30, 20–21.30 Uhr.* AE, DC, MC, V. €€€€

Die mutige Küche der beiden jungen Köche des L'Astrance, die ehemals im L'Arpège gearbeitet haben, hat das Restaurant derart populär gemacht, dass man mindestens einen Monat im Voraus reservieren muss. Zu ihren meisterhaften Kreationen gehören beispielsweise sautierte Tauben mit karamellisierter Haselnuss-Sauce, gegrilltes Lamm mit einer Minz-, Zimt-, Joghurtsauce und eine Apfel-Sellerie-Minestrone mit Gewürzeiskrem. Das exzellente Menu Surprise ist so außergewöhnlich wie die Blume, von der das Restaurant seinen Namen hat.

59 Poincaré

59, ave Raymond Poincaré, 75016. **Karte** 9 C1. *01 47 27 59 59.* *Do–Fr 12–14.30, 19–23 Uhr, Sa 19–23 Uhr.* *Feiertage, Mitte Juli–Mitte Aug, 25. Dez – 1. Woche Jan.* ★ AE, DC, MC, V. €€€€

In dem historischen Gebäude mit seiner wunderschönen Belle-Epoque-Fassade kreiert Starkoch Alain Ducasse großartige Gerichte. Für die Menüs werden nur sorgfältigst ausgewählte Zutaten aus allen kulinarischen Regionen Frankreichs verwendet, der Schwerpunkt liegt in der Heimat des Kochs, dem Südwesten Frankreichs. Der elegante Speisesaal, der geschmackvoll mit Illusionsmalereien und Skulpturen dekoriert wurde, bietet den perfekten Rahmen für die Cuisine, wie *turbot de Bretagne*, *chevreuil d'Alsace* (Wildgericht) und *foie gras de canard des Landes*. Auf der ausgezeichneten Weinkarte befinden sich einige ausgesuchte Spitzenweine aus Bordeaux.

Le Timgad

21, rue Brunel, 75017. **Karte** 3 C3. *01 45 74 23 70.* *tägl. 12–14.30, 19.30–23 Uhr.* AE, DC, MC, V. €€€€

Seit Jahren ist Le Timgad das bekannteste und eleganteste nordafrikanische Restaurant in Paris, daher empfiehlt es sich vorher zu reservieren. Die umfangreiche Speisekarte bietet *brik* (dreieckiges Gebäck mit Füllung), *tagines* (geschmorte Eintopfgerichte) und *couscous* an, auf Vorbestellung auch Spezialitäten wie Grilltauben, *pastilla* (Blätterteigtorte) und *méchoui* (ganzes gebratenes Lamm). Genießen Sie die Aura von Wohlstand und Luxus.

Amphyclès

78, ave des Ternes, 75017. **Karte** 3 C2. *01 40 68 01 01.* *Mo–Fr 12–14.30, 20–22.30 Uhr, Sa 12–14.30 Uhr.* ★ AE, DC, MC, V. €€€€€

Philippe Groult hat dieses kleine Lokal, in dem man sich fast wie in einem Garten fühlt, innerhalb weniger Monate nach Eröffnung zu einem der besten Pariser Restaurants gemacht. Zu den Spezialitäten gehören Morchelsuppe, Hummer-Risotto mit Pfifferlingen, Ente mit Apfelsine und Koriander, gedämpfte Leberpastete *(foie gras)* mit Bohnen, Seebarschfilet mit Sesam und Taube in Meeresalgen. Die köstlichen Desserts werden von einem wohlsortierten Servierwagen gereicht.

Champs-Elysées

La Fermette Marbeuf 1900

5, rue Marbeuf, 75008. **Karte** 4 F5. *01 53 23 08 00.* *tägl. 12–15, 19–23.30 Uhr.* AE, DC, MC, V. €€

Das historische Bauwerk an den Champs-Elysées ist mit bezaubernden Mosaiken, Kacheln und Eisenbeschlägen der Belle Epoque ausgeschmückt. Von der schönen Umrahmung abgesehen, bietet La Fermette Marbeuf hervorragende Kost im Stil einer Brasserie. Mit beachtenswerten Menüvorschlägen und vielen Weinen der *appellation contrôlée* – ein Hinweis auf ihre Qualität. Insgesamt ist die Brasserie typisch für Paris und – vor allem am späten Abend – sehr geräuschvoll.

Savy

23, rue Bayard, 75008. **Karte** 10 F1. *01 47 23 46 98.* *Mo–Fr 12–14.30, 19–23 Uhr.* *Feiertage, Aug.* AE, MC, V. €€

Trotz seiner Nachbarschaft zu Dior und anderen Top-Adressen hat sich das Savy seit 60 Jahren als gepflegtes lokales Bistro erhalten. Die Einrichtung ist im Art-déco-Stil gehalten. Sehr wohlschmeckend sind Monsieur Savys Gerichte à la Auvergne: Krautwickel, Kabeljau-Klops, gebratene Lammschulter, gebratenes Perlhuhn und Pflaumentorte.

Sébillon

66, rue Pierre Charron, 75008. **Karte** 4 F5. *01 43 59 28 15.* *tägl. 12–24 Uhr.* AE, DC, MC, V. €€€

Nahe den Champs-Elysées ist das Restaurant ein Ableger des früheren Sébillon, in dem seit 1913 die Bewohner des bourgeoisen Vororts Neuilly verköstigt wurden. Die Speisekarte ist die gleiche geblieben, mit Meeresfrüchten, Hummersalat, Kammmuschel *à la provençale*, Roastbeef-Rippenstück und riesenhaften *Eclairs*. Spezialität des Hauses: Lammhaxe, so viel Sie wollen – tranchiert am Tisch in dem schönen, sehr gestylten Speiseraum.

L'Avenue

41, ave Montaigne, 75008. **Karte** 10 F1. *01 40 70 14 91. tägl. 8–24 Uhr. AE, DC, MC, V.* €€€€

Am Schnittpunkt der Avenuen Montaigne und François Ier – im Zentrum der Haute Couture – trifft sich im L'Avenue die elegante Welt. Ungewöhnliches Dekor (1950er Jahre) in frischen Farben. In Spitzenzeiten kann es etwas hektisch zugehen – es ist eben eine Brasserie, die gute Küche für jeden Geschmack bietet. Von Vorteil ist, dass man hier auch spät abends leckeres Essen bekommt.

Le Cercle Ledoyen

1, ave Dutuit, 75008. **Karte** 11 B1. *01 53 05 10 02. Mo–Sa 12–14, 20–23 Uhr. AE, DC, MC, V.* €€€€€

In diesem komfortablen Restaurant bekommen Sie feine Küche wie gegrillten Butt mit wilden Pilzen und Fasan mit Quitten. Es gibt auch einfache Gerichte wie geräucherten Lachs mit Rührei. Versuchen Sie eines der köstlichen Schokoladendesserts. Das Ambiente: ein stilvoller Speiseraum und Wände mit Szenen aus dem Pariser Leben. Sie können auch herrlich auf der Terrasse speisen.

Guy Savoy

18, rue Troyon, 75017. **Karte** 4 D3. *01 43 80 40 61. tägl. 12–14, 19.30–22.30 Uhr. Feiertage, 2. Woche Juli, 3 Wochen im August.* ★ *AE, DC, MC, V.* €€€€€

Das Guy Savoy ist eines der Spitzenrestaurants der Stadt, das von allem nur das Beste offeriert. In dem großen, schönen Speiseraum wird professionell bedient. Die Gerichte von Guy Savoy sind hervorragend und schmecken ebenso gut, wie sie aussehen. Wählen Sie zwischen kalten Austern in Aspik, Miesmuscheln mit Pilzen, Hähnchen »Bresse« mit Sherry-Essig-Glasur, pochierter oder gegrillter Taube mit Linsen und zum Abschluss eines der extravaganten Desserts. Obwohl Küchenchef Savoy nur wenig Sahne und Fond einsetzt, gelingt es ihm, das Aroma jeder Zutat meisterlich zu entfalten.

Lasserre

17, ave Franklin D Roosevelt, 75008. **Karte** 11 A1. *01 43 59 53 43 oder 01 43 59 67 45. tägl. 19.30–22.30 Uhr (Do, Fr auch 12–14.30 Uhr). AE, MC, V.* €€€€€

Das diskrete Restaurant gegenüber dem Grand Palais ist eines der besten in Paris. Der charismatische Besitzer René Lasserre hat es geschafft, die opulente, aber freundliche Atmosphäre über 50 Jahre lang beizubehalten. Die Speisekarte bietet klassisch zubereitete feine Küche. Unter der Regie von Küchenchef Michel Roth werden Gerichte wie *canard de Challons à l'Orange* zubereitet. Weitere Spezialitäten sind *Mesclagne Landais Mère Irma* (aus *foie gras* und Hühnchen, benannt nach der Mutter Lasserres) und *pigeon André Malraux*. Die wunderschön zubereiteten Desserts sind köstlich, die Weinliste ist einmalig. Auf der Dachterrasse können Sie sehr romantisch unter dem Sternenhimmel speisen.

Laurent

41, ave Gabriel, 75008. **Karte** 5 B5. *01 42 25 00 39. Mo–Fr 12.30–14, 19.30–22.30 Uhr, Sa 19.30–22.30 Uhr (Juni–Aug auch So abends). Feiertage.* ★ *AE, DC, MC, V.* €€€€€

In dem hübschen, leicht rosa getönten Gebäude im Elysées-Park (19. Jh.) speisen die Mächtigen und die Reichen dieser Welt. Der Speisesaal ist üppig ausgestattet, die herrliche Terrasse ist durch Hecken abgeschirmt. Das Hors d'œuvre kommt mit dem Servierwagen, der Hummersalat wird am Tisch frisch zubereitet. Typische Spezialitäten sind Gemüse-Cannelloni mit Tintenfisch, exzellenter Lammbraten und eine Auswahl gebackener Süßigkeiten.

La Maison Blanche/ 15 Avenue Montaigne

15, ave Montaigne, 75008. **Karte** 10 F1. *01 47 23 55 99. Mo 20–23 Uhr, Di–Fr 12–14, 20–23 Uhr. Aug. AE, MC, V.* €€€€€

Das beliebte Restaurant Maison Blanche fügte seinem Namen »15 Avenue Montaigne« hinzu, nachdem es hierher, über das Théâtre des Champs-Elysées, umgezogen war. Die Einrichtung ist sehr modern, der Raum fast unendlich. Die von der Provence und dem Südwesten beinflusste Küche betört durch ihr Aroma und ihre Farben. Die exzellente Speisekarte lockt zahlreiche Gourmet-Pilger hierher.

Spoon

14, rue de Marignan, 75008. **Karte** 4 F5. *01 40 76 34 44. Mo–Fr 12–14, 19–23 Uhr. AE, MC, V.* €€€€€

Innerhalb weniger Monate hat sich dieses Fusion-Cuisine-Restaurant des Starkochs Alain Ducasse zu einem überaus gut besuchten Trendlokal entwickelt. Man muss zwar einige Wochen im Voraus reservieren, aber die gedünsteten Spezialitäten, die knackigen, im Wok sautierten Gemüsegerichte und die französischen Schokoladentörtchen sind das Warten wert.

Taillevent

15, rue Lamennais, 75008. **Karte** 4 F4. *01 44 95 15 01. Mo–Fr 12.15–13.45, 19.30–21.45 Uhr.* ★ *AE, DC, MC, V.* €€€€€

Das Taillevent ist das eleganteste der Pariser Restaurants mit drei Michelin-Sternen Die Atmosphäre ist ruhig, die herzliche Begrüßung durch den Eigentümer Jean-Claude Vrinat, die makellose Bedienung, die erlesene Weinkarte und die neoklassischen Gerichte des jungen Küchenchefs Michel Del Burgo sorgen für ein unvergessliches kulinarisches Erlebnis. Sie finden auf der Karte Sellerietaschen mit Morcheln und Trüffeln, Pyrenäenlamm mit Kohl, Hummercreme *(moelleux)* mit Paprika und unübertroffene Desserts. Reservierung ist Monate im Voraus nötig.

Opéra

Chartier

7, rue du Faubourg Montmartre, 75009. **Karte** 6 F4. *01 47 70 86 29. tägl. 11.30–15, 18–22 Uhr. MC, V.* €

Das geräumige Restaurant mit dem denkmalgeschützten Dekor der Zeit um 1900 bedient, wie eh und je, den Gast mit kleinem Geldbeutel. Außer Studenten und Urlaubern kommen auch *habitués* hierher, die sich an russischen Eiern mit Mayonnaise, Brathähnchen oder Pfeffersteak delektieren. Aufgrund des großen Andrangs kann es manchmal etwas dauern, bis die Kellner Zeit haben, sich um einen zu kümmern.

Chez Clément

17, blvd des Capucines, 75002. **Karte** 6 E5. *01 53 43 82 00. tägl. 7–1 Uhr. AE, MC, V.* €

Das gemütliche Bistro (Teil einer Kette), nur zwei Minuten von der Oper entfernt, ist für seine hervorragenden Fleischgerichte bekannt. Sowohl mittags als auch abends werden Tagesmenüs angeboten, die in jedem Fall eine preisgünstige Wahl darstellen.

La Ferme St-Hubert

21, rue Vignon, 75008. **Karte** 6 D5. *01 47 42 79 20. Mo–Sa 12–15, 19–23 Uhr.* *AE, MC, V.* €

Das einfache Restaurant der gleichnamigen *fromagerie* (Geschäft für Käsedelikatessen) nebenan ist mittags überlaufen, aber auch abends sehr gut besucht. Viele Speisen orientieren sich am Käse und sorgen so für eine angenehme Abwechslung von der raffinierten Küche. Hier soll es den besten *croque-monsieur* in Paris geben, beim Schweizer *raclette* gilt »All you can eat«, und selbst die Salate werden mit Käse serviert. Nahe an den Gourmet-Läden an der Place de la Madeleine gelegen.

A.G. Le Poète

27, rue Pasquier, 75008. **Karte** 5 C4. *01 47 42 00 64. Mo–Fr 12–14.30, 19–22.30 Uhr, Sa 19–22.30 Uhr. 1. Woche im Aug.* *AE, MC, V.* €€

An der Place de la Madeleine stehen in diesem mit rotem Samt romantisch ausgestatteten und sanft beleuchteten Restaurant interessante Gerichte auf der Speisekarte. Antoine Gayet, Poet und leidenschaftlicher Koch, kombiniert beispielsweise Seebarbe mit Muscheln und Sahnenesseln oder Langusten mit gebratener Schweinshaxe.

Au Petit Riche

25, rue le Peletier, 75009. **Karte** 6 F4. *01 47 70 68 68. Mo–Sa 12–14.15, 19–0.15 Uhr.* *AE, DC, MC, V.* €€

Authentisches Bistro mit sagenhafter Atmosphäre. Es gibt mehrere kleine Räume mit poliertem Kupfergerät, Spiegeln und Holzverkleidung. Mittags sind hier die Besucher des Auktionshauses Drouot zu Gast, abends Pariser Stammkundschaft. Die Gegend um die Loire kommt zum Zug in den *rillettes à la Vouvray* (einer Art Fleischpastete), im *boudin* (einem schwarzen oder weißen Pudding), in *andouillette* (Kaldaunenwurst) und den Weinen der Region.

Café Runtz

16, rue Favart, 75002. **Karte** 6 F5. *01 42 96 69 86. Mo–Fr 11.45–14.30, 18.30–23 Uhr, Sa 18.30–23 Uhr. Feiertage.* *AE, MC, V, DC.* €€

Eine der wenigen echt elsässischen Weinstuben in Paris. Fotos von Showstars erinnern an die benachbarte Salle Favart (die ehemalige Opéra Comique). Das Restaurant bietet original elsässische Spezialitäten wie Gruyèresalat, Zwiebelkuchen, ein üppiges Angebot an *choucroute* (Sauerkraut), *jambonneau* und Obstkuchen. Freundliche Bedienung.

Le Vaudeville

29, rue Vivienne, 75002. **Karte** 6 F5. *01 40 20 04 62. tägl. 12–15, 19–1 Uhr.* *AE, DC, MC, V.* €€

Eine der sieben Gaststätten des Pariser Brasserie-Königs Jean-Paul Bucher mit attraktiver, heller Ausstattung im Art-déco-Stil, die einen angenehmen Hintergrund für die Speisen bietet. Meeresfrüchte, der berühmte Räucherlachs von Bucher, Fischgerichte aller Art und die klassischen Brasserie-Gerichte Schweinshaxe und *andouillette* (Kaldaunenwurst) sind hier zu haben. Die flotte, freundliche Bedienung und der lebhafte Betrieb sorgen für gute Atmosphäre, das Lokal ist fast immer voll.

Les Noces de Jeannette

14, rue Favart, 75002. **Karte** 6 F5. *01 42 96 36 89. tägl. 12–14, 19–21.30 Uhr.* *AE, DC, MC, V.* €€

Das typische Pariser Bistro ist nach dem Einakter benannt, der in der Opéra Comique auf der anderen Straßenseite aufgeführt wird. Das schmucke Interieur unterstreicht die anheimelnde Atmosphäre. Das Tagesmenü ist empfehlenswert und umfasst eine große Auswahl an typischen Bistro-Gerichten. Versuchen Sie doch einmal die *vichyssoise* oder die *terrin de crustaces à la crème d'Oseille*.

Café Drouant

18, rue Gaillon, 75002. **Karte** 6 E5. *01 42 65 15 16. tägl. 12–15, 19–24 Uhr. Aug.* *AE, DC, MC, V.* €€€

Ein historisches Pariser Restaurant aus dem 19. Jahrhundert. Das Café – das mit dem viel teureren Restaurant nicht verwechselt werden darf – ist ausgesprochen »in«. Essen kann man hier auch noch spät abends; empfehlenswert ist jedoch vor allem das hervorragende Tagesmenü.

Le Grand Colbert

2–4, rue Vivienne, 75002. **Karte** 6 F5. *01 42 86 87 88. tägl. 12–1 Uhr.* *AE, DC, MC, V.* €€€

In der restaurierten Galérie Colbert (die zur Bibliothèque Nationale gehört) versteckt sich das Restaurant Le Grand Colbert, das wohl zu den hübschesten Brasserien in ganz Paris zählt. Der lang gestreckte Speiseraum wird durch Milchglasscheiben unterteilt. Auf der Speisekarte überwiegt klassische Brauhauskost: Heringsfilet mit Kartoffeln oder Sahne, Schnecken, Zwiebelsuppe und andere Köstlichkeiten.

Lucas Carton

9, pl de la Madeleine, 75008. **Karte** 5 C5. *01 42 65 22 90. Di–Fr 12–14.30, 20–22.30 Uhr, Mo und Sa 20–22.30 Uhr. Aug. mittags.* ★ *AE, DC, MC, V.* €€€€€

Die gewagte Küche des legendären Gastronomen Alain Senderens (drei Michelin-Sterne) kann man entweder lieben oder hassen. Oft nachgeahmt wurden seine *foie gras* mit Kohl, die würzige Ente Apicius und seine *tarte tatin* (Torte verkehrt) mit Mango. Das Ganze im Dekor der Belle Epoque und mit flottem Service. Die Menüs schließen guten Wein ein.

Montmartre

Le Restaurant

32, rue Véron, 75018. **Karte** 6 E1. *01 42 23 06 22. tägl. 12–14.30, 19.30–23 Uhr.* *AE, MC, V.* €€€

Das Lokal liegt von der Hauptstraße etwas versteckt und wird von den Einheimischen gern besucht. Die etwas schäbige originale Einrichtung schafft eine angenehme Atmosphäre, die Küche produziert Französisches mit dem besonderen Kick. Hervorragend die Erbsensuppe mit Riesengarnelen und die Schokoladentorte.

Beauvilliers

52, rue Lamarck, 75018. **Karte** 2 E5. *01 42 54 54 42. Di–Sa 12.30–14, 19.30–22.30 Uhr, Mo 19.30–22.30 Uhr.* *AE, MC, V.* €€€€

Das beste Restaurant auf dem Montmartre und eines der festlichsten in Paris. In den blumengeschmückten Räumen spürt man die Ausstrahlung des Inhabers Edouard Carlier. Hier speisen Stars aus der Unterhaltungsbranche und sogar der berühmte Gastronom Paul Bocuse, wenn er in Paris weilt. Carlier bezieht viele Ideen aus alten Kochbüchern. Er bietet *escabèche* von Seebarbe (der Fisch wird gekocht und mariniert), *rognonnade* (Kalbslende mit der Niere), gefülltes Rinderfilet und eine köstliche Zitronentorte. Sehr schöne überdachte Terrasse.

La Table d'Anvers

2, pl d'Anvers, 75009. **Karte** 7 A2. *01 48 78 35 21.* *Mo–Fr 12.15–14, 19.30–22.30 Uhr, Sa 19.30–22.30 Uhr.* *AE, MC, V.* €€€€€

Sehr gutes Restaurant unweit des Montmartre in Familienhand. Unverkennbar italienische und provenzalische Elemente prägen das Angebot: Gnocchi von Langusten und Waldpilzen, Kaninchen mit Polenta, Seebarsch mit Thymian und Zitrone. Die Desserts gehören zu den besten in Paris.

ABSTECHER

Le Baron Rouge

1, rue Théophile Roussel, 75012. **Karte** 14 F5. *01 43 43 14 32.* *Mo 17–22 Uhr, Di–Do 10–14, 17–22 Uhr, Fr, Sa 10–22 Uhr, So 10–15.30 Uhr.* €

Direkt am lebhaften Marché d'Aligre (*siehe S. 233*) gelegen, zieht es am Wochende viele Pariser in dieses Bistro, um die hervorragenden Cap-Ferret-Austern zu probieren, die ganz frisch angeliefert werden. Sie werden gewöhnlich auf dem Platz vor dem Bistro verzehrt. Der Besitzer preist seine Waren lautstark an und kann es nicht leiden, wenn man nach dem Essen noch herumsitzt. Unter der Woche dennoch auch eine gute Weinbar.

Chez Fernand

17–19, rue de la Fontaine au Roi, 75011. **Karte** 8 E5. *01 43 57 46 25.* *Di–Sa 12–14.30, 20–23.30 Uhr.* *Aug.* *MC, V.* €

Das banale Dekor des kleinen Restaurants an der Place de la République lässt die originelle Küche aus der Normandie nicht vermuten: *rillettes* (eine Art Pastete) von Makrelen, Rochen mit Camembert, Ente, *tarte Normande* (Apfelkuchen) mit Calvados flambiert. Die Preise sind erschwinglich. Nebenan befindet sich das ebenso preiswerte Fernandises desselben Inhabers.

Dao Vien

82, rue Baudricourt, 75013. **Karte** 18 D5. *01 45 85 20 70.* *tägl. 12–15, 19–23 Uhr.* €

Im Chinesenviertel von Paris gibt es viele Restaurants aus Fernost, dieses freundliche vietnamesische Lokal ist eines der beliebtesten. Spezialitäten sind *soupe saigonnaise*, Pfannkuchen mit Ei gefüllt und Ingwerhähnchen. Dazu trinkt man Jasmintee.

Favela Chic

18, rue Fbg du Temple, 75011. **Karte** 8 D5. *01 40 21 38 14.* *Di–Sa 19.30–2 Uhr.* *AE, MC, V.* €

Die von Jerome und Roseanne geführte Favela verbreitet typisch brasilianische Stimmung. Der *caipirinha* (frische Limetten, Zuckerrohrschnaps und viel Eis) ist belebend und die *feijoadas* schmecken wie in Salvador Bahia. Je später der Abend, desto lauter wird es. Deshalb empfiehlt es sich, frühzeitig hierher zu kommen und einen Tisch an der Tür zu wählen.

L'Occitanie

96, rue Oberkampf, 75011. **Karte** 14 F1. *01 48 06 46 98.* *Mo–Fr 12–14, 19.30–23, Sa 19.30–23 Uhr.* *Aug.* *mittags.* *AE, DC, MC, V.* €

Wie der Name schon vermuten lässt, ist die Küche dieses Restaurants eng mit der südwest-französischen Heimat des Eigentümers verbunden. *Cassoulet*, *confit* oder *potage à rouzole* (Suppe mit Würstchen und Kräuterklößen) gehören zu den typischen Gerichten hier. Die Portionen sind äußerst großzügig.

Pause Café

41, rue de Charonne, 75011. **Karte** 14 F4. *01 48 06 80 33.* *Mo–Sa 8–2 Uhr, So 9–20 Uhr.* *AE, MC, V.* €

Seitdem dieses Café Schauplatz eines in Frankreich sehr erfolgreichen Films war, ist es »in«. Zum Glück hat die Beliebtheit weder dem freundlichen Ambiente noch der Küche geschadet: leichte Gerichte, darunter Rindertatar, diverse Salate und selbst gemachte Pasteten.

Le Petit Keller

13 bis, rue Keller, 75011. **Karte** 14 F4. *01 47 00 12 97.* *Di–Sa 12–14.30, 19.30–23 Uhr.* *DC, MC, V.* €

In sicherer Entfernung von den Touristenfallen bei der Bastille bietet die große, elegante Brasserie gute Qualität zu akzeptablen Preisen. Das sautierte Schweinefleisch mit Oliven ist hervorragend.

Les Allobroges

71, rue des Grands-Champs, 75020. *01 43 73 40 00.* *Di–Sa 12–14, 20–22Uhr.* *Aug.* *AE, MC, V.* €€

Der Ausflug in das 20. Arrondissement lohnt sich, um die innovative Küche des Olivier Pateyron zu kosten. Besonders zu empfehlen sind die Hummersuppe, die gratis als *amuse-gueule* serviert wird, und das in Schinken gerollte Thunfischsteak mit fein gewürztem, smaragdgrünem Kohl-*coulis*. Sowohl Ambiente wie auch Service sind nicht gerade glamourös und nicht unbedingt für ein heißes Date geeignet, aber man bekommt hier solide Gerichte zu angemessenen Preisen.

Les Amognes

243, rue du Faubourg St-Antoine, 75011. *01 43 72 73 05.* *Di–Sa 12–14, 20–23 Uhr, Sa 20–23 Uhr.* *Aug.* *MC, V.* €€

Küchenchef Thierry Coué hat früher bei dem angesehenen Alain Senderens (vom Lucas Carton, *siehe S. 306*) gearbeitet. Sein kleines Restaurant zwischen Bastille und Nation bietet sehr gute Speisen, oft originell zubereitet, so etwa Kabeljau-*beignets* (schmalzgebacken) mit Tomaten und Basilikum, Thunfisch mit Artischocken und Paprika, Ananassuppe *à la Pina Colada*. Der Besuch lohnt sich.

Astier

44, rue Jean-Pierre Timbaud, 75011. **Karte** 14 E1. *01 43 57 16 35.* *Mo–Fr 12–14, 20–23 Uhr.* *Feiertage, Aug.* *MC, V.* €€

Für die Preise in diesem Restaurant wird beste Qualität geboten, die Speiseräume sind immer voll besetzt. Es gibt z. B. Miesmuschelsuppe mit Safran, Kaninchen in Senfsauce, Entenbrust mit Honig, guten Käse und ausgezeichnete Weine.

Le Bistro des Deux Théâtres

18, rue Blanche, 75009. **Karte** 6 D3. *01 45 26 41 43.* *tägl. 12–14.30, 19–0.30 Uhr.* *AE, MC, V.* €€

Wer nicht allzu viel Geld ausgeben will, für den ist dieses Restaurant mitten im Theaterviertel ein echer Fund. Im relativ günstigen Tagesmenü, das auch abends serviert wird, sind ein Aperitif, Vorspeise und Hauptgerichte nach Wahl, Käse oder Dessert und eine halbe Flasche Wein enthalten. Im Angebot der Vorspeisen finden sich beispielsweise eine hervorragende Entenleberpastete und Räucherlachs mit *blinis* (kleinen, schmackhaften Pfannkuchen).

Zeichenerklärung *siehe S. 289*

Brasserie Flo

7, cour des Petites-Ecuries, 75010. **Karte** 7 B4. *01 47 70 13 59.* *tägl. 12–15, 19–1 Uhr.* *AE, DC, MC, V.* €€

Die authentische Elsässer Brasserie (seit 1885), in einer Passage in nicht unbedingt gastronomiefreundlicher Umgebung gelegen, lohnt den Besuch. Im Innern: einzigartiges Dekor mit Holz und Buntglas; gute Brasserie-Karte mit Meeresfrüchten und *choucroute* (Sauerkraut). Den Elsässer Wein bestellt man im *pichet* (Krug).

Le Clos Morillons

50, rue des Morillons, 75015. **Karte** westlich von 15 A4. *01 48 28 04 37.* *Di–Fr 12–14, 19.30–22.30 Uhr, Mo und Sa 19.30–22.30 Uhr.* *AE, MC, V.* €€

Die Speisekarte dieses diskreten Restaurants in Familienbesitz wird ständig erweitert. Die Fernost-Reisen des Chefs finden Niederschlag in Spezialitäten wie Taube mit Sesam, Seeteufel und Hummer mit Ingwer. Daneben gibt es die französischen Gerichte in ausgezeichneter Qualität. Viele gute Loire-Weine werden angeboten und auch zum Tagesgericht serviert.

Julien

16, rue du Faubourg St-Denis, 75010. **Karte** 7 B5. *01 47 70 12 06.* *tägl. 12–15, 19–1.30 Uhr.* *AE, DC, MC, V.* €€

Mit seinem Dekor des Fin de siècle schafft das Julien einen anspruchsvollen Rahmen zu vernünftigem Preis. Der Inhaber ist derselbe wie in der Brasserie Flo, die Bedienung ist freundlich, und es gibt eine große Auswahl an Desserts. Gute Brauhausküche mit Fantasie, z. B. *foie gras* mit Linsen, Seezunge vom Grill oder *cassoulet* (Eintopf mit weißen Bohnen).

La Marine

55 bis, quai Valmy, 75010. **Karte** 8 D5. *01 42 39 69 81.* *Mo–Sa 12–15, 20–2 Uhr.* *AE, DC, MC, V.* €€

Suchen Sie nicht am Kanal nach Seeleuten, sie sitzen vermutlich alle hier. Schon seit einigen Jahren befindet sich hier ein Zentrum des Online-Handels, und deshalb ist dieses Lokal immer voll, man muss also reservieren. Die Hauptgerichte sind äußerst schmackhaft und basieren meist auf Fisch, beispielsweise Seebarbe im Blätterteigmantel, Fischsteak mit cremiger Nesselsauce oder Fischeintopf.

La Maison du Cantal

1, pl Falguière, 75015. **Karte** 15 A3. *01 47 34 12 24.* *Mo 19–24 Uhr, Di–Sa 12–14, 19–24 Uhr.* *MC, V.* €€

Das Lokal hat sich in jüngster Zeit in ein ausgezeichnetes Fischrestaurant verwandelt. Es gibt eine riesige Auswahl an Fischgerichten und Meeresfrüchten, auf Sonderwünsche geht der Küchenchef gern ein. Die Qualität des Essens und die Atmosphäre sind gleichermaßen erfreulich.

Restaurant 8½

1, rue Maillard, 75011. *01 44 93 98 88.* *Mo–Do 12–14.30 Uhr, Do–Sa 19.30–22.30 Uhr.* *AE, MC, V.* €€

Im Untergeschoss des Filmstudios von Kiron Espace versteckt sich ein ausgezeichnetes Restaurant. Die Karte mit italienisch orientierten Gerichten wechselt regelmäßig, die *cappelleti* (Pasta) mit Parmaschinken sollten Sie sich ebenso wenig entgehen lassen wie die Ricotta-Creme mit Feigen und Maraschino-Biskuits.

Le Volant

13, rue Beatrix Dussane, 75015. **Karte** 10 D5. *01 45 75 27 67.* *Mo–Fr 12–14, 20–23 Uhr, Sa 20–23 Uhr.* *Sa mittag, So; 1.–15. Aug.* *AE, MC, V.* €€

Die Innenausstattung des kleinen Restaurants Le Volant (Das Lenkrad) verrät, dass der Besitzer begeisterter Fan des Autorennsports ist: Die Wände sind mit Fotos von Stars dieses Metiers gepflastert. Das Essen hat aber dennoch nichts Rasantes, man pflegt hier vielmehr eine einfache französische Küche in bester Tradition: *boef bourgignon*, köstliche hausgemachte Obsttörtchen und eine unvergessliche Schokoladenmousse.

L'Auberge du Bonheur

Allée de Longchamps, Bois de Boulogne, 75016. **Karte** 3 A3. *01 42 24 10 17.* *Mai–Okt tägl. 12–15, 19–23 Uhr; Nov–Apr So–Fr 12–15 Uhr.* *AE, MC, V.* €€€

Wahrscheinlich das einzige Restaurant im Bois de Boulogne, dessen Preise annehmbar sind. Im Sommer sitzen Sie auf der Kiesterrasse unter Kastanien und Platanen. Bei kühlem Wetter können Sie sich in das gemütliche Innere zurückziehen. Es gibt einfache Küche, die vorwiegend Grillgerichte anbietet.

Aux Senteurs de Provence

295, rue Lecourbe, 75015. **Karte** westlich von 15 A4. *01 45 57 11 98.* *Mo–Sa 12–15, 19.30–24 Uhr.* *Aug.* *MC, V.* €€€

Das Restaurant gehört einem Italiener und verbindet die Toskana mit der Provence. Zum Angebot gehören Thunfischravioli, Kabeljau mit Sauerampfer, Bouillabaisse und Bourride (Fischsuppe mit Knoblauch). Ein schmackhafter Dessertteller ist die *assiette de gourmandise*.

Le Chardenoux

1, rue Jules Vallès, 75011. *01 43 71 49 52.* *tägl. 12–14, 19–22.30 Uhr.* *Feiertage, Aug.* *MC, V.* €€€

Das klassische Bistro ist eines der schönsten von Paris: Holzverkleidung, Mattkristall, eindrucksvolle Marmorbar. Serviert wird klassische französische Küche mit Gerichten wie gebackenen Kabeljau, gebratene Ente oder Nieren. Jeden Tag ist eine andere Käsesorte zu kosten, und die Weinkarte deckt alle Regionen Frankreichs ab.

L'Oulette

15, pl Lachambeaudie, 75012. *01 40 02 02 12.* *Mo–Fr 12–14.15, 20–22.15 Uhr.* *AE, DC, MC, V.* €€€

Das L'Oulette ist in den neuen Bezirk Bercy umgezogen. Dem modernen Dekor fehlt die Intimität des früheren Restaurants, aber die Küche von Marcel Baudis – von seiner Heimat, dem Quercy, beeinflusst – ist hervorragend. Zu den Delikatessen zählen *croustillant* von Steinpilzen (Pilze im Teig gebacken), Lachs in Speck und geschmorter Ochsenschwanz. Als Abschluss des delikaten Mahls empfiehlt sich ein *pain d'épice* (eine Art Gewürzkuchen).

Le Pavillon Montsouris

20, rue Gazan, 75014. *01 43 13 29 00.* *tägl. 12.15–14.30, 19.30–22.30 Uhr.* *AE, C, V.* €€€

Der restaurierte Bau am schönen Parc Montsouris hat eine lange Geschichte. Hier waren schon Trotzki, Mata Hari und Lenin zu Gast. Heute bilden das attraktive Interieur in Pastelltönen und die Terrasse unter Bäumen den geeigneten Rahmen für ausgezeichnete Menüs, die ihren Preis wert sind. Miesmuschelsuppe, Enten-*carpaccio*, *galette* mit Täubchen sowie Mango-*clafoutis* (eine Teigspeise) sind nur einige der Genüsse.

Pavillon Puebla

Parc des Buttes-Chaumont, 75019. 01 42 08 92 62. Di–Sa 12–14, 19.30–22 Uhr. AE, MC, V. €€€

Das elegante Gebäude mit Blumendekor, das Napoléon III zur Ausschmückung seines Parc des Buttes-Chaumont erbauen ließ, ist sowohl drinnen als auch – bei schönem Wetter – draußen auf der Terrasse eine Augenweide. Chef Vergès bereitet wohlschmeckende Gerichte mit katalanischem Einschlag, etwa Austernravioli mit Curry, gewürzten Tintenfisch in seiner Tinte und *crème Catalane (crème brûlée)*. Der Eingang zum Restaurant liegt in der Rue Botzaris.

Tante Jeanne

116, blvd Pereire, 75017. **Karte** 4 E1. 01 43 80 88 68. Mo–Fr 12–14.30, 19–22.30. AE, MC, V. €€€

Bernard Loiseau eröffnete dieses Lokal, das regionale Köstlichkeiten wie *pipérade* (Paprika, mit Tomaten und Knoblauch gefüllt), Paprika gefüllt mit Kabeljau-*brandade* (Salz-Kabeljau mit Knoblauch), Kabeljau mit grüner Sauce, gefüllter Entenschlegel und *gâteau Basque* (Kuchen mit *crème pâtissière*) serviert.

Le Train Bleu

Pl Louis Armand, 75012. **Karte** 18 E1. 01 43 43 09 06. tägl. 11.30–15, 19–23 Uhr. AE, DC, MC, V. €€€

Früher boten die Restaurants in den Bahnhöfen eine großartige Umgebung für eine Mahlzeit. Das einzige verbliebene Bahnhofsrestaurant, das sich seine Qualität erhalten konnte, ist Le Train Bleu in der Gare de Lyon. Seinen Namen erhielt das Lokal nach dem Expresszug, der einst die Elite an die Riviera brachte. Anspruchsvolle Brasserie-Gerichte wie Lyoner Würste und sehr gute Desserts. Ebenfalls berühmt ist das beeindruckende Dekor.

Le Villaret

13, rue Ternaux, 75011. **Karte** 14 E2. 01 43 57 89 76. Mo–Fr 12–14, 19.30–24 Uhr, Sa 12–14 Uhr. ★ AE, DC, MC, V. €€€

Es lohnt sich, für dieses am Nordrand des boomenden Bezirks Oberkampf gelegene Lokal einen kleinen Umweg auf sich zu nehmen. Es wird von ehemaligen Mitarbeitern des Astier geführt und ist für seine marktfrischen Zutaten und das sorgfältig ausgewählte und zubereitete Fleisch bekannt. Außerdem bietet die Speisekarte eine riesige Käseauswahl. Kein Wunder, dass das Lokal in der Regel gut besucht ist.

Au Pressoir

257, ave Daumesnil, 75012. 01 43 44 38 21. Mo–Fr 12–14.30, 19.30–22.30 Uhr. Aug. AE, MC, V. €€€€

Das Restaurant des Ehepaares Séguin ist ganz auf Qualität ausgerichtet. Auf der Karte finden sich Gerichte wie Seeteufel mit Speck und halben Erbsen, *foie gras* mit Jerusalem-Artischocken und Taube mit Auberginen-*blinis* (kleinen Pfannkuchen). Exzellente Bedienung, herausragende Weinkarte.

Le Bistrot d'à Côté Flaubert

10, rue Gustave Flaubert, 75017. **Karte** 4 E2. 01 42 67 05 81. tägl. 12.30–14.30, 19.30–23 Uhr. AE, MC, V. €€€€

Das erste – und bis heute beste – Bistro von Star-Gastronom Michel Rostang. Der kleine Speiseraum mit den mit Englischleder überzogenen Sitzbänken sieht aus, als sei er aus Großmutters Mansarde möbliert. Geboten werden Gerichte der Lyoner Region, etwa Linsensalat, Cervelatwurst, *andouillette* (Kaldaunenwurst) und überbackene Makkaroni. Mittags kommen Manager und Angestellte aus der Umgebung, abends die so genannte »bessere Gesellschaft«.

Apicius

122, ave de Villiers, 75017. **Karte** 4 D1. 01 43 80 19 66. Mo–Fr 12–14, 20–22 Uhr. ★ AE, DC, MC, V. €€€€€

Der Inhaber und Küchenchef Jean-Pierre Vigato ähnelt vielleicht eher einem Dressman als einem Meister der Kochkunst. Seine Küche ist dennoch herzhaft; er verwendet mit Vorliebe Innereien und behandelt Fisch fast wie Fleisch. Schmuckstücke der Speisekarte: Schweinsfüße *en crépinette* (mit Würstchen), gebratener Steinbutt mit Speck, geröstetes Kalbsbries sowie die Karamell- und Schokoladendesserts. Die Bedienung wird von Madame Vigato professionell geleitet.

Au Trou Gascon

40, rue Taine, 75012. 01 43 44 34 26. Mo–Fr 12–14, 19.30–22 Uhr. Aug, Weihnachten–Neujahr. AE, DC, MC, V. €€€€€

Das immer gut besuchte Bistro stammmt aus der Zeit um 1900 und gehört dem Star-Gastronomen Alain Dutournier (vom Carré des Feuillants). Köstliche Gerichte aus der Gascogne bietet die Speisekarte: Schinken aus der Chalosse, exzellente *foie gras*, Lamm und Geflügel aus den Pyrenäen. Eine Spezialität ist Dutourniers Cremespeise *(mousse)* aus weißer Schokolade.

Augusta

98, rue de Tocqueville, 75017. **Karte** 5 A1. 01 47 63 39 97. Mo–Fr 12–14, 19.30–22 Uhr. MC, V. €€€€€

Das Restaurant für verwöhnte Gaumen bietet nicht nur hervorragenden Fisch, sondern auch Fleischgerichte. Die *salade Augusta* ist reich mit Meeresfrüchten garniert; die *bouillabaisse* mit Kartoffeln ist eine der besten in Paris. Ungewöhnlich sind die *langoustines* mit Estragon und Safran. Gute Weinkarte. Nicht umsonst speisen hier viele gut situierte Pariser.

Faucher

123, ave de Wagram, 75017. **Karte** 4 E2. 01 42 27 61 50. Mo–Fr 12–14, 20–22 Uhr. AE, MC, V. €€€€€

Monsieur und Madame Faucher kümmern sich liebevoll um ihre Gäste. Der geräumige Speiseraum in Beige ist durch große Fenster angenehm ausgeleuchtet; bei schönem Wetter kann man sich auf der heckenumsäumten Terrasse verwöhnen lassen. Originelle Einfälle auf der Speisekarte sind etwa *millefeuille* (Blätterteig) mit Spinat und rohen Rindfleischscheiben, Ei mit Trüffelfüllung, Steinbutt mit Kaviarcreme. Zur Abrundung gibt es ausgezeichnete Desserts.

Le Pré Catelan

Route de Suresnes, Bois de Boulogne, 75016. 01 44 14 41 14. Di–Sa 12–14.30,19.30–21.30 Uhr. AE, DC, MC, V. €€€€€

Die beste Zeit, um sich in diesem eleganten Restaurant im Bois de Boulogne verwöhnen zu lassen, ist im Hochsommer, wenn Sie nach einem Spaziergang auf der idyllischen Terrasse sitzen können. Aber auch der Winter hat seinen Reiz, wenn der Raum durch Beleuchtung und Dekor verzaubert ist. Das Angebot an Speisen umfasst u.a. delikate *langoustines*, Ente Duclair mit verschiedenen Gewürzen und Seeigel-Soufflé. Die Desserts erweisen sich als fabelhaft.

Zeichenerklärung *siehe S. 289*

Leichte Mahlzeiten und Snacks

Gut essen und trinken gehört in Paris so sehr zum Alltag, dass Sie vielerlei Gaumenfreuden erfahren können, ohne je ein Restaurant zu betreten. Sie haben die Möglichkeit, in einem Café, einer Wein- oder Teestube zu essen, an der Straßenecke eine Crêpe, Quiche oder Pizza zu kaufen oder sich aus Käse, verschiedenen Brotsorten, Salaten und Backwaren Ihr Picknick selbst zusammenzustellen und ganz zwanglos in einem Park zu verzehren. Natürlich kann man in Paris auch herrlich trinken. In den Weinstuben bekommen Sie den Wein im Glas. Die Bierkneipen bieten eine große Auswahl an, und in irischen Pubs wird Guinness ausgeschenkt. Eine andere Möglichkeit, sich mit Getränken zu versorgen, sind natürlich die Hotel- oder Nachtbars.

Cafés

Cafés finden Sie in Paris auf Schritt und Tritt. Es gibt sie in allen Größen, in manchen stehen Spielautomaten, andere präsentieren sich im Dekor der Belle Epoque. In den meisten bekommen Sie zu jeder Tages- und Nachtzeit etwas Leichtes.

Zum Frühstück ist Hochbetrieb, frische Croissants und *pains au chocolat* (Gebäck mit Schokoladenfüllung) finden reißenden Absatz. Die Franzosen tauchen das Gebäck gern in ihren Milchkaffee oder in die heiße Schokolade.

Zum Lunch werden meist *plats du jour* (Tagesgerichte) angeboten, und hier kommen Sie in den kleinen Cafés sehr gut weg: Für zwei Gänge inklusive Wein zahlen Sie kaum mehr als 12 €. Im Angebot des Tages sind oft deftige Fleischgerichte wie *sauté d'agneau* (Lammbraten) oder *blanquette de veau* (Kalb mit weißer Sauce), mit Obsttorte als Dessert. Salate, Sandwiches oder ein Omelett bekommen Sie fast den ganzen Tag. Eine empfehlenswerte Adresse für diese Art von Mahlzeit ist die **Bar du Marché** in St-Germain-des-Prés.

Die meisten Museen haben angenehme Cafés, am besten sind die im Centre Pompidou *(siehe S. 110 f)* und im Musée d'Orsay *(siehe S. 144 f)*. Wenn Sie im Kaufhaus La Samaritaine *(siehe S. 313)* sind, lohnt es sich, vom Café aus den Blick über Paris zu genießen.

In den Zentren des Tourismus und des Nachtlebens (Boulevard St-Germain, Avenue des Champs-Elysées, Boulevard Montparnasse, Opéra, Bastille) sind die Cafés in der Regel noch sehr spät geöffnet, manche bis 2 Uhr morgens. Auch in einigen *Salons du Thé* erhält man leichte Mahlzeiten.

Weinbars

Die meisten Pariser Weinbars sind kleine, gesellige Treffpunkte. Sie öffnen früh, einige bieten auch Frühstück mit Kaffee und eine kleine, aber gute Mittagskarte an. Weniger voll ist es früh morgens oder nach 13.30 Uhr. Die meisten Weinstuben schließen gegen 21 Uhr.

Die Besitzer sind meist gute Weinkenner, die direkt beim Erzeuger kaufen und einen Spürsinn für Qualität haben. Ein junger Bordeaux oder ein Loire-, Rhône- oder Jurawein kann hervorragend sein. Die Weinstuben der **L'Ecluse**-Kette sind auf Bordeaux spezialisiert, aber meistens finden Sie auch weniger bekannte Weine zu günstigem Preis in ausgezeichneter Qualität.

Bierkneipen und Bars

In Pubs bekommen Sie nur einen Drink, Bierkneipen dagegen sind viel größer und bieten auch bestimmte Gerichte an. *Moules-frites* (eine große Schüssel Miesmuscheln mit Pommes frites), *tarte aux poireaux* (Lauchkuchen) und *tarte aux oignons* (Zwiebelkuchen) sind klassische Beispiele. Hauptsächlich aber sucht man eine Bierkneipe wegen des Bieres auf. Das Angebot reicht vom belgischen *gueuze* (ein recht schweres, malziges, starkes Bier) bis zu diversen Biersorten aus aller Welt.

Einige Bierkneipen sind schon ab Mittag geöffnet, die Pubs erst ab Spätnachmittag. Pubs haben meist keinen Ruhetag und bis 1 oder 2 Uhr nachts geöffnet.

Bars / Nachtbars

Auch Cocktail- und Nachtbars finden Sie in Paris. Einige Pariser Brasserien wie etwa **La Coupole** und **La Rotonde** haben lange hölzerne oder verzinkte Bars mit fachkundigen Barkeepern und -damen. Die eleganteste (und wohl auch teuerste) Hotelbar ist die Hauptbar im **Hôtel Ritz** (*S. 281*). Die **Hemingway Bar** im Ritz ist weniger elegant, aber nostalgisch. Sie rühmt sich, den offiziell besten Barkeeper der Welt zu haben.

La Mezzanine de l'Alcazar ist eine der trendigsten Bars in Paris, **Le Rosebud** und der **China Club** sind ebenfalls in und haben jüngere Gäste. Noch unkonventioneller geht es in **Le Piano Vache** zu; **Birdland** hat eine große Jazz-Musikbox.

Essen zum Mitnehmen

Crêpes sind das traditionelle Pariser Straßenessen. Zwar gibt es nicht mehr so viele gute Crêpes-Stände wie früher, aber einige haben überdauert. Sandwich-Bars haben Baguettes mit vielen Füllungen; sehr gut kommt inzwischen frisch gebackenes, flaches *focaccia*-Brot mit würzigen Zutaten nach eigener Wahl an, erhältlich zum Beispiel bei **Cosi**.

Eisdielen machen meist kurz vor Mittag auf und sind im Sommer bis spät, im Winter bis gegen 19 Uhr geöffnet. Das beste Eis gibt es nach wie vor bei **Maison Berthillon** auf der Ile St-Louis.

AUF EINEN BLICK

ILE DE LA CITÉ UND ILE ST-LOUIS

Weinbar
Au Franc Pinot
1, quai de Bourbon, 75004. **Karte** 13 C4.

Salon du Thé
Le Flore en l'Ile
42, quai d'Orléans, 75004. **Karte** 13 B4.

Eisdiele
Maison Berthillon
31, rue St-Louis-en-l'Ile, 75004. **Karte** 13 C4.

TUILERIES

Weinbars
La Cloche des Halles
28, rue Coquillière, 75001. **Karte** 12 F1.

Juvenile's
47, rue de Richelieu, 75001. **Karte** 12 E1.

Salons du Thé
Angélina
226, rue de Rivoli, 75001. **Karte** 12 D1.

Bernardaud
11, rue Royale, 75008. **Karte** 5 C5.

Ladurée
16, rue Royale, 75008. **Karte** 5 C5.

Bar
Bars du Ritz
15 Pl Vendôme, 75001. **Karte** 6 D5.

MARAIS

Café
Ma Bourgogne
19, pl des Vosges, 75004. **Karte** 14 D3.

Salons du Thé
Le Loir dans la Théière
3, rue des Rosiers, 75004. **Karte** 13 C3.

Mariage Frères
30–32, rue du Bourg-Tibourg, 75004. **Karte** 13 C3.

Bars
China Club
50, rue de Charenton, 75012. **Karte** 14 F5.

L'Apparement Café
18, rue des Coutures St-Gervais, 75004. **Karte**14 D2.

Bierkneipe
Café des Musées
49, rue de Turenne, 75003. **Karte** 14 D3.

Weinbars
Le Coude Fou
12, rue du Bourg-Tibourg, 75004. **Karte** 13 C3.

Le Passage des Carmagnoles
18 Passage de la Bonne-Graine, 75011. **Karte** 14 F4.

La Tartine
24, rue de Rivoli, 75004. **Karte** 13 C3.

BEAUBOURG UND LES HALLES

Cafés
Bistrot d'Eustache
(siehe S. 109).

Café Beaubourg
100, rue St Martin, 75004. **Karte** 13 B2 *(siehe S. 108).*

Pub
Flann O'Brien
6, rue Bailleul, 75001. **Karte** 12 F2.

ST-GERMAIN-DES-PRÉS

Cafés
Café de Flore
(siehe S. 139).

Les Deux Magots
(siehe S. 138).

Sandwich Bar
Cosi
54, rue de Seine, 75006. **Karte** 12 E4.

Weinbars
Bistro des Augustins
39, quai des Grands-Augustins, 75006. **Karte** 12 F4.

Au Sauvignon
80, rue des Sts-Pères, 75007. **Karte** 12 D4.

Bars
Birdland
8, rue Guisarde, 75006. **Karte** 12 E4.

Le Bar du Marché
75, rue de Seine, 75006. **Karte** 11 B2.

La Mezzanine de l'Alcazar
62, rue Mazarine, 75006. **Karte** 12 F4

QUARTIER LATIN

Weinbars
Les Pipos
2, rue de l'Ecole Polytechnique, 75005. **Karte** 13 A5.

Bar
Le Piano-Vache
8, rue Laplace, 75005. **Karte** 13 A5.

Bierkneipe
La Gueuze
19, rue Soufflot, 75005. **Karte** 12 F5.

JARDIN DES PLANTES

Cafés
Café de la Mosquée
39, rue Geoffroy St-Hilaire, 75005. **Karte** 17 C2.

Le Verre à Pied
118 bis, rue Mouffetard, 75005. **Karte** 17 B2.

Pub
Finnegan's
9, rue des Boulangers, 75005. **Karte** 17 B1.

Eisdiele
Häagen-Dazs
3, pl de la Contrescarpe, 75005. **Karte** 17 A1.

LUXEMBOURG

Bierkneipe
L'Académie de la Bière
88, blvd de Port-Royal, 75005. **Karte** 17 B3.

MONTPARNASSE

Cafés
Café de la Place
23, rue d'Odessa, 75014. **Karte** 15 C2.

La Rotonde
7, pl 25 Août 1944 75014. **Karte** 16 D2.

Le Sélect Montparnasse
99, blvd du Montparnasse, 75006. **Karte** 16 D2.

Weinbar
Le Rallye Peret
6, rue Daguerre, 75014. **Karte** 16 D4.

Salon du Thé
Max Poilâne
29, rue de l'Ouest, 75014. **Karte** 15 C3.

Bars
La Coupole (Café-Bar)
102, blvd du Mont-parnasse, 75014. **Karte** 16 D2 *(siehe S. 178).*

Le Rosebud
11 bis, rue Delambre, 75014. **Karte** 16 D2.

Cubana Café
45, rue Vavin, 75006. **Karte** 12 F5.

CHAMPS-ELYSÉES

Weinbars
L'Ecluse
64, rue François Premier, 75008. **Karte** 4 F5.

Ma Bourgogne
133, blvd Haussmann, 75008. **Karte** 5 B4.

Salon du Thé
Ladurée
75, ave des Champs-Elysées, 75008. **Karte** 4 F5.

OPÉRA

Café
Café de la Paix
12, blvd des Capucines, 75009. **Karte** 6 E5 *(siehe S. 213).*

Weinbar
Bistro du Sommelier
97, blvd Haussmann, 75008. **Karte** 5 C4.

ABSTECHER

Weinbar
Le Verre Volé
67, rue de Lancry, 75010. **Karte** 8 D4.

Bars
Pause Café
41, rue de Charonne, 75011. **Karte** 14 F4 *(siehe S. 307).*

L'Autre Café
62, rue Jean-Pierre Timbaud, 75011. **Karte** 8 F5.

Läden und Märkte

Paris ist der Inbegriff von Luxus und Lebensart. Das nicht ganz falsche Klischee: Elegante Paare sitzen mit einem Glas Wein am Seine-Ufer vor einem der vielen Prachtstücke Pariser Architektur nach ihren Einkäufen in kleinen, aber exquisiten Läden. Wenn Sie es ihnen gleichtun wollen, ohne sich in den Ruin zu stürzen, suchen Sie nach Mode-Accessoires. Wer mehr Geld zur Verfügung hat, leistet sich ein Kleidungsstück aus einem der weltbekannten Modehäuser, kulinarische Spezialitäten oder auch gediegenes Porzellan. Hier gilt es nicht einzukaufen, sondern zu shoppen. Oberstes Motto: sehen und gesehen werden. In der Avenue Montaigne reihen sich die Auslagen der großen Modehäuser. Vielleicht besuchen Sie lieber die Buchstände an der Seine. Nachfolgend finden Sie die bekanntesten Shopping-Adressen.

Öffnungszeiten

Allgemeine Öffnungszeiten für Geschäfte sind Montag bis Samstag von 9.30 bis 19 Uhr; beträchtliche Abweichungen sind möglich. Boutiquen können mittags ein bis zwei Stunden schließen. Märkte und Läden haben oft montags zu. Viele Geschäfte schließen im Sommer, meist im August; manchmal finden Sie an der Tür einen Hinweis auf ein anderes offenes Geschäft.

Bezahlen

Am einfachsten ist es, sich das benötigte Bargeld aus einem Geldautomaten zu ziehen. Die meisten akzeptieren sowohl Kreditkarten als auch die EC-Karte. Erkundigen Sie sich vor dem Urlaub bei Ihrer Bank, bei welcher ausländischen Bank oder bei welcher Gruppe welche Gebühren anfallen. Die gebräuchlichsten Kreditkarten, mit denen Sie in vielen Läden bezahlen können, sind Visa und MasterCard. American Express wird seltener akzeptiert.

Mehrwertsteuer

In EU-Ländern wird auf die meisten Güter und Dienstleistungen eine Umsatzsteuer (VAT) von 5,5 bis 19,6 % erhoben. Wer nicht in der EU seinen ständigen Wohnsitz hat, erhält diese Steuer zurück, wenn er in einem Geschäft für mindestens 175 € einkauft.

Größere Geschäfte haben meist ein Formular parat *(bordereau de détaxe* oder *bordereau de vente)* und helfen beim Ausfüllen. Bei der Ausreise legen Sie das Formular mit den Waren dem Zoll vor und senden dieses dann an das Geschäft zurück, das schließlich die Summe in Euro erstattet. Auf Lebensmittel, Wein und Tabak gibt es keine Steuererstattung.

Das Kaufhaus La Samaritaine in der Rue de la Monnaie

Bummel in der Avenue Montaigne

Schlussverkäufe

Schlussverkäufe *(soldes)* finden vor allem im Januar und Juli statt, manchmal gibt es auch vor Weihnachten Artikel im Ausverkauf.

Waren mit der Aufschrift *Stock* sind Lagerbestände. *Dégriffé* bezeichnet Markenprodukte mit herabgesetzten Preisen. *Fripes* sind Secondhand-Artikel. Die Ausverkaufsartikel werden im ersten Monat meist vorne im Geschäft präsentiert, später wandern sie in den Hintergrund.

Kaufhäuser

Seinen besonderen Reiz bekommt das Einkaufen in Paris eigentlich erst, wenn man Fachgeschäfte und kleinere Läden aufsucht. Aber wenn die Zeit drängt und Sie alles unter einem Dach erledigen wollen, dann können die *grands magasins* (Kaufhäuser) das Richtige sein.

Viele Kaufhäuser arbeiten noch nach dem Bon-System. Von Ihrem Verkäufer/Ihrer Verkäuferin erhalten Sie einen Bon, mit dem Sie erst an der Kasse zahlen müssen. Den Kassenbeleg bringen Sie zurück und bekommen dafür Ihren Einkauf ausgehändigt. Das kann Zeit und Nerven kosten; nutzen Sie daher die frühen Morgenstunden, und gehen Sie nicht am Samstag einkaufen. Schlangestehen wird übrigens in Frankreich nicht geschätzt: Wenn alle kreuz und quer agieren, müssen Sie sich bemerkbar machen.

Die Kaufhäuser der Stadt führen im Wesentlichen alle die gleichen Waren, aber es gibt unterschiedliche Schwerpunkte. Überall können Sie auch etwas essen.

Au Printemps ist für seine guten Haushaltswaren und seine umfangreichen Modeabteilungen für Damen, Herren und Kinder bekannt. Modeschauen finden dienstags und freitags (meist um 10 Uhr) statt. Dafür ist in der Regel eine Einladung vonnöten. Sie ist erhältlich bei Reisebüros, Fluglinien und in den Hotels. Die Kosmetikabteilung des Printemps bietet eine Spitzenauswahl an Parfüms. Das Kuppelrestaurant ist legendär

Schnecken aus der *charcuterie*

Das Viereck auf den Broten von Lionel Poilâne *(siehe S. 322f)*

Kenzo-Konfektion an der Place des Victoires *(siehe S. 316f)*

und schon wegen des Blicks lohnenswert.

BHV (Le Bazar de l'Hôtel de Ville) ist ein Paradies für Bastler und Heimwerker. Das Restaurant hat eine herrliche Aussicht über die Seine.

Das von Gustave Eiffel entworfene **Le Bon Marché** am linken Ufer war das erste Kaufhaus in Paris und ist das eleganteste. Es hat ein gutes Restaurant.

Galeries Lafayette bietet eine große Auswahl an Bekleidung in allen Preislagen; Modeschauen finden mittwochs um 11 Uhr statt, im Sommer auch freitags.

La Samaritaine, eines der ältesten Kaufhäuser in Paris, hat donnerstags lange Öffnungszeiten. Hier kann man vieles günstig kaufen, oft die gleiche Ware der Galeries Lafayette zu niedrigeren Preisen. Es gibt eine eigene Sportabteilung, in der Haushalts- und Möbelabteilung finden immer wieder Ausverkäufe statt. Vom Restaurant Le Toupary kann man die Pause mit einem Panoramablick über die Seine genießen.

Virgin Megastore hat abends lange geöffnet und bietet eine gute Auswahl an Musik-CDs und Büchern.

FNAC ist führend in Elektronik, Musik-CDs und Büchern (nicht-französische Bücher findet man in größerer Auswahl in der Filiale in Les Halles). **FNAC Micro-Informatique** verkauft Computer und Zubehör.

ADRESSEN

Au Printemps
64, blvd Haussmann, 75009.
Karte 6 D4. ☎ *01 42 82 50 00.*

BHV
52–64, rue de Rivoli, 75004.
Karte 13 B3. ☎ *01 42 74 90 00.*

Le Bon Marché
24, rue de Babylone, 75007.
Karte 11 C4. ☎ *01 44 39 80 00.*

Bücher, Porte de Vanves *(S. 327)*

FNAC
Forum Les Halles, 1, rue Pierre Lescot, 75001. **Karte** 13 A2. ☎ *01 40 41 40 00. Eine von acht Filialen.*

FNAC Micro-Informatique
71, blvd St-Germain, 75005.
Karte 13 A5. ☎ *01 44 41 31 50.*

Galeries Lafayette
40, blvd Haussmann, 75009.
Karte 6 E4. ☎ *01 42 82 34 56.*
Eine von zwei Filialen.

La Samaritaine
75, rue de Rivoli, 75001.
Karte 12 F2. ☎ *01 40 41 20 20.*

Virgin Megastore
52–60, ave des Champs-Elysées, 75008.
Karte 4 F5. ☎ *01 49 53 50 00.*

Highlights: Läden und Märkte

Altmodisch und konservativ, und doch voller Überraschungen – das ist Paris: eine Fundgrube von Spezialitätengeschäften und Boutiquen. Neben ehrwürdigen Etablissements stehen moderne Komplexe; die Stadt ist lebendig – nicht zuletzt in ihren Märkten. Hier können Sie alles erstehen: exotische Früchte, Porzellan, Antiquitäten, handgearbeitete Schuhe, maßgeschneiderte Kleidung oder auch Käse aus traditioneller Herstellung. Ob Sie kaufen oder nur das Treiben genießen – Sie werden nicht enttäuscht sein.

Place de la Madeleine
Feinste Delikatessen werden an der Nordseite des Platzes angeboten (siehe S. 214).

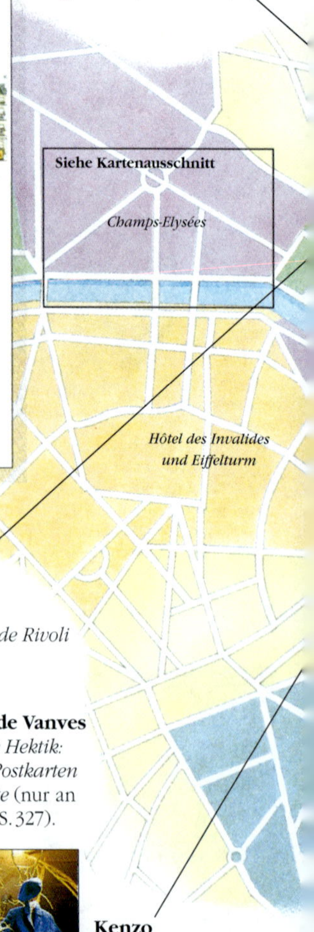

Das Zentrum der Pariser Modewelt

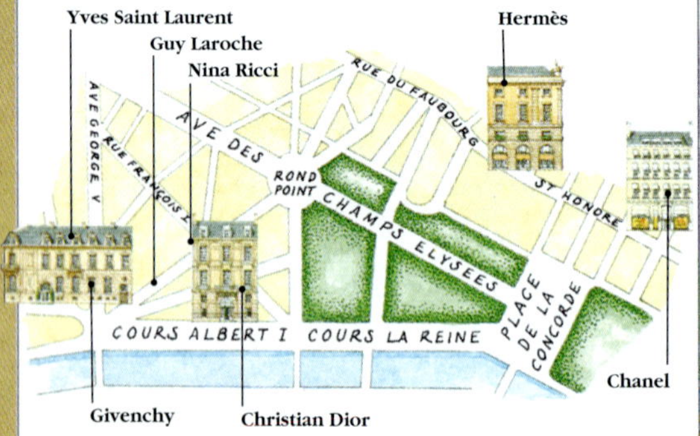

Chanel
Coco Chanel (1883–1971) regierte von 31, rue Cambon aus die Modewelt. Die Hauptboutique ist in der Avenue Montaigne (siehe S. 317).

Rue de Rivoli
Preiswerte Souvenirs finden Sie an der Rue de Rivoli (siehe S. 130).

Marché de la Porte de Vanves
Reizvoller Markt ohne Hektik: alte Bücher, Leinen, Postkarten und Musikinstrumente (nur an Wochenenden; siehe S. 327).

Kenzo
Die Geschäfte des japanischen Designers führen Herren-, Damen- und Kinderkleidung (siehe S. 317).

Cartier
Cartiers frühe Schmuckdesigns mit den geschliffenen Steinen sind immer noch begehrt. Das Geschäft in der Rue de la Paix führt das gesamte Sortiment (siehe S. 319).

Rue de Paradis
In dieser Straße kaufen Sie Porzellan und Kristall zu herabgesetzten Preisen. Achten Sie auf die Auslagen von Porcelainor, Baccarat und Lumicristal (siehe S. 320f).

Passage des Panoramas
In den Arkaden bei Les Galeries befindet sich eine alte Gravieranstalt (siehe S. 216).

Rue des Francs-Bourgeois
La Maison Rouge ist ein charmanter Antiquitätenladen (siehe S. 324f).

Rue Mouffetard
Hier werden vor allem Lebensmittel verkauft (siehe S. 327).

Forum des Halles
Glasarkaden mit vielen Geschäften (siehe S. 109).

Mode und Accessoires

Paris ist für viele der Inbegriff der Mode, Pariser Schick ist der letzte Schrei. In Paris sind die Frauen offenbar noch mehr als irgendwo sonst auf den aktuellen Trend eingestellt, und rechtzeitig zur neuen Saison präsentieren sie sich im richtigen Look. Die Männer sind nicht ganz so modebewusst, aber auch sie achten sehr auf Stil, Farben und Formen.

Wer die richtige Kleidung zum richtigen Preis sucht, muss wissen, wo er sie bekommt. Auf eine Luxusboutique an der Avenue Montaigne kommen zehn junge Modegeschäfte, die gerne ein Jean-Paul Gaultier werden möchten, und Hunderte mit Imitationsware.

Haute Couture

Paris ist die Heimat der *haute couture*. Im Unterschied zu den vielen Imitationen sind originale Kleidungsstücke der *haute couture* einmalige Kreationen; entworfen werden sie in einem der 23 *Couture*-Häuser, die die Fédération Française de la Couture auflistet. Die Regeln für die Aufnahme in die Liste sind streng, und viele Spitzen-Designer sind nicht vertreten. Die astronomischen Preise machen *haute couture* für die meisten unerschwinglich, und doch schlägt hier das Herz der ganzen Modeindustrie: Von hier aus wird der Massenmarkt gelenkt.

Die Modesaison beginnt jeweils im Januar und Juli mit der Präsentation der *haute couture*, die meist im Carrousel du Louvre stattfindet *(siehe S. 122)*. Wenn Sie so etwas miterleben wollen, bekommen Sie für eine der privaten Modeschauen eher eine Karte (die Hauptpräsentationen sind für Einkäufer und die Presse bestimmt). Rufen Sie einen Monat im Voraus im Pressebüro der *Couture*-Häuser an; Sie brauchen unbedingt eine Eintrittskarte. Wenn Sie in Paris sind, gehen Sie am besten in Boutiquen und fragen nach den Modeschauen. Ziehen Sie sich entsprechend an!

Viele *Couture*-Häuser stellen auch Kleidung *prêt à porter* her – Konfektionskleidung nach einem Standardmodell. Auch diese ist nicht billig, bietet aber Stil und Eleganz zu einem Bruchteil des *Haute-couture*-Preises.

Damenmode

Die meisten *Couture*-Häuser konzentrieren sich am rechten Seine-Ufer, vor allem an der Rue du Faubourg-St-Honoré oder der nobleren Avenue Montaigne: u.a. **Christian Dior**, **Pierre Cardin**, **Chanel**, **Christian Lacroix**, **Marcel Marongiu**, **Givenchy**, **Louis Féraud**, **Nina Ricci**, **Yves Saint-Laurent**. Hier treffen sich alle, die Geld und Namen haben.

Hermès führt klassische Country-Mode. Italienische Eleganz bieten die Modelle von **MaxMara** und **Giorgio Armani**. **Karl Lagerfeld** hat gerade eine eigene »Galerie« eröffnet, in der seine letzten Kreationen ausgestellt werden.

Paco Rabanne ist der einzige offizielle *haute couturier* am linken Ufer, aber im Umkreis liegen viele schöne Modehäuser: **Sonia Rykiel** für Stricksachen, **Junko Shimada** für Sportliches und Legeres, **Barbara Bui** für weiche, feminine Kleidung.

Viele Designer haben neben ihrem Hauptsitz rechts der Seine eine Niederlassung am linken Ufer. **Georges Rech** steht für Qualität, ebenso **Yves Saint Laurent** oder **Jil Sander**. Besuchen Sie mal **Armanis** Modetempel in St-Germain oder die etwas preiswertere Boutique Miu Miu von **Prada** in der Rue de Grenelle. **Kashiyama** bietet äußerst fantasievolle Schöpfungen, bei **Irié** finden Sie erschwingliche Kleidung, modisch und doch länger tragbar.

Konfektionsgeschäfte gibt es in Paris überall. An der schönen Place des Victoires kaufen auch Besucher der Rue du Faubourg-St-Honoré. Die Boutique **Victoire** führt eine der besten Kollektionen von aktuellen Designern, darunter Michael Klein, Helmut Lang und Thierry Mugler. **Kenzo** ist hier ebenso vertreten wie die avantgardistischen Designer **Comme des Garçons**, **Yohoi Yamamoto** und **Ventilo**. In letzter Zeit hat sich die nahe gelegene Rue Jean-Jacques-Rousseau zu einem wichtigen Geschäftszentrum entwickelt.

Geht man nach Osten zur Rue du Jour, so stößt man auf **Agnès B** und **Claudie Pierlot** mit Kleidung von zeitloser Eleganz.

Im Marais haben sich Nachwuchsdesigner niedergelassen, samstags herrscht hier Hochbetrieb. Eine der besten Straßen zum Shopping ist die Rue des Rosiers. Hier finden Sie Issey Miyakes **Pleats Please**, **L'Eclaireur** und eine Niederlassung von **Tehen**. Nebenan in der Rue des Francs-Bourgeois **Nina Jacob**, und gleich um die Ecke hat die unkonventionelle Designerin **Azzedine Alaïa** ihr Geschäft.

Um die Bastille gibt es viele Boutiquen. Der exzentrische **Jean-Paul Gaultier** hat sein Geschäft in der Rue du Faubourg-St-Antoine. Seine Kollektionen »Senior« und »Junior« unterscheiden nicht so sehr Altersgruppen als vielmehr Habitus und Preisvorstellung.

Isabel Marants Boutique steht für Ausgefallenes, **Gaëlle Barrés** Bekanntheitsgrad wird immer größer. **Eres** ist *das* Geschäft für Bademode, **Mac Douglas** führt Lederwaren.

Junge Designermode gibt es bei **Colette** und **Zadig & Voltaire**. **Zucca** verkauft die Kreationen von Akira Onozuka und hat bereits mehrere Läden in der Stadt eröffnet.

Das Secondhandgeschäft mit fast neuer Designer-Mode ist **Réciproque**, Mode aus den 1920er bis 1950er Jahren findet man bei **Rag Time**.

AUF EINEN BLICK

DAMENMODE

Agnès B
6–10, rue du Jour, 75001.
Karte 13 A1.
01 45 08 56 56.
Eine von mehreren Filialen.

Azzedine Alaïa
7, rue de Moussy, 75004.
Karte 13 C3.
01 40 27 85 58.

Barbara Bui
23, rue Etienne-Marcel, 75001. **Karte** 13 A1.
01 40 26 43 65.
Eine von zwei Filialen.

Chanel
42, ave Montaigne, 75008.
Karte 5 A5.
01 47 23 74 12.
Eine von mehreren Filialen.

Christian Dior
30, ave Montaigne, 75008.
Karte 10 F1.
01 40 73 54 44.

Christian Lacroix
73, rue du Faubourg-St-Honoré, 75008. **Karte** 5 B5.
01 42 68 79 00.

Claudie Pierlot
1, rue Montmartre, 75001.
Karte 13 A1.
01 42 21 38 38.
Eine von zwei Filialen.

Comme des Garçons
54, rue Faubourg-St-Honoré, 75008. **Karte** 4 E3.
01 53 30 27 27.

Colette
213, rue St-Honoré, 75001. **Karte** 12 D1.
01 55 35 33 90.

L'Eclaireur
3 ter, rue des Rosiers, 75004. **Karte** 13 C3.
01 48 87 10 22.

Eres
2, rue Tronchet, 75008.
Karte 5 C5.
01 47 42 28 82.
Eine von zwei Filialen.

Gaëlle Barré
17, rue Keller, 75011.
Karte 14 F4.
01 43 14 63 02.

Georges Rech
54, rue Bonaparte, 75006.
Karte 12 E3.
01 43 26 84 11.
Eine von mehreren Filialen.

Giorgio Armani
6, pl Vendôme, 75001.
Karte 6 D5.
01 42 61 55 09 und
Emporio Armani
149, blvd St-Germain, 75006. **Karte** 12 E4.
01 53 63 33 51.

Givenchy
28, rue du Faubourg-St-Honoré, 75008. **Karte** 5 C5.
01 42 65 54 54.

Hermès
24, rue du Faubourg-St-Honoré, 75008.
Karte 5 C5.
01 40 17 47 17.
Eine von mehreren Filialen.

Irié
8, rue du Pré-aux-Clercs, 75007. **Karte** 12 D3.
01 42 61 18 28.

Isabel Marant
16, rue de Charonne, 75011. **Karte** 14 F4.
01 49 29 71 55.

Jean-Paul Gaultier
6, rue Vivienne, 75002.
Karte 12 F1.
01 42 86 05 05.
Eine von zwei Filialen.

Jil Sander
52, ave Montaigne, 75008. **Karte** 10 F1.
01 44 95 06 70.

Junko Shimada
13, rue St-Florentin, 75008. **Karte** 11 C1.
01 42 60 94 12.
Eine von zwei Filialen.

Kashiyama
147, blvd St-Germain, 75006. **Karte** 12 E4.
01 55 42 77 55.

Kenzo
3, pl des Victoires, 75001.
Karte 12 F1.
01 40 39 72 03.
Eine von mehreren Filialen.

Lolita Lempicka
46, ave Victor Hugo, 75016. **Karte** 3C5.
01 40 70 96 96.

Louis Féraud
22, ave Victor Hugo 75016. **Karte** 3 B5.
01 45 00 61 49.

Mac Douglas
9, rue de Sèvres, 75006.
Karte 12 D4.
01 45 48 14 09.
Eine von mehreren Filialen.

Marcel Marongiu
203, rue St-Honoré, 75001.
Karte 13 A2.
01 49 27 96 38.

MaxMara
37, rue du Four, 75006.
Karte 12 D4.
01 43 29 91 10.
Eine von zwei Filialen.

Miu Miu
16, rue de Grenelle, 75007. **Karte** 12 D4.
01 53 63 20 30.

Nina Jacob
23, rue des Francs-Bourgeois, 75004.
Karte 14 D3.
01 42 77 41 20.

Nina Ricci
39, ave Montaigne, 75008.
Karte 10 F1.
01 40 88 45 45.

Paco Rabanne
83, rue des Sts-Pères, 75006.
Karte 12 D4.
01 45 48 82 26.

Pierre Cardin
27, ave de Marigny, 75008. **Karte** 5 B5.
01 42 66 68 98.
Eine von zwei Filialen.

Pleats Please
3bis, rue des Rosiers, 75004. **Karte** 13 C3.
01 40 29 99 66.
Eine von zwei Filialen.

Rag Time
23, rue de l'Echaudé, 75006. **Karte** 12 E4.
01 56 24 00 36.

Réciproque
95, rue de la Pompe, 75016. **Karte** 9 A1.
01 47 04 30 28.

Sonia Rykiel
175, blvd St-Germain, 75006. **Karte** 12 D4.
01 49 54 60 60.
Eine von zwei Filialen.

Tehen
5 bis, rue des Rosiers, 75004. **Karte** 13 C3.
01 40 27 97 37.
Eine von mehreren Filialen.

Ventilo
27 bis, rue du Louvre, 75002. **Karte** 12 F2.
01 44 76 83 00.
Eine von sechs Filialen.

Victoire
12, pl des Victoires, 75002.
Karte 12 F1.
01 42 86 92 51.
Eine von mehreren Filialen.

Yohji Yamamoto
25, rue du Louvre, 75001.
Karte 12 F1.
01 42 21 42 93.

Yves Saint Laurent
38, rue du Faubourg-St-Honoré, 75008.
Karte 5 C5.
01 42 65 74 59.
Eine von mehreren Filialen.

Zadig & Voltaire
15, rue du Jour, 75001.
Karte 13 A1.
01 42 21 88 70.

Zucca
8, rue St-Roch, 75001.
Karte 12 E1.
01 44 58 98 88.

Kindermode

Angebote für Kinder gibt es in allen Stilen und Preiskategorien. Viele Designer haben eigene Kinderboutiquen, so etwa **Kenzo**, **Baby Dior**, **Sonia Rykiel** und **Teddy's**, bei dem Sie Kinderkleidung von vielen Designern finden.

Kinderkonfektion gibt es in reicher Auswahl bei **Jacadi** und **Bonpoint** (dieser führt schicke, teure, gut gearbeitete Kleidung). Bei **Tartine et Chocolat** sind vor allem die Overalls beliebt.

Für kleine Füße führt wohl **Froment-Leroyer** das beste klassische Sortiment. **Six Pieds Trois Pouces** offeriert viele verschiedene Stile.

Herrenmode

Männer kommen nicht in den Genuss der *haute couture*, für sie gibt es nur Konfektionskleidung, die aber je nach Designer sehr teuer sein kann.

Am rechten Seine-Ufer finden sich **Giorgio Armani**, **Pierre Cardin**, **Kenzo**, **Lanvin** (der auch gute Accessoires führt) und **Yves Saint-Laurent**. Am linken Ufer sind **Michel Axel** und **Jean-Charles de Castelbajac** für ihre Krawatten bekannt. Die eleganten Kreationen von **Francesco Smalto** werden gerne von Jean-Paul Belmondo und anderen Filmstars getragen. **Yohji Yamamoto** ist besonders modisch ausgerichtet, **Gianni Versace** führt klassisch Italienisches. Bei **APC** und **Paul Smith** wird fündig, wer Trendmode sucht, **Olivier Strelli** und **Polo von Ralph Lauren** besitzen Chic, ohne ganz dem modischen Trend zu folgen.

Schmuck

Die Couture-Häuser führen sehr guten Schmuck und auch Schals. **Chanel** ist klassisch, **Christian Lacroix** eher spielerisch. Die **Boutique YSL** führt wunderbare Accessoires aller Art.

Zu den teuersten Pariser Juwelieren gehören **Boucheron** und **Mauboussin**. Sehr gute Geschäfte sind auch **Harry Winston** (hier kauft Elizabeth Taylor) und **Cartier**. Für eine große Auswahl an Schmuck und Accessoires ist die **Daniel Swarovski Boutique** bekannt.

Modeschmuck und Imitationen finden Sie – nach der Qualität gestuft – im Marais, an der Bastille und bei Les Halles. Bei **Scooter** kauft die junge Pariser Schickeria ein, und bei **Agatha** gibt es Kopien von Chanel.

Lederwaren

Als besonderen Luxus führt **Harel** eine große Auswahl an exotischem Lederschuhwerk. Bei **Charles Jourdan** finden Sie ein breites Angebot an Farben, bei **Sidonie Larizzi** bekommen Sie aus einem Lederrest ein ganzes Paar Schuhe gemacht. **Carel** hat elegante Grundmodelle.

Bowen bietet traditionelle Herrenschuhe an, **Fenestrier** macht klassische Artikel in schicker Ausführung. **Christian Lacroix** und **Lollipops** stellen sehr schöne Handtaschen und Gürtel her. Lederwaren in anziehenden Farbtönen finden Sie auch bei **Longchamp**, **Gucci** und **Hermès**. Modische Schuhe, Stiefel und Taschen führt zu vernünftigen Preisen **Jet-Set**.

Hüte

Zu den beliebtesten Pariser Hutmachern zählt **Marie Mercié**; **Toni Pato** entwirft jetzt Männerhüte in ihrem alten Geschäft in der Rue Tiquetonne. **Sabrina K** ist frivol und erschwinglich, **Philippe Model** gilt als einer der einfallsreichsten unter den Pariser Hütemachern.

Dessous

Verführerische Dessous führt **Fifi Chachnil**. Auch **Bas et Haut** bietet modischen Luxus für drunter an. Für französische Strümpfe ist **La Boîte à Bas** zu empfehlen.

Umrechnungstabelle

Kinderkleidung									
F	2–3	4–5	6–7	8–9	10–11	12	14	14+ (Jahre)	
GB	2–3	4–5	6–7	8–9	10–11	12	14	14+ (Jahre)	
A, CH, D	2–3	4–5	6–7	8–9	10–11	12	14	14+ (Jahre)	
Kinderschuhe									
F	24	25½	27	28	29	30	32	33	34
GB	7	8	9	10	11	12	13	1	2
A, CH, D	24	25½	27	28	29	30	32	33	34
Damenkleider und -röcke									
F	36	38	40	42	44	46	48	50	
GB	10	12	14	16	18	20	22	24	
A, CH, D	34	36	38	40	42	44	46	48	
Damenblusen und -pullover									
F	36	38	40	42	44	46	48	50	
GB	28	30	32	34	36	38	40	42 (Inches)	
A, CH, D	34	36	38	40	42	44	46	48	
Damenschuhe									
F	36	37	38	39	40	41			
GB	3	4	5	6	7	8			
A, CH, D	36	37	38	39	40	41			
Herrenanzüge									
F	44	46	48	50	52	54	56	58	
GB	34	36	38	40	42	44	46	48	
A, CH, D	44	46	48	50	52	54	56	58	
Herrenhemden									
F	36	38	39	41	42	43	44	45	
GB	14	15	15½	16	16½	17	17½	18	
A, CH, D	36	38	39	41	42	43	44	45	
Herrenschuhe									
F	39	40	41	42	43	44	45	46	
GB	6	7	7½	8	9	10	11	12	
A, CH, D	39	40	41	42	43	44	45	46	

AUF EINEN BLICK

KINDERMODE

Agnès B
(siehe S. 317.)

Baby Dior
(siehe S. 317 Christian Dior.)

Bonpoint
15, rue Royale, 75008.
Karte 5 C5.
01 47 42 52 63.
Eine von mehreren Filialen.

Jacadi
17, rue Tronchet, 75008.
Karte 5 C5.
01 42 65 84 98.

Teddy's
38, rue François-1er, 75008. **Karte** 10 F1.
01 47 20 79 79.

Froment-Leroyer
7, rue Vavin, 75006.
Karte 16 E1.
01 43 54 33 15.
Eine von mehreren Filialen.

Kenzo
(siehe S. 317.)

Six Pieds Trois Pouces
78, ave de Wagram, 75017.
Karte 4 E2.
01 46 22 81 64.
Eine von mehreren Filialen.

Sonia Rykiel
(siehe S. 317.)

Tartine et Chocolat
105, rue du Faubourg-St-Honoré, 75008.
Karte 5 B5.
01 45 62 44 04.
Eine von mehreren Filialen.

HERRENMODE

APC
45, rue Madame, 75006.
Karte 12 E5.
01 45 48 43 71.

Jean-Charles de Castelbajac
26, rue Madame, 75006.
Karte 12 E5.
01 45 48 40 55.

Francesco Smalto
44, rue François-1er, 75008. **Karte** 4 F5.
01 47 20 96 04.

Gianni Versace
62, rue du Faubourg-St-Honoré, 75008.
Karte 5 C5.
01 47 42 88 02.

Giorgio Armani
(siehe S. 317.)

Kenzo
(siehe S. 317.)

Lanvin
15, rue du Faubourg-St-Honoré, 75008.
Karte 14 F4.
01 44 71 31 33.

Michel Axel
121, blvd St-Germain, 75006. **Karte** 12 E4.
01 43 26 01 96.

Olivier Strelli
7, blvd Raspail, 75007.
Karte 12 D4.
01 45 48 30 41.
Eine von zwei Filialen.

Paul Smith
22, blvd Raspail, 75007.
Karte 12 D4.
01 42 84 15 30.

Pierre Cardin
59, rue du Faubourg-St-Honoré, 75008. **Karte** 5 C5.
01 42 66 64 74.

Yohji Yamamoto
69, rue des Sts-Pères, 75006. **Karte** 12 E4.
01 45 48 22 56.

Yves Saint Laurent
12 Pl St-Sulpice, 75006.
Karte 12 D4.
01 43 26 84 40.

SCHMUCK

Agatha
97, rue de Rennes, 75006.
Karte 12 D5.
01 45 48 81 30.
Eine von mehreren Filialen.

Boucheron
26, pl Vendôme, 75001.
Karte 6 D5.
01 42 61 58 16.

Boutique YSL
38, rue du Faubourg-St-Honoré, 75008. **Karte** 5 C5.
01 42 65 74 59.

Chanel
(siehe S. 317.)

Cartier
13, rue de la Paix, 75002.
Karte 6 D5.
01 42 18 53 70.
Eine von mehreren Filialen.

Christian Lacroix
(siehe S. 317.)

Daniel Swarovski Boutique
7, rue Royale, 75008.
Karte 5 C5.
01 40 17 07 40.

Harry Winston
29, ave Montaigne, 75008. **Karte** 10 F1.
01 47 20 03 09.

Mauboussin
20, pl Vendôme, 75001.
Karte 6 D5.
01 44 55 10 00.

Scooter
10, rue de Turbigo, 75001.
Karte 13 A1.
01 45 08 50 54.
Eine von mehreren Filialen.

LEDERWAREN

Bowen
5, pl des Ternes, 75017.
Karte 4 E3.
01 42 27 09 23.
Eine von mehreren Filialen.

Carel
4, rue Tronchet, 75008.
Karte 6 D4.
01 42 66 21 58.
Eine von mehreren Filialen.

Charles Jourdan
86, ave de Champs-Elysées, 75008.
Karte 4 F5.
01 45 62 29 28.
Eine von mehreren Filialen.

Fenestrier
23, rue du Cherche-Midi, 75006. **Karte** 12 D5.
01 42 22 66 02.

Gucci
350, rue St-Honoré, 75001. **Karte** 5 C5.
01 42 96 83 27.
Eine von zwei Filialen.

Harel
7, rue Tournon, 75006.
Karte 12 E5.
01 43 54 16 16.
Eine von zwei Filialen.

Hermès
(siehe S. 317.)

Jet-Set
85, rue de Passy 75016. **Karte** 9 B3.
01 42 88 21 59.
Eine von zwei Filialen.

Lollipops
60, rue Tiquetonne 75002. **Karte** 13 A1.
01 42 33 15 72.

Longchamp
404, rue St-Honoré, 75001. **Karte** 5 C5.
01 43 16 00 18.

Sidonie Larizzi
8, rue de Marignan, 75008. **Karte** 4 F5.
01 43 59 38 87.

HÜTE

Marie Mercié
23, rue St-Sulpice, 75006.
Karte 12 E4.
01 43 26 45 83.

Manon Martin
19, rue de Turenne, 75004. **Karte** 14 D3.
01 48 04 00 84.

Toni Pato
56, rue Tiquetonne, 75002. **Karte** 13 A1.
01 40 26 60 68.

Philippe Model
33, pl du Marché St-Honoré, 75001.
Karte 12 D1.
01 42 96 89 02.

DESSOUS

Bas et Haut
182, blvd St-Germain, 75006. **Karte** 11 C3.
01 45 48 15 88.

La Boîte à Bas
27, rue Boissy-d'Anglas, 75008.
Karte 5 C5.
01 42 66 26 85.
Eine von mehreren Filialen.

Fifi Chachnil
26, rue Cambon, 75001.
Karte 6 D5.
01 42 60 38 86.

Mitbringsel und Souvenirs

Sie finden in Paris eine Riesenauswahl an stilvollen Geschenken und typischen Souvenirs, von Accessoires der Modehäuser über Parfüms bis zum Touristenkitsch wie dem Eiffelturm als Briefbeschwerer. Viel Preiswertes gibt es an der Rue de Rivoli, ein bekanntes Souvenirgeschäft ist **Les Drapeaux de France**. In den Verkaufsständen der Museen sind Reproduktionen und anderes zu haben, etwa im **Le Musée**, **Musée du Louvre**, **Musée d'Orsay** oder **Musée Carnavalet**.

Parfüm

Parfüms und Kosmetika gibt es oft im Sonderangebot. Für Käufer aus Nicht-EU-Ländern werden Parfüms sogar zollfrei angeboten, bei Vorlage des Reisepasses erhält man dann den entsprechenden Preisnachlass, zum Beispiel im **Eiffel Shopping** am Eiffelturm. Sehen Sie auch bei **Sephora** oder in den Kaufhäusern nach den Parfüms der Modedesigner.

Parfums Caron führt Parfüms der Zeit um 1900, die sonst kaum zu bekommen sind. Bei **Annick Goutal** gibt es schön verpackte Parfüms aus natürlichen Essenzen. **L'Artisan Parfumeur** hat als Spezialität Duftstoffe, die Erinnerungen auslösen, und legt beliebte Parfüms der Vergangenheit wieder auf, darunter solche, die am Hof von Versailles benutzt wurden.

Haushaltswaren

Auch wenn der Transport etwas heikel werden kann – Frankreich liefert höchst elegantes Tafelgeschirr. Viele Geschäfte übernehmen einen Transport ins Ausland, ab einem gewissen Kaufpreis auch kostenlos. Luxusartikel gibt es in der Rue Royale, wo die besten Geschäfte sind; sie führen u. a. auch rustikales Porzellan und modernes Silbergeschirr. Glaswaren und Glasfiguren von **Lalique** im Art-nouveau- und Art-déco-Stil werden in aller Welt gesammelt.

Auch in der Rue de Paradis sind viele der Markenartikel vertreten; dort können Sie beim Einkauf von Porzellan und Kristall erheblich sparen. **Lumicristal** führt Baccarat-, Daum- und Limoges-Kristall; **Baccarat** hat auch eine eigene Boutique an der Place de la Madeleine.

Beim Innenarchitekten **Pierre Frey** sind im ersten Stock wunderbare Stoffe zu sehen, natürlich bekommt man die Kostbarkeiten auch zu Kissen, Bettbezügen und Tischtüchern verarbeitet.

La Chaise Longue bietet viele Dinge mit schönem Design für die Wohnung an, auch finden Sie hier Ideen für ausgefallene Geschenke. **Home Autour du Monde** führt zeitgenössisches Design, während **La Tuile à Loup** eher traditionelles französisches Kunsthandwerk im Angebot hat.

Bücher, Zeitschriften und Zeitungen

Eine ganze Reihe deutschsprachiger Publikationen sind an größeren Zeitungskiosken und auch in Buchhandlungen zu finden. Wer Französisch versteht, kann sich in den Wochenzeitungen *Pariscope*, *L'Officiel des Spectacles* und *Zurban* über die Neuigkeiten informieren.

Ohne größere Schwierigkeiten lassen sich deutsche überregionale Tageszeitungen wie *Süddeutsche Zeitung*, *Frankfurter Allgemeine* u.a., Boulevardblätter wie *Bild* sowie Wochenzeitungen wie *Die Zeit* erwerben, ebenso deutsche Zeitschriften aller Art. Manchmal allerdings erscheinen sie in Paris einen Tag später als gewohnt.

In fast jedem Kaufhaus finden Sie eine Buchabteilung (*siehe* Kaufhäuser *S. 313*), die teilweise auch nicht-französischsprachige Publikationen im Angebot haben. Wichtige französische Buchhandlungen sind **La Hune** – mit den Schwerpunkten Kunst, Design, Architektur, Literatur, Fotografie, Mode, Theater und Kino –, **Gibert Joseph** – allgemeine Literatur und Schulbücher – und **Le Divan** mit Schwerpunkt auf Soziologie, Psychologie, Literatur und Lyrik.

Liebhaber der englischen Sprache finden entsprechende Buchläden in der Rue de Rivoli, oder sie gehen zu **Brentano** oder **W H Smith**. Ein etwas unorganisierter, aber kommunikativer Buchladen ist **Shakespeare & Co**. Amerikanisch beeinflusst ist **Village Voice** mit einer guten Literaurabteilung. **The Abbey Bookshop** führt vor allem englischsprachige antiquarische Bücher, ebenso **Tea and Tattered Pages**.

Blumen

Einige Pariser Floristen haben es zu gleicher Berühmtheit gebracht wie Politiker oder Modedesigner, so etwa **Christian Tortu**. Bei **Aquarelle** und **Monceau Fleurs** finden Sie ein gutes Angebot zu anständigen Preisen. Wenn Sie im Marais sind, gehen Sie am besten zu **Mille Feuilles**. (*Siehe auch* Spezialmärkte *S. 326*.)

Spezialgeschäfte

Für Zigarrenliebhaber ist **A La Civette** wahrscheinlich das schönste und gepflegteste Tabakwarengeschäft in Paris. Die Fenster sind befeuchtet, um die Ware unter optimalen Bedingungen zu lagern.

Bei **A L'Olivier** bekommt man exotische Öle und Essigprodukte. Viele Honigsorten, darunter Akazien- und Lavendelhonig, gibt es bei **La Maison du Miel**, auch Honigseife und -kerzen sind dort erhältlich. Wegen seiner 350 Teesorten ist **Mariage Frères** schon fast zu einer Kultstätte geworden; hier bekommt man auch sehr schöne Teekannen und -tassen.

Couture-Stoffe in großer Auswahl kann man bei **Wolff et Descourtis** kaufen.

Falls Sie ein traditionelles französisches Kartenspiel oder z. B. Tarot-Karten suchen, gehen Sie zu **Jeux Descartes**. Hier haben Sie die allerbesten Chancen, ein ausgefallenes Mitbringsel zu finden. **Au Nain Bleu** ist einer der berühmtesten Spielwarenläden der Welt – beim Stöbern hat man viel Spaß. Bei **Cassegrain** geht es seriöser zu, der Laden steht für erstklassige Papier- und Schreibwaren. Auch **Calligrane** bietet Zeichenbedarf und ist auf hochwertige Produkte für den Schreibtisch spezialisiert.

AUF EINEN BLICK

SOUVENIR- UND MUSEUMSLÄDEN

Les Drapeaux de France
13-15, Galerie Montpensier, 75001. **Karte** 12 E1.
☎ *01 42 97 55 40.*

Le Musée
(Offizielle Reproduktionen aus dem Nationalmuseum) Niveau 2, Forum des Halles, Porte Berger, 75001. **Karte** 13 A2.
☎ *01 40 39 97 91.*

Musée Carnavalet
(siehe S. 97.)

Musée du Louvre
(siehe S. 123.)

Musée d'Orsay
(siehe S. 145.)

PARFÜM

Annick Goutal
16, rue de Bellechasse, 75007. **Karte** 11 C3.
☎ *01 45 51 36 13.*
Eine von mehreren Filialen.

L'Artisan Parfumeur
24, blvd Raspail, 75007. **Karte** 16 D1.
☎ *01 42 22 23 32.*
Eine von mehreren Filialen.

Eiffel Shopping
9, ave de Suffren, 75007. **Karte** 10 D3.
☎ *01 45 66 55 30.*

Guerlain
68, ave des Champs-Elysées, 75008. **Karte** 4 F5.
☎ *01 45 62 11 21.*
Eine von mehreren Filialen.

Parfums Caron
34, ave Montaigne, 75008. **Karte** 10 F1.
☎ *01 47 23 40 82.*

Sephora
70, ave des Champs-Elysées, 75008. **Karte** 11 B1.
☎ *01 53 93 22 50.*
Eine von mehreren Filialen.

HAUSHALTSWAREN

Baccarat
11, pl de la Madeleine, 75008. **Karte** 5 C5.
☎ *01 42 65 36 26.*
(siehe auch S. 231.)

La Chaise Longue
30, rue Croix-des-Petits-Champs, 75001. **Karte** 12 F1.
☎ *01 42 96 32 14*
Eine von mehreren Filialen.

Home Autour du Monde
8, rue des Francs-Bourgeois, 75003. **Karte** 14 D3.
☎ *01 42 77 06 08.*

Lalique
11, rue Royale, 75008. **Karte** 5 C5.
☎ *01 53 05 12 12.*

Lumicristal
22 bis, rue de Paradis, 75010. **Karte** 7 B4.
☎ *01 42 46 96 25.*

Pierre Frey
7, rue Jacob, 75006. **Karte** 12 E3. ☎ *01 46 33 73 00.*

Point à la Ligne
67, ave Victor Hugo, 75116. **Karte** 3 B5.
☎ *01 45 00 87 01.*

La Tuile à Loup
35, rue Daubenton, 75005. **Karte** 17 B2.
☎ *01 47 07 28 90.*

BÜCHER, ZEITSCHRIFTEN UND ZEITUNGEN

Abbey Bookshop
29, rue de la Parcheminerie, 75005. **Karte** 13 A4.
☎ *01 46 33 16 24.*

Brentano
37, ave de l'Opéra, 75002. **Karte** 6 E5.
☎ *01 42 61 52 50.*

Le Divan
203, rue de la Convention, 75015. **Karte** 12 E3.
☎ *01 53 68 90 68.*

Galignani
224, rue de Rivoli, 75001. **Karte** 13 A2.
☎ *01 42 60 76 07.*

Gibert Joseph
26, blvd St-Michel, 75006. **Karte** 12 F5.
☎ *01 44 41 88 88.*

La Hune
170, blvd St-Germain, 75006. **Karte** 12 D4.
☎ *01 45 48 35 85.*

Shakespeare & Co
37, rue de la Bûcherie, 75005. **Karte** 13 A4.
☎ *01 43 26 96 50.*

Tea and Tattered Pages
24, rue Mayet, 75006. **Karte** 15 B1.
☎ *01 40 65 94 35.*

Village Voice
6, rue Princesse, 75006. **Karte** 12 E4.
☎ *01 46 33 36 47.*

W H Smith
248, rue de Rivoli, 75001. **Karte** 11 C1.
☎ *01 44 77 88 99.*

BLUMEN

Aquarelle
1, rue Abbé de l'Epée, 75005. **Karte** 16 F1.
☎ *01 44 07 15 00.*

Christian Tortu
6, carrefour de l'Odéon, 75006. **Karte** 12 F4.
☎ *01 43 26 02 56.*

Monceau Fleurs
84, blvd de Raspail, 75006. **Karte** 12 D4.
☎ *01 45 48 70 10.*

SPEZIALGESCHÄFTE

A la Civette
157, rue St-Honoré, 75001. **Karte** 12 F2.
☎ *01 42 96 04 99.*

A L'Olivier
23, rue de Rivoli, 75004. **Karte** 13 C3.
☎ *01 48 04 86 59.*

Au Nain Bleu
408, rue St-Honoré, 75008. **Karte** 5 C5.
☎ *01 42 60 39 01.*
Eine von mehreren Filialen.

Calligrane
4–6, rue du Pont-Louis-Philippe, 75004. **Karte** 13 B4.
☎ *01 48 04 31 89.*

Cassegrain
422, rue St-Honoré, 75008. **Karte** 5 C5.
☎ *01 42 60 20 08.*
Eine von zwei Filialen.

Jeux Descartes
52, rue des Écoles, 75005. **Karte** 13 A5.
☎ *01 43 26 79 83.*
Eine von drei Filialen.

La Maison du Miel
24, rue Vignon, 75009. **Karte** 6 D5.
☎ *01 47 42 26 70.*

Mariage Frères
30–35, rue du Bourg-Tibourg, 75004. **Karte** 13 C3. ☎ *01 42 72 28 11.*
(siehe auch S. 286.)

Wolff et Descourtis
18, Galerie Vivienne, 75002. **Karte** 12 F1.
☎ *01 42 61 80 84.*

Essen und Trinken

PARIS IST EBENSO bekannt für Essen und Trinken wie für Mode. Zu den Leckerbissen gehören *foie gras*, kaltes Fleisch aus der *charcuterie*, Käse und Wein. In manchen Straßen reiht sich ein Lebensmittelgeschäft ans andere; eine solche Straße ist etwa die Rue Montorgueil *(siehe S. 327)*. Die Rue Rambuteau, die beiderseits des Centre Pompidou verläuft, hat viele schöne Fischgeschäfte sowie Spezialgeschäfte für Käse und Imbissläden. *(Siehe auch* Was isst man in Paris *S. 290ff und* Leichte Mahlzeiten und Snacks *S. 310f)*.

Brot und Gebäck

DIE AUSWAHL an Brotsorten und Gebäck in der französischen Hauptstadt ist riesengroß. Die *baguette* gilt als *das* französische Brot; ein *bâtard* ist etwas dicker, eine *ficelle* dünner. Eine *fougasse* ist ein flaches, krustiges Brot aus *baguette*-Teig, meist mit Zwiebel- und Kräuterfüllung. Da französisches Brot kein Fett enthält, wird es schnell alt; man sollte es rasch aufbrauchen.

Croissants gibt es *ordinaire* oder – flockiger und buttriger – *au beurre. Pain au chocolat* und *chausson aux pommes* sind gefülltes Frühstücksgebäck; andere Varianten haben Birnen-, Pflaumen- oder Rhabarberfüllung.

Das Haus **Poilâne** führt wohl das einzige Brot in Paris, das unter dem Namen seines Herstellers bekannt ist. Sein ausgezeichnetes, herzhaftes Vollkornbrot ist äußerst beliebt und wird auf Bestellung per Express in die ganze Welt verschickt. Täglich gegen 16 Uhr, wenn das frisch gebackene Brot aus dem Ofen kommt, stehen die Menschen Schlange.

Das beste Brot in Paris kommt für viele von **Ganachaud**. In seinen altmodischen Öfen stellt er dreißig verschiedene Brotsorten her, darunter Walnuss- und Früchtebrot.

Les Panetons ist zwar eine Kette, bietet aber dennoch Brote in großer Auswahl und hervorragender Qualität. Beliebte Sorten sind Fünfkornbrot, Sesambrötchen und *mouchoir aux pommes*, eine Abwandlung der traditionellen Apfeltasche.

Das beste Roggenbrot und den einzigen Pumpernickel in Paris gibt es in jüdischen Geschäften. Am bekanntesten ist **Jo Goldenberg**. **Le Moulin de la Vierge** stellt Vollwertbrot und deftiges Gebäck auf Holzfeuer her. **Maison Meli** wird am Montparnasse bei *baguettes*, *fougasses* und Gebäck nur von **Max Poilâne** übertroffen. **J. L. Poujauran** ist für schwarzes Olivenbrot und für Früchtebrot bekannt.

Schokolade und Pralinen

WIE ALLES ESSBARE muss man sich auch die Schokolade in Frankreich unbedingt auf der Zunge zergehen lassen. Ein Tipp unter Kennern sind **Christian Constant's** Kreationen aus reinem Kakao und wenig Zucker. **Dalloyau** macht Schokolade aller Art und ist nicht zu teuer (dort gibt es auch Backwaren und kaltes Fleisch). **Fauchon** ist weltweit ein Begriff für Delikatessen, auch für seine exzellenten Pralinen. **Lenôtre** stellt klassische Trüffel und Pralinen her. Robert Linxe kreiert in **La Maison du Chocolat** ständig neue, herrliche Pralinen mit exotischen Zutaten. **Richart** rühmt sich seiner schön präsentierten, aber auch sehr teuren Pralinen; meist sind sie mit Likör gefüllt und haben einen dunklen Schokoladeüberzug.

Charcuterie und Foie Gras

CHARCUTERIES führen oft Käse, Schnecken, Trüffel, Räucherlachs, Kaviar, Wein und kaltes Frühstücksfleisch. Bei **Fauchon** gibt es eine sehr gute Lebensmittelabteilung, ebenso im Untergeschoss des Kaufhauses **Le Bon Marché**. **Hédiard** hat – wie auch Fauchon – allerfeinste Delikatessen; in der **Maison de la Truffe** gibt es *foie gras*, Würstchen und Trüffel. Beluga-Kaviar, georgischen Tee und russischen Wodka führt **Petrossian**.

Die bekanntesten *charcuterie*-Produkte kommen in Frankreich aus den Regionen Lyon und Auvergne; Sie bekommen sie bei **Terrier**. In den Verkaufsstellen von **Aux Vrais Produits d'Auvergne** gibt es trockene und frische Würstchen und köstlichen Cantal-Käse. **Pou** ist ein beliebtes Geschäft, wo man *pâté en croute* (Pâté in Teig), *boudins* (Blutwurst), Lyoner Würste, Schinken und *foie gras* kauft. Nahe den Champs-Elysées hat **Vignon** ausgezeichnete *foie gras* und Lyoner Wurst, aber auch beliebte Fertiggerichte.

Zusammen mit Trüffeln und Kaviar gehört die *foie gras* (Leberpastete) zu den erlesensten Gaumenfreuden. Qualität und Preis hängen vom Anteil der verwendeten Leber ab. *Foie gras* gibt es in den meisten Delikatessenläden, aber bei **Comtesse du Barry** können Sie immer mit bester Qualität rechnen. **Divay** ist relativ preiswert und liefert seine Ware auch ins Ausland; **Labeyrie** liefert *foie gras* in schön aufgemachten Geschenkpackungen.

Käse

ZWEIFELLOS IST der Camembert beliebt, aber es werden unzählige andere Käsesorten angeboten. Ein freundlicher *fromager* hilft gerne bei der Auswahl. **Marie-Anne Cantin** ist eine engagierte Verfechterin der traditionellen Käseherstellung, in ihrem vom Vater übernommenen Geschäft bietet sie diverse feinste Käsesorten an. Viele sehen in **Alléosse** das beste Geschäft für Käsedelikatessen in Paris; auch hier werden alle Käsesorten nach traditionellen Verfahren hergestellt.

In der **Maison Quatrehomme** gibt es Käse direkt vom Bauernhof, darunter auch Sorten, die immer seltener verkauft werden. **Boursault** führt alle Käsesorten, besonders lecker ist der *chèvre* (Ziegenkäse). Das Angebot des Tages ist immer draußen ausgeschrieben (sehr günstige Preise). Roquefort gibt es in besonders vorzüglicher Qualität bei **Barthelemy**.

Wein

Der absolute Marktführer ist hier die Ladenkette **Nicolas**, die in ihren Zweigstellen Weine in jeder Preisklasse anbietet. Das Verkaufspersonal ist in der Regel gut informiert und berät gerne und kompetent. Auch das reizvolle Geschäft **Legrand** hat ein sorgfältig zusammengestelltes Angebot erlesener Weine. **Caves Taillevent** sollte man besichtigen; es ist ein riesiger Weinkeller, in dem einige der teuersten Sorten gelagert sind. **Bernard Péret** hat eine enorme Auswahl vorrätig und kann über jeden Wein Auskunft geben. In dem schönen Geschäft **Ryst-Dupeyron** in St-Germain sind Portweine, Whiskys, Weine und Rysts eigener Armagnac im Angebot.

Auf einen Blick

Brot und Gebäck

Ganachaud
226, rue des Pyrenées, 75020.
01 43 58 42 62.

J L Poujauran
20, rue Jean-Nicot, 75007.
Karte 10 F2.
01 47 05 80 88.

Jo Goldenberg
7, rue des Rosiers, 75004. **Karte** 13 C3.
01 48 87 20 16.

Poilâne
8, rue du Cherche-Midi, 75006.
Karte 12 D4.
01 45 48 42 59.

Maison Meli
4, pl Constantin Brancusi, 75014.
Karte 15 C3.
01 43 21 76 18.

Max Poilâne
29, rue de l'Ouest, 75014.
Karte 15 B3.
01 43 27 24 91.

Le Moulin de la Vierge
105, rue Vercingétorix, 75014.
Karte 15 A4.
01 45 43 09 84.

Les Panetons
113, rue Mouffetard, 75005.
Karte 17 B2.
01 47 07 04 00.

Schokolade und Pralinen

Christian Constant
37, rue d'Assas, 75006.
Karte 16 E1.
01 53 63 15 15.

Dalloyau
101, rue du Faubourg-St-Honoré, 75008.
Karte 5 B5.
01 42 99 90 00.

Fauchon
26, pl de la Madeleine, 75008. **Karte** 5 C5.
01 47 42 60 11.

Lenôtre
15, blvd de Courcelles, 75008. **Karte** 5 B2.
01 45 63 87 63.

La Maison du Chocolat
225, rue du Faubourg-St-Honoré, 75008.
Karte 4 E3.
01 42 27 39 44.

Richart
258, blvd St-Germain, 75007. **Karte** 11 C2.
01 45 55 66 00.

Charcuterie und Foie Gras

Le Bon Marché
(siehe S. 313.)

Aux Vrais Produits d'Auvergne
37, rue Rambuteau, 75004.
Karte 13 B2.
01 40 27 00 37.

Comtesse du Barry
1, rue de Sèvres, 75006.
Karte 12 D4.
01 45 48 32 04.

Divay
4, rue Bayen, 75017.
Karte 4 D2.
01 43 80 16 97.

Fauchon
26, pl de la Madeleine, 75008. **Karte** 5 C5.
01 47 42 60 11.

Hédiard
21, pl de la Madeleine, 75008. **Karte** 5 C5.
01 43 12 88 88.

Labeyrie
11, rue d'Auteuil, 75016.
01 42 24 17 62.

Maison de la Truffe
19, pl de la Madeleine, 75008. **Karte** 5 C5.
01 42 65 53 22.

Petrossian
18, blvd Latour-Maubourg, 75007. **Karte** 11 A2.
01 44 11 32 22.

Pou
16, ave des Ternes, 75017.
Karte 4 D3.
01 43 80 19 24.

Terrier
58, rue des Martyrs, 75009.
Karte 6 F2.
01 48 78 96 45.

Vignon
14, rue Marbeuf, 75008.
Karte 4 F5.
01 47 20 24 26.

Käse

Alléosse
13, rue Poncelet, 75017.
Karte 4 E3.
01 46 22 50 45.

Barthelemy
51, rue de Grenelle, 75007.
Karte 12 D4.
01 45 48 56, 75.

Boursault
71, ave du Général-Leclerc, 75014.
Karte 16 D5.
01 43 27 93 30.

Maison Quatrehomme
62, rue de Sèvres, 75007.
Karte 11 C5.
01 47 34 33 45.

Marie-Anne Cantin
12, rue du Champ-de-Mars, 75007.
Karte 10 F3.
01 45 50 43 94.

Wein

Bernard Péret
6, rue Daguerre, 75014.
Karte 16 D4.
01 43 22 08 64.

Caves Taillevent
199, rue du Faubourg-St-Honoré, 75008.
Karte 4 F3.
01 45 61 14 09.

Legrand
1, rue de la Banque, 75002.
Karte 12 F1.
01 42 60 07 12.

Nicolas
31, pl de la Madeleine, 75008. **Karte** 5 C5.
01 42 68 00 16.

Ryst-Dupeyron
79, rue du Bac, 75007.
Karte 12 D3.
01 45 48 80 93.

Kunst und Antiquitäten

Kunstgegenstände und Antiquitäten kauft man entweder in renommierten Geschäften und Galerien oder aber auf Flohmärkten. Viele Prestigegeschäfte und herausragende Galerien befinden sich um die Rue du Faubourg-St-Honoré. Links der Seine sitzt die Organisation Carré Rive Gauche, in der sich 30 Antiquitätenhändler zusammengeschlossen haben. Um ausgewiesene *objets d'art* zu exportieren, die über 50 Jahre alt sind und deren Wert einen bestimmten Betrag übersteigt (individuell beim Zollamt zu erfragen), benötigen Sie ein *Certificat pour un bien culturel*, das Sie beim Verkäufer erhalten. Für den Export in Nicht-EU-Länder benötigen Sie zudem eine Exportlizenz.

Export

Das Kultusministerium weist *objets d'art* aus. Ausfuhrgenehmigungen sind beim **Centre Français du Commerce Extérieur** erhältlich. Alle Einzelheiten sind verzeichnet im *Bulletin Officiel des Douanes*, erhältlich beim **Centre des Renseignements des Douanes**.

Moderne Einrichtung

Eine schöne Auswahl neuester Designermöbel, *objets d'art* und Stoffe bietet die **Galerie Sentou** an. Ein anderer interessanter Laden für italienisches Design ist **Giulio Cappellini**. In **Le Viaduc des Arts** wurde jeder Bogen der ehemaligen Bahnüberführung in eine Ladenfassade und eine Werkstatt umgewandelt. Sie können entlang dieser Straße zeitgenössische Metallarbeiten, Wandteppiche, Skulpturen, Keramiken und vieles mehr bestaunen und erwerben.

Antiquitäten und Objets d'Art

Viele Antiquitätenläden sind im Carré Rive Gauche um den Quai Malaquais zu finden. Wenn Sie dort bummeln gehen, besuchen Sie vielleicht **L'Arc en Seine** oder **Anne Sophie Duval**, wo Sie viel Jugendstil und Art déco finden. Die Rue Jacob ist immer noch eine der besten Adressen für die Suche nach schönen alten oder neuen Dingen.

Der **Louvre des Antiquaires** (neben dem Louvre, *siehe S. 120*) verkauft Qualitätsmöbel, allerdings zu recht hohen Preisen. Auf der Rue du Faubour-St-Honoré finden Sie **Didier Aaron**, den Experten für das 17. und 18. Jahrhundert. **Village St-Paul** bietet sicherlich die bezauberndste Anhäufung von Antikgeschäften in Paris und hat sonntags geöffnet.

Objets d'art in großer Auswahl gibt es bei **La Calinière**. Alte Lampen, Bilder, Spiegel und Möbel hat **La Maison Rouge** in der Rue des Francs-Bourgeois im Angebot. Glaswaren aus dem 19. Jahrhundert bis in die 1960er Jahre findet man bei **Verreglas**.

Reproduktionen, Poster und Drucke

Die schöne Galerie für zeitgenössische Kunst **Artcurial** bietet eine hervorragende Auswahl an internationalen Kunstjournalen, Büchern und Drucken an. Die Buchhandlung **La Hune** am Boulevard St-Germain ist auf Kunst spezialisiert. Auch an den Buchständen der meisten Museen gibt es die neuen Bücher und Drucke; hier wären besonders zu nennen das Musée d'Art Moderne *(siehe S. 201)*, der Louvre *(siehe S. 123)*, das Musée d'Orsay *(siehe S. 145)* sowie das Centre Pompidou *(siehe S. 111)*.

Galerie Documents verkauft alte Originalposter aller Art. Wer gern alte Postkarten, Poster und Drucke durchblättert, ist bei den *bouquinistes* am Ufer der Seine mit ihrem großen antiquarischen Angebot genau richtig.

Kunstgalerien

Renommierte Kunstgalerien finden sich in oder in der Nähe der Avenue Montaigne. Die Galerie **Louise Leiris** wurde von D. H. Kahnweiler begründet, dem Kunsthändler, der Pablo Picasso und George Braque »entdeckte«. Hier werden auch heute noch kubistische Meisterwerke gezeigt.

Artcurial hat viele Ausstellungen und eine ständige Kollektion mit Werken des 20. Jahrhunderts, darunter Joan Miró, Max Ernst, Picasso und Alberto Giacometti. **Lelong** präsentiert zeitgenössische Kunst.

Am linken Seine-Ufer unterhält **Adrian Maeght** eine umfangreiche Sammlung von Bildern und hat eigene Publikationen über Kunst. Die **Galerie 1900–2000** ist auf die Surrealisten spezialisiert, die **Galerie Jeanne Bucher** auf abstrakte Künstler der Nachkriegszeit wie Nicolas de Staël und Vieira da Silva. **Dina Vierny**, von einem Modell des Bildhauers Aristide Maillol gegründet, ist eine Bastion der Moderne.

Einige der neueren Galerien befinden sich im Marais und im Bastille-Viertel. Hier werden vorzugsweise avantgardistische Werke präsentiert. Zu den führenden Galerien im Marais zählen **Yvon Lambert**, **Daniel Templon**, der sich auf amerikanische Kunst spezialisiert hat, und die **Galerie du Jour Agnès B**. Im Bereich der Bastille gehören **Levignes-Bastille** und die **L et M Durand-Dessert** zu den besten Galerien für junge Künstler. In der Rue Louise-Weiss im 13. Arrondissement haben sich ebenfalls Galerien für zeitgenössische Kunst angesiedelt, die **Galerie Emmanuel Perrotin** ist hier z. B. zweimal vertreten.

Auktionshäuser

Das grosse Pariser Auktionszentrum ist **Drouot-Richelieu** *(siehe S. 216)*, ein seit 1858 bestehendes Haus. Wenn Sie nicht fließend französisch sprechen, nehmen Sie einen französischen Freund mit, denn der Auktionator spricht sehr schnell und ist kaum zu verstehen. In *La Gazette de l'Hôtel Drouot* werden alle Auktionen angekündigt, Drouot-Richelieu hat auch einen eigenen Katalog.

Das Haus akzeptiert nur Bargeld und französische Schecks. Auf jeden Zuschlag wird eine Hausprovision von zehn bis 15 Prozent erhoben. Zeit zur Besichtigung: am Vortag 11 bis 18 Uhr, am Auktionstag 11 bis 12 Uhr. Weniger wertvolle Objekte versteigert **Drouot-Nord**, die Auktionen finden von 9 bis 12 Uhr statt; eine Besichtigung ist fünf Minuten vor Auktionsbeginn möglich. Die renommiertesten Objekte kommen bei **Drouot-Montaigne** unter den Hammer.

Etwa zwölf Auktionen monatlich finden beim **Crédit Municipal** statt, hier handelt es sich fast ausschließlich um kleinere Gegenstände oder Pelze. Auch diese Auktionen sind in *La Gazette de L'Hôtel Drouot* angekündigt. Der **Service des Domaines** versteigert alles Mögliche, hier winkt manches gute Geschäft; viele der Gegenstände wurden von Gerichtsvollziehern oder beim Zoll konfisziert. Besichtigung von 10 bis 11.30 Uhr am Tag der Auktion.

AUF EINEN BLICK

EXPORT

Centre Français du Commerce Extérieur
10, ave d'Iéna, 75016.
Karte 10 D1.
01 40 73 30 00.

Centre des Renseignements des Douanes
84, rue d'Hauteville, 75010.
08 25 30 82 63.

MODERNE EINRICHTUNG

Galerie Sentou
18, rue du Pont-Louis-Philippe, 75004.
Karte 13 C3.
01 42 77 44 79.

Cappellini
4, rue des Rosiers, 75004.
Karte 13 C3.
01 42 78 39 39.

Le Viaduc des Arts
Ave Daumesnil, 750012.
Karte 14 F5.
(Viele einzelne Läden.)

ANTIQUITÄTEN UND OBJETS D'ART

Anne-Sophie Duval
5, quai Malaquais, 75006.
Karte 12 E3.
01 43 54 51 16.

L'Arc en Seine
31, rue de Seine, 75006.
Karte 12 E3.
01 43 29 11 02.

La Calinière
68, rue Vieille-du-Temple, 75003.
Karte 13 C3.
01 42 77 40 46.

Didier Aaron
118, rue du Faubourg-St-Honoré, 75008.
Karte 5 C5
01 47 42 47 34.

Louvre des Antiquaires
151, rue St-Honoré, 75001.
Karte 5 C5.
01 42 97 27 00.

La Maison Rouge
45, rue des Francs-Bourgeois, 75004.
Karte 13 C3.
01 48 87 78 34.

Verreglass
32, rue de Charonne, 75011. **Karte** 14 F4.
01 48 05 78 43.

Village St-Paul
Gegend zwischen dem Quai des Célestins, der Rue St-Paul und der Rue Charlemagne, 75004.
Karte 13 C4.

REPRODUKTIONEN, POSTER UND DRUCKE

Artcurial
61, ave Montaigne, 75008.
Karte 5 A5.
01 42 99 16 16.

Galerie Documents
53, rue de Seine, 75006.
Karte 12 E4.
01 43 54 50 68.

La Hune
170, blvd St-Germain, 75006. **Karte** 12 D4.
01 45 48 35 85.

L et M Durand-Dessert
28, rue de Lappe, 75011.
Karte 14 F4.
01 48 06 92 23.

KUNSTGALERIEN

Adrian Maeght
42, rue du Bac, 75007.
Karte 12 D3.
01 45 48 45 15.

Daniel Templon
30, rue Beaubourg, 75003.
Karte 13 B1.
01 42 72 14 10.
(Nur nach Vereinbarung.)

Dina Vierny
36, rue Jacob, 75006.
Karte 12 E3.
01 42 60 23 18.

Galerie Emmanuel Perrotin
5 & 30, rue Louise-Weiss, 75013. **Karte** 18 E4.
01 42 16 79 79.

Galerie Jeanne Bucher
53, rue de Seine, 75006.
Karte 12 E4.
01 44 41 69 55.

Galerie du Jour Agnès B
44, rue Quincampoix, 75004. **Karte** 13 B2.
01 44 54 55 90.

Galerie 1900–2000
8, rue Bonaparte, 75006.
Karte 12 E3.
01 43 25 84 20.

Lelong
13, rue de Téhéran, 75008.
Karte 5 A3.
01 45 63 13 19.

Levignes-Bastille
27, rue de Charonne, 75011. **Karte** 14 F4.
01 47 00 88 18.

Louise Leiris
47, rue de Monceau, 75008. **Karte** 5 A3.
01 45 63 28 85.

Yvon Lambert
108, rue Vieille-du-Temple, 75003. **Karte** 14 D2.
01 42 71 09 33.

AUKTIONSHÄUSER

Crédit Municipal
55, rue des Francs-Bourgeois, 75004.
Karte 13 C3.
01 44 61 64 00.

Drouot-Montaigne
15, ave Montaigne, 75008.
Karte 10 F1.
01 48 00 20 80.
www.drouot.fr

Drouot-Nord
64, rue Doudeauville, 75018.
01 48 00 20 99.

Drouot-Richelieu
9, rue Drouot, 75009.
Karte 6 F4.
01 48 00 20 20.

Service des Domaines
15–17, rue Scribe, 75009.
Karte 6 D4.
01 44 94 78 78.

Märkte

APPETITLICHE Lebensmittel, verlockend präsentiert, und eine betriebsame Marktatmosphäre – das findet man nirgendwo besser als auf einem Pariser Markt. Neben den großen überdachten Lebensmittelmärkten gibt es Märkte mit wechselnden Ständen und ständige Straßenmärkte, die jeden Tag geöffnet haben. Jeder hat seinen eigenen Charakter, dem jeweiligen Stadtviertel angepasst. Im Folgenden sind die bekannteren dieser Märkte aufgeführt, mit den ungefähren Öffnungszeiten. Eine vollständige Liste hat das Pariser Office du Tourisme *(siehe S. 274)*. Behalten Sie beim Rundgang Ihren Geldbeutel im Auge – und stellen Sie sich auf Preisverhandlungen ein, man erwartet das sogar von Ihnen.

Obst- und Gemüsemärkte

GUTEM ESSEN bringen die Franzosen eine fast religiöse Verehrung entgegen. Die meisten machen immer noch den täglichen Einkauf, um sicherzugehen, dass die Erzeugnisse wirklich frisch sind; daher ist auf den Lebensmittelmärkten immer Betrieb. Die meisten Obst- und Gemüsemärkte sind dienstags bis samstags 8–13 Uhr und 16–19 Uhr geöffnet, sonntags 9–13 Uhr.

Achten Sie genau darauf, was Sie kaufen; sonst kann es Ihnen passieren, dass Sie ein Kilo schön präsentiertes Obst oder Gemüse erwerben und später feststellen, dass die Waren, die unter der Oberfläche lagen, schon schlecht sind. Sie kaufen daher besser lose als in Schachteln oder Körbchen. Meist lässt man Sie nicht selbst nach der Ware greifen, sondern nur durch Fingerzeig angeben, was Sie haben wollen. Ein wenig Französisch sollten Sie hier beherrschen, um sich verständlich zu machen: *pas trop mûr* (nicht zu reif), *pour manger ce soir* (für heute Abend bestimmt). Wenn Sie öfter zum selben Markt gehen, lernen Sie die Marktleute kennen, und man betrügt Sie nicht so leicht; Sie finden auch heraus, wo Sie am besten einkaufen. Am günstigsten sind natürlich Obst und Gemüse der Saison. Am besten geht man gleich am Morgen zum Markt, wenn die Ware noch frisch ist und nicht so viele Käufer da sind.

Flohmärkte

MAN HÖRT OFT, dass auf den Pariser Flohmärkten keine guten Geschäfte mehr zu machen sind. Dennoch macht ein Flohmarkt Spaß, schon weil das Stöbern interessant ist. Sie sollten auch bedenken, dass der angezeigte Preis nicht unbedingt der ist, der erwartet wird. Meist rechnen die Verkäufer damit, dass gehandelt wird. Die meisten Flohmärkte sind am Stadtrand angesiedelt. Ob Sie ein gutes Geschäft machen, hängt sicher nicht nur vom Glück, sondern auch vom eigenen Urteilsvermögen ab. Oft haben die Verkäufer keine genaue Vorstellung vom Wert ihrer Sachen – was zum Vorteil, aber auch zum Nachteil ausschlagen kann. Der größte und berühmteste Pariser Flohmarkt ist der Marché aux Puces de St-Ouen.

Marché d'Aligre

(Siehe S. 233.)

Der Markt erinnert an einen marokkanischen Basar und ist wohl der preiswerteste und lebhafteste in ganz Paris. Man findet von Oliven über Erdnüsse bis zu Pfeffer aus Nordafrika die exotischsten Dinge; sogar Halal-Schlachter sind zur Stelle. An Wochenenden wird es besonders laut, wenn sich die Schreie der Händler mit Rufen von Protestlern aller Schattierungen mischen, die auf der Place d'Aligre demonstrieren. In diesem ärmeren Stadtteil sieht man weniger Touristen und mehr Pariser.

Rue Cler

(Siehe S. 190.)

Diesen anspruchsvollen Lebensmittelmarkt besuchen Politiker und Geschäftsleute aus der Nachbarschaft. Die Produkte sind ausgezeichnet; Sie finden unter anderem einen bretonischen Delikatessenstand und einige sehr empfehlenswerte Käsestände.

Marché Enfant Rouges

39, rue de Bretagne, 75003. **Karte** 14 D2. M *Temple, Filles-du-Calvaire.* ◯ *Di–Fr 8–13, 15–20 Uhr, Sa 8–20 Uhr, So 8–13 Uhr.*

Der reizende alte Obst- und Gemüsemarkt an der Rue de Bretagne existiert seit 1620. Die Stände sind teils überdacht, teils unter freiem Himmel aufgebaut. Die Produkte werden hier besonders frisch angeboten. An Sonntagvormittagen kann man hier häufig Straßenmusikanten und -theater erleben, aber auch an anderen Tagen ist der Besuch hier ein Fest für die Sinne.

Spezialmärkte

Frische Blumen gibt es auf dem Marché aux Fleurs Madeleine im Bezirk Opéra, auf dem Marché aux Fleurs auf der Ile de la Cité *(siehe S. 81)* oder auf dem Marché aux Fleurs Ternes im Bezirk Champs-Elysées. Der Blumenmarkt auf der Ile de la Cité wird sonntags durch den Vogelmarkt (Marché aux Oiseaux) abgelöst. Briefmarkensammler gehen zum Marché aux Timbres; dort gibt es auch alte Postkarten. Am Montmartre findet man auf dem Marché de St-Pierre billige Textilien.

Marché aux Fleurs Madeleine
Pl de la Madeleine, 75008. **Karte** 5 C5. M *Madeleine.* ◯ *Di–So 8–20 Uhr.*

Marché aux Fleurs Ternes
Pl des Ternes, 75008. **Karte** 4 E3. M *Ternes.* ◯ *Di–So 8–20 Uhr.*

Marché St-Pierre
Pl St-Pierre, 75018. **Karte** 6 F1. M *Anvers.* ◯ *Mo 2–19 Uhr, Di–Sa 9.30–19 Uhr.*

Marché aux Timbres
Cour Marigny, 75008. **Karte** 5 B5. M *Champs-Elysées.* ◯ *Di, So, Feiertage 8–19 Uhr.*

Marché St-Germain

Rue Mabillon und Rue Lobineau, 75005. **Karte** 12 E4. Ⓜ *Mabillon.* ◯ *Di–Sa 8–13, 16–19.30 Uhr, So 8.30–13 Uhr.*

Einer der wenigen erhaltenen überdachten Pariser Märkte; er wurde renoviert. An den Ständen kann man italienische, mexikanische, griechische und asiatische Produkte kaufen.

Rue Lepic

75018. **Karte** 6 F1. Ⓜ *Blanche, Lamarck-Caulaincourt.* ◯ *Di–So 8–13 Uhr.*

Der Obst- und Gemüsemarkt Rue Lepic liegt an einer gut erhaltenen, gewundenen alten Steinbruchzufahrt unweit der Sehenswürdigkeiten am Montmartre. Besonders am Wochenende ist dieser Markt sehr lebhaft.

Rue de Lévis

Blvd des Batignolles, 75017. **Karte** 5 B2. Ⓜ *Villiers.* ◯ *Di–Sa 8–13, 16–19 Uhr, So 9–13 Uhr.*

Ein beliebter Lebensmittelmarkt unweit des Parc Monceau, mit vielen guten Patisserien und ausgezeichneten Käsedelikatessen; die Charcuterie hat leckere Pasteten. In dem Teil der Straße, der zur Rue Legendre führt, wird mit Stoffen und Textilien gehandelt.

Rue Montorgueil

75001 und 75002. **Karte** 13 A1. Ⓜ *Les Halles.* ◯ *Di–Sa 8–13, 16–19 Uhr, So 9–13 Uhr.*

Die Rue Montorgueil ist das Überbleibsel von Les Halles. Die Straße wurde neu gepflastert und hat ihr früheres Aussehen wiedererhalten. An den Ständen gibt es exotische Früchte und Gemüsesorten, z. B. grüne Bananen und Yamswurzel, interessante Delikatessen oder leckeres Gebäck bei Stohrer. Aber auch sehr schöne marokkanische Töpfereiwaren sind hier käuflich zu erwerben.

Rue Mouffetard

(Siehe S. 166.)

Eine der ältesten Marktstraßen in Paris. Hier trifft man auf viele Touristen, und die Preise steigen, aber die gewundene Straße ist immer noch bezaubernd und man findet auch heute noch Qualität. Bei Les Panetons (Nr. 113; *siehe S. 322 f*) steht man gerne für das ofenfrische Brot an. In der Seitenstraße Rue Daubenton ist ein lebhafter afrikanischer Markt.

Rue Poncelet

75017. **Karte** 4 E3. Ⓜ *Ternes.* ◯ *Di–Sa 8–12.30, 16–19.30 Uhr, So 8–12.30 Uhr.*

Der etwas abgelegene Lebensmittelmarkt in der Rue Poncelet lohnt den Besuch wegen seiner echt französischen Atmosphäre. Bäckereien, Patisserien, Charcuteries – alles ist vorhanden, für jeden Geschmack etwas. Echte Spezialitäten der Auvergne gibt es bei Aux Fermes d'Auvergnes.

Marché de la Porte de Vanves

Ave Georges-Lafenestre und Ave Marc-Sangnier, 75014. Ⓜ *Porte-de-Vanves.* ◯ *Sa, So 8–19 Uhr.*

Kleiner Trödelmarkt mit guten Sachen und Gebrauchtmöbeln. Wenn man am frühen Samstagmorgen hierherkommt, hat man die beste Auswahl. Ganz in der Nähe, auf der Place des Artistes, haben Künstler ihre Arbeiten ausgestellt.

Marché Président Wilson

Ave du Président-Wilson, zwischen Pl d'léna und Rue Debrousse, 75016. **Karte** 10 D1. Ⓜ *Alma-Marceau.* ◯ *Mi, Sa 7–13 Uhr.*

Ein eleganter Lebensmittelmarkt unweit des Musée d'Art Moderne und des Modemuseums im Palais Galliera. Dieser Markt ist ziemlich wichtig geworden, weil es in der Nähe kaum andere Lebensmittelgeschäfte gibt. Fleisch kauft man hier besonders gut.

Marché aux Puces de Montreuil

Porte de Montreuil, 93 Montreuil, 75020. Ⓜ *Porte-de-Montreuil.* ◯ *Sa, So, Mo 8–18 Uhr.*

Zu diesem Flohmarkt müssen Sie früh gehen, wenn Sie ein Schnäppchen erhaschen wollen. Denn das gute Angebot an Gebrauchtkleidung lockt viele junge Leute an. Es gibt aber auch gebrauchte Fahrräder, exotische Gewürze und viel Krimskrams.

Marché aux Puces de St-Ouen

(Siehe S. 231.)

Der bekannteste, bestbesuchte und auch teuerste Pariser Flohmarkt liegt am nördlichen Stadtrand. Hier sind mehrere Märkte vereinigt. Einheimische handeln in kleinem Rahmen vom Kofferraum ihres Autos aus, aber es gibt auch einige gigantische Hallen mit Verkaufsständen von Händlern, die ganz unterschiedliche Dinge in unterschiedlicher Qualität anbieten. Sie erreichen den Flohmarkt zu Fuß in 10–15 Minuten von der Métro-Station Clignancourt – lassen Sie sich dabei von dem etwas schäbigen Marché Malik, den Sie passieren müssen, nicht beirren. Einen *Guide des Puces* (Führer durch die Flohmärkte) erhalten Sie am Informationskiosk im Marché Biron an der Rue des Rosiers. Die exklusiveren Märkte akzeptieren auch Kreditkarten und übernehmen den Versand an die Heimatadresse. Neue Warenlieferungen kommen immer freitags – dann wird der Markt von professionellen Einkäufern aus aller Welt abgeklappert.

Der Marché Jules Vallès ist bekannt für *objets d'art* der Zeit um 1900. Teurer und reizvoller ist der Marché Paul-Bert, auf dem man gut Möbel, Bücher und Drucke kauft. Hier wie dort gibt es allerdings eher Secondhandware als Antiquitäten.

Der Marché Biron bietet hochwertige antike Möbel. Der älteste und größte Markt ist Marché Vernaison mit Schmuck, Lampen und Textilien. Nicht vergessen sei Chez Louisette, das Café im Marché Vernaison mit Pariser Küche, wo man die Lieder von Edith Piaf abspielt. Auf dem kleinen Marché Cambo werden antike Möbel sehr schön präsentiert. Professionelle Händler schätzen besonders den Marché Serpette, wo alle Waren in hervorragendem Zustand sind.

Marché Raspail

Blvd Raspail zwischen Rue du Cherche-Midi und Rue de Rennes, 75006. **Karte** 12 D5. Ⓜ *Rennes (diese Métro-Station ist sonntags geschlossen; Ersatz:* Ⓜ *Sèvres Babylone).* ◯ *Di, Fr, So 7–13 Uhr.*

Der Markt bietet typisch französische, dienstags und freitags auch portugiesische Lebensmittel an. Berühmt ist er aber wegen der Sonntage: Dann nämlich kommen die gesundheitsbewussten Pariser und kaufen Bio-Produkte – zwar nicht billig, dafür aber sehr gut.

Rue de Seine und Rue de Buci

75006. **Karte** 12 E4. Ⓜ *Odéon.* ◯ *Di–Sa 8–13, 16–19 Uhr, So 9–13 Uhr.*

Die teuren Stände an der Rue de Seine und Rue de Buci sind überlaufen: Hier gibt es hochwertiges Obst und Gemüse. Man findet auch einen großen Blumenstand und zwei gute Patisserien.

Unterhaltung in Paris

Ob Sie klassisches Theater lieben oder Kabarett, Shows oder Ballett, Oper oder Jazz, Kino oder Discos – in Paris gibt es alles. Dazu bietet die Stadt viel Unterhaltung gratis: die Straßenkünstler vor dem Centre Pompidou, Straßenmusiker in den Métro-Stationen und überall in der Stadt.

Eines der Hauptvergnügen der Pariser ist es, über die Boulevards zu bummeln, danach bei einem Drink in einem Straßencafé zu sitzen und die Welt (in Form von Passanten) zu betrachten. Wenn Sie dagegen das ultimative »Oh-la-la«-Erlebnis mitnehmen wollen, dann gehen Sie zu den Showgirls in den bekannten Nachtklubs. Für Sportfreunde sind Tennisturniere, Pferderennen oder die Tour de France geboten, aktivere Sportler können sich in Fitnesscentern und Sporthallen austoben. Und für alle, die sich nicht entscheiden können, gibt es *boules*, das Spiel mit den Kugeln – zum Zuschauen oder Mitmachen.

Praktische Hinweise

Über das Angebot an Veranstaltungen in der Stadt können sich Paris-Besucher leicht informieren. Faltblätter, Veranstaltungshinweise und -programme gibt es vor allem beim **Office du Tourisme et des Congrès de Paris**, das Sie in der Gare du Lyon und am Eiffelturm finden.

Dieses Büro unterhält einen Anrufbeantworter, der aktuelle Auskunft über Konzertveranstaltungen und Ausstellungen mit freiem Eintritt und über die entsprechenden Verkehrsverbindungen erteilt. Auch bei Ihrem Hotelempfang können Sie sich in der Regel informieren, in vielen Fällen erledigt man für Sie dort auch die Buchung.

Kartenvorverkauf

Für viele Veranstaltungen können Sie das Ticket direkt beim Eintritt lösen, für Star-Konzerte sind Vorausbuchungen sinnvoll oder sogar notwendig. Für die meisten Großveranstaltungen, einschließlich klassischer Konzerte und Museumsvorführungen, bekommt man Karten in den **FNAC**-Läden oder bei **Virgin Megastore**. Für Theater, Oper oder Ballett sind oft bis zur letzten Minute noch sehr preiswerte Karten zu haben. Wenn sie die Aufschrift *sans visibilité* tragen, werden Sie die Bühne nur zum Teil, vielleicht gar nicht sehen können. Oft gibt Ihnen eine Platzanweiserin einen besseren Platz, falls vorhanden; vergessen Sie dann aber nicht, ihr ein oder zwei Euro zu geben.

Ballerina des Ballet d'Opéra

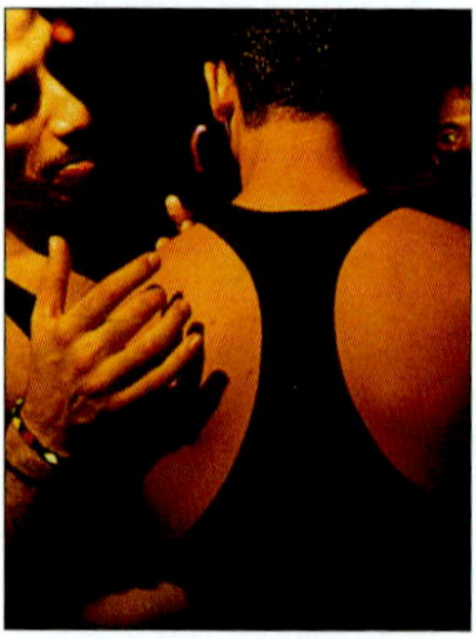

Nachtklub-Leben in Paris

Die Theaterkassen sind täglich etwa zwischen 11 und 19 Uhr geöffnet. Meist werden im Vorverkauf – telefonisch oder persönlich – Kreditkarten akzeptiert. Vorbestellte Karten sind in der Regel vorzeitig abzuholen – kurz vor Vorstellungsbeginn werden sie vergeben. Sie können immer vor

Konzert der Opéra de Paris Garnier ***(siehe S. 335)***

Programmzeitschriften

Paris hat mehrere gute Programmzeitschriften. Am leichtesten zu handhaben ist *Pariscope,* daneben gibt es *L'Officiel des Spectacles* und *Zurban*. Die Zeitschriften erscheinen mittwochs und sind an jedem Zeitungskiosk erhältlich. Auch *Le Figaro* veröffentlicht in seiner Mittwochsausgabe Veranstaltungshinweise.

La Locomotive – eine Disco auf drei Ebenen *(siehe S. 338)*

einer Veranstaltung an der Kasse nach vorbestellten, nicht beanspruchten Karten fragen.

Schwarzhändler

Wenn Sie eine Karte für eine ausverkaufte Vorstellung erwerben möchten, machen Sie es am besten wie die Franzosen: Stellen Sie sich an den Eingang mit einem Schild »Cherche une place« (oder »deux«). Viele Leute haben eine Karte übrig und wollen sie verkaufen. Achten Sie darauf, dass Ihnen Schwarzhändler keine gefälschte Karte andrehen.

Verbilligte Karten

Theaterkarten zum halben Preis gibt es am Tag der Aufführung am *Kiosque Théâtre*. Es wird eine kleine Provision erhoben, Kreditkarten werden nicht akzeptiert. Ein Kiosk ist an der Place de la Madeleine (Di–Sa 12.30–20 Uhr, So 12.30–16 Uhr), ein anderer in der RER-Station Parvis de la Gare Montparnasse (Di–Sa 12.30–18 Uhr).

Boules-Spieler *(siehe S. 342)*

Einrichtungen für behinderte Besucher

Wo entsprechende Einrichtungen vorhanden sind, sind sie entweder sehr gut oder ganz unbrauchbar. An vielen Veranstaltungsorten gibt es einen Eingang für Rollstuhlfahrer, Sie sollten sich aber zuvor telefonisch vergewissern, dass er richtig ausgerüstet ist. Die öffentlichen Verkehrsmittel, Métro und Bus, sind für Rollstuhlfahrer leider ungeeignet.

Nachts unterwegs

Die Pariser Metro *(siehe S. 368f)* verkehrt bis ca. 1 Uhr morgens; der letzte Zug fährt 0.45 Uhr ab Endstation. Nach dieser Zeit ist man auf Nachtbusse *(noctambus)*, die nur stündlich verkehren, oder auf Taxis angewiesen.

Taxis bekommt man an der Straße durch Winken oder an einem Taxistand. Um 2 Uhr morgens, wenn viele Bars schließen, kann das schwierig oder fast unmöglich sein.

Adressen

FNAC
Forum des Halles, 1, rue Pierre-Lescot, 75001. **Karte** 13 A2. *01 40 41 40 00.*

Das Grand Rex *(siehe S. 340)*

FNAC
26, ave des Ternes, 75017.
Karte 4 D3. *01 44 09 18 00.*
Und andere Filialen.

Office du Tourisme et des Congrès de Paris
127, ave des Champs-Elysées, 75008.
Karte 4 E4. *08 36 68 31 12.*
www.paris-touristoffice.com
info@paris-touristoffice.com

Virgin Megastore
52–60, ave des Champs-Elysées, 75008.
Karte 4 F5. *01 49 53 50 00.*

W H Smith
248, rue de Rivoli, 75001.
Karte 11 C1. *01 44 77 88 99.*

Theater

VON DER SERIÖSEN Comédie Française über Klamaukkomödien bis zur Avantgarde – im Pariser Zentrum und in den Vorstädten blüht das Bühnenleben. Dass Gastspieltruppen von überall her in die Stadt kommen, hat lange Tradition, viele ausländische Produktionen werden in der Originalsprache gespielt. Die Theatersaison dauert von September bis Juli, im August sind die Staatstheater geschlossen, doch viele private Bühnen spielen weiter. Vollständige Programmvorschauen finden Sie in *Pariscope*, *Zurban* oder in *L'Officiel des Spectacles (siehe S. 328)*.

STAATSTHEATER

DIE 1680 DURCH königliche Order gegründete **Comédie Française** *(siehe S. 120)* ist mit ihren strengen Regeln bezüglich des Aufführungs- und Darstellungsstils die Gralsburg des französischen Theaters. Sie will das klassische Drama lebendig halten.

Als ältestes Staatstheater der Welt ist die Comédie Française eine der wenigen Institutionen des *ancien régime*, die die Revolution überlebt haben. Ihr gegenwärtiges Haus bezog sie während der Französischen Revolution, nachdem Schauspieler das benachbarte Palais Royal besetzt hatten. Der Zuschauerraum ist – wie sollte es anders sein – traditionell mit rotem Samt gehalten, die Mammutbühne verfügt über modernste Technik.

Das Repertoire des Hauses ist überwiegend klassisch mit Corneille, Racine und Molière, in zweiter Linie mit Marivaux, Alfred de Musset und Victor Hugo. Relativ selten werden aber auch Dramen der klassischen Moderne gespielt.

Das **Odéon Théâtre de l'Europe**, auch als Théâtre National de l'Odéon bekannt *(siehe S. 140)*, war früher die zweite Bühne der Comédie Française. Eine Besonderheit des Hauses sind heute fremdsprachige Stücke, die im Original gespielt werden.

Das **Petit Odéon** gleich nebenan zeigt neue Stücke und fremdsprachige Dramen.

Das **Théâtre National de Chaillot** ist ein riesiges unterirdisches Auditorium im Art-déco-Palast Palais de Chaillot *(siehe S. 198)*. Es zeigt gute Aufführungen der bedeutenden europäischen Klassiker, gelegentlich auch musikalische Revuen. Die Studiobühne **Salle Gémier** im selben Haus spielt eher experimentelle Stücke.

Im **Théâtre National de la Colline** werden auf zwei Bühnen Stücke zeitgenössischer Autoren gespielt.

AUSSERHALB DES ZENTRUMS

IN DER **Cartoucherie** im Bois de Vincennes sind nicht weniger als fünf verschiedene Avantgarde-Theater zu Hause, darunter das international berühmte **Théâtre du Soleil**, das seit 30 Jahren immer wieder innovative Inszenierungen spielt und bereits in vielen Ländern gastierte.

FREIE THEATERGRUPPEN

DIE WICHTIGSTEN unabhängigen Theater sind die **Comédie des Champs-Elysées**, das **Hébertot** und das **Atelier,** das sich als experimentelles Theater versteht. Bemerkenswert sind auch das **Théâtre Marigny** für modernes französisches Theater, das **Montparnasse** und das **Antoine-Simone Berriau**, ein Pionier der realistischen Bühnenkunst. Das **Madeleine** spielt durchgängig auf hohem Niveau, das **Huchette** ist auf Ionesco spezialisiert. Der englische Theaterleiter und Regisseur Peter Brook hat im **Bouffes-du-Nord** eine loyale Anhängerschaft.

Das **Palais Royal** ist seit über hundert Jahren ein Tempel der satirischen Farce. Da es heute nicht mehr so viele französische Autoren gibt, die Slapstick-Komödien à la Feydeau schreiben, werden auch englische und amerikanische Komödien in Übersetzung gespielt. Weitere erwähnenswerte Bühnen sind das **Bouffes-Parisiens**, **La Bruyère**, das **Michel** und das **St-Georges**. Das **Gymnase-Marie Bell** zeigt beliebte Ein-Mann-Komödien.

CAFÉ-THEATER UND CHANSONNIERS

VERANSTALTUNGEN in Cafés haben eine lange Tradition, aber die Café-Theater von heute haben mit den »café-concerts« der Zeit um 1900 nichts mehr gemeinsam. Diese modernen Unterhaltungsformen entstanden, weil junge Schauspieler und Bühnenautoren keine Arbeit fanden und Studenten finanziell nicht in der Lage waren, etablierte Theater anzumieten. Die Café-Theater erlebten in den 1960er und 1970er Jahren ihre Blütezeit, als damals noch Unbekannte wie Coluche, Gérard Depardieu und Miou-Miou im **Café de la Gare** debütierten, bevor sie zu Stars wurden.

Neue Talente sind im **Café d'Edgar** und **Au Bec Fin** zu sehen; etwas konventioneller geht es im **Lucernaire** zu. Zu den traditionellen *chansonniers* – Cabarets mit Balladen, Folk und Humor – gehören **Au Lapin Agile** *(siehe S. 223)* und **Caveau des Oubliettes**. Politisches Kabarett bringen **Caveau de la République** und **Deux Anes** im Viertel Montmartre.

KINDERTHEATER

MANCHE PARISER Theater, wie das **Gymnase Marie Bell**, das **Porte St-Martin** und das **Café d'Edgar**, geben mittwochs und am Wochenende Matineen für Kinder. In den Stadtparks sieht man oft kleine Marionettentheater, die sicher Kinder und Erwachsene gleichermaßen begeistern *(Adressen siehe* Freie Theatergruppen *S. 331)*.

Openair-Theater

Im Sommer finden bei gutem Wetter Freilichtaufführungen von Shakespeare (in französischer Sprache) und französischen Klassikern im Jardin Shakespeare des Bois de Boulogne *(siehe S. 254)* statt.

Strassentheater

Das Strassentheater blüht in den Sommermonaten. Besonders an touristischen Schwerpunkten wie Centre Pompidou *(siehe S. 110f)*, St-Germain-des-Prés und Les Halles zeigen Jongleure, Pantomimen, Feuerschlucker und Musiker ihre Kunst.

Kartenvorverkauf

Karten gibt es an den Vorverkaufsstellen (täglich etwa von 11–19 Uhr geöffnet); sie können hier oder bei den Theateragenturen auch telefonisch bestellt werden. Manche Kassen akzeptieren Kreditkarten.

Kartenpreise

Die Plätze kosten für die Staatstheater zwischen 7 € und 30 €, für die freien Theatergruppen zwischen 8 € und 38 €. Bei manchen Bühnen gibt es 15 Minuten vor Beginn der Vorstellung ermäßigte Karten.

Im Kiosque Théâtre können Sie am Tag der Vorstellung Karten zum halben Preis erwerben. Kreditkarten werden hier allerdings nicht akzeptiert, außerdem wird eine kleine Provision erhoben. Ein Kiosque Théâtre befindet sich an der Place de la Madeleine, ein weiterer vor der Gare Montparnasse

Garderobe

Abendgarderobe sieht man in der Regel nur noch bei den Galavorstellungen an der Opéra de Paris Garnier und in der Comédie Française, aber auch bei Premieren in den anderen großen Häusern.

Auf einen Blick

Staatstheater

Comédie Française
Salle Richelieu,
2, rue de Richelieu, 75001.
Karte 12 E1.
01 44 58 15 15.

Odéon Théâtre de l'Europe
Pl de l'Odéon, 75006.
Karte 12 F5.
01 44 41 37 36.

Théâtre National de Chaillot
Pl du Trocadéro, 75016.
Karte 9 C2.
01 53 65 30 00.

Théâtre National de la Colline
15, rue Malte-Brun, 75020.
01 44 62 52 52.

Ausserhalb

Cartoucherie
Route du Champ-de-Manoeuvre, 75012.

Théâtre du Soleil
01 43 74 24 08.

Théâtre de l'Aquarium
01 43 74 99 61.

Théâtre de l'Epée de Bois *01 48 08 39 74.*

Théâtre de la Tempête
01 43 28 36 36.

Théâtre du Chaudron
01 43 28 97 04.

Freie Theatergruppen

Antoine-Simone Berriau
14, blvd de Strasbourg, 75010. **Karte** 7 B5.
01 42 08 77 71 und 01 42 08 76 58.

Atelier
Pl Charles Dullin, 75018.
Karte 6 F2.
01 46 06 49 24.

Bouffes-du-Nord
37 bis, blvd de la Chapelle, 75010. **Karte** 7 C1.
01 46 07 34 50.

Bouffes-Parisiens
4, rue Monsigny, 75002.
Karte 6 E5.
01 42 96 92 42.

La Bruyère
5, rue La Bruyère, 75009.
Karte 6 E3.
01 48 74 76 99.

Comédie des Champs-Elysées
15, ave Montaigne, 75008. **Karte** 10 F1.
01 53 23 99 19.

Gymnase-Marie Bell
38, blvd Bonne-Nouvelle, 75010. **Karte** 7 A5.
01 42 46 79 79.

Hébertot
78 bis, blvd des Batignolles, 75017. **Karte** 5 B2.
01 43 87 23 23.

Huchette
23, rue de la Huchette, 75005. **Karte** 13 A4.
01 43 26 38 99.

Madeleine
19, rue de Surène, 75008.
Karte 5 C5.
01 42 65 07 09.

Marigny
7, ave de Marigny, 75008.
Karte 5 A5.
01 53 96 70 20.

Michel
38, rue des Mathurins, 75008. **Karte** 5 C4.
01 42 65 35 02.

Montparnasse
31, rue de la Gaîté, 75014. **Karte** 15 C2.
01 43 22 77 74.

Palais Royal
38, rue Montpensier, 75001. **Karte** 12 E1.
01 42 97 59 81.

Porte St-Martin
16, blvd St-Martin, 75010.
Karte 7 C5.
01 42 08 00 32.

St-Georges
51, rue St-Georges, 75009. **Karte** 6 E3.
01 48 78 63 47.

Café-Theater und Chansonniers

Au Bec Fin
6, rue Thérèse, 75001.
Karte 12 E1.
01 42 96 29 35.

Au Lapin Agile
22, rue des Saules, 75018.
Karte 2 F5.
01 46 06 85 87.

Café d'Edgar
58, blvd Edgar-Quinet, 75014. **Karte** 16 D2.
01 42 79 97 97.

Café de la Gare
41, rue du Temple, 75004.
Karte 13 B2.
01 42 78 52 51.

Caveau de la République
1, blvd St-Martin, 75003.
Karte 8 D5.
01 42 78 44 45.

Deux Anes
100, blvd de Clichy, 75018. **Karte** 6 D1.
01 46 06 10 26.

Lucernaire
53, rue Notre-Dame-des-Champs, 75006.
Karte 16 D1.
01 45 44 57 34.

Klassische Musik

Noch nie war das Musikleben in Paris so rege wie heute. Mit staatlicher Hilfe sind viele erstklassige Konzertsäle entstanden, es gibt hervorragende Aufführungen klassischer wie zeitgenössischer Musik und auf dem Gebiet der Oper. Hinzu kommen zahlreiche Kirchenkonzerte und Musikfestivals. Konzertinformationen werden in *Pariscope, Zuban* und *L'Officiel des Spectacles* veröffentlicht. An den meisten Konzertsälen erhält man auch ein kostenloses monatliches Veranstaltungsverzeichnis. Außerdem informiert das *Office du Tourisme et des Congrès de Paris (siehe S. 328f)* über kostenlose klassische Konzerte.

Oper

Freunde der Oper kommen in Paris auf ihre Kosten, vor allem durch die Aufführungen an der Bastille und in der schön renovierten **Opéra de Paris Garnier**. Auch auf dem Spielplan des Théâtre du Châtelet ist die Oper gut vertreten. Kleinere Theater bieten gelegentlich Opernaufführungen, manchmal gibt es aufwändige Produktionen im Palais Omnisports de Bercy *(siehe S. 343)*.

Das ultramoderne Haus der Pariser Oper, die **Opéra de Paris Bastille** *(siehe S. 98)*, setzt das Instrumentarium seiner hochtechnologisierten Bühnentechnik bei den Inszenierungen voll ein. Von allen 2700 Sitzplätzen hat man einen hervorragenden Blick auf die Bühne, die Akustik des Saals ist ausgezeichnet. Aufgeführt werden in der Opéra klassische und moderne Opern, oft in avantgardistischen Inszenierungen und Interpretationen. Philippe Mamourys *K...* ist eine davon, Robert Wilsons *Zauberflöte* wurde im Stil des japanischen No-Theaters aufgeführt. Und bei Messiaens *Franz von Assisi* arbeitete man mit Videofilm und Neon.

Ballettabende finden statt, wenn das Ballettensemble der **Opéra de Paris Garnier** *(siehe S. 215)* an der Bastille gastiert. Das Haus hat auch zwei kleinere Bühnen, das **Auditorium** (500 Plätze) und das **Studio** (200 Plätze) für Kammermusik, Solistenkonzerte und Begleitprogramme.

Die **Opéra Comique** (auch als Salle Favart bekannt) ist kein traditionelles Opernhaus mehr. Unter der Leitung von Jérôme Savary kommen hier amüsantes Revuetheater und musicalähnliche Inszenierungen zur Aufführung.

Konzerte

In Paris sind drei große Symphonieorchester zu Hause, außerdem finden viele Gastkonzerte europäischer und amerikanischer Orchester statt. Auch die Kammermusik ist reich vertreten, sowohl im Veranstaltungsprogramm der großen Konzertsäle als auch in kleineren Sälen und Kirchen.

Die **Salle Pleyel** ist in Paris der Konzertsaal Nummer eins. Sie hat 2300 Plätze, hier war bis vor kurzem das Orchestre de Paris zu Hause, das jetzt im Théâtre Mogador ein neues Zuhause gefunden hat. Die Konzertsaison dauert von Oktober bis Juni, durchschnittlich finden zwei Konzerte in der Woche statt. Die Salle Pleyel dient dem Ensemble Orchestral de Paris als Basis, ferner so wichtigen Orchestern wie Lamoureux, Pasdeloup und Colonne, die Konzertreihen von Oktober bis Ostern anbieten. In dem Gebäude befinden sich auch zwei Kammermusiksäle, die Salle Chopin (470 Plätze) und die Salle Debussy (120 Plätze).

In den letzten Jahren ist das **Théâtre du Châtelet** zu einem der wichtigsten Pariser Veranstaltungssäle für Konzerte, Oper und Ballett geworden. Auf dem Programm stehen klassische Opern wie Mozarts *Così fan tutte* und Verdis *La Traviata* ebenso wie moderne Werke, etwa Boessmans *Contes d'Hiver,* außerdem Konzerte international bekannter Opernsänger. Besonders widmet man sich hier musikalischen Werken des 20. Jahrhunderts. Während der ganzen Saison gibt es auch Mittagskonzerte und Rezitationen im Foyer.

Das schöne Art-déco-Haus des **Théâtre des Champs-Elysées** ist ein renommierter Veranstaltungsort für klassische Musik, aber auch für Oper und Ballett. Ein Mitinhaber des Theaters ist Radio France, dessen Orchestre National de France hier mehrere Konzerte in der Saison gibt. Ansonsten wird es von Gastorchestern bespielt, ist aber auch Stammsitz des Orchestre de Champs-Elysées unter der Leitung von Philippe Herreweghe, das Konzerte mit alten Instrumenten spielt.

Verschiedene Konzertreihen bieten Musik vom Barock bis zum 20. Jahrhundert. Die Organisation Concerts du Dimanche Matin veranstaltet an Sonntagen um 11 Uhr ausgezeichnete Matineen, meist mit kammermusikalischem Programm.

Radio France ist der größte Konzertveranstalter in Paris. Ihm gehören zwei große Symphonieorchester: das Orchestre National de France und das Orchestre Philharmonique. Deren Konzerte finden in Paris in verschiedenen Konzertsälen statt. Auch die **Maison de Radio France** besitzt einen eigenen Konzertsaal, außerdem mehrere kleinere Studios, die öffentliche Konzerte direkt ausstrahlen *(siehe S. 200* Musée de Radio France*)*.

Die neu renovierte **Salle Gaveau** ist ein mittlerer Konzertsaal, in dem ein umfangreiches Kammermusik- und Solistenprogramm zu hören ist, seit der Renovierung auch Orchesterkonzerte.

Das **Auditorium du Louvre** ist im Rahmen der Erweiterung des Louvre *(siehe S. 122ff)* als neuer Konzertsaal entstanden, der v.a. für Kammermusik genutzt wird.

Das **Auditorium du Musée d'Orsay** ist ein ebenfalls

regelmäßig genutzter Konzertsaal im Musée d'Orsay *(siehe S. 144ff)*. Museumsbesucher haben für die Konzerte zur Mittagszeit freien Eintritt.

Andere Pariser Museen – etwa das Musée National du Moyen Age *(siehe S. 154ff)* – veranstalten oft Konzerte, die sich in den thematischen Rahmen einer Ausstellung fügen.

Die Gesellschaft Musique à la Sorbonne veranstaltet eine Reihe von Konzerten im **Grand Amphithéâtre de la Sorbonne** und im **Amphithéâtre Richelieu de la Sorbonne.** In diesen Rahmen fiel zum Beispiel das Festival für slawische Musik, bei dem die Werke osteuropäischer Komponisten vorgestellt wurden.

Manchmal findet ein Konzert im **Conservatoire d'Art Dramatique** statt, wo Ludwig van Beethoven im Jahr 1828 dem Pariser Publikum vorgestellt und Hector Berlioz' *Symphonie Fantastique* uraufgeführt wurde. In der Regel ist der Saal jedoch für die Allgemeinheit nicht zugänglich.

Zeitgenössische Musik

Zeitgenössische Musik steht in Paris sehr hoch im Kurs. Eine Schlüsselfigur der Pariser Szene ist immer noch Pierre Boulez, obwohl er inzwischen keinem Orchester mehr vorsteht. Das experimentelle Ensemble InterContemporain, in der Cité de la Musique *(siehe S. 234f)* beheimatet, wird nun von Jonathan Nott geleitet. Das Klanglaboratorium **IRCAM** mit Sitz unterhalb des Centre Pompidou setzt immer noch weltweite Maßstäbe.

Berühmtheiten unter den zeitgenössischen französischen Komponisten sind Pascal Dusapin, Philippe Fénelon, George Benjamin, Philippe Manoury sowie Georges Aperghis, der sich vor allem mit Musiktheater beschäftigt.

Der vor kurzem fertiggestellte, wunderbar gestaltete Komplex der **Cité de la Musique** am Parc de la Villette beherbergt die Salle de concerts mit einer spektakulären Kuppel und gläsernen arkadengängen sowie das **Conservatoire National de Musique** mit einem Opernhaus und zwei Konzertsälen. Hier ist der Sitz des Chamber Orchestra of Europe, es finden Aufführungen aller Musikrichtungen statt – von alter Musik, zeitgenössischer Musik bis hin zu Jazz und Chanson-Abenden.

Interessenten zeitgenössischer Musik sei das vierteljährlich erscheinende Magazin *Résonance* empfohlen, das von IRCAM im Centre Pompidou herausgegeben wird.

Festivals

Viele bedeutende Musikfestivals kommen zustande über die Arbeit des **Festival d'Automne à Paris**. Durch diese Veranstalter werden neue Werke in Auftrag gegeben und andere subventioniert, die Pariser Musik-, Tanz- und Theaterszene erhält in der Zeit von September bis Dezember neue Impulse.

Das **Festival St-Denis** findet während der Monate Juni und Juli statt; der Schwerpunkt der Konzerte liegt in der Aufführung umfangreicher Chorwerke. Die meisten Konzerte werden in der Basilique St-Denis gegeben.

Von etwa Mitte September bis Mitte Oktober dauert das Festival **Musique Baroque au Château de Versailles**. Der Ableger des 1988 in Versailles gegründeten Zentrums für Barockmusik organisiert im Schloss von Versailles *(siehe S. 248ff)* Opern, Konzerte, Solokonzerte, Kammermusik, Tanz und Theater. Eintrittskarten bekommt man in der Regel an der Vorverkaufskasse des betreffenden Saales oder Theaters, für manche Festivals gibt es aber auch ein schriftliches Vorbestellungssystem.

Kirchenmusik

In den Kirchen von Paris wird fast immer Musik geboten, sei es in Form von klassischen oder Orgelkonzerten oder während des Gottesdienstes. Die wichtigsten Kirchen, in denen regelmäßig Konzerte stattfinden, sind **La Madeleine** *(siehe S. 214)*, **St-Germain-des-Près** *(siehe S. 138)*, **St-Julien-le-Pauvre** *(siehe S. 152)* und **St-Roch** *(siehe S. 121)*. Aber auch in der **Eglise des Billettes**, in **St-Sulpice** *(siehe S. 172)*, **St-Gervais-St-Protais** *(siehe S. 99)*, **Notre-Dame** *(siehe S. 82ff)*, **St-Louis-en-l'Ile** *(siehe S. 87)* und **Sainte-Chapelle** *(siehe S. 88f)* gibt es oft Musik. Bei einigen Konzerten ist der Eintritt frei. Informationen über Konzertveranstaltungen sind bei den Kirchen selbst oder beim Office du Tourisme et des Congrès de Paris *(siehe S. 328f)* zu erhalten.

Alte Musik

Einige Ensembles für Alte Musik treten inzwischen in Paris regelmäßig auf. Im **Théâtre des Champs-Elysées** veranstaltet die Chapelle Royale Konzertreihen, in deren Rahmen Werke von der Vokalmusik der Renaissance bis zu Mozart zur Aufführung kommen. Kirchenmusik mit dem Schwerpunkt auf Bach wird von dieser Gruppe in **Notre-Dame-des-Blancs-Manteaux** *(siehe S. 102)* dargeboten, besonders das Programm mit den Bach-Kantaten ist sehr zu empfehlen.

Die Barockoper ist Schwerpunkt der Gruppe Les Arts Florissants, die von William Christie gegründet wurde und unter seiner Leitung Werke von Rossi bis Rameyu spielt. Auch Les Musiciens du Louvre unter Marc Minkowski widmen sich barocker Musik, beide Gruppen spielen regelmäig im Théâtre du Châtelet und in der Opéra de Paris Garnier. Das **Théâtre de la Ville** und das charmante um 1900 erbaute »Rokoko«-Saal des **Théâtre du Grévin** bieten den Rahmen für alte Kammermusik.

Kartenvorverkauf

Karten sind am leichtesten direkt bei den zuständigen Vorverkaufskassen zu bekommen. Für die großen

Konzertsäle kann man auf dem Postweg bis zu zwei Monate im Voraus, telefonisch zwei Wochen bis zu einem Monat vorher Karten reservieren. Wenn Sie sicher gehen wollen, dass Sie einen guten Platz bekommen, sollten Sie auf jeden Fall im Voraus bestellen, denn die Karten gehen schnell weg.

Aber selbst wenn Sie sich spontan entscheiden: Oft sind auch noch vor dem Konzert Karten an der Kasse zu bekommen. An manchen Aufführungsorten, etwa bei der Opéra de Paris Bastille, werden zu diesem Zweck sogar einige preiswerte Karten zurückgelegt.

Die allgemeinen Kartenvorverkaufsstellen, vor allem die in den FNAC-Läden *(siehe S. 329)* nehmen auch Bestellungen auf Kreditkarte an – was bei den Konzertkassen nicht gewährleistet ist. Und falls alles nichts hilft, wird Ihnen eine gute Hotelrezeption in der Regel auch weiterhelfen.

Karten zum halben Preis gibt es am Tag der Aufführung am Kiosque Théâtre *(siehe S. 329)* an der Place de la Madeleine und vor der Gare Montparnasse. Dies betrifft aber in der Regel nur Veranstaltungen in privaten Theatern. Im Ferienmonat August sind viele Theater und Konzertsäle geschlossen, auf jeden Fall alle staatlich subventionierten. Sie sollten sich zuvor erkundigen.

Kartenpreise

Der Preis für eine Karte liegt bei der Opéra de Paris Bastille und den großen Konzertsälen etwa zwischen 8 € und 85 €. In kleineren Sälen und in Kirchen muss man mit Eintrittspreisen zwischen 5 € und 25 € rechnen.

Auf einen Blick

Klassische Musik

Amphithéâtre Richelieu de la Sorbonne
17, rue de la Sorbonne, 75005. **Karte** 12 F5.
01 42 62 71 71.

Auditorium
Siehe Opéra de Paris Bastille.

Auditorium du Louvre
Musée du Louvre, Rue de Rivoli, 75001. **Karte** 12 E2.
01 40 20 84 00.

Auditorium du Musée d'Orsay
102, rue de Lille, 75007. **Karte** 12 D2.
01 40 49 49 66.

Pompidou Centre
19, rue Beaubourg, 75004. **Karte** 13 B2.
01 44 78 12 33.

Cité de la Musique
Parc de La Villette, 221, ave Jean-Jaurès, 75019.
01 44 84 44 84
www.cite-musique.fr

Conservatoire d'Art Dramatique
2 bis, rue du Conservatoire, 75009. **Karte** 7 A4.
01 42 46 12 91.

Eglise des Billettes
24, rue des Archives, 75004. **Karte** 13 C2.
01 42 72 37 08.

Festival d'Automne
156, rue de Rivoli, 75001. **Karte** 12 F2–5
01 53 45 17 00.

Festival St-Denis
6, pl Legion d'Honneur, 93200 St-Denis. **Karte** 15 C3.
01 48 13 12 12.

Grand Amphithéâtre de la Sorbonne
45, rue des Ecoles, 75005. **Karte** 13 A5.
01 42 62 71 71.

IRCAM
1, pl Igor Stravinsky, 75004. **Karte** 13 B2.
01 44 78 48 43.

La Madeleine
Place de la Madeleine, 75008. **Karte** 5 C5.
01 42 50 96 18.

Maison de Radio France
116, ave du Président-Kennedy, 75016. **Karte** 9 B4. *01 56 40 15 16.*

Musique Baroque au Château de Versailles
Château de Versailles, Chapelle Royal, 78000 Versailles.
01 30 83 78 00.

Notre-Dame
Pl du Parvis-Notre-Dame. **Karte** 13 A4.
01 42 34 56 10.

Notre-Dame-des Blancs-Manteaux
1, rue Abbé Migne, 75004. **Karte** 13 A4.
01 42 72 09 37.

Opéra Comique
(Salle Favart)
5, rue Favart, 75002. **Karte** 6 F5.
0825 000 058.

Opéra de Paris Bastille
120, rue de Lyon, 75012. **Karte** 14 E4.
08 92 69 78 68.
www.opera-de-paris.fr

Opéra de Paris Garnier
Place de l'Opéra, 75009. **Karte** 6 E4.
08 92 69 78 68.

Sainte-Chapelle
4, blvd du Palais. **Karte** 13 A3.
01 53 73 78 50.

St-Germain-des-Prés
Pl St-Germain-des Prés, 75006. **Karte** 12 E4.
01 55 42 81 33.

St-Gervais – St-Protais
Pl St-Gervais, 75004. **Karte** 13 B3.
01 48 87 32 02.

St-Julien-le-Pauvre
1, rue St-Julien-le-Pauvre, 75005. **Karte** 13 A4.
01 42 26 00 00.

St-Louis-en-l'Ile
19 bis, rue St-Louis-en-l'Ile, 75004. **Karte** 13 C5.
01 46 34 11 60.

St-Roch
296, rue St-Honoré, 75001. **Karte** 12 D1.
01 42 44 13 20.

St-Sulpice
Pl St-Sulpice, 75006. **Karte** 12 E4.
01 46 33 21 78.

Salle Gaveau
45, rue La Boétie, 75008. **Karte** 5 B4.
01 45 62 69 71.

Salle Pleyel
252, rue du Faubourg St-Honoré, 75008. **Karte** 4 E3. *01 45 61 53 00.*

Studio
Siehe Opéra de Paris Bastille.

Théâtre de la Ville
2, pl du Châtelet, 75004. **Karte** 13 A3.
01 42 74 22 77.

Théâtre des Champs-Elysées
15, ave Montaigne, 75008. **Karte** 10 F1.
01 53 23 99 19.

Théâtre du Châtelet
Pl du Châtelet, 75001. **Karte** 13 A3.
01 40 28 28 40.

Théâtre du Grévin
10, blvd Montmartre 75009. **Karte** 6 F4.
01 47 70 85 05.

Tanz

Wenn es um Tanz geht, ist Paris eher kultureller Begegnungsort als kulturelles Zentrum. Eine bewusste staatliche Dezentralisierungspolitik hat dazu geführt, dass viele französische Tanztruppen in der Provinz stationiert sind. Die meisten von ihnen gastieren aber oft in der Hauptstadt, außerdem geben die größten Tanzensembles der Welt in Paris Gastspiele. Außerhalb des klassischen Balletts hat sich Paris einen guten Ruf als Stätte für modernen, experimentellen Tanz und neues Tanztheater erworben.

Klassisches Ballett

Die prunkvolle **Opéra de Paris Garnier** *(siehe S. 215)* ist der Stammsitz des Ballet de l'Opéra de Paris, das als eines der besten Tanzensembles der Welt gilt.

Seit der Eröffnung der Opéra de Paris Bastille im Jahr 1989 wird die Opéra de Paris Garnier fast ausschließlich für Ballettaufführungen genutzt. Sie ist mit einer Bühnenfläche für 450 darbietende Künstler und mit 2200 Sitzplätzen eines der größten Theater Europas. Hier treten auch moderne Tanzensembles regelmäßig auf, etwa die Truppen Martha Graham, Paul Taylor, Merce Cunningham, Alvin Ailey, Jerome Robbins und das Ballet de Marseille von Roland Petit.

Seit der Wiedereröffnung der Opéra de Paris Garnier nach umfangreicher Renovierung finden Koproduktionen mit der **Opéra de Paris Bastille** statt.

Moderner Tanz

Mit staatlicher Unterstützung ist das **Théâtre de la Ville** (das einmal Sarah Bernhardt leitete) die wichtigste Pariser Bühne für modernen Tanz geworden, und dank der Subventionierung konnten sich die Eintrittspreise in Grenzen halten. Mit Aufführungen am Théâtre de la Ville haben sich moderne Choreographen wie Jean-Claude Gallotta, Regine Chopinot, Maguy Marin und Anne Teresa de Keersmaeker internationalen Ruf erworben. Hier sieht man auch Kompanien wie Pina Bauschs Wuppertaler Tanztheater. Während der ganzen Saison finden auch Musikaufführungen statt, von Kammermusik bis zu Folk und Jazz.

Die **Maison des Arts de Créteil** zeigt mit die interessantesten Tanzaufführungen in Paris. Es befindet sich im Pariser Stadtteil Créteil, wo der Tanz von Seiten der Kommune sehr stark gefördert wird. Maguy Marin, die Choreographin der Truppe, hat für ihren ausdrucksstarken Stil breite Anerkennung gefunden. Die Maison des Arts präsentiert auch internationale innovative Truppen wie das Sydney Ballet oder das mehr klassisch orientierte Kirow-Ensemble aus St. Petersburg.

Von feudalen Modegeschäften und Botschaften umgeben, ist der Art-déco-Bau des **Théâtre des Champs-Elysées** mit seinen 1900 Sitzplätzen ein eleganter Schauplatz für den Tanz. Hier verfolgt ein anspruchsvolles Publikum die Darbietungen der großen internationalen Truppen. In diesem Theater fand 1913 die Uraufführung von Nijinskys ikonoklastischem Ballett *Sacre du Printemps* zu Strawinskys Musik statt und löste im Publikum Proteststürme aus. In jüngster Zeit gastierten hier u. a. die Harlem Dance Company und das Londoner Royal Ballet. Hier treten Michail Baryschnikow und der Choreograph Mark Morris auf, wenn sie in Paris sind. Auch die beliebte Reihe *Géants de la Danse,* ein abendfüllender Ballett-Querschnitt, kommt hier zur Aufführung.

Das schöne alte **Théâtre du Châtelet** ist für Oper und klassische Musik berühmt, aber hier gastieren auch moderne Ensembles wie das Tokyo Ballet und das Birmingham Royal Ballet.

Junges, experimentelles Tanztheater zeigt das **Théâtre de la Bastille,** wo auch das innovative Sprechtheater seinen Platz hat. Viele Regisseure und Truppen beginnen hier ihren Weg zu internationalem Ruhm. Neue, beachtenswerte Tanztruppen sind La P'tit Cie und L'Esquisse, die noch keine eigene feste Bühne haben.

Programmzeitschriften

Programminformationen können Sie den preiswerten wöchentlichen Veranstaltungsführern *Pariscope* und *L'Officiel des Spectacles* entnehmen. In den Métro-Stationen und auf der Straße finden Sie Plakate mit Ankündigungen. Achten Sie auf die grünen Plakatsäulen, *colonnes Morris* genannt.

Kartenpreise

Bei der Opéra de Paris Garnier liegen die Preise etwa zwischen 10 € und 100 € (5–60 € für Ballett), beim Théâtre des Champs-Elysées zwischen 6 € und, 75 €, sonst zwischen 9 € und 27 €.

Adressen

Maison des Arts et de la Culture de Créteil
Pl Salvador Allende, 94000 Créteil.
☎ *01 45 13 19 19.*

Opéra de Paris Garnier
Siehe S. 214f.

Opéra de Paris Bastille
Siehe S. 98.

Théâtre de la Bastille
76, rue de la Roquette, 75011.
Karte 14 F3.
☎ *01 43 57 42 14.*

Théâtre de la Ville
Siehe S. 334.

Théâtre des Champs-Elysées
Siehe S. 334.

Théâtre du Châtelet
Siehe S. 334.

Rock, Jazz und World Music

Wer ein Faible für Musik hat, findet in und um Paris sein Paradies und alles, was das Ohr begehrt – von internationalen Popstars in großen Konzerthallen bis zu guten Straßenmusikanten an der Métro. Dazwischen tut sich noch ein weit gefächertes Spektrum auf: Reggae, Hip-Hop, Blues, Rock und Jazz. Es heißt, dass Paris bei der Anzahl der Jazzklubs und -aufnahmen »Weltranglistenzweiter« ist – nur New York hat mehr!

Jedes Jahr am Tag der Sommersonnenwende (21. Juni) steigt in Paris die Fête de la Musique. An diesem Tag darf jeder überall jede Art von Musik machen, und zwar ohne Genehmigung. Da kann das Ohr vom Sound einer Heavy-Metal-Rockband bombardiert und dann wieder von Flötentönen geschmeichelt werden. Informieren Sie sich in *Zurban* oder *Pariscope* (erscheinen jeden Mittwoch, erhältlich an jedem Kiosk) über das vollständige Veranstaltungsprogramm für die Zeit Ihres Besuches. Für Jazzfreunde gibt es das monatliche Magazin *Jazz* mit Terminen und Rezensionen.

Konzerthallen

Für internationale Spitzenereignisse stehen die riesigen Arenen zur Verfügung – **Palais Omnisports** in Bercy, **Stade de France** bei St-Denis oder **Zénith**. Kleinere Hallen wie das legendäre **Olympia** oder das **Grand Rex** (das auch als Kino dient) bieten nummerierte Plätze, eine intimere Atmosphäre und gute Akustik. Hier treten alle auf – von den First Ladys des Country bis zu extravaganten Jazz-Stars (Adressen *siehe S. 337 und 343)*.

Rock und Pop

Bis vor kurzem genossen französiche Rockgruppen (Les Négresses Vertes ist wohl die bekannteste) vor allem deshalb eine gewisse Popularität, weil es so wenige davon gab. Lange Zeit spielte man vor allem Coverversionen amerikanischer und englischer Hits; Johnny Hallyday und Serge Gainsbourg bildeten da die Ausnahme.

Die Zeiten haben sich geändert: Gruppen wie Daft Punk und Air werden auch international ernst genommen, der Produzent Bertrand Burgalat hat viel zur Pariser Rockszene beigetragen. Die multi-ethnische Jugend aus den Vorstädten formiert sich zu Rap- oder Reggae-Gruppen, die mittlerweile nicht nur US-Songs kopieren, sondern durchaus einen eigenen Stil finden.

Veranstaltungsorte gibt es genug: **La Cigale**, **Divan du Monde** und **Elysée-Montmartre** ziehen vor allem ein junges Publikum an, **Bataclan** und der **Rex Club** sind die besten Orte für Rhythm & Blues. Das **Olympia** ist der bekannteste Ort für Rockkonzerte, hier traten schon die Beatles, Jimi Hendrix und Nirvana auf.

Auch viele Pariser Nacht-Klubs haben Musik »live« in ihrem Programm *(siehe S. 338f)*.

Jazz

Pariser sind verrückt nach Jazz, allabendlich sind Stars und Talente in überfüllten Klubs zu hören – von Dixie über Swing bis zu Free Jazz. Viele amerikanische Jazzmusiker haben sich wegen des begeisterten Publikums in Paris angesiedelt.

Die Klubs sind sehr unterschiedlich: von Pubs über Piano-Bars bis zu kleinen Konzertsälen. Zu den beliebtesten Klubs gehört **New Morning** – nicht wegen der Räumlichkeit, sondern wegen der guten Musik. Es ist heiß und stickig, die Bedienung ist schwierig, aber alle großen Jazzmusiker traten und treten hier auf. Sie sollten zeitig da sein, um einen guten Platz zu bekommen. **Au Duc des Lombards** ist ein flotter Jazzklub in Les Halles, in dem auch Salsa gespielt wird.

Viele Jazzklubs sind zugleich Cafés oder Restaurants. Das stilvolle **Bilboquet** mit Belle-Epoque-Aufmachung ist ein Treffpunkt für Prominenz. Erkundigen Sie sich, ob Speisezwang besteht.

Weitere Jazzlokale sind **Le Petit Journal Montparnasse** mit modernem Jazz, **Le Petit Journal St-Michel** mit Dixieland und **Sunset**. Mit nur 60 Plätzen winzig, aber renommiert ist **Le Petit Opportun**. In Marais zieht **7 Lézards** überwiegend ein schickes Publikum an. **Caveau de la Huchette** sieht aus wie ein typischer Jazzkeller, ist aber nicht mehr Vorreiter der Jazz-Szene. Es ist sehr beliebt bei Studenten, hauptsächlich wird hier Swing und Big-Band-Musik gespielt. **Caveau des Oubliettes** dagegen hat in letzter Zeit einen Ruf für innovativen Jazz erworben.

Wer Abwechslung von der typischen Klub-Atmosphäre sucht, kann sich – für weniger Geld – in freundlichen kleinen Bars wie dem **Bistro d'Eustache** einheimische Talente anhören. Oder man geht in den trendbewussten **China Club** mit seinem Film-noir-Dekor der 1940er Jahre. **Lionel Hampton** im Hotel Méridien ist bekannt für seine sonntäglichen Jazz-Matineen. Auf der anderen Seite der Stadt kann man im **Trabendo** sein Glück versuchen. Hier spielen manchmal die Stars von morgen, manchmal jedoch auch die von gestern.

Im Sommer hat Paris zwei internationale Jazz-Festivals zu bieten: von Mai bis Juli läuft das »Paris Jazz Festival« im Parc Floral, im Juli das Festival »JVC Halle That Hazz« in der **Grande Halle de la Villette** mit Jazzfilmen, Gesprächen und *bœufs* (Jam-Sessions) mit Topmusikern.

Wer gern tanzt, ist beim Swinging Jazz im **Slow Club**, inmitten einer tanzfreudigen Menge gut aufgehoben.

World Music

Traditionell leben in Paris viele Menschen aus dem Maghreb und aus Westafrika, von den Antillen und aus Lateinamerika. Da ist es nicht verwunderlich, dass sich hier die Musikstile der Welt mischen. In der exzellenten **Chapelle des Lombards** finden Top-Auftritte aller Stilrichtungen statt, hier werden oft auch Jazz, Salsa und brasilianische Musik bis in die Morgenstunden gespielt. **Aux Trois Mailletz** ist in einem alten Kellergewölbe, hier kann man Musik aus aller Welt von Blues über Tango bis hin zu Rock 'n' Roll hören.

In vielen Jazzklubs wird auch Ethno-Beat gespielt. So hört man im **New Morning** afrikanische und eine Vielfalt südamerikanischer Klänge, im **Baiser Salé** ein breites Spektrum von Blues bis zu brasilianischer Musik. Besonderer Beliebtheti erfreuen sich hier Makossa, Kassav, Malavoi und Manu Dibango.

Eintrittspreise

Pariser Jazzklubs können sehr teuer sein. Manche verlangen über 15 € Eintritt, meist ist damit jedoch bereits der erste Drink bezahlt. Wird kein Eintrittsgeld erhoben, dann sind die Drinks in der Regel recht teuer. Man achtet darauf, dass Sie mindestens einen bestellen.

Kartenvorverkauf

Karten für größere Veranstaltungen gibt es bei den Vorverkaufsstellen des FNAC und bei Virgin Megastore *(siehe S. 329)*. Karten für Konzerte in Klubs bestellen Sie am besten direkt bei den jeweiligen Veranstaltungsorten, falls Sie sich nicht auf Ihr Glück am Eingang verlassen wollen.

Auf einen Blick

Konzerthallen

Grand Rex
1, blvd Poissonnière, 75002. **Karte** 7 A5.
01 45 08 93 89.

Olympia
28, blvd des Capucines, 75009.
Karte 6 D5.
01 47 42 25 49.

Palais Omnisports de Paris-Bercy
8, blvd de Bercy, 75012.
Karte 18 F2.
08 92 69 23 00.

Zénith
211 Ave de Jean-Jaurès, 75019.
01 42 08 60 00.

Rock und Pop

Bataclan
50, blvd Voltaire, 75011.
Karte 14 E1.
01 43 14 35 35.

La Cigale
120, blvd Rochechouart, 75018.
Karte 6 F2.
01 49 25 89 99.

Divan du Monde
75, rue des Martyrs, 75018.
Karte 6 F2.
01 44 92 77 66.

Elysée-Montmartre
72, blvd Rochechouart, 75018. **Karte** 6 F2.
01 55 07 06 00.

Rex Club
5, blvd Poissonnière, 75002. **Karte** 7 A5.
01 42 36 83 98.

Jazz

Baiser Salé
58, rue des Lombards, 75001. **Karte** 13 A2.
01 42 33 37 71.

Bilboquet
13, rue St-Benoît, 75006.
Karte 12 E3.
01 45 48 81 84.

Bistrot d'Eustache
37, rue Berger, Carré des Halles, 75001.
Karte 13 A2.
01 40 26 23 20.

Caveau de la Huchette
5, rue de la Huchette, 75005. **Karte** 13 A4.
01 43 26 65 05.

Caveau des Oubliettes
52, rue Galande, 75005.
Karte 13 A4.
01 46 34 23 09.

China Club
50, rue de Charenton, 75012. **Karte** 14 F5.
01 43 43 82 02.

Le Duc des Lombards
42, rue des Lombards, 75001.
Karte 13 A2.
01 42 33 22 88.

La Grande Halle de la Villette
211 Ave Jean-Jaurès 75019.
Karte 8 F1
01 40 03, 75 03.

Jazz-Club Lionel Hampton
Hôtel Méridien, 81, blvd Gouvion-St-Cyr, 75017. **Karte** 3 C3.
01 40 68 30 42.

New Morning
7–9, rue des Petites-Écuries, 75010.
Karte 7 B4.
01 45 23 51 41.

Le Petit Journal Montparnasse
13, rue du Commandant-Mouchotte, 75014.
Karte 15 C2.
01 43 21 56 70.

Le Petit Journal St-Michel
71, blvd St-Michel, 75005.
Karte 16 F1.
01 43 26 28 59.

Le Petit Opportun
15, rue des Lavandières-Ste-Opportune, 75001.
Karte 13 A3.
01 42 36 01 36.

7 Lézards
10, rue des Rosiers, 75004. **Karte** 13 C3.
01 48 87 08 97.

Slow Club
130, rue de Rivoli, 75001.
Karte 13 A2.
01 42 33 84 30.

Sunset
60, rue des Lombards, 75001. **Karte** 13 A2.
01 40 26 46 60.

Trabendo
211, ave Jean-Jaurès, 75019. **Karte** 8 F1.
01 42 01 12 12.

World Music

Aux Trois Mailletz
56, rue Galande, 75005.
Karte 13 A4.
01 43 54 42 94.

Baiser Salé
Siehe Jazz.

Chapelle des Lombards
19, rue de Lappe, 75011.
Karte 14 F4.
01 43 57 24 24.

New Morning
Siehe Jazz.

Sunset
60, rue des Lombards, 75001. **Karte** 13 A2.
01 40 26 46 60.

Diskotheken und Nachtklubs

Die Pariser Popmusik-Szene hat zwar in der letzten Zeit einen eigenen Stil entwickelt, trotzdem folgt sie im Großen und Ganzen den Trends, die aus den USA kommen. In den Diskos legen die DJs gern *Lounge* auf, eine etwas »coolere« Variante der üblichen Mischung zwischen House und Rock. Die Musik in den Klubs ist oft innovativ, hier finden Sie alles, was das Ohr begehrt. Und bei Türstehern haben Sie als Ausländer gelegentlich bessere Chancen.

Aktuelle Programminformationen mit Öffnungszeiten und einer Kurzbeschreibung der Klubnächte veröffentlichen die Magazine *Zurban* und *Pariscope*. Hilfreich ist es auch, die Plakate an der Métro-Station Bastille zu studieren. Radio NOVA sendet auf 101,5 FM ebenfalls aktuelle Veranstaltungshinweise. Ein guter Tipp für nicht mehr ganz Junge sind Ballhaus-Tanzveranstaltungen oder Piano-Bars. Was die Garderobe dafür betrifft: Die meisten Pariser, auch junge, ziehen sich für den abendlichen Ausgang schick an.

Mainstream

Vor allem am Samstag wird **Le Bataclan** zur heißesten Diskothek in Paris. Mit einer tollen Mischung aus Funk, Soul und New Jack Swing bietet sie vielen aktuellen Bands eine Auftrittsmöglichkeit.

Club 79 ist eine lebhafte Retro-Disko; preisgünstiger ist **La Scala**, hier und auch im **Alcazar** tummelt sich ein jugendliches Publikum.

Les Bains, ein ehemaliges türkisches Bad, zieht seit langem Publikum aus dem Mode- und Showgeschäft an. Das thailändische Restaurant im ersten Stock ist für private Essen beliebt. Es wird meist House-Musik gespielt, montags 1970er- und 1980er-Jahre-Disko, mittwochs R&B. Unter dem Motto *Café con Leche* ist samstags Schwulennacht.

Werbemanager und Leute vom Film treffen sich im **Rex Club**. Hier geht es eher konservativ zu, die Musikstile wechseln von Abend zu Abend: von Glam Rock über House bis »exotisch« (Funk, Reggae, World). Im **Zed Club** wird Rock'n'Roll gespielt, altersmäßig neutral.

Die riesige Diskothek **La Locomotive** hat ein gemischtes Publikum. Die drei Etagen bieten Mainstream: Hier kann man sich zwischen Rock, House und Groove entscheiden.

Exklusiv

Die Reichen und Schönen treffen sich gerne im **Castel's**. Der Klub ist streng privat, die paar Auserwählten, die hier verkehren, speisen zuerst in einem der beiden hervorragenden Restaurants, bevor sie die Tanzfläche aufsuchen.

Regine's ist der Ort, wo elegante Geschäftsleute und wohlhabende ausländische Besucher speisen und tanzen.

Im legendären Ritz steht der gemütliche **Ritz Club** mit Holztäfelung eigentlich nur Mitgliedern und Hotelgästen offen – aber mit Schick und Eleganz findet man auch hier Einlass. Das Ambiente ist anspruchsvoll, die Musik dezentes Easy Listening.

Trendy

Früher war das **Balajo** ein Musiklokal der Arbeiterklasse, in dem Berühmtheiten wie Edith Piaf und Jean Gabin verkehrten. Noch heute ist es eines der besten Tanzlokale in Paris, dazu eines der wenigen, die montags geöffnet haben. Gelegentlich wird auch Musik für Standard-Gesellschaftstänze gespielt.

Ein jugendliches Publikum drängt sich im kleinen, gemütlichen **Folie's Clubbing**, einem ehemaligen Striptease-Lokal. Originell, trendy, beliebt, auch mit Live-Musik.

Im **Elysée Montmartre** findet alle 14 Tage der *Bal* statt – stilvoll und mit Bigband. Ein weniger konventionelles Publikum findet sich hier unter dem Motto *Return to the Source* regelmäßig bei Goa-Trance-Nights ein.

World Music

Der Jetset trifft sich im stilvollen, teuren afrikanisch-karibischen Klub **Keur Samba**. Ab 2 Uhr morgens wird es dort erst richtig heiß. **Le Casbah** ist exklusiv, jazzig und eine Erweiterung der Pariser Musikszene. Das afrikanisch-nahöstliche Dekor lockt Models und In-people. In der Boutique im Untergeschoss kann man auch nachts einkaufen.

Authentische lateinamerikanische Musik spielt **La Java**. Hier findet man noch ein wenig Atmosphäre der alten Belleville-Tanzsäle. Heiße Nächte mit World Music kann man auch in den Klubs **Trottoirs de Buenos-Aires**, **Chapelle des Lombards** und in der Kellerbar **Aux Trois Mailletz** *(siehe* Rock, Jazz und World, *S. 336 f)* erleben.

Schwule und Lesben

Die Schwule Szene ist in Paris lebendiger denn je. In **Le Queen** legen viele bekannte DJs auf. Montags ist Disko-Nacht, freitags und samstags wird Garage und Soul gespielt. Der Zutritt ist Frauen manchmal verwehrt – außer sie kommen mit hübschen Boys. Am Sonntagabend findet in **La Locomotive** der *Gay Tea Dance* statt, der Mittwochabend steht unter dem Motto *Respect*, der der »Queen« entgegengebracht wird.

Der Klub **Le Champmesie** ist immer schon Zenrum der selbstbewussten Pariser Lesbenszene. Er hat sich in letzter Zeit zu seinem Vorteil entwickelt und zieht eine immer breitere Gästeschar an. Unter dem Motto *Scream* findet die heiße Gay-Night im beliebten **Elysée Montmartre** statt.

Cabaret

Die Revue im Varietétheater ist die Unterhaltungsform, die man am ehesten mit dem Paris der Zeit um 1900 assoziiert. Sie weckt die Vorstellung von Bohemiens und Künstlern, von lustvollen Erlebnissen bei Champagner. Heute sind die Mädchen wohl in der Mehrzahl Amerikanerinnen, im Publikum sieht man vor allem Geschäftsleute und Touristen.

Cabarets sucht man am besten nach der schlichten Regel aus: Die bekanntesten sind die besten. Weniger bekannte Shows ähneln stark einer Strip-Party zweiter Klasse. Alle hier aufgeführten Cabarets garantieren für Frauen »oben ohne« mit feder- und paillettenbesetzter Kopfbedeckung, verschiedene Vaudeville-Einlagen und – je nach Einschätzung – einen unterhaltsamen Abend oder eine Lektion in Edelkitsch.

Das **Lido** erinnert vor allem an Las Vegas. Hier gastieren die legendären Bluebell-Girls. **Folies-Bergères** ist berühmt für lebhafte Darbietungen; es ist das älteste Varietétheater in Paris, wahrscheinlich das bekannteste der Welt.

Im **Crazy Horse** werden gewagtere Kostüme und Darbietungen vorgeführt; hier treten Tänzerinnen auf mit Namen wie Betty Buttocks, Fila Volcana und Nouka Bazooka. Aus der Bar im Wildwest-Stil ist ein Schmuckkästchen geworden, an jedem Sitz befindet sich ein Champagnerkühler. Der Striptease internationaler Schönheiten findet sich hier auch in variierter Form: kombiniert mit komödiantischen Sketchen.

Das **Paradis Latin** ist unter allen Varietétheatern von Paris das »französischste«. Das schöne, alte Theater am linken Seineufer, das zum Teil von Gustave Eiffel entworfen wurde, zeigt beachtliche Spezialeffekte und Kulissen.

Das **Don Camillo Rive Gauche** hat elegantere, weniger tourismusorientierte Darbietungen mit hervorragenden Chanson-Sängern und Varietéeinlagen. Das **Moulin Rouge** *(siehe S. 226)*, einst das Betätigungsfeld von Toulouse-Lautrec, ist die Geburtsstätte des Cancan. Transvestiten-Parodien dieser Revuen kann man im **Chez Madame Arthur** sehen.

Eintrittspreise

Einige Klubs sind streng privat, andere haben eine etwas großzügigere Politik. Die Preise liegen zwischen 12 und 30 €, oft auch darüber; nach Mitternacht und an Wochenenden werden manchmal Aufschläge berechnet. Damen zahlen oft weniger. Ob Sie zur Show ein Dinner oder nur einen Drink bestellen – beides kostet viel. Rechnen Sie mit 70 bis 105 € für eine Eintrittskarte einschließlich Dinner. Bei einem Eintrittspreis zwischen 23 und 68 € ist ein Drink *(consommation)* enthalten, alle weiteren Drinks sind sündhaft teuer.

Auf einen Blick

Alcazar
62, rue Mazarine, 75006.
Karte 12 F4.
01 53 10 19 99.

Les Bains
7, rue du Bourg-L'Abbé, 75003.
Karte 13 B1.
01 48 87 01 80.

Balajo
9, rue de Lappe, 75011.
Karte 14 E4.
01 47 00 07 87.

Le Bataclan
50, blvd Voltaire, 75011.
Karte 13 E1.
01 43 14 35 35.

La Casbah
18–20, rue de la Forge-Royale, 75011.
01 43 71 04 39.

Castel's
15, rue Princesse, 75006.
Karte 12 E4.
01 40 51 52 80.

La Champmesie
4, rue Chabanais, 75001.
Karte 12 E1.
01 42 96 85 20.

Chez Madame Arthur
75 bis, rue des Martyrs, 75018. **Karte** 6 F2.
01 42 54 40 21.

Club 79
22, rue Quentin Bauchard, 75008. **Karte** 4 F5.
01 47 23 68, 75.

Crazy Horse
12, ave George V, 75008.
Karte 10 E1.
01 47 23 32 32.

Don Camillo Rive Gauche
10, rue des Sts-Pères, 75007. **Karte** 12 E3.
01 42 60 82 84.

Elysée Montmartre
72, blvd Rochechouart, 75018. **Karte** 6 F2.
01 55 07 06 00.

Folies-Bergères
32, rue Richer, 75009.
Karte 7 A4.
01 44 79 98 98.

Folie's Clubbing
11, pl Pigalle, 75009.
Karte 6 E2.
01 48 78 55 25.

La Java
105, rue du Faubourg du Temple, 75010. **Karte** 8 E5.
01 42 02 20 52.

Keur Samba
79, rue de la Boétie, 75008. **Karte** 5 A4.
01 43 59 03 10.

Lido
116 bis, ave des Champs-Elysées, 75008. **Karte** 4 E4.
01 40 76 56 10.

La Locomotive
90, blvd de Clichy, 75018.
Karte 4 E4.
08 92 69 69 28.

Moulin Rouge
82, blvd de Clichy, 75018.
Karte 6 E1.
01 53 09 82 82.

Paradis Latin
28, rue du Cardinal-Lemoine, 75005. **Karte** 13 B5.
01 43 25 28 28.

Le Queen
102, ave des Champs-Elysees, 75008. **Karte** 4 E4.
08 92 70 73 30.

Regine's
49–51, rue Ponthieu, 75008. **Karte** 5 A5.
01 43 59 21 60.

Rex Club
5, blvd Poissonière, 75002. **Karte** 7 A5.
01 42 36 10 96.

Ritz Club
Hôtel Ritz, 15, pl Vendôme, 75001. **Karte** 6 D5.
01 43 16 30 30.

La Scala
188 bis, rue de Rivoli, 75001. **Karte** 12 E2.
01 42 60 45 64.

Zed Club
2, rue des Anglais, 75005.
Karte 13 A5.
01 43 54 93 78.

Kino

Man sagt, in Paris sei der Filmverstand zu Hause. Vor fast 100 Jahren war hier die Wiege des Kinematographen, später wurde hier die »Nouvelle Vague« geboren, eine sehr pariserische, avantgardistische Bewegung Ende der 1950er, Anfang der 1960er Jahre, als Regisseure wie Claude Chabrol, François Truffaut, Jean-Luc Godard und Eric Rohmer die Filmproduktion und das Filmgefühl revolutionierten. 2001 brachte der Erfolg von *Die wunderbare Welt der Amélie* der Pariser Filmszene neuen Aufschwung.

Im Stadtgebiet gibt es über 300 Kinos. Sie zeigen eine erstaunliche Auswahl an Filmen – Mainstream aus Hollywood ebenso wie Filmklassiker und wahre, selten gespielte Funde. Mittwochs ist in den Kinos Programmwechsel. Die schnellste und umfassendste Orientierung über das Angebot geben *Pariscope* und *L'Officiel des Spectacles* *(siehe S. 328)*, in denen alle Spielstätten und Anfangszeiten aufgeführt sind.

Filme im Original mit Untertiteln sind mit »VO« *(version originale)*, französisch synchronisierte Filme mit »VF« *(version française)* bezeichnet.

Jedes Jahr im Juni ist Fête du Cinéma. An diesem einen Tag zahlt man den vollen Eintrittspreis für den ersten, dann aber nur 1 € für jeden weiteren Film. So mancher hat es an diesem Tag schon auf sechs Filme gebracht.

Kinos

Die meisten Pariser Kinos konzentrieren sich dort, wo sich auch Geschäfte und Restaurants befinden.

Die Champs-Elysées sind nach wie vor die wichtigste Kinogegend der Stadt; dort kann man das Neueste aus Hollywood sehen, aber auch französische Autorenfilme und Wiederauflagen von Klassikern mit Untertiteln. Die Kinos an den großen Boulevards nahe der Opéra de Paris Garnier zeigen Filme mit Untertiteln oder in synchronisierter Fassung. An der Place de Clichy dominiert noch **Pathé**, das in 13 Sälen ausschließlich synchronisierte Filme zeigt. Ein großes Kinozentrum auf dem rechten Seine-Ufer ist im Einkaufsbereich **Forum des Halles** entstanden.

Das linke Seine-Ufer, von jeher das intellektuelle Zentrum der Stadt, ist weiterhin der Ort des künstlerischen und Programm-Kinos, hat jedoch ebenso viele reißerische Produktionen aufzuweisen. In den letzten zehn Jahren mussten viele Kinos im Quartier Latin schließen; der Schwerpunkt auf dem linken Ufer liegt heute um Odéon und St-Germain-des-Prés. Eine Ausnahme bildet die Rue Champollion, wo ein kleines Zentrum des Programm-Kinos erstanden ist.

Weiter nach Süden gibt es um Montparnasse viele Kinos, die neue Filme entweder in synchronisierter Fassung oder mit Untertiteln zeigen.

Grosse Leinwände und Kinopaläste

Zwei traditionelle Pariser Großkinos befinden sich an den großen Boulevards: das **Grand Rex** mit seiner barocken Ausstattung und 2800 Plätzen und das **Max Linder Panorama**, das in den 1980er Jahren von einer Gruppe selbständiger Filmfreunde von Grund auf restauriert wurde und den populären ebenso wie den künstlerischen Film pflegt.

Immer gut besucht ist auch das **Gaumont Grand Ecran Italie** mit seiner breiten, geschwungenen Leinwand, der größten in ganz Frankreich. Erst vor kurzem wurde im 13. Arrondissement das große Kinozentrum **MK2 Bibliothèque** mit 14 Sälen, Läden, Bars und Ausstellungsfläche eröffnet.

Wissenschaftsfilme zeigt das **La Géode** *(siehe S. 235)* in der Cité des Sciences et de l'Industrie (in La Villette) mit einer riesigen halbrunden Leinwand (einst der größten der Welt) und einem »Omnimax«-Projektor, der 70-mm-Aufnahmen neunmal größer projiziert als das 35-mm-Standardbild.

Kinoklassiker in Programm-Kinos

Allwöchentlich kann man über 150 alte Filme der Weltklasse sehen. Für alte Hollywood-Filme sind die **Grand-Action**-Kinos immer gut. Auch das Kino **Reflets Médicis** in der Rue Champollion zeigt ein aktives Programm mit alten Filmen, ebenso **Pagode** in der Rue Babylone.

Cinémathèque Française

Das berühmte Filmarchiv und Programmkino war die private »Schule« der Nouvelle-Vague-Generation. Es wurde 1936 von Henri Langlois gegründet. Zwar hat es nicht mehr das Monopol für klassische Filme, aber immer noch kommt man hierher, wenn man nach seltenen Filmen sucht, die nicht mehr in den Kinos gespielt werden.

Zur **Cinémathèque Française Grands Boulevards** gehören derzeit zwei Spielstätten: eine im Palais de Chaillot *(siehe S.198)*, die andere im 10. Arondissement *(siehe* Adressen *S. 341)*. Voraussichtlich ab 2004 soll die neue **Maison du Cinéma** in der Rue de Bercy Nr. 51 diese beiden und noch weitere Kinos beherbergen.

Der Eintritt für die Cinémathèque Française liegt bei rund 4 €; es gibt auch Abonnements und Sonderpreise für Studenten.

Weitere Spielstätten

Nicht nur in der Cinémathèque Française, sondern auch in zwei sehr beliebten Pariser Kulturinstitutionen finden Filmprogramme und Filmfestivals statt: im Musée d'Orsay *(siehe S. 144f)* und im Centre Pompidou *(siehe S. 110f)* mit seiner **Salle Garance**. Das Musée d'Orsay zeigt regelmäßig Begleitfilme zu den jeweiligen Kunstausstellungen, in der Regel sind es Stummfilme. Das Centre Pompidou veranstaltet große Retrospektiven, die einen ganzen Monat dauern und der nationalen Filmindustrie oder gelegentlich auch einer der großen Filmgesellschaften gewidmet sind.

Im **Forum des Imgaes** *(siehe S. 109)* im Herzen von Les Halles befindet sich eine Bibliothek für Hi-Tech-Film und Video mit einem umfangreichen Bestand an Filmen (auch Dokumentarfilme) zum Thema Paris vom Ende des 19. Jahrhunderts bis heute. Im Forum gibt es drei Kinos nebeneinander, in denen täglich ab 14.30 Uhr Filme zu sehen sind. Die Eintrittskarte gilt für die Bibliothek und für alle Kinos.

Eintrittspreise

In Kinos mit Erstaufführungen zahlt man etwa 7 €, bei Filmen mit Überlänge oder besonderer Medienbeachtung auch mehr. Dafür werden aber viele Ermäßigungen angeboten, nicht nur für Studenten, sondern auch für Arbeitslose, Senioren, ehemalige Soldaten und Familien. Mittwochs gilt ermäßigter Eintritt für jedermann in allen Kinos (die Eintrittspreise werden bis auf 4 € gesenkt).

Die drei Kino-Giganten Frankreichs – Gaumont, UGC und MK2 – verkaufen auch ermäßigte Abonnementkarten und akzeptieren für ihre Hauptkinos Platzreservierungen auf Kreditkarte. Programm-Kinos geben »Treuebons« aus: Jeder sechste Kinobesuch ist frei.

Das früher allgemein übliche *pourboire* (Trinkgeld) für die *ouvreuses* oder Platzanweiserinnen ist in den großen Kinos abgeschafft worden; nur in den unabhängigen Kinos besteht der Brauch weiter. Hier ist es üblich, etwa 50 Cent zu geben.

Das Tagesprogramm beginnt meist um 14 Uhr, die letzte *séance* (Vorstellung) zwischen 21 und 22 Uhr. Freitags und samstags bieten die meisten Programm-Kinos Spätvorstellungen (um Mitternacht) an.

In manchen Kinozentren, besonders am Forum des Halles *(siehe S. 109)*, finden ermäßigte Vormittagsvorstellungen statt. Zum vollen Programm gehört traditionellerweise eigentlich ein kurzer Vorfilm; doch die meisten Kinos haben das aufgegeben und nutzen die Zeit lieber für erweiterte Werbung und Film-Trailer. Zu neu angelaufenen Filmen sollten Sie wegen des großen Andrangs dennoch früh kommen.

Filme mit Bezug auf Paris

Historisches Paris (Studioproduktion)

Der italienische Strohhut
(René Clair, 1927)
Unter den Dächern von Paris
(René Clair, 1930)
Die Verdammten
(Raymond Bernard, 1934)
Hôtel du Nord
(Marcel Carné, 1937)
Kinder des Olymp
(Marcel Carné, 1945)
Goldhelm
(Jacques Becker, 1952)
Zwei Mann, ein Schwein und die Nacht von Paris
(Claude Autant-Lara, 1956)
Playtime
(Jacques Tati, 1967)

Nouvelle-Vague-Paris (Produktion vor Ort)

Außer Atem
(Jean-Luc Godard, 1959)
Sie küssten und sie schlugen ihn
(François Truffaut, 1959)

Paris dokumentarisch

Paris 1900
(Nicole Vedrès, 1948)
La Seine a rencontré Paris
(Joris Ivans, 1957)

Paris aus der Sicht Hollywoods

Der siebente Himmel
(Frank Borzage, 1927)
Die Kameliendame
(George Cukor, 1936)
Ein Amerikaner in Paris
(Vincente Minnelli, 1951)
Gigi
(Vincente Minnelli, 1958)
Irma La Douce
(Billy Wilder, 1963)

Auf einen Blick

Cinémathèque Française Grands Boulevards
42, blvd de Bonne Nouvelle, 75010.
Karte 7 A5.
01 56 26 01 01.

Gaumont Grand Ecran Italie
30, pl d'Italie, 75013.
Karte 17 C4.
01 40 30 20 10.

La Géode
26, ave Corentin-Cariou, 75019.
08 92 68 45 40.

Grand Action
Action Rive Gauche, 5, rue des Ecoles, 75005.
Karte 13 B5.
01 43 29 44 40.

Le Grand Rex
1, blvd Poissonnière, 75002. **Karte** 7 A5.
08 92 68 70 23.

MK2 Bibliothèque
128-162, ave de France, 75015. **Karte** 18 F4.
08 92 68 14 07.

Max Linder Panorama
24, blvd Poissonnière, 75009. **Karte** 7 A5.
01 40 30 20 10.

Pagode
57 bis, rue de Babylone, 75007. **Karte** 11 C4.
01 45 55 48 48.

Reflets Médicis
3–7, rue Champollion, 75005. **Karte** 12 F5.
01 43 54 42 34.

Salle Garance
Centre Georges Pompidou, 19, rue Beaubourg, 75004.
Karte 13 B2.

Forum des Images
2, Grande Galerie, Forum des Halles, 75001.
Karte 13 A2.
01 44 76 62 00.

Sport und Aktivurlaub

Sportveranstaltungen gibt es in Paris am laufenden Band. Manche sind schon zur nationalen Institution geworden, so etwa das Tennisturnier Roland Garros und die Tour de France. Der einzige Nachteil ist, dass die meisten Sportplätze am Stadtrand liegen.

Aktuelle Informationen über Sportveranstaltungen erhalten Sie von **Paris Infos Mairie**, einem kostenlosen Informationsdienst der Stadt. Auch die wöchentlichen Veranstaltungsführer *L'Officiel des Spectacles*, *Pariscope* und die Mittwochsausgabe von *Le Figaro* informieren ausführlich über das Sportprogramm der Woche *(siehe S. 328)*. Genauere Berichte erscheinen täglich in *L'Equipe*. Sehen Sie auch *Paris mit Kindern* auf S. 346.

Outdoor-Sport

Die jährliche Tour de France im Juli endet in Paris – und in einer Begeisterung, die die ganze Stadt erfasst. Wer selbst Rad fahren will, kann sich z. B. bei **Paris Vélo** oder im **Maison Roue Libre**, der Zentrale des RATP-Verleihs, ein Fahrrad ausleihen. Im Sommer betreibt der RATP-Verleih Roue Libre am Wochenende und an Feiertagen fünf Ausleihstellen von alten Bussen aus: Place de la Concorde, Stalingrad, Pace du Châtelet, Porte d'Auteuil und Parc Floral. Die **Fédération Française de Cyclotourisme** gibt Auskunft über Fahrradklubs in und um Paris.

Ein typisches Pariser Sonntagsvergnügen sind die Bootsfahrten im Bois de Vincennes *(siehe S. 233)*, Bois de Boulogne *(siehe S. 254f)* und Parc des Buttes-Chaumont *(siehe S. 232)*. *Boules*-Amateure tummeln sich fast auf jedem Fleckchen Kies. Bei Meinungsumfragen geben die Pariser das Spiel mit den silbernen Kugeln als ihren Lieblingssport an.

Die meisten Golfplätze – sie liegen alle außerhalb – gehören Vereinen, aber viele sind auch für Nichtmitglieder offen. Nähere Auskunft erteilt die **Fédération Française du Golf**, man kann sich auch direkt an **Golf de Chevry**, **Golf de St-Pierre du Perray**, **Golf de St-Quentin en Yvelines** oder **Golf de Villennes** wenden.

Reitmöglichkeiten bestehen sowohl im Bois de Boulogne als auch im Bois de Vincennes. Nähere Informationen erhalten Sie von der **Ligue Equestre de Paris**.

Tennis ist auf städtischen Plätzen möglich, etwa bei **Tennis Luxembourg** im Jardin du Luxembourg. Die Plätze sind jeden Tag geöffnet; wer zuerst kommt, hat das Vorrecht. Zu den vornehmeren Plätzen gehört **Tennis de la Faluère** im Bois de Vincennes; ein Platz muss hier 24 Stunden im Voraus gebucht werden.

Hallensport

Es gibt sehr viele Hallen und Fitnesscenter in Paris, die mit einer Tageskarte benutzt werden können. Je nach Ausstattung zahlt man 20 € oder mehr. Eines der ersten Pariser Fitness-Studios war **Espace Vit'halles**; hier findet man auch eine Sauna, ein türkisches Bad und ein Solarium vor. Die über 20 Center der Kette **Club Med Gym** sind gut ausgestattet und beliebt. **Jean de Beauvais** ist ein anspruchsvolles Zentrum mit individuellem Fitnessprogramm. Auch die **Compagnie Bleue** hat einen guten Ruf. Das **Ritz Gym** besitzt das wahrscheinlich schönste Hallenbad in Paris. Es steht eigentlich nur Gästen und Mitgliedern offen, aber wenn das Hotel nicht voll belegt ist, bekommt man eine Tageskarte.

Skaten ist ein preiswerter Sport, der ganzjährig in der Anlage **Patinoire d'Asnières-sur-Seine** möglich ist.

Squash kann man im **Squash Club Quartier Latin** spielen, der daneben auch Billard, ein Fitness-Studio und eine Sauna anbietet. Weitere gute Klubs sind **Squash Montmartre, Squash Rennes-Raspail** und **Squash Front de Seine**.

Sportveranstaltungen

Ende Juli endet in Paris – von der ganzen Stadt bejubelt – die Tour de France, und der französische Präsident ehrt den Sieger mit dem begehrten gelben Trikot *(maillot jaune)*. Der weltbekannte Prix de l'Arc de Triomphe wird am ersten Sonntag im Oktober im **Hippodrome de Longchamp** ausgetragen. Weitere Radrennbahnen sind das **Hippodrome de St-Cloud** und **Maisons Lafitte** – beide liegen westlich von Paris und sind leicht zu erreichen.

Galopprennen finden im **Hippodrome d'Auteuil** und im **Hippodrome de Vincennes** statt. Näheres erfährt man telefonisch bei **France Galop** oder auf deren aktueller Internet-Seite.

Weltbekannt ist das 24-Stunden-Rennen von Le Mans, 185 Kilometer südwestlich von Paris. Es findet alljährlich Mitte Juni statt. Einzelheiten sind beim **Automobile club de l'Ouest** (Tel. 02 43 40 24 24) zu erfragen.

Großveranstaltungen aller Art finden im **Palais Omnisports de Paris-Bercy** statt, darunter das Pariser Tennis-Open, das Sechs-Tage-Radrennen, Springturniere, Kampfsportturniere der Weltklasse und Rockkonzerte.

Der **Parc des Princes** fasst 50 000 Zuschauer. Er ist das Heimstadion von Paris St-Germain, dem wichtigsten Pariser Fußballteam. Hier werden auch die Rugby-Länderspiele ausgetragen.

Auch nachdem Frankreich 1998 hier Fußballweltmeiser wurde – im **Stade de France** hat sich bis heute kein örtlicher Fußballklub angesiedelt. Inzwischen werden die Ränge mit dem Sechs-Nationen-Turnier und Stars wie Tina Turner oder Johnnie Halliday gefüllt.

Das **Stade Roland Garros** ist berühmt für sein internationales Tennisturnier. Von Ende Mai bis Mitte Juni liegt ganz Paris im Tennisfieber, sogar Geschäftstermine werden ins Stadion verlegt. Um Eintrittskarten muss man sich Monate im Voraus bemühen.

Schwimmen

Im Süden von Paris befindet sich eine riesige Wassersportanlage, der **Aquaboulevard** *(siehe S. 346)*. Außer Schwimmbassins gibt es dort einen künstlichen Strand, Rutschen und Stromschnellen, Tennis- und Squashanlagen, Golf, Bowling, Tischtennis, Billard, ein Fitness-Zentrum, Geschäfte und Bars.

Eines der besten städtischen Schwimmbäder ist die **Piscine Nouveau Forum des Halles** mit einem großen Becken im Keller eines Geschäftszentrums. In der **Piscine Pontoise-Quartier Latin** finden Sie ein schönes Mosaikdekor aus den 1930er Jahren, Umkleidekabinen auf zwei Ebenen, Whirlpool, Sauna und eine Anlage zum Wellenreiten. Die **Piscine Henry de Montherlant** gehört zu einem städtischen Sportzentrum, das auch Tennisplätze und eine Turnhalle bietet.

Verschiedenes

Baseball, Fechten, Joggen im Park, Volleyball, Surfen in La Villette *(siehe S. 234ff)* – all das sind weitere Sportangebote, mit denen Sie Ihren Pariser Aufenthalt vervollkommnen können. In letzter Zeit erfreut sich bei den Parisern das Fischen immer größerer Beliebtheit – tatsächlich sind in der Seine wieder verschiedene Süßwasserfische heimisch geworden.

Auf einen Blick

Aquaboulevard
4, rue Louis-Armand, 75015.
01 40 60 10 00.

Club Jean de Beauvais
5, rue Jean de Beauvais, 75005. **Karte** 13 A5.
01 46 33 16 80.

Club Med Gym
26, rue de Berri, 75008. **Karte** 4 F4.
01 43 59 04 58.
149, rue de Rennes, 75006. **Karte** 15 C1.
01 45 44 24 35.
www.clubmed.fr

Compagnie Bleue
100, rue du Cherche-Midi, 75006. **Karte** 11 C5.
01 45 44 47 48.

Espace Vit'halles
48, rue Rambuteau, 75003. **Karte** 13 B2.
01 42 77 21 71.

Fédération Française du Golf
68, rue Anatole France, 92300 Levallois Perret.
01 41 49 77 00.

Fédération Française de Cyclotourisme
12, rue Louis Bertrand, 94200, Ivry-sur-Seine.
01 56 20 88 88.

France Galop
01 49 10 20 30.
www.france-galop.com

Golf de Chevry
91190 Gif-sur-Yvette.
01 60 12 40 33.

Golf de St-Pierre du Perray
91380 St-Pierre du Perray.
01 60 75 17 47.
www.bluegreen.com

Golf de St-Quentin en Yvelines
78190 Trappes.
01 30 50 86 40.

Golf de Villennes
Route d'Orgeval, 78670 Villennes-sur-Seine.
01 39 08 18 18.

Hippodrome d'Auteuil
Bois de Boulogne, 75016.
01 40 71 47 47.

Hippodrome de Longchamp
Bois de Boulogne, 75016.
01 44 30, 75 00.

Hippodrome Maisons Lafitte
1, ave de la Pelouze, 78600 Maisons Lafitte.
01 39 62 06 77.

Hippodrome de St-Cloud
1, rue de Camp Canadien, 92210 St-Cloud.
01 47 71 69 26.

Hippodrome de Vincennes
2, route de la Ferme, 75012 Vincennes.
01 49 77 17 17.

Ligue Equestre de Paris
69, rue Laugier, 75017.
01 42 12 03 43.

Palais Omnisports de Paris-Bercy
8, blvd Bercy, 75012. **Karte** 18 F2.
08 25 03 00 31.

Parc des Princes
24, rue du Commandant-Guilbaud, 75016.
08 25 07 50 78.

Paris Infos Mairie
(Mo–Fr 8–19 Uhr, Sa 8.30–13 Uhr)
08 20 00 75 75.

Paris Vélo
2, rue du Fer-à-Moulin, 75005. **Karte** 17 C2.
01 43 37 59 22.

Maison Roue Libre
1, Passage Mondétour, 75001. **Karte** 13 B2.
08 10 44 15 34.

Patinoire d'Asnières-sur-Seine
Blvd Pierre de Coubertin, 92600 Asnières.
01 47 99 96 06.

Piscine Henry de Montherlant
32, blvd de Lannes, 75016.
01 40 72 28 30.

Piscine des Halles
10, pl de la Rotonde, Ebene 3, Eingang Porte St-Eustache, Les Halles, 75001. **Karte** 13 A2.
01 42 36 98 44.

Piscine Pontoise-Quartier Latin
19, rue de Pontoise, 75005. **Karte** 13 B5.
01 55 42 77 88.

Ritz Gym
Ritz Hotel, Pl Vendôme, 75001. **Karte** 6 D5.
01 43 16 30 30.

Squash Club Quartier Latin
19, rue de Pontoise, 75005. **Karte** 13 B5.
01 55 42 77 88.

Squash Front de Seine
21, rue Gaston-de-Caillavet, 75015. **Karte** 9 B5.
01 45, 75 35 37.

Squash Montmartre
14, rue Achille-Martinet, 75018. **Karte** 2 E4.
01 42 55 38 30.

Squash Rennes-Raspail
149, rue de Rennes, 75006. **Karte** 16 D1.
01 45 44 24 35.

Stade de France
93210 La Plaine St-Denis.
01 55 93 00 00.

Stade Roland Garros
2, ave Gordon-Bennett, 75016.
01 47 43 48 00.

Tennis de la Faluère
Route de la Pyramide Bois de Vincennes, 75012.
01 43 74 40 93.

Tennis Luxembourg
Jardin du Luxembourg, Blvd St-Michel, 75006. **Karte** 12 E5.
01 43 25 79 18.

Paris mit Kindern

Es ist niemals zu früh, Ihre Kinder für Paris zu begeistern. Ein Ausflug nach Disneyland Paris *(siehe S. 242ff)* oder eine Bootsfahrt auf der Seine *(siehe S. 72f)*, der Blick vom Eiffelturm aus schwindelnder Höhe *(siehe S. 192f)* oder auch ein Besuch von Notre-Dame *(siehe S. 82ff)* sind für Große und Kleine ein Erlebnis, und zusammen mit Kindern sehen Sie manche Stätten

ganz neu. Die gepflegten Parkanlagen ziehen wohl mehr Erwachsene an; aber die technischen Wunder in La Villette sind etwas für alle. Im Sommer gibt es Zirkus, Kirmes und Vergnügungsparks, vor allem im Bois de Boulogne *(siehe S. 254f)*. Sie können mit Ihren Kinder auch ein Unterhaltungszentrum, ein Museum, einen Abenteuerspielplatz oder eine Kindervorstellung besuchen.

La Cité des Enfants in La Villette

Praktische Infos

In den Pariser Hotels *(siehe S. 272)* und den meisten Restaurants *(siehe S. 289)* sind Familien mit Kindern willkommene Gäste. Sehenswürdigkeiten und Attraktionen sind für Kinder meist billiger; das gilt für Kinder bis zu zwölf Jahren (Kinder unter drei oder vier Jahren haben freien Eintritt). Viele Museen sind sonntags kostenlos – für Kinder unter 18 sogar jeden Tag. Nähere Informationen geben das Office du Tourisme *(siehe S. 274)* oder wöchentliche Veranstaltungsführer wie *Pariscope, L'Officiel des Spectacles* oder *Paris Mômes*.

Viele Kinderprogramme finden in der Zeit nach Schulschluss und am Mittwochnachmittag statt, an dem die Pariser Kinder schulfrei haben. Über Kurse in den Museen informiert das **Ministère de la Culture**.

Kinderbetten und -wagen verleihen die meisten Vermittlungsstellen für Babysitter wie **Home Service**. Weitere Babysitter-Vermittlungsstellen sind **Ababa** und **Kid Services**.

Museen

Hauptattraktion für Kinder ist zweifellos die Cité des Sciences et de l'Industrie *(siehe S. 234ff)* im Parc de la Villette. In dem riesigen Komplex illustrieren interaktive Exponate und Wechselausstellungen viele Aspekte der Wissenschaft und modernen Technik. Es gibt besondere Abteilungen für Kinder, La Cité des enfants und Techno Cité. Besonderes Interesse findet auch die High-Tech-Kinoleinwand La Géode *(siehe S. 235)*.

Im Zentrum von Paris gibt es im Grand Palais *(siehe S. 206)* das Palais de la Découverte, ein lebendiges Wissenschaftsmuseum, in dem das Personal die Rolle von Erfindern mimt.

Der Louvre *(siehe S. 122ff)* organisiert eigene Ausstellungen, um Kindern die Welt der Kunst nahe zu bringen, die Galerie des Enfants im Centre Pompidou *(siehe S. 110ff)* macht dasselbe mit moderner Kunst. Ebenfalls interessant für Kinder ist das Musée de la Marine *(siehe S. 199)*, in dem die Geschichte der französischen Seefahrt anhand von Modellen dargestellt wird. Im Musée de la Poupée *(siehe S. 114)* kann man handgearbeite Puppen ab Mitte des 19. Jahrhunderts sehen.

Nützliche Adressen

Ababa
8, ave du Mairie, 75015.
☎ *01 45 49 46 46.*

Home Service
2, rue Pierre Semard, 75009.
Karte 7 A5.
☎ *01 42 82 05 04.*

Kid Services
17, rue Molière, 75001.
Karte 12 E1.
☎ *01 42 61 91 00.*

Ministère de la Culture
3, rue de Valois, 75001.
Karte 12 F1.
☎ *01 40 15 80 00.*

Das Theater Café d'Edgar

Guignol-Marionetten

Parks, Zoos und Abenteuerspielplätze

Der beste Freizeitpark für Kinder in Paris ist der Jardin d'Acclimatation im Bois de Boulogne *(siehe S. 254f)*. Hier gibt es ein Kindertheater und einen Zirkus, man kann mit der Mini-Eisenbahn oder mit Booten fahren. Das Musée en Herbe bietet Kindern unterhaltsame Möglichkeiten, sich auf eigene Faust zu betätigen.

Im Bois de Vincennes befindet sich der Parc Floral mit einfachen Spielgeräten. Auch der größte Pariser Zoo *(siehe S. 233)* ist hier. Von Palmsonntag bis Ende Mai findet ein Rummel statt.

Der interessanteste Zoo für Kinder ist die kleine Ménagerie im Jardin des Plantes *(siehe S. 164)*.

Ponyreiten im Jardin d'Acclimatation

Freizeitparks

In Paris gibt es viele Aktivitäten, bei denen sich Kinder unter Aufsicht vergnügen können. Das Atelier des Enfants im Centre Pompidou *(siehe S. 110f)* bietet mittwochs und samstags von 14.30 bis 16 Uhr Kinder-Workshops an. Es wird zwar französisch gesprochen, aber bei den Zirkusdarbietungen und Marionettenspielen, Bastelstunden oder Museumskursen stehen ja Action und Spiele, nicht Worte im Vordergrund.

Einige Café-Theater wie das Café d'Edgar *(siehe S. 331)* und Au Bec Fin *(siehe S. 331)* bringen eigene Shows für Kinder, bei denen Mimik, Tanz und Musik im Mittelpunkt stehen. Das spektakulärste Kinoerlebnis ist La Géode in der Cité des Sciences et de l'Industrie *(siehe S. 235)*. Das Kino **Le Saint Lambert** ist auf Kinder- und Trickfilme spezialisiert. Kinokarten sind mittwochs billiger; an Wochenenden gibt es keine Kinderermäßigung.

Zirkusakrobaten beim Training im Cirque de Paris

Löwe im Zoo Bois de Vincennes

Etwas Besonderes ist ein Tag im Zirkus. Im **Cirque de Paris** können Kinder die Tiere aus der Nähe erleben, sich als Clowns schminken und seiltänzerische und akrobatische Übungen machen. Nach einem Lunch mit den Artisten geht es in die Nachmittagsvorstellung.

Die Guignol-Marionettenspiele sind eine Sommerattraktion. Die Themen sind denen des Kasperl- und Volkstheaters verwandt: Eine dominierende Frau verprügelt zum Beispiel ihren Mann, ein Polizist sorgt für Ordnung. Vorführungen finden meist Mittwoch nachmittags und an Wochenenden statt. Informationen finden Sie in *Pariscope*, *L'Officiel des Spectacles* und *Paris Mômes*.

Adressen

Cirque de Paris
115, blvd Charles de Gaulle, 92390 Ville-neuve-la-Garenne.
☎ *01 47 99 40 40.*

Le Saint Lambert
6, rue Peclet 75015.
☎ *01 45 32 91 68.*

Feuerwerk über dem Dornröschenschloss in Disneyland Paris

Themenparks

Unter den Pariser Themenparks sind Disneyland Paris und die neuen Walt Disney Studios sicher die spektakulärsten *(siehe S. 242ff)*. Sechs fantasievolle Hotels und ein Campingplatz bieten Unterkunft an Ort und Stelle. Golfplatz, Geschäfte und Restaurants sind ebenfalls vorhanden.

Der französische Themenpark **Parc Asterix** hat die legendäre Welt der Gallier zum Mittelpunkt. Sechs verschiedene »Welten« zeigen Gladiatoren und Sklavenversteigerungen, es gibt auch viele Fahrattraktionen. Der Park liegt 38 km nordöstlich von Paris. Man fährt mit der RER-Linie B zum Flugplatz Charles de Gaulle, von dort bringt Sie ein Shuttle-Bus zum Parc Asterix.

Donald Duck

Sport und Erholung

Die riesige Wassersportanlage **Aquaboulevard** ist genau das Richtige für sportliche Kids. Außerdem gibt es das neue Hallenbad im **Forum des Halles**. Weitere Hallen- und Freibäder in und um Paris sind im wöchentlich erscheinenden *Pariscope* verzeichnet.

Routinierte Inline-Skater und und Skateboarder tummeln sich vor dem Palais de Chaillot *(siehe S. 198)*. Eine offizielle Rollschuhbahn gibt es im Parc Monceau *(siehe S. 258f)*, eine Eislaufbahn im Parc des Buttes-Chaumont *(siehe S. 232)* und im Gelände von Disneyland Paris *(siehe S. 242ff)*. Dort kann man auch zwischen vielen weiteren Sportangeboten wählen.

Nostalgische Kirmes-Karussells findet man unweit Sacré-Cœur *(siehe S. 224f)* und beim Forum Les Halles *(siehe S. 109)*. Noch mehr Spaß macht vielleicht eine Bootsfahrt. Verschiedene Gesellschaften bieten Touren an *(siehe S. 72f)*, sie legen an verschiedenen Stellen ab, aber die meisten passieren die Hauptsehenswürdigkeiten, darunter Notre-Dame. Andere Boote starten bei La Villette und befahren das Pariser Kanalsystem.

Ferngesteuerte Modellboote sind eine Attraktion im Jardin du Luxembourg *(siehe S. 172)*. Bootsfahrten für die Familie werden im Bois de Boulogne angeboten *(siehe S. 254)*, ebenso im Bois de Vincennes *(siehe S. 233)*. In diesen Parks kann man auch reiten *(siehe S. 342)*.

Adressen

Aquaboulevard
4, rue Louis Armand, 75015.
☎ *01 40 60 10 00.* ◯ *Mo–Do 9–23, Fr 9–24, Sa 8–24, So 8–23 Uhr.*

La Piscine des Halles
Forum des Halles, 10, pl de la Rotonde, Les Halles, 75001. **Karte** 12 F2.
☎ *01 42 36 98 44.* ◯ *Mo–Fr 11.30–22 Uhr, Sa, So 9–19 Uhr.*

Parc Asterix
60128 Plailly. ☎ *08 36 68 30 10.*
◯ *Apr–Mitte Okt Mo–Fr 10–18 Uhr, Sa, So, Feiertage 9–19 Uhr.*

Apache
46, rue Saint-Placide, 75006.
Karte 12 D5. ☎ *01 53 63 27 10.*
Eine von mehreren Filialen.

Skateboarder am Eiffelturm

Geschäfte für Kinder

Schicke Kindermode gibt es in ganz Paris genug. Die meisten Kinderboutiquen finden Sie in der Rue du Jour in Beaubourg und Les Halles. Es gibt auch viele gute Spielwarenläden wie Au Nain Bleu *(siehe S. 321)* oder die Filialen von Apache. Sie können aber – wie auch die Modeläden – enorm teuer sein. (*Siehe auch* Kinderkleidung, *S. 318f.*)

Figuren aus *Tim und Struppi* im Geschäft Au Nain Bleu

Karussell bei Sacré-Cœur

Strassenleben und Märkte

An sonnigen Nachmittagen sind die Straßenkünstler vor dem Centre Pompidou *(siehe S. 110f)* eine große Attraktion. Hier treten Musiker, Zauberer, Feuerschlucker und andere Artisten auf. Am Montmartre hat die Straßenmalerei lange Tradition, vor allem auf der Place du Tertre

Vermietung von Modellbooten im Jardin du Luxembourg

(siehe S. 222). Dort können Sie Ihre Kinder porträtieren lassen. Es macht auch Spaß, mit der Seilbahn zur Sacré-Cœur *(siehe S. 224f)* hinaufzufahren und dann durch die malerischen Straßen hinunterzuwandern.

Pariser Märkte sind farbenfroh und lebendig. Kinder mögen den Marché aux Fleurs auf der Ile de la Cité *(siehe S. 81)*. Vielleicht finden sie auch den Lebensmittelmarkt in der Rue Mouffetard *(siehe S. 166, S. 327)* verlockend. Der größte Flohmarkt ist der Marché aux Puces de St-Ouen auf der Place Clignancourt *(siehe S. 231, S. 327)*.

Andere Möglichkeiten sind die ruhige Ile de la Cité oder die Ile St-Louis in der Seine.

Aussichtspunkte und Sehenswürdigkeiten

An erster Stelle steht für Kinder eine Fahrt auf den Eiffelturm *(siehe S. 192f)*. An klaren Tagen hat man eine großartige Aussicht über Paris und kann viele markante Gebäude und Punkte ausfindig machen, bei Nacht ist die Stadt ein magisches Lichtermeer. Die Fahrstühle verkehren bis 23 Uhr. Für Eltern mit Kinderwagen: Die Auffahrt verläuft in drei Etappen, man muss zwischendurch umsteigen.

Weitere interessante Sehenswürdigkeiten für Kinder sind Sacré-Cœur *(siehe S. 224f)* mit der eiförmigen Kuppel – nach dem Eiffelturm der zweithöchste Punkt in Paris – und Notre-Dame *(siehe S. 82f)* auf der Ile de la Cité. Kinder füttern gern die Tauben auf dem Platz an der Kathedrale, zählen die 28 Könige Judas an der Westfassade und lauschen der Geschichte vom Glöckner von Notre-Dame. Kinder und Erwachsene gleichermaßen bewundern die bezaubernde Sainte-Chapelle *(siehe S. 88f)*, ebenfalls auf der Ile de la Cité gelegen; für Kinder unter 17 gilt ermäßigter Eintritt.

Ein Kontrast zum alten Paris ist ein Besuch des imposanten Centre Pompidou *(siehe S. 110f)*. Man kann dort die raupenartigen Rolltreppen an der Außenseite hinauffahren und vom Café auf der Dachterrasse den Rundblick genießen. Der 56-stöckige Montparnasse-Turm *(siehe S. 178)* bietet einen großartigen Ausblick und Fernrohre auf der obersten Terrasse, und der riesige Torbogen in La Défense *(siehe S. 255)* hat Fahrstühle zu den Ausstellungsebenen, von denen aus man weit in die Runde sehen kann.

Andere Interessen

Kinder gewinnen Neuem schnell die lustige Seite ab. Man kann Les Egouts, die Kläranlage der Stadt Paris, besuchen und einen kurzen

Rolltreppen am Centre Pompidou

Rundgang durch das Kanalsystem machen *(siehe S. 190)*. Auf Informationstafeln wird der Klärprozess in vielen Sprachen erläutert. Die Katakomben *(siehe S. 179)* sind unterirdische Gänge aus der Römerzeit, in denen uralte Schädel aufbewahrt sind.

Auf der Ile de la Cité befindet sich die Conciergerie *(siehe S. 81)*, wo viele Aristokraten ihre letzten Tage verbrachten. Die Wachsfiguren des Grévin am Boulevard Montmartre *(siehe S. 216)* faszinieren mit Geräuscheffekten. Auch im Forum des Halles *(siehe S. 109)* gibt es Figuren, mit denen die Belle Epoque nachgestellt wird.

Notfälle

In einem Notfall kann man Enfance et Partage rund um die Uhr kostenlos anrufen. Eine der größten Kinderkliniken ist Hôpital Necker.

Enfance et Partage
08 00 05 12 34.
Hôpital Necker
149, rue de Sèvres, 75015.
Karte 15 B1.
01 44 49 40 00.

GRUND-INFORMATIONEN

Praktische Hinweise

Um zu vermeiden, dass Sie die meiste Zeit Ihres Paris-Aufenthalts damit verbringen, in Bussen, in der Métro oder in Warteschlangen vor Museen zu stehen, sollten Sie ein wenig im Voraus planen. Eine Telefonkarte *(télécarte)* ist hierfür eine lohnende Investition *(siehe S. 356)*, ebenso ein *carnet*, um die Fahrten mit den öffentlichen Verkehrsmitteln wie Bussen und Métro zu vereinfachen *(siehe S. 368 ff)*. Die *Carte-Musées-Monuments* ermöglicht problemlos und ohne Wartezeiten den Eintritt zu Museen und Sehenswürdigkeiten. Beachten Sie, dass viele Geschäfte und Büros und auch einige Museen in der Mittagszeit (etwa 13–15 Uhr) geschlossen haben. Stadtrundfahrten sind oft eine gute Möglichkeit für eine erste Orientierung in der Stadt. Zu bestimmten Tageszeiten und an Sonntagen sind Eintrittspreise bisweilen reduziert; Studenten, die einen internationalen Ausweis bei sich tragen, erhalten fast überall Ermäßigungen *(siehe S. 358)*.

Museen und Denkmäler

Sie können in Paris genau 172 Museen und Denkmäler besichtigen, die meisten sind montags (oder dienstags) bis sonntags zwischen 10 und 17.40 Uhr geöffnet, einige auch am Abend. Alle staatlichen Museen haben dienstags geschlossen, mit Ausnahme von Versailles und dem Musée d'Orsay, die beide montags geschlossen haben. Kommunale und städtische Museen sind normalerweise montags geschlossen.

In der Regel werden Eintrittspreise erhoben, manchmal erwartet man auch eine Spende. Die staatlichen Museen sind am ersten Sonntag im Monat frei. Ansonsten haben Jugendliche unter 18 freien Eintritt, für alle zwischen 18 und 25 sowie über 60 Jahren gibt es Ermäßigungen. Kommunale Museen zeigen ihre ständigen Ausstellungen an Sonntagen kostenlos; Schüler und Studenten sowie Erwachsene über 60 zahlen ermäßigten Eintritt. Um diese Ermäßigungen zu erhalten, ist es notwendig, sich entsprechend ausweisen zu können.

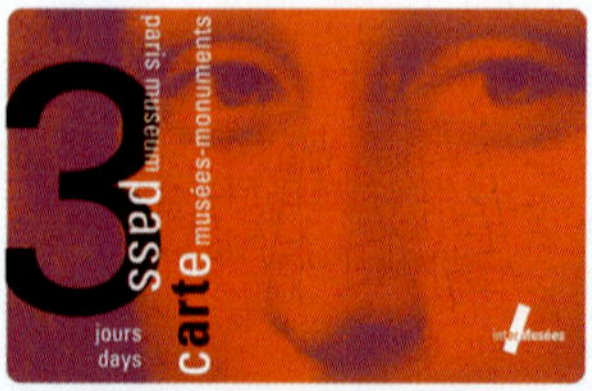

Der Museumpass in Paris erspart Ihnen Geld und Wartezeit

Hinweise auf Information und Reservierung an Bahnhöfen

Es lohnt sich, den Museumspass *Carte-Musées-Monuments* zu kaufen, der für 70 Museen und Denkmäler gilt. Er berechtigt zu einer unbegrenzten Anzahl von Besichtigungen innerhalb von einem, drei oder fünf Tagen. Auch vermeiden Sie damit lange Wartezeiten an den Kassen. Dieser Pass ist in Museen sowie bei vielen Sehenswürdigkeiten der Stadt erhältlich, in den großen Métro- und RER-Stationen, Batobus-Stationen, bei allen Filialen von FNAC und bei den Filialen des **Fremdenverkehrsamts von Paris** auf den Champs-Elysées bzw. am Eiffelturm.

Öffnungszeiten

Die Öffnungszeiten für Museen sind im jeweiligen Abschnitt angegeben. Die meisten Pariser Läden haben montags bis samstags von 9 oder 10 Uhr bis 19 oder 20 Uhr geöffnet, im Sommer und vor Feiertagen auch länger. Lebensmittelgeschäfte öffnen etwa um 7 Uhr, schließen gegen Mittag und sind zwischen 16 oder 17 Uhr bis 20 Uhr wieder offen.

Banken haben Montag bis Freitag von 9 bis 16.30 oder 17.15 Uhr und Samstag von 9 bis 12 Uhr offen. Einige schließen zwischen 12 und 14 Uhr; vor Feiertagen schließen alle Banken um 12 Uhr.

Information

Logo des Verkehrsamts

Insgesamt gibt es in Paris drei Fremdenverkehrsbüros – eines an der Gare de Lyon, der Hauptsitz befindet sich auf den Champs-Elysées *(siehe Seite 351)*, ein weiteres Büro ist am Eiffelturm (nur in der Saison geöffnet). Dort erhält man Stadtpläne und kann Hotelreservierungen vornehmen lassen. Das Fremdenverkehrsamt an der Gare de Lyon ist im Sommer stark frequentiert, hier muss man Wartezeiten in Kauf nehmen.

Unterhaltung

Die zwei wichtigsten Informations-Magazine für Paris sind *Pariscope* und *L'Officiel des Spectacles (siehe S. 328)*. Sie erscheinen wöchentlich am Mittwoch und geben einen Überblick über Veranstaltungen (auch Kino), Ausstellungen, Klubs und Restaurants.

Bus für Stadtrundfahrten

FNAC-Agenturen gibt es überall in Paris, sie erledigen Buchungen und Vorbestellungen sowie den Kartenvorverkauf für alle Veranstaltungen. Zusätzliche Informationen können dort auch telefonisch erfragt werden *(siehe S. 329)*.

Theaterkarten bekommt man bei Kiosque Théâtre, wo Karten für den gleichen Tag mit 50 Prozent Ermäßigung verkauft werden. Kiosques Théâtres findet man an der Place de la Madeleine sowie am Parvis de la Gare Montparnasse *(siehe S. 329)*.

In Theatern, Kinos und vielen anderen öffentlichen Veranstaltungsräumen ist das Rauchen verboten.

Kiosque Théâtre

Stadtrundfahrten

Stadtrundfahrten in Doppeldecker-Bussen mit Erläuterungen in verschiedenen Sprachen, unter anderem auch Deutsch, werden von den beiden Unternehmen **Cityrama** und **Paris Vision** organisiert. Die Fahrten beginnen im Stadtzentrum und dauern etwa zwei Stunden, in denen die wichtigsten Sehenswürdigkeiten gezeigt werden, es wird jedoch nicht überall angehalten. Die Abfahrtszeiten variieren, Sie sollten sich vorher genau erkundigen. Fährt man mit **Cars Rouge**, so ist es möglich, die Rundfahrt zu unterbrechen und sie später mit einem anderen Bus fortzusetzen.

Informative Spaziergänge durch Paris bietet das Centre des Monuments Nationaux MONUM an.

Zugang für Behinderte

Paris kann für Behinderte ziemlich mühsam sein: Die meisten Gehsteige sind zwar für Rollstuhlfahrer ausgebaut, jedoch sind viele Sehenswürdigkeiten und Museen sowie auch Hotels oder Restaurants alles andere als behindertengerecht. Allerdings verbessert sich die Situation mit den vielen Neubauten, die selbstverständlich barrierefrei angelegt sind.

Um die aktuellsten Informationen über Möglichkeiten und Serviceleistungen für behinderte Besucher zu bekommen, kontaktieren Sie am besten die Gesellschaft **Groupement pour l'Insertion des Personnes Handicapées Phsiques (GIHP)**.

Informationen für Behinderte

Les Compagnons du Voyage
17, rue Pablo Néruda, 92532, Levallois-Perret Cedex. *01 45 19 15 00.* *Mo–Fr 6.30–20 Uhr, Sa 7.30–17.30 Uhr, So 9.30–22 Uhr.* Transportservice an sieben Tagen die Woche. Kosten je nach Aufwand.
www.compagnons.com

Association des Paralysés de France
17, blvd August Blanqui, 75013. **Karte** 17 B5. *01 40 78 69 00.*
01 45 89 40 57.
www.apf-asso.com

GIHP
10, rue Georges de Porto-Riche, 75014.
01 43 95 66 36.
01 45 40 40 26.
www.gihpnational.org

Auf einen Blick

Fremdenverkehrsbüros im Zentrum

Zentrale des Pariser Fremdenverkehrsamts (Office du Tourisme)
127, ave des Champs-Elysées, 75008. **Karte** 4 E4.
08 92 68 31 12.
tägl. 9–20 Uhr (Nov–Ostern So und Feiertage 11–19 Uhr).
1. Mai.
www.paris-touristoffice.com

Gare de Lyon
20, blvd Diderot, 75012. **Karte** 18 F1.
Mo–Sa 8–20 Uhr.
1. Mai.

Büro am Eiffelturm
Champ de Mars, 75007. **Karte** 10 F3.
tägl. 11–18.45.
Okt–Apr und 1. Mai.

Ausserhalb Frankreichs: Maison de la France

Offizielle Website des Fremdenverkehrsamts Frankreich:
http://franceguide.com

Deutschland
Westendstraße 47, D-60325 Frankfurt am Main.
(+49) 0190 57 00 25.
(+49) 0190 59 90 61.

Österreich
Argentinierstraße 41a, A-1040 Wien.
(+43) 0900 25 00 15.
(+43) 01 503 28 72.

Schweiz
Rennweg 42, CH-8023 Zürich.
(+41) 0900 90 06 99.
(+41) 01 217 46 17.

Stadtrundfahrten

Cityrama
4, pl des Pyramides, 75001. **Karte** 12 E1. *01 44 55 61 00.*

Cars Rouges
17, quai de Grenelle, 75015. **Karte** 9 C4. *01 53 95 39 53.*

Paris Vision
214, rue de Rivoli, 75001. **Karte** 12D1. *01 42 60 30 01.*

Sicherheit und Notfälle

GANZ ALLGEMEIN GILT: Paris bietet so viel Sicherheit und birgt so viele Gefahren wie jede andere Stadt dieser Größenordnung auch. Sollten Sie krank werden, so werden Sie in den vielen Apotheken der Stadt immer Rat und Hilfe finden. In Frankreich können Apotheker viele Krankheiten diagnostizieren und entsprechende Behandlungsmöglichkeiten anbieten. Bei ernsthaften Erkrankungen finden Sie Hilfe bei einer der unten aufgeführten Notrufnummern. Darüber hinaus gibt es – zum Teil auch in deutscher Sprache – eine Reihe von Einrichtungen für Notfälle verschiedenster Art, an die Sie sich wenden können.

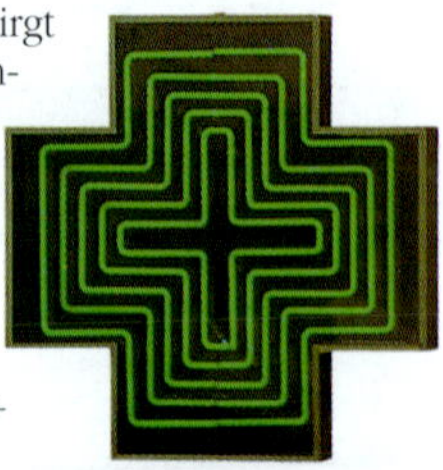

Apothekenschild

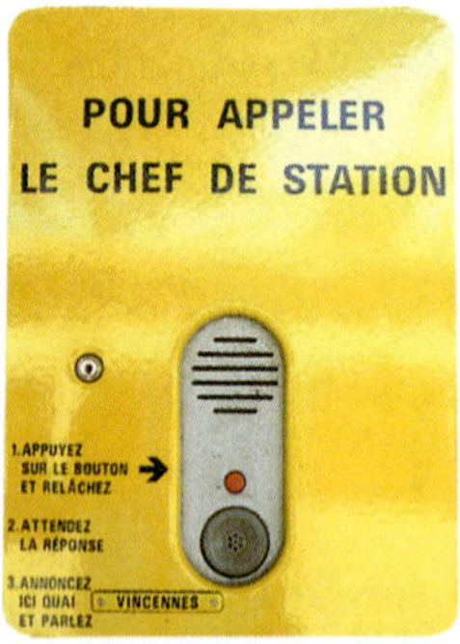

Notfall-Knopf in der Métro-Station

NOTRUF, NOTDIENSTE

SAMU (Ambulanz)
15 (kostenlos).

Polizei
17 (kostenlos).

Pompiers (Feuerwehr)
18 (kostenlos).

Europäische Notrufnummer
112 (kostenlos).

SOS Médecin (Notarzt)
01 47 07 77 77.

SOS Dentaire (Zahnarzt)
01 43 37 51 00.

Brandverletzungen
01 58 41 41 41.

SOS Dépression (psychologische Hilfe)
01 40 47 95 95.

Gechlechtskrankheiten
01 40 78 26 00.

Familienplanung
01 48 88 07 28.
Mo–Fr 9–17 Uhr.

VORSICHTSMASSNAHMEN

PARIS IST im Vergleich mit anderen Metropolen eine überraschend sichere Stadt, vor allem im Zentrum sind wirklich gefährliche Übergriffe relativ selten. Dennoch sollten Sie schlecht beleuchtete und abgelegene Gegenden meiden und immer auf Ihre Wertgegenstände achten, insbesondere in der Métro während der Stoßzeiten. Lassen Sie Ihr Gepäck nie aus den Augen.

Sind Sie spät nachts unterwegs, tun Sie, vor allem als Frau, gut daran, lange Wege in den Métro-Stationen zu vermeiden, wie zum Beispiel in der Station Montparnasse oder Châtelet-Les Halles. Vor allem die RER-Stationen sind Treffpunkt verschiedenster Gruppen, die sich hier vergnügen, aber hin und wieder auch randalieren. Mit der letzten RER-Bahn hinaus in die Vorstädte zu fahren, sollten Sie nachts ebenfalls möglichst vermeiden. Geraten Sie dennoch in der Métro in Schwierigkeiten, wenden Sie sich über das gelbe Telefon mit dem Hinweis *Chef de Station* an den Stationsleiter oder gehen Sie zum Fahrkartenschalter am Eingang. Außerdem gibt es in den Zügen und in den Métro-Bahnhöfen Alarmvorrichtungen. Sollte Ihnen außerhalb der Métro etwas zustoßen, rufen Sie die Polizei über die Nummer 17.

DIEBSTAHL

AUF IHR GEPÄCK, Handgepäck und vor allem auf Wertgegenstände sollten Sie immer achtgeben. Bei Besichtigungen, Stadtrundfahrten und abendlichen Veranstaltungen ist es besser, keine Wertgegenstände bei sich zu haben und immer nur so viel Geld, wie Sie tatsächlich

Feuerwehrmann

Polizistin

Polizist

Pariser Polizeiwagen

Feuerwehrfahrzeug

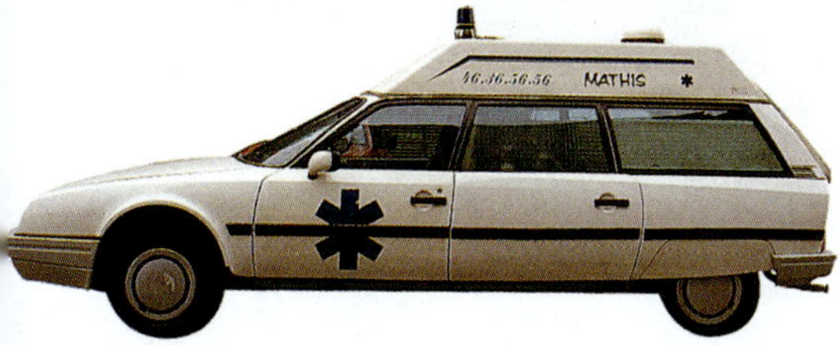

Krankenwagen

brauchen; Reiseschecks sind die sicherste Art, größere Summen mit sich zu führen. Bei Diebstahl, aber auch, wenn Sie etwas oder auch jemanden verloren haben, wenden Sie sich an die nächste Polizeistation *(Commissariat de Police)*; verlieren Sie Ihren Pass oder wird er geklaut, verständigen Sie sofort Ihr Konsulat *(siehe S. 359)*.

Medizinische Versorgung

Bürger aus EU-Staaten sind berechtigt, das französische Gesundheitswesen in Anspruch zu nehmen. Jedoch muss die Behandlung zunächst bezahlt werden. Sie haben einen Anspruch auf Rückvergütung der Kosten, das kann jedoch einige Zeit dauern. Das Formblatt E111 Ihrer Krankenkasse hilft bei derAbwicklung. Informieren Sie sich bei Ihrer Krankenkasse und schließen Sie am besten vorher eine zusätzliche Reiseversicherung ab. Reisende aus Nicht-EU-Staaten müssen für eine medizinische Versorgung selbst Sorge tragen.

Brauchen Sie dringend ärztliche Hilfe, rufen Sie SAMU *(siehe S. 352)* oder die Feuerwehr *(Pompiers)* an. Die Ambulanzen der Feuerwehr-Stationen, die überall über Möglichkeiten für Erste Hilfe und Notfall-Versorgung verfügen, sind oft am schnellsten zur Stelle.

Krankenhäuser mit ambulanter Versorgung finden Sie im Kartenteil *(siehe S. 374ff)*. Apotheken gibt es reichlich, einige davon finden Sie nebenstehend aufgeführt. Man erkennt sie am grünen Kreuz an der Hausfront. Nachts und sonntags weisen Schilder an den Türen darauf hin, wo die nächste geöffnete Apotheke zu finden ist.

Auf einen Blick

Fundbüro

Service des Objets Trouvés,
36, rue des Morillons, 75015.
Mo–Do 8.30–17 Uhr, Fr 8.30–16.30 Uhr.
01 55 76 20 20.

Krankenhaus

Centre Médical Europe
44, rue d'Amsterdam, 75009.
Karte 6 D3.
01 42 81 93 33.
Dentisten *01 42 81 80 00.*
Mo–Fr 8–19 Uhr, Sa 8–18 Uhr.
Privatklinik. Nach Vereinbarung, auch Direktbesuch möglich.

Apotheken

Grande Pharmacie de la Nation
13, pl de la Nation, 75011.
01 43 73 24 03.
tägl. 8–24 Uhr.

Grande Pharmacie Internationale de Paris
17 bis, blvd de Rochechouart, 75009. *01 48 78 03 01.*
tägl. 7–2 Uhr.

Pharmacie Anglo-Americaine
37, ave Marceau, 75116.
Karte 10 E1. *01 47 20 57 37.*
Mo–Fr 8.30–19.30, Sa 9–17 Uhr.

Pharmacie Bader
12, blvd St-Michel, 75006.
Karte 12 F5. *01 43 26 92 66.*
tägl. 9–21 Uhr.

Pharmacie des Halles
10, blvd Sébastopol, 75004.
Karte 13 A3. *01 42 72 03 23.*
Mo–Sa 9–24 Uhr, So 9–22 Uhr.

Pharmacie Dhery
84, ave des Champs-Elysées, 75008. **Karte** 4 F5.
01 45 62 02 41.
tägl. 24 Stunden.

Pharmacie Matignon
2, rue Jean-Mermoz, 75008.
Karte 5 A5. *01 43 59 86 55.*
tägl. 8.30–2 Uhr.

Banken und Währung

FÜR ALLE BESUCHER aus Deutschland und Österreich entfiel mit der Einführung des Euro am 1. Januar 2002 die Notwendigkeit zum Geldwechsel. Für Besucher aus der Schweiz empfiehlt es sich, nicht bei privaten Wechselstuben, sondern bei Banken zu besseren Konditionen zu tauschen.

Öffnungszeiten

BANKEN IN und um Paris haben in der Regel Montag bis Freitag von 9.15 bis 16.15 Uhr geöffnet, Wechselstuben im Zentrum Montag bis Samstag zwischen 9 und 18 Uhr. Die Wechselstuben an den Bahnhöfen sind oft auch sonntags offen, die an den Flughäfen haben täglich von 7 bis 23 Uhr geöffnet.

Geldwechsel

FÜR DIE MITNAHME von Bargeld gibt es – sowohl was die Höhe als auch was die Währung betrifft – in Frankreich keine Beschränkungen.

Wechselstuben *(bureaux de change)* finden Sie am Flughafen, an allen großen Bahnhöfen, in einigen Hotels und auch Läden. Banken bieten beim Geldwechsel gute Kurse, erheben aber eine Umtauschgebühr. Private Wechselstuben verlangen zwar keine Gebühr, wechseln jedoch zu schlechteren Kursen.

Sie finden Wechselstuben auf den Champs-Elysées, rund um die Opéra und die Madeleine und in der Nähe von Sehenswürdigkeiten, ebenso an allen wichtigen Bahnhöfen und an den Flughäfen.

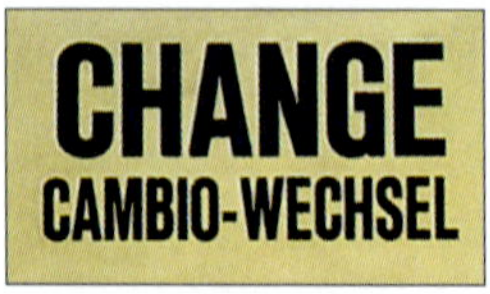

Schild einer Wechselstube

Kreditkarten und Reiseschecks

REISESCHECKS erhält man bei **American Express**, **Travelex** oder bei der Bank. Am besten lässt man sie sich in Euro ausstellen. Schecks von American Express werden in Frankreich fast überall akzeptiert und in Amex-Filialen gebührenfrei eingetauscht.

Aufgrund der hohen Gebühren werden Kreditkarten von American Express nicht überall angenommen. Vorteilhafter sind deshalb Visa und MasterCard. Viele französische Kreditkarten sind inzwischen mit Microchips anstelle von Magnetstreifen ausgestattet. Meist funktionieren jedoch auch Magnetstreifenkarten.

Geldautomat

Geldautomaten

WENN IHRE KARTE das ec- oder Maestro-Zeichen trägt, können Sie jederzeit an Geldautomaten Geld abheben (bis zu Ihrem individuellen Tageslimit). Fast alle Maschinen akzeptieren auch Visa- oder MasterCard-Karten, wenn sie mit einer PIN gekoppelt sind. Die meisten Geldautomaten bieten die Anweisungen in mehreren Sprachen (französisch, englisch, deutsch). Die Gebühren für eine Abhebung betragen etwa 4 Euro, das ist aber von Bank zu Bank unterschiedlich.

Mit der neuen EU-Standard-Überweisung können Sie (z. B. für die Reservierung eines Hotels oder Leihwagens) Beträge bis zu 12 500 Euro innerhalb der EU überweisen und zahlen dafür 7,50 Euro. Allerdings brauchen Sie dafür die IBAN (International Bank Account Number) und die BIC (Bankleitzahl) des Empfängers.

Auf einen Blick

Länger geöffnete Wechselstuben

Ancienne Comédie
5, rue Ancienne-Comédie, 75006. **Karte** 12 F4.
01 43 26 33 30.
tägl. 9–20 Uhr.

CCF
103, ave des Champs-Elysées, 75008. **Karte** 4 E4.
01 40 70 27 22.
Mo–Fr 8.45–19 Uhr (Mai–Okt bis 20 Uhr), Sa 9.30–18.30 Uhr.

Global Change
134, blvd St-Germain, 75006. **Karte** 12 F4. *01 40 46 87 75.*
tägl. 9–22.30 Uhr.

Europullman
10, rue Alger, 75001. **Karte** 12 D1. *01 42 60 55 58.*
Mo–Sa 9–19 Uhr.

Ausländische Banken

American Express
11, rue Scribe, 75009. **Karte** 6 D5. *01 47 14 50 00.*

Commerzbank
23, rue de la Paix, 75002. **Karte** 6 D5. *01 44 94 17 00.*

Deutsche Bank
3, ave de Friedland, 75008. **Karte** 4 E4. *01 44 95 64 00.*

Travelex
8, pl de l'Opéra, 75009. **Karte** 6 E5. *01 47 42 46 52.*

Kreditkarten- und Reisescheckverlust

American Express
Karten *01 47 77 70 00 oder 0049 69 97 97 10 00.*
Schecks *01 42 27 58 80.*

MasterCard (Eurocard)
01 45 67 53 53 oder 0049 69 79 33 19 10.

Visa (Carte Bleue)
Karten *08 92 70 57 05 oder 0800 814 91 00.*

EC-Karte
Karten *0049 69 74 09 87.*

Währung

DIE EUROPÄISCHE Gemeinschaftswährung Euro (€) gilt seit dem 1.1.2002 in zwölf EU-Mitgliedsstaaten: Belgien, Deutschland, Finnland, Frankreich, Griechenland, Irland, Italien, Luxemburg, Niederlande, Österreich, Portugal und Spanien. Großbritannien, Dänemark und Schweden haben sich derzeit dagegen entschieden. Alte Francs-Scheine und Münzen sind ungültig, können jedoch bei der Banque de France bis 17.02.2012 (Scheine) bzw. 17.02.2005 (Münzen) umgetauscht werden (www.banque-france.fr). Die Euroscheine sind einheitlich gestaltet, bei den Münzen prägt jedes Land unterschiedliche Rückseiten. Alle Münzen gelten in jedem Eurostaat. (Info: www.euro.ecb.int/de.html)

Euro-Banknoten

Euro-Banknoten gibt es in sieben Werten (5, 10, 20, 50, 100, 200 und 500 €). Die unterschiedlich großen Scheine wurden vom Österreicher Robert Kalina entworfen und zeigen Architekturelemente und Baustile verschiedener Epochen, eine Europakarte und die EU-Flagge mit den zwölf Sternen.

5-Euro-Schein
(Baustil: Klassik)

10-Euro-Schein (Baustil: Romanik)

20-Euro-Schein
(Baustil: Gotik)

50-Euro-Schein
(Baustil: Renaissance)

100-Euro-Schein (Baustil: Barock & Rokoko)

200-Euro-Schein
(Eisen- und Glasarchitektur)

500-Euro-Schein (Moderne Architektur des 20. Jh.)

2-Euro-Münze

1-Euro-Münze

50-Cent-Münze

20-Cent-Münze

10-Cent-Münze

Euromünzen

Euromünzen gibt es in acht Werten (2 €, 1 € sowie 50, 20, 10, 5, 2 und 1 Cent). Die einheitlichen Vorderseiten entwarf der Belgier Luc Luycx; die Rückseiten sind in jedem Land anders gestaltet. Auch San Marino, der Vatikanstaat und Monaco prägen eigene Münzen.

5-Cent-Münze

2-Cent-Münze

1-Cent-Münze

Telefon und Post

Die französische Telefongesellschaft heißt France Télécom, der allgemeine Postdienst La Poste. Auf dem Postamt sollten Sie sich auf lange Warteschlangen einstellen, obwohl die vielen *bureaux des postes* (erkennbar am La-Poste-Symbol, blau auf gelbem Untergrund) überall in der Stadt verteilt sind. Kartentelefone finden Sie auf den meisten öffentlichen Plätzen, in Bahnhöfen und Métro-Stationen. Alle in Europa gängigen GSM-Handys funktionieren auch in Frankreich problemlos. Informieren Sie sich rechtzeitig bei Ihrer Telefongesellschaft über die günstigsten Roaming-Tarife.

Telefonzellen
In Paris gibt es kaum noch Münztelefone, da sie zu oft beschädigt wurden. Kartentelefone sind jedoch leicht zu handhaben, man muss sich lediglich eine télécarte *kaufen.*

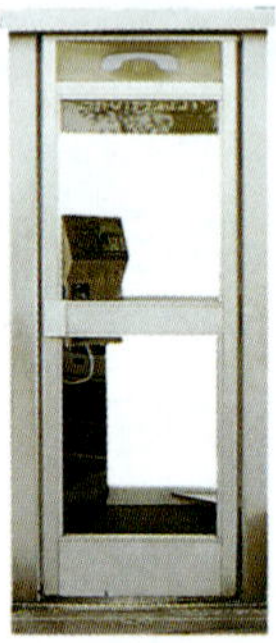

Modernes Kartentelefon

Nostalgischer Fernsprecher

Mit der Télécarte telefonieren

1 Nehmen Sie den Hörer ab und warten Sie auf das Freizeichen.

2 Stecken Sie die *télécarte* mit dem Pfeil nach oben in Pfeilrichtung in den Kartenschlitz.

3 Warten Sie, bis das Display meldet, wie viele Einheiten noch auf Ihrer Karte verfügbar sind. Dann erscheint die Aufforderung zu wählen.

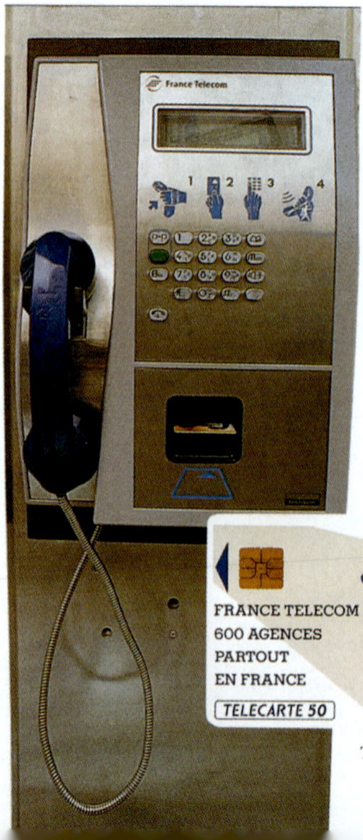

4 Wählen Sie die gewünschte Nummer.

5 Wollen Sie gleich noch einmal anrufen, legen Sie nicht auf, sondern drücken den grünen Knopf. Sobald das Freizeichen ertönt, können Sie erneut wählen.

6 Nach Beendigung Ihrer Telefonate legen Sie den Hörer auf und warten, bis die Telefonkarte herausgegeben wird. Karte nicht vergessen!

Télécarte

Kartentelefone

Um zu telefonieren, benötigen Sie eine *télécarte*. Telefonkarten gibt es mit 50 oder 120 Einheiten, sie sind bei der Post und in Tabakläden *(tabacs)* erhältlich.

Telefonbücher *(annuaires)* liegen in der Post, in Cafés und Restaurants aus, aber nicht in Telefonzellen.

Alle französischen Telefonnummern haben zehn Ziffern. Die ersten zwei Ziffern stehen für die Region: 01 für Paris und Ile-de-France, 02 für den Nordwesten, 03 für den Nordosten, 04 für den Südosten und 05 für den Südwesten Frankreichs. Für Ferngespräche in Frankreich ist keine weitere Null vorzuwählen.

Mobiltelefone und Roaming

Wie überall bezahlen Mobiltelefonierer auch in Frankreich für Anrufe aus der Heimat. Bei Vertragskunden sind die Kosten noch moderat (0,59 bis 0,69 € pro Minute), Prepaid-Kunden zahlen weitaus mehr. Informieren Sie sich vor Ihrem Urlaub über die Roaming-Tarife Ihrer Gesellschaft. Der SMS-Empfang ist meist frei, der Versand kostet rund 0,50 € Aufschlag. MMS sind über 1 € teurer als daheim.

Französische **Prepaid-Karten**, die Sie auch in Deutschland kaufen können, sind eine günstige Alternative. Die Karte wird anstatt der deutschen SIM-Karte ins Handy gelegt. Oder Sie kaufen sich eine **CallingCard**, die mit einem Guthaben aufgeladen wird. Damit wählen Sie sich mit einem beliebigen Telefon ins französische Netz ein.

So sind Sie richtig verbunden

- **Notrufnummer: 17.**
- **Nationale Telefonauskunft:** 12.
- **Internationale Telefonauskunft** (für alle Staaten): 32 12.
- **Internationale Telegramme:** 0800 33 44 11.
- **»Home Direct«:** Wählen Sie 0800 99, dann die Ländervorwahl (inklusive der 00 vorab). Beispiel: Deutschland: 0800 99 0049...
- Für Auslandsgespräche wählen Sie 00, warten auf das Freizeichen, dann die Ländervorwahl, dann die Vorwahl (ohne 0) und die Teilnehmernummer.
- Ländervorwahlen: **Deutschland**: 49; **Österreich**: 43; **Schweiz**: 44.
- **Günstigere Telefontarife**: Mo–Fr 19–8 Uhr, So und Feiertage ganztags.
- Im Mittelteil der Telefonbücher finden Sie eine detaillierte Aufstellung der Telefongebühren, nach Ländern geordnet.
- Die Ländervorwahl von Frankreich lautet: 0033. Danach die Anfangsnull der Region weglassen. Beispiel für Paris: 0033-1.

Serviceleistungen der Post

Ausser den normalen Leistungen – Telegramme, Briefmarken, Einschreiben und besondere Zustellungsarten etc. – bieten die Postämter auch Briefmarken für Sammler an und einen internationalen Bankservice mit Barauszahlungen, Schecks, Girokonten und Überweisungen. Darüber hinaus gibt es in großen Postämtern Fax- und Telex sowie Telefone und Minitel-Terminals.

Schild am Postamt

Briefe und Postkarten

Briefmarken *(timbres)* werden einzeln oder in *carnets* zu zehn Stück verkauft. 50 Cents kosten derzeit Briefe bis zu 20 Gramm und Postkarten in EU-Länder. Briefmarken gibt es auch in Tabakläden *(tabacs)*.

Die Öffnungszeiten der Postämter sind Montag bis Freitag 8 bis 19 Uhr, Sa 8 bis 12 Uhr. Hier können Sie die Telephonbücher *(annuaires)* einsehen, Telefonkarten kaufen, Geldüberweisungen *(mandats)* tätigen und bequem ins Ausland telefonieren.

Briefe werden in die gelben Postkästen geworfen. *Poste restante* (postlagernde Sendungen) werden mit dem Namen des Empfängers versehen, darunter scheiben Sie »Poste Restante« und die Adresse des Postamts am Louvre.

Postämter

Paris-Louvre
52, rue de Louvre, 75001 Paris.
Karte 12 F1.
☎ *01 40 28 76 00.*
FAX *01 45 08 12 82.*
◯ *tägl. 8–19 Uhr.*

Paris-Forum des Halles
Forum des Halles, 75001 Paris.
Karte 13 A2.
☎ *01 44 76 84 60.*
◯ *Mo–Fr 8–18 Uhr, Sa 8–12 Uhr.*

Paris-Champs Elysées
71, ave des Champs Elysées, 75008 Paris. **Karte** 4 F5.
☎ *01 53 89 05 80.*
FAX *01 42 56 13 71.*
◯ *Mo–Fr 9–19.30 Uhr, Sa 10–19 Uhr.*

Briefkasten in Paris

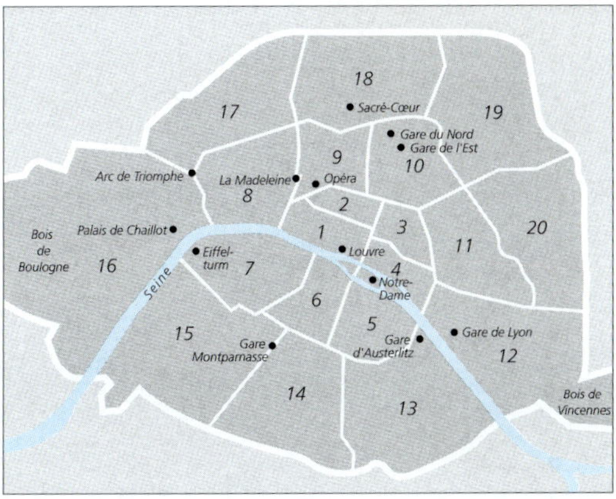

Pariser Arrondissements
Die arrondissements *(Stadtbezirke) von Paris sind von 1 bis 20 nummeriert* (siehe S. 374). *Die ersten drei Ziffern der Postleitzahl – 750 (manchmal 751) – stehen für Paris, die letzten beiden für die Nummer des Arrondissements.*

Einreise

Besucher aus EU-Ländern müssen sich bei der Einreise weder ausweisen noch besteht Visumpflicht, wenn der Aufenthalt weniger als drei Monate dauert. Für eine Verweildauer von mehr als drei Monaten benötigt man eine *Carte de séjour*, die beantragt werden muss.

Mehrwertsteuer-erstattung

Besucher aus Nicht-EU-Staaten können die Mehrwertsteuer (TVA, *siehe S. 312)* auf französische Waren rückerstattet bekommen, sofern diese einen Betrag von 175 € übersteigen und ausgeführt werden.

Um die bezahlte Mehrwertsteuer zurückfordern zu können, müssen Sie sich bereits beim Einkauf einen *détaxe*-Beleg ausstellen lassen; die Rückerstattung erfolgt dann bei Verlassen der EU innerhalb von drei Monaten nach Erwerb der Ware. Einige Güter sind von der Regelung ausgeschlossen, so Lebensmittel, Getränke, Arzneimittel, Tabak, Autos und Motorräder, nicht jedoch Fahrräder.

Der Parfümklassiker

Freimengen und zollfreie Waren

Mittlerweile gibt es zwischen den EU-Staaten keinerlei Beschränkungen mehr bezüglich Mehrwertsteuer- bzw. zollpflichtiger Waren, sofern diese für den persönlichen Gebrauch und nicht für den Verkauf sind. Wenn von Ihnen mitgeführte Warenmengen die von der EU festgelegten Grenzen überschreiten, müssen Sie unter Umständen bei der Ausreise nachweisen, dass diese dennoch ausschließlich für Ihren persönlichen Gebrauch bestimmt sind. Können Sie das nicht, so kann die Gesamtmenge der Waren beschlagnahmt werden. Erlaubt sind: 10 Liter Spirituosen mit mehr als 22 Prozent Alkohol, 90 Liter Wein, 110 Liter Bier und 800 Zigaretten. Einige gefährliche Waren sind verboten. Jugendliche unter 17 Jahren dürfen keinen Tabak oder Alkohol einführen. Am 30. Juni 1999 hat die EU gegen den Widerstand der Fährgesellschaften, der Fluglinien, der Eurotunnel-Gesellschaft und auch der Öffentlichkeit die Duty-Free-Bestimmungen für EU-Bürger abgeschafft.

Sonstige Einfuhr-bestimmungen

Generell kann alles, was für den persönlichen Gebrauch und nicht für den Verkauf bestimmt ist, zollfrei nach Frankreich eingeführt werden. Auskünfte hierüber gibt die Broschüre *Voyages en toute liberté* des **Centre des Renseignements des Douanes**. Dort kann man sich auch persönlich oder telefonisch erkundigen, die Auskunft erfolgt jedoch nur auf Französisch.

Zollauskunft

Centre des Renseignements des Douanes
84, rue d'Hauteville, 75010.
08 25 30 82 63. FAX *01 53 24 68 30.* *Mo–Fr 9–17.30 Uhr.*
www.douane.minese.gouv.fr

Strom

In Frankreich beträgt die Stromspannung wie überall in Europa 230 Volt. Elektrogeräte können also problemlos angeschlossen werden.

Zweipoliger Eurostecker

Hinweise für Studenten

Studenten mit gültigem Studentenausweis erhalten in Theatern, Museen, Kinos und vielen Sehenswürdigkeiten Ermäßigungen zwischen 25 und 50 Prozent. *Cartes Jeunes*, die französische Variante des internationalen Studentenausweises, gibt es beim **CIDJ** (Centre d'Information et de Documentation Jeunesse) und beim **OTU** (Office de Tourisme de l'Université). Das CIDJ erteilt auch Auskünfte über preiswerte Unterkünfte. Das **BVJ** (Bureau Voyage Jeunesse) verfügt über zwei Hostels mit Doppelzimmern oder günstigeren Schlafsälen *(siehe S. 273f und S. 359)*.

Öffentliche Toiletten in Paris

Viele der alten Pariser Pissoirs wurden durch moderne Münz-Toiletten ersetzt. Man findet sie überall in Paris, und in manchen spielt sogar klassische Musik. Kinder unter zehn Jahren dürfen nicht alleine auf diese Toiletten gehen, da diese eine automatische Spülung haben, deren Mechanismus für Kinder nicht ungefährlich ist.

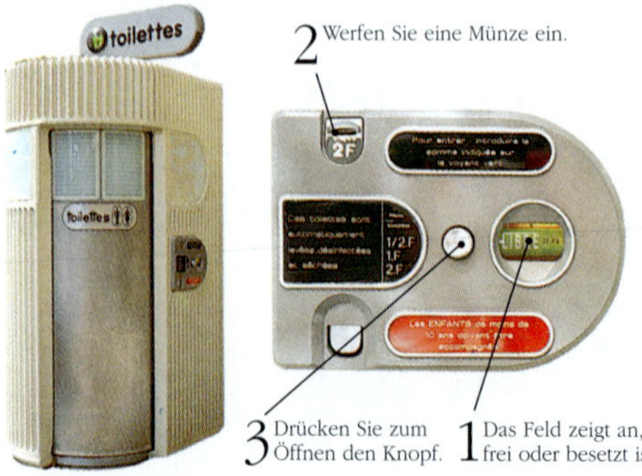

2 Werfen Sie eine Münze ein.

3 Drücken Sie zum Öffnen den Knopf.

1 Das Feld zeigt an, ob frei oder besetzt ist.

Internationale Buchhandlungen

Brentano's
37, ave de l'Opéra, 75002.
Karte 6 E5.
01 42 61 52 50.
Mo–Sa 10–19.30 Uhr.

Gibert Jeune
5, place St. Michel, 75005.
Karte 13 A4.
01 56 81 22 22.
Mo–Sa 9.30–19.30 Uhr.

W H Smith
248, rue de Rivoli, 75001.
Karte 11 C1.
01 44 77 88 99.
Mo–Sa 9–19.30 Uhr, So 13–19.30 Uhr.

Ausländische Zeitungen am Kiosk

Zeitungen, Fernsehen und Radio

An nahezu allen Zeitungskiosken in der Innenstadt von Paris erhalten Sie die wichtigsten überregionalen deutschsprachigen Tages- und Wochenzeitungen, z.B. die *Süddeutsche Zeitung*, die *Frankfurter Allgemeine Zeitung, Die Welt* oder die *Frankfurter Rundschau*, die *Neue Zürcher Zeitung* sowie *Die Zeit* oder den *Spiegel* und ebenso Tageszeitungen anderer Länder.

Die wichtigen französischen Tageszeitungen sind – von rechts nach links im politischen Spektrum aufgezählt – *Le Figaro*, *France Soir*, *Le Monde*, *Libération* und *L'Humanité*. Unter den französischen Wochenmagazinen sind die politischen Zeitschriften *Le Nouvel Observateur* und *L'Express* ebenso vertreten wie das satirische Blatt *Le Canard Enchaîné* und zahlreiche andere.

Von den französischen Fernsehsendern bieten *TF1* und *France 2* beide den üblichen Mix, *France 3* hat sich auf Dokumentationen und klassische Filme spezialisiert. *La Cinquième* gilt als Filmsender, und *ARTE*, das französisch-deutsche Gemeinschaftsprojekt, bietet ein anspruchsvolleres Programm. Unter den Kabel- und Satellitenprogrammen sind *CNN* und *Sky* zu empfangen, über deutschsprachige TV-Sender erhalten Sie in Ihrem Hotel Auskunft.

Radio France Internationale (89 MHz FM und 738 MW) sendet täglich zwischen 16 und 17 Uhr internationale Nachrichten auch auf Deutsch (auf MW). Weitere Stationen, die sich auch an Minderheiten wenden, sind Fréquence Juive (94,8 MHz) für die jüdische, Radio Nôtre Dame (100,7 MHz) für die christliche und France Maghreb (94,2 MHz) für die nordafrikanische Zuhörerschaft. Wer afrikanische und karibische Rhythmen liebt: Tropic FM (92,6 MHz) bietet die entsprechenden Songs. France Info (105,5 MHz) sendet Nachrichten für weltpolitisch Interessierte rund um die Uhr.

Ortszeit

Zwischen Deutschland, Österreich, der Schweiz und Frankreich gibt es keinerlei Zeitunterschiede. Hier wie dort beginnt die Sommerzeit zum gleichen Termin.

Auf einen Blick

Hinweise für Studenten

BVJ
20, rue Jean-Jacques Rousseau, 75015.
Karte 12 F2.
01 53 00 90 90.
44, rue de Bernardins, 75015. **Karte** 13 B5.
01 43 29 34 80.

CIDJ
101, quai Branly, 75015.
Karte 10 E2.
01 44 49 12 00.
Mo–Fr 9.30–18 Uhr (Di und Fr nur bis 17 Uhr), Sa 9.30–13 Uhr.

OTU Voyages
119, rue St-Martin, 75004. **Karte** 13 B2.
1, pl du M. de Lattre de Tassigny, 75005. **Karte** 3 A4.
39, ave Georges Bernanos, 75005. **Karte** 16 F2.
0820 817 817.
(für alle drei OTU-Büros)

Französische Botschaften

In Deutschland
Pariser Platz 5, D-10117 Berlin.
030 590 03 90 00.
www.botschaft-frankreich.de

In Österreich
Technikerstraße 2, A-1040 Wien.
01 50 27 50.
www.ambafrance-at.org

In der Schweiz
Schlosshaldenstraße 46, CH-3006 Bern.
031 359 21 11.
www.ambafrance-ch.org

Botschaften

Deutschland
13, ave Franklin-Roosevelt, 75008. **Karte** 11 A1.
01 53 83 45 00.
www.amb-allemagne.fr

Österreich
6, rue Fabert, 75007.
Karte 11 A2.
01 40 63 30 63.
www.bmaa.gv.at

Schweiz
142, rue de Grenelle, 75007. **Karte** 10 F3.
01 49 55 67 00.
www.eda.admin.ch/paris

Gottesdienste

Evangelisch
Eglise Evangelique Allemande
Rue Blanche, 75009.
Karte 6 D2.
01 47 05 07 99.

Katholisch
Basilique du Sacré-Cœur
35, rue du Chevalier de la Barre, 75018. **Karte** 6 F1.
01 53 41 89 00.

Cathédrale de Notre-Dame
Pl du Parvis Notre-Dame, 75004. **Karte** 13 A4.
01 53 41 89 00.

Jüdisch
Synagogue Nazareth
15, rue Notre Dame de Nazareth, 75003.
Karte 7 C5.
01 42 78 00 30.

Islamisch
Mosquée de Paris
Place du Puits de l'Ermite, 75005. **Karte** 17 B2.
01 45 35 97 33.

Anreise

Weltweit gilt Paris als einer der wichtigsten Verkehrsknotenpunkte Europas. Von allen großen Flughäfen Europas gehen Direktflüge nach Paris, ebenso gibt es Direktflüge von Nordamerika, Afrika und Japan. Was die Straßenverbindungen anbelangt, kann man seit jeher behaupten: »Alle Wege führen nach Paris.« Die Zugverbindungen könnten nicht besser sein: Der Hochgeschwindigkeitszug Thalys verbindet Paris mit Köln und Brüssel, der Eurostar Paris mit London, TGVs fahren z. B. nach Genf oder Marseille.

Boeing-737-Passagierjet

Mit dem Flugzeug

Von verschiedenen deutschen Flughäfen bietet **Lufthansa** Linienfllüge direkt nach Paris, ebenso **Austrian Airlines** von Österreich aus. Umgekehrt verkehren auch Linienmaschinen der **Air France** zwischen Paris und fast allen europäischen Flughäfen. Adressen und Telefonnummern der verschiedenen Fluggesellschaften in Paris finden Sie auf Seite 363.

Die Flugzeiten sind kurz: Man erreicht Paris von Frankfurt/M. in einer Stunde. Von Zürich fliegt man eine Stunde zehn Minuten, von München eineinhalb Stunden, von Berlin und Wien nur gut zwei Stunden.

Die Monate Juli bis September gelten als absolute Hochsaison für Paris-Flüge, das heißt, die Preise sind in dieser Zeit am höchsten. Jedoch variiert dieser Zeitraum bei den verschiedenen Fluggesellschaften, und es lohnt, sich danach zu erkundigen, wann genau Hochsaison-Preise verlangt werden.

Vor dem Hintergrund des harten Konkurrenzkampfes zwischen den verschiedenen Fluglinien bieten sich zudem immer wieder Vergünstigungen und sensationell niedrige Sonderangebote. Allerdings muss man bei solchen Flügen oft frühzeitig buchen (zum Teil einen Monat, manchmal aber auch nur sieben bis 14 Tage im Voraus). Man ist an feste Hin- und Rückflugzeiten gebunden und kann den Flug nur mit Verlust stornieren. Schließen Sie daher immer eine Reiserücktrittsversicherung ab, aber behalten Sie im Auge: Sie müssen einen triftigen Grund nachweisen können, wenn Sie von der Reise zurücktreten.

Auch Pauschalpakete, die den Flug mit Übernachtung anbieten, können eine günstige Alternative sein. Achten Sie in diesem Fall darauf, wo das Hotel liegt, damit Sie nicht in einem Vorort landen.

Adressen der günstigsten Reisebüros mit Niederlassungen auch in Paris finden Sie auf Seite 363. Kinder fliegen meist zu günstigeren Tarifen als Erwachsene.

Aéroport Charles De Gaulle

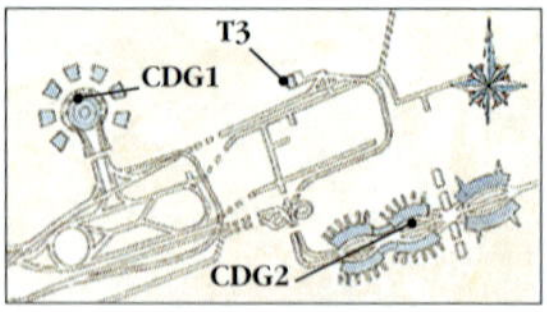

Zwischen den Terminals CDG1, CDG2 und T9 verkehren Shuttle-Busse. Die Hauptverkehrsmittel nach Paris sind unten dargestellt. Die Nummern der Ausgänge ändern sich jedoch häufig.

CDG1 wird von allen internationalen Fluglinien angeflogen – außer von Air France.

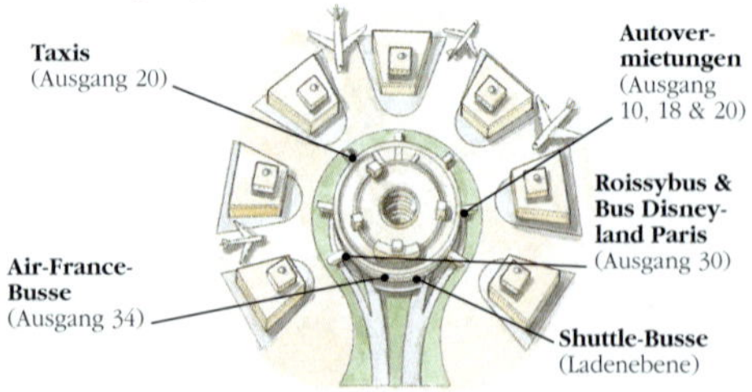

CDG2 wird von der Air France angeflogen sowie von internationalen Kurzstreckenflügen.

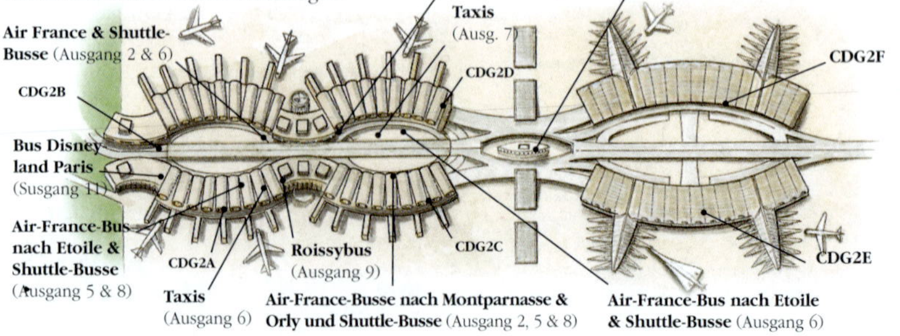

AÉROPORT D'ORLY

Zwischen den beiden Terminals Orly Sud und Orly Ouest gibt es zwar Shuttle-Busse, jedoch können sie auch gut zu Fuß erreicht werden.

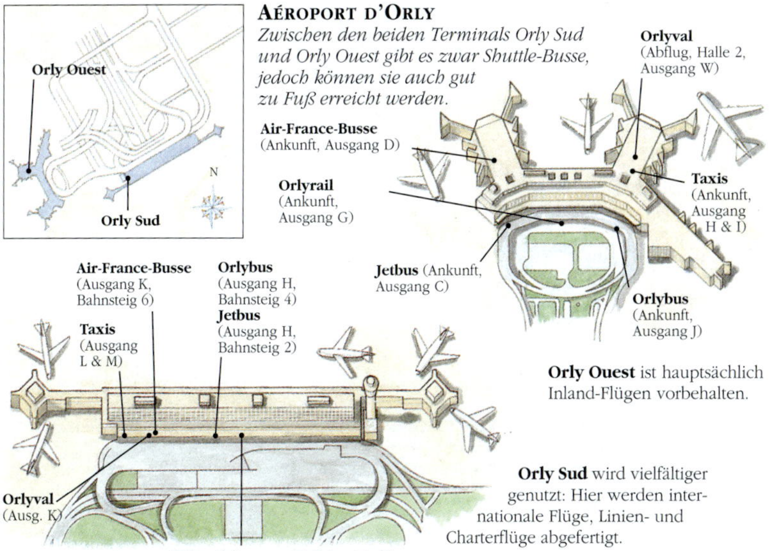

Orly Ouest ist hauptsächlich Inland-Flügen vorbehalten.

Orly Sud wird vielfältiger genutzt: Hier werden internationale Flüge, Linien- und Charterflüge abgefertigt.

AÉROPORT CHARLES DE GAULLE (CDG)

DER FLUGHAFEN CDG liegt rund 30 Kilometer nördlich von Paris und ist der größte Flughafen der Hauptstadt. Er verfügt über die Terminals CDG1 und CDG2, sowie einen Terminal für Charter-Flüge. In CDG2 ist der TGV-RER-Bahnhof, der Terminal ist in sechs Bereiche untergliedert: CDG2A bis CDG2F.

Von CDG in die Innenstadt

Wer am Flughafen CDG ankommt, kann mit Taxi, Bus oder Zug in die Innenstadt gelangen. Air France betreibt zwei Buslinien: eine zur Porte Maillot und zu Charles de Gaulle-Etoile. Diese Busse verkehren alle 12 Minuten und brauchen ca. 40 Minuten. Die andere Air-France-Linie fährt alle 30 Minuten zur Gare de Lyon und zum Bahnhof Montparnasse (Fahrzeit etwa 50 Minuten). Der Roissybus der RATP bringt Sie in 50 Minuten zur Opéra und fährt zwischen 5.45 und 23 Uhr alle 15 Minuten. Alle drei Endstationen haben Anschluss zu Métro, RER und RATP-Bussen.

Ein Bus fährt zu Disneyland Paris – alle 30 bis 45 Minuten zwischen 8.30 und 19.45 Uhr.

Der TGV-Bahnhof liegt in CDG2, die RER-Bahnhöfe (Linie B) in CDG1 und CDG2. Züge verkehren alle 5 bis 15 Minuten und brauchen bis zur Gare du Nord 35 Minuten. Dort haben Sie Anschluss an Métro- und RER-Linien.

Die Airport-Shuttles bieten an beiden Flughäfen einen Tür-zu-Tür-Service in einem Minibus, der für Einzelpersonen 22 €, für zwei oder mehr 14 € pro Person kostet. Man muss ihn 48 Stunden vorher buchen. Mit normalen Taxis kostet die Fahrt in die Stadt zwischen 36 € (am Tag) und 45 € (in der Nacht). Rechnen Sie mit längeren Warteschlangen am Taxistand.

AÉROPORT D'ORLY (ORY)

ORLY LIEGT 15 km südlich der Hauptstadt und ist der ältere Flughafen von Paris. Er verfügt über zwei Terminals, Orly Sud und Orly Ouest.

Von Orly in die Innenstadt

In die Innenstadt können Sie von Orly mit Taxi, Bus oder Zug fahren. Buslinien werden von Air France und RATP (Orlybus) betrieben. Air-France-Busse fahren in etwa 30 Minuten zur Innenstadt, das heißt zu den Stationen Les Invalides und Montparnasse. Orlybus fährt alle 12 bis 20 Minuten ab Orly in etwa 25 Minuten in die Innenstadt zur Station Denfert-Rochereau. Der Jet Bus bringt Reisende alle 15 bis 20 Minuten vom Flughafen zur Métro-Station Villejuif-Louis Aragon.

Ein Bus, der verwirrenderweise Orlyrail heißt, verbindet den Flughafen mit der RER-Linie C bei Pont de Rungis. Von dort fahren Züge alle 15 Minuten (nach 21 Uhr alle 30 Minuten zur Gare d'Austerlitz, Fahrzeit 25 Minuten).

Der Zug Orlyval verbindet den Flughafen mit der RER-Linie B bei der Station Antony. Von dort verkehren alle 4 bis 8 Minuten Züge in die Pariser Innenstadt. Sie erreichen die Station Châtelet in ca. 35 Minuten.

Taxis brauchen von Orly bis in die Innenstadt, je nach Verkehrslage, 25 bis 45 Minuten. Die Fahrt kostet 23 € bis 30 €.

Orlyval-Zug am Flughafen Orly

Mit dem Auto

Wollen Sie mit dem Auto nach Paris fahren, sollten Sie Folgendes beachten: Nehmen Sie, auch wenn es für Frankreich nicht verpflichtend vorgeschrieben ist, immer die grüne Versicherungskarte mit. Sie bekommen die Karte kostenlos von Ihrer Versicherung. Falls Sie kein neues Kennzeichen haben, das die Nationalität kennzeichnet, muss an der Rückseite Ihres Autos bzw. Anhängers das Nationalitätenzeichen, für Deutschland das »D«-Schild, angebracht sein.

Fahren Sie mit einem Auto, das nicht auf Ihren Namen zugelassen ist, müssen Sie eine Vollmacht des Eigentümers vorweisen können. Umgekehrt dürfen Sie in Frankreich niemanden, der dort seinen Wohnsitz hat, mit Ihrem Auto fahren lassen.

Bleifreies *(sans plomb)* Benzin und Super gibt es an allen Tankstellen – zum ähnlichen Preis wie in Deutschland; für Tankautomaten benötigen Sie Münzen oder eine Tankkarte.

In Frankreich gelten zum Teil andere Verkehrsbestimmungen: Straßenbahnen haben Vorfahrt, ebenso der Kreisverkehr, sofern nichts anderes angegeben ist. Gelbe Streifen am Fahrbahnrand bedeuten Parkverbot. Vorfahrtsstraßen enden bei den Ortsschildern am Ortsausgang.

Die Höchstgeschwindigkeit innerorts beträgt 50 km/h, außerhalb geschlossener Ortschaften 90 km/h (bei Nässe 80 km/h), auf Straßen mit zwei Fahrspuren in jeder Richtung 110 km/h (bei Nässe 100 km/h), auf Autobahnen 130 km/h (bei Nässe 110 km/h).

Die Alkoholgrenze liegt in Frankreich – wie in Deutschland – bei 0,5 Promille; es besteht Gurtanlegepflicht, auch auf den Rücksitzen.

Autobahngebühren

Die meisten Autobahnen in Frankreich sind gebührenpflichtig; gebührenfreie Stadtautobahnen gibt es in Paris, Lyon, Bordeaux und Marseilles. Fahren Sie auf eine Autobahn, müssen Sie meist an der Mautstelle per Knopfdruck ein Ticket ziehen. Bei Verlassen der Autobahn zahlen Sie dann die Gebühren entsprechend der Strecke, die Sie gefahren sind. Die gebräuchlichsten Kreditkarten wie Visa oder MasterCard werden akzeptiert. Motorradfahrer zahlen 60 Prozent des Pkw-Tarifs.

Auf ein paar wenigen, kurzen Autobahnabschnitten müssen Sie bei der Einfahrt das Mautgeld in einen Trichter werfen, um die Schranke zu öffnen. Sie sollten also immer ein paar Euro-Münzen bei sich haben.

Reisebus

Strassen nach Paris

Von Westen her führt eine Autobahn über Kehl/Strasbourg oder Saarbrücken, von Norden über Belgien und Luxembourg nach Metz und von hier aus weiter über Verdun und Reims nach Paris. Darüber hinaus treffen vier weitere Autobahnen aus allen Himmelsrichtungen in Paris zusammen, sie alle münden auf den Autobahnring rund um die Hauptstadt, den berühmten *Boulevard Périphérique*. Auf diesen münden auch alle anderen Straßen nach Paris, der Périphérique trennt zudem die Stadt von ihren Vororten.

Die Zufahrtsstraßen vom *Périphérique* nach Paris hinein werden heute noch nach den ehemaligen Pariser Stadttoren benannt, z.B. Porte de Bercy oder Porte Dorée. Bevor Sie den Autobahnring verlassen, sollten Sie sich auf dem Stadtplan genau orientieren, in welchem Teil von Paris Sie fahren wollen. Nehmen Sie dann die *porte* zur Stadt, die Ihrem Fahrziel am nächsten liegt. Wollen Sie z.B. zum Arc de Triomphe, dann sollten Sie den *Périphérique* bei der Porte Maillot verlassen.

Der Hochgeschwindigkeitszug TGV

Der TGV

Trains à Grande Vitesse (TGV-Hochgeschwindigkeitszüge) erreichen bis zu 300 km/h. Die Züge in den Norden Frankreichs fahren von der Gare du Nord ab, die an den Atlantik und in die Bretagne von der Gare Montparnasse, die in die Provence und den Südosten Frankreichs von der Gare du Lyon. Die Zahl der Bahnhöfe, die der TGV anfährt, ist groß und wächst stetig, sodass Zugfahren in Frankreich auch über größere Distanzen immer attraktiver wird.

Mit dem Zug

Paris ist für Frankreich und ganz Europa einer der wichtigsten Eisenbahnknoten und verfügt über fünf internationale Bahnhöfe, die alle von der SNCF *(siehe S. 372)* betrieben werden. Der wichtigste Pariser Bahnhof ist Gare de Lyon im Osten der Stadt. Hier verkehren alle Züge von und nach Südfrankreich, in die Alpen, nach Italien und in die Schweiz. Gare de l'Est ist für den Zugverkehr mit Ostfrankreich, Süddeutschland und Österreich bestimmt, Gare du Nord für die meisten Verbindungen in die Niederlande, nach Belgien und Skandinavien sowie für Reisen von und nach Norddeutschland. Hier verkehrt auch der Hochgeschwindigkeitszug **Thalys** (Köln–Paris 5 Std., Brüssel–Paris 2 Std.).

Züge aus England kommen hauptsächlich an der Gare St-Lazare an, die aus der Bretagne an der Gare Montparnasse. Die anderen Bahnhöfe sind Massy-Palaiseau (im Südwesten), Marne-la-Vallée (im Osten) für die Fahrt nach Disneyland Paris und der Bahnhof am Flughafen Charles-de-Gaulles (im Nordosten).

Die Reisezeit nach Paris kann mit den Hochgeschwindigkeitszügen deutlich verkürzt werden. Plätze dafür müssen im Voraus reserviert werden, die Reservierungen können an allen Bahnhöfen (auch telefonisch) vorgenommen werden. An der Gare du Lyon gibt es ein Fremdenverkehrsamt *(siehe S. 351)*. Hier bekommt man Informationen aller Art und kann auch Übernachtungen buchen. Alle Bahnhöfe bieten Busverbindungen zur Innenstadt sowie Métro- und RER-Stationen.

Mit dem Bus

Das grösste Busunternehmen, das Fahrten aus vielen europäischen Städten nach Paris anbietet, ist **Eurolines**. Die Busse kommen an der Gare Routière Internationale im Osten von Paris an.

Auf einen Blick

Fluggesellschaften

Air France
14, ave de l'Opéra, 75001. **Karte** 12 E1.
☎ *08 20 82 08 20.*
W www.airfrance.fr

Austrian Airlines
106, blvd Haussmann, 75009.
☎ *08 20 81 68 16 (in Frankreich).*
☎ *05 17 89 (in Österreich).*
W www.aua.com

British Airways
13–15, blvd de la Madeleine, 75001. **Karte** 6 D5.
☎ *0825 825 400.*
W www.britishairways.fr

Easyjet
☎ *08 25 08 25 08..*
W www.easyjet.com

Lufthansa
21–23, rue Royal, 75008.
☎ *0800 63 88 38 und 01 55 60 43 43 (in Frankreich).*
☎ *01805 83 84 26 (in Deutschland).*
W www.lufthansa.com

Ryanair
☎ *08 92 55 56 66.*
W www.ryanair.com

Busunternehmen

Eurolines
Ave de Général de Gaulle, Bagnolet.
☎ *08 92 69 52 52.*
W www.eurolines.com

Günstige Reisebüros in Paris

Directours
90, ave des Champs-Elysées, 75008. **Karte** 4 E4.
☎ *01 45 62 62 62.*
W www.directours.fr

Forum Voyages
1, rue Cassette, 75006. **Karte** 12 D5.
☎ *01 45 44 38 61.*

Jet Tours
29, ave de la Motte Picquet, 75007. **Karte** 10 F4.
☎ *01 47 05 01 95.*
W www.jettours.com

Nouvelles Frontières
87, blvd de Grenelle, 75008. **Karte** 10 D4.
☎ *01 45 68 70 00.*
W www.nouvelles-frontieres.fr

USIT Voyages
6, rue Vaugirard, 75006.
☎ *01 42 34 56 90.*
W www.usitconnections.fr

Flughafen-Information

W www.adp.fr

Auskunft
☎ *01 48 62 22 80 (CDG).*
☎ *01 49 75 15 15 (Orly).*
☎ *08 92 68 15 15 (CDG & Orly: Info über Flüge am selben Tag).*

Air-France-Busse
☎ *08 92 35 08 20.*

RATP (Roissybus/Orlybus)
☎ *08 92 68 77 14.*
W www.ratp.fr

RER-Züge
☎ *01 53 90 20 20.*

TGV
☎ *08 92 35 35 35.*

SNCF
☎ *01 53 90 20 20.*
W www.sncf.com

Airport-Shuttle
☎ *01 30 11 11 90.*
W www.airportshuttle.fr

Hilfe für Behinderte
☎ *01 49 75 06 92.*
@ dccmp3@adp.fr

Airport-Hotels CDG

Ibis
☎ *01 49 19 19 20.*
@ H1404@accorhotels.com
W www.accorhotels.com

Holiday Inn
☎ *01 34 29 30 00.*
@ hiroissy@alliance-hospitality.com

Novotel
☎ *01 49 19 27 27.*
@ H1014@accorhotels.com
W www.accorhotels.com

Sofitel
☎ *01 49 19 29 29.*
@ H0577@accorhotels.com

Airport-Hotels Orly Sud

Ibis
☎ *01 56 70 50 50.*
@ H1413@accorhotels.com

Hilton Hotel
☎ *01 45 12 45 12.*
@ oryhitwRM@hilton.com
W www.hilton.com

Mercure
☎ *01 49 75 15 50.*
@ H1246@accor-hotels.com
W www.accorhotels.com

Ankunft in Paris

Die Karte zeigt die Bus- und Bahnverbindungen zwischen den Flughäfen und Paris, wichtige Zugverbindungen mit anderen Teilen Frankreichs und Europas, die Fähr-/Zugverbindungen mit Großbritannien sowie internationale Reisebusverbindungen, weiterhin die wichtigsten Zug- und Bus-Endbahnhöfe sowie die Pendelverbindungen zu den Flughäfen samt Bushaltestellen und Bahnhöfen. Abfahrtszeiten und Fahrtdauer der Flughafenzubringer werden ebenso angegeben wie die Fahrtzeiten der Züge aus anderen Städten. Die Métro- und RER-Linien sind an den Endbahnhöfen und Haltestellen angeschlagen.

Calais
Fährverbindungen und Eurotunnel nach Dover und Folkestone. *Der* ***Eurostar*** *(Zug) von London nach* ***Paris-Gare du Nord*** *hält nicht in Calais.* ***SNCF****-Zug nach Paris,* ***Gare du Nord*** *(3 Std. Fahrzeit).*

Le Havre
Fährverbindungen mit Portsmouth. ***SNCF****-Zug zur* ***Gare St-Lazare*** *(2 Std.).*

Dieppe
Fährverbindungen mit Newhaven *(Sommer).* ***SNCF****-Zug zur* ***Gare St-Lazare*** *(2 Std. 20 Min.).*

Caen
Fährverbindungen mit Portsmouth. ***SNCF****-Zug zur* ***Gare St-Lazare*** *(1 Std. 45 Min.).*

Cherbourg
Fährverbindungen mit Portsmouth und Poole. ***SNCF****-Zug zur* ***Gare St-Lazare*** *(4 Std.).*

Gare St-Lazare
Rouen *(1 Std. 10 Min.).*

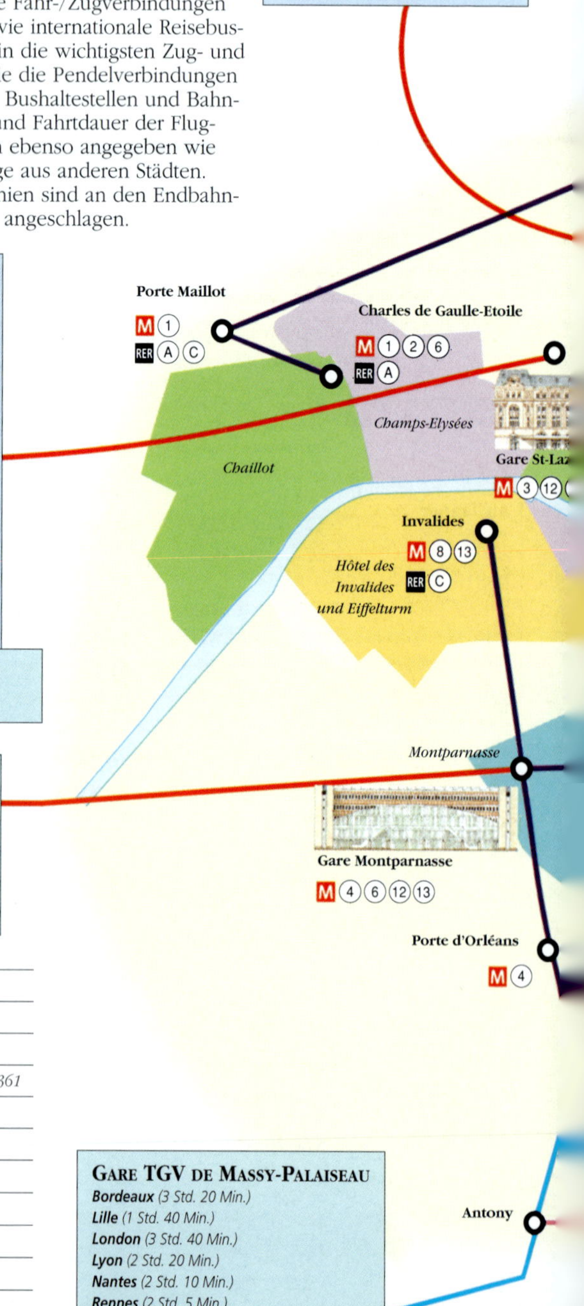

Gare Montparnasse
Bordeaux *(3 Std.)*
Brest *(4 Std. 30 Min.)*
Lissabon *(24 Std.)*
Madrid *(16 Std.)*
Nantes *(2 Std.)*
Rennes *(2 Std.)*

Legende

- SNCF *siehe S. 362f*
- Reisebusse *siehe S. 362*
- RATP-Bus *siehe S. 361*
- Air-France-Bus *siehe S. 361*
- RER B *siehe S. 361*
- Orlyrail *siehe S. 361*
- Orlyval *siehe S. 361*
- Orlybus *siehe S. 361*
- Jet Bus *siehe S. 361*
- M Métro-Station
- RER RER-Station

Gare TGV de Massy-Palaiseau
Bordeaux *(3 Std. 20 Min.)*
Lille *(1 Std. 40 Min.)*
London *(3 Std. 40 Min.)*
Lyon *(2 Std. 20 Min.)*
Nantes *(2 Std. 10 Min.)*
Rennes *(2 Std. 5 Min.)*
Rouen *(1 Std. 10 Min.)*

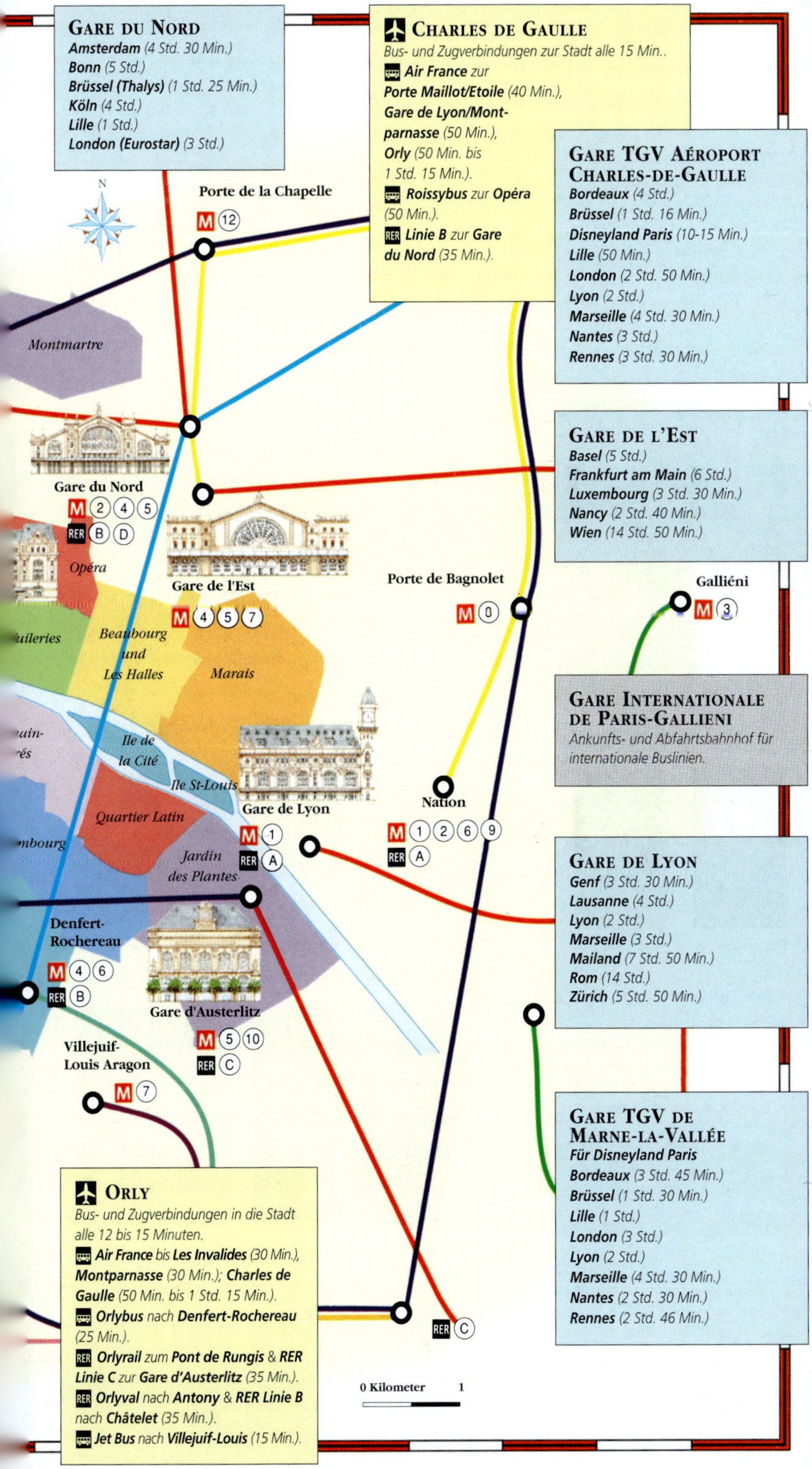

Gare du Nord

Amsterdam (4 Std. 30 Min.)
Bonn (5 Std.)
Brüssel (Thalys) (1 Std. 25 Min.)
Köln (4 Std.)
Lille (1 Std.)
London (Eurostar) (3 Std.)

Charles de Gaulle

Bus- und Zugverbindungen zur Stadt alle 15 Min..
Air France zur **Porte Maillot/Etoile** (40 Min.), **Gare de Lyon/Montparnasse** (50 Min.), **Orly** (50 Min. bis 1 Std. 15 Min.).
Roissybus zur **Opéra** (50 Min.).
RER **Linie B** zur **Gare du Nord** (35 Min.).

Gare TGV Aéroport Charles-de-Gaulle

Bordeaux (4 Std.)
Brüssel (1 Std. 16 Min.)
Disneyland Paris (10-15 Min.)
Lille (50 Min.)
London (2 Std. 50 Min.)
Lyon (2 Std.)
Marseille (4 Std. 30 Min.)
Nantes (3 Std.)
Rennes (3 Std. 30 Min.)

Gare de l'Est

Basel (5 Std.)
Frankfurt am Main (6 Std.)
Luxembourg (3 Std. 30 Min.)
Nancy (2 Std. 40 Min.)
Wien (14 Std. 50 Min.)

Gare Internationale de Paris-Gallieni

Ankunfts- und Abfahrtsbahnhof für internationale Buslinien.

Gare de Lyon

Genf (3 Std. 30 Min.)
Lausanne (4 Std.)
Lyon (2 Std.)
Marseille (3 Std.)
Mailand (7 Std. 50 Min.)
Rom (14 Std.)
Zürich (5 Std. 50 Min.)

Gare TGV de Marne-la-Vallée

Für Disneyland Paris
Bordeaux (3 Std. 45 Min.)
Brüssel (1 Std. 30 Min.)
Lille (1 Std.)
London (3 Std.)
Lyon (2 Std.)
Marseille (4 Std. 30 Min.)
Nantes (2 Std. 30 Min.)
Rennes (2 Std. 46 Min.)

Orly

Bus- und Zugverbindungen in die Stadt alle 12 bis 15 Minuten.
Air France bis **Les Invalides** (30 Min.), **Montparnasse** (30 Min.); **Charles de Gaulle** (50 Min. bis 1 Std. 15 Min.).
Orlybus nach **Denfert-Rochereau** (25 Min.).
RER **Orlyrail** zum **Pont de Rungis** & **RER Linie C** zur **Gare d'Austerlitz** (35 Min.).
RER **Orlyval** nach **Antony** & **RER Linie B** nach **Châtelet** (35 Min.).
Jet Bus nach **Villejuif-Louis** (15 Min.).

In Paris unterwegs

Die Innenstadt von Paris konzentriert sich auf relativ kleinem Raum und lässt sich daher gut zu Fuß erkunden. Achten Sie bei Erkundungstouren auf den Autoverkehr, die Pariser haben einen eher unkonventionellen Fahrstil. Allerdings wird Radfahren auch in Paris immer beliebter und bietet eine angenehme Alternative. Autofahren ist in der Innenstadt nicht empfehlenswert, der Verkehr ist sehr dicht, die vielen Einbahnstraßen sind eher verwirrend und Parkplätze schwer zu finden. Métro, Bus oder RER-Züge sind dagegen bequem und billig. Paris gliedert sich in fünf Verkehrszonen, die Zonen 1 und 2 gelten für das Zentrum, die Zonen 3, 4 und 5 für die Außenbezirke und den Flughafen. Die Einteilung der Stadt in 20 Arrondissements erleichtert es, sich zurechtzufinden *(siehe S. 357)*.

Nutzen Sie wenn möglich Zebrastreifen bei Übergängen

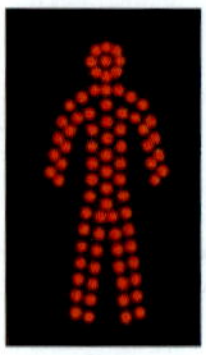

Signal »Halt«

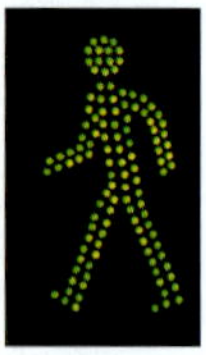

Signal »Gehen«

Paris zu Fuss

Die grossen Boulevards der Innenstadt sind oft nur in zwei Etappen zu überqueren: von der einen Straßenseite bis zu einer Fußgängerinsel in der Mitte und dort warten, bevor man weitergehen kann. Die entsprechenden Fußgänger-Überwege heißen *piétons traversez en deux temps*.

Paris mit dem Rad

Paris ist keine schlechte Stadt für Radfahrer: Die Stadt ist ziemlich flach, es gibt zahlreiche Seitenstraßen ohne Autoverkehr und inzwischen rund 150 Kilometer ausgewiesene Fahrradwege *(pistes cyclables)*. Auch lernen die Autofahrer langsam, die immer größer werdende Gruppe der Radfahrer ernst zu nehmen.

RATP bietet in der Innenstadt ein spezielles Radzentrum, **Maison Roue Libre**, wo Sie Räder mieten können. Hier (und an vielen Métro- und RER-Stationen) erhalten Sie auch die kostenlose Broschüre *Paris à Velo*.

Fahrräder können in SNCF-Zügen mitgenommen werden. Es gibt viele Fahrradgeschäfte, die meist auch Räder verleihen. Kosten: ab 14 € pro Tag.

Ein Helm schützt – auch in der Stadt

Fahrscheine und Zeitkarten

An allen großen Métro- und RER-Stationen, an den Flughäfen und bei einigen Fremdenverkehrsämtern kann man unterschiedliche Fahrscheine kaufen: Einzelfahrscheine oder den preisgünstigeren Zehnerblock *(carnet)*; die Tageskarte *Mobilis*, die für bestimmte Zonen gilt; die *Carte Orange*, die eine Woche oder einen Monat lang für bestimmte Zonen gültig ist; ein Wochenticket *(hebdomadaire)*, das von Montag bis Sonntag für zwei Zonen gilt. Außerdem gibt es den Pass *Paris Visite* für einen, zwei, drei oder fünf Tage; er beinhaltet ermäßigte Eintrittsgebühren für einige Museen. Überlegen Sie zu Beginn Ihres Urlaubs, was Sie brauchen, denn Fahrten mit Einzelfahrscheinen sind teuer.

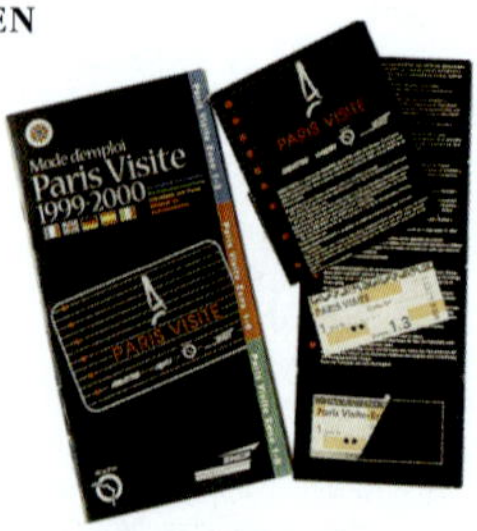

Pass *Paris Visite* und Tageskarte

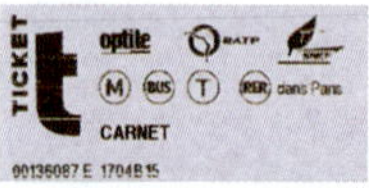

Einzelfahrschein für Métro, RER oder Bus

Tageskarte *Mobilis*

Carte Orange

Carte Orange (Monatskarte) für die Zonen 1 und 2

Am Eiffelturm starten einige Stadttouren mit dem Rad: **Mike's Bike Tours** bietet Führungen auf Englisch an, ebenso Paris Vélo.

Einfahrt verboten

Parkverbot

Abschleppzone

Geschwindigkeitsbegrenzung

Paris mit dem Auto

FÜR DIE Besichtigung der Sehenswürdigkeiten außerhalb der Stadt kann es sinnvoll sein, sich ein Auto zu nehmen. Um einen Wagen zu mieten, muss man Führerschein und Pass oder Personalausweis vorlegen, die meisten Unternehmen verlangen auch eine Kreditkarte. Autofahrer aus EU-Staaten brauchen keinen internationalen Führerschein.

Grundsätzlich gilt auch in Frankreich im Straßenverkehr die Regel »rechts vor links«, es sei denn, das Schild *priorité* zeigt Ihnen an, dass Sie Vorfahrt haben. Im Kreisverkehr hat das Auto im Kreisverkehr Vorfahrt (wichtige Ausnahme: am Arc de Triomphe).

Parken

PARKEN IST IN PARIS schwierig, teuer und nur in Zonen erlaubt, die mit einem großen »P« gekennzeichnet sind oder mit dem Zeichen *Parking Payant*. Hier müssen Sie am Automaten *(horodateur)* einen Parkschein lösen. Einige Automaten akzeptieren kein Bargeld, sondern Parkkarten. Diese sind in Tabak-Läden *(tabacs)* erhältlich.

In einigen Wohngegenden dürfen Sie auch in nicht eigens ausgewiesenen Zonen parken, niemals jedoch dort, wo das Schild *Parking Interdit* oder *Stationnement Interdit* steht. Finden Sie Ihren Wagen durch eine Parkkralle versperrt oder überhaupt nicht mehr vor, gehen Sie zur nächsten Polizeistation *(Commissariat de Police)*. Abgeschleppt werden ist teuer, ebenso jeder Tag, an dem Ihr Auto verwahrt wird – zunächst 48 Stunden auf einem Stellplatz *(perfourrière)* in Paris, dann in einem Parkhaus außerhalb.

Horodateur-Automat

Parkscheine sind Montag bis Freitag von 9 bis 19 Uhr erforderlich. Parken ist an Wochenenden, Feiertagen und im August kostenlos.

Kartenautomat

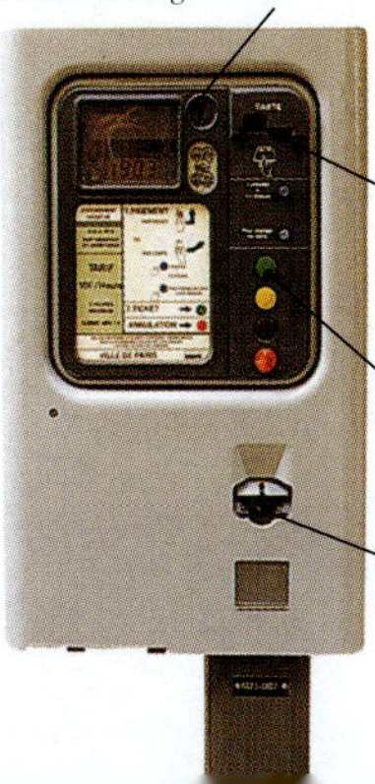

1 Werfen Sie Münzen je nach angegebenem Tarif ein. Kartenbenutzung siehe 2.

2 Karte einführen und blauen Knopf pro gewünschte 15 Min. drücken.

3 Auf den grünen Knopf drücken, das Ticket wird ausgedruckt.

4 Ticket gut sichtbar innen an die Windschutzscheibe legen.

Parkkarte

Auf einen Blick

Fahrräder: Verleih, Touren und Reparaturen

Maison Roue Libre
1, passage Mondétour, 75001.
Karte 13 B2. *0810 44 15 34.*
Verleih, Aufbewahrung und Reparatur.

Mike's Bike Tours
Ave Gustave Eiffel, 75007 &
22, rue Edgar Foure, 75015.
Karte 10 D3. *01 56 58 10 54.*
www.mikesbiketoursparis.com
Führungen mit dem Rad, auch auf Englisch.

Paris à vélo c'est sympa!
37, blvd Bourdon, 75004.
Karte 14 D5. *01 48 87 60 01.*
www.parisvelosympa.com
Verleih, Reparatur und Touren.

Paris Vélo
2, rue du Fer-à-Moulin, 75005.
Karte 17 C2. *01 43 37 59 22.*
Verleih und Touren.
www.paris-velo-rent-a-bike.fr

RATP Information
08 92 68 77 14.
www.ratp.fr

SNCF Information
08 92 35 35 35.
www.sncf.fr

Mietwagen

ALLE GROSSEN Firmen betreiben Büros an den Flughäfen Charles de Gaulle und Orly, an den großen Bahnhöfen und im Zentrum.

ADA
08 92 68 40 02.

Avis
08 20 05 05 05

Budget
08 25 003 564.

Europcar
01 45 00 08 06.

Hertz
08 25 86 18 61.

National Citer
01 44 38 61 61.

Sixt-Eurorent
01 48 62 57 66.

Mit der Métro unterwegs

RATP-Logo

Die RATP unterhält in Paris 15 Métro-Linien, die – gekennzeichnet durch eine Zahl und den Namen der Endstation – kreuz und quer durch Paris und die Vororte fahren. Die Métro ist in der Regel die schnellste und preiswerteste Art, durch die Stadt zu kommen. Métro-Stationen sind an ihrem Logo leicht zu erkennen: ein Kreis mit einem »M«. Bisweilen haben Métro-Stationen elegante Jugendstil-Eingänge. In jeder Station hängen am Ausgang Pläne der näheren Umgebung. Métro und RER (eine Art S-Bahn, die in der Stadt unterirdisch fährt) funktionieren nach demselben System. Die ersten Züge fahren ab 5.30 Uhr, die letzten um 1.15 Uhr.

Métro-Zeichen im Jugendstil

Modernes Métro-Zeichen

Métro-Plan

Auf dem Métro-Plan sind die Linien der Métro und der RER-Züge in verschiedenen Farben eingezeichnet. Die Métro-Strecken sind zudem durch eine Zahl an beiden Enden der Linien gekennzeichnet. Einige Métro-Stationen werden von mehreren Linien bedient bzw. sind durch Passagen mit einem Bahnhof der RER-Züge verbunden.

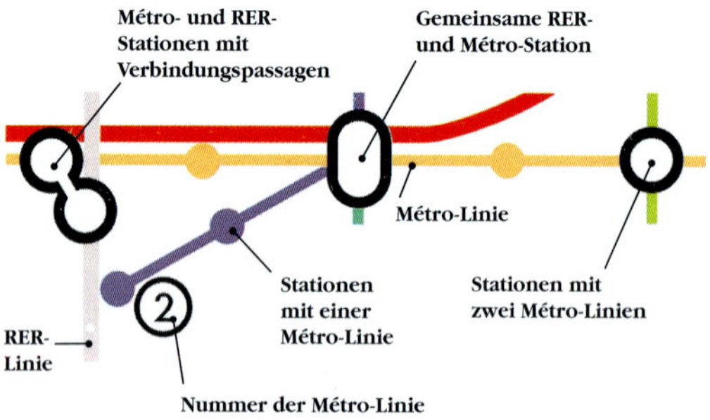

Die RER

Métro-Fahrscheine und -Zeitkarten gelten auch für die RER, eine Art S-Bahn, die im Zentrum unter-, in den Vororten überirdisch fährt. Insgesamt gibt es fünf Linien, die mit den Buchstaben A, B, C, D und E gekennzeichnet sind. Jede Linie hat mehrere Seitenlinien, die Linie C hat z.B. sechs: C1, C2 etc. Alle RER-Linien tragen zusätzlich Namen. Digitalanzeigen an allen Stationen geben Auskunft über die Bezeichnung der Züge sowie deren Ausgangs- und Zielbahnhöfe.

RER-Bahnhöfe sind an dem Schild mit großem Kreis erkennbar. Die größten sind: Charles de Gaulle-Etoile, Châtelet-Les-Halles, Gare de Lyon, Nation, St-Michel-Notre-Dame, Auber-Haussmann St-Lazare und Gare du Nord-Magenta.

Im Zentrum von Paris befahren RER-Züge und Métro dieselben Strecken. Oft ist man mit einem RER-Zug schneller, z.B. nach La Défense oder zum Bahnhof Nation. Allerdings ist es beim Umsteigen meist zeitraubend, durch die langen Passagen von der Métro zu den RER-Zügen zu laufen.

Will man zu einem der Flughäfen oder zu Sehenswürdigkeiten in den Vororten, ist es sinnvoll, mit der RER zu fahren: mit der Linie B3 zum Flughafen Charles de Gaulle; mit den Linien B4 und C2 zum Flughafen Orly; mit der Linie A4 zu Disneyland; mit der Linie C5 nach Versailles.

RER-Logo

Fahrscheine

Fahrscheine können Sie in allen Métro- und RER-Stationen kaufen, oft an Automaten. Es ist also sinnvoll, ein paar Euro-Münzen dabei zu haben. Es gibt Einzelfahrscheine oder Zehnerkarten *(carnets)*. Wenn Sie oft Métro fahren wollen, empfiehlt sich der Pass **Paris Visite** *(siehe S. 366)*, den Sie auch im Voraus in manchen Reisebüros erwerben können. Für die Métro gibt es ausschließlich Zweite-Klasse-, für RER-Züge auch Erste-Klasse-Fahrscheine.

Ein Einzelfahrschein *section urbaine* gilt für eine Fahrt mit Métro oder RER innerhalb des Stadtgebiets. Für Fahrten mit der RER in die Vororte oder zum Flughafen benötigen Sie eigene Fahrscheine, die Tarife sind unterschiedlich. Tarif-Infos hängen in allen RER-Bahnhöfen. Behalten Sie Ihren Fahrschein bis nach Verlassen des Bahnhofs, es wird regelmäßig kontrolliert.

Eine Fahrt mit der Métro

1 Um herauszufinden, welche Métro-Linie Sie nehmen müssen, schauen Sie auf den Métro-Plan (z.B. in allen Métro-Stationen und auf der hinteren Umschlag-Innenseite dieses Buchs). Sie finden die richtige Métro-Linie, indem Sie der jeweiligen Farbmarkierung folgen, an deren Ende die Nummer der Linie sowie die Endstation vermerkt sind. Beides wird Ihnen helfen, den richtigen Zug zu nehmen.

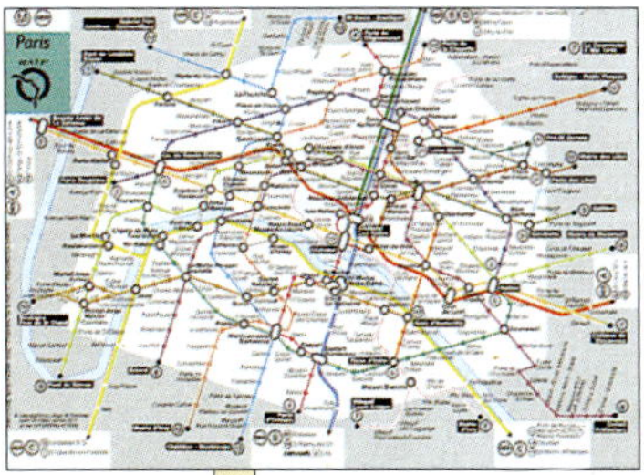

Stecken Sie den Fahrschein in den ersten Schlitz.

Entnehmen Sie den Fahrschein aus dem zweiten Schlitz.

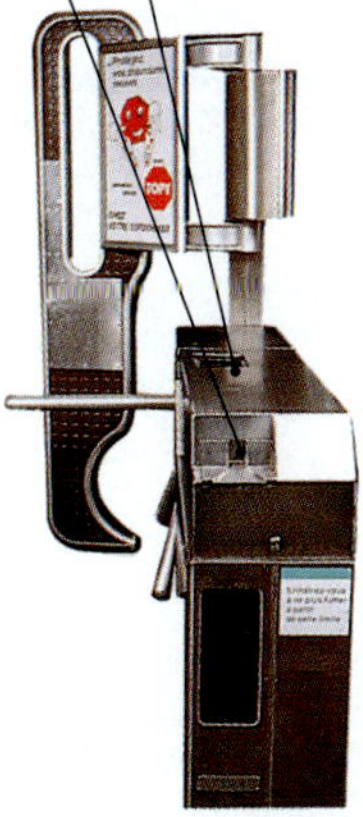

2 Métro-Fahrscheine können in allen Stationen gelöst werden; in manchen Bahnhöfen gibt es Fahrschein-Automaten. Die Fahrscheine sind alle zweiter Klasse und gelten für eine Fahrt mit Umsteigen innerhalb des Métro-Systems.

3 Um zum Bahnsteig zu gelangen, stecken Sie das Ticket mit dem Magnetstreifen nach unten in die Schranke und nehmen es weiter hinten wieder heraus. Dann drücken Sie gegen die Sperre – falls sie automatisch funktioniert, öffnet sie sich von selbst.

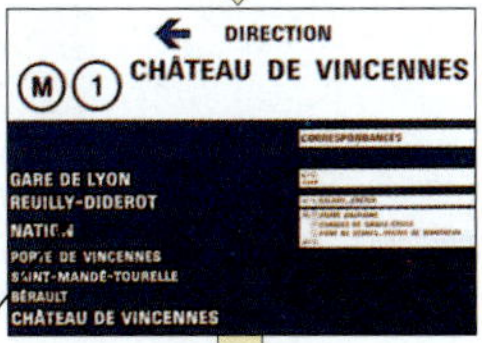

4 In allen Bahnhöfen hängen Fahrpläne mit dem Streckenverlauf und den Zielbahnhöfen der Züge sowie Umsteigemöglichkeiten aus. Achten Sie auch auf die Anzeigetafeln auf dem Bahnsteig, die die Endstation der einfahrenden Métro angeben.

5 Wollen Sie umsteigen, so verlassen Sie an der entsprechenden Station den Zug und folgen dem Wegweiser *Correspondance*. So kommen Sie zu Ihrem Anschlusszug.

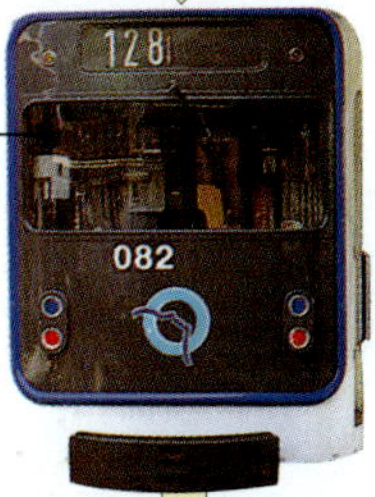

6 Bei älteren Zügen müssen Sie, um die Türen zu öffnen, die Türgriffe hochziehen; bei den neueren Zügen öffnen sie sich auf Knopfdruck. Bevor die Türen auf- oder zugehen, ertönt ein akustisches Zeichen.

7 In jedem Wagen hängt ein großer Plan, auf dem der gesamte Streckenverlauf mit allen Stationen eingezeichnet ist. So können Sie sich auch während der Fahrt noch jederzeit orientieren.

8 Folgen Sie dem Schild *Sortie* (Ausgang). Am Ausgang hängt ein Plan der näheren Umgebung.

Mit dem Bus unterwegs

Mit dem Bus kann man hervorragend die wichtigsten Sehenwürdigkeiten von Paris kennenlernen. Die Busse werden wie die Métro von der RATP betrieben, das heißt, für beide gelten dieselben Fahrscheine. Auf insgesamt über 200 Strecken im Großraum Paris verkehren täglich etwa 3500 Busse – für kurze Strecken oft das schnellste Verkehrsmittel, auch wenn es während des Berufsverkehrs oft stockend vorwärts geht. Über die Fahrzeiten der jeweiligen Busse sollte man sich informieren, normalerweise fahren sie Montag bis Samstag zwischen 6 und 20.30 Uhr.

Fahrkarten-entwerter

Busfahrkarte

Bushaltestelle

Bus-Endhaltestelle

Bushaltestellen
Die Schilder zeigen die Nummern der Buslinie: auf weißem Untergrund, falls der Bus täglich fährt, auf schwarzem Untergrund, wenn er nur an Werktagen verkehrt.

Nachtbus

Fahrscheine entwerten
Fahrschein in Pfeilrichtung in den Automaten stecken und wieder herausziehen.

Busfahrkarten

Ein Einzelfahrschein berechtigt zu einer Busfahrt auf nur einer Linie. Wenn Sie umsteigen wollen, benötigen Sie eine weitere Fahrkarte. Diese Regel gilt jedoch *nicht* auf folgenden Buslinien: Balabus, Nachtbus, Orlybus, Roissybus sowie auf den Buslinien 221, 297, 299 350 und 351. Kinder unter vier Jahren fahren kostenlos, zwischen vier und zehn Jahren für die Hälfte. Mit einer Zehnerkarte *(carnet)* fahren Sie weitaus günstiger als mit Einzelkarten. Jede Karte des *carnet* gilt für eine Fahrt mit dem Bus oder der Métro. *Carnets* gibt es in der Métro, aber nicht im Bus zu kaufen. Métro-Fahrscheine gelten auch im Bus, eigene Bus-Tickets erhalten Sie beim Busfahrer.

Alle Fahrscheine müssen bei Fahrtantritt entwertet werden, damit sie gültig sind. Die Entwerter finden Sie bei den Türen. Bewahren Sie Ihr Ticket immer bis zum Ende der Fahrt auf. In Paris finden häufig Fahrkartenkontrollen statt, bei denen in der Regel gleich kassiert wird, wenn Sie keine gültige Karte vorweisen können.

Ausstiegsknopf

Zeitkarten sind günstig, wenn Sie häufig mit dem Bus fahren wollen *(siehe S. 366)*. Zeitkarten müssen auch nicht vor jeder Fahrt entwertet werden. Einfach die Zeitkarte beim Einstieg oder ggf. bei einer Kontrolle vorzeigen.

Pariser Busse
Die Nummer der Buslinie und das Fahrtziel werden auf Schildern über der Windschutzscheibe angezeigt. Einige wenige Busse haben hinten noch eine offene Plattform.

Nummer der Buslinie

Fahrtziel

Einstieg an der vorderen Tür

Informationen vorne am Bus

Nummer der Buslinie am Heck

Offene Plattform hinten

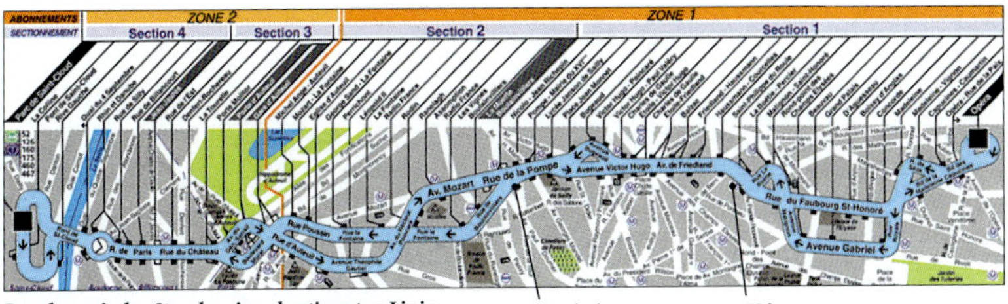

Busplan mit der Strecke einer bestimmten Linie, mit Bushaltestellen und Métro-Stationen

Bushaltestelle

Métro-Station

Mit dem Bus fahren

Bushaltestellen erkennt man an Schildern mit den Nummern der Busse, die dort halten, sowie an dem RATP-Logo. An den Haltestellen geben Pläne Auskunft über Abfahrtszeiten und Anschluss Verbindungen. Auch findet man hier Pläne der näheren Umgebung mit den Métro- und RER-Stationen.

Die meisten Busse müssen per Handzeichen angehalten werden. Manche Modelle haben mehrere Türen, die sich auf Knopfdruck – roter Knopf innen wie außen – öffnen. Per Knopfdruck zeigt man auch in den Bussen an, wenn der Bus an der nächsten Station halten soll. Nicht alle Busse fahren immer bis zur Endstation; man erkennt dies daran, dass in diesem Fall das Fahrziel auf der Richtungs-Anzeige über der Windschutzscheibe durchgestrichen ist. In allen Bussen gibt es für behinderte oder ältere Fahrgäste eigens reservierte Plätze, die als solche ausgewiesen sind und auf Verlangen freigemacht werden müssen.

Nacht- und Sommerbusse

Es gibt in Paris und den Vorstädten 18 Nachtbus-Linien, *Noctambus* genannt (tägl. 1–5.30 Uhr). Die Endstationen vieler Nachtbusse sind Châtelet, Avenue Victoria oder Rue St-Martin. Nachtbus-Haltestellen sind an einem Schild mit Eule und gelbem Mond zu erkennen. Die Busse müssen angehalten werden; der Fahrpreis variiert je nach Fahrtziel, man kann im Bus selbst Fahrscheine lösen, auch Zeitkarten sind gültig, jedoch nicht die normalen Métro-Fahrscheine.

Im Sommer unterhält die RATP auch Buslinien in den Bois de Boulogne und den Bois de Vincennes. Sehr hilfreich ist die **RATP Information**, die über Tarife und Fahrpläne Auskunft erteilt.

RATP Information
54, quai de la Rapée, 75012.
08 92 68 77 14.
www.ratp.fr

Nützliche Buslinien

Nebenstehend einige Buslinien, die sich besonders für eine Stadtrundfahrt in Paris eignen. Der Plan verweist auf die wichtigsten Haltestellen, die nächstgelegenen Métro-Stationen sowie einige Sehenswürdigkeiten der Stadt.

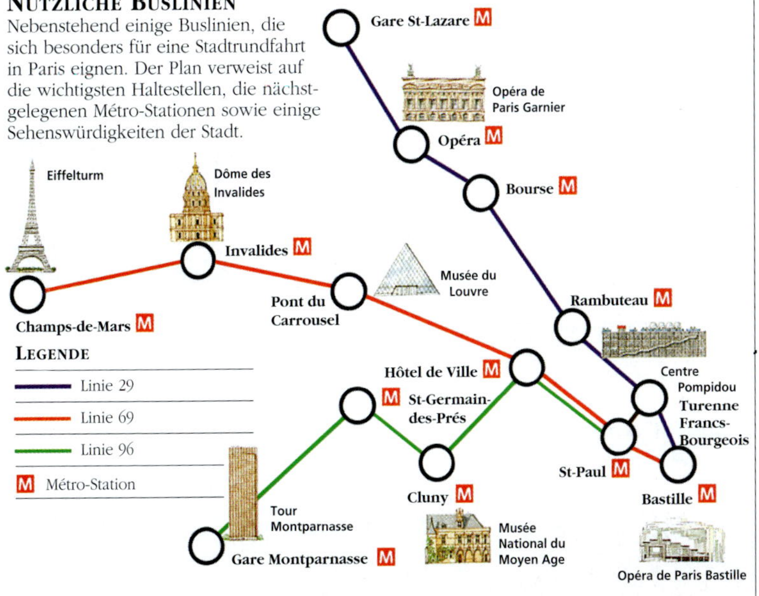

Mit SNCF-Zügen unterwegs

Die staatliche französische Eisenbahn, Société Nationale des Chemins de Fer Français (**SNCF**), bietet in Paris zwei Verkehrssysteme an: die Vorortzüge und die Grandes Lignes, die Paris weiträumig mit den umliegenden Städten und Gemeinden verbinden. Für erstere gelten fünf Tarifzonen *(siehe S. 366)*. Die Regionalbahn, die es in ganz Frankreich gibt, eignet sich ideal für einen Tagesausflug rund um Paris. TGV-Züge *(train à grande vitesse)* bieten sich für längere Strecken an, da sie doppelt so schnell fahren wie die normalen Züge *(siehe S. 362f)*.

Gare de l'Est im Jahr 1920

Bahnhöfe

Als Eisenbahnknotenpunkt für Frankreich und das westliche Europa verfügt Paris über sechs Bahnhöfe, die alle von der SNCF unterhalten werden: Gare du Nord, Gare de l'Est, Gare de Lyon, Gare d'Austerlitz, Gare St-Lazare und Gare Montparnasse. Von jedem Bahnhof verkehren sowohl Vorort- als auch Fernzüge. Zu wichtigen Städten wie Versailles oder Chantilly fahren beide Züge.

Alle Bahnsteige haben Anzeigetafeln mit der Nummer bzw. dem Buchstaben des Gleises, der Zugnummer, den Ankunfts- und Abfahrtszeiten, möglichen Verspätungen, dem Zielbahnhof sowie den wichtigsten Haltebahnhöfen. Überall findet man Kofferkulis, die man gegen Pfand (eine Euro-Münze) benutzen und an vielen Stellen abgeben kann.

Reisende mit Kofferkuli

Tickets

Oftmals können in Bahnhöfen Fahrkarten für die Vorortzüge an Automaten gelöst werden, auch hierfür braucht man Münzen. Die Automaten geben Wechselgeld zurück.

Fahrgäste müssen ihre Fahrscheine und Platzkarten selbst am Automaten abstempeln *(composter)*, und zwar bevor sie in den Zug einsteigen. Dies wird im Zug kontrolliert, ohne gültigen, entwerteten Fahrausweis zahlt man Strafe. Fahrkartenschalter sind getrennt nach der Art der Fahrscheine *(billets)*: *Banlieue* für Fahrkarten der Vorortzüge, *Grandes Lignes* für die der Fernzüge und *Internationale* für Tickets ins Ausland. Ermäßigungen von 25 bis 50 Prozent gibt es für Senioren über 60 Jahren *(Découverte Senior)*, für junge Leute unter 26 *(Découverte 12–25)*, für Reisende bis zu vier Personen, wenn sie ein Kind unter zwölf Jahren dabei haben *(Découverte Enfant Plus)*, sowie für jeden, der über 30 Tage bzw. über acht Tage im Voraus bucht *(Découverte J30* bzw. *J8)*.

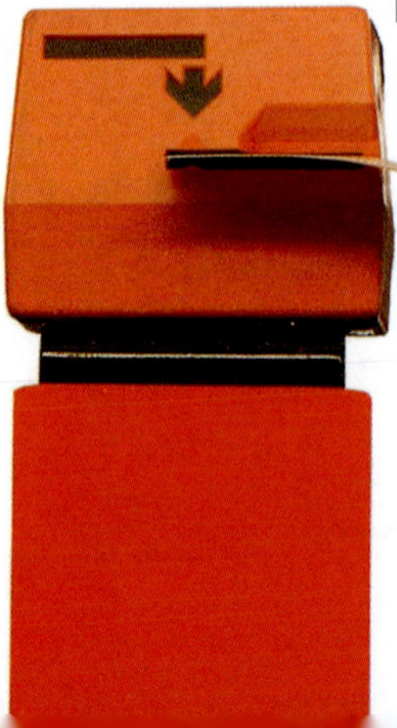

Entwerter
Fahrscheine und Platzkarten müssen vor Fahrtantritt mit der Beschriftung nach oben entwertet werden.

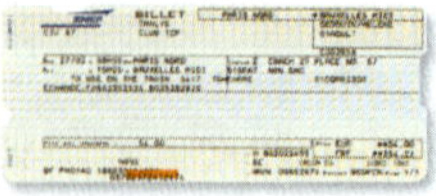

Abgestempelter Fahrschein

Reisen für Studenten und Jugendliche

Nouvelles Frontières
87, blvd de Grenelle, 75015. **Karte** 10 D4.
☎ *08 25 00 08 25 / 01 53 95 65 65.*
W www.nouvelles-frontieres.fr

Wasteels
12, rue La Fayette, 75009.
Karte 6 E4. ☎ *08 25 88 70 05.*

Vorortzüge

Vorortzüge, klar als *Banlieue* gekennzeichnet, fahren von allen großen Pariser Bahnhöfen ab. Fahrscheine für Züge des Stadtverkehrs gelten nicht für die Vorortzüge, mit Ausnahme einiger Fahrscheine der RER.

Doppelstöckiger Vorortzug

Zu touristisch beliebten Zielen wie Chantilly, Chartres, Fontainebleau, Giverny und Versailles *(siehe S. 248ff)* fahren auch Vorortzüge. Rufen Sie unter 08 92 35 35 bei der SNCF an oder sehen Sie auf der Internet-Seite nach:
W www.sncf.fr

Mit dem Taxi unterwegs

TAXIS SIND SELBSTVERSTÄNDLICH teurer als Zug oder Bus, doch fahren sie – im Gegensatz zur Métro – auch nach ein Uhr nachts. Überall in der Stadt findet man Taxistände *(stations de taxis)*, einige sind hier aufgeführt.

Zeichen für Taxistand

EIN TAXI FINDEN

ES GIBT über 10 000 Taxis in Paris, doch scheint dies in den Hauptgeschäftszeiten sowie Freitag und Samstag Nacht nicht zu genügen.

Taxis können auf der Straße angehalten werden, jedoch nicht in einem Umkreis von 50 Meter von einem Taxistand. Stellplätze für Taxis finden Sie an vielen großen Straßen, an wichtigen Métro- oder RER-Stationen, bei allen Krankenhäusern, Bahnhöfen und Flughäfen. Ein weiß beleuchtetes Schild auf dem Autodach zeigt an, dass das Taxi frei ist. Ein kleines Lämpchen unter diesem Schild leuchtet auf, sobald das Taxi besetzt ist. Ein verhülltes Taxi-Schild bedeutet, dass das Taxi außer Betrieb ist. Taxifahrer auf dem Heimweg nehmen keine Fahrgäste mehr auf.

Ganz gleich, ob Sie am Taxistand oder in ein herbeigewunkenens Taxi einsteigen – es ist sofort ein Grundbetrag fällig. Bei Funktaxis richtet sich dieser Betrag nach dem Anfahrtsweg; Schecks werden nicht akzeptiert, manche Taxis akzeptieren Kreditkarten. Die Tarife variieren je nach Stadtgebiet und Tageszeit. Tarif A, der Innenstadt-Tarif, berechnet die gefahrenen Kilometer. Der höhere Tarif B gilt im Stadtzentrum nachts (19 bis 7 Uhr), an Sonntagen und tagsüber für Fahrten in die Vororte oder zu den Flughäfen. Für Nachtfahrten in die Vororte oder zu den Flughäfen gilt der wiederum höhere Tarif C. Für jedes Gepäckstück wird eine zusätzliche Gebühr erhoben.

Fahrpreis **Tarif**

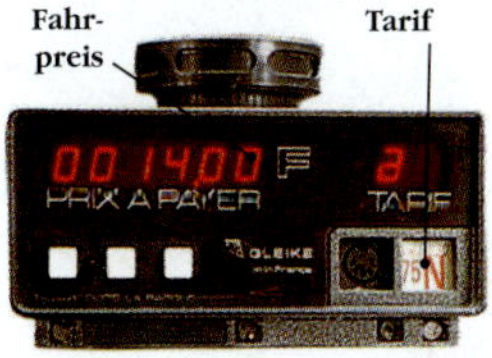

Das Taxameter zeigt den Fahrpreis an

Das Licht zeigt den Tarif an und ob das Taxi besetzt ist

Ein typisches Pariser Taxi

AUF EINEN BLICK

TAXISTÄNDE IM STADTZENTRUM

Charles de Gaulle-Etoile
1, ave Wagram, 75017.
Karte 4 D4.
01 43 80 01 99.

Tour Eiffel
Quai Branly, 75007.
Karte 10 D3.
01 45 55 85 41.

Métro Concorde
252, rue de Rivoli, 75001. **Karte** 11 C1.
01 42 61 67 60.

Place de Clichy
Pl de Clichy, 75009. **Karte** 6 D1. 01 42 85 00 00.

Place Denfert-Rochereau
297, blvd Raspail, 75014.
Karte 16 E3.
01 43 35 00 00.

Place de la Madeleine
8, blvd Malesherbes, 75008. **Karte** 5 C5.
01 42 65 00 00.

Place de la République
1, ave de la République, 75011. **Karte** 14 D1.
01 43 55 92 64.

Place St-Michel
29, quai St-Michel, 75005.
Karte 13 A4.
01 43 29 63 66.

Place du Trocadéro
1, ave D'Eylau, 75016.
Karte 9 C1.
01 47 27 00 00.

Rond Point des Champs-Elysées
7, ave Matignon, 75008.
Karte 5 A5.
01 42 56 29 00.

St-Paul
M St-Paul. **Karte** 13 C3.
01 48 87 49 39.

FUNKTAXIS (TELEFONISCH ZU BESTELLEN)

Alpha
01 45 85 85 85.

Artaxi
01 42 03 50 50

G7
01 47 39 47 39

Les Taxis Bleus
01 49 36 10 10.

SNCF-INFORMATION

Allgemeine Informationen und Fahrkarten-Reservierung
08 92 35 35 35.
W www.sncf.fr

TAA (Autoreisezüge)
01 53 33 60 11 *(Paris Bercy) oder 01 56 33 06 00 (CRNI, für internationale Züge).*

KARTENTEIL

Alle Sehenswürdigkeiten, Läden, Restaurants, Straßen etc. in den 14 besprochenen Stadtteilen (S. 76–227) sind mit Koordinaten für den Kartenteil versehen und im Kartenregister der Seiten 376–389 (blau) ebenfalls mit entsprechenden Koordinaten aufgeführt. Das erlaubt ein rasches Auffinden der Sehenswürdigkeiten etc. im Kartenteil (Erläuterungen dazu siehe nebenstehend). Die Übersichtskarte unten zeigt welches Stadtgebiet von welchem Kartenteil abgedeckt wird: Über die 14 besprochenen Stadtteile hinaus (farbig hervorgehoben) sind weitere Stadtviertel angezeigt, die für den Besucher wichtig sind.

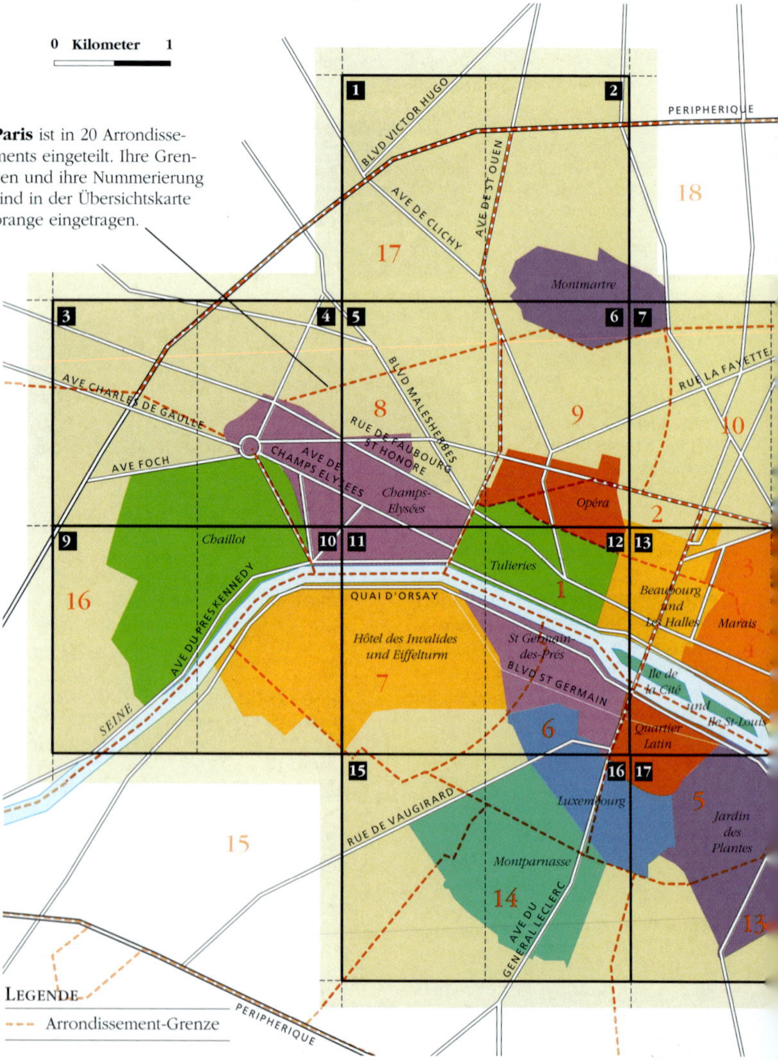

Paris ist in 20 Arrondissements eingeteilt. Ihre Grenzen und ihre Nummerierung sind in der Übersichtskarte orange eingetragen.

Legende

- - - Arrondissement-Grenze

So funktioniert das Verweissystem

Die erste **Zahl** gibt an, welche Seite des Kartenteils aufzuschlagen ist.

Hôtel de Ville ⑲

4, pl de l'Hôtel-de-Ville, 75004.
Karte 13 B3. ☎ *01 42 76 50 49.*
Ⓜ *Hôtel de Ville.* ◯ *nur für Gruppen nach Vereinbarung.* ● *feiertage, offizielle Anlässe.* ♿

Buchstabe und Zahl bezeichnen das Planquadrat bzw. geben die horizontale und vertikale Koordinate an.

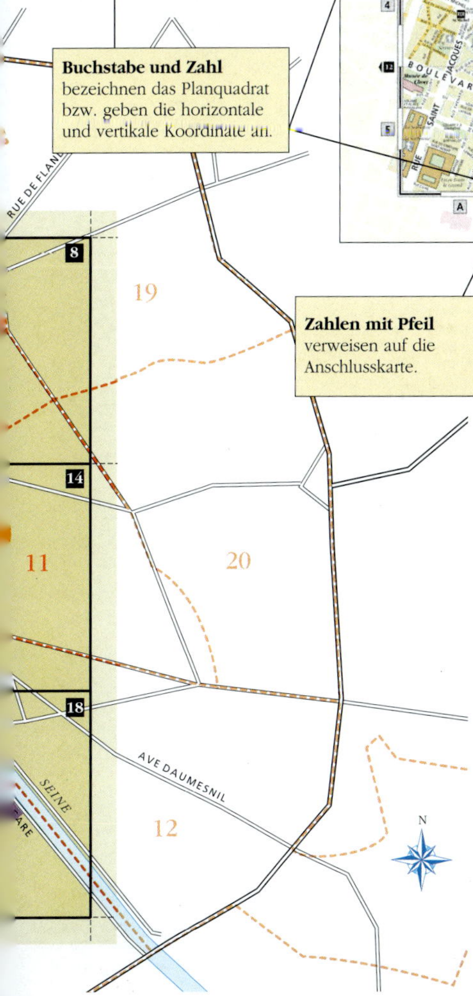

Zahlen mit Pfeil verweisen auf die Anschlusskarte.

Legende

- Bedeutende Sehenswürdigkeit
- Sehenswürdigkeit
- Gebäude
- Métro-Station
- RER-Station
- Wichtige Bushaltestelle
- Bootsanlegestelle
- Parken
- Information
- Krankenhaus mit Notaufnahme
- Polizei
- Kirche
- Synagoge
- Postamt
- Eisenbahn
- Autobahn
- Einbahnstraße
- Fußgängerzone
- «130 Hausnummer

Massstab

0 Meter 200

1:12 000

Kartenregister

A

B

Hinter jedem Eigennamen steht die Nummer des Arrondissements, gefolgt von der Suchfeldangabe

D

K

L

N

O

P

Hinter jedem Eigennamen steht die Nummer des Arrondissements, gefolgt von der Suchfeldangabe

T

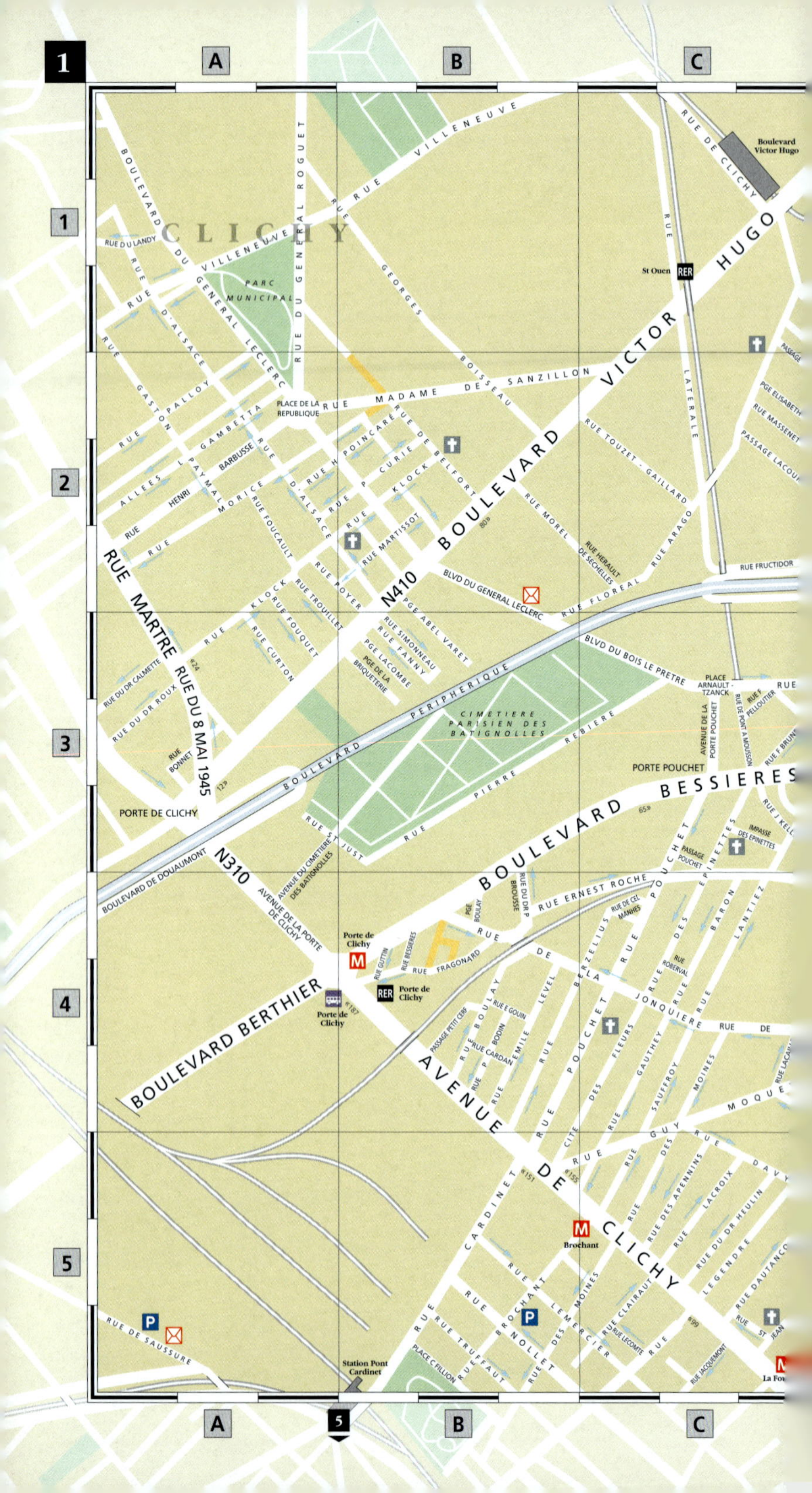
1
A
B
C
1
2
3
4
5
5
CLICHY
RUE VILLENEUVE
BOULEVARD DU GENERAL LECLERC
RUE DU GENERAL ROGUET
RUE GEORGES BOISSEAU
RUE DE CLICHY
Boulevard Victor Hugo
BOULEVARD VICTOR HUGO
St Ouen
RER
RUE LATERALE
RUE DU LANDY
RUE D'ALSACE
PARC MUNICIPAL
RUE GASTON PALLOY
PLACE DE LA REPUBLIQUE
RUE MADAME DE SANZILLON
RUE GAMBETTA
BARBUSSE
ALLEES L. GAMBETTA
RUE H. POINCARÉ
RUE DE BELFORT
RUE P. CURIE
RUE KLOCK
RUE HENRI
PAYMAL
RUE MORICE
RUE FOUCAULT
RUE MARTISSOT
RUE TOUZET - GAILLARD
RUE MOREL
RUE HERAULT DE SECHELLES
RUE ARAGO
RUE FRUCTIDOR
BOULEVARD
N410
BLVD DU GENERAL LECLERC
RUE FLOREAL
RUE MARTRE
RUE POYER
RUE TROUILLET
RUE FOUQUET
RUE CURTON
RUE SIMONNEAU
RUE FANNY
PGE ABEL VARET
PGE LACOMBE
PGE DE LA BRIQUETERIE
BLVD DU BOIS LE PRETRE
PLACE ARNAULT - TZANCK
RUE F. PELLOUTIER
RUE DE PONT A MOUSSON
AVENUE DE LA PORTE POUCHET
RUE DU DR CALMETTE
RUE DU DR ROUX
RUE DU 8 MAI 1945
RUE BONNET
BOULEVARD PERIPHERIQUE
CIMETIERE PARISIEN DES BATIGNOLLES
RUE REBIERE
RUE PIERRE
PORTE POUCHET
BOULEVARD BESSIERES
PORTE DE CLICHY
RUE ST JUST
IMPASSE DES EPINETTES
PASSAGE POUCHET
RUE DES EPINETTES
BOULEVARD DE DOUAUMONT
N310
AVENUE DU CIMETIERE DES BATIGNOLLES
AVENUE DE LA PORTE DE CLICHY
RUE DU DR P. BROUSSE
PGE BOULAY
RUE ERNEST ROCHE
RUE DE CEL MANHES
RUE POUCHET
RUE BARON
RUE LANTIEZ
Porte de Clichy
M
RUE GUTTIN
RUE BESSIERES
RUE FRAGONARD
RUE DE LA JONQUIERE
RUE ROBERVAL
BOULEVARD BERTHIER
RER
Porte de Clichy
Porte de Clichy
RUE BOULAY
RUE E GOUIN
PASSAGE PETIT CERF
RUE BODIN
RUE CARDAN
RUE EMILE LEVEL
CITE DES FLEURS
RUE GAUTHEY
RUE SAUFFROY
RUE DES MOINES
RUE LACAILLE
RUE MOQUET
AVENUE DE CLICHY
RUE GUY
RUE DAVY
RUE CARDINET
RUE DES APENNINS
RUE LACROIX
RUE DU DR HEULIN
RUE LEGENDRE
RUE DAUTANCOURT
M
Brochant
RUE BROCHANT
RUE LEMERCIER
RUE DES MOINES
RUE CLAIRAUT
RUE LECOMTE
RUE NOLLET
RUE TRUFFAUT
RUE JACQUEMONT
RUE ST JEAN
PLACE C FILLION
RUE DE SAUSSURE
P
P
Station Pont Cardinet
La Fourche
M

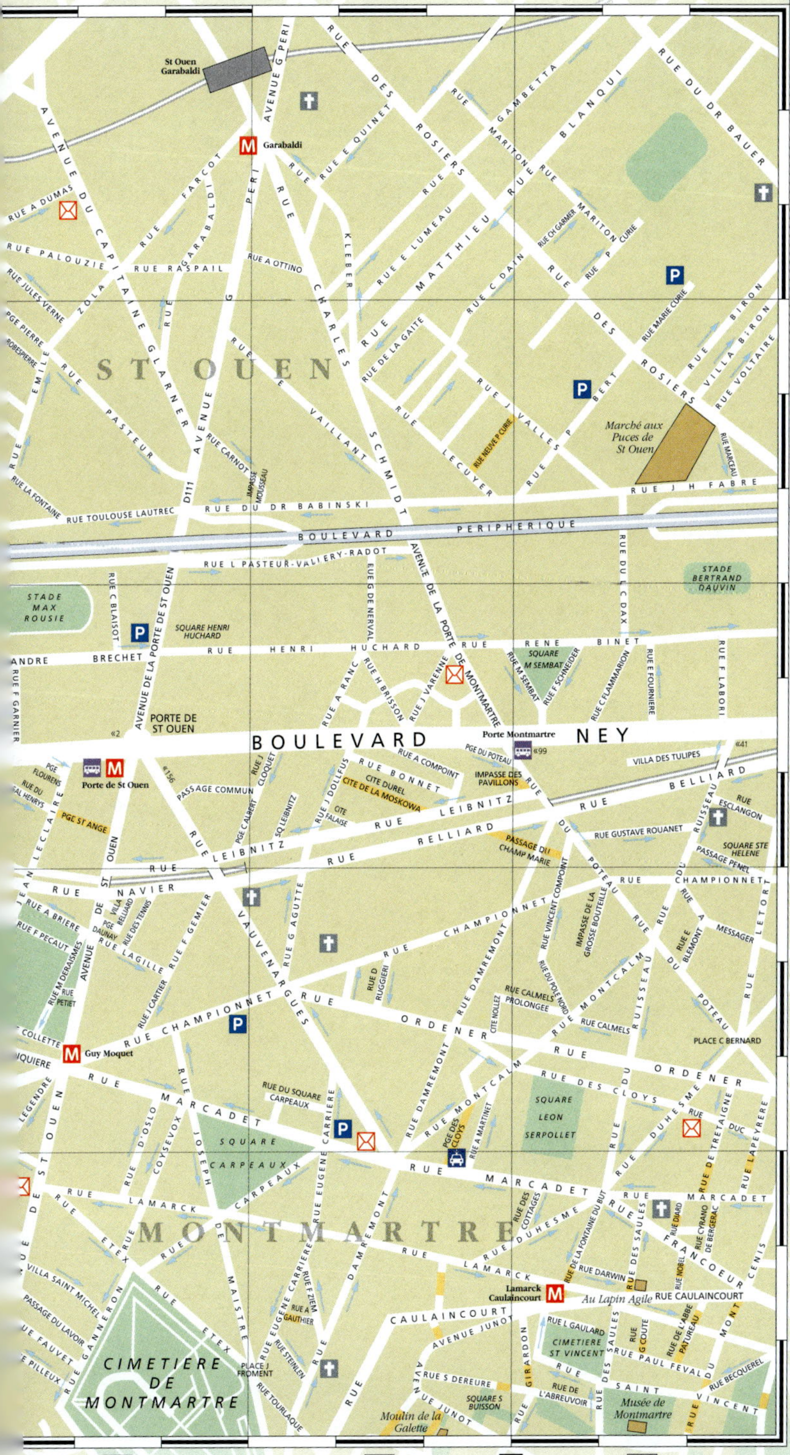
D
E
F
1
2
3
4
5
6
ST OUEN
MONTMARTRE
St Ouen Garabaldi
Garabaldi
Marché aux Puces de St Ouen
RUE J H FABRE
BOULEVARD PERIPHERIQUE
RUE DU DR BABINSKI
RUE TOULOUSE LAUTREC
STADE BERTRAND DAUVIN
STADE MAX ROUSIE
SQUARE HENRI HUCHARD
RUE HENRI HUCHARD
RUE RENE BINET
SQUARE M SEMBAT
PORTE DE ST OUEN
BOULEVARD NEY
Porte Montmartre
Porte de St Ouen
AVENUE DE LA PORTE DE ST OUEN
AVENUE DE LA PORTE DE MONTMARTRE
RUE BELLIARD
RUE LEIBNITZ
RUE CHAMPIONNET
RUE ORDENER
RUE MARCADET
RUE LAMARCK
Guy Moquet
SQUARE CARPEAUX
SQUARE LEON SERPOLLET
Lamarck Caulaincourt
Au Lapin Agile
RUE CAULAINCOURT
AVENUE JUNOT
CIMETIERE ST VINCENT
Musée de Montmartre
Moulin de la Galette
CIMETIERE DE MONTMARTRE
RUE DES ROSIERS
AVENUE MICHELET
RUE DU DR BAUER
RUE BLANQUI
RUE GAMBETTA
RUE PALOUZIE
RUE RASPAIL
RUE CHARLES SCHMIDT
RUE VAUVENARGUES
RUE DAMREMONT
RUE DU POTEAU
RUE DUHESME
PLACE C BERNARD
VILLA DES TULIPES
RUE GUSTAVE ROUANET
PASSAGE DU CHAMP MARIE
CITE DE LA MOSKOWA
IMPASSE DES PAVILLONS
RUE DU SQUARE CARPEAUX
RUE SAINT VINCENT
RUE DES SAULES
RUE DU MONT CENIS
RUE CUSTINE
RUE JOSEPH DE MAISTRE
RUE EUGENE CARRIERE
RUE GIRARDON
RUE LEPIC

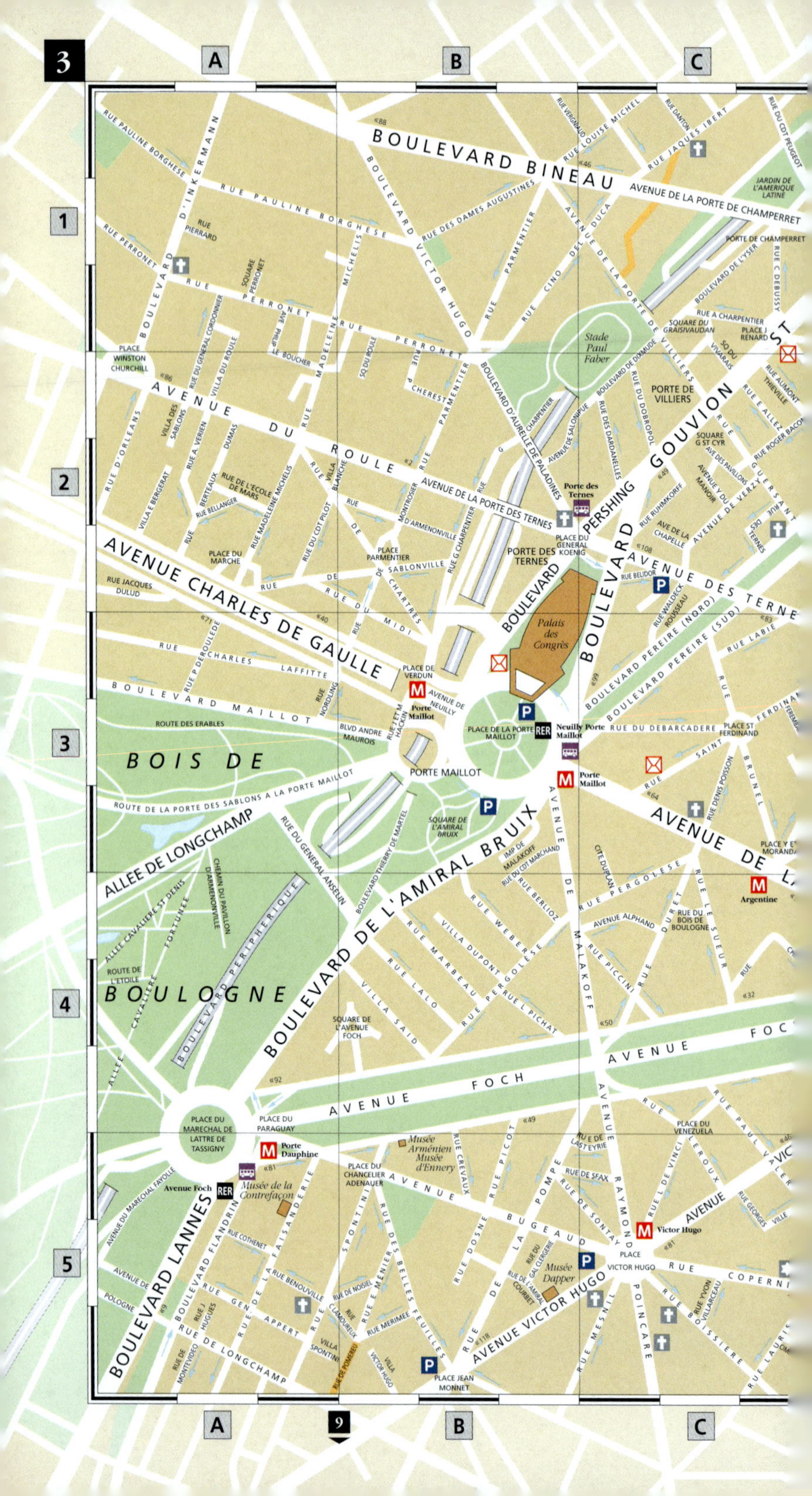
A
B
C
1
2
3
4
5
BOULEVARD BINEAU
AVENUE DE LA PORTE DE CHAMPERRET
PORTE DE CHAMPERRET
JARDIN DE L'AMERIQUE LATINE
RUE PAULINE BORGHESE
BOULEVARD D'INKERMANN
RUE PIERRARD
RUE PERRONET
SQUARE PERRONET
BOULEVARD VICTOR HUGO
RUE DES DAMES AUGUSTINES
RUE PARMENTIER
RUE CINO DEL DUCA
AVENUE DE LA PORTE DE VILLIERS
RUE LOUISE MICHEL
RUE JACQUES IBERT
RUE DANTON
RUE DU CDT PEUGEOT
BOULEVARD DE L'YSER
RUE C DEBUSSY
RUE A CHARPENTIER
SQUARE DU GRAISIVAUDAN
PLACE J RENARD
Stade Paul Faber
PLACE WINSTON CHURCHILL
AVENUE DU ROULE
AVENUE DE LA PORTE DES TERNES
BOULEVARD D'AURELLE DE PALADINES
BOULEVARD DE DIXMUDE
PORTE DE VILLIERS
BOULEVARD GOUVION ST CYR
SQUARE G ST CYR
RUE DES DARDANELLES
RUE DU DOBROPOL
RUE DE L'ECOLE DE MARS
PLACE DU MARCHE
RUE D'ARMENONVILLE
PLACE PARMENTIER
RUE SABLONVILLE
Porte des Ternes
PLACE DU GENERAL KOENIG
PORTE DES TERNES
BOULEVARD PERSHING
AVENUE DES TERNES
AVENUE CHARLES DE GAULLE
RUE JACQUES DULUD
RUE CHARLES LAFFITTE
RUE DU MIDI
RUE DE CHARTRES
Palais des Congrès
BOULEVARD PEREIRE (NORD)
BOULEVARD PEREIRE (SUD)
RUE LABIE
PLACE DE VERDUN
AVENUE DE NEUILLY
Porte Maillot
BOULEVARD MAILLOT
ROUTE DES ERABLES
BLVD ANDRE MAUROIS
PLACE DE LA PORTE MAILLOT
RER
Neuilly Porte Maillot
RUE DU DEBARCADERE
PLACE ST FERDINAND
BOIS DE BOULOGNE
PORTE MAILLOT
ROUTE DE LA PORTE DES SABLONS A LA PORTE MAILLOT
ALLEE DE LONGCHAMP
RUE DU GENERAL ANSELIN
BOULEVARD THIERRY DE MARTEL
SQUARE DE L'AMIRAL BRUIX
BOULEVARD DE L'AMIRAL BRUIX
Porte Maillot
AVENUE DE MALAKOFF
AVENUE DE LA GRANDE ARMEE
RUE PERGOLESE
Argentine
RUE DU BOIS DE BOULOGNE
AVENUE ALPHAND
RUE PICCINI
RUE LE SUEUR
CHEMIN DU PAVILLON D'ARMENONVILLE
BOULEVARD PERIPHERIQUE
ROUTE DE L'ETOILE
ALLEE CAVALIERE ST DENIS
RUE WEBER
VILLA DUPONT
RUE MARBEAU
RUE LALO
VILLA SAID
RUE PICHAT
SQUARE DE L'AVENUE FOCH
AVENUE FOCH
PLACE DU MARECHAL DE LATTRE DE TASSIGNY
PLACE DU PARAGUAY
Porte Dauphine
Avenue Foch
Musée de la Contrefaçon
Musée Arménien
Musée d'Ennery
PLACE DU CHANCELIER ADENAUER
AVENUE BUGEAUD
RUE PICOT
RUE DE LA POMPE
RUE DE SFAX
RUE DE SONTAY
AVENUE RAYMOND POINCARE
PLACE DU VENEZUELA
RUE PAUL VALERY
RUE LEROUX
RUE LE DE VINCI
Victor Hugo
PLACE VICTOR HUGO
AVENUE VICTOR HUGO
RUE COPERNIC
Musée Dapper
BOULEVARD LANNES
AVENUE DU MARECHAL FAYOLLE
AVENUE DE POLOGNE
BOULEVARD FLANDRIN
RUE DE LA FAISANDERIE
RUE COTHENET
RUE GEN APPERT
RUE BENOUVILLE
RUE DE LONGCHAMP
RUE SPONTINI
VILLA SPONTINI
RUE DES BELLES FEUILLES
RUE MERIMEE
RUE DE POMEREU
PLACE JEAN MONNET
RUE MESNIL
RUE BOISSIERE
RUE YVON VILLARCEAU
RUE DE MONTEVIDEO
RUE HUGUES
RUE DOSNE
RUE DE LA POMPE
RUE DU GAL CLERGERIE

9

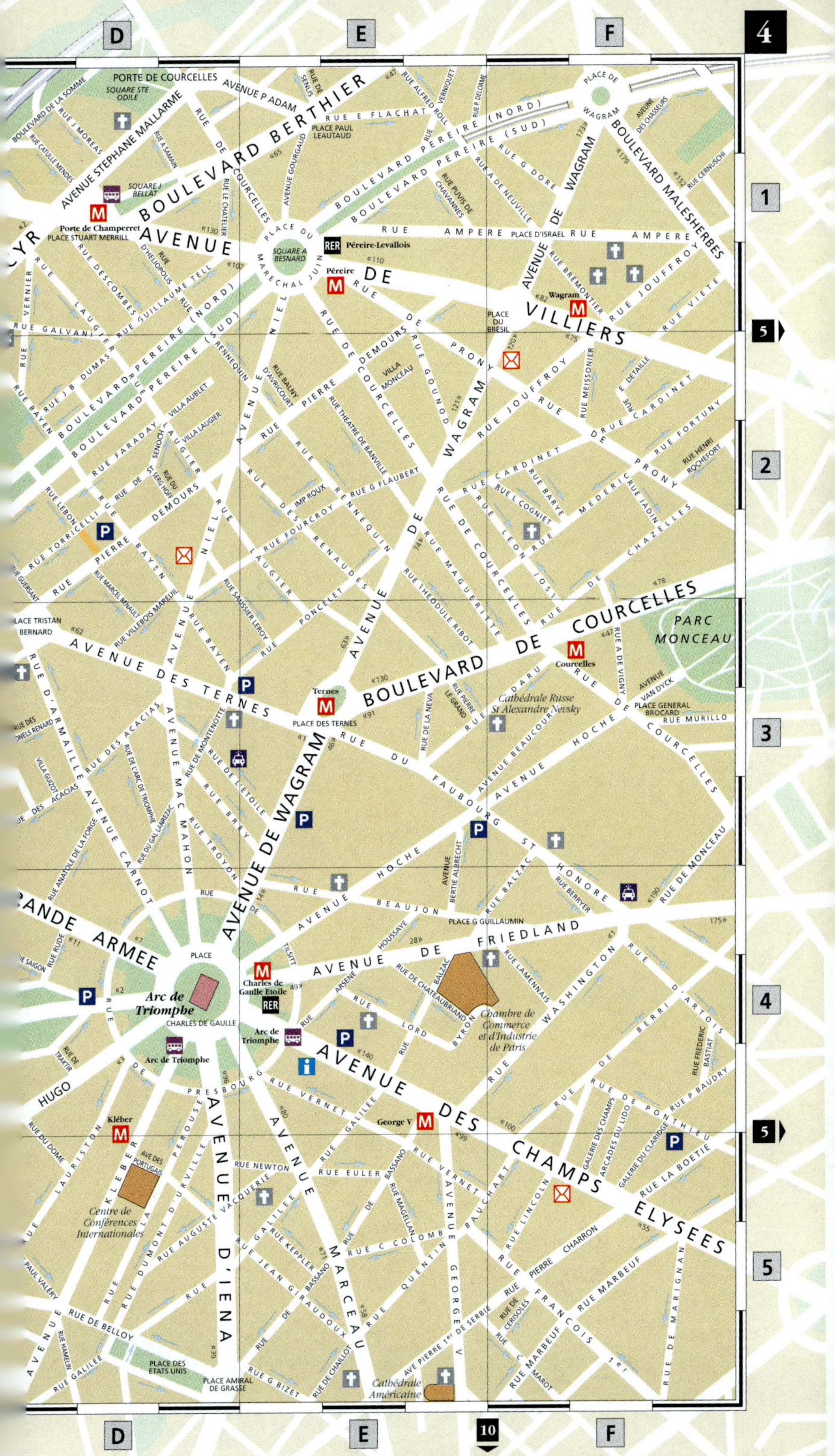
4
D
E
F
1
2
3
4
5
10
PORTE DE COURCELLES
SQUARE STE ODILE
BOULEVARD BERTHIER
AVENUE STEPHANE MALLARME
SQUARE J BELLAT
Porte de Champerret
PLACE STUART MERRILL
AVENUE P ADAM
PLACE PAUL LEAUTAUD
RUE E FLACHAT
BOULEVARD PEREIRE (NORD)
BOULEVARD PEREIRE (SUD)
PLACE DE WAGRAM
BOULEVARD MALESHERBES
AVENUE DE WAGRAM
RUE AMPERE
PLACE D'ISRAEL
SQUARE A BESNARD
PLACE DU MARECHAL JUIN
Péreire-Levallois
Péreire
RUE DE VILLIERS
AVENUE DE VILLIERS
Wagram
PLACE DU BRESIL
RUE GALVANI
RUE DE COURCELLES
RUE PIERRE DEMOURS
VILLA MONCEAU
RUE GOUNOD
RUE DE PRONY
RUE JOUFFROY
RUE CARDINET
RUE FORTUNY
RUE HENRI ROCHEFORT
RUE MEDERIC
RUE DE CHAZELLES
RUE POUSSIN ROUX
RUE FOURCROY
RUE RENNEQUIN
RUE G FLAUBERT
RUE LAUGIER
RUE BAYEN
RUE TORRICELLI
RUE PONCELET
BOULEVARD DE COURCELLES
Courcelles
PARC MONCEAU
Ternes
PLACE DES TERNES
AVENUE DES TERNES
PLACE TRISTAN BERNARD
Cathédrale Russe St Alexandre Nevsky
PLACE GENERAL BROCARD
RUE MURILLO
AVENUE VAN DYCK
RUE DU FAUBOURG ST HONORE
AVENUE HOCHE
AVENUE MAC MAHON
AVENUE CARNOT
AVENUE DES ACACIAS
RUE DE L'ETOILE
RUE BEAUJON
PLACE G GUILLAUMIN
AVENUE DE FRIEDLAND
RUE BALZAC
RUE WASHINGTON
RUE D'ARTOIS
AVENUE DE LA GRANDE ARMEE
PLACE CHARLES DE GAULLE
Arc de Triomphe
Charles de Gaulle Etoile
Chambre de Commerce et d'Industrie de Paris
RUE DE PRESBOURG
AVENUE DES CHAMPS ELYSEES
George V
Kléber
AVENUE KLEBER
Centre de Conférences Internationales
AVENUE MARCEAU
AVENUE D'IENA
AVENUE GEORGE V
RUE DE BASSANO
RUE GALILEE
RUE LINCOLN
RUE PIERRE CHARRON
RUE MARBEUF
RUE FRANÇOIS 1er
RUE DE MARIGNAN
RUE LA BOETIE
PLACE DES ETATS UNIS
PLACE AMIRAL DE GRASSE
Cathédrale Américaine
AVENUE PIERRE 1er DE SERBIE
RUE HUGO

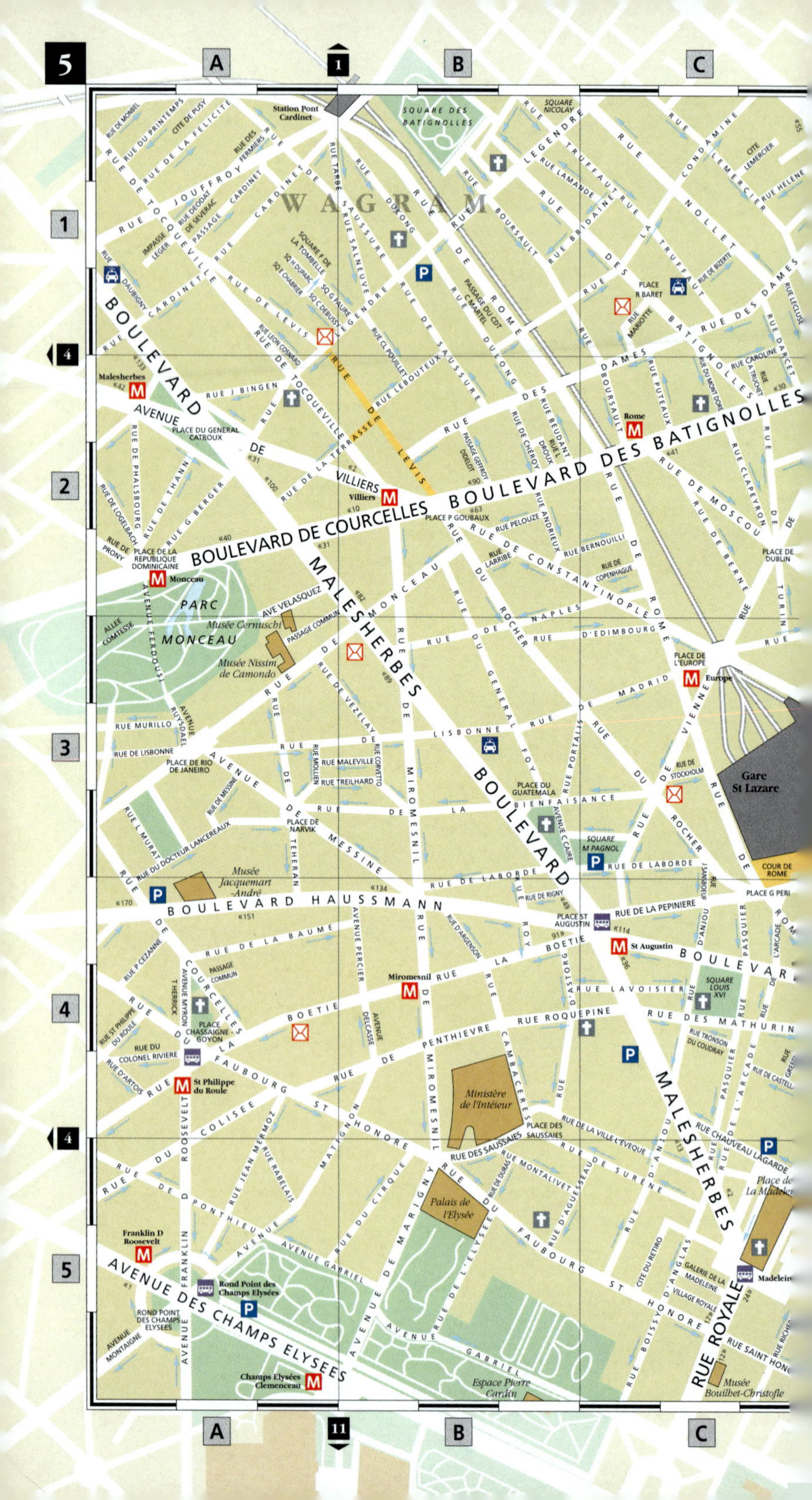

5
A
B
C
1
2
3
4
5
11
Station Pont Cardinet
SQUARE DES BATIGNOLLES
SQUARE NICOLAY
WAGRAM
RUE DE MONBEL
RUE DU PRINTEMPS
CITE DE PUSY
RUE DE LA FELICITE
RUE DES FERMIERS
RUE JOUFFROY
RUE DEODAT DE SEVERAC
PASSAGE CARDINET
IMPASSE LEGER
RUE DE TOCQUEVILLE
RUE CARDINET
RUE TARBE
RUE DE SAUSSURE
RUE SALNEUVE
RUE LEGENDRE
RUE DULONG
RUE TRUFFAUT
RUE LAMANDE
RUE BOURSAULT
RUE BRIDAINE
RUE DE LA CONDAMINE
CITE LEMERCIER
RUE LEMERCIER
RUE NOLLET
RUE HELENE
RUE DE BIZERTE
PLACE R BARET
RUE MARIOTTE
RUE DES DAMES
RUE LECLUSE
SQUARE F DE LA TOMBELLE
SQ H DUPARC
SQ E CHABRIER
SQ G FAURE
SQ C DEBUSSY
RUE DE LEVIS
RUE LEON COSNARD
RUE DAUBIGNY
RUE DE ROME
PASSAGE DU CDT C MARTEL
RUE CL POUILLET
RUE LEBOUTEUX
BOULEVARD MALESHERBES
Malesherbes
RUE J BINGEN
AVENUE DE VILLIERS
PLACE DU GENERAL CATROUX
RUE DE PHALSBOURG
RUE DE THANN
RUE G BERGER
RUE DE LOGELBACH
RUE DE PRONY
PLACE DE LA REPUBLIQUE DOMINICAINE
RUE DE LA TERRASSE
Villiers
BOULEVARD DE COURCELLES
BOULEVARD DES BATIGNOLLES
PASSAGE GEFFROY DIDELOT
RUE DE CHEROY
RUE BEUDANT
RUE DROUX
RUE DARCET
RUE CAROLINE
RUE LA TRUCHET
RUE DU MONT DORE
RUE PUTEAUX
Rome
PLACE P GOUBAUX
RUE PELOUZE
RUE ANDRIEUX
RUE BERNOUILLI
RUE LARRIBE
RUE DE CONSTANTINOPLE
RUE DE COPENHAGUE
RUE DE MOSCOU
RUE CLAPEYRON
RUE DE BERNE
PLACE DE DUBLIN
RUE DE TURIN
Monceau
PARC MONCEAU
AVENUE FERDOUSI
ALLEE COMTESSE
AVE VELASQUEZ
Musée Cernuschi
PASSAGE COMMUN
Musée Nissim de Camondo
RUE DE MONCEAU
RUE DU ROCHER
RUE DE NAPLES
RUE D'EDIMBOURG
PLACE DE L'EUROPE
Europe
RUE DE MADRID
RUE DE VIENNE
RUE DE VEZELAY
RUE DE LISBONNE
RUE DU GENERAL FOY
RUE MURILLO
AVENUE RUYSDAEL
RUE DE LISBONNE
PLACE DE RIO DE JANEIRO
AVENUE DE MESSINE
RUE MALEVILLE
RUE CORVETTO
RUE MOLLIEN
RUE TREILHARD
RUE DE MIROMESNIL
RUE PORTALIS
RUE DE STOCKHOLM
Gare St Lazare
PLACE DU GUATEMALA
RUE DE LA BIENFAISANCE
AVENUE CAIRE
SQUARE M PAGNOL
RUE DE LABORDE
COUR DE ROME
RUE MURAT
RUE DE MESSINE
RUE DU DOCTEUR LANCEREAUX
PLACE DE NARVIK
RUE DE TEHERAN
Musée Jacquemart André
BOULEVARD HAUSSMANN
RUE DE RIGNY
RUE DE L'ISLY
PLACE ST AUGUSTIN
RUE DE LA PEPINIERE
PLACE G PERI
St Augustin
RUE D'ANJOU
RUE PASQUIER
RUE DE L'ARCADE
RUE DE COURCELLES
RUE DE LA BAUME
AVENUE PERCIER
RUE D'ARGENSON
RUE ROY
RUE LA BOETIE
RUE P CEZANNE
PASSAGE COMMUN
AVENUE MYRON T HERRICK
Miromesnil
RUE D'ASTORG
RUE LAVOISIER
SQUARE LOUIS XVI
PLACE CHASSAIGNE GOYON
AVENUE DELCASSE
RUE DE PENTHIEVRE
RUE ROQUEPINE
RUE DES MATHURINS
RUE TRONSON DU COUDRAY
RUE ST PHILIPPE DU ROULE
RUE DU COLONEL RIVIERE
RUE D'ARTOIS
St Philippe du Roule
RUE DU FAUBOURG ST HONORE
RUE CAMBACERES
Ministère de l'Intérieur
PLACE DES SAUSSAIES
RUE DES SAUSSAIES
RUE DE LA VILLE L'EVEQUE
RUE CHAUVEAU LAGARDE
RUE DE CASTELLANE
RUE GREFFULHE
RUE DU COLISEE
RUE JEAN MERMOZ
RUE RABELAIS
AVENUE MATIGNON
RUE MONTALIVET
RUE DE DURAS
RUE DE SURENE
Place de la Madeleine
RUE DU PONTHIEU
AVENUE FRANKLIN D ROOSEVELT
RUE DU CIRQUE
Palais de l'Elysée
RUE DE L'ELYSEE
RUE D'AGUESSEAU
RUE DU RETIRO
RUE BOISSY D'ANGLAS
GALERIE DE LA MADELEINE
VILLAGE ROYALE
Madeleine
Franklin D Roosevelt
AVENUE GABRIEL
AVENUE DE MARIGNY
Rond Point des Champs Elysées
AVENUE DES CHAMPS ELYSEES
ROND POINT DES CHAMPS ELYSEES
AVENUE MONTAIGNE
RUE ROYALE
RUE SAINT HONORE
Champs Elysées Clemenceau
Espace Pierre Cardin
Musée Bouilhet-Christofle

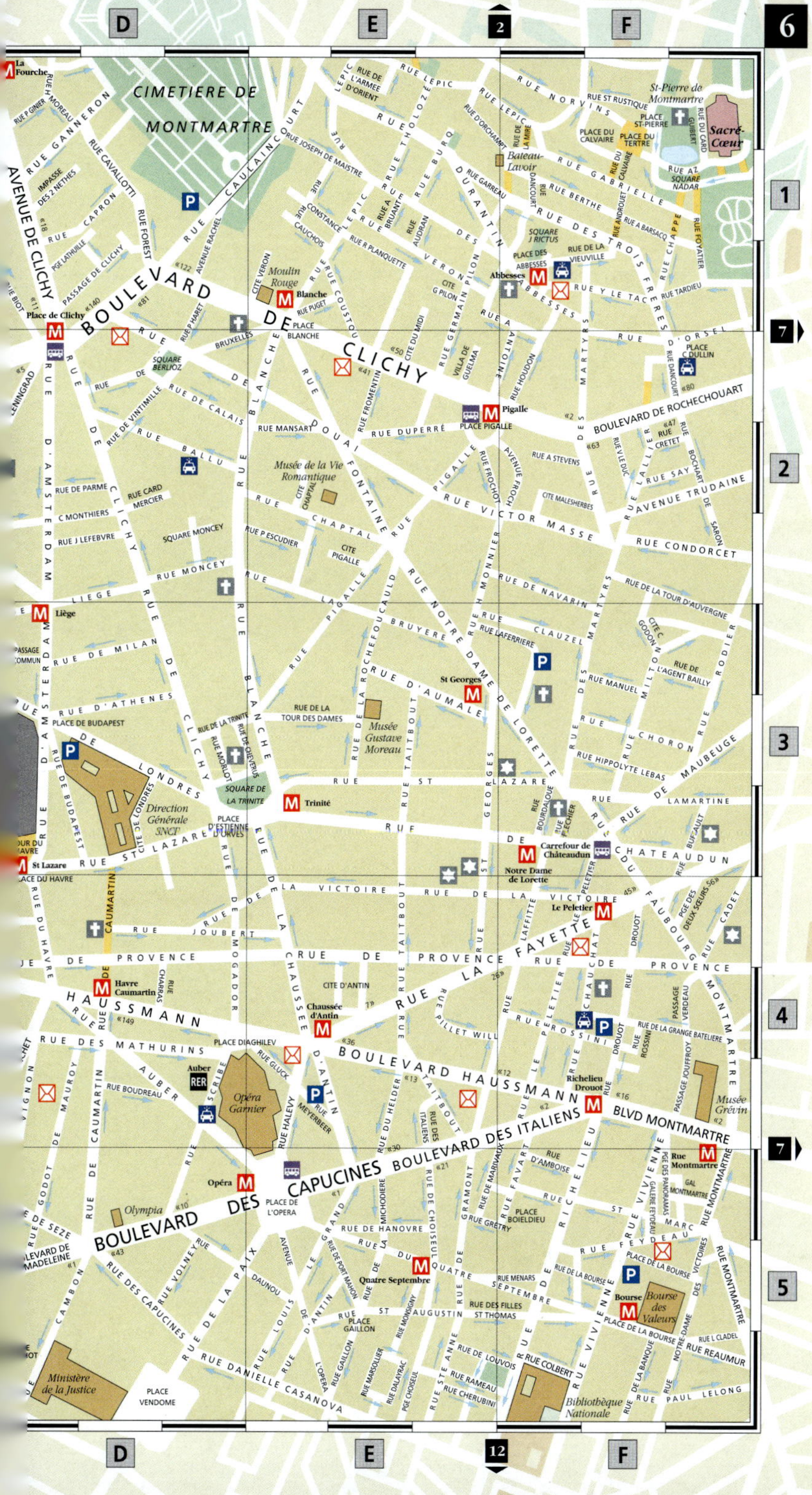
D
E
F
2
12
1
2
3
4
5
7
CIMETIERE DE MONTMARTRE
BOULEVARD DE CLICHY
AVENUE DE CLICHY
Place de Clichy
La Fourche
RUE GANNERON
RUE CAVALLOTTI
RUE CAULAINCOURT
RUE FOREST
AVENUE RACHEL
IMPASSE DES 2 NETHES
RUE CAPRON
PASSAGE DE CLICHY
RUE P GINIER
RUE MOREAU
RUE JOSEPH DE MAISTRE
RUE LEPIC
RUE DE L'ARMEE D'ORIENT
RUE THOLOZÉ
RUE DES ABBESSES
RUE CAUCHOIS
RUE CONSTANCE
RUE DURANTIN
RUE GARREAU
RUE RAVIGNAN
RUE D'ORCHAMPT
RUE DE LA MIRE
RUE BERTHE
RUE NORVINS
RUE ST RUSTIQUE
PLACE DU CALVAIRE
PLACE DU TERTRE
PLACE ST-PIERRE
St-Pierre de Montmartre
Sacré-Cœur
RUE AZ
SQUARE NADAR
RUE GABRIELLE
RUE CHAPPE
RUE FOYATIER
RUE DES TROIS FRERES
RUE A BARSACQ
RUE ANDROUET
RUE DU CALVAIRE
RUE GUSTAVE
SQUARE J RICTUS
PLACE DES ABBESSES
RUE DE LA VIEUVILLE
Abbesses
RUE YVONNE LE TAC
RUE TARDIEU
Bateau-Lavoir
Moulin Rouge
Blanche
CITE VERON
RUE PUGET
PLACE BLANCHE
RUE LEPIC
RUE DES SAULES
RUE COUSTOU
CITE DU MIDI
RUE GERMAIN PILON
CITE G PILON
VILLA DE GUELMA
RUE ANTOINE
RUE HOUDON
RUE DES MARTYRS
RUE D'ORSEL
PLACE C DULLIN
RUE DANCOURT
Pigalle
PLACE PIGALLE
BOULEVARD DE ROCHECHOUART
RUE FROMENTIN
RUE DUPERRÉ
RUE MANSART
RUE DE DOUAI
RUE FONTAINE
RUE BLANCHE
RUE DE BRUXELLES
RUE P HARET
SQUARE BERLIOZ
RUE DE VINTIMILLE
RUE DE CALAIS
RUE DE LENINGRAD
RUE D'AMSTERDAM
RUE DE CLICHY
RUE BALLU
RUE DE PARME
RUE CARD MERCIER
C MONTHIERS
RUE J LEFEBVRE
SQUARE MONCEY
RUE MONCEY
Musée de la Vie Romantique
CITE CHAPTAL
RUE CHAPTAL
RUE P ESCUDIER
CITE PIGALLE
RUE PIGALLE
RUE FROCHOT
AVENUE FROCHOT
RUE A STEVENS
CITE MALESHERBES
RUE VICTOR MASSE
RUE CRETET
RUE BOCHART DE SARON
AVENUE TRUDAINE
RUE SAY
RUE LALLIER
RUE VIOLLET LE DUC
RUE CONDORCET
RUE HENRI MONNIER
RUE DE NAVARIN
RUE DE LA TOUR D'AUVERGNE
RUE DE LIEGE
Liège
RUE DE MILAN
PASSAGE COMMUN
RUE D'ATHENES
PLACE DE BUDAPEST
RUE DE LA BRUYERE
RUE LAFERRIERE
RUE CLAUZEL
CITE C GODON
RUE MILTON
RUE RODIER
RUE DE L'AGENT BAILLY
RUE MANUEL
RUE DE LA ROCHEFOUCAULD
RUE D'AUMALE
St Georges
RUE NOTRE DAME DE LORETTE
RUE DE LA TOUR DES DAMES
RUE DE LA TRINITE
RUE DE CHEVREUSE
RUE MORLOT
Musée Gustave Moreau
RUE TAITBOUT
RUE CHORON
RUE HIPPOLYTE LEBAS
RUE DE MAUBEUGE
RUE DE LONDRES
RUE DE BUDAPEST
CITE DE LONDRES
Direction Générale SNCF
SQUARE DE LA TRINITE
Trinité
PLACE D'ESTIENNE D'ORVES
RUE ST LAZARE
RUE DE CHATEAUDUN
RUE LAMARTINE
RUE BOURDALOUE
RUE FLECHIER
Carrefour de Châteaudun
Notre Dame de Lorette
RUE BUFFAULT
St Lazare
PLACE DU HAVRE
RUE DU HAVRE
RUE CAUMARTIN
RUE DE LA VICTOIRE
RUE JOUBERT
RUE DE MOGADOR
RUE DE LA CHAUSSÉE D'ANTIN
RUE LAFFITTE
RUE LE PELETIER
Le Peletier
RUE DROUOT
RUE DU FAUBOURG MONTMARTRE
PGE DES DEUX SOEURS
RUE CADET
RUE DE PROVENCE
RUE LA FAYETTE
RUE DE LA CHAUSSÉE D'ANTIN
Havre Caumartin
RUE CHARRAS
CITE D'ANTIN
Chaussée d'Antin
BOULEVARD HAUSSMANN
RUE PILLET WILL
RUE ROSSINI
RUE DE LA GRANGE BATELIERE
PASSAGE VERDEAU
PASSAGE JOUFFROY
RUE DES MATHURINS
PLACE DIAGHILEV
RUE GLUCK
RUE AUBER
Auber
RER
RUE SCRIBE
RUE BOUDREAU
Opéra Garnier
RUE HALEVY
RUE MEYERBEER
RUE DU HELDER
RUE DES ITALIENS
Richelieu Drouot
BLVD MONTMARTRE
Musée Grévin
RUE VIGNON
RUE DE MAUROY
BOULEVARD DES CAPUCINES
BOULEVARD DES ITALIENS
PLACE DE L'OPERA
Opéra
RUE DE MARIVAUX
RUE FAVART
RUE D'AMBOISE
PLACE BOIELDIEU
RUE GRETRY
RUE DE RICHELIEU
RUE VIVIENNE
PGE DES PANORAMAS
GALERIE FEYDEAU
GAL MONTMARTRE
Rue Montmartre
RUE MONTMARTRE
RUE ST MARC
RUE GODOT DE MAUROY
RUE DE SEZE
BOULEVARD DE LA MADELEINE
Olympia
BOULEVARD DES CAPUCINES
RUE VOLNEY
RUE DE LA PAIX
RUE DAUNOU
AVENUE DE L'OPERA
RUE LOUIS LE GRAND
RUE DE HANOVRE
RUE DE PORT MAHON
RUE DU QUATRE SEPTEMBRE
Quatre Septembre
RUE DE CHOISEUL
RUE DE GRAMONT
RUE MENARS
RUE DE LA BOURSE
PLACE DE LA BOURSE
RUE FEYDEAU
RUE DES VICTOIRES
Bourse
Bourse des Valeurs
RUE NOTRE DAME DES VICTOIRES
RUE L CLADEL
RUE REAUMUR
RUE DES FILLES ST THOMAS
RUE ST AUGUSTIN
PLACE GAILLON
RUE MONSIGNY
RUE GAILLON
RUE MARSOLLIER
RUE DALAYRAC
PGE CHOISEUL
RUE STE ANNE
RUE DE LOUVOIS
RUE RAMEAU
RUE CHERUBINI
RUE COLBERT
Bibliothèque Nationale
RUE DE LA BANQUE
RUE PAUL LELONG
RUE CAMBON
RUE DES CAPUCINES
RUE DANIELLE CASANOVA
Ministère de la Justice
PLACE VENDOME

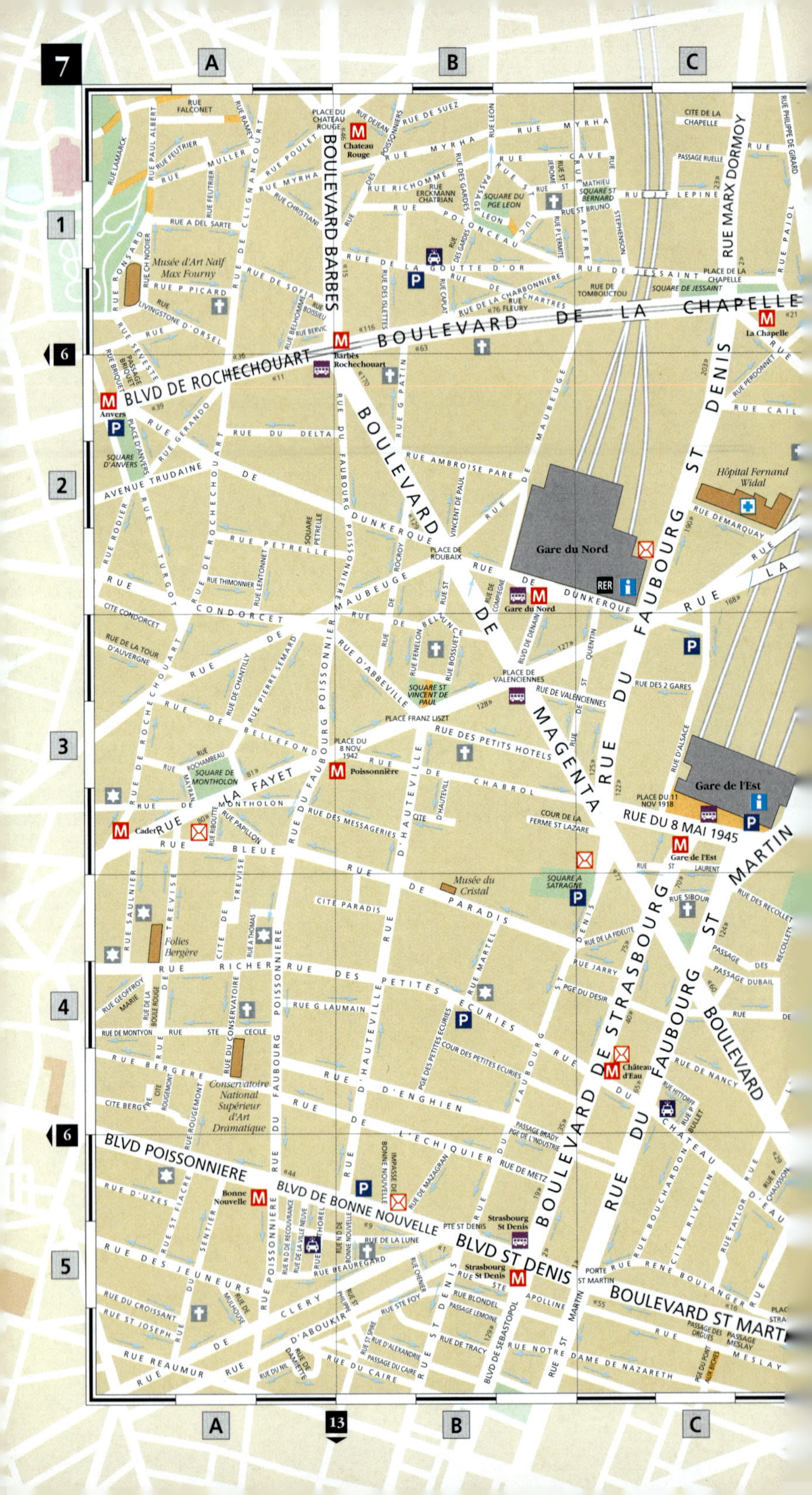
7
A
B
C
1
2
3
4
5
6
13
BOULEVARD BARBES
BOULEVARD DE LA CHAPELLE
BLVD DE ROCHECHOUART
BOULEVARD DE MAGENTA
RUE DU FAUBOURG ST DENIS
RUE MARX DORMOY
RUE DU FAUBOURG POISSONNIERE
RUE LA FAYETTE
RUE DE DUNKERQUE
RUE DE MAUBEUGE
RUE DU 8 MAI 1945
BOULEVARD DE STRASBOURG
RUE DU FAUBOURG ST MARTIN
BOULEVARD ST MARTIN
BLVD POISSONNIERE
BLVD DE BONNE NOUVELLE
BLVD ST DENIS
BLVD DE SEBASTOPOL
RUE DE PARADIS
RUE RICHER
RUE DES PETITES ECURIES
RUE D'ENGHIEN
RUE DE L'ECHIQUIER
RUE BLEUE
RUE DE CHABROL
RUE DES PETITS HOTELS
RUE DE BELLEFOND
RUE CONDORCET
AVENUE TRUDAINE
RUE DE CLIGNANCOURT
RUE MYRHA
RUE POLONCEAU
RUE DE LA GOUTTE D'OR
RUE DE SUEZ
RUE DES POISSONNIERS
RUE LEON
RUE CAVE
RUE AFFRE
RUE DE JESSAINT
RUE J F LEPINE
RUE PAJOL
RUE RICHOMME
RUE DE CHARTRES
RUE DE LA CHARBONNIERE
RUE DE SOFIA
RUE MULLER
RUE POULET
RUE RAMEY
RUE FEUTRIER
RUE PAUL ALBERT
RUE LAMARCK
RUE RONSARD
RUE CH NODIER
RUE A DEL SARTE
RUE P PICARD
RUE D'ORSEL
RUE GERANDO
RUE DU DELTA
RUE AMBROISE PARE
RUE PETRELLE
RUE TURGOT
RUE RODIER
RUE DE ROCHECHOUART
RUE CADET
RUE DU FAUBOURG MONTMARTRE
RUE SAULNIER
RUE DE TREVISE
RUE BERGERE
RUE DU CONSERVATOIRE
RUE D'HAUTEVILLE
RUE DES JEUNEURS
RUE D'ABOUKIR
RUE DE CLERY
RUE REAUMUR
RUE DU CAIRE
RUE ST DENIS
RUE NOTRE DAME DE NAZARETH
RUE MESLAY
RUE RENE BOULANGER
RUE DES RECOLLETS
RUE DES 2 GARES
RUE D'ALSACE
RUE DE VALENCIENNES
RUE LA FAYETTE
Chateau Rouge
Barbès Rochechouart
Anvers
La Chapelle
Gare du Nord
Gare de l'Est
Poissonnière
Cadet
Château d'Eau
Bonne Nouvelle
Strasbourg St Denis
Musée d'Art Naïf Max Fourny
Hôpital Fernand Widal
Musée du Cristal
Folies Bergère
Conservatoire National Supérieur d'Art Dramatique
SQUARE D'ANVERS
SQUARE DU PGE LEON
SQUARE DE MONTHOLON
SQUARE ST VINCENT DE PAUL
SQUARE SATRAGNE
PLACE FRANZ LISZT
PLACE DE ROUBAIX
PLACE DE VALENCIENNES
PLACE DU 8 NOV 1942
PLACE DU 11 NOV 1918
PLACE DU CHATEAU ROUGE
PORTE ST MARTIN
RER

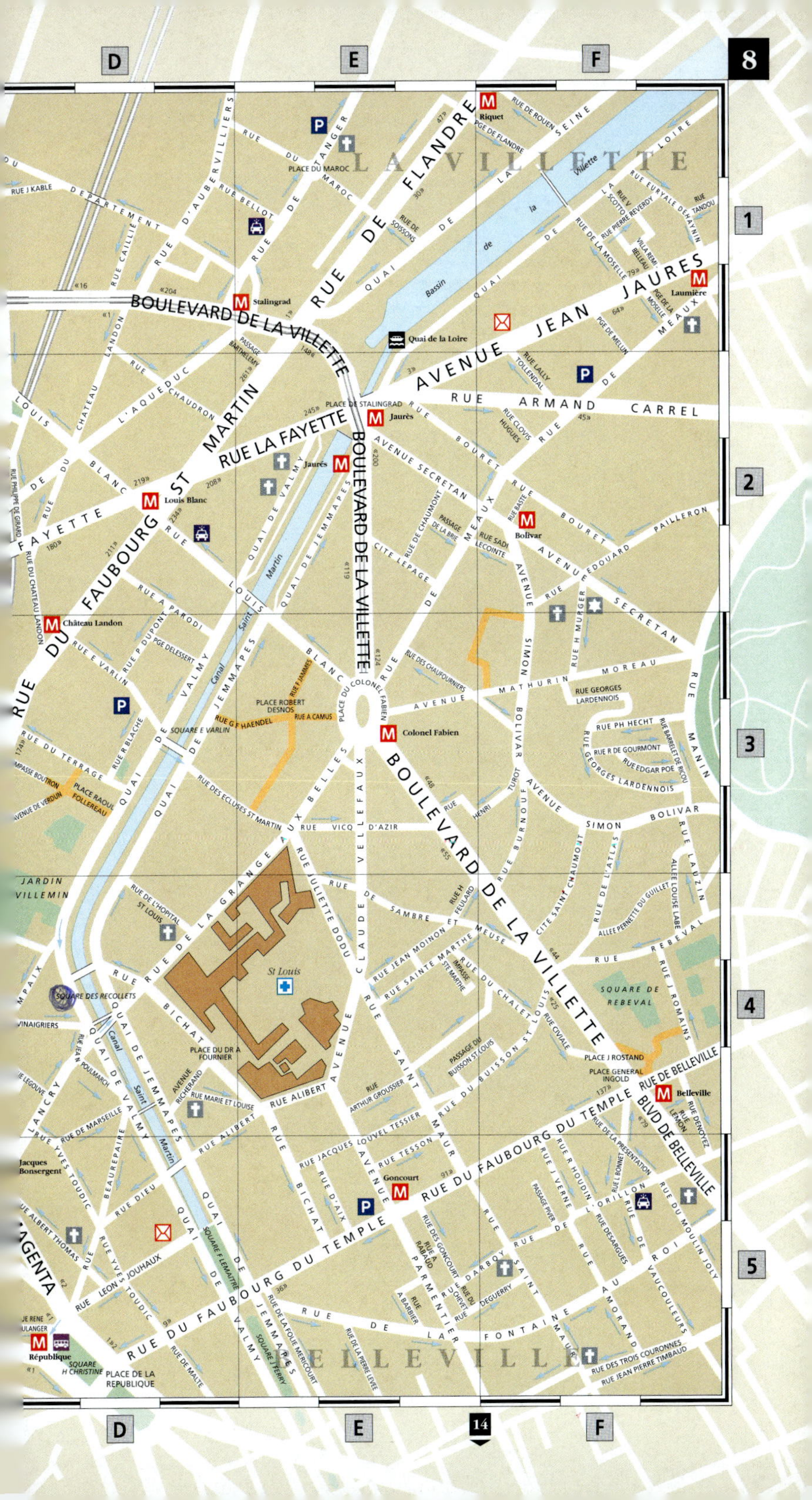
D
E
F
1
2
3
4
5
14
LA VILLETTE
BELLEVILLE
Riquet
Stalingrad
Jaurès
Louis Blanc
Château Landon
Colonel Fabien
Bolivar
Laumière
Belleville
Goncourt
République
Jacques Bonsergent
Quai de la Loire
St Louis
Bassin de la Villette
Canal Saint Martin
RUE DE FLANDRE
BOULEVARD DE LA VILLETTE
AVENUE JEAN JAURES
RUE ARMAND CARREL
RUE LA FAYETTE
RUE DU FAUBOURG ST MARTIN
AVENUE SECRETAN
AVENUE MATHURIN MOREAU
AVENUE SIMON BOLIVAR
RUE DU FAUBOURG DU TEMPLE
RUE DE LA FONTAINE AU ROI
AVENUE PARMENTIER
AVENUE CLAUDE VELLEFAUX
RUE DE MEAUX
RUE LOUIS BLANC
RUE BICHAT
RUE ALIBERT
RUE DE LA GRANGE AUX BELLES
RUE JULIETTE DODU
RUE SAINT MAUR
BLVD DE BELLEVILLE
RUE DE BELLEVILLE
QUAI DE VALMY
QUAI DE JEMMAPES
QUAI DE LA LOIRE
QUAI DE LA SEINE
RUE DE TANGER
RUE D'AUBERVILLIERS
RUE DU CHATEAU LANDON
RUE DE L'AQUEDUC
RUE DE LA MOSELLE
RUE EDGAR POE
RUE GEORGES LARDENNOIS
RUE MANIN
RUE DE SAMBRE ET MEUSE
RUE VICQ D'AZIR
RUE DES ECLUSES ST MARTIN
RUE DE MARSEILLE
RUE YVES TOUDIC
RUE DE MALTE
PLACE DU COLONEL FABIEN
PLACE DE STALINGRAD
PLACE DU MAROC
PLACE ROBERT DESNOS
PLACE RAOUL FOLLEREAU
PLACE DU DR A FOURNIER
PLACE J ROSTAND
PLACE GENERAL INGOLD
PLACE DE LA REPUBLIQUE
SQUARE DE REBEVAL
SQUARE DES RECOLLETS
SQUARE E VARLIN
SQUARE F LEMAITRE
SQUARE H CHRISTINE
JARDIN VILLEMIN

A
B
C
1
2
3
4
5
PASSY
CHAILLOT
AVENUE VICTOR HUGO
AVENUE HENRI MARTIN
AVENUE GEORGES MANDEL
AVENUE PAUL DOUMER
RUE DE LA POMPE
RUE DE LONGCHAMP
RUE DE PASSY
BOULEVARD DELESSERT
AVENUE DU PRESIDENT KENNEDY
AVENUE DE VERSAILLES
QUAI DE GRENELLE
QUAI ANDRE CITROEN
RUE RAYNOUARD
RUE DE BOULAINVILLIERS
RUE DE RANELAGH
AVENUE MOZART
RUE SINGER
RUE DE L'ANNONCIATION
RUE FRANKLIN
AVENUE KLEBER
AVENUE RAYMOND POINCARE
AVENUE D'EYLAU
PLACE DE MEXICO
PLACE DU TROCADERO ET DU 11 NOVEMBRE
Trocadéro
Rue de la Pompe
Ave Henri Martin
La Muette
Passy
Boulainvilliers
Bir Hakeim
Mirabeau
Ave du Président Kennedy Maison de Radio-France
CIMETIERE DE PASSY
Musée de la Marine
Musée de l'Homme
Palais de Chaillot
Centre du Patrimoine et de l'Architecture
JARDINS DU TROCADERO
Musée du Vin
Maison de Balzac
Maison de Radio - France
Pont de Bir Hakeim
Pont de Grenelle
Statue de la Liberté
PORT AUTONOME DE PARIS
PLACE DE PASSY
PLACE CHOPIN
PLACE DE COSTA RICA
PLACE DU DOCTEUR HAYEM
PLACE CLEMENT ADER
PLACE FERNAND FOREST
PLACE DE BRAZZAVILLE
PLACE ST CHARLES
SQUARE DU PRE AUX CHEVAUX
SQUARE LAMARTINE
HAMEAU DE BOULAINVILLIERS

10
D
E
4
F
Boissière
Musée de la Mode et du Costume Palais Galliera
Musée National des Arts Asiatiques Guimet
SQUARE BRIGNOLE GALLIERA
AVENUE D'IÉNA
RUE DE LONGCHAMP
PLACE D'IENA
PRESIDENT WILSON
Iéna
Palais de Tokyo
Musée d'Art Moderne
AVENUE DE NEW YORK
AVENUE MARCEAU
AVENUE GEORGE V
Théâtre des Champs-Elysées
AVENUE MONTAIGNE
RUE FRANÇOIS 1er
PLACE FRANÇOIS 1er
RUE BAYARD
RUE JEAN GOUJON
PLACE DE LA REINE ASTRID
COURS ALBERT 1er
Alma Marceau
PLACE DE L'ALMA
PORT DE LA CONFERENCE
Port de la Conférence
PORT DU GROS CAILLOU
Pont de l'Alma
Passerelle Debilly
PORT DEBILLY
BOURDONNAIS
QUAI D'ORSAY
PLACE DE LA RESISTANCE
QUAI BRANLY
JARDINS DU TROCADERO
AVE DES NATIONS UNIES
PLACE DE VARSOVIE
PORT DE PASSY
La Seine
Pont d'Iéna
Port de la Bourdonnais
RUE COGNACQ JAY
RUE DU COLONEL COMBES
RUE DE L'UNIVERSITE
AVENUE RAPP
AVENUE BOSQUET
RUE MALAR
RUE NICOT
CITE DE L'ALMA
AVENUE FRANCO RUSSE
RUE DE MONTTESSUY
RUE E VALENTIN
PASSAGE LANDRIEU
RUE SAINT DOMINIQUE
ALLEE PAUL DESCHANEL
AVENUE DE LA BOURDONNAIS
Tour Eiffel
AVENUE GUSTAVE EIFFEL
AVE ELISEE RECLUS
AVENUE POUVILLON
PLACE DU GENERAL GOURAUD
RUE DE GRENELLE
RUE CLER
RUE DU CHAMP DE MARS
RUE ROSQUET
Champ de Mars - Tour Eiffel
AVENUE OCTAVE GREARD
Stade Emile Anthoine
PARC DU CHAMP DE MARS
PLACE JACQUES RUEFF
AVENUE ANATOLE FRANCE
AVENUE PIERRE LOTI
AVENUE CHARLES RISLER
AVENUE EMILE DESCHANEL
AVENUE DE SUFFREN
RUE JEAN REY
AVENUE CHARLES FLOQUET
AVENUE THOMY THIERRY
AVENUE DU GEN. DETRIE
Ecole Militaire
PLACE DE L'ECOLE MILITAIRE
AVENUE DUQUESNE
AVENUE DE LA MOTTE PICQUET
PLACE JOFFRE
RUE DE LA FEDERATION
RUE DESAIX
BOULEVARD DE GRENELLE
RUE SAINT SAENS
Village Suisse
PLACE DUPLEIX
PLACE DU CARD AMETTE
RUE DUPLEIX
Dupleix
PLACE DE FONTENOY
AVENUE DE LOWENDAL
AVENUE DE SAXE
UNESCO
AVENUE DE SEGUR
La Motte Picquet Grenelle
RUE DU LAOS
RUE DU COMMERCE
RUE FREMICOURT
PLACE CAMBRONNE
Cambronne
BOULEVARD GARIBALDI
Ségur
Lycée Technique Roger Verlomme
RUE FALLEMPIN
RUE VIOLET
RUE TIPHAINE
RUE DE LOURMEL
RUE DU THEATRE
SQUARE CAMBRONNE
11
1
2
3
4
5

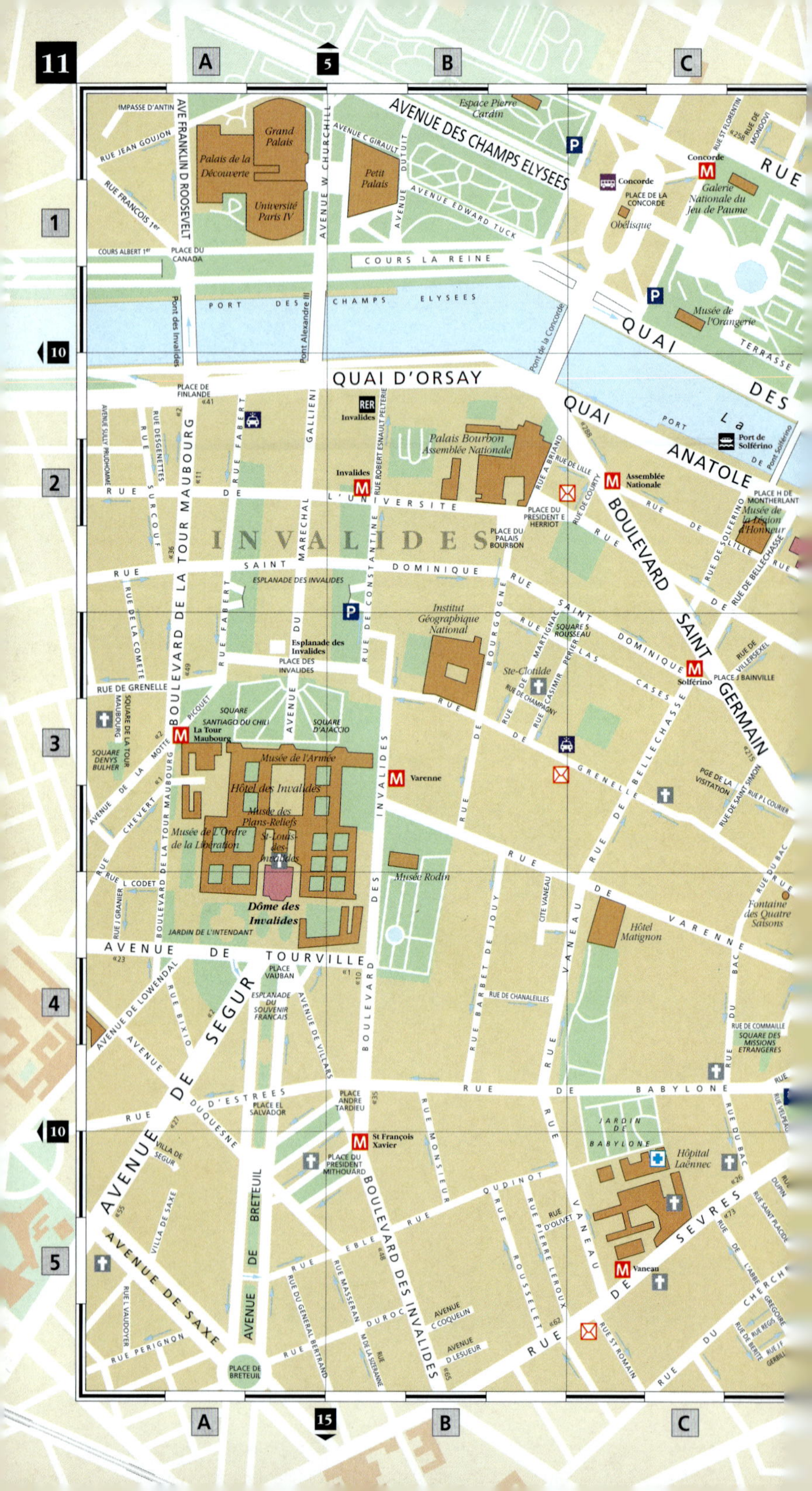
A
5
B
C
1
2
3
4
5
10
10
15
AVENUE DES CHAMPS ELYSEES
Espace Pierre Cardin
IMPASSE D'ANTIN
RUE JEAN GOUJON
RUE FRANÇOIS 1er
AVE FRANKLIN D ROOSEVELT
Grand Palais
Palais de la Découverte
Université Paris IV
AVENUE W CHURCHILL
AVENUE C GIRAULT
Petit Palais
AVENUE DUTUIT
AVENUE EDWARD TUCK
Concorde
PLACE DE LA CONCORDE
Obélisque
Galerie Nationale du Jeu de Paume
RUE ST FLORENTIN
RUE DE MONDOVI
RUE
COURS ALBERT 1er
PLACE DU CANADA
COURS LA REINE
PORT DES CHAMPS ELYSEES
Pont des Invalides
Pont Alexandre III
Pont de la Concorde
Musée de l'Orangerie
QUAI DES
TERRASSE
QUAI D'ORSAY
QUAI ANATOLE
PORT
La
Port de Solférino
Pont Solférino
PLACE DE FINLANDE
RER
Invalides
AVENUE SULLY PRUDHOMME
RUE DESGENETTES
RUE SURCOUF
RUE FABERT
GALLIENI
RUE ROBERT ESNAULT PELTERIE
Palais Bourbon Assemblée Nationale
RUE A BRIAND
RUE DE LILLE
RUE DE COURTY
Assemblée Nationale
PLACE H DE MONTHERLANT
Musée de la Légion d'Honneur
RUE DE L'UNIVERSITE
PLACE DU PRESIDENT E HERRIOT
PLACE DU PALAIS BOURBON
INVALIDES
BOULEVARD DE LA TOUR MAUBOURG
MARECHAL
RUE DE CONSTANTINE
RUE SAINT DOMINIQUE
RUE DE SOLFERINO
RUE DE BELLECHASSE
BOULEVARD SAINT GERMAIN
ESPLANADE DES INVALIDES
RUE DE LA COMETE
Institut Géographique National
RUE DE BOURGOGNE
RUE DE MARTIGNAC
SQUARE S ROUSSEAU
RUE LAS CASES
Solférino
PLACE J BAINVILLE
RUE DE VILLERSEXEL
Esplanade des Invalides
PLACE DES INVALIDES
Ste-Clotilde
RUE CASIMIR PERIER
RUE DE CHAMPAGNY
RUE DE GRENELLE
SQUARE DE LA TOUR MAUBOURG
SQUARE DENYS BULHER
PICQUET
SQUARE SANTIAGO DU CHILI
SQUARE D'AJACCIO
La Tour Maubourg
AVENUE DE LA MOTTE
Musée de l'Armée
Hôtel des Invalides
Musée des Plans-Reliefs
St-Louis-des-Invalides
Musée de l'Ordre de la Libération
Varenne
PGE DE LA VISITATION
RUE DE SAINT SIMON
RUE P L COURIER
RUE CHEVERT
RUE L CODET
RUE J GRANIER
Musée Rodin
RUE DE VARENNE
RUE DU BAC
Fontaine des Quatre Saisons
Dôme des Invalides
JARDIN DE L'INTENDANT
CITE VANEAU
Hôtel Matignon
AVENUE DE TOURVILLE
PLACE VAUBAN
ESPLANADE DU SOUVENIR FRANÇAIS
AVENUE DE LOWENDAL
RUE BIXIO
AVENUE DE SEGUR
AVENUE DE VILLARS
BOULEVARD DES INVALIDES
RUE BARBET DE JOUY
RUE DE CHANALEILLES
RUE VANEAU
RUE DE COMMAILLE
SQUARE DES MISSIONS ETRANGERES
RUE DE BABYLONE
RUE D'ESTREES
PLACE EL SALVADOR
PLACE ANDRE TARDIEU
RUE DUQUESNE
VILLA DE SEGUR
St François Xavier
PLACE DU PRESIDENT MITHOUARD
RUE MONSIEUR
JARDIN DE BABYLONE
Hôpital Laennec
AVENUE DE BRETEUIL
VILLA DE SAXE
RUE OUDINOT
RUE PIERRE LEROUX
RUE D'OLIVET
RUE ROUSSELET
RUE DE SEVRES
RUE SAINT PLACIDE
RUE DE L'ABBE GREGOIRE
RUE DU CHERCHE
AVENUE DE SAXE
RUE EBLE
RUE MASSERAN
RUE DU GENERAL BERTRAND
RUE DUROC
AVENUE C COQUELIN
AVENUE D LESUEUR
M DE LA SIZERANNE
Vaneau
RUE ST ROMAIN
RUE DE RUE REGIS
RUE DE BERITE
RUE VAUDOYER
RUE PERIGNON
PLACE DE BRETEUIL
RUE DUPIN
A
15
B
C

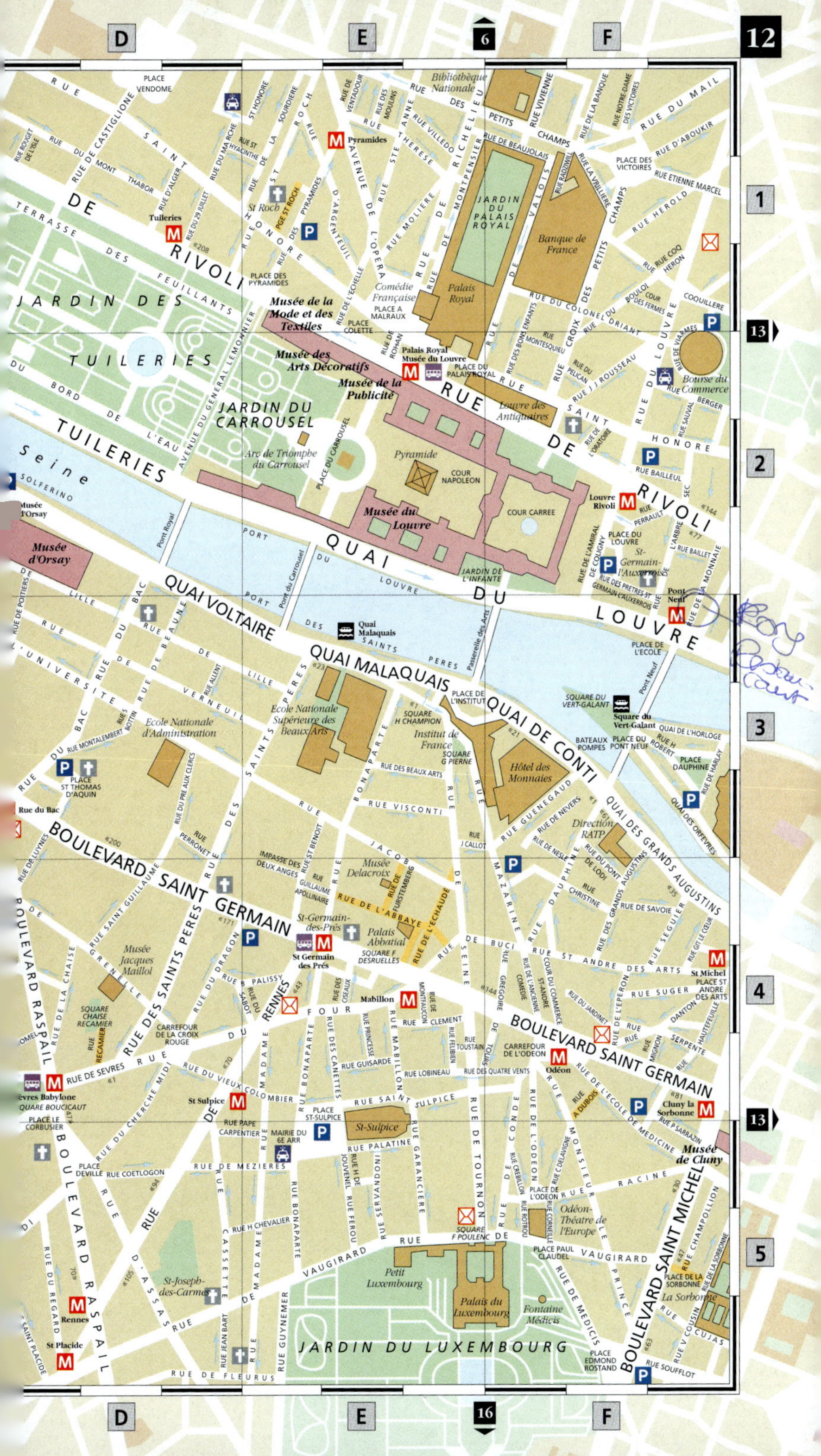
D
E
6
F
1
2
3
4
5
13
16
Place Vendome
Rue de Castiglione
Rue du Mont Thabor
Rue d'Alger
Rue du 29 Juillet
Rue du Marché St Honoré
St Honoré
Rue de la Sourdière
Rue St Roch
St Roch
Rue des Pyramides
Pyramides
Avenue de l'Opéra
Rue d'Argenteuil
Rue Ste Anne
Rue Thérèse
Rue Villedo
Rue Molière
Rue de Richelieu
Rue de Montpensier
Rue des Moulins
Rue de Ventadour
Rue des Petits Champs
Bibliothèque Nationale
Rue Vivienne
Rue de la Banque
Rue Notre-Dame des Victoires
Rue du Mail
Rue d'Aboukir
Place des Victoires
Rue Etienne Marcel
Rue Hérold
Rue Coq Héron
Rue de Beaujolais
Rue de Valois
Rue Radziwill
Rue de la Vrillière
Jardin du Palais Royal
Banque de France
Palais Royal
Comédie Française
Place A. Malraux
Place Colette
Rue de l'Echelle
Rue du Colonel Driant
Rue des Bons Enfants
Rue Croix des Petits Champs
Rue Montesquieu
Rue du Bouloi
Cour des Fermes
Coquillère
Rue du Louvre
Rue de Viarmes
Bourse du Commerce
Rue Berger
Rue Sauval
Rue J.J. Rousseau
Rue du Pélican
Palais Royal Musée du Louvre
Place du Palais Royal
Rue de Rohan
Louvre des Antiquaires
Saint Honoré
Rue de l'Oratoire
Rue Bailleul
Tuileries
Rue de Rivoli
Terrasse des Feuillants
Jardin des Tuileries
Place des Pyramides
Musée de la Mode et des Textiles
Musée des Arts Décoratifs
Musée de la Publicité
Jardin du Carrousel
Avenue du Général Lemonnier
Arc de Triomphe du Carrousel
Place du Carrousel
Pyramide
Cour Napoléon
Cour Carrée
Musée du Louvre
Jardin de l'Infante
Louvre Rivoli
Rue Perrault
Rue de l'Arbre Sec
Rue Baillet
Rue de la Monnaie
Place du Louvre
St-Germain-l'Auxerrois
Rue de l'Amiral de Coligny
Rue des Prêtres St Germain l'Auxerrois
Pont Neuf
Quai du Louvre
Place de l'Ecole
Quai des Tuileries
Seine
Solferino
Musée d'Orsay
Pont Royal
Port du Louvre
Pont du Carrousel
Port des Saints Pères
Passerelle des Arts
Quai Voltaire
Quai Malaquais
Quai de Conti
Place de l'Institut
Square H. Champion
Institut de France
Square G. Pierné
Hôtel des Monnaies
Square du Vert-Galant
Square du Vert-Galant
Quai de l'Horloge
Bateaux Pompes
Place du Pont Neuf
Rue H. Robert
Place Dauphine
Rue de Harlay
Quai des Orfèvres
Quai des Grands Augustins
Rue de Poitiers
Rue de Lille
Rue du Bac
Rue de Beaune
Rue de l'Université
Rue de Verneuil
Rue Allent
Rue des Saints Pères
Rue Montalembert
Ecole Nationale d'Adminstration
Ecole Nationale Supérieure des Beaux Arts
Rue Bonaparte
Rue des Beaux Arts
Rue Visconti
Rue Jacob
Rue Guénégaud
Rue de Nevers
Direction RATP
Rue de Nesle
Rue Dauphine
Rue du Pont de Lodi
Rue Christine
Rue de Savoie
Rue des Grands Augustins
Rue Séguier
Rue Gît le Cœur
Place St Thomas d'Aquin
Rue du Bac
Rue du Pré aux Clercs
Rue Perronet
Impasse des Deux Anges
Rue St Benoît
Rue Guillaume Apollinaire
Musée Delacroix
Rue de Furstemberg
Rue de l'Abbaye
Rue de l'Echaudé
Rue J. Callot
Rue Mazarine
Rue de Buci
Rue de Seine
Boulevard Saint Germain
St-Germain-des-Prés
Palais Abbatial
Square F. Desruelles
St Germain des Prés
Rue St André des Arts
Rue de l'Ancienne Comédie
Cour du Commerce St André
Rue Grégoire de Tours
Rue de l'Eperon
Rue Suger
Rue du Jardinet
Rue Danton
Rue Serpente
Rue Mignon
Rue Hautefeuille
St Michel
Place St André des Arts
Boulevard Raspail
Rue de Luynes
Rue de la Chaise
Rue de Grenelle
Rue Saint Guillaume
Musée Jacques Maillol
Rue des Saints Pères
Rue du Dragon
Rue du Sabot
Rue B. Palissy
Rue de Rennes
Rue des Ciseaux
Mabillon
Rue du Four
Rue Clément
Rue de Montfaucon
Square Chaise Récamier
Rue Récamier
Carrefour de la Croix Rouge
Rue de Sèvres
Sèvres Babylone
Square Boucicaut
Place Le Corbusier
Rue du Cherche Midi
Rue du Vieux Colombier
St Sulpice
Rue Bonaparte
Rue des Canettes
Rue Princesse
Rue Mabillon
Rue Guisarde
Rue Lobineau
Rue Félibien
Rue Toustain
Carrefour de l'Odéon
Odéon
Rue des Quatre Vents
Rue Saint Sulpice
Place St-Sulpice
St-Sulpice
Rue Pape Carpentier
Mairie du 6e Arr
Rue Palatine
Rue de Tournon
Rue de Condé
Rue de l'Odéon
Rue Monsieur le Prince
Rue de l'Ecole de Médecine
Rue A. Dubois
Cluny la Sorbonne
Rue P. Sarrazin
Musée de Cluny
Boulevard Saint Michel
Place Deville
Rue Coëtlogon
Rue de Mézières
Rue Cassette
Rue H. de Jouvenel
Rue Servandoni
Rue Férou
Rue Garancière
Rue Crébillon
Rue C. Delavigne
Place de l'Odéon
Rue Racine
Odéon-Théâtre de l'Europe
Rue Rotrou
Rue Corneille
Rue Champollion
Rue de la Sorbonne
Place de la Sorbonne
La Sorbonne
Rue Cujas
Rue V. Cousin
Rue Soufflot
Place Edmond Rostand
Rue de Médicis
Place Paul Claudel
Rue de Vaugirard
Square F. Poulenc
Rue H. Chevalier
Rue Bonaparte
Petit Luxembourg
Palais du Luxembourg
Fontaine Médicis
Jardin du Luxembourg
Rue Guynemer
Rue Jean Bart
Rue de Madame
Rue de Fleurus
Rue d'Assas
St-Joseph-des-Carmes
Rue du Regard
Rennes
St Placide
Rue St Placide
Boulevard Raspail

13
A
B
C
7
17
12
1
2
3
4
5
RUE RÉAUMUR
RUE LEOPOLD BELLAN
RUE BACHAUMONT
RUE MANDAR
RUE MONTORGUEIL
RUE ST SAUVEUR
RUE DUSSOUBS
RUE GRENETA
RUE MONTMARTRE
RUE DE LA JUSSIENNE
RUE J J ROUSSEAU
RUE DU JOUR
RUE M STUART
Tour de Jean Sans Peur
RUE ETIENNE MARCEL
RUE TURBIGO
Etienne Marcel
St-Eustache
PLACE R CASSIN
Les Halles
RUE RAMBUTEAU
Forum des Halles
RER
Châtelet les Halles
PLACE M QUENTIN
RUE ST HONORE
RUE BERGER
PLACE M DE NAVARRE
PLACE J DU BELLAY
Fontaine des Innocents
RUE DES INNOCENTS
SQUARE DES INNOCENTS
RUE DE LA FERRONNERIE
Châtelet
PLACE STE OPPORTUNE
RUE DE RIVOLI
RUE DU PONT NEUF
RUE DES BOURDONNAIS
RUE DES HALLES
AVENUE VICTORIA
QUAI DE LA MEGISSERIE
PLACE DU CHATELET
Tour St-Jacques
SQUARE DE LA TOUR ST-JACQUES
BOULEVARD DE SEBASTOPOL
RUE ST DENIS
Réaumur Sébastopol
PASSAGE BASFOUR
RUE ST MARTIN
RUE BEAUBOURG
RUE DU RENARD
Conservatoire des Arts et Métiers
SQUARE EMILE CHAUTEMPS
RUE PAPIN
SQUARE DU G MORIN
Arts et Métiers
RUE VAUCANSON
RUE DE TURBIGO
RUE VOLTA
RUE NOTRE DAME DE NAZARETH
RUE VERTBOIS
RUE DES FONTAINES DU TEMPLE
SQUARE DU TEMPLE
RUE AU MAIRE
RUE DES GRAVILLIERS
RUE CHAPON
RUE MONTMORENCY
RUE MICHEL LE COMTE
RUE DU TEMPLE
RUE DES ARCHIVES
RUE PASTOURELLE
RUE PORTEFOIN
Musée de la Musique Mécanique
Rambuteau
JARDIN ST AIGNAN
Musée d'Art et d'Histoire du Judaïsme
Centre Georges Pompidou
PLACE GEORGES POMPIDOU
PLACE E MICHELET
RUE AUBRY LE BOUCHER
RUE QUINCAMPOIX
RUE DE VENISE
RUE DU CLOITRE ST MERRI
RUE ST MERRI
St-Merri
RUE DES LOMBARDS
RUE DE LA VERRERIE
SQUARE STE CROIX DE LA BRETONNERIE
RUE STE CROIX DE LA BRETONNERIE
RUE DES BLANCS MANTEAUX
RUE DES FRANCS BOURGEOIS
RUE VIEILLE DU TEMPLE
Hôtel Guénégaud
Musée de la Chasse et de la Nature
Hôtel de Soubise
Archives Nationales
Hôtel de Rohan
RUE DES QUATRE FILS
RUE BARBETTE
RUE DES ROSIERS
RUE DES ECOUFFES
RUE DU ROI DE SICILE
RUE FERDINAND DUVAL
RUE DU BOURG TIBOURG
RUE DE MOUSSY
Hôtel de Ville
Assistance Publique
PLACE DE L'HOTEL DE VILLE
MAIRIE DE PARIS
RUE DE LOBAU
RUE FRANCOIS MIRON
St Paul
PLACE ST GERVAIS
St-Gervais St-Protais
RUE DES BARRES
Mémorial du Martyr Juif Inconnu
SQUARE A SCHWEITZER
Pont Marie
RUE DE JOUY
RUE DE FOURCY
RUE CHARLEMAGNE
Hôtel de Sens
QUAI DES CELESTINS
QUAI DE L'HOTEL DE VILLE
Port de l'Hôtel de Ville
PLACE DU BATAILLON FRANÇAIS DE L'O.N.U. EN COREE
Pont Louis Philippe
QUAI DE GESVRES
QUAI DE CORSE
Pont au Change
Pont Notre Dame
Pont d'Arcole
Conciergerie
Palais de Justice
Ste-Chapelle
BOULEVARD DU PALAIS
Cité
PLACE L LEPINE
RUE DE LUTECE
ILE DE LA CITE
RUE DE LA CITE
Hôtel Dieu
Crypte Archéologique
PLACE DU PARVIS NOTRE DAME
RUE DU CLOITRE-NOTRE-DAME
Notre-Dame
SQUARE JEAN XXIII
Port de Montebello
SQUARE DE L'ILE DE FRANCE
QUAI AUX FLEURS
RUE CHANOINESSE
ILE ST LOUIS
QUAI DE BOURBON
RUE ST LOUIS EN L'ILE
St-Louis-en-l'Ile
Hôtel de Lauzun
QUAI D'ANJOU
QUAI DE BETHUNE
Musée Adam Mickiewicz
QUAI D'ORLEANS
RUE DES DEUX PONTS
Pont de la Tournelle
Pont St Michel
QUAI DU MARCHE NEUF
Petit Pont
St Michel
QUAI ST MICHEL
PLACE DU PETIT PONT
RUE DE LA HUCHETTE
RUE DE LA HARPE
RUE ST SEVERIN
St-Séverin
SQUARE R VIVIANI
St-Julien-le-Pauvre
QUAI DE MONTEBELLO
QUAI DE LA TOURNELLE
RUE GALANDE
RUE DANTE
RUE LAGRANGE
RUE DE BIEVRE
RUE DES BERNARDINS
Musée de Cluny
BOULEVARD SAINT GERMAIN
Maubert Mutualité
PLACE MAUBERT
SQUARE ET PLACE P PAINLEVE
RUE SAINT JACQUES
La Sorbonne
Chapelle de la Sorbonne
SQUARE F A MARIETTE
PLACE M BERTHELOT
RUE DES CARMES
RUE DE LA MONTAGNE STE GENEVIEVE
QUARTIER LATIN
SQUARE P LANGEVIN
JARDIN DE NAVARRE
RUE DES ECOLES
RUE MONGE
RUE DU CARDINAL LEMOINE
RUE DES FOSSES SAINT BERNARD
Institut du Monde Arabe
QUAI SAINT BERNARD
Musée de Minéralogie
Universités Paris VI et Paris VII
Lycée Louis le Grand
RUE CUJAS
Pont de Sully
SQUARE BARYE

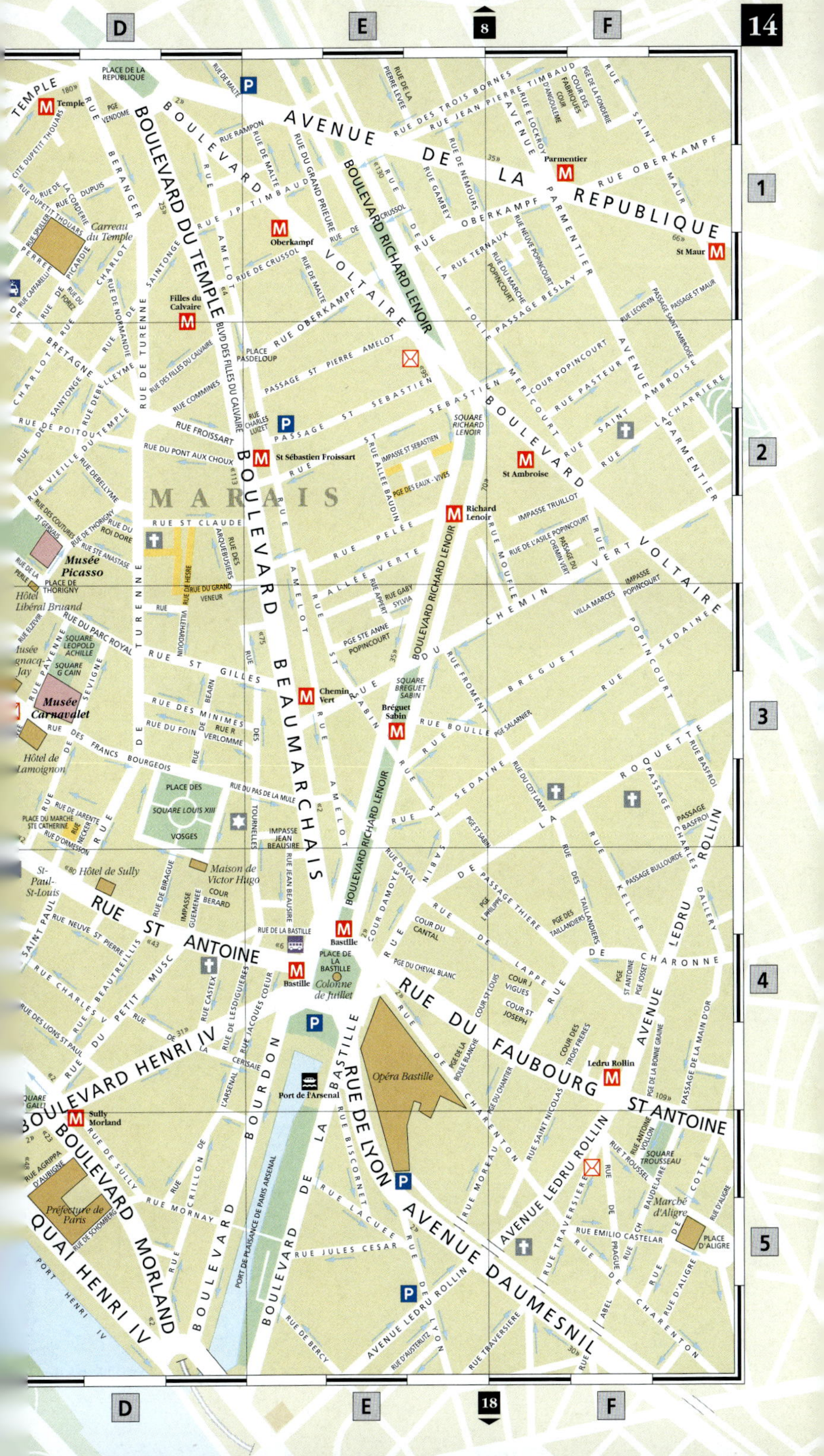
14
D
E
F
8
18
1
2
3
4
5
AVENUE DE LA REPUBLIQUE
BOULEVARD DU TEMPLE
BOULEVARD VOLTAIRE
BOULEVARD RICHARD LENOIR
BOULEVARD BEAUMARCHAIS
BOULEVARD HENRI IV
BOULEVARD MORLAND
BOULEVARD BOURDON
BOULEVARD DE LA BASTILLE
QUAI HENRI IV
PORT HENRI IV
RUE ST ANTOINE
RUE DU FAUBOURG ST ANTOINE
RUE DE LYON
AVENUE DAUMESNIL
AVENUE LEDRU ROLLIN
AVENUE PARMENTIER
RUE OBERKAMPF
RUE DE LA ROQUETTE
RUE DE CHARONNE
RUE DE TURENNE
RUE DE BRETAGNE
RUE VIEILLE DU TEMPLE
RUE DES FRANCS BOURGEOIS
RUE ST GILLES
RUE AMELOT
RUE SEDAINE
RUE DE CHARENTON
RUE ST SABIN
CHEMIN VERT
RUE FOLIE MERICOURT
RUE DE MALTE
RUE JEAN PIERRE TIMBAUD
PASSAGE ST PIERRE AMELOT
PASSAGE ST SEBASTIEN
RUE ST CLAUDE
RUE DE CHARLOT
RUE DE SAINTONGE
RUE DU PONT AUX CHOUX
RUE FROISSART
RUE DES TOURNELLES
RUE DE BIRAGUE
RUE DE LA BASTILLE
RUE DE LESDIGUIÈRES
RUE DU PETIT MUSC
RUE CHARLES V
RUE BEAUTREILLIS
RUE DE SULLY
RUE MORNAY
RUE BISCORNET
RUE JULES CESAR
RUE DE BERCY
RUE DE PRAGUE
RUE D'ALIGRE
RUE TRAVERSIERE
RUE KELLER
RUE DES TAILLANDIERS
RUE DE LAPPE
RUE DAVAL
RUE DE LA FOLIE MERICOURT
RUE BRÉGUET
RUE BOULLE
RUE POPINCOURT
RUE ST MAUR
RUE SAINT AMBROISE
RUE DU CHEMIN VERT
MARAIS
Carreau du Temple
Musée Picasso
Hôtel Libéral Bruand
Musée Cognacq-Jay
Musée Carnavalet
Hôtel de Lamoignon
PLACE DES VOSGES
SQUARE LOUIS XIII
Hôtel de Sully
St-Paul-St-Louis
Maison de Victor Hugo
PLACE DE LA BASTILLE
Colonne de Juillet
Opéra Bastille
Port de l'Arsenal
PORT DE PLAISANCE DE PARIS ARSENAL
Préfecture de Paris
Marché d'Aligre
PLACE D'ALIGRE
SQUARE TROUSSEAU
PLACE DE LA REPUBLIQUE
PLACE PASDELOUP
SQUARE RICHARD LENOIR
SQUARE BREGUET SABIN
Temple
Oberkampf
Parmentier
St Maur
Filles du Calvaire
St Sébastien Froissart
St Ambroise
Richard Lenoir
Chemin Vert
Bréguet Sabin
Bastille
Ledru Rollin
Sully Morland

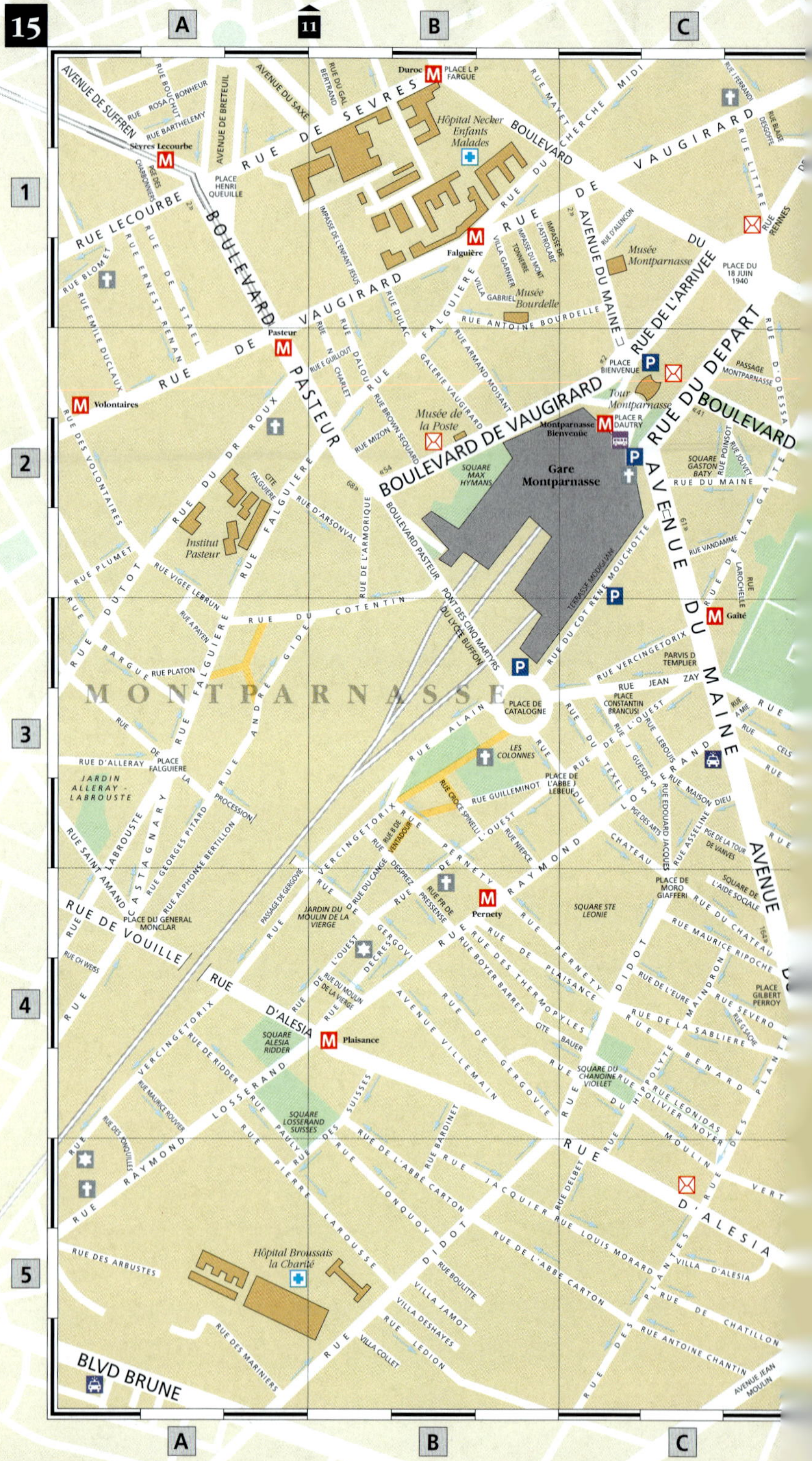

A
11
B
C
1
2
3
4
5
MONTPARNASSE
Duroc
PLACE L P FARGUE
Hôpital Necker Enfants Malades
Sèvres Lecourbe
PLACE HENRI QUEUILLE
AVENUE DE SUFFREN
RUE ROSA BONHEUR
RUE BOUCHUT
RUE BARTHELEMY
AVENUE DE BRETEUIL
AVENUE DU SAXE
RUE DU GAL BERTRAND
RUE DE SEVRES
RUE LECOURBE
BOULEVARD PASTEUR
BOULEVARD DU MONTPARNASSE
RUE DE VAUGIRARD
RUE DU CHERCHE MIDI
Falguière
Pasteur
Volontaires
RUE BLOMET
RUE ERNEST RENAN
RUE DE STAEL
RUE EMILE DUCLAUX
RUE DES VOLONTAIRES
IMPASSE DE L'ENFANT JESUS
RUE DULAC
RUE FALGUIERE
VILLA GARNIER
VILLA GABRIEL
Musée Bourdelle
RUE ANTOINE BOURDELLE
AVENUE DU MAINE
Musée Montparnasse
RUE D'ALENCON
RUE LITTRE
RUE DE RENNES
PLACE DU 18 JUIN 1940
RUE DE L'ARRIVEE
RUE DU DEPART
PLACE BIENVENUE
Tour Montparnasse
PASSAGE MONTPARNASSE
RUE D'ODESSA
BOULEVARD DE VAUGIRARD
Montparnasse Bienvenüe
PLACE R DAUTRY
Gare Montparnasse
SQUARE MAX HYMANS
Musée de la Poste
GALERIE VAUGIRARD
RUE ARMAND MOISANT
RUE MIZON
RUE BROWN SEQUARD
RUE DALOU
RUE N CHARLET
RUE E GUILLOUT
RUE DU DR ROUX
CITE FALGUIERE
Institut Pasteur
RUE D'ARSONVAL
RUE DE L'ARMORIQUE
BOULEVARD PASTEUR
RUE DU MAINE
SQUARE GASTON BATY
RUE POINSOT
RUE JOLIVET
RUE VANDAMME
RUE DE LA GAITE
RUE LAROCHELLE
Gaîté
TERRASSE MODIGLIANI
RUE DU CDT RENE MOUCHOTTE
PONT DES CINQ MARTYRS DU LYCEE BUFFON
RUE PLUMET
RUE DUTOT
RUE VIGEE LEBRUN
RUE A PAYEN
RUE DU COTENTIN
RUE BARGUE
RUE PLATON
RUE ANDRE GIDE
RUE VERCINGETORIX
PARVIS D TEMPLIER
RUE JEAN ZAY
PLACE DE CATALOGNE
PLACE CONSTANTIN BRANCUSI
RUE DE L'OUEST
RUE LEBOUIS
RUE ALAIN
LES COLONNES
PLACE DE L'ABBE J LEBEUF
RUE DU TEXEL
RUE GUILLEMINOT
RUE CROCE SPINELLI
RUE MAISON DIEU
RUE DE LA GAITE
RUE DE CELS
RUE D'ALLERAY
PLACE FALGUIERE
JARDIN ALLERAY - LABROUSTE
RUE DE LA PROCESSION
RUE LABROUSTE
RUE CASTAGNARY
RUE GEORGES PITARD
RUE ALPHONSE BERTILLON
RUE SAINT AMAND
PLACE DU GENERAL MONCLAR
RUE DE VOUILLE
RUE CH WEISS
PASSAGE DE GERGOVIE
JARDIN DU MOULIN DE LA VIERGE
RUE DU CANGE
RUE DESPREZ
RUE FR DE PRESSENSE
RUE PERNETY
Pernety
RUE RAYMOND LOSSERAND
RUE DU CHATEAU
PGE DES ARTS
RUE EDOUARD JACQUES
RUE ASSELINE
PGE DE LA TOUR DE VANVES
SQUARE DE L'AIDE SOCIALE
PLACE DE MORO GIAFFERI
SQUARE STE LEONIE
AVENUE DU MAINE
RUE MAURICE RIPOCHE
RUE DE GERGOVIE
RUE DU MOULIN DE LA VIERGE
RUE DES THERMOPYLES
RUE BOYER BARRET
RUE DE PLAISANCE
RUE DIDOT
RUE DE L'EURE
RUE MAINDRON
RUE SEVERO
RUE E SACHE
PLACE GILBERT PERROY
RUE D'ALESIA
Plaisance
SQUARE ALESIA RIDDER
RUE DE RIDDER
RUE MAURICE ROUVIER
RUE DES JONQUILLES
AVENUE VILLEMAIN
CITE BAUER
SQUARE DU CHANOINE VIOLLET
RUE DE LA SABLIERE
RUE BENARD
RUE HIPPOLYTE
RUE LEONIDAS
RUE OLIVIER NOYER
RUE DES PLANTES
RUE DU MOULIN VERT
SQUARE LOSSERAND SUISSES
RUE DES SUISSES
RUE PAULY
RUE PIERRE LAROUSSE
RUE BARDINET
RUE DE L'ABBE CARTON
RUE JACQUIER
RUE JONQUOY
RUE DELBET
RUE LOUIS MORARD
VILLA D'ALESIA
RUE DE CHATILLON
RUE ANTOINE CHANTIN
AVENUE JEAN MOULIN
RUE DES ARBUSTES
Hôpital Broussais la Charité
RUE BOULITTE
VILLA JAMOT
VILLA DESHAYES
RUE LEDION
VILLA COLLET
RUE DES MARINIERS
BLVD BRUNE

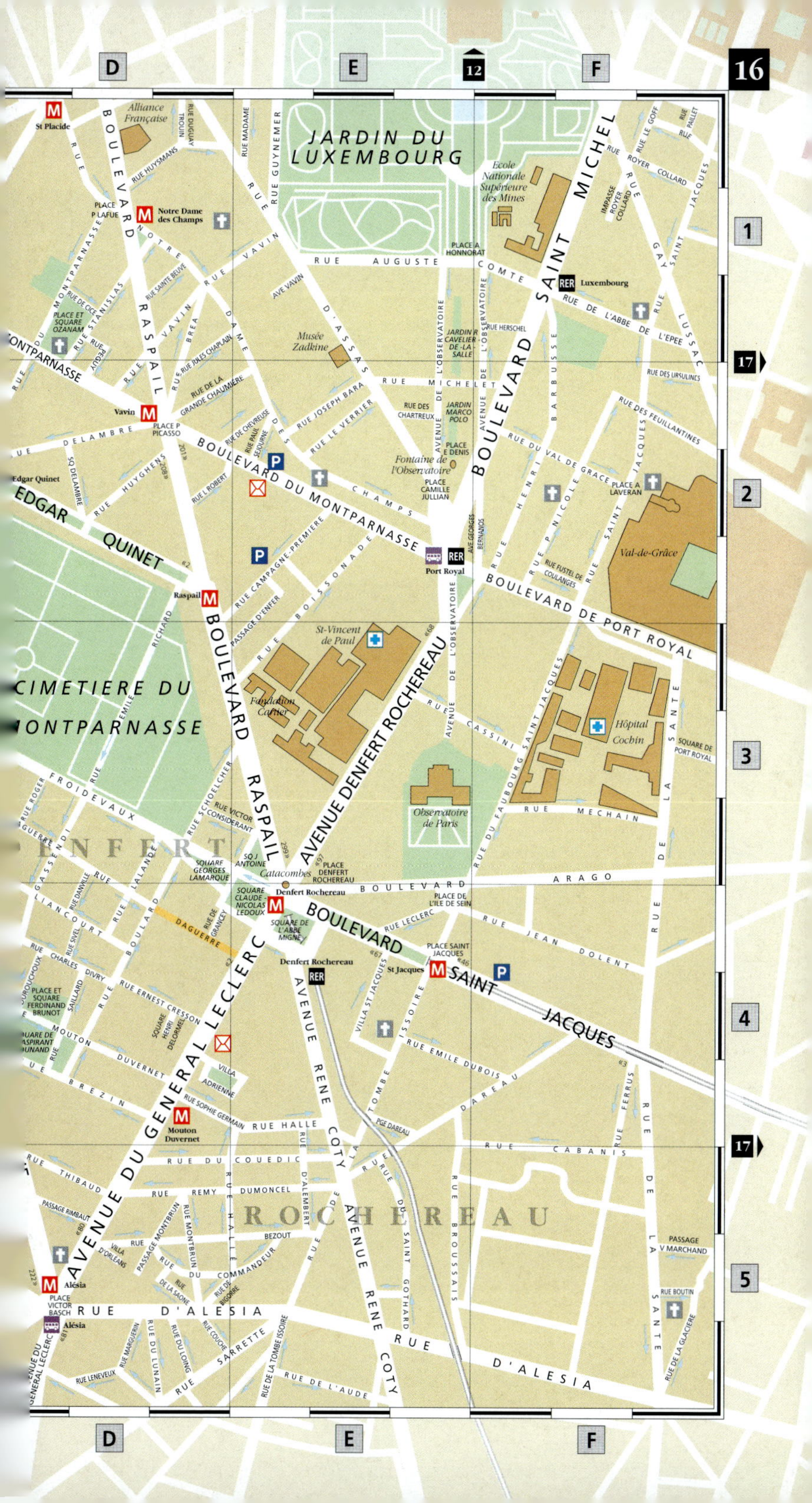
16
D
E
12
F
1
2
3
4
5
17
JARDIN DU LUXEMBOURG
Alliance Française
St Placide
Notre Dame des Champs
PLACE P LAFUE
BOULEVARD RASPAIL
RUE HUYSMANS
RUE MADAME
RUE GUYNEMER
RUE DUGUAY TROUIN
RUE VAVIN
AVE VAVIN
RUE AUGUSTE COMTE
PLACE A HONNORAT
Ecole Nationale Supérieure des Mines
BOULEVARD SAINT MICHEL
RUE ROYER COLLARD
IMPASSE ROYER COLLARD
RUE LE GOFF
RUE PAILLET
RUE SAINT JACQUES
RUE GAY LUSSAC
Luxembourg
RUE DE L'ABBE DE L'EPEE
RUE HERSCHEL
JARDIN R CAVELIER DE-LA-SALLE
AVENUE DE L'OBSERVATOIRE
Musée Zadkine
RUE D'ASSAS
RUE MICHELET
RUE DES CHARTREUX
JARDIN MARCO POLO
PLACE E DENIS
Fontaine de l'Observatoire
PLACE CAMILLE JULLIAN
RUE DES URSULINES
RUE DES FEUILLANTINES
RUE DU VAL DE GRACE
PLACE A LAVERAN
RUE HENRI BARBUSSE
RUE P NICOLE
RUE FUSTEL DE COULANGES
Val-de-Grâce
PLACE ET SQUARE OZANAM
RUE DE CICE
RUE STANISLAS
RUE PEGUY
RUE DU MONTPARNASSE
RUE SAINTE BEUVE
RUE BREA
RUE JULES CHAPLAIN
RUE DE LA GRANDE CHAUMIERE
RUE NOTRE DAME DES CHAMPS
RUE DE CHEVREUSE
RUE BAUL SEJOURNE
RUE JOSEPH BARA
RUE LE VERRIER
Vavin
PLACE P PICASSO
RUE DELAMBRE
SQ DELAMBRE
RUE HUYGHENS
Edgar Quinet
BOULEVARD EDGAR QUINET
RUE L ROBERT
BOULEVARD DU MONTPARNASSE
AVE GEORGES BERNANOS
Port Royal
BOULEVARD DE PORT ROYAL
RUE CAMPAGNE PREMIERE
RUE BOISSONADE
PASSAGE D'ENFER
Raspail
RUE RICHARD
RUE EMILE RICHARD
CIMETIERE DU MONTPARNASSE
St-Vincent de Paul
Fondation Cartier
AVENUE DENFERT ROCHEREAU
RUE CASSINI
Observatoire de Paris
RUE DU FAUBOURG SAINT JACQUES
Hôpital Cochin
SQUARE DE PORT ROYAL
RUE DE LA SANTE
RUE MECHAIN
RUE FROIDEVAUX
RUE VICTOR CONSIDERANT
RUE SCHOELCHER
DENFERT
SQUARE GEORGES LAMARQUE
SQ J ANTOINE
Catacombes
PLACE DENFERT ROCHEREAU
BOULEVARD ARAGO
PLACE DE L'ILE DE SEIN
Denfert Rochereau
SQUARE CLAUDE NICOLAS LEDOUX
SQUARE DE L'ABBE MIGNE
RUE GASSENDI
RUE LALANDE
RUE DANVILLE
RUE LIANCOURT
RUE BOULARD
RUE DAGUERRE
RUE DE GRANCEY
RUE SIVEL
RUE CHARLES DIVRY
RUE SAILLARD
RUE ERNEST CRESSON
SQUARE HENRI DELORMEL
PLACE ET SQUARE FERDINAND BRUNOT
RUE MOUTON DUVERNET
RUE BREZIN
VILLA ADRIENNE
RUE SOPHIE GERMAIN
Mouton Duvernet
RUE LECLERC
BOULEVARD SAINT JACQUES
PLACE SAINT JACQUES
St Jacques
RUE JEAN DOLENT
VILLA ST JACQUES
RUE DE LA TOMBE ISSOIRE
RUE EMILE DUBOIS
RUE DAREAU
PGE DAREAU
RUE FERRUS
RUE CABANIS
AVENUE RENE COTY
AVENUE DU GENERAL LECLERC
RUE HALLE
RUE DU COUEDIC
RUE THIBAUD
RUE REMY DUMONCEL
RUE D'ALEMBERT
ROCHEREAU
RUE BROUSSAIS
RUE DU SAINT GOTHARD
PASSAGE RIMBAUT
VILLA D'ORLEANS
PASSAGE MONTBRUN
RUE MONTBRUN
RUE DU COMMANDEUR
RUE BEZOUT
RUE DE LA SAONE
RUE DE BEGONIE
PASSAGE V MARCHAND
RUE BOUTIN
RUE DE LA GLACIERE
Alésia
PLACE VICTOR BASCH
RUE D'ALESIA
RUE SARRETTE
RUE COUCHE
RUE DU LOING
RUE DU LUNAIN
RUE MARGUERIN
RUE LENEVEUX
RUE DE L'AUDE
RUE DE LA TOMBE ISSOIRE

A
B
C
13
16
1
2
3
4
5
Panthéon
St-Etienne-du-Mont
Place du Panthéon
Place Ste Geneviève
Rue Soufflot
Rue Clotaire
Rue Clotilde
Lycée Henry IV
Place de l'Estrapade
Rue de l'Estrapade
Rue Pierre et Marie Curie
Rue d'Ulm
Rue des Irlandais
Rue Laromiguière
Rue Blainville
Rue Thouin
Rue Descartes
Rue Clovis
Jardin de Navarre
Rue du Cardinal Lemoine
Cardinal Lemoine
Rue Monge
Rue des Boulangers
Place Jussieu
Jussieu
Rue Jussieu
Universités Paris VI et Paris VII
Rue Cuvier
Ménagerie
Jardin des Plantes
Square des Arènes de Lutèce
Arènes de Lutèce
Square Capitan
Rue des Arènes
Rue Guy de la Brosse
Rue Linné
Rue de Navarre
Rue Rollin
Place de la Contrescarpe
Rue Lacépède
Rue Lhomond
Rue Amyot
Rue Tournefort
Rue Mouffetard
Square Ortolan
Rue Ortolan
Monge
Place Monge
Rue Malus
Rue de la Clef
Rue Dolomieu
Rue du Puits de l'Ermite
Square R. Montagne
Rue de Quatrefages
Rue G. Desplas
Mosquée de Paris
Muséum National d'Histoire Naturelle
Rue Geoffroy Saint Hilaire
Rue du Pot de Fer
Rue Rataud
Rue Erasme
Rue L. Thuillier
Rue P. Brossolette
Place L. Herr
École Normale Supérieur
Place P. Lampué
Rue J. Calvin
Rue de l'Épée de Bois
Rue Gracieuse
Rue Pestalozzi
Rue des Patriarches
Rue Vauquelin
Rue Lagarde
Pge des Postes
Square Vermenouze
Rue de l'Arbalète
Rue de Mirbel
Rue Daubenton
Rue du Gril
Rue Censier
Rue Santeuil
Rue de la Clef
Rue Poliveau
Rue de l'Essai
St-Médard
Censier Daubenton
Rue E. Quenu
Rue de Bazeilles
Sq. Adanson
Rue Claude Bernard
Val-de-Grâce
Rue Berthollet
Rue du Fer à Moulin
Square Scipion
Rue Scipion
Rue des Fossés St Marcel
Rue des Lyonnais
Rue Flatters
Rue Broca
Rue Pascal
Rue de Valence
Rue du Petit Moine
Rue de la Collégiale
Rue Vésale
Avenue des Gobelins
Boulevard de Port Royal
Boulevard Saint Marcel
Rue Jeanne d'Arc
Rue J. Bréton
Rue Pahnard
Rue des Wallons
Rue du Jura
Rue Oudry
Rue Pirandello
Rue Duméril
Rue Titien
La Gare
Rue de la Glacière
Rue Saint Hippolyte
Rue Arago
Boulevard Arago
Rue des Gobelins
Rue Berbier du Mets
Rue Gustave Geffroy
Rue M. Peter
Rue de la Reine Blanche
Rue Nicolas Roret
Rue Le Brun
Gobelins
Rue Banquier
Campo Formio
Rue de Campo Formio
Boulevard de l'Hôpital
Hôpital Broca
Rue Émile Deslandres
Manufacture des Gobelins
Rue des Cordelières
Rue Croulebarbe
Rue Léon Maurice Nordmann
Rue des Tanneries
Rue Véronèse
Rue Primatice
Rue Rubens
Rue Coypel
Rue Philippe de Champagne
Rue Pinel
Rue Ed. Manet
Rue Fagon
Avenue Stephen Pichon
Gobelins
Rue du Champ de l'Alouette
Rue Vulpian
Rue Corvisart
Rue des Reculettes
Rue Abel Hovelacque
Avenue de la Sœur Rosalie
Place d'Italie
Rue Godefroy
Rue Albert Bayet
Boulevard Auguste Blanqui
Glacière
Rue P. Gervais
Rue Edmond Gondinet
Corvisart
Rue Père Guérin
Rue Paulin Méry
Rue Bobillot
Avenue d'Italie
Avenue de Choisy
Rue Nicolas Fortin
Rue George Eastman
Rue Vergniaud
Rue Barrault
Passage Barrault
Rue Dantec
Rue des Cinq Diamants
Rue Gérard
Rue Samson
Rue Simonet
Rue du Moulin des Prés
Rue Alphand
Rue Daviel
Rue de la Butte aux Cailles
Passage Boiton
Rue de Pouy
Rue Vandrezanne
Rue des Deux Avenues
Rue Moulinet
Rue Wurtz
Rue Michal
Rue Buot
Rue Toussaint Féron

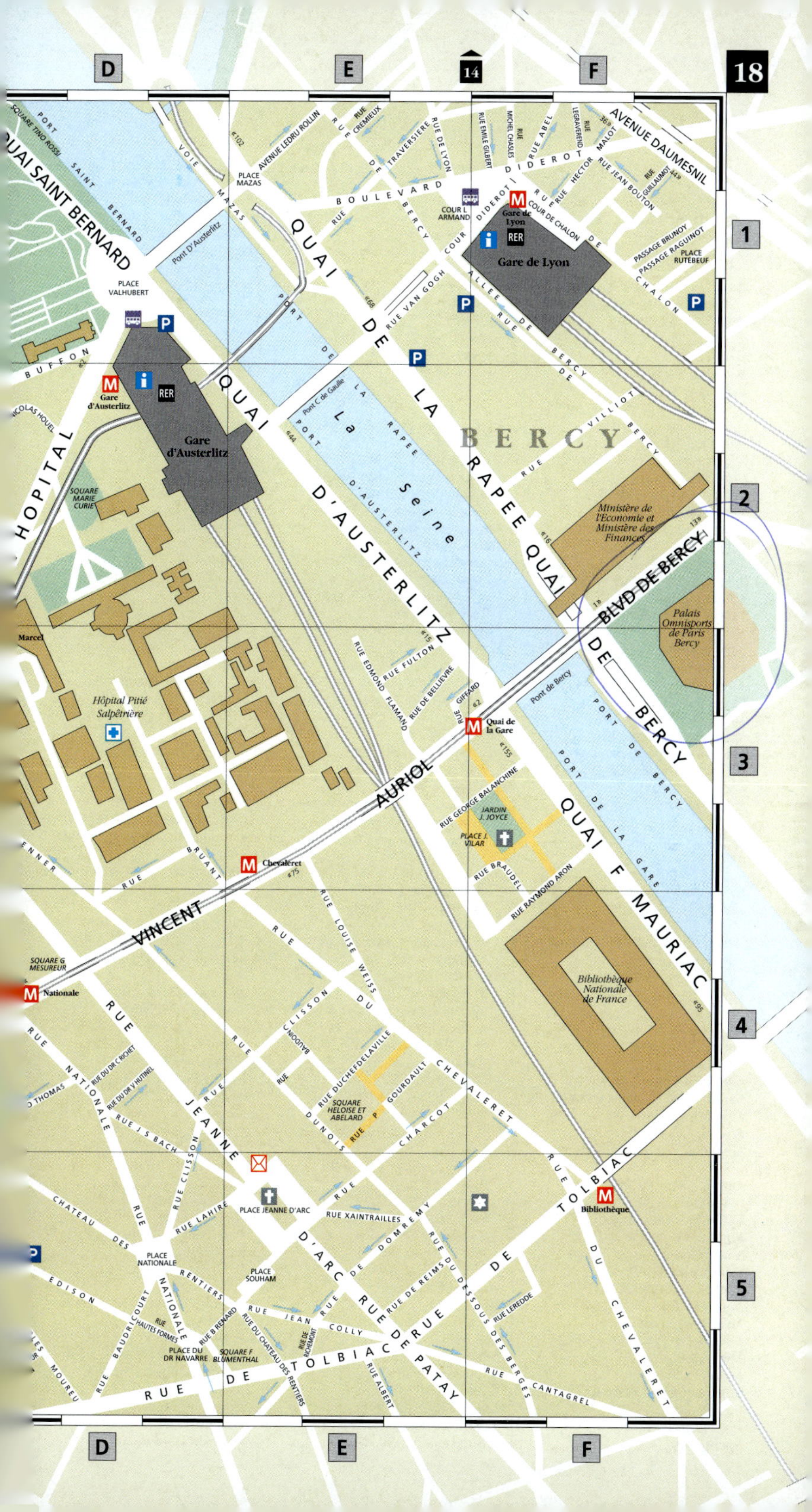
D
E
14
F
1
2
3
4
5
QUAI SAINT BERNARD
SQUARE TINO ROSSI
PORT SAINT BERNARD
VOIE MAZAS
PLACE MAZAS
AVENUE LEDRU ROLLIN
RUE CREMIEUX
RUE TRAVERSIERE
RUE DE LYON
RUE EMILE GILBERT
RUE MICHEL CHASLES
RUE ABEL
LEGRAVEREND
RUE HECTOR MALOT
AVENUE DAUMESNIL
RUE JEAN BOUTON
RUE GUILLAUMOT
BOULEVARD DIDEROT
COUR L ARMAND
Gare de Lyon
COUR DE CHALON
RUE DE CHALON
PASSAGE BRUNOY
PASSAGE RAGUINOT
PLACE RUTEBEUF
RER
Pont D'Austerlitz
QUAI DE LA RAPEE
RUE VAN GOGH
COUR DIDEROT
ALLEE
RUE DE BERCY
PLACE VALHUBERT
BUFFON
Gare d'Austerlitz
NICOLAS HOUEL
PORT DE LA RAPEE
PORT D'AUSTERLITZ
Pont C de Gaulle
La Seine
BERCY
RUE VILLIOT
Ministère de l'Economie et Ministère des Finances
BLVD DE BERCY
Palais Omnisports de Paris Bercy
HOPITAL
SQUARE MARIE CURIE
QUAI D'AUSTERLITZ
Marcel
Hôpital Pitié Salpêtrière
RUE EDMOND FLAMAND
RUE FULTON
RUE DE BELLIEVRE
RUE GIFFARD
Quai de la Gare
Pont de Bercy
PORT DE BERCY
PORT DE LA GARE
AURIOL
RUE GEORGE BALANCHINE
JARDIN J. JOYCE
PLACE J. VILAR
RUE BRAUDEL
RUE RAYMOND ARON
QUAI F MAURIAC
Chevaleret
RUE BRUANT
VINCENT
RUE LOUISE WEISS
SQUARE G MESUREUR
Nationale
Bibliothèque Nationale de France
RUE NATIONALE
RUE CLISSON
RUE BAUDRICOURT
RUE DUCHEFDELAVILLE
SQUARE HELOISE ET ABELARD
RUE GOURDAULT
RUE DU CHEVALERET
RUE CHARCOT
RUE DUNOIS
RUE JEANNE D'ARC
RUE DU DR C RICHET
RUE DU DR V HUTINEL
RUE J S BACH
THOMAS
PLACE JEANNE D'ARC
RUE LAHIRE
RUE XAINTRAILLES
RUE DE DOMREMY
RUE DE TOLBIAC
Bibliothèque
RUE DU CHATEAU DES RENTIERS
PLACE NATIONALE
EDISON
PLACE SOUHAM
RUE JEAN COLLY
RUE DE REIMS
RUE DU DESSOUS DES BERGES
RUE LEREDDE
RUE DE PATAY
RUE HAUTES FORMES
RUE B REDARD
PLACE DU DR NAVARRE
SQUARE F BLUMENTHAL
RUE DE RICHEMONT
RUE ALBERT
RUE CANTAGREL
RUE MOUREU

Textregister

D

E

H

I

J

K

M

T

Danksagung

DORLING KINDERSLEY bedankt sich bei allen, die bei der Herstellung dieses Buches mitgewirkt haben.

DER HAUPTAUTOR
ALAN TILLIER lebt seit 25 Jahren in verschiedenen Stadtteilen von Paris. In dieser Zeit war er Korrespondent für verschiedene Magazine und Zeitungen wie *Newsweek, The Times* und *International Herald Tribune*. Er ist Autor einiger *Herald-Tribune*-Reiseführer für Geschäftsreisende.

WEITERE AUTOREN
Lenny Borger, Karen Burshtein, Thomas Quinn Curtiss, David Downie, Fiona Dunlop, Heidi Ellison, Alexandre Lazareff, Robert Noah, Martha Rose Shulman, David Stevens, Ian Williams, Jude Welton.

DORLING KINDERLEY dankt auch den Redakteuren und Dokumentatoren von WEBSTERS INTERNATIONAL PUBLISHERS: Sandy Carr, Siobhan Bremner, Valeria Fabbri, Gemma Hancock, Sara Harper, Annie Hubert, Celia Woolfrey.

ERGÄNZENDE FOTOGRAFIE
Andy Crawford, Michael Crockett, Lucy Davies, Mike Dunning, Philip Gatward, Steve Gorton, Alison Harris, Chas Howson, Dave King, Oliver Knight, Roland MacKechnie, Eric Meacher, Neil Mersh, Stephen Oliver, Poppy, Susannah Price, Tim Ridley, Philippe Sebert, Steve Shott, Peter Wilson, Steven Wooster.

ERGÄNZENDE ILLUSTRATIONEN
John Fox, Nick Gibbard, David Harris, Kevin Jones Associates, John Woodcock.

KARTOGRAFIE
Advanced Illustration (Cheshire), Contour Publishing (Derby), Euromap Limited (Berkshire). Kartenteil: ERA Maptec Ltd (Dublin), Überarbeitung der Originalvorlagen mit Genehmigung von Shobunsha (Japan).

KARTOGRAFISCHE DOKUMENTATION
Roger Bullen, Tony Chambers, Paul Dempsey, Ruth Duxbury, Ailsa Heritage, Margeret Hynes, Jayne Parsons, Donna Rispoli, Andrew Thompson.

REDAKTION UND GESTALTUNG
MANAGING EDITOR Douglas Amrine
MANAGING ART EDITOR Geoff Manders
SENIOR EDITOR Georgina Matthews
SERIES DESIGN CONSULTANT Peter Luff
EDITORIAL DIRECTOR David Lamb
ART DIRECTOR Anne-Marie Bulat
PRODUCTION CONTROLLER Hilary Stephens
PICTURE RESEARCH Naomi Peck
DTP DESIGN Andy Wilkinson
Janet Abbott, Emma Ainsworth, Hilary Bird, Vanessa Courtier, Maggie Crowley, Lisa Davidson, Guy Dimond, Elizabeth Eyre, Simon Farbrother, Fay Franklin, Eric Gibory, Paul Hines, Fiona Holman, Gail Jones, Nancy Jones, Stephen Knowlden, Chris Lascelles, Rebecca Milner, Fiona Morgan, Lyn Parry, Shirin Patel, Philippa Richmond, Philippe Rouin, Andrew Szudek.

WEITERE HILFE GEWÄHRTEN
Miranda Dewer von der Bridgeman Art Library, Editions Gallimard, Lindsay Hunt, Emma Hutton von Cooling Brown, Janet Todd von DACS, Oddbins Ltd.

FOTONACHWEIS
Musée Carnavalet, Thomas d'Hoste.

GENEHMIGUNGEN FÜR FOTOGRAFIEN
DORLING KINDERSLEY bedankt sich bei den folgenden Institutionen für die freundlich gewährte Erlaubnis zu fotografieren: Aéroports de Paris, Basilique du Sacré-Cœur de Montmartre, Beauvilliers, Benoit, Bibliothèque Historique de la Ville de Paris, Bibliothèque Polonaise, Bofinger, Brasserie Lipp, Café Costes, Café de Flore, Caisse Nationale des Monuments Historiques et des Sites, Les Catacombes, Centre National d'Art et de Culture Georges Pompidou, Chartier, Chiberta, La Cité des Sciences et de l'Industrie and L'EPPV, La Coupole, Les Deux Magots, Fondation Cousteau, Le Grand Colbert, Hôtel Atala, Hôtel Liberal Bruant, Hôtel Meurice, Hôtel Relais Christine, Kenzo, Lucas-Carton, La Madeleine, Mariage Frères, Memorial du Martyr Juif Inconnu, Thierry Mugler, Musée Armenien de France, Musée de l'Art Juif, Musée Bourdelle, Musée du Cabinet des Medailles, Musée Carnavalet, Musée Cernuschi: Ville de Paris, Musée du Cinema Henri Langlois, Musée Cognacq-Jay, Musée de Cristal de Baccarat, Musée d'Ennery, Musée Grévin, Musée Jacquemart-André, Musée de la Musique Méchanique, Musée National des Châteaux de Malmaison et Bois-Préau, Collections du Musée National de la Légion d'Honneur, Musée National du Moyen Age-Thermes de Cluny, Musée de Notre-Dame de Paris, Musée de l'Opéra, Musée de l'Ordre de la Libération, Musée d'Orsay, Musée de la Préfecture de la Police, Musée de Radio France, Musée Rodin, Musée des Transports Urbains,

Musée du Vin, Musée Zadkine, Notre-Dame du Travail, A l'Olivier, Palais de la Découverte, Palais de Luxembourg, Pharamond, Pied de Cochon, Lionel Poilaîne, St Germain-des-Prés, St-Louis en l'Ile, St-Médard, St-Merry, St-Paul– St-Louis, St-Roch, St-Sulpice, La Société Nouvelle d'Exploitation de La Tour Eiffel, La Tour Montparnasse, UNESCO und allen Museen, Galerien, Kirchen, Hotels, Restaurants, Läden und Sehenswürdigkeiten, die uns in ihren Räumlichkeiten fotografieren ließen. Sie einzeln aufzuführen würde den Rahmen dieses Abschnitts sprengen.

BILDNACHWEIS

go = ganz oben; gom = ganz oben Mitte, gor = ganz oben rechts; gol = ganz oben links; oml = oben Mitte links; om = oben Mitte; omr = oben Mitte rechts; ml = Mitte links; m = Mitte; mr = Mitte rechts; uml = unten Mitte links; mu = Mitte unten; umr = unten Mitte rechts; ul = unten links; um = unten Mitte; ur = unten rechts; gu = ganz unten.

Wir haben uns bemüht, alle Urheber zu recherchieren und zu nennen. Sollte dies in einigen Fällen nicht gelungen sein, bitten wir, dies zu entschuldigen. In der nächsten Auflage werden wir es selbstverständlich nachholen.

Kunstwerke wurden mit freundlicher Genehmigung folgender Copyrightinhaber reproduziert:
© ADAGP/SPADEM, Paris und DACS, London 1993: 44ml; © ADAGP, Paris und DACS, London 1993: 61ur, 61gor, 105gom, 107mu, 109b, 111gom, 111mu, 112ul, 112go, 112ur, 113ul, 113ur, 119m, 120b, 164m, 179gol, 180bm, 181mr, 211gom; © DACS 1993: 13omr, 36gol, 43omr, 45mr, 50ur, 55mr, 57gol, 100go, 100ur, 100uml, 100ml, 100om, 101go, 101om, 101mr, 101ul, 104, 107omr, 113m, 137gol, 178ml, 178om, 208ur, 239ur. © SUCCESSION H MATISSE/DACS 1993: 111om; CHRISTO–THE PONT NEUF WRAPPED, Paris, 1975–85: 38oml; © CHRISTO 1985, mit freundlicher Genehmigung des Künstlers. Fotografiert mit freundlicher Hilfe von EPPV und CSI S. 234ff; mit freundlicher Genehmigung der ERBEN OTTO DIX: 110ul; Fotos von DISNEYLAND ® PARIS: 242gor, 243ul, 243mr. Die Figuren, Bauten und Warenzeichen sind Eigentum der WALT DISNEY COMPANY. Alle Rechte vorbehalten; FONDATION LE CORBUSIER: 59go, 254gu; mit freundlicher Genehmigung von THE ESTATE OF JOAN MITCHELL: 113go; © HENRY MOORE FOUNDATION 1993: 191gu. Reproduziert mit freundlicher Genehmigung der Henry Moore Foundation; BETH LIPKIN: 241go; mit freundlicher Genehmigung der MAISON VICTOR HUGO, VILLE DE PARIS: 95ml; mit freundlicher Genehmigung des MUSÉE D'ART NAÏF MAX FOURNY PARIS: 221b, 223b; MUSÉE CARNAVALET: 212gu; MUSÉE DE L'HISTOIRE CONTEMPORAINE (BDIC), PARIS: 208ur; MUSÉE DE L'ORANGERIE: 130gor; MUSÉE DU LOUVRE: 125ur, 128m; MUSÉE NATIONAL DES CHÂTEAUX DE MALMAISON ET BOIS-PRÉAU: 255mr; MUSÉE MARMOTTAN: 58m, 58mu, 59m, 60gol, 131gor; MUSÉE DE LA MODE ET DU COSTUME PALAIS GALLIERA: 57ur; MUSÉE DE MONTMARTRE, PARIS: 221go; MUSÉE DES MONUMENTS FRANÇAIS: 197gom, 198mr; MUSÉE NATIONAL DE LA LÉGION D'HONNEUR: 30bm, 143ul; MUSÉE DE LA VILLE DE PARIS: MUSÉE DU PETIT PALAIS: 54ml, 205mu; © SUNDANCER: 346ul.

Der Verlag dankt folgenden Personen, Institutionen und Bildbibliotheken für die freundliche Genehmigung zur Reproduktion ihrer Fotografien:

ADP: 361gu; THE ANCIENT ART AND ARCHITECTURE COLLECTION: 20uml; JAMES AUSTIN: 88go.
BANQUE DE FRANCE: 133go; NELLY BARIAND: 165m; GÉRARD BOULLAY: 84gol, 84gor, 84ul, 84ur, 85go, 85omr, 85umr, 85ur, 85ul; BRIDGEMAN ART LIBRARY, LONDON: (Detail) 19ur, 20mr, 21ml, 28mr–29ml, (Detail) 33ur; BRITISH LIBRARY, London (Detail) 16ur, (Detail) 21ul, (Detail) 22gol, (Detail) 29gol; B N, Paris 17ul, (Detail) 21gom, (Detail) 21mr; Château de Versailles, France 17gor, 17bm, (Detail) 17ur, (Detail) 28ur, (Detail) 155gu; Christie's, London 8f, (Detail) 22mu, 32oml, 34gol, 44m; Delomosne, London 30uml; Detroit Institute of Art, Michigan 43om; Giraudon 14, 23omr, 23m, (Detail) 24ul, (Detail) 24uml, (Detail) 25ur, (Detail) 28ul, (Detail) 28oml, (Detail) 29ul, 31mu, 58ur, (Detail) 60ul, 60om, 60m; Lauros-Giraudon 21gor; Louvre, Paris 56go, 60ur, 61ul, 61gol; Roy Miles Gallery 25gor; Musée de L'Armée, Paris (Detail) 83ur; Musée Condé, Chantilly (Detail) 4gor, 16ul, 17gol, (Detail) 17omr, (Detail) 17m, (Detail) 20gol, (Detail) 24um; Musée Crozatier, Le Puy en Velay, France (Detail) 23ul; Musée Gustave Moreau, Paris 56gu, 231go; National Gallery, London (Detail) 27gol, (Detail) 44gu; Musée d'Orsay, Paris 43ur; Musée de la Ville de Paris, Musée Carnavalet (Detail) 28um, (Detail) 29gor, 29umr, 97o; Collection Painton Cowen 38oml; Palais du Tokyo, Paris 59gu; Philadelphia Museum of Modern Art, Pennsylvania 43omr; Temples

Newsham House, Leeds 23mr; Uffizien, Florenz (Detail) 22ur; © The British Museum: 29gom.
Cité de la Musique: Eric Mahondieu 235ur; Cité des sciences et de l'Industrie: Michel Lamoureux 236mu, 236gu, 238go, Michel Virad 237gol, 238ur, Corbis: Burnstein Collection 227gu; CSI: Pascal Prieur 238ml, 238mu. G Cousseau 232umr; CSI: Pascal Prieur 238ml, 238mu.
R Doisneau: Rapho 143go.
Espace Montmartre: 220ul; European Commission 355; Mary Evans Picture Library: 36ul, 42ur, 81ur, 89gol, 94b, 130gu, 141ml, 191m, 192mr, 193umr, 209gu, 224ul, 247ur, 251go, 253gu, 372go. Giraudon: (Detail) 20ul, (Detail) 21umr; Lauros-Giraudon (Detail) 31ul; Musée de la Ville de Paris: Musée Carnavalet (Detail) 211t; Le Grand Véfour: 287o.
Robert Harding Picture Library: 20ur, 24gol, 27om, 27ur, 34oml, 36gol, 39gol, 45mr, 65ur, 240mu, 365mr; B M 25om; B N 191gor, 208um; Biblioteca Reale, Turin 127go; Bulloz 208mu; P Craven 364gu; R Francis 82uml; I Griffiths 360go; H Josse 208ur; Musée National des Châteaux de Malmaison et Bois-Préau 31gom; Musée de Versailles 24ml; R Poinot 345gu; P Tetrel 251umr; Explorer 10ul; F. Chazot 329gu; Girard 65m; P Gleizes 62ul; F Jalain 362gu; J Moatti 328ul, 328ml; Walter Rawlings 41mu; A Wolf 123ur, 123gol; Alison Harris: Musée de Montparnasse 179 ml; Pavillon des Arts 108ur; Le Village Royale 132gol; John Heseltine Photography: 12ur, 174; Hulton Getty: 42ml, 43ul, 43mr, 43go, 45ml, 101ur, 181gom, 231ul, 232m; Charles Hewitt 38uml; Lancaster 181gom. © IGN Paris 1990 Authorisation N° 90–2067: 11gu; Institut du Monde Arabe: Georges Fessey 165gor.
The Kobal Collection: 42go, 44go, 140gu; Columbia Pictures 181ur; Société Générale de Films 36gom; Paramount Studios 42ul; Les Films du Carrosse 109go; Montsouris 197omr; Georges Méliès 198ul.
The Lebrecht Collection: 227ur; François Lequeux 194ml.
Magnum: Bruno Barbey 64gu; Philippe Halsmann 45gu; Ministère de L'Economie et des Finances: 355m; Ministère de L'Intérieur SGAP de Paris: 352um, 352ur, 353go; Collections du Mobilier National-Cliché du Mobilier National: 167mr; © Foto Musée de L'Armée, Paris: 189mr; Musée des Arts Décoratifs, Paris: L Sully Jaulmes 54go; Musée des Arts de la Mode-Collection UCAD-UFAC: 121gu; Musée Bouilhet-Christofle: 57gor, 132go; Musée Cantonal des Beaux-Arts, Lausanne: 115gu; Musée Carnavalet: Dac Karin Maucotel 97gu; Musée d'Art et d'Histoire du Judaisme Christophe Fouin 103ur; Musée National de L'Histoire Naturelle: D Serrette 167ml; Musée de L'Holographie: 109ml; © Musée de L'Homme, Paris: D Ponsard 196m, 199ml; © Photo Musée de la Marine, Paris: 30ul, 196ml; Musée National d'Art Modern - Centre Georges Pompidou, Paris: 61gor, 110ur, 110ul, 111go, 111om, 111mu, 112go, 112ul, 112ur, 113o, 113m, 113ul, 113ur; Musée des Plans-Reliefs, Paris: 186umr; Musée de la Poste, Paris: 179gol; Musée de la Seita, Paris: D Dado 190o. Philippe Perdereau: 132gu, 133gu; Cliché Photothèque des Musées de la Ville de Paris © DACS 1993: 19om, 19umr, 26mr–27ml; Popperfoto: 227o.
Paul Raferty 246gu; RATP.SG/G.J.E. Totheme 54; 370; Redferns: W Gottlieb 36uml; © Photo Réunion des Musées Nationaux: Grand Trianon 24umr; Musée Guimet 54mu, 200gor; Musée du Louvre: 25mu, (Detail) 30mr–31ml, 55gol, 123ul, 124o, 124m, 124gu, 125o, 125m, 126m, 126ul, 126ur, 127gu, 128o, 128gu, 129o, 129m; Musée Nationaux d'Art Moderne © DACS/ADAGP 111umr; Musée Picasso 55mr, 100o, 100m, 100ml, 100uml, 100ur, 101ul, 101mr, 101om, 101o; Roger-Viollet: (Detail) 22uml, (Detail) 37ul, (Detail) 192um, (Detail) 209o; Ann Ronan Picture Library: 173mr; Philippe Ruault: Fondation Cartier 179ul.
La Samaritaine, Paris: 115m; Sealink Plc: 362ml; Sipapress: 222m; Frank Spooner Pictures: F Reglain 64om; P Renault 64m; Sygma: 33umr, 240ml; F Poinmet 38gol; Keystone 38um, 241omr; J Langevin 39ur; Keler 39umr; J Van Hasselt 39gor; P. Habans 62m; A Gyori 63mr; P Vauthey 65ul; Y Forestier 188go; Sunset Boulevard 241ur; Water Carone 328go.
Tallandier: 23mu, 23gol, 26ml, 26uml, 26ul, 27ul, 28gol, 29mr, 29om, 30gol, 30mu, 30ur, 36oml, 37om, 37ur, 38mu, 52oml; B N 26ur, 30umr, 36um; Brigaud 37umr; Brimeur 32ul; Charmet 34mu; Dubout 15gu, 18ur, 22om, 23ur, 24ur, 28m, 31mr, 31gor, 32ur, 33ul, 34uml, 34ul, 34ur, 35ul, 35ur, 35uml, 35gol, 36umr; Josse 18oml, 18gom, 18m, 18uml, 19gol, 34um; Josse-B N 18ul; Joubert 36m; Tildier 35om; Vigne 32uml; Le Train Bleu: 289go.
Vidéothèque de Paris: Hoi Pham Dinh 106ul Agence Vu: Didier Lefèvre 328mr.
Vorsatz: Réunion des Musées Nationaux: Musée Picasso mr. Nachsatz: RATP CML Agence Cartographique.
Alle anderen Bilder: © Dorling Kindersley.

Sprachführer

Notfälle

Hilfe!	**Au secours!**
Halt!	**Arrêtez!**
Rufen Sie einen Arzt!	**Appelez un médecin!**
Rufen Sie einen Krankenwagen!	**Appelez une ambulance!**
Rufen Sie die Polizei!	**Appelez la police!**
Rufen Sie die Feuerwehr!	**Appelez les pompiers!**
Wo ist das nächste Telefon?	**Où est le téléphone le plus proche?**
Wo ist das nächste Krankenhaus?	**Où est l'hôpital le plus proche?**

Grundwortschatz

ja	**oui**
nein	**non**
bitte	**s'il vous plaît**
danke	**merci**
Entschuldigung!	**Excusez-moi!**
Morgen (Tageszeit)	**le matin**
Guten Tag!	**Bonjour!**
Gute Nacht!	**Bonsoir!**
Auf Wiedersehen!	**Au revoir!**
Nachmittag	**l'après-midi**
Abend	**le soir**
gestern	**hier**
heute	**aujourd'hui**
morgen	**demain**
hier	**ici**
dort	**là**
was?	**quoi?**
wann?	**quand?**
warum?	**pourquoi?**
wo?	**où?**

Nützliche Redewendungen

Wie geht es?	**Comment allez-vous?**
Danke, sehr gut.	**Très bien, merci.**
Ich freue mich, Sie kennen zu lernen.	**Enchanté de faire votre connaissance.**
Bis bald.	**A bientôt.**
Hier bitte.	**Voilà.**
Wo ist/sind ...?	**Où est/sont ...?**
Wie weit ist es bis ...?	**Combien de kilomètres d'ici à ...?**
Wie komme ich nach ...?	**Quelle est la direction pour ...?**
Sprechen Sie deutsch?	**Parlez-vous allemand ?**
Ich verstehe nicht.	**Je ne comprends pas.**
Sprechen Sie bitte langsamer.	**Pouvez-vous parler moins vite, s'il vous plaît?**
Verzeihen Sie!	**Excusez-moi!**

Nützliche Wörter

groß	**grand**
klein	**petit**
heiß	**chaud**
kalt	**froid**
gut (Adjektiv)	**bon**
schlecht	**mauvais**
genug	**assez**
gut (Adverb)	**bien**
geöffnet	**ouvert**
geschlossen	**fermé**
links	**à gauche**
rechts	**à droite**
geradeaus	**tout droit**
nah	**près**
fern	**loin**
oben	**en haut**
unten	**en bas**
früh	**de bonne heure**
spät	**tard**
Eingang	**l'entrée**
Ausgang	**la sortie**
Toilette	**les toilettes, le WC**
frei	**libre**
gratis	**gratuit**

Telefonieren

Ich möchte ein Ferngespräch anmelden.	**Je voudrais faire un coup de téléphone interurbain.**
Ich möchte ein R-Gespräch anmelden.	**Je voudrais faire une communication avec PCV.**
Ich versuche es später wieder.	**Je rappelerai plus tard.**
Kann ich eine Nachricht hinterlassen?	**Est-ce que je peux laisser un message?**
Bleiben Sie bitte am Apparat.	**Ne quittez pas, s'il vous plaît.**
Können Sie bitte etwas lauter sprechen?	**Pouvez-vous parler un peu plus fort?**
Ortsgespräch	**la communication locale**

Einkaufen

Wie viel kostet das?	**C'est combien, s'il vous plaît?**
Ich hätte gerne ...	**Je voudrais...**
Etwas mehr/weniger.	**Un peu plus/moins.**
Haben Sie...?	**Est-ce que vous avez...?**
Ich schau mich nur um.	**Je regarde seulement.**
Nehmen Sie Kreditkarten?	**Est-ce que vous acceptez les cartes de crédit?**
Nehmen Sie Reiseschecks?	**Est-ce que vous acceptez les chèques de voyage?**
Wann öffnen Sie?	**A quelle heure vous êtes ouvert?**
Wann schließen Sie?	**A quelle heure vous êtes fermé?**
Das hier.	**Celui-ci.**
Das da.	**Celui-là.**
teuer	**cher**
billig	**pas cher, bon marché**
Kleidergröße	**la taille**
Schuhgröße	**la pointure**
weiß	**blanc**
schwarz	**noir**
rot	**rouge**
gelb	**jaune**
grün	**vert**
blau	**bleu**

Geschäfte

Antiquitätengeschäft	**le magasin d'antiquités**
Apotheke	**la pharmacie**
Bäckerei	**la boulangerie**
Bank	**la banque**
Buchhandlung	**la librairie**
Feinkostgschäft	**la charcuterie**
Fischgeschäft	**la poissonnerie**
Friseur	**le coiffeur**
Gemüsehändler	**le marchand de légumes**
Geschenkladen	**le magasin de cadeaux**
Käseladen	**la fromagerie**
Kaufhaus	**le grand magasin**
Konditorei	**la pâtisserie**
Lebensmittelgeschäft	**l'alimentation**
Markt	**le marché**
Metzger	**la boucherie**
Milchladen	**la crémerie**
Postamt	**la poste, le bureau de poste, les PTT**
Reisebüro	**l'agence de voyages**
Schuhgeschäft	**le magasin de chaussures**
Supermarkt	**le supermarché**
Zeitschriftenhändler	**le magasin de journaux**
Zigarettengeschäft	**le tabac**

Auf Besichtigung

Abtei	**l'abbaye**
Bibliothek	**la bibliothèque**
Bahnhof	**la gare (SNCF)**
Busbahnhof	**la gare routière**
Garten	**le jardin**
Kathedrale	**la cathédrale**
Kirche	**l'église**
Kunstgalerie	**la galerie d'art**

Museum	**le musée**
Rathaus	**l'hôtel de ville**
Touristeninformation, Fremdenverkehrsamt	**les renseignements touristiques, le syndicat d'initiative**
An Feiertagen geschlossen	**fermeture jours fériés**

Im Hotel

Haben Sie ein freies Zimmer?	**Est-ce que vous avez une chambre?**
Doppelzimmer mit Doppelbett	**la chambre à deux personnes avec un grand lit**
Doppelzimmer mit zwei Betten	**la chambre à deux lits**
Einzelzimmer	**la chambre à une personne**
Zimmer mit Bad, Dusche	**la chambre avec salle de bains, une douche**
Page	**le garçon**
Schlüssel	**la clef**
Ich habe reserviert.	**J'ai fait une réservation.**

Essen gehen

Haben Sie einen Tisch frei?	**Avez-vous une table libre?**
Ich möchte einen Tisch reservieren.	**Je voudrais réserver une table.**
Die Rechnung bitte	**L'addition, s'il vous plaît.**
Ich bin Vegetarier.	**Je suis végétarien.**
Kellnerin	**Madame, Mademoiselle**
Ober	**Monsieur**
Speisekarte	**le menu, la carte**
Tagesmenü	**le menu à prix fixe**
Gedeck	**le couvert**
Weinkarte	**la carte des vins**
Glas	**le verre**
Flasche	**la bouteille**
Messer	**le couteau**
Gabel	**la fourchette**
Löffel	**la cuillère**
Frühstück	**le petit déjeuner**
Mittagessen	**le déjeuner**
Abendessen	**le dîner**
Hauptgang	**le plat principal**
Vorspeise	**l'entrée, l'hors d'œuvre**
Tagesgericht	**le plat du jour**
Weinlokal	**le bar à vin**
Café	**le café**

Auf der Speisekarte

Apfel	**la pomme**
Banane	**la banane**
Bier	**la bière**
Bier vom Fass	**bière à la pression**
Brötchen	**le petit pain**
Brot	**le pain**
Butter	**le beurre**
Cocktail	**le cocktail**
Ei	**l'œuf**
Eis	**la glace**
Ente	**le canard**
Essig	**le vinaigre**
Fisch	**le poisson**
Fleisch	**la viande**
frisches Obst	**le fruit frais**
frisch gepresster Orangensaft	**l'orange pressée**
frisch gepresster Zitronensaft	**le citron pressé**
Garnelen	**les crevettes**
Gemüse	**les légumes**
Hühnchen	**le poulet**
Hummer	**le homard**
Kaffee	**le café**
Kartoffeln	**les pommes de terre**
Käse	**le fromage**
Knoblauch	**l'ail**
Krustentiere	**les crustacés**
Kuchen	**le gâteau**
Lamm	**l'agneau**
Meeresfrüchte	**les fruits de mer**
Milch	**le lait**
Mineralwasser	**l'eau minérale**
Nachtisch	**le dessert**
Öl	**l'huile**
Oliven	**les olives**
Orange	**l'orange**
Pfeffer	**le poivre**
Pommes frites	**les frites**
Reis	**le riz**
Rindfleisch	**le bœuf**
Rotwein	**le vin rouge**
Salz	**le sel**
Schnecken	**les escargots**
Schinken	**le jambon**
Schokolade	**le chocolat**
Schwein	**le porc**
Senf	**la moutarde**
Soße	**la sauce**
Steak	**le bifteck, le steak**
Suppe	**la soupe, le potage**
Tee	**le thé**
Toast	**le toast**
Wasser	**l'eau**
Weißwein	**le vin blanc**
Wurst	**la saucisse**
Zitrone	**le citron**
Zucker	**le sucre**
Zwiebeln	**les oignons**
gebacken	**cuit au four**
gegrillt	**grillé**
gekocht	**bouilli**
gebraten	**rôti**
pochiert	**poché**
trocken	**sec**
angebraten	**saignant**
medium	**à point**
durchgebraten	**bien cuit**

Zahlen

0	**zéro**
1	**un, une**
2	**deux**
3	**trois**
4	**quatre**
5	**cinq**
6	**six**
7	**sept**
8	**huit**
9	**neuf**
10	**dix**
11	**onze**
12	**douze**
13	**treize**
14	**quatorze**
15	**quinze**
16	**seize**
17	**dix-sept**
18	**dix-huit**
19	**dix-neuf**
20	**vingt**
30	**trente**
40	**quarante**
50	**cinquante**
60	**soixante**
70	**soixante-dix**
80	**quatre-vingts**
90	**quatre-vingt-dix**
100	**cent**
1000	**mille**

Zeit

eine Minute	**une minute**
eine Stunde	**une heure**
eine halbe Stunde	**une demi-heure**
ein Tag	**un jour**
Montag	**lundi**
Dienstag	**mardi**
Mittwoch	**mercredi**
Donnerstag	**jeudi**
Freitag	**vendredi**
Samstag	**samedi**
Sonntag	**dimanche**
Wieviel Uhr ist es?	**Quelle heure est-il?**
Wann fährt der Zug ab?	**Le train, quand part-il?**

Pariser Métro und RER (Réseau Express Regional)